1 MONTH OF
FREE
READING

at

www.ForgottenBooks.com

By purchasing this book you are eligible for one month membership to ForgottenBooks.com, giving you unlimited access to our entire collection of over 1,000,000 titles via our web site and mobile apps.

To claim your free month visit:

www.forgottenbooks.com/free678952

ISBN 978-0-484-25858-6
PIBN 10678952

GIORNALE DEL FORO

IN CUI

SI RACCOLGONO LE PIU' IMPORTANTI REGIUDICATE
DEI SUPREMI TRIBUNALI

DI ROMA

E DELLO STATO PONTIFICIO IN MATERIA CIVILE

compilato

Dr B. Belli

ANNO 1843-44 VOL. 1.

Roma

PRESSO L' EDITORE ALESSANDRO NATALI

1844

Rec. Oct. 2, 1905.

I. *L' erede fedecommissario che, succeduto al godimento del fedecommesso dopo la legge 6 luglio 1816, ne trovò diminuita
la sostanza, ha diritto ad ottenere che le prestazioni, dalle
quali a titolo di legato il fedecommesso era aggravato, siano
divise tra lui, e coloro ai quali i beni liberi sono pervenuti.*

*Poichè la suddetta legge, ripristinando il vincolo negli stabili,
e facendo liberi i mobili, i crediti, e le azioni, mutò l' ordine della successione stabilita dal testatore, e divise l' eredità fra due eredi uno libero, uno fedecommissario.*

*I legati annui non danno diritto ad azione ipotecaria contro i
beni fedecommissari.*

Pallavicino c. Pallavicino

Diamo di buon grado principio alle relazioni di questo
anno quinto con una bella questione di diritto sulla applicabilità della *l.* 30 *ff ad l. falcidiam* alla reviviscenza delle prestazioni di cui nel luglio 1816 si trovarono gravati a titolo
di legato annuo i reviviscenti fedecommessi — *In ratione legis
falcidiae* (dice quel testo) *mortes servorum, caeterorumque animalium, furta, rapinae, incendia, ruinae, naufragia, vis
hostium, praedonum, latronum, debitorum facta pejora nomina,
in summa quodcumque damnum, si modo culpa legatarii careant,
haeredi pereunt: quemadmodum ad haeredes lucrum pertinet, fructus, partus ancillarum, et quae per servos adquisita
sunt: item servitutes, quibus liberata praedia praestiosiora fierent,
actionesque adquisitae, quarum nihil in actione legis falcidiae
cadit:* per cui mons. Alerame Pallavicino venuto da Genova
ai servigi della s. sede, e che ora è prefetto del sacro palazzo,
domandò intiero contro il fedecommesso pallavicino di Roma
un legato di annui scudi mille, che il card. Lazzaro di questo
nome nel 1679 aveva istituito in favor d' un prelato, che fosse
del vero suo sangue, con legge d' accrescerlo, se cardinale, a

sc. duemila : e siccome il principe Rospigliosi, nell'interesse del
proprio figliuolo, che di quel fedecommesso è il possessore
attuale, opponeva quel gran patrimonio, che il fondatore lasciò forte di un milione duecento cinquanta mila scudi romani,
per le alienazioni eseguite dai precedenti gravati essersi ridotto a men di settantamila, e domandava per conseguenza la
proporzionale riduzione del legato, mons. Vicegerente di Roma, che era il giudice della causa, ammettendo in genere tale
pretesa, decretò doversi nominare i periti per valutare il rimasto. Mons. Alerame interpose appello alla ruota, ed una
sentenza, ponente mons. Alberghini, disse al legatario estranee
le sorti della eredità, per cui la causa in terzo grado
dall' erede Pallavicino venne commessa al ch. sig. avv. *Piacentini-Rinaldi*, che nella sessione del dì 12 marzo 1841, pon.
mons. Bofondi, ottenne opinarsi per la revoca della sentenza
ruotale. Ma siccome nelle ruote 18 giugno del medesimo
anno, e 10 gennaio 1842 un tale avviso fu revocato, si venne
alla tornata del 2 dicembre 1842 per una definitiva discussione, mediante la formola — *An sit standum in primo, seu
potius in secundo, et tertio loco decisis.*

La causa in secondo grado era stata pel principe pa-
trocinata dal chiarissimo Amici, il quale si era sempre tenuto
in sul dire perita la massima parte dell' eredità fedecommissaria, e perciò ingiusto il pretendere che il fedecommesso
pallavicino dovesse far fronte al medesimo annuo legato,
dopochè la sua grandiosa sostanza da un milione duecento e
cinquantatre mila che ella era, erasi, come dicemmo, ridotta a
men di settantamila per le vicende dei tempi, e pel disso-
luto amministrar dei gravati. Ma il sig. Piacentini, conosciuta da questo lato inespugnabile l'opinione della ruota, che
avea sempre risposto colla suddetta regola dell' essere, e dovere essere estranee ai legatari le sorti delle eredità, formulò in altro modo l'attacco, dicendo che quando il motu-proprio di luglio 1816 ripristinò i fedecommessi, e li volle
unicamente di stabili, escludendo le azioni, i crediti, i mobili

che lasciò liberamente ai possessori attuali, una tale disposizione di legge, piuttostochè diminuire la sostanza nell' eredità due eredi creò, uno libero, uno fedecommissario, facendo l'ordine della successione diverso da quello che il testatore avea determinato: infatti i beni rimasti liberi nell' eredità pallavicina non dell' erede fidecommissario, ma dalle figlie dell' ultimo gravato vennero occupati — Quindi dica come tutte le leggi, le quali trattano dell' erede a cui venga tolta una parte dell' eredità, riconoscono che debba essere esonerato dalla corrispondente porzione dei legati (1), e perchè nessuno può esser tenuto verso i legatari in proporzione maggiore di quello che corrisponde al reale godimento che egli ha della sostanza ereditaria (2), e perchè, cresca o decresca la parte dell' eredità, sempre cresce o decresce *cum onere suo* (3), onde, se l' erede gravato restituisce al fedecommissario una parte soltanto dell' eredità, gli trasmette dei pesi una parte soltanto (4) — finalmente perchè il testatore mai non avrebbe

---

(1) *L. final. § final. ff de legat.* 3. - Si ex dodrante institutus, commisso edicto semissem acceperit bonorum possessionis, ex semisse tantum legata substitutus debebit. - *L. etsi* 35 *ff de vulg. et pupill. subst.* - *l. Plautius* 43 *ff de condit. et demonstr.*

(2) *L.* 1 *§ qui minorem ff ut legat seu fideicomm. caussa.* - Qui majorem partem haereditatis possidet, cum ex majori parte haeres sit, siquidem ipso jure minuatur portio haereditatis securior erit haeres: neque enim ex majore parte ex stipulatu tenetur legatariis, quam ex qua haeres est . . . Nam pro rata exonerandi sunt haeredes ejus partis nomine, cujus emolumentum sibi ablatum est. - Cujac. *lib.* 29 quaest. - Papin. *leg.* 11 *§ imperator ff ad l. falcid.*

(3) *L.* 17 *ff ut legat. seu fideicomm. nom. cav.* - Si ab uno ex haeredibus legatorum satis accipimus, cum ab omnibus haeredibus nobis legatum esse: si pars cohaeredis accrescat promissori, in totum fidejussores tenentur, si solidum legatum is coeperit debere. - *L.* 2 *§ fin. ff si quis aliquem testari prohib.* - *l.* 3 *§ fin. ff ad s. c. trebell.*

(4) *L.* 1 *§ pen. ff ad s. c. trebell.*

di tutto il peso aggravato l' erede fedecommissario, se avesse potuto prevedere che un giorno rimarrebbe divisa l'eredità (5). E siccome i contrari opinamenti avevano detto che tai luoghi del testo risguardano a specie, nelle quali le eredità si eran diminuite per causa preesistente alla morte del testatore, sostenea ciò non ostare, giacché la preesistenza della causa produttiva di decremento nella sostanza ereditaria risguarda alle detrazioni della trebellianica o della falcidia, ma se avvenga che una eredità si divida in due eredi, che una parte cioè della successione sia vindicata, poco importa se la causa sia preesistente o susseguente, mentre, per qualunque ragione l' erede non sia per una parte più erede, da una parte degli obblighi ereditari deve essere esonerato. Del che rinveniva un bell' esempio nel senatus-consulto silaniano, il quale, come ognun sa, spogliava l' erede che la violenta morte del testatore lasciasse invendicata, dando al fisco il compendio della sostanza ereditaria, ed in cui è la *l.* 9 la quale dice: che l' azione dei legatari in tal caso va a peso del fisco (6): cosa che non direbbe, se corresse il principio dell' essere estranee ai legatari le sorti future delle eredità.

Né al sacro uditorio era sfuggita questa possibilità di difesa, ma nelle precedenti decisioni avea detto non doversi pel motu-proprio considerare divisa l'eredità del cardinal Lazzaro perché — *non detrahendo juri possidenti haeredi, in quem uni-*

---

(5) *L. cum pater* 77 § *cum existimaret ff de legat.* 2. - Cum existimaret ad solam consobrinam suam bona perventura, codicillis ab ea factis, pluribus fideicommissa reliquerat. Jure successionis ad duos ejusdem gradus possessione devoluta, rationibus aequitatis et, perpetui edicti exemplo, pro parte dimidia mulierem relevandam respondi. - *L.* 19 *ff de jure codicill.*

(6) *L.* 9 *ff de s. c. silan. et claud.* - Cum fisco caduca bona defuncti addicantur propter inultam mortem, in eum legatorum actio datur: et libertates ratae sunt, eorum scilicet qui senatus consulto excipiuntur.

versa fideicommissi substantia jam coaluerat, deque transferenda in
alium successionis parte, edixerat lex, sed de qualitate discernen-
da bonorum, quae scilicet vel reddere veteri nexui, uti immobilia,
vel uti ea quae in rebus mobilibus, creditis et actionibus consistent,
libera penes possessorem remanere voluit. Ed a ciò rispondea
che sebbene il suono materiale delle voci mostri trattarsi in
quella legge unicamente di definir la sostanza dei fedecommessi ripristinati, se i mobili, se i crediti, se le azioni per
esse rimasero libere, gli immobili vincolati, ciò fu creare
due successioni diverse una libera, una fidecommissaria, fu
dire che l'erede fedecommissario, in quanto ai beni liberi,
dovesse perdere la successibilità, e, d'universale che egli
era, alla universalità della successione fosse fatto incapace: mentre, se ad essere erede è necessario il deferimento
dell'eredità, e l'accettazione nella persona cui vien defe-
rita (7), nessuno potrebbe dire oggi il fedecommissario erede
ex asse del cardinal Lazzaro, se, per legge, dell'eredità a lui
tocca solo una parte, senza avere diritto ai censi, ai cambi,
ai mobili, al prezzo dei beni distratti, alle reliquie dei luoghi
di monte, ai beni esistenti in paesi nei quali i fedecommessi non furono ripristinati — Nè essere nuovo, che per
disposizione di legge sorga un secondo erede in una medesima eredità: mentre nel caso d'un figliuolo naturale scritto
universale erede, esistendo i legittimi, la legge 2 *cod. de natur.*
lib. rescinde l'istituzione, ritenendo il naturale erede in un
oncia, gli altri eredi nelle altre, la legge giulia *de maritandis*
ordinibus agli'orbi istituiti eredi, lasciava il semisse, facendo
eredi nell'altro i venienti *ab intestato*, come pel disposto
della *l. si qua mulier cod. de secundis nuptiis,* accade al conjuge binubo, esistendo i figli del primo maritaggio — Molto
meno doversi immaginar nell'erede fedecommissario un successore universale, giacchè se l'eredità — *nihil aliud est, quam*

---

(7) *L. 20 e 21 ff de acquir. vel amitt. haered.*

successio in universum jus quod defunctus habuit (8), se l' erede
è colui che — in omne jus mortui, non tantum singularum
rerum dominium succedit (9), non si può concepire nel successore al fedecommesso pallavicino altro che un erede dei
beni stabili (10) — E notava che l' idea di due eredi a titolo
universale dalla legge creati nel ricomporre tra noi i fedecommessi, fu annunciata in una delle decisioni di ruota che risguardarono le liti Colonna tra le eredi libere, ed il principe
Aspreno erede fedecommissario (11) — Dopo di che investiva
un altro argomento per cui la ruota nelle discussioni precedenti, per disposizione del m. p. di luglio avea ritenute le
reliquie di quel gran fedecommesso ancora passibili dell' intero legato.

Cioé per l' art. 139 il quale disse che il nuovo fedecommesso non dovesse avere effetto — se il valore degli
immobili, pei quali sarà istituito, e che dovrà esser libero,
ed immune da ogni debito, peso, e detrazione, non giungerà alla somma di scudi quindicimila: e l' uditorio avea concluso che dunque apertissimum plane fiebat mobilia bona, vi
legis ipsius, fuisse ab aere alieno prorsus exempta, rejectumque
in fideicommissarium haeredem illius persolvendi onus. Soddisfa-
ceva all' assunto negando, che i debiti, di cui si trovarono gravati i beni al venir della legge, si dovessero tutti detrarre dal
valore degli stabili, distinguendo il voler della legge che i quindicimila fossero liberi da ogni peso, e detrazione, dal mettere
a carico dei soli stabili tutto il passivo della eredità ; lo che
la legge non disse, e alla disposizione del diritto comune
sarebbe stato contrario (12) — come anche la ruota lo dichiarò

---

(8) L. 24 ff de rer. et verbor. signif.

(9) L. 37 ff de adquir. vel amitt. haered.

(10) Cavaler. de testam. act. 2 sect. 1 num. 10- - Peregrin. de
fideicomm. art. 5 num. 43.

(11) Romana pertinentiae onerum super primo dubio 7 maggio 1832 § 7 cor. b. m. De Retz.

(12) L. 50 § 1 ff de judiciis. - Sed et hic placuit nihil facere

nella *Romana census* 27 *janu.* 1840 § 2 *cor.* De Silvestri —
Che se si replicasse competere per il legato l'ipoteca sui
beni fedecommissari, e perciò essi soli doverlo intieramente
prestare, si direbbe all'incontro *primo*, che nella causa non
si tratta di azione ipotecaria; *secondo*, che, quando è più d'uno
l'erede, al legatario non compete la solidale azione ipotecaria,
ma la virile, come nell'esercizio dell'azione personale (13) —
D'altronde la legge disse i quindicimila dovere essere liberi
da ogni aggravio, ma lo disse al solo effetto di riconoscere
in che la sostanza fedecommissaria dovesse consistere, non
all'effetto che questa dovesse sostenere tutti i pesi all'universa eredità inerenti, perchè ciò nell'articolo non è scritto,
e le disposizioni risguardanti ad un effetto, non possono trarsi
ad un altro (14) — per lo contrario essere scritto che — *ad
eum cui ex trebelliano s. c. pars haereditatis restituitur, successionis onera sua competenti portione spectare indubitati juris est* (15), ed, in pratica, il forense istituito erede universale, ma escluso per lo statuto dalla successione negli stabili,
divideva coll'erede legittimo il sostenimento dei pesi ereditari (16), nella successione dei baroni, che istituivano un
erede estraneo, diviso per legge il compendio dell'eredità, con
dare all'estraneo gli allodi, i feudi agli eredi del sangue, si

---

aeris alieni nomen, cum non loci sit aes alienum, sed universarum
facultatum: aes namque alienum patrimonium totum minuere constat,
non certi loci facultates.

(13) *L.* 1 *cod. comunia de legat.* - In omnibus autem hujusmodi casibus in tantum et hypothecaria unumquemque conveniri
volumus, in quantum personalis actio adversus eum competit. - *Rota
recen. parte* 9 *tom.* 2 *decis.* 413 *num.* 39.

(14) *L. cum pater* § *dulcissimis ff de leg.* 2 - *l. cum tale pactum ff de coadit. et demonstr.* - *l. Age cum Geminian. cod. de
transact.* - *L. fin. ff de haered. instit.*

(15) *L.* 2 *cod. ad s. c. trebell.*

(16) *Cyriac. controv. forens.* 17 *num.* 27.

dividevano i pesi tra l' uno e l' altro (17), e se per concordia
una eredità venga divisa tra un erede legittimo, ed un estraneo, niuno non sa che i creditori dell' asse, contro a ciascuno
dei dividenti le loro azioni devono esercitare (18) — A tutto
ciò aggiungeva concorrere in favore dell' erede la presunzione
della legge, la quale non crede che il testatore avrebbe di tanto
aggravato l' erede, se avesse potuto prevedere che non tutta
l' eredità a lui pervenisse (19). Citava molte decisioni di ruota
colle quali per la presunta volontà del testatore venne divisa
la prestazione dei legati nel caso, che tra due eredi fosse
diviso il commodo dell' eredità (20).

Per lo contrario il difensore di mons. maggiordomo in
primo luogo opponeva una eccezione di ordine, dicendo che
il principe nel libello introduttivo di lite domandò che venisse *ordinata la riduzione dell' annuo legato, avuto riguardo
allo stato, e rendite del patrimonio fedecommissario, attesoche
la maggior parte del patrimonio suddetto consisteva in luoghi
di monte, e crediti, che per le vicende dei tempi sono deperiti,*
per cui in appello la formola sulla riduzione fu concordata —
che il parlare di due eredi che nacquero in quella eredità,
e di divisione di legato tra loro, era un condurre la causa

---

(17) De Marinis *resolut.* 162 *lib.* 1. - De Luca *de feudis. disc.* 89
num. 8. - Capyc. Latro *consult.* 6 *in princ.*

(18) *L.* 24 *ff de transact.* - Costa *de ratione ratae quaest.* 23 *n.* 3.

(19) *L.* 19 *ff de jure codicill.* - Barthol. *ad l. cum pater* § *cum
existimaret ff de legat.* 2. - Cujac. *lib.* 8 *resp.* Papin. *l.* 77. - Donell.
de jure civil. lib. 8 *cap.* 29 § 3. - Brunemann. *in l. final. ff de legat.* 3
num. 5.

(20) *Ariminen. legati* 17 *aprile e* 16 *maggio* 1581, *e* 14 *dicembre* 1584 *cor.* Aldobrandino, *e nella conferm.* 24 *ottobre* 1585
cor. Orano (*riferita nella decis.* 1202 *cor.* Serafino) - *Hortana legi-
timae* 6 *giugno* 1721 *cor.* Foscaro. - *Romana annui legati scut.* 200
27 *gennaro* 1734 *cor.* Vicecomite. - *Romana legati* 12 *giugno* 1699
cor. Pio.

extra petita, mentre il dividere porta a conseguenze diverse conservatrici dell' integrità del legato (21) — conversione d' attacco anche più assurda se si facesse riflesso al non essere in causa le eredi libere dell' ultimo gravato principe don Luigi Pallavicino, che il prelato avrebbe citate, se avesse potuto prevedere che un giudizio di riduzione, in un giudizio di divisione si avesse a cambiare — Ciò premesso dicea che, data e non concessa la possibilità di cambiare il giudizio in un tema diverso, fosse da considerare in primo luogo che l' ipoteca per l' intiero legato al legatario compete su tutti i beni del testatore per disposizione di diritto contenuta nella *l. 1 cod. com. de legat.* (22) — che da mons. Pallavicino fu iscritta fino da quando il principe don Luigi era in vita — potersi negare l' assertiva contraria, che l' azione serviana sia in tal caso divisibile, poichè dal contesto della legge suddetta apparisce avere l' imperadore voluto equiparare la ipoteca tacita accordata pei legati, alla espressa, nel qual caso non sarebbe divisibile (23), ma in ogni modo la dividuità dei legati aver luogo solo nel caso di più eredi, che immediatamente succedano dopo la morte del testatore: ed è in questo senso che Baldo, nel commentare tal legge, professa la massima della divisibilità, dicendo d' ammetterla — *quia incipit obligatio in*

---

(21) *L. Plautius 43 ff de condit. et demonstr.* - *l. 1 § penult. ff ad s. c. trebell.*

(22) *L. 1 cod. comunia de legat.* - Rectius igitur esse censemus, in rem quidem missionem penitus aboleri, omnibus vero tam legatariis, quam fideicommissariis unam naturam imponere, et non solum personalem actionem praestare, sed et in rem, quatenus ei liceat easdem res, sive per quodcumque genus legati, sive per fideicommissum fuerint derelictae vindicare, in rem actione instituenda, et insuper utilem servianam, idest hypothecariam super his quae fuerint derelictis, in res mortui prestare.

(23) *L. 65 ff de evict.*, e *l. 36 ff de pignorat. act.* - Surd. cons. 209 per tot. - Merlin *diz. di giurispr.* alla *v.* legatario.

pluribus personis haeredum et in sensu diviso: secus est quando incipit in persona unius promissoris, et in sensu conjuncto, quia, ex quo obligatio incipit in persona cujusque haeredis, quaelibet portio remanet obligata pro ea parte tantum, pro qua est obligatus ille, cujus est portio, mentre se in principio la ipoteca dei legatari si riconosca indivisa, non può nel successivo tratto di tempo divenire dividua (24) — e notava che in fatto il cardinal Lazzaro ebbe un erede solo, e che un solo era l'erede, cioè il principe don Luigi possessore del patrimonio libero e del patrimonio fedecommissario, quando in monsig. Pallavicino nacque il diritto, e quando da lui la ipoteca colla iscrizione fu conservata.

Dopo di ciò dicea la divisibilità dell'azione dei legatari essere letteralmente esclusa dal § 83 num. 4 del m. p. 10 novembre 1834 il quale annovera trai privilegi — *quello dei creditori o legatari del defonto, anche per causa o istituzione pia sopra gli immobili della successione per l'importo del credito, e del legato* — che l'articolo 139 del m. p. 6 luglio 1816, volendo i fedecommessi ripristinati in capitale di scudi almeno quindicimila *libero ed immune da ogni debito, peso, e detrazione,* volle salvo l'interesse dei creditori, e dei legatari in maniera che questo prevalesse alla condizione dei futuri — che se la legge, al dir dei contrari, non escluse la divisibilità dei pesi tra i beni liberi, e i fedecommissari, e non derogò al diritto comune che la prescrive quando esistono eredi diversi, appunto perchè non dovea derogare al diritto comune, non potea produrre l'effetto che, acquistata dal prelato Pal-

---

(24) *L. 2 cod. si unius ex plur. haered.* - Actio quidem personalis inter haeredes pro singulis portionibus quaesita scinditur : pignoris autem jure multis obligatis rebus quas diversi possident : cum ejus vindicatio non personam obliget , sed rem sequatur : qui possident tenentes non pro modo singularum rerum substantiae conveniuntur, sed in solidum , ut vel totum debitum reddant , vel ei quod detinent cedant.

lavicini un'azione individua, quando uno era l'erede, cioè
il principe don Luigi, la vedesse in seguito andare divisa,
mentre la legge, che avea ripristinati i fedecommessi, nel
volere sottratto ogni gravame dal valor degli stabili, avea
implicitamente, ma chiaramente voluta la salvezza dei creditori, e dei legatari anche a costo di non vedere ripristinato
il fedecommesso: che se non dovea derogare al diritto comune circa alla divisibilità dei pesi, molto meno dovea tras-
formare la loro natura, e dar loro una azione dividua, se,
essendo in origine uno l'erede, i pesi nacquero colla prerogativa d'una azione individua.

Dava termine alla dimostrazione di questo primo suo assunto col dir che mai non è luogo a dividere l'azione dei
legatari, quando il cambiamento avvenuto nell'eredità da
causa posteriore alla morte del testatore è derivato, notando
che tale dottrina dell'immortale professor di Tolosa è insegnata nel commento che fa alla *l.* 11 § 3 *ff ad l. falcid.*
nel libro 27 delle questioni papiniane; e col fare osservare
come tutte le leggi in contrario citate per applicare la regola,
risguardano a specie nelle quali preesisteva alla morte del
testatore la causa della diminuzione dell'eredità, giacchè nel
caso della *l.* 77 *ff de legatis* 2 un agnato avea tolto alla cugina
istituita un semisse dell'eredità, nel caso della *l.* 35 *ff de vulg.
et pupill. substit.* il figliuolo d'un figlio nel testamento preterito e premorto avea domandata consuccessione, nel caso
della *l.* 45 *ff de condit. et demonstrat.* si trattava d'un patrono
che, preterito nel testamento del proprio liberto, avea contro
l'erede ottenuto il possesso dei beni, nel caso della *l.* 19 *ff
de jure codicill.* si trattava d'un postumo, e per conseguenza
d'un altro erede venuto da causa anteriore alla morte del testatore, finalmente nel caso della *l.* 128 *ff de legat.* 1 si trattava d'un altro patrono che, contro al disposto nel testamento
dell'affrancato, avea ottenuto il possedimento dell'eredità. Ciò
detto, aggiungea di non ammettere neppure in fatto l'idea
di due eredi, sortì dopo il m. p. di luglio nella eredità del
card. Lazzaro.

Dicea che l' eredé è, come definisce Cajacio — *qui nomen et titulum haeredis habeat, tametsi rem ipsam non habeat, sed alius* (25), a tal che un erede, il quale abbia perduta tutta l' eredità, non perde per questo la qualità sua che, al dir dell' Ubero, è *quasi ossibus inhaerens* (26) — che il principe don Luigi Pallavicini, al venir del decreto abolitivo dei fedecommessi, ebbe i beni liberi non per titolo ereditario, nè pel testamento del cardinal Lazzaro fondatore del fedecommesso, ma per conseguenza legislativa — che se le figlie di lui nei mobili furono eredi d' un padre, che n' era stato erede libero, l' erede dell' erede libero non è mai erede del testatore (27): il qual raziocinio lo conduceva a concludere che, non essendo esse figlie succedute nella eredità del cardinal Lazzaro, ma in quella soltanto del loro genitore, e il loro genitore essendo stato il solo rappresentante l' erede scritto, l' idea d' una successione divisa in due eredi, non avea fondamento, perchè del cardinal Lazzaro istitutore dei legati non rimase altro erede che il possessore attuale del fedecommesso, a cui danno o vantaggio andarono le sorti triste o propizie dell' eredità. Nè ometteva di fare osservare, che tutte le leggi in contrario citate come casi nei quali fu riconosciuta la dividuità dei legati, cioè la *l. 2 cod. ad s. c. trebell.*, la 57 § *final. de legat.* 1, la *final.* § *final. de leg.* 3ª, la 35 *ff de vulgar. et pupill. substit.*, la 77 § *cum existimaret ff de leg.*, la 59 *ff de jure codicill.*, la 1 § *qui minorem ff ut legat. non cav.* sono responsi, e rescritti per qualità ereditarie realmente divise tra due successori in beni rimasti presso l' erede gravato, e presso l' erede legittimo a titolo ereditario, giacchè nel caso di beni divisi tra un detentore di beni a titolo ereditario, ed un altro, che ritenga la sua parte con titolo diverso, questo detentore secondo non

---

(25) *Ad l.* 1 *ff de legat. tom. 4 pag. 202 edit. mut.*

(26) Huber. *in praelect. jur. civ. de haered. vel act. vendit.*

(27) Peregrin. *de fideicomm. art. 32 num. 74.*

paga i legati, comeche abbia la maggior parte del patrimonio ereditario (28). Il caso, dicea, che avvenne nei fedecommessi a dì 6 luglio 1816, e che fu fatto di principe, non differisce
da quelli che nella *l.* 4 *ff ad l. falcidiam* sono enumerati (29).

Dava termine alla difesa avvertendo che, se la causa giudicar si volesse dalla presunta volontà del testatore, non si
troverebbero in migliore condizione i difensori contrari, giacchè la volontà del cardinale Lazzaro Pallavicino fu nel testamento manifestata colle parole — *voglio che questo legato* (del
relitto prelatizio) *sia perpetuo, e che abbia luogo sempre in
ogni volta che ci sia un prelato* — Vero è che il cardinale
non disse doversi prestare il legato, ancorchè l' eredità rimanesse diminuita: ma lo disse la legge, s' egli nol disse: quella
legge cioè, che apertamente comanda vadano a carico dei legatari i danni, e le diminuzioni avvenute nelle eredità dopo
la morte del testatore; per cui, se la nave carica della cosa
ereditaria, sopraffatta dalla tempesta, faccia naufragio, se l' incendio, se la ruina consumino le cose ereditarie, se i crediti
si rendano di perduta esigenza, se gli schiavi ereditari peris-
scano di morbo, benchè sia da credere che il testatore non
avrebbe fatti tanti legati, se avesse potuto preveder tanti danni,
pur nondimeno non permette la legge di ricercare le ragioni della volontà, e vuole si prestino intieramente, per quella stessa ragione, per cui, fatta la vendita, vuol che appartenga al compratore il pericolo, e il commodo della cosa venduta.

---

(28) *L.* 30 *ff ad s. c. trebell.* - Multum interest utraque pars
haereditario jure retineatur, an vero in re vel in pecunia: nam superiore casu actiones dividuntur inter haeredem et fideicommissarium,
posteriore vero apud fideicommissarium sunt actiones. - *Instit. ad
s. c. trebell.* § 9.

(29) *L. Lucius Titius ff de evict.* - Averano *interpret. juris
lib.* 3 *cap.* 11 *num.* 5. - De Luca *disc.* 47 *num,* 12 *in fine De alienatione - disc.* 167 *num.* 3 *et* 4 *de fideicomm.* - Rota *decis.* 699
part. 4 *tom.* 2 *recen.* § 2.

Il sacro uditorio „ Considerandó che il fedecommesso del cardinale Lazzaro Pallavicino istituito sopra beni che facevano la somma d'un millione duecento cinquantatre mila scudi, sciolto per le leggi francesi, col m. p. del 6 luglio 1816 fu ripristinato negli stabili che rimanevano, e che non oltre-passavano il valore di scudi sessantotto mila, onde è giustissimo che l'erede fedecommissario sia esonerato da quella parte di pesi, che corrispondono alla parte dell'emolumento perduto : e la ragione di ciò consiste nella presunta volontà del testatore, il quale non avrebbe di tanto aggravato il suo erede, se avesse potuto prevedere che non tutto l'emolumento della sua successione sarebbe a lui derivato.

„ Che a ciò non si oppone il disposto nelle leggi 30 *ff ad l. falcidiam*, e 5 *cod. de crimine expilatae haereditatis*, con le quali si dice, che i danni e le diminuzioni avvenute alle eredità dopo la morte del testatore, come gli incrementi, vanno a danno e vantaggio dell'erede non del legatario : mentre quei testi, che risguardano al caso dell'aumento, o del decremento avvenuto nelle cose ereditarie, applicar non si possono alla questione Pallavicini, nella quale si tratta del cambiamento avvenuto nel diritto della successione.

„ Che colla legge di luglio la successione fu realmente divisa in due, mentre per essa, in quanto ai beni stabili, il principe don Luigi Pallavicino possessore attuale rimase erede fedecommissario, con obbligo di trasmetterne il godimento a chi nel testamento era chiamato, in quanto ai mobili, ai crediti, ed al prezzo dei beni alienati rimase possessore libero, per cui, in questa parte di patrimonio, poterono, quando egli morì, succedere liberamente le di lui figliuole.

„ Che non giova il rispondere, che coll'essersi dalla legge di luglio richiamati a vita i fedecommessi, fosse ripristinato intieramente il diritto di successione in modo, che, se gli eredi trovaron di meno nella eredità, il difetto si debba dire ritrovato nella sostanza e nel corpo della medesima, ma non per questo divenuto l'erede fedecommissario meno erede uni-

versale, mentre se erede universale è colui che succede in
tutti i diritti del defonto, e se dall'altro canto la legge tolse
all'erede fedecommissario i mobili, i crediti, le azioni, d'uopo
è concludere che l'erede di cui si tratta, dopo la legge di luglio, perdesse la qualità d'erede universale.

„ Che di due eredi uno testamentario, uno legittimo,
non mancano esempi nel corpo del diritto, e ve ne ha nella
l. 2 cod. de natur. liber., nella *l. si qua mulier 2 cod. de secundis nuptiis*, nella legge giulia *de maritandis ordinibus*, per
cui torna che, essendosi la eredità divisa in due successori,
e scisso tra due eredi il diritto alla successione contro la
volontà dell'istitutore del fedecommesso, negar non si può
la proporzionale divisione del legato.

„ Che non osta se nel libello introduttivo del giudizio
fu domandata la riduzione, non la divisione del legato; primo
perchè di tale divisione si è trattato nelle precedenti discussioni della causa, per cui oggi non si può riconoscerla come
controversia estranea alla lite, secondo perchè non è necessario esprimere nei libelli introduttivi di lite tutte le cause,
per cui si chiede alcuna cosa in giudizio, in modo che parlar
non si possa della ragione nel libello preterita: anzi è massima di procedura, che, se la causa preterita sia convergente
allo scopo della petizione, possa l'attore produrla a difesa
in progresso di lite.

„ Che con minore utilità dai difensori del prelato si oppone, che il m. p. di luglio, avendo voluto ripristinati i fedecommessi, fatta pria sottrazione di tutti i pesi, abbia inteso
di dire che questi dall'erede fedecommissario debbano essere
sostenuti : mentre la legge, dicendo che i beni sui quali si
ripristinavano i fedecommessi dovessero essere almeno d'un
valore di sc. 15000 *libero ed immune da ogni peso, debito,
o detrazione*, da ciò non consegue che i pesi ereditari sostener
si dovessero dal solo fedecommesso: dappoichè altro è volere
un capitale libero dai pesi, altro il dire che i pesi da questo
solo capitale debbano essere sostenuti. D'altronde è scritto

2*

nella *l. si fideicommissam* 50 § 1 *ff de judiciis* che i debiti aggravanti un patrimonio, non una certa specie di beni, ma l'asse intiero, debbano diminuire, per cui è ricevuta la distinzione tra i pesi *reali* inerenti ad una determinata specie di beni, e che passano con essi ai possessori, ed i pesi *accidentali*, che, essendo pesi di tutto il patrimonio, rimangano a carico di tutti quelli che sono eredi, e che sono tenuti alla soddisfazione dei medesimi con azione personale, come dal sacro uditorio venne deciso nella *Romana census* 27 gennaio 1840 § 2, e nella confermatoria 3 luglio del medesimo anno § 2 innanzi De Silvestri.

„ Che molto meno è da dire competere l'intiera percezione del legato contro l'erede fedecommissario, perchè contro i beni fedecommissari è iscritta l'intiera ipoteca: mentre in primo luogo non è un azione ipotecaria, ma un azione personale quella che dal prelato Pallavicino venne istituita, secondo si tratta di legato annuo, non di legato d'unica prestazione, e perciò da soddisfarsi coi frutti, per cui non compete ipoteca sugli stabili. Massima di giurisprudenza che, riceuta generalmente (30), alla vita dei fedecommessi è indispensabile, essendo per essi ogni alienazione vietata: e, quand' anhe al legatario competesse ipoteca, *in tantum* (dice l'imperadore nella *l.* 1 *cod. com. de legat. et fideicomm.*) *et hypothecaria unumquemque conveniri volumus, in quantum personalis actio adversus eum competit* (31).

---

(30) Surdus *dec. Mantuani Senat.* 28 *per tot.* - Gratian. *discept. forens. cap.* 294 *num.* 8. - Merlin. *de pignor. et hypot. lib.* 3 *tit.* 1 *quaest.* 14 *num.* 160. - card. De Luca *de legat. disc.* 49 *num.* 3. - Pacion. *allegat.* 62 *num.* 4 *et sequen.* - Rota *in Romana fideicommissi* 7 giugno 1652 *cor.* Zarate.

(31) Donell. *alla d. l. num.* 9. - Vinnio *tit. instit. de legat.* § 2. - Voet *ad pandect. de legat. et fideicomm. num.* 41. - Rota *in Romana seu Alatrina immissionis* 20 giugno 1842 *cor.* Alberghini.

„ Che concorre altresì la presunta volontà del testatore : giacchè , se il cardinale Lazzaro Pallavicini fondò il fedecommesso in maniera che l' erede dovesse *assumere il cognome , ed arma pura di casa Pallavicini*, se lo fece ricchissimo, e lasciò solo una piccola parte pel prelato, che fosse del suo casato, se disse che, esistendo un prelato, e un cardinale di tal famiglia — *non si dia niente al prelato, ma solamente al cardinale, non volendo che il primogenito sia mai gravato più di duemila scudi all' anno* — se tutto ciò dimostra nel testatore una predilezione pel primogenito, non è da credere che lo volesse aggravare della medesima prestazione, se avesse preveduto che, per avvenimenti legislativi, si fosse di tanto potuta diminuire la sostanza della sua ricca successione.

„ Che inoltre esso testatore fece dipendere il legato dalla condizione che il primogenito godesse la sua eredità dicendo — *ordino e voglio che il primogenito pro tempore , che goderà la sopraddetta mia eredità, sia tenuto à dare mille scudi l' anno ad un prelato della vera casa e sangue Pallavicino di Genova.*

Rispose — *in primo loco decisis juxta modum,* e il modo fu *quod legatum integrum debeatur ad diem 6 julii 1816 ac , firmato statu omnium bonorum haereditatis cardinalis Lazzari de eo tempore existentium , legati diminutio locum sibi vindicet servata proportione inter substantiam qua super fideicommissi nexus restitutus fuit, atque illam quae libera remansit.*

Rota del dì 2 dicembre 1842 — Romana reductionis legati R. P. D. Bofondi *decano , proc. per l' erede Pallavicini* sig. dott. Corradi *proc. di coll. , per mons. Pallavicino* sig. cav. dott. Rem-Picci.

finita per concordia.

II. *La mancanza della citazione seconda alla parte contumace,
non è nullità di Segnatura.*

La nullità ex defectu *mandati risguarda la procura dell' attore , non quella del reo.*

*Quindi , se il causidico comparente pel reo non produce pro-
cura, nè la copia della citazione notificata al suo cliente,
commette una semplice irregolarità di quelle che, non reclamate entro i tre giorni , s' intendono sanate.*

(*Discuss. sui §§* 404 , *e* 778 *del regol. giud.*)

Comune di Castelmadama c. Scardala

La presente raccolta, per servire alla maggiorità della
classe in cui servigio è compilata, mai non preterirà le regiudicate risguardanti alla prassi : onde riferirà in questo articolo
una regola concernente la nullità *ex defectu mandati*, acciò si
conosca la differenza che passa tra quello che incombe al procuratore dell' attore, e i doveri di chi comparisce pel reo circa
al giustificare, nel contestarsi la lite, la propria rappresentanza.
Dalla Segnatura fu data nel caso d' un *Domenico Scardala* che
domandò, ed ottenne dal tribunal dell' A. C. l' annullamento
d' una mano-regia intimatagli per sc. 57:76 a nome dell' esattore, del priore, e del comune di Castelmadama in Comarca, a
motivo che l' atto era stato intimato da un cursore speciale,
cioè fiscale, non approvato come cursore ordinario (1). Nacque
la regiudicata, per cui il comune, condannato con gli altri
alle spese, ed all' emenda dei danni, interpose ricorso di nullità , o restituzione in intiero innanzi al tribunale supremo,
dicendo richiederla per difetto di citazione, e di mandato. Fu
commessa la causa al patrocinio del sig. avv. *Sarzana.*

---

(1) *V. il pres. giorn. anno* 1840 *vol.* 2 *pag.* 74.

Narrando gli atti, disse che, sebbene il comune avesse in Roma un procuratore ad annuo onorario, come l'han tutti i comuni della provincia, a questi il priore mai non trasmise la citazione che gli era stata notificata, e che, ciò non ostante, producendo negli atti, come procura, solo la copia, che della stessa citazione era stata notificata all'esattore comunale, si disse procuratore tanto di lui, quanto della comunità — che ciò fu irregolare, e che, non essendo in tal modo causidico il quale pel comune venisse a contestare legittimamente la lite, il tribunale, dichiarata la contumacia, avrebbe dovuto ordinare che il comune venisse nuovamente citato, secondo il disposto nel § 557 del regol. giudiziario — che in vece si procedè alla definizione della causa, questa fu dal comune e dall'esattore perduta, fu annullata l'intimazione della mano-regia con tutti gli atti esecutorj, fu interposto appello al tribunale di piena Camera, ove la sentenza di primo grado ebbe conferma, e così nacque a danno del popolo una regiudicata; e per i danni, e dispendi di sì lungo giudizio una liquidazione di non mediocre entità. Si dirà, proseguiva, che giusta il § 781 *si verifica il difetto di citazione, quando fu omessa la citazione introduttiva di giudizio*: ma il non mandare la citazione seconda, è lo stesso che non mandare la citazione introduttiva: poichè se il § 549 permette all'attore di ampliare o riformare il libello pria che la causa si porti in udienza (2), dice implicitamente con ciò, che, in caso di contumacia, la lite non pende finchè colla citazione seconda l'atto della introduzione della lite non sia eseguito. E siccome egli si trovava nel caso di regiudicata, per cui non avea, nè aver potea soccorso d'appello, facea considerare che il solo rimedio gli potea venire

---

(2) *Reg. giud.* § 549. — Potrà l'attore, senza punto cambiare la sostanza, ed il genere dell'azione promossa, restringere, riformare, ed ampliare la sua dimanda, quante volte lo dichiari nello stesso atto di chiamata, ovvero con altro atto di procuratore da notificarsi prima dell'udienza.

dal tribunale supremo, come in ogni caso di seconda citazione pretermessa, quando non è più aperta la via ai giudici
del merito.

Quindi passava a dire delle nullità *ex defectu mandati.*
Ricordava che — *si verifica il difetto di mandato, quando il
procuratore nè in principio di lite, nè posteriormente, e prima
che venga opposta la nullità non ha prodotto il mandato di procura innanzi ai giudici ove è pendente la causa*, e che a tale obbligo dal sig. Claudi, procuratore comparente, non fu soddisfatto: mentre produsse la copia della citazione notificata all' esattore, non quella che fu notificata al priore della comunità,
e non ostante disse di comparire anche per questa, onde
derivò che il giudizio fu proseguito anche contro il comune,
il quale non avea avuta mai volontà d' impegnarsi in una lite
che gli era estranea — poichè, se atti nulli dall'esattore contro
il contribuente erano stati fatti, dovea rispondere il solo esattore per le conseguenze della nullità.

Il sig. avv. *Regnoli* difensore dell' intimato, circa alla
citazione dicea che, se la prima al rappresentante della comunità venne intimata, questa bastò per evitare il difetto
della citazione nel senso del § 781, il quale dice che — *si
verifica quando fu omessa la citazione introduttiva del giudizio* — Che per godere del diritto accordato nel § 549, e
variare l' istanza, non è necessario il farlo nella citazione
seconda, mentre la legge dice che possa farlo *nell' atto di
chiamata, ovvero con altro atto di procuratore da notificarsi
prima dell' udienza*, e che il tribunale supremo già altra volta
disse essere nullità appartenente al giudice del merito la mancanza della seconda citazione (3) — Circa al mandato, facea
osservare in fatto alla suddetta circostanza dell'essere il Claudi
procuratore della comunità ad annuo salario, ed affermava
che mandatari di tale natura possono essere riconosciuti come
legittimi procuratori nelle liti che risguardano ai loro man-

---

(3) *Anconitana circumscript.* 26 junii 1827 § *ult. cor.* Gallimberti.

danti (4). Dopo di che dava atti non pochi dai quali appariva che il priore del comune ebbe piena notizia dell'operato dal Claudi, e lo ratificò implicitamente senza richiederne la nullità.

Il tribunale supremo „ Considerando che la prima citazione introduttiva di giudizio al comune fu notificata, e, se furono continuati gli atti senza mandare la citazione seconda, ciò non produsse nullità di Segnatura, ma lasciò al contumace non citato salvo ogni diritto *non ostante la sentenza innanzi al giudice, o tribunale che l'avea proferita*, come è scritto nel § 1140 del codice giudiziario.

„ Che, in quanto alla pretesa nullità *ex defectu mandati*, in primo luogo è illegale il domandarla a nome del municipio, che fu reo convenuto in quella causa: mentre il procuratore del reo convenuto, se pure il procuratore dell'attore non lo richiegga, non è tenuto a produrre procura in atti; per cui le regole concernenti tal forma, e le nullità che produce l'inosservanza, risguardano unicamente il procuratore dell'attore, come altra volta dal supremo ordine fu proclamato (5).

„ Che se il § 404 dispone essere in obbligo del procuratore del reo produrre almeno la copia della citazione al suo cliente notificata, e se il Claudi mancò di produrla, tale omissione altro non fu che una irregolarità di comparsa,

---

(4) *L.* 1 *ff de proc.* - Vant. *de nullitat. tit. Quibus modis sent. rep. null. num.* 99. - Menoch *de praesumpt. lib.* 2 *pr.* 37 *num.* 13. - Urceol. *de transact. quaest.* 13 *num.* 21 *et sequen.* - Ridolph. *prax. jud. parte* 1 *cap.* 3 *num.* 38. - Rota *decis.* 199 *num.* 2 *cor.* Cerro. - *decis.* 1329 *num.* 2 *cor.* Emerix - *decis.* 126 *num.* 15 *tom.* 1. - *decis.* 207 *num.* 4 *et* 8 *tom.* 2 *cor.* Rezzonico. - *e nella Romana seu Massilien pecuniaria* 22 *giugno* 1818 *num.* 5 *cor.* Bassi.

(5) *Veliterna circumscr. et remissionis caussae seu restitutionis in integr.* 25 *maggio* 1833 §§ 8, 9, 10 *cor.* Gallimberti.

che, non reclamata·entro i tre giorni, s'intende rimessa
secondo il disposto del § 778 della suddetta legge giudiziaria.

„ Che inoltre, se il Claudi eletto dal pubblico consiglio
per patrocinare le cause, era il legittimo rappresentante della
comunità, è prossimo alla calunnia il dirlo destituito d'opportuno mandato: tanto più che con replicati atti ciò che egli
fece fu ratificato.

Rescrisse — *Nihil de circumscriptione, et restitutione in
integrum.*

Segnat. del dì 22 giugno 1843 — *Tyburtina circumscript.
vel restitutionis in integrum* R. P. D. Caracciolo-Santobuono, *proc. pel comune* sig. dott. Bossi, *per Scardala* sig. dott.
Cicconetti.

7 dicembre 1843 — *Quoad circumscriptionem in decisis
in reliquis de caussis.*

CAUSE IN APPELLO . SOMMINISTRAZIONE

III. *L' esistenza d' un giudicato di prima istanza contrario
all' opinamento nato in appello, non impedisce ai giudici
di questo grado di accordare all' appellante una somministrazione per le spese della lite.*

*Quand' anche l'opinamento non sia in tutto favorevole all' ap-
pellante, ed il litigante, che chiede la somministrazione,
domandi anche la nuova udienza nella parte contraria.*

(*Discuss. sul* § 937 *del regol. giud.*)

Pancaldi c. Torlonia, Pizzardi, e Benucci

Prendiamo memoria di questa massima, che fu stabilita
dalla s. Ruota nel caso d'una lite vertente tra l'attore sig.
ab. Pancaldi, ed i rei convenuti sigg. duca Torlonia, Pizzardi, e Benucci sulla nullità d'una transazione che questi
avean fatta con lui, quando nel 1831, in correspettività d'una
centesima parte, abdicò il diritto, che per sei centesimi e mezzo
aveva ai lucri del camerale appalto *sali e tabacchi.* Per conse-

guenza di tale azione, e per capo di lesione enormissima, il Pancaldi avea richiesto innanzi al tribunal dell' A. C. , che, previo l' annullamento della concordia, gli si dessero i sei centesimi e mezzo di ciò che quella fortunata intrapresa avea prodotto nel dodicennio, per cui fu stipolata. Ma il tribunale dell' A. C. avea rigettata l' istanza, e la Ruota con due decisioni conformi avea detto altrettanto : nel terzo esperimento però disse il contrario, chiarì nulla la transazione, e mandò le conseguenze di tale nullità a discussione separata : nella quarta proposizione della causa confermò quest'ultimo avviso, e, propostosi il dubbio sull' azione in ispecie, disse dei sei centesimi e mezzo deversi dare al Pancaldi la metà, cioè tre centesimi ed un quarto : i quali importano nel dodicennie circa a centomila scudi romani. La Ruota nell' accordare così al Pancaldi, come ai suoi contradittori la nuova udienza contro le decisioni, che avean risoluti entrambi i dubbi, sopra richiesta del Pancaldi, che giustificava gli estranei voluti dal § 937 (1) rescrisse — *Audiatur, subministratis scutis tercentum.*

Ruota del dì 8 gennaio 1844 Romana nullitatis transactionis super subministratione pon. mons. Alberghini, dif. per Pancaldi sig. conte Filipponi avv. concistoriale, sig. avv. Cajani, proc. sig. dott. Binarelli, per Torlonia ecc. sigg. avv. Balducci (Anacleto), e Piacentini-Rinaldi, proc. sig. dott. Pagnoncelli proc. di coll., sigg. dott. Nardini, e Brunetti.

CAUSE PENDENTI . COMPETENZA

IV. *Alla contemporanea pendenza d' una stessa causa innanzi più giudici o tribunali di eguale giurisdizione, per l' og-*

---

(1) *Reg. giud.* § 937. - Allorchè viene permesso dal diritto comune, che l' uno dei litiganti chiegga all' altro una somministrazione pecuniaria per le spese della lite, potranno i giudici ordinarla con sentenza provvisionale, quante volte però riconoscano abbastanza chiaro il buon diritto dal richiedente sul merito della causa, e sia provata la di lui povertà che gli renda impossibile l' anticiparle.

28

*getto di determinare la competenza, basta che una di esse
sia semplicemente introdotta.
Ed all' effetto d' ammettere il ricorso in Segnatura non osta che
uno dei due tribunali si sia dichiarato incompetente.
Come non osta che uno dei due giudizi sia introdotto innanzi
ad un tribunale notoriamente incapace.*

(*Discuss. sul* § 1049 *del regol. giud.*)

Paparelli c. il comune di Serravalle

Il § 1049 del regolamento giudiziario dice che *ha luogo
il ricorso per determinare la competenza, quando una medesima
causa è introdotta innanzi più giudici, o tribunali di eguale
giurisdizione.* Ma fu dimandato qual via si dovesse tenere,
quando un tribunale si dichiara incompetente, senza che la
medesima causa sia stata introdotta innanzi ad un altro? La
giurisprudenza adottata nella specie, che siamo per narrare,
riconosce, a quanto sembra, come plausibile prattica quella
di dare un esistenza qualunque all' altro giudizio — Un Paparelli, che dai tribunali di Camerino e Macerata era stato mantenuto nel diritto di pascere e legnare sui monti d' un villaggio
detto *Copogna*, per un ricorso interposto *ad Sanctissimum* secondo le norme del § 1700 dal comune di Serravalle, cui il suddetto borgo è appodiato, con rescritto del 23 gennaio 1837
vide annullare la regiudicata, e dichiarare che le parti si ser-
vissero di loro ragioni *coram judicibus ordinis administrativi, ad
formam legis:* ma al 1 di maggio del medesimo anno venne in
luce la declaratoria, che disse essere mente di Sua Santità — *che
le cause e controversie introdotte, e da introdursi... in ordine ai
diritti di pascere e di legnare, ove non abbiano interesse nè diretto, nè indiretto il fisco, e le amministrazioni fiscali, e che non
fossero già riassunte nei dicasteri amministrativi, proseguano ad
essere conosciute, e decise dai magistrati dell' ordine giudiziario,* per cui due anni dopo, volendo il Paparelli continuare la lite, tornò al sovrano per lo stesso mezzo del sig.

cardinale prefetto della Segnatura, e richiese revocarsi l' annullamento, che col rescritto del 27 gennaio 1837 era stato decretato: n' ebbe in risposta la formola — *visa lege diei 1 maii 1837 Sanctissimus benigne declaravit caussam, de qua in precibus, spectare ad magistratus ordinis judiciarii.* Quindi tornò innanzi al tribunale d'appello sedente in Macerata, e, siccome reputava decorsi i termini a proseguire l'appello, con istanza incidente domandò che la perenzione fosse dichiarata: il tribunale si riconobbe incompetente, dicendo che il principe, col rescritto secondo, l'annullamento degli atti suoi decretato nel primo, non avea revocato. Fu allora che il Paparelli, per dare esistenza al caso di due giudizi sul medesimo oggetto contemporaneamente introdotti innanzi a due giurisdizioni di pari grado, da un canto citò innanzi allo stesso tribunale di Macerata per la revoca della dichiarazione d'incompetenza, che egli ritenne come sentenza incidentale, dall'altro citò per la medesima perenzione d'appello innanzi al tribunale della ruota che, come é noto, per le sentenze del tribunale di Camerino non ha giurisdizione, se non in terzo grado; ed interpose in Segnatura ricorso di nullità, citando ad udir dichiarare — *caussam de qua agitur, spectavisse et spectare ad tribunal appellationis Maceratae, sin minus ea avocetur et remittatur ad unum idemque tribunal, Signaturae justitiae magis bene visum.*

Il difensore del *Paparelli* dicea che, se il tribunale d'appello di Macerata si dichiarò incompetente per essersi in contrario opposto il primo rescritto, con cui fu decretata la nullità degli atti fatti, siccome da tale interlocutorio, che era stato emanato in secondo grado, non avrebbe potuto il suo cliente appellare alla Ruota (1), per escir d'imbarazzo gli fu

---

(1) *Reg. giud.* § 985. – L' appello dalle sentenze interlocutorie o incidentali proferite dai tribunali di secondo grado, non potrà interporsi che unitamente all'appello delle sentenze definitive, quando abbia luogo.

necessario creare una pendenza contemporanea in altro tribunale, cioè nella medesima ruota, richiedendo anche innanzi ad
essa la perenzione dell'appello, per potere interporre un ricorso
di competenza al tribunale supremo, ed a questo richiedere
qual fosse la magistratura competente alla causa. Nè della
identità dei giudizi gli era difficile render convinto il tribunale, poichè tanto nell'incidente di Macerata, quanto
in quello di Roma la stessa cosa si addimandava — Circa
alla destinazione del tribunale in ispecie, a me, dicea, è in-
differente che la causa venga rimessa piuttosto all'un tribunale, che all'altro, ma, siccome non posso ignorare che dai
giudicati del tribunale di Camerino si appella a Macerata,
e non a Roma, così ritengo che la controversia debba essere
rimessa al tribunale d'appello di Macerata — Nè osta che il
rescritto del dì 23 gennaio 1837 annullasse gli atti, che ivi si
erano fatti, giacchè posteriormente fu dichiarato spettare la
causa ai magistrati dell'ordine giudiziario — come neppure
gioverebbe opporre la regola, che innanzi ai giudici divenuti
sospetti per la precedente opinione contraria, non convenga
rimettere la stessa controversia, poichè *Guerra*, *Armellini*,
Staurini, magistrati d'illustre memoria, che nel 1837 sedevano
in quel tribunale, furono dalla morte rapiti al servigio del
principe, e della patria, ed al Nestore dei piceni giuristi avvocato *Frisciotti* carico d'anni e di meriti, fu accordato il
ritiro: per cui, di quei che componevano il tribunale in quel
tempo, mancano quattro. D'altronde un intiero tribunale d'appello non potrebbe essere ricusato (2).

All'incontro si dicea pel comune, che se a confessione
del Paparelli la causa in sacra Ruota fu nullamente introdotta, l'autore dell'atto non avrebbe potuto allegare la

---

(2) *Reg. giud.* § 1056. - Non è ammissibile il ricorso concernente la ricusa contro un intiero tribunale civile, di commercio, o
d'appello.

nullità di tale giudizio (3) — che d' altronde, se tale introduzione di giudizio era notoriamente nulla, non poteva aver luogo il ricorso di competenza, il quale suppone la contemporanea contestazione di cause validamente fatta, onde, per disciogliere il nodo, fosse necessario ricorrere al principe, da cui provennero i due precedenti rescritti. Quindi volea si rescrivesse *ad Eminentissimum Praefectum cum Sanctissimo.*

Il tribunale supremo „ Considerando che, se il tribunale della Ruota non è tribunale di secondo grado per i giudicati di Camerino, la nullità degli fatti avanti di esso è evidente.

„ Che, tolti di mezzo gli atti ruotali, è manifesta la competenza del tribunale di appello sedente a Macerata. Nè osta che tali giudici abbiano interloquito nella causa, poichè gli atti fatti innanzi di loro dal pontificio rescritto vennero annullati, per cui si devono considerare come se mai non abbiano avuto esistenza — Molto meno che essi giudici col primo sovrano rescritto fossero dichiarati incapaci a giudicare: poichè ciò fu detto quando era in vigore la legge del 25 luglio 1835, la quale mandava quella controversia ai magistrati amministrativi: ma posteriormente fu pubblicata l'altra legge declaratoria del dì 1 maggio 1837, mediante la quale le liti comunali sul diritto di pascere, e di legnare che si trovavano precedentemente introdotte, furono mantenute sotto la giurisdizione dei tribunali ordinari.

„ Che molto meno è d'ostacolo il dire che, riconosciuto competente il tribunale di appello di Macerata, era dunque notoriamente nullo il giudizio introdotto innanzi alla Ruota, e quindi mancare una legittima contemporanea pendenza di due giudizi in una stessa causa innanzi ai due tribunali di giurisdizione eguale: poichè tale inconveniente ricorre in ogni ricorso di competenza, nel qual caso uno dei due giudizi è

---

(3) *Reg. giud.* § 450. - Niuno può opporre una nullità di forme a cui egli, o coloro che hanno agito per lui, abbiano dato causa.

sempre introdotto innanzi ad un tribunale che non ha giurisdizione per giudicare.

„ Che finalmente, se innanzi alla ruota una citazione era stata mandata, e riprodotta colla procura, ciò bastava per dare esistenza al caso d'un altro giudizio, come è disposto nel § 1049 del regolamento giudiziario.

Rescrisse — *Circumscriptis omnibus gestis in Rota per viam nullitatis ex defecta jurisdictionis, caussam spectare ad tribunql appellationis Maceratae, coram quo partes utantur juribus suis.*

Segnat. del dì 24 agosto 1843 Maceraten circumscriptionis et unionis R. P. D. La Grua-Valdina, *dif. per Paparelli* sig. dott. Cicconetti, *pel comune* sig. dott. Marchetti (Pier Luigi) 11 gennaio 1844 — *In decisis.*

GHETTO . AMPLIAZIONE . PIGIONI .
CALO E ACCRESCIMENTO

V. *Se avvenga che il governo consenta all' ampliazione d' un ghetto, i padroni delle case comprese nel nuovo recinto vanno per ministero di legge soggetti alla ritenzione della tassa di calo e accrescimento, che è quanto dire del 12 per cento sulle pigioni.*

Dal Monte c. Costaguti

Siccome il pontefice Alessandro VII. con breve del dì 15 novembre 1658, concedendo agli ebrei il diritto d' abitare le case possedute dai cristiani nel ghetto, volle la comunità di loro nazione obbligata a pagare le pigioni solite per quelle che rimanessero sfitte, così Innocenzo XII. con chirografo del dì 30 aprile 1698 concesse agli inquilini il diritto di ritenere a carico dei proprietari il dodici per cento delle pigioni correnti, e pagarlo alla comunità, acciò potesse far fronte al peso che papa Alessandro le avea imposto in favor dei padroni: il quale provvedimento diretto ad equilibrare le ragioni, dall' accrescersi per una parte l' utilità del

padrone, e diminuirsi dall' altra la qual ritenzione andò col
nome di *calo e accrescimento*, sopra di che è da vedere un
voto camerale di mons. *Dentice* nella *Romana liberationis a
molestiis* 22 giugno 1791, e l' editto del tesorierato 30 agosto 1814, con cui la tassa fu confermata. Ora, avendo papa Leone XII. concessa agli ebrei di Roma la facoltà di
comprendere nel loro chiostro anche le case esistenti nella
via detta *della reginella*, gli israeliti *dal Monte* si trovavano di avere condotta dal marchese Costaguti per annui scudi trentasei una bottega in tal luogo esistente, ed era l' affitto in decorrenza, nè per alcuni anni curarono di ritenere il
dodici per cento, che intanto alla cassa di loro comunità aveano
pagato: richiestolo, si oppose il proprietario dicendo inapplicabile il chirografo innocenziano alle abitazioni posteriormente
comprese nel ghetto, e molto meno nel caso d' una locazione
nella quale il conduttore avea promesso di pagare la pigione
libera e franca per il locatore. Si venne a lite innanzi al
sig. avv. de Sanctis, e l' istanza di ripetizione d' indebito fu
ammessa con giudicato del dì 18 novembre 1840. Appello per
parte del Costaguti al secondo turno del tribunale dell' A. C.,
ed ecco il tenore della sentenza confermatoria che formò la
regiudicata.

„ Considerando, che a forma del chirografo della santa
memoria Innocenzo XII. in data 30 aprile 1698, devono gl' inquilini ebrei ritenere sulle pigioni, che pagano ai proprietari
delle case, e botteghe poste nel chiostro isdraelitico, il dodici
per cento in ogni anno per la tassa del così detto calo, ed
accrescimento.

„ Considerando, che l' importo di questa ritenzione deve
dai medesimi inquilini ebrei essere corrisposto alla loro comunità isdraelitica, onde la medesima possa far fronte alle
spese di cui è gravata, ed anche in correspettività dell' obbligo, che la grava, di pagare cioè alli suddetti proprietari
le intere pigioni dei loro locali, allorquando i medesimi ri-

mangono sfitti, giusta il disposto del breve apostolico emanato dalla santa memoria Alessandro VII. li 15 novembre 1658.

„ Considerando che, essendo stato l' antico reclusorio isdraelitico aumentato, ed esteso di molto, i proprietari di tutte le case e botteghe al medesimo aggiunte, e che di presente fanno parte del ghetto stesso, devono anch' essi come godere tutti i privilegi, così andar soggetti a tutti i pesi, ed obblighi, che gravano i proprietari dei locali appartenenti all' antico ghetto, e ciò anche per disposizione sovrana della santa memoria di Leone XII., il quale, nell'ordinare l'ampliazione, del ghetto, decretò che tutti i privilegi, gius, pesi, usi, e consuetudini del vecchio ghetto fossero comuni, ed estesi ai caseggiati, e locali al medesimo nuovamente incorporati, ed aggiunti.

„ Considerando che lo stesso si è riconosciuto, e dichiarato espressamente dal regnante sommo pontefice, tanto con la risoluzione proferita nel 27 giugno 1837, quanto col rescritto emanato presso un voto di mons. avv. fiscale nel 20 giugno 1839.

„ Considerando, che la sopraenunciata tassa del calo, ed accrescimento non deteriora punto la condizione dei proprietari delle case comprese nel reclusorio isdraelitico, dapoichè in correspettività, e compenso del dodici per cento, che sulle pigioni loro dovute si ritiene dagl' inquilini ebrei per esser corrisposto alla comunità isdraelitica, i proprietari stessi ricevono da detta comunità le pigioni delle loro case, sebbene siano sfitte, e per l' effetto della stessa legge del calo, ed accrescimento, viene ad essere diminuito di un dodici per cento, il valore censibile delle case stesse, lo che produce, che dai medesimi si corrisponde al governo un dazio minore di quello, che importerebbe il vero valore delle case, se non fosse diminuito del dodici per cento.

„ Considerando che perciò niun danno si è con la imposizione della detta tassa arrecato ai possidenti dei locali situati nel recinto del ghetto; giacchè mentre per una parte soffrono la diminuzione del dodici per cento sull'importo delle pigioni delle loro case, godono dall'altra i detti considerabili proporzionati compensi in correspettività di detta diminuzione.

„ Considerando quindi, che come giustamente ha il marchese Costaguti, stante la incorporazione del suo locale all'antico ghetto goduto, della diminuzione del valore censibile del locale stesso, e del dazio camerale sul medesimo, e come avrebbe potuto esigere dalla comunità isdraelitica la intiera pigione del medesimo, tuttochè non fosse stato il detto locale affittato, così giusto si ravvisa, che debba egli rifondere alla ragion cantante del Monte l'importo delle detrazioni del dodici per cento sulla pigione del locale da questa ritenuta in affitto, e ciò per tutti gli anni in cui indebitamente è stata ammessa la detrazione medesima.

„ Considerando, che, avendo la ditta del Monte regolarmente corrisposto alla comunità isdraelitica tale tassa dovuta realmente dai soli proprietari dei locali posti nel ghetto, giunge fino all'assurdo il voler negare alla medesima il reintegro di quanto ha per detto titolo pagato.

„ Considerando, che, avendo il marchese Costaguti indebitamente percette le intere annue pigioni dalla ditta del Monte, mentre per altra parte percepiva, e poteva percepire i compensi, che rappresentano la totalità delle pigioni stesse, non può in alcuna guisa dubitarsi, che contro di lui giustamente si richieda dalla ditta stessa la ripetizione dell'importo del dodici per cento, non detratto dalle pigioni interamente a lui pagate.

„ Considerando, che, non avendo egli alcun diritto di esigere interamente le dette pigioni, ed impedire la sopraccitata detrazione del calo, ed accrescimento, sia che abbia la ditta pagato indebitamente per errore di diritto, o per errore di fatto, si verifica nella medesima indubitatamente il diritto di ripetere le somme a lui pagate; tanto più che, siccome di già si avvertiva, se si escludesse la dimandata ripetizione d'indebito tutto il danno verrebbe a sopportarsi

3*

dalla ditta medesima, la quale in obbedienza della legge vigente ha dovuto corrispondere alla comunità israelitica lo stesso importo del dodici per cento per la tassa di calo, ed accrescimento, ed il marchese Costaguti verrebbe *cum aliena jactura* ad esimersi dal pagamento di una somma da lui certamente dovuta.

„ Considerando, che inutilmente si opponeva per parte del marchese Costaguti, che nell'apoca di locazione del locale in disputa, effettuata anteriormente alla incorporazione del medesimo nel recinto del ghetto, si appose la espressa convenzione, che l'annua fissata pigione dovesse corrispondersi libera, e franca da qualunque peso, che s'imponesse dopo la data della locazione stessa; dapoichè si avvertiva, che tale convenzione non poteva essere operativa riguardo agli effetti di una legge posteriormente emanata, in forza della quale è venuto a mutarsi lo stato della stessa cosa caduta in contratto, e sonosi circa la medesima venuti ad indurre, come dei nuovi privilegi in favore del proprietario, così de' nuovi pesi a carico del medesimo.

„ Considerando perciò, che, non potendosi prevedere questa mutazione di cose originata dalla emanazione della imprevisa legge portante la incorporazione del locale in quistione nel recinto del ghetto, non può ritenersi, che siasi rinunciato agli effetti, ed al disposto della legge medesima pel noto principio, che la volontà de' contraenti *non fertur ad incognita.*

„ Considerando quindi, che, siccome si è in altri casi stabilito dai tribunali, e particolarmente dalla sacra Rota, le rinuncie ai propri dritti non s'intendono operative per quei dritti, che per la sopravvenienza di nuove leggi promulgate posteriormente alle rinuncie medesime si sono nei rinuncianti stessi verificati, a meno che non abbiano le rinuncie stesse contemplato espressamente anche i casi futuri provenienti da causa, e legge futura.

„ Considerando, che, non rinvenendosi nell'apoca di affitto una così lata rinuncia, menomamente non osta all'esercizio dei dritti della ditta del Monte il sopradetto patto col marchese Costaguti stipolato.

„ Considerando perciò che meritevole di conferma si ravvisa l'appellata sentenza dell'assessore De Sanctis, la quale, facendo ragione alla dimanda della ditta medesima, condannò il marchese Costaguti a rifonderle le somme indebitamente come sopra percette.

„ Invocato il Nome Santissimo di Dio. Il tribunale, pronunciando definitivamente in secondo grado di giurisdizione, conferma la sentenza dell'assessore De Sanctis con la condanna del Costaguti alle spese.

Congreg. Civile dell'A. C. secondo turno, udienza del dì 28 settembre 1843, mons. Giannuzzi *vice-pres.*, *dif. per Costaguti,* sig. dott. Tosi, *per dal Monte* sig. dott. Ceccarelli (Giuseppe)

CAMBIALE . CONSEGNA DEL DANARO . COMPETENZA

VI. *Quand'anche si provi che il danaro, per cui è tratta una cambiale, sia stato somministrato in luogo diverso da quello in cui venne accettata, il tribunale del luogo, ove si dice fatta la somministrazione, è incompetente per giudicare sull'esito della tratta.*

All'effetto di giudicare sulla nullità, il tribunale supremo non ammette altre prove che quelle risultanti dal processo degli atti : molto meno può ammettere le deposizioni dei testimoni i quali, pel suo istituto, non potrebbe formalmente esaminare.

(*Discuss. sul* § 448 *del regol. giud.*)

Valenti c. Trasciatti

Il § 448 del regolamento giudiziario, provvedendo alle competenze commerciali, dà all'attore l'alternativa di potero istruire il giudizio *o avanti al tribunale del domicilio*, *o dimora del reo convenuto*, *o avanti al tribunale del luogo in cui si è fatta la promessa*, *o consegnata la mercanzia*, *o finalmente avanti al tribunale del luogo in cui doveva effettuarsi la consegna*, *o il pagamento*, nè mai ne avvenne veder disputato se quelle parole *consegnata la mercanzia* potessero significare *consegnato il danaro*. Ma, avendo il negoziante di Foligno Angelo Trasciatti innanzi al tribunal di commercio sedente in tale città, fatto condannare il conte Valenti di Camerino a pagare una cambiale di sc. 2120, che questi avea accettata in Camerino *per valuta avuta in effettivo contante* pagabile in Roma al domicilio Cecchi, si vidde dal Valenti citato in Segnatura con un ricorso di nullità.

Il difensore del ricorrente, allegando il suddetto paragrafo dicea che, stando al domicilio, o dimora del debitore, il giudizio si sarebbe dovuto istruire nel tribunale di Camerino, stando al luogo del pagamento, si sarebbe dovuto portare al tribunale di Roma, stando al luogo del contratto, a Camerino venne promessa la trasmissione del danaro. Nè, proseguiva, si vada dicendo che, sebbene la lettera apparisse tratta, da Camerino, nella città di Fuligno fu dal Trasciatti somministrato il danaro al conte Valenti, per arguire che Foligno fosse tribunale competente, come luogo in cui la mercanzia fu consegnata: poichè quando il § 448 disse del luogo in cui *si è fatta la promessa*, *o consegnata la mercanzia*, lo disse perchè non tutte le contrattazioni commerciali dipendono da obbligazioni espressamente, e per iscrittura contratte; ma derivano anche dai fatti, come per esempio da una tradizione di merci da cui il credito nasca: perciò, come conviene la prima parte dell'alternativa al tribunale di Camerino, ove realmente la promessa fu fatta, disconviene al tribunal di Foligno, nella quale città nessuna merce al Valenti fu consegnata: e che nel commerciale linguaggio *merce* non sia sinonimo di *danaro*, lo dice lo stesso codice di commercio, che nell'articolo 105, prescrivendo la formola della cambiale, vuole si esprima, se la valuta *in danaro*, o *in mercansia* fu somministrata. Quindi sussidiariamente occupavasi nel confutare i testimoni in contrario prodotti per convincere i giudici che, ammessa anche per dannata ipotesi la nuova giurisprudenza contraria, non era provato in fatto che la pecunia piuttosto a Foligno, che a Camerino fosse consegnata.

All'incontro il difensore del Trasciatti, ricordate le regole che sono nel testo circa al potersi citare il reo innanzi ai tribunali del luogo *ubi contraxit* (1), anche se, avendo promesso il pagamento in altro luogo, non lo adempia nel luogo destinato (2), dicea che il caso del giudizio istruito a Fuligno fu appunto il caso di persona che avea promesso pagare a Roma, ed all'assunta obbligazione non avea soddisfatto : tanto più che il diritto comune in tal caso accorda un azione arbitraria (3) — che appunto il § 448 accorda all'attore la facoltà di citare il reo convenuto avanti al tribunale del luogo ove fu consegnata la mercanzia, il giudizio si potea fare a Foligno, mentre, secondo il detto dei testimoni, e le altre prove che produceva, a Foligno, e nel banco del suo cliente al Valenti la moneta fu consegnata — che la moneta è mercanzia, e perchè *mercis appellatio ad res tantum mobiles pertinet* (4), e perchè, al dire del Casaregis — *neque dubitandum pecuniam venire appellatione mercium* (5), e perchè secondo l'Azuni — *sotto il nome di merci in generale si comprende qualunque cosa mobile di cui si possa far traffico*, e

(1) L. 19 e 45 *ff de jud.* - *cap.* 1 § 3 *de foro compet. in* 6.

(2) *Inst. tit. ff de eo quod certo loco.* - *l.* 19 *ff de jud.* - *cap.* 17 *de foro compet.*

(3) *L. un. de eo quod certo loco.* - Qui certo loco se soluturum pecuniam obligat, si solutioni satis non fecerit, arbitraria actione et in alio loco potest conveniri, in quo venit aestimatio, quod alterutrius interfuit suo loco potius, quam in eo, in quo petitur, solutio.

(4) *L.* 56 *ff de verb. signif.*

(5) *De comm. disc.* 70 *num.* 14.

commercio, *e perfino il danaro* (6) — Così nelle parti della discussione risguardanti alla massima, per cui diamo il presente articolo.

Il tribunale supremo „ Considerando che, se la lettera di cambio fu tratta, ed accettata a Camerino, non si può dubitare che Camerino nel senso del § 448 sia il luogo *ove fu fatta la promessa.*

„ Che perdutamente il Trasciatti si da a sostenere la validità degli atti fatti a Foligno per la facoltà che il suddetto paragrafo concede d'istruire il giudizio nel luogo *ove fu consegnata la mercanzia*: poichè l'alternativo collocamento delle parole, colle quali il paragrafo è concepito, dà chiaramente a conoscere un duplice caso essersi contemplato dal legislatore: il caso cioè d'una azione che venga da esplicita promessa, e quello d'un azione che derivi da un fatto, come sarebbe una azione, che avesse per fondamento una nota di merci consegnate ad un compratore.

„ Che se nel giudicare sulla validità d'un giudizio istruito per una cambiale, ricercar si dovesse in qual luogo fu dato il danaro, e conoscere tal fatto per deposizione di testimoni, sarebbe necessario sottoporre questi ad esame: mezzi di prova, quanto propri della giurisdizione ordinaria, altrettanto estranei all'istituto dell'ordine supremo: e siccome nella specie si tratta d'un giudizio istruito non per pagamento di merci consegnate, nè di una obligazione reale contratta dal conte Valenti, ma di una cambiale da lui accettata a Camerino, non la seconda, ma la prima parte dell'alternativa contenuta nel § 448 dovea dare competenza a quegli atti.

Rescrisse — *Circumscriptis per viam nullitatis omnibus gestis coram tribunali commercii Fulginatensi, cum omnibus inde sequutis ex defectu jurisdictionis, partes utantur juribus suis.*

---

(6) *Alla v. merce num.* 1.

Segnat. del dì 14 settembre 1843 — Fulginaten. circum-
script. R. P. D. Ferlisi, dif. per Valenti sig. dott. Cicconetti,
per Trasciatti sig. avv. Teoli, proc. sig. dott. De Romanis.
7 decembre 1843 — *In decisis.*

UNIONE . RICORSO . OPINAMENTO

VII. *Il ricorso d'unione si può interporre anche dopo l'opi-*
namento in una delle cause manifestato.
Quand'anche la causa da unirsi sia stata introdotta dopo
l'opinamento.

(*Discuss. sul § 1052 del regol. giud.*)

Gambetta c. Tomassini

Il conte Tomassini Barbarossa, come cessionario a titolo
oneroso dei diritti che avea la Camera degli spogli sull'eredità d'un religioso professo, fu citato dai coniugi Gambetta
per il pagamento d'un credito ipotecario, che aveano contro
il defonto, e si oppose dicendo che, per la regola *quidquid*
monachus adquirit, monasterio acquirit, il debitore non avea
capacità per gravare di debito, senza causa necessaria, i beni
che all'ordine avea acquistati: ma il tribunale di Macerata,
innanzi a cui fu introdotta la lite, dette i dubbi dicendo,
che, sebbene il debitore fosse un religioso professo dell'ordine romitano, pur nondimeno, non avendo dopo il 1814
riassunto l'abito, avendo anzi menata vita molto mondana
nell'opinione di tutti, era tenuto come persona laica, per
cui i contratti da lui fatti doveano ritenersi come legittimi
per il disposto della *l. Barbarius ff de officio praetoris.* Non è
da negare che dopo tali dubbi la causa cadesse, come dicono,
in aggiornamento: ma il Tomassini, vedendo per essi posta in
pericolo la efficacia del contratto che con la Camera degli
spogli avea fatto, avvisò d'istruire un giudizio contro di
questa, citato l'eminentissimo sig. cardinale prefetto, con esso
i Gambetta a comparire innanzi al tribunal dell'A. C. turno

camerale a sentir dichiarare che l'eredità di quel frate, devoluta alla Camera per ministero di legge, e per disposizione delle bolle apostoliche, non era, e non poteva essere da lui aggravata di debiti, che egli altresì non poteva, vivendo, fare donazione di quello che avea: e ciò perchè, oltre al contrarre il suddetto debito, un predio a quei conjugi avea donato. Introdotto tale giudizio interpose in Segnatura ricorso di nullità, e d'unione citando *ad videndum praevia circumscriptione actorum factorum coram tribunali Maceratae, declarari causam spectare ad tribunal A. C. in turno camerali, sin minus mandari avocari caussam et caussas penden. coram tribunali civili Maceratae, illasque uniri alteri caussae penden. inter easdem personas attenta continentia, et connexitate ut procedat una cum altera.* La parte Gambetta domandò la moderazione di tale atto, allegando il disposto del § 1052 che dice — *non è ammissibile il ricorso per l'avocazione o riunione delle cause... 4° quando, avuto riguardo alle circostanze, ed alle qualità dei giudizi respettivi, si riconosca che il ricorso è diretto ad impedire, o ritardare il corso dell'uno o dell'altro,* dicendo che, dopo i dubbi, la causa era in istato di spedizione, ed il giudizio fu introdotto nel tribunale dell'A. C. per ritardare la sentenza definitiva nel giudizio pendente a Macerata. Si rispose che il suddetto paragrafo rimette alla prudenza dei giudici il decidere quale sia il caso in cui un ricorso si possa dire interposto ad oggetto di ritardare un giudizio — che nessun giudizio si poteva istruire sull'osservanza del contratto fatto colla Camera degli spogli, finchè l'opinamento di Macerata non ne rendeva litigiosa l'efficacia — che il rimedio fu invocato, quando il male comparve, e che nessuna legge richiede che la causa da unirsi sia nata, pria che nell'altra l'opinamento sia manifestato.

Il tribunale rescrisse — *Nihil de moderatione recursus, et ad D. auditorem qui mandet caussam poni in folio serv. serv.*

Segnat. del dì 11 genn. 1844 — *Maceraten. moderat. recursus* R. P. D. Consolini, *proc. per Gambetta* sig. dott. Ciccopelli, *per Tomassini* B. Belli.

VIII. *La regola di diritto, che ammette la compensazione tra un debito liquido, ed un credito di facile liquidazione, non militat nel caso di due tasse di spese una liquida, ed in istato eseguibile, una liquidata, ma ancora soggetta ad opposizione.*

(*Discuss. sul § 844 del reg. giud.*)

Approsi c. Battaglia

Per il disposto della *l. fin. cod. de compensat.* la reciproca soddisfazione si compie anche tra crediti che, illiquidi in ispecie, sono in genere certi, ed in ispecie di facile liquidazione (1): ma il codice di procedura civile, dopo aver collocata col § 844 num. 2 tra le incidenti le istanze di compensazione, che si fanno dopo introdotta o terminata la lite, volle in tal caso la certezza del credito anche in ispecie, contenta d'una certezza generica, se venga proposta in principio di lite, ed esigendo in entrambi i casi che l'istanza abbia per base un titolo scritto proveniente da colui contro il quale viene proposta (2). La qual rettificazione di rimodio

---

(1) *L. 14 fin. ff de compensat.* - Compensationes ex omnibus actionibus ipso jure fieri sancimus, nulla differentia in. rem vel personalibus actionibus inter se observanda. Ita tamen compensationes objici jubemus, si caussa ex qua compensatur, liquida sit, et non multis ambagibus innodata, sed possit judici facilem exitum sui praebere.

(2) *Regol. giud.* § 845. - Se la dimanda di compensazione è proposta in principio di lite, e prima di qualunque altra difesa sul merito, basterà provare che il credito da compensarsi è certo e liquido in genere: se viene proposta in appresso, converrà esibire un titolo da cui risulti la quantità precisa della somma dovuta.

846 - Nell'uno, e nell'altro caso la dimanda di compensazione dovrà essere basata sopra un titolo scritto, e che provenga da colui, contro il quale viene proposta: qualora non sia basata sopra un ti-

giuridico fu applaudita dalle persone del foro, che, dalle ceneri di cause già spente, vedevano in passato, sotto pretesto di compensazione, nascere nuovi litigi. La massima fu recentemente applicata dal tribunale supremo al caso d'una tassa di sc. 40, per la quale una donna *Ippoliti* avea avuto contro la *Approsi-Donati* da mons. uditore di tal tribunale le *mani libere* a dì 3 luglio dello scorso anno 1843, e della quale la Donati domandò la compensazione per l'entrante quantità, con una tassa sua di sc. 113:83 che era stata liquidata dallo stesso prelato. Ma l'istanza della compensazione era stata fatta pria che l'ordinanza fosse in istato eseguibile. Monsig. uditore rigettò l'incidente, l'uditore della prefettura fu d'avviso diverso, per cui la controversia fu portata alla cognizione del pieno ordine.

Il difensore dell'Approsi ponea sua ragione nella sudetta *l. final. cod. de compensat.*, e in quel di Donello alla *sud. l. num.* 8: — *Caussa liquida fit, aut adversarii creditoris confessione, aut ex genere debiti controversi, aut ex facilitate, et celeritate probationis:* sopra di che son da vedere le due decisioni 517 e 548 coram Crispo, che parlano appunto di compensazione di spese, e specialmente la prima, che dice al num. 7 *facilis enim occurrebat responsio, quod, cum creditum dictarum expensarum sit in substantia omnino clarum, et certum, et pro determinatione quantitatis solum exigat operam calculi aritmetici, hinc, jure optimo, admittit beneficium compensationis, quae numquam retardatur per illiquiditatem, sola calculi ope superabilem* (3) — Che se, proseguiva, si opponesse la necessità di un titolo scritto, e si dicesse che una regiudicata, quale è quella da cui proviene la nostra tassa, non abbia tal qualità, si verrebbe a concludere, che un titolo di sua natura

tolo scritto non potrà proporsi, nè trattarsi come incidente: ma il credito da compensarsi formerà il soggetto di un giudizio principale.

· (3) Pacifico *de Salviano interdicto inspect.* 2 cap. 2 *num.* 529. - Rota coram Lancetta *decis.* 671 *num.* 8.

esecutorio superiore ad ogni eccezione, equivalente alla stessa verità, e non soggetta alla giurisdizione dei giudici debba esser materia d'un giudizio ordinario.

Il difensore della *Battaglia* si limitava ad opporre il tenore dei suddetti §§ 844, 845, 846 del regolamento giudiziario. Nè avea bisogno di persuadere ai giudici essere l'istanza contraria un istanza incidente, come son tutte quelle che si propongono innanzi al tribunale supremo per conseguenza dei ricorsi interposti, e delle regiudicate con cui vennero risoluti, ed aggiungea che, per quanto encomiar si volesse la forza, e l'efficacia delle regiudicate, nel caso la legge letteralmente richiede un titolo scritto, *proveniente da colui contro il quale viene proposta la dimanda* : e che le regiudicate prevengono dai giudici.

Il tribunale supremo, revocando il decreto della prefettura, rescrisse — *Servetur decretum R. P. D. auditoris.*

Segnat. del di 7 dicembre 1843 — *Romana compensationis* R. P. D. Consolini, *dif. per Apprasi* sig. dott. De Romanis, *per Battaglia* sig. Popolla.

SPESE . RATA DI VITTORIA

IX. *Nelle cause in parte vinte, e in parte perdute si tassano le spese* pro rata victoriae, *quand' anche chi perde abbia impugnata in genere la efficacia del titolo da cui deriva l' azione.*

(*Discuss. sul* § 606 *del regol. giud.*)

Vandini c. Masi

A pag. 223 vol. 2 dello scorso anno abbiamo riferita la lite che fecero i Vandini eredi di Chiara Masi contro i fratelli di lei innanzi alla curia metropolitana in Ravenna per fare annullare la rinuncia emessa dalla di loro autrice alla paterna, ed alla materna eredità, quando ebbe la dote nel maritarsi al Gattelli, e dicemmo come la causa finisse in Rota con una regiudicata, la quale per la paterna eredità rigettò la protesa, per la materna l'ammise. Ora diremo che, avendo i Vandini proceduto in Ruota alla tassa, si viddero dai Masi citati a sentir dichiarare non essere luogo a pagamento di spese, od almeno doversi proporzionare alla vittoria, secondo il disposto nel § 606 (1).

Il difensore dei Masi volea l'applicazione di questo articolo nella parte che risguarda alla reciprocità della vittoria, facendo osservare, che se i Vandini vinsero la causa per la paterna eredità, la perderono in ciò che richiedevano per la materna, e citava una *Assina pecuniaria super lucro dotali et fructibus* 3 marzo 1834 *cor.* De Corsi, che nel § 11 disse così — *Quoad expensas autem, admittenda videtur comitissae Franciscae instantia, non solum ex recepto in foro principio quod judiciales sumptus refciendi sunt mulieri dotem repetenti, sed specialiter etiam quod ipsorum refusio ex peculiari pacto fuerat conventa. Attamen, inspecto hodierno judicii exitu, cum perspectum patribus fuerit non integram a muliere relatam fuisse victoriam, quia ipsius postulatio, quoad expetitam lucri proprietatem, plene rejecta fuerit, putarunt ideo compensandas esse expensas* (2): e ricordava la disposizione del testo, la quale non vuole condanna di spese, se non quando il perditore non ebbe alcuna giusta ragione per intentare, o per sostenere la lite (3), e quel di Vinnio che al titolo *de poena temere litig.* § 1 *num.* 3 così si esprime — *Appendix sententiae est con-*

---

(1) *Reg. giud.* § 606. - Potranno i giudici, secondo le circostanze, assolvere in tutto o in parte dalle spese respettivamente fatte i congiunti di sangue: potranno inoltre ordinare la compensazione delle spese intiera o parziale, se le parti soccombono respettivamente in qualcuno dei punti di controversia.

(2) *V. la conferm.* 13 *giugno* 1834 *cor. eod.*

(3) *L. 7 ff de legat.* 2. - Damnum ab iis sarciendum erit, qui post sententiam judicatum solvere supersederunt. Non aliud servabitur in litis sumptibus si ratio litigandi non fuit. - *Nov.* 82 *cap.* 10.

damnatio in sumptus et expensas litis. Constitutum namque est victum in lite in expensas quoque, et caetera damna condemnandum esse . . . . nec victo prodest jurasse calumniam: ut ut enim vere de calumnia juraverit, nihilominus tamen ei imputari potest quod temere adversarium suum in jus vocavit. Plane si quis justam caussam litigandi habuisse videatur, quod interdum accidit, vel quia res obscura est, vel ex probabili ignorantia facti, vel etiam ex incertitudine juris nata ex discrepantibus doctorum sententiis, placet hunc, etsi victus est, ab onere expensarum excusari, idque judicis religioni, et prudentiae extimandum relinquitur (4).

Per lo contrario il difensor dei Vandini pretese di sostenere la tassabilità per l'intiero, dicendo che la facoltà lasciata ai giudici dal § 606 nel caso di vittoria reciproca non si deve intendere nel senso materiale delle quantità concesse o negate colla regiudicata, ma si deve investigare quello che venne principalmente in discussione, a tal che se il perditore abbia per intiero combattuto il principio, da cui nasceva la lite, benché in parte abbia vinto, in parte abbia perduto, deve essere condannato intieramente alle spese: per cui, avendo i Masi negata la nullità della rinuncia tanto all'effetto della materna, che della paterna eredità, nel qual punto di diritto consisteva il fondamento dell'azione, si dovessero reputare come perditori di tutte le cause (5). Quindi citava l'autorità del Costantino il quale è d'avviso che il reo convenuto per una somma eccessiva, debba offerire la somma realmente dovuta, se non vuol essere condannato a tutte le spese. *Nunc videndum* (dice nell'annot. 59 art. 5) *super aliquibus casibus particularibus in quibus est locus condemnationi expen-*

---

(4) Scaccia *de sent. et rejud. quaest.* 13 gloss. 14 num. 62. – Gadelin. *de jure noviss.* lib. 4 cap. 14 num. 1. – Voet *lib.* 42 *tit.* 1 num. 22. - Rota *in Praenestina emptionis vendit. super expensis* 6 giugno 1834 *cor.* Marini § 2.

(5) Barbosa *alla l. eum quem temere ff de jud. num.* 144.

sarum, et primo se offert ille controversus articulus an creditor petens mille, dum est creditor in sexcentis, et debitor negat totum, probato credilo in sexcentis, debitor condemnatur in expensis, ex quo temere negavit totum: vel potius creditor qui petiit plus debito in illis condemnatur. At quod debitor non condemnetur, nemo potuerit negare totum, sed potius creditor tali casu dicitur esse in culpa ... At contrarium tenent alii, quod scilicet debitor teneatur ad omnes expensas, si non obtulit summam vere debitam, et voluit temere litigare .... ego vero existimo procedendum cum secunda opinione, quod, si debitor non fatetur partem debiti vere debitam, condemnatur in expensis.

La s. Ruota rescrisse — *Esse locum taxationi expensarum favore Antonii et litis* (Vandini) *pro medietate.*

Ruota del dì 1 *dicembre* 1843 — *Ferrarien. petitionis haereditatis et nullitatis renunciationis super expensis, dif. per Masi* sigg. avv. Giampietri e Teoli, proc. sig. dott. Tancioni, *per Vandini* sig. avv. Tosi, proc. sig. dott. Brunetti (6).

GRAZIE SOVRANE . SURREZIONE . RETICENZA DEL PRECEDENTE RESCRITTO

X. *La concessione di una grazia sovrana è surrettizia, se nelle preci al principe non venne narrato che la dimanda, con altro precedente rescritto, era stata rigettata.*

---

(6) Vedi su tal controversia la regiudicata di Segnatura Galliani e Maggioli *Forolivien. restitutionis in integrum, super expensis* 14 gennaio 1841 riportata in questo giornale anno 1840-41 vol. 1 pag. 264. – In quella circostanza fu stabilito, che nel caso di lite in parte vinta, ed in parte perduta, il reo convenuto tassa le spese per la parte della dimanda in cui venne assoluto, che il giudice le compensa con altrettanta somma della tassa fatta contro di lui nella parte perduta, ed accorda il rimanente a chi ha vinto di più. La qual regola è ora senza controversia osservata nella nostra curia.

La massima fu riconosciuta dalla s. congregazione del Concilio nella circostanza d'una Orsini-Colapietro, che avea supplicato il sommo pontefice per ottenere sulla eredità Ortolani, lasciata ai poveri di sua parrocchia in questa nostra città, un annuo sussidio. Nel 1839 per organo di mons. Uditore, essa avea umiliata al sommo pontefice la medesima supplica, ma a dì 1 settembre ne avea avuto rescritto con clausula *non expèdire*: due anni dopo rinnovò l'istanza per mezzo del cardinale vicario, studiandosi di accumulare per essa nuove ragioni, e n'ebbe un breve, con cui le furono assegnati annui scudi 60: ma, avendo l'amministratore dell'opera pia dimostrati i vizi d'orrezione, e surrezione, che si contenevano nelle preci, fu rimesso l'affare alla sacra congregazione suddetta colla clausula *de aperitione oris*, per cui furono concordati due dubbi, uno colla formola — *An intret arbitrium pro aperitione oris*, *in casu ecc.*, e l'altro — *An breve apostolicum sit exequendum in casu ecc.*

Una delle ragioni, che dall'amministratore del pio legato eran dedotte, fu appunto quella che nelle preci venne preterita la narrazione del precedente rescritto, con cui nell'anno 1839 l'istanza fu rigettata: ed allegava il *cap. ad audientiam de rescript.* che dice — *ad audientiam nostram pervenit*, *quod quidam clerici*, *obtentis a se apostolicis litteris super provisionibus in aliquibus ecclesiis tibi subjectis recipientes ab eis annuas pensiones*, *seu alia beneficia ab eorum petitione desistant*, *renunciantes beneficia litterarum . . . mandamus quatenus eos*, *qui post litteras taliter alias de illis mentione non habita impetrabunt*, *de caetero vel hactenus impetraverint*, *carere decernas commodo earum*, *et ecclesias non permittas eorum occasione vexari*, *revocando in irritum si quid eorum praetextu inveneris esse factum*, ed il *cap. in nostra* 32 del medesimo titolo, così concepito — *In nostra proposuisti praesentia*, *quod nonnulli clerici a se apostolicas plures litteras*, *non tamen alias de aliis mentionem facien-*

4

tes impetrant fraudolenter, quod in pluribus ecclesiis admittan-
tur: sicque aliquando in aliis recepto, licet nondum in eis
ecclesiasticum beneficium sint assequuti alias ecclesias ... man-
damus qualenus eos clericos, ecclesiis in quibus sunt recepti, fa-
cias esse contentos, nec permittas alias ab eis occasione litterarum
hujusmodi molestari, nisi de receptione forte, seu expressam fe-
cerint mentionem (1).

Il sacro consesso rescrisse — *ad 1 affirmative, ad 2 ne-*
gative.

S. congreg. del Concilio dei 27 maggio 1843 — Romana
legati pauperum, dif. per Richebach amm. del legato sig. avv.
De Cupis, proc. sig. dott. Puri, *per Orsini* sig. avv. Ciabatta,
proc. sig. dott. Papi (Giovanni).

2 dicembre 1843 — *In decisis.*

SPESE GIUDIZIALI . ISCRIZIONE IPOTECARIA . SPESE POSTERIORI

XI. *In forza d' una sentenza che condanna alle spese di giu-*
dizio, non si può prendere iscrizione ipotecaria per le
spese future in grado d' appello.

(*Discuss. sui* §§ 143, 181, *e* 182 *del reg. legisl.*)

Grimaldi c. Malvezzi

Una sentenza del governatore di Budrio ad istanza Grimaldi condannò i Brunelli — *a pagare all' attore scudi* 165,
e le spese di questo giudizio liquidate in sc. 12:78, *non che*
le ulteriori in caso ecc., e, nel conservare l'ipoteca contro i
beni del debitore, fu detto d'iscriverla *nella somma di romani*
scudi 250, *in quanto a sc.* 165 *debito principale, in quanto a*
sc. 12:78 *spese giudiziali liquidate nella sentenza, ed in quanto*
a sc. 72:22 *ammontare approssimativo delle spese ulteriori.* Infatti, avendo i Brunelli appellato, la sentenza fu confermata,

(1) Rota recens parte 10 decis. 20 num. 23.

e le spese d'appello furono liquidate in sc. 42. Ma, avendo i debitori venduto un fondo alla congregazione dei poveri detti *vergognosi* di Bologna, il sig. conte Malvezzi-Ranuzzi, nel nome dello stabilimento che rappresenta, si vide dal Grimaldi citato con azione quasi serviana a pagare la somma iscritta, od a sentir decretare la licitazione del fondo: si oppose per ciò che risguardava alle spese d'appello, dicendo che quando venne iscritta per esse l'ipoteca, il credito non era ancor nato. Una sentenza del tribunale di prima istanza sedente nella suddetta città secondo turno, a dì 13 giugno 1840 rigettò l'opposizione, ma, revocata dal tribunale d'appello ai 12 aprile 1842, la causa in terzo grado fu per memoriale di nullità, e di merito devoluta alla ruota. La questione di nullità nella prima proposizione della causa non fu trattata.

Il sacro uditorio ,, Considerando che le iscrizioni ipotecarie provenienti da giudiziarie pronuncie hanno necessariamente per titolo una condanna, per cui devono essere contenute nei limiti del giudicato.

,, Che la sentenza del governatore di Budrio, in forza di cui fu iscritta l'ipoteca di cui si tratta, non condannò, nè poteva condannare che alle spese risguardanti a quel grado di giurisdizione, e d'altronde una iscrizione giudiziaria non preceduta da una condanna, è mancante di fondamento (1).

,, Che non osta contenersi nella sentenza del governatore di Budrio la condanna anche alle *spese ulteriori*, mentre; se al giudice mancava ogni giurisdizione per comprendere nella sentenza le spese d'appello, quella clausula era, e doveva essere relativa alle spese di spedizione, e d'esecuzione quante volte, non appellando i Brunelli, si dovesse procedere agli atti esecutorj.

---

(1) Merlin *repert di giurispr. tom. 7 art.* ipoteca *sez.* 1 *cap.* 5. – Rota *nella* Centumcellarum extinctionis hypoth. 8 giugno 1832 § 4 cor. Marini.

4*

„ Che molto meno era da apporre il § 143 del regol. legisl. che concede la facoltà d' iscrivere per i diritti inerenti, ed eventuali : poichè quel luogo di legge intende parlare dei diritti certi in genere, illiquidi ed incerti in ispecie, come sono i privilegi, le obbligazioni, e le sentenze che accordano diritti eventuali, che possono purificarsi per l' avvenimento d' una condizione : per esempio una condanna ad emenda di danni.

„ Che finalmente non è per gli appellanti di migliore presidio il § 182 che dà al creditore il diritto *di essere collocato nello stesso grado principale, quanto alle spese d' iscrizione, quanto a quelle fatte per procurarsi i documenti necessari a comprovare il suo credito, e per ottenere, quando occorra, la sentenza di condanna*: giacchè, prescindendo dal quistionare se sotto nome di spese *per ottenere la sentenza di condanna* si possano comprendere tutte le spese fino alla regiudicata, o piuttosto quelle soltanto che appartengono al giudizio di primo grado, il disposto del § 182 è spiegato dal precedente § 181 il quale dice che vi si tratta delle iscrizioni prese per *un capitale, che può produrre frutto*, nel qual caso permette iscrivere l' ipoteca per le tre annate, e per le spese necessarie a procurarsi i documenti, e ad ottenere la sentenza di condanna: onde una disposizione di legge risguardante al caso d' una ipoteca convenzionale, non può essere trasportata al caso d' una ipoteca giudiziaria.

Rescrisse — *Non esse locum circumscriptioni, neque solutioni, et extendatur decisio.*

Rota del dì 4 agosto 1843 — Bononien. actionis hypothecariae R. P. D. De Silvestris, *dif. per l' appellante sig.* avv. Marchetti (Giuseppe), *proc. sig.* dott. Brunetti, *per l' appellato sig.* avv. Rossi (Pietro), *proc. sig.* dott. Proja.

8 gennaio 1844 — *In decisis, et expediatur.*

APPENDICE

Opere nuove di giurisprudenza

1. Delle lettere di Cambio e degli effetti di commercio in generale — *Opera contenente* 1.° un trattato, 2.° la giurisprudenza, 3.° l'opinione degli autori, 4.° la legislazione antica, 5.° la legislazione attuale della Francia, 6.° la legislazione internazionale — di LUIGI NOUGUIER avvocato alla corte reale di Parigi. — *Versione italiana di Filippo Melia segretario della Banca romana* — Roma Tipografia Menicanti in 4.°

È questa una delle più recenti opere pubblicate in Francia sulla specialità della giurisprudenza commerciale risguardante alle lettere di cambio, e forse la più utile all'uso del commercio e del foro, poichè riunisce in un medesimo libro la storia della legislazione, l'autorità degli scrittori, e delle più recenti regiudicate, nulla omettendo di quanto è necessario alla illustrazione di sì importante dottrina. Quindi è da lodare il pensiero del sig. Melia che hà voluto rendere un servigio alla classe non meno dei giuristi che dei negozianti, pubblicandone la versione in italiano. Si distribuisce in fascicoli di 5 fogli al prezzo di baj. 25, ed il volume, che contiene tutta l'opera, non oltrepasserà i 10 fascicoli.

2. Compendio delle più note leggi del diritto civile Romano coll'aggiunta di varie teoriche dei più celebri giureconsulti forensi — Opuscolo di GIOVANNI PATRIARCA procuratore ruotale, Roma — Tipografia Menicanti in 4.°, di pagine 123 oltre all'indice — prezzo baj. 70.

Il sig. Dottor Giovanni Patriarca ha testè pubblicato il suddetto opuscolo - Come egli stesso ci dice nella prefazione, nè hà tratti i materiali dalla commendevole opera *De Notissimis in jure legibus*, del chiarissimo *monsig.* Devoti. Dopo avervi dati alcuni brevissimi cenni sull'origine e progresso del Diritto civile Romano', e della compilazione giustinianea', riporta con chiarezza e concisione il contenuto di ciascun teorema, accennando in margine il luogo onde lo ha tratto. Egli non ha soltanto raccolto leggi del codice e delle pandette, ma eziandio alcune interessanti teoriche, ed opinioni dei prammatici, e dei giureconsulti di fama. – Vi sono anche riportate alcune massime stabilite dalla s. Rota, e vi è riferito e commentato alcun paragrafo del nostro regolamento legislativo giudiziario. Un tale opuscolo può esser utile anche a coloro che innanzi ai governatori delle provincie esercitano l' officio di procuratore, senza avere premesso un pieno corso di leggi, mentre somministra la cognizione di quei punti cardinali del diritto comune, indispensabili a sapersi da chiunque voglia occuparsi nel patrocinio.

T. B.

Opere di giurisprudenza commerciale recentemente pubblicate in Francia.

1. Trattato del contratto di commissione dei signori DELAMARRE dott. in diritto, consigliere alla corte reale di Rennes, e LE POITEVIN dott. in diritto, professore supplente alla facoltà legale della stessa città (*Traité du contrat de commission ecc.*) 3 vol. in 8° — prezzo 20 fr. e 50 c.

   In generale (*così il sig. Troplong nel rapporto che di questa opera fece all'Accademia nella seduta dell' 11 giugno 1842*) i signori Delamarre e Le Poitevin hanno trovato nella scuola italiana del 15°, e del 17° secolo la sorgente delle loro teorie, e dei loro insegnamenti. Questa scuola fiorente ed illustre, ha fondato il diritto commerciale, e l' ha innalzato al grado di scienza: ma tra tutti i giureconsulti che vissero in quest' epoca, quello che, secondo l' avviso dei signori Delamarre, e le Poitevin, occupa il primo posto, è Casaregis magistrato della ruota di Siena, e della ruota di Firenze.

2. Manuale dei giudici di commercio, o raccolta di documenti, editti, leggi, decreti, ordinanze, e pareri del consiglio di stato concernenti la giurisdizione commerciale, seguito dalle formole di atti, rapporti, ed ordinanze le più comuni al ministero dei giudici, il tutto classificato, e po-

ste in ordine dal sig. GASSE, segretario della presidenza del tribunal di commercio di Parigi — 3 edizione rivista, corretta, ed aumentata dal testo del codice di commercio, secondo le modificazioni che ha subìto con le leggi 19 marzo, e 26 maggio 1817, 31 marzo 1833, e 31 maggio 1840 — un vol. in 8° — pr. 6 fr. (*Manuel des juges de commerce ecc.*)

3. Trattato generale delle assicurazioni (*Traité général des assurances*) del sig. ISIDORO ALAUZET sotto-capo di gabinetto al ministero della giustizia — 2 vol. in 8° pr. 15 fr.

È diviso in due parti. La prima è interamente consecrata all'istoria del contratto d'assicurazione, ed ai nuovi aviluppi che potrebbe ottenere : la seconda comprende tutta la parte giuridica, i principi, la teoria del contratto, e l'esame delle difficoltà che esso può far nascere. Il sig. *Alauzet* ha posto a profitto tutti gli autori che hanno scritto su questa materia dagli Italiani del medio evo, fino alle opere più recenti, le legislazioni antiche, e le contemporanee, dalle leggi di Spagna fino agli usi dell'Inghilterra, e degli Stati uniti. La seconda parte è suddivisa in cinque sezioni che trattano : 1° dei principi generali comuni a tutte le assicurazioni ; 2° delle regole particolari sulle assicurazioni marittime : 3° delle assicurazioni terrestri, sia contro il fuoco, sia contro qualunque altro infortunio : 4° delle assicurazioni sulla vita : 5° delle assicurazioni mutue - È il solo trattato generale pubblicato fino a quest'ora sulle assicurazioni.

4. Codice di procedura commerciale, o codificazione degli articoli del codice applicabili in materia di commercio, contenente sotto ogni articolo l'analisi della giurisprudenza, e la dottrina degli autori — con un appendice contenente le leggi organiche, e le disposizioni regolamentarie concernenti i tribunali di commercio (*Cod. de procedure commerciale ecc.*) del sig. E. CADRES avvocato alla corte reale — 1 vol. in 8° pr. 8 fr.

5. Trattato dei fallimenti e bancherotte secondo la legge del 28 maggio 1838 (*Traité des faillites ecc.*) del sig. di SAINT-NEXENT dottore in diritto — 3 vol. in 8° pr. 22 fr. 50 c.

6. **Della società civile e commerciale, commentario del tit. IX. del lib. III. del codice civile** (*Des sociétés ecc.*) del sig. TROPLONG consigliere alla corte di cassazione, membro dell' istituto — 2 vol. in 8° prezzo 18 fr.

Quest' opera forma seguito a quella del sig. Toullier.

Giurisprudenza estera commerciale, ed ipotecaria.

AGGIUDICATARIO – CREDITORE IPOTECARIO – TITOLI IGNORATI – RIPETIZIONE

1. *L' aggiudicatario che dopo aver pagato l' intiero del prezzo in seguito del giudizio di graduazione, è obbligato di pagare una seconda volta una parte di esso ad un creditore anteriore nell' ipoteca, ed i cui titoli erano rimasti ignoti, può ripetere questa parte dal creditore collocato in ultimo grado.*

Lecieux c. Dubreuil

La Corte ,, Considerando che in forza del giudicato 11 novembre 1826, ed in seguito del pignoramento fatto dal sig. Vimard gli immobili appartenenti al sig. Benige furono aggiudicati a Dubreuil, e che quindi fu aperta una graduatoria.

,, Che, chiusa tale graduatoria colla distribuzione del prezzo, quando già da gran tempo i beni erano passati in dominio d' un sig. Varin al quale li avea retroceduti il Dubreuil, li signore Epron de la Horie creditore, che era rimasto ignorato, e la cui ipoteca presa contro l' antico proprietario non era stata purgata, si presentò per domandare il pagamento del suo credito.

,, Considerando che una sentenza del 23 giugno 1839 riconobbe la legittimità di questa pretesa, ed il Dubreuil rimborsò il detto Epron de la Horie, e si fece surrogare nei di lui diritti.

,, Considerando che Dubreuil dopo avere effettuato questo rimborso è venuto ad intentare un azione in ripetizione d' indebito specialmente contro gli sposi Lecieux, che si trovavano d'essere gli ultimi creditori graduati, e da lui pagati : ma che questi si sono opposti, ed è del modo di tale azione che oggi si tratta.

„ Considerando che se Dubreuil ha pagato gli sposi Lecieux, ciò evidentemente fu in seguito di un errore derivante dall' essersi ignorata l' esistenza del credito di Epron de la Horie, e che in effetti, se quest' ultimo fosse stato presente alla graduatoria, non potendo il di lui diritto essere posto in controversia, avrebbe assorbito una parte del dividendo, e diminuita la porzione del prezzo assegnato ai creditori graduati.

„ Considerando che questa ignoranza per parte di Dubreuil non può essere risguardata come il risultato d' un errore che avrebbe commesso, giacchè in generale l' aggiudicatario non forma parte della graduatoria, che non ha nessun obbligo di figurare nella medesima, e la sola cosa alla quale egli sia tenuto, è quella di rappresentare il prezzo.

„ Considerando che dall' altro lato gli sposi Lecieux, che hanno partecipato a tale ignoranza a motivo della loro qualità di creditori con ipoteca convenzionale, aveano più di lui avuto il mezzo di verificare i titoli di proprietà di Benige, e che, occupandosi di tale verificazione prima di contrattare con quest' ultimo, avrebbero potuto sottrarsi alle conseguenze di un fatto, che ha dato luogo al processo attuale.

„ Che inutilmente si obbietterebbe contro Dubreuil ch'egli è intervenuto all' istanza di graduatoria: mentre in effetto egli non vi ha figurato che per un oggetto totalmente speciale, cioè per reclamare il beneficio d' una clausula inserita nel capitolato, che l' autorizzava a ritenere nelle sue mani il capitale delle vendite: ma che tutto il resto gli è stato totalmente estraneo.

„ Che Dubreuil aggiudicatario degli immobili espropriati sopra Benige non era debitore verso gli sposi Lecieux, che a ragione di questi medesimi immobili, e fino a che il prezzo dei medesimi loro apparteneva in tutto, o in parte.

„ Che il diritto d' esser pagato su questo prezzo era per gli sposi Lecieux, come per gli altri creditori, sottoposto alla condizione di presentarsi con una ipoteca che loro assicurasse un grado utile, e che, mancando tale condizione, il diritto di cui si tratta più per essi non esisteva.

„ Che conseguita da ciò che il Dubreuil, pagando loro come aggiudicatario l' ammontare del loro credito, ha pagato quello che non dovea, e che, avendo pagato per errore, a termini dell'articolo 1377 del codice civile ha diritto alla ripetizione.

„ Che questo diritto di ripetizione ha fondamento sopra il principio d'equità, che a nessuno permette d'arricchirsi col danno altrui, e che, se i sposi Lecieux riescissero nel loro proposito, si arricchirebbero evidentemente col danno di Dubreuil : mentre è costante da un canto ch'egli pagherebbe due volte il prezzo del suo acquisto, e dall'altro canto che essi non avrebbero nulla a pretendere sopra tal prezzo.

„ Considerando che in verità, per conseguenza dell'ignoranza comune dell'esistenza d'un creditore anteriore in ipoteca, sarebbe rigorosamente possibile che dal canto loro i creditori collocati in ultimo grado soffrissero alcuna volta pregiudizio, sia perchè, nella fiducia d'esser pagati, negligenterebbero di fare aumentare le offerte, sia perchè, una volta pagati, verrebbero a perdere le altre sicurezze : ma bisogna riconoscere che questo non è che una semplice eventualità, che non può bilanciare la perdita certa dell'aggiudicatario, che fosse obbligato a pagare due volte, e che d'altronde nella specie non si è verificato.

„ Considerando che non si potrebbe sotto tale pretesto eludere la disposizione generale, e precisa del § 1 dell'art. 1377 contro la quale non è eccezione da fare, oltre quella portata nel secondo paragrafo del medesimo articolo : eccezione che nel caso non può essere applicata.

„ Per questi motivi ecc.

Corte reale di Caen *ud. del dì* 16 agosto 1842 1 *cam.* sig. Rousselin 1 *presid.*

AVARIA - APPRODO - SPESE

2. *Quando una nave assalita da una tempesta ha sperimentato delle avarie particolari, tali che hanno reso impossibile di continuare il viaggio, senza compromettere nel tempo stesso la nave, l'equipaggio, ed il carico, le spese dell'approdo, e trattenimento accaduto per riparare queste avarie particolari, devono esser classificate come avarie grosse comune, ancorchè non siavi stata deliberazione per voto dell'equipaggio, non*

essendo tal deliberazione indispensabile per costituire il danno volontariamente sofferto.

Devono egualmente nel medesimo caso esser considerate come avaree communi le spese di sbarco, di magazzinaggio, e di nuovo imbarco del carico, causate dalla necessità di abbattere il naviglio, e di racconciarlo.

Non si può, in materia d'avaree comuni, operare la deduzione d'un terzo per la differenza del nuovo al vecchio delle spese fatte pel restauro del naviglio. Spetta agli attori, che domandano una riduzione, provare la differenza del valore esistente fra gli oggetti vecchi, e gli oggetti nuovi.

Dovendo il naviglio contribuire al pagamento delle avaree comuni per la metà del suo valore al luogo dello sbarco, ne risulta che questo valore deve esser composto non solo dell'ammontar della stima fatta dai periti al momento che è valutato il danno, ma anche dalla parte contributiva che dia al naviglio il carico in ragione delle avaree che quello ha sofferto per la comune salvezza.

Imbart c. Vitry

La Corte „ Attesochè è evidente, che in seguito del cattivo tempo, e d' un violento colpo di mare che ha percosso il suo naviglio, il Capitano Imbart è stato costretto a pigliar terra a Cartagena, e che per riparare le sue avaree è stato obbligato a scaricare.

„ Attesochè è stato giudicato fra le parti che quasi tutte le avaree erano particolari alla nave.

„ Che le avaree comuni sono di poca importanza : e che alle avaree particolari deve attribuirsi la necessità dell'approdo.

„ Che i fatti di frode allegati contro il capitano, non sono provati.

„ Che si tratta di decidere in qual classe di avaree saranno collocate le spese di approdo, e quelle di scarico e ricarico della mercanzia.

„ Attesochè gli articoli 400 e 403 del cod. di commercio determinano il primo quali sono le avaree communi, il secondo quali sono le avaree particolari.

,, Che ai termini dell' art. 400 le avaree communi sono in generale i danni sofferti volontariamente , e le spese fatte dopo deliberazione presa per il bene e la salvezza comune del naviglio
e delle mercanzia.

,, Che le avaree particolari a termini dell' art. 403 , sono in
genere le spese fatte e i danni sofferti, per il solo naviglio, o per
le sole mercanzie.

,, Che l' approdare non costituisce di per se, e direttamente una
disgrazia di mare, e che esso non è che il seguito e la conseguenza
degli avvenimenti , che l' hanno preceduto.

,, Che è dunque il valore di questi eventi, come causa dell' ap-
prodamento, e l' applicazione che deve ai medesimi farsi dei principî
generali ora annunziati che deggiono determinare la qualificazione di
questa sorte d' avaree.

,, Atteso che, se l' art. 400 nel suo n. 7 comprende nel numero delle avaree comuni alcune spese di approdo quando questo è
reso necessario dalla tempesta o dall' inseguimento de' nemici , che
se l' articolo 405 nel suo n. 3 designa d' altra parte come avaree
particolari le spese risultanti da tutti gli approdi cagionati sia dalla perdita fortuita di alcuni oggetti, ch'egli enumera, sia dal bisogno
di provveder vettovaglie , sia per vie d' acqua da riparare , non
ne siegue che il legislatore abbia potuto restringere ai soli casi d'approdo enunciati in questi articoli le applicazioni a questo genere
d' avaree, ma che deve ritenersi per lo contrario che egli ha lasciati sotto i principi generali tutti gli altri casi , che non sono quelli
ivi specificati.

,, Che risulta dai fatti del processo esser stato necessario l' approdo a Cartagena per la comune salvezza del naviglio, del carico,
e dell' equipaggio che esso è stato volontario : che se non fu preceduto da una deliberazione, tal deliberazione non era indispensabile.

,, Che la spesa fatta per questo approdo riunisce dunque i
caratteri, che ai termini dell' art. 400 del Codice commerciale costituiscono l' avarea comune.

,, Che inutilmente direbbesi l' approdo forzato, che esso non è
stato che la conseguenza necessaria della disgrazia di mare, che ha

ragionato le avaree particolari, e che essa deve identificarsi con queste avaree.

„ Che quando la legge vuole in effetto, che l'avarea sia comune, che il danno sia stato volontariamente sofferto, essa non impiega questi termini che per opposizione al danno che non dipende dalla volontà dell'uomo, da quello che gli è stato imposto dagli avvenimenti.

„ Che l'approdo è stato forzato, perchè la vista di un pericolo imminente ne ha fatto una necessità al Capitano, ma che esso perciò non ha cessato d'esser volontario, mentre, affrontando imprudentemente il pericolo, si è deliberato di continuare il viaggio.

„ Che il prender terra è stato un fatto volontario, e forzato, come sarebbe stato il sagrificio di un albero della nave fatto dal capitano nel momento della tempesta.

„ Atteso che lo scarico ed il ricarico della mercanzia hanno in vero per causa diretta la necessità di riparare le avaree particolari del naviglio : ma che queste riparazioni erano indispensabili per preservare la mercanzia dalle disgrazie delle avaree, e dalla perdita di cui veniva minacciata nello stato di pericolo in cui si trovava il bastimento in mare prima di prender terra.

„ Che queste spese devono esser dunque a comun carico del naviglio, e della mercanzia.

„ *Sulla deduzione per la differenza del nuovo al vecchio* „ Atteso che egli è conforme all'equità che l'armatore il quale ha ricevuto un'oggetto nuovo in luogo dell'oggetto vecchio ch'egli ha perduto, debba, per indennità, la differenza del valore dal nuovo, al vecchio ; ma che l'estimazione di questa differenza non può essere arbitraria.

„ Che la deduzione del terzo pronunciata dai primi giudici per tenerne luogo non è basata che sull'età del naviglio ; che questa stima è vaga ed incerta ; e che l'intimato, attore nell'indennità, non propone alcun altro modo di stima avanti la Corte.

Su gl'interessi della lettera di grossa, e quelli del valore dello Zolfo gittato in mare. „ Atteso in quanto a questi ultimi interessi che essi non sono contestati dall'intimato ; che in quanto a quello della lettera di grossa, essi non sono dovuti dal Capitano, il di cui appello non ha portato alcun pregiudizio.

Sull' appello incidentale „ Atteso che l' art. 417 codice commerciale dispone in termini generali , che il valore del naviglio sarà quello che ha nel luogo di scarico.

„ Che questo valore sarebbe incompleto, se non si riunissero fittiziamente al naviglio le parti mancanti rappresentate dall' ammontar delle avaree, e che si vedrebbe la ragione per cui le parti non danneggiate avessero esse sole a formare il valore del naviglio per la contribuzione, e che le altre parti, oggetto dell'avaree, non dovessero entrare a comporre questo valore.

„ Che il modo di procedere adottato dai primi giudici è generalmente seguito , e sembra conforme alla legge.

„ Ordina che le spese d' approdo, e quelle di scarico, e ricarico della mercanzia siano classificate come avaree comuni. Ordina e giudica , che non sia operata alcuna deduzione per la differenza del nuovo al vecchio ; così nelle riparazioni fatte alle scialuppe ed alla pavesata, come per la compra delle vele, e di altri oggetti nuovi - esonera il capitano dagl' interessi della lettera di grossa - ordina ancora che gl' interessi del valore dello zolfo gettato in mare siano posti in grado come avaree grosse.

CAMBIALE - PROVVISTA DI FONDI - CONTO CORRENTE -
ACCETTAZIONE PER LETTERA

3. *Se al giorno della scadenza il conto corrente tra il traente e il trattario non presenta un credito a favore del traente , il trattario può ricusare il pagamento della cambiale accettata colla clausola salva provvista.*
Una cambiale può essere accettata anche per lettera, purchè questa esprima chiaramente, e senza condizioni la obbligazione che si assume.

Antoine c. Chibaux

La Corte, visti gli articoli 115, 116, 122, e 125 del codice di commercio „ Attesochè il commerciante, su cui fu tratta una cambiale, non è tenuto di pagarne l' importo al beneficiario, ed al terzo portatore, se alla scadenza non v'è la provvista nelle sue mani, e che egli abbia accettata la tratta, colla clausola *salva provvista*.

„ Che secondo gli articoli 115 e 116 del codice di commercio la provvista deve essere fatta dal traente, e che provvista non v'è, se il trattario alla scadenza non è debitore del traente di una somma almeno eguale all'importo della lettera di cambio.

„ Attesochè pel disposto degli articoli 122 e 125 dello stesso codice l'accettazione di una lettera di cambio deve essere firmata, e deve essere espressa sulla stessa lettera colla parola — *accettata*.

„ Attesochè, se questo modo di accettazione prescritto nell'interesse del commercio e del contratto di cambio, per evitare ogni difficoltà fra il trattario ed i terzi portatori, non che i ritardi che ne sarebbero la conseguenza, non esclude assolutamente ogni altra maniera di obbligarsi al pagamento d'una lettera di cambio, è necessario che la scittura, con cui si assume una tale obbligazione, sia formale, e contenga un impegno espresso, e senza condizioni.

„ Attesochè per dichiarare che Hannotin aver fatta la provvista dei fondi per la cambiale di fr. 6000 tratta sopra Antoine all'ordine Chibaux, la decisione, contro cui si ricorre, non si fonda che sullo stato del conto corrente al di 12 giugno 1839 tra Hannotin ed Antoine.

„ Che il bilancio di questo conto è trascritto nelle *narrative* della decisione, e ne fa parte integrante, per cui può essere preso in considerazione dalla Corte per riconoscere se esisteva presso il trattario una provvista di fondi, nel senso dell'art. 116 del codice di commercio.

„ Che, stando ai risultati di questi bilanci, Antoine lungi dall'essere debitore verso Hannotin all'epoca della scadenza della cambiale di 6000, franchi d'una somma almeno eguale alla tratta, era al contrario suo creditore, per cui non v'era provvista in conformità dell'art. 116 succennato.

„ Attesoche è riconosciuto in processo che la cambiale, di cui si tratta, non fu dall'Antoine accettata nelle forme volute dall'art. 122 del codice di commercio.

„ Che la lettera 8 giugno scritta da Antoine ad Hannotin, e trascritta nelle sudette narrative, non poteva per Chibaux equivalere ad una accettazione, che supponesse a suo riguardo la provvista dei fondi, e gli conferisse i diritti d'un terzo portatore di cambiale: poichè essa lettera non contiene nessun impegno diretto preso verso di lui, ne anche una obbligazione puramente, e semplicemente assunta verso Hannotin di pagare la cambiale di seimila franchi (1).

„ Che, giudicando il contrario, e dichiarando che Hannotin avea fatta la provvista dei fondi, ed accordando in conseguenza a Chibaux un privilegio di pagamento sopra tre effetti di commercio rimessi da Hannotin, e sul credito del conto corrente del detto Hannotin con Antoine, la corte reale di Metz ha falsamente applicato, e violato gli articoli 115, 116, 122, e 125 del codice di commercio - CASSA ecc.

Corte di Cassazione sedente a Parigi - Udienza del 4 luglio 1843 - Camera civile - pres. sig. conte Portalis primo pres.

AVVERTIMENTO

Il tribunale di Commercio di Roma nell'udienza dei 30 corrente gennaio nella causa Lipari e Palleschi, ed in altre ha interpretato l'art. 159 del codice di commercio nel senso, che la notifica del protesto debba farsi al girante entro le 24 ore a pena di caducità. Noi riferiremo a suo tempo ciò verrà deciso dai tribunali superiori allorchè sarà nata la regiudicata: ma intanto in affar tanto grave non vogliamo mancare di tenere avvertita la curia.

(1) Sulla massima che si possa accettare una cambiale per lettera contenente una obbligazione espressa, e senza condizioni v. nel senso affermativo Locré tom. 1 pag. 41 (prima ed. di Parigi) - Merlin alla v. Lettera di cambio § 42 - Pardessus diritto comm. num. 567. - Vincens legisl. comm. tom. 2 pag. 260 (ed. di Parigi) - Nouguier lett. di cambio l. 1 pag. 226. - Nel senso negativo v. una decisione della Corte di cass. 16 giugno 1807, ed un altra del 16 aprile 1825, ed inoltre Pers'l trattato delle lett. di cambio sull'art. 122 del cod di com'n.

SOMMARIO DEL FASCICOLO I.

1. *Fedecommessi - Ripristinazione - Legati annui - Riduzione - Ipoteca.* . . . . pag. 5
2. *Citazione introduttiva - Citazione seconda -
   Nullità* . . . . „ 22
3. *Cause in appello - Somministrazione* . . . „ 26
4. *Cause pendenti - Competenza* . . . . . „ 27
5. *Ghetto - Ampliazione - Pigioni - Calo, e accrescimento* . . . . „ 32
6. *Cambiale - Consegna del danaro - Competenza.* „ 37
7. *Unione - Ricorso - Dubbi emanati* . . . . „ 41
8. *Tasse di spese - Compensazione - Crediti liquidi.* „ 43
9. *Spese - Rata di vittoria* . . . . „ 45
10. *Grazie sovrane - Surrezione - Redicenza del
    precedente rescritto.* . . . . „ 48
11. *Spese giudiziali - Iscrizione ipotecaria - Spese
    posteriori* . . . . „ 50

APPENDICE

Opere nuove di giurisprudenza.
   1. *Melia. Traduzione di Nouguier.* . . . . . „ 53
   2. *Patriarca.* . . . . „ ivi
Opere di giurisprudenza commerciale pubblicate in Francia.
   1. *De La-Marre, e Le Poitevin* . . . . . . „ 54
   2. *Gasse* . . . . „ 55
   3. *Alauzet.* . . . . „ ivi
   4. *Cadres.* . . . . „ ivi
   5. *Saint-Nexent.* . . . . „ ivi
   6. *Troplong* . . . . „ 56
Giurisprudenza estera commerciale, ed ipotecaria.
   1. *Aggiudicatario - Creditore ipotecario - Titoli
      ignorati - Ripetizione* . . . . „ ivi
   2. *Avarea - Approdo - Spese.* . . . . . . „ 58
   3. *Cambiale - Provvista di fondi - Conto cor-
      rente - Accettazione per lettera* . . . . . „ 62

L' annuo importo del presente giornale è di sc. 2 : 40
in Roma, e di sc. 2 : 52 franco di posta fino ai confini.
Le associazioni si prendono in Roma presso *l'editore* Alessandro Natali *libreria di Pallade a s. Silvestro in capite.*

TIPOGRAFIA MENICANTI

XII. *La mano-regia pel pagamento dei dazi non è eseguibile sui frutti dei fondi, quando essi frutti per cessione sono passati in altrui dominio, e distaccati dal suolo, benché non trasportati dal fondo.*

Molto meno se sono stati assegnati provvisoriamente alla moglie per titolo alimentario, durante il giudizio di separazione di dote.

(*Discuss. sul § 1830 del reg. giud.*)

Monghini c. Lanconcelli

Volgendo ad inopia un Corelli delle Alfonsine nel ravignano, la Lanconcelli sua moglie, che gli avea recato scudi tremila e cinquecento oltre il corredo, innanzi al tribunale di Ravenna domandò contro esso marito la separazione della dote, e, con istanza incidente, la facoltà di percepire i frutti naturali, e industriali di due predi, sopra i quali avea iscritta l'ipoteca dotale, ed erogarli *negli alimenti per se, pel marito, e per la famiglia fino alla definizione del giudizio principale*, lo che con sentenza 26 giugno 1843 venne ammesso, *salvi i diritti dei legittimi creditori, come di ragione:* ed era per tal giudicato già reciso, e posto in sull'aia il formentone, quando ad istanza di Monghini esattore camerale di quella provincia fu oppignorato in forza di mano-regia per un debito di dazi in somma di sc. 333, lasciate tre staia della *derrata occorrente pel vitto di un mese tanto del debitore, quanto della sua famiglia.* Querela di nullità contro tale atto innanzi allo stesso tribunale di Ravenna, il quale a dì 15 settembre pronunciò il seguente giudicato.

„ Considerando che i frutti del fondo *Bassa* oppignorati con verbale del dì 4 corrente furono già assegnati in via provvisoria fino al definitivo giudizio di assicurazione di dote della signora Maria Lanconcelli con sentenza dei 26 giugno 1843, e che perciò non appartengono più al debitore contro di cui era stata rilasciata la mano-regia — Nè può essere d'ostacolo la riserva fatta ai diritti dei creditori legittimi , dovendosi sempre intendere esclusivamente a ciò che è stato assegnato colla sentenza medesima.

„ Considerando che quantunque il fisco , o il pubblico erario , e gli esattori di lui possano esercitare il privilegio su tutti i fondi del debitore , ed anche sui frutti dei medesimi fondi , pur non ostante ai terzi possessori non indicati nella mano-regia non è impedito il diritto di reclamare la proprietà.

„ Considerando che per quanto estensibile si voglia il privilegio suddetto sui fondi passati in mano dei terzi , ed anche sui frutti , pur tuttavia quando i frutti siano staccati dal suolo , e resi mobili , resta sempre ferma la massima , che il privilegio sopra un oggetto mobile non attribuisce il diritto di agire contro il terzo.

„ Considerando che, anche prescindendo da ciò, nel presente caso si tratta d'alimenti assegnati alla donna per assicurazione di dote , e dichiarata tale con sentenza del tribunale , per cui porta un titolo privilegiato, preferibile a quello del pubblico erario — Giudicando definitivamente in primo grado di giurisdizione, ammette l'istanza della signora Maria Lanconcelli , e , dichiarando nulla l'oppignorazione eseguita il 4 corrente , delega ecc. „

Appello del Monghini in piena Camera affidato al patrocinio del sig. avv. *Rinaldo Secreti.*

Osservò che quand'anche la Lanconcelli avesse ottenuto l'aggiudicazione dei fondi in forza d'una sentenza definitiva, che le avesse su di essi accordata l'assicurazione della dote, il § 1629 dice che — *la sentenza che ordina l'assicurazione della dote non attribuisce alla donna la proprietà dei beni del marito* — Che inoltre la dote di quella moglie, per essere assicurata, non avea bisogno d'una sentenza di giudice, perchè l'iscrizione ipotecaria la rendeva bastantemente sicura (1) — Che se pure essa avesse avuto diritto alla assicurazione, non era privilegio dotale che vincer potesse quello del fisco, perchè il fisco perseguita il fondo, non la persona (2): la qual disposizione di ragione procede non solo pei dazi ai quali il predio è soggetto, ma per tutti gli altri eziandio, dei quali il padrone di quel fondo è debitore: mentre il fisco ha generale ipoteca su tutti i fondi soggetti al tributo, e può a suo grado, per le gabelle di tutti, perseguitarne uno solo (3).

Nè, proseguiva, potea giovare all'avversaria la sentenza con cui le furono, in sicurezza d'alimenti, assegnati i frutti di quel terreno, o l'averli essa fatti separare dal suolo: poichè il privilegio del fisco è tanto potente, che vale a perseguitare nelle mani del terzo la proprietà del suo debitore,

---

(1) Rota cor. Marco decis. 394 § 11.

(2) L. 1 cod. in quib. causs. pignor. vel hypoth. contrah. - Universa bona eorum qui censentur, vice pignorum tributis obligata sunt. - L. 15 cod. de pignor. et hypoth. - Debitorem neque vendentem, neque fideicommissum relinquentem, posse deteriorem facere conditionem creditoris certissimum est, unde, si tibi obligatam rem probare posse confidis, pignora persequi debes. - L. 7 ff de publ. et vectig. et comm. - Imperatores Antoninus et Verus praescripserunt, in vectigalibus ipsa praedia, non personas conveniri, et ideo possessores etiam praeteriti temporis, vectigalia solvere debere. - Perezio in cod. lib. 4 tit. 47 § 1.

(3) L. 1 cod. eod. tit. in quib. causs pign. vel hypoth. contrah. - L. 5 ff de censibus. - Cum possessor unus expediendi negotii causa jure conveniretur, adversus caeteros, quorum aeque praedia tenentur ei qui conventus est actiones a fisco praestantur, scilicet ut omnes pro modo praediorum pecuniam tributi conferant: nec inutiliter actiones praestantur, tametsi fiscus pecuniam suam recuperavit, quia ominum venditorum praetium acceptum videtur. - Peregrin. de jure fisci lib. 6 num. 6 - Cujacio lib. 19 respons. papinian. vol. 1419. - Merlino de pignor. et hypoth. lib. 3 tit. 1 quaest. 5 num. 18.

5*

il qual terzo altra ragione non ha fuori che quella di pretender dal fisco la cessione di sue ragioni (4) : per cui l' acquirente d' un fondo al fisco obbligato per dazi non soddisfatti, altro rimedio non ha che quello di liberarlo col pagamento — E qui citava le decisioni di ruota *Caessenaten. circumscriptionis* 22 novembre 1841 *cor.* Bofondi, e la confermatoria 25 febbraio 1842 *cor. eod.* nelle quali fu stabilita la massima che neppure la trascrizione valga a sottrarre un fondo comperato dal pagamento dei dazi non soddisfatti dal venditore , se l' esattore del dazio ha il nome dal venditore nei così detti *quinternetti di scossa.*

Per lo contrario il sig. avv. *Regnoli* rispondeva che se interessa alla republica si paghino i dazi , le interessa del pari che si facciano matrimoni, al cui sostenimento son destinate le doti (5) , e che , venendo tali privilegi tra loro a contrasto, debba prevalere quel della dote (6), per cui il Peregrino nel trattato *de jure fisci lib.* 5 *tit.* 6 disse limitarsi la regola del privilegio fiscale quando — *Caussa fisci concurrat cum caussa dotis , tunc enim in ambiguo pro dote esset respondendum . . . quia, duabus caussis simul concurrentibus, ea est praeferenda, quae magis privilegiata: constat autem caussam dotis esse magis privilegiatam, quam caussam fisci* — Che nella specie al privilegio dotale si arrogea quello degli alimenti, i quali sono privilegiati anche più della dote (7), e

----

(4) *Suprad. l.* 3 *ff de censibus.* - Cujac. *tom.* 4 *pag.* 1419 *et seq. litt. E ed. neap.* - Peregrin. *de jure fisci lib.* 6 *tit.* 6 *num.* 50. - Et notandum est : quia si plura bona sunt descripta in aestimo, fiscus et ejus exactor pro toto debito procedit, et procedere potest contra unum tantum corpus ex multis in aestimo descriptis : ille autem possessor in solidum exactus, cessis sibi actionibus a fisco , contra singulos possessores bonorum pro rata agit.

(5) *L.* 2 *ff de jure dot.*

(6) *L. in ambiguis ff de jure dot.*

(7) *L.* 4 *ff de agnosc. lib.* - Ursell. *concl. leg.* 89 *num.* 90. - Richer. *univ. jur. civ. et crim. tit. de donat. quaest.* 6 § 3864.

che finalmente il regol. legislativo dopo aver collocate nel § 62 tra i privilegi *le somministrazioni degli alimenti*, nel § 64, parlando dei privilegi del fisco, dice che — *i privilegi attribuiti all' erario pubblico sono esercitati dopo quelli del* § 62 — Che l' imperadore nella *l. ubi adhuc cod. de jure dot.* alla moglie che chiede l' assicurazione della dote, concede intanto i frutti dei beni appartenenti al marito — *ut fructibus eorum ad substentationem tam sui, quam mariti, filiorumque, si quos habet, utatur, creditoribus scilicet mariti contra eum, ejusque res, integra jura habentibus*, e che il § 1830 del codice giudiziario dice — *Nel giudizio di assicurazione della dote potrà il tribunale ordinare per tutela dei diritti della donna, e dei creditori, e d' altri interessati, quelle provvisioni, e misure assicurative che reputerà necessarie in pendenza di lite. Tali misure, e provvisioni saranno esecutive non ostante l' appello*: disposizioni concordi coi principj dell' universale diritto, e della naturale equità, la quale non vuole che, mentre si disputa trai creditori chi debba essere preferito, intanto il debitore di fame perisca (8'.

Dopo di ciò, ricordata la regola che i frutti separati dal suolo più non appartengono al fondo (9), perchè vengono considerati come mobili (10), gli era facile il dire che, non

---

(8) Richer. *de univ. jurispr. lib.* 2 *quaest.* 4 *p.* 1 § 8008.

(9) *L.* 14 *ff de usufr.' et quem ad. quis.* - *L.* 25 § *praeterea ff de usuris.* - Praeterea cum ad fructuarium pertineant fructus a quolibet sati, quanto magis hoc in bonæ fidei possessoribus retinendum est ? ... Cum fructuarii quidem non fiant antequam ab eo percipiantur ; ad bonæ fidei autem possessorem pertineant quoquomodo a solo separati fuerint, sicut ejus qui vectigalem fundum habet fructus fiunt, simul atque solo separati sunt. - *L.* 48 *ff de adq. rer. dom.* - Thesaur. *lib.* 1 *quaest.* 26 *num.* 2. - Rebuff. *in l. moventium ff de reg. jur.* - Natta *cons.* 117 *in fin.* - Decian. *cons.* 44 *num.* 86 *lib.* 4. - Richerio *op. cit. lib.* 1 *tit. de auct.* § 21 54.

(10) Merlin. *de pignor. lib.* 2 *tit.* 1 *quaest.* 49 *num.* 3. - Troplong *dei privilegi ed ipoteche cap.* 3 *art.* 2118 *num.* 404.

potendosi sulle cose mobili esercitar privilegio quando sono passate in mano dei terzi (11), bastava alla Lanconcelli l'averli fatti separare dal suolo, per francheggiarli da qualunque persecuzione per debiti del suo consorte, tanto più che essa era moglie, e al dir del Merlino *de pignor. lib. 4 tit. 3 quaest. 73 num. 13 — competit mulieri exceptio retentionis, tum quia dicitur mulier cum viro possidere jure familiaritatis, ex qua possessione audienda est, proponendo suas contra viri creditores exceptiones, tum etiam quia, cum dos debeat inservire ipsi mulieri pro propriis et filiorum alimentis, omnis postulat aequitas ut valeat insistere in possessione bonorum viri ad reparandam hujusmodi caussam necessariam.*

. Il tribunale rescrisse — *Sententiam esse confirmandam.*

. *Camera del dì 15 gennaio 1844 — Ravennaten. revocationis manus regiae* R. P. D. Piccolomini-Amadori *decano, proc.* per *Monghini* sig. dott. Ciabatta, *per la Lanconcelli* sig. dott. Bondi.

LOCATORI . INQUILINI . INQUILINATO

XIII. *I proprietari delle piccole case, o botteghe di Roma possono, finita la locazione, espellere i conduttori, non ostante la legge leonina 7 maggio 1824, e le successive; quante volte dichiarino che la casa, o bottega serve per uso loro. E molto più se la locazione contenga la rinuncia al beneficio del diritto d'inquilinato, e decreto camerale.*

Palombi c. Holl

Palombi dall'anno 1822 riteneva in affitto per sc. 38 una piccola camera con una bottega in questa città *via dei Cesarini*, quando nel 1842 il proprietario architetto Holl, posta dichiarazione negli atti che quei locali gli occorrevano per uso proprio, ebbe dal tribunal dell'A. C. sentenza che condannava l'inquilino a dimettere il fondo. Appello in

---

(11) *Regol. legisl.* § 70.

Rota colla formola *an sit locus evacuationi*: e siccome si trattò
d'una questione di giurisprudenza meramente municipale,
così ci limiteremo a dir le ragioni per le quali fu dal sacro
uditorio riconosciuta la massima indicata di sopra.

Il sacro uditorio „ Considerando che per disposizione
di diritto così pubblico, come privato, il conduttore, finito
il tempo della locazione, dee restituire al padrone la cosa
locata.

„ Che nel caso di cui si tratta il fondo fu locato per
un solo anno, e se il conduttore riteneva quei locali secondo
il contratto, non v'è ragione per cui possa ricusarsi di renderli giunto il tempo che al godimento venne assegnato (1).

„ Che secondo il disposto nella *l. 34 cod. locati*, i conduttori di una casa — *si non eam dominis recuperare volentibus restituerint, sed, lite usque ad sententiam definitivam
expectaverint, non solum rem locatam, sed etiam aestimationem
ejus victrici parti, ad similitudinem invasoris alienae possessionis, praebere compellantur.*

„ Che inutil rifugio è pel conduttore l'opporre, che
nel caso di cui si tratta non concorrono le circostanze della
l. aede del med. titolo (2), mentre quel testo risguarda alla
specie di locazioni correnti, e dice che non si possa espellere
il conduttore, se non nel caso che o questi abusi della cosa
locata, o il locatore voglia restaurarla, o per inopinata, ed

---

(1) *L.* 32 *cod. de locat.* – Ne cui liceat qui aliquam domum alienam, vel locum aut ergasterium nomine conductionis accepit, alteri
qui post eum domini voluntate ad eamdem conductionem accessit
litem inferre, quasi rem illicitam, aut agenti damnosam tentaverit,
sed patere facultatem dominis domos suas vel ergasteria, vel loca
cui voluerint locandi.

(2) *L. aede cod. eod.* – Aede, quam te conductam habere dicis,
si pensionem domino in solidum solvisti, invitam te expelli non oportet, nisi propriis usibus dominus eam necessariam esse probaverit,
aut corrigere domum maluerit, aut tu male in re locata versata es-

urgente necessità voglia abitarla: per lo contrario nella causa si tratta di locazione-conduzione da gran tempo finita.

" Che molto meno è da invocare l'editto con cui papa Leone XII. di s. m. a dì 7 maggio 1824 proibì *ai locatori delle case, e delle botteghe di Roma, benchè siano cessati i respettivi contratti, di espellere i conduttori sotto qualunque pretesto*, come se, essendo per essa protratta la durata della locazione, si debba stare nei termini della suddetta legge *aede cod. locati*: mentre l'editto leonino fu, come esso dice, emanato *colle seguenti limitazioni analogamente al disposto del decreto camerale dei 21 giugno 1513 sul diritto dell'inquilinato*, e la limitazione precipua è quella, che gli inquilini non possano ricusarsi all'abbandono del fondo locato, quante volte *serva la casa o bottega per uso proprio, nel qual caso il locatore debba emettere dichiarazione di volerla abitare almeno per un anno*: condizione che dall'architetto Holl venne adempita.

" Che inoltre nella scrittura di locazione-conduzione il Palombi pattuì, *che s'intende espressamente rinunciato a qualunque diritto, e decreto camerale, ed altri privilegi in suo favore*, e se la rinuncia al diritto dell'inquilinato porta che gli inquilini debbano abbandonare le case ancorchè sia imminente l'anno del giubileo (3), molto meno, essa esistendo, si può ritardare la restituzione del fondo negli altri anni (4).

" Che se la legge vuol si dichiari *di volerla abitare per un anno*, e l'Holl dichiarò solamente di voler *quei locali per uso proprio*, non per questo è men vero, che nella dichiarazione la volontà della legge fu soddisfatta: mentre in essa la voce *abitare* deve intendersi *lato modo*, e come significativa di qualunque uso, come apparisce dal vederla adoperata per indicare l'uso delle botteghe, le quali non servono per abitare: e se

(3) Ridolph. *part.* 4 *cap.* 13 *num.* 57.

(4) Pacion. *de locat. et conduct. cap.* 40 *num.* 89. _ Constant. *vot. decis.* 173 *tom.* 2 *num.* 6, *e vot.* 271 *num.* 15. _ Rota *decis.* 117 *num.* 1 *cor.* Priolo, *decis.* 224 *num.* 1 *cor.* Molines.

il proprietario non disse di volersene servire *per un anno*, egli è da osservare che questo termine nell'editto fu posto acciò, sotto il pretesto d'uso più breve, non si rendesse tanto facile espellere i conduttori: e lo spirito della legge fu quello di temperare il rigore della *l. aede*. Poichè mentre questa esigge per condizione necessaria la rigida prova della improvvisa, urgente, indeclinabile necessità, a quella basta la volontà del locatore congiunta alla dichiarazione.

Rescrisse — *Affirmative.*

Rota del dì 3 luglio 1843 — Romana evacuationis R. P. D. D'Avellà, *dif. per Palombi* sig. avv. Jacometti, *proc.* sig. dott. Tuccimei (Filippo): *per Holl* sig. avv. Sturbinetti, *proc.* sig. dott. Mandolesi.

4 dicembre 1843 — *In decisis.* — *finita per rinuncia.*

ULTIMO ATTO ESECUTORIO . PERENZIONE . REGIUDICATE IMPROPRIE

XIV. *La introduzione di un giudizio in forza d'una riserva di ragioni contenuta nella regiudicata, non si può considerare come atto esecutorio di questa.*

Se una regiudicata prefigga un termine all'adempimento di un atto, per es. all'adempimento dei patti contenuti in una concordia, passato il qual termine abiliti le parti a servirsi di loro ragioni, l'ultimo atto esecutorio è la plenaria esecuzione dell'ordinanza di tassa.

Il tribunale supremo è proclive per massima ad accordare la restituzione in intiero, quando si tratta di regiudicate improprie.

Molto più se furono emanate prima del motu-proprio 11 novembre 1834.

(*Discuss. sui §§ 1173 e seg. del regol. giud.*)

Fabris c. Bonini

Ad istanza dei Bonini una sentenza della curia vescovile di Cesena a dì 25 febbraio 1833 prefisse ai conti Fabris

il termine di due mesi ad eseguire una concordia, che questi
aveano fatta coi loro creditori, passato il qual termine dichiarò che *gli istanti possano valersi dei loro diritti da sperimentarsi avanti ai competenti tribunali, fino all' incasso dei respettivi crediti*: ed in forza di tale riserva, spirato il termine
senza profitto, i Bonini in quell'anno stesso citarono i debitori al tribunal di commercio pel pagamento d'una cambiale: più tardi, cioè nell'anno 1841, li citarono pei frutti,
riportando sentenze conformi alle dimande. Ma i debitori interposero ricorso di nullità, o restituzione in intiero contro
alla sentenza della curia ecclesiastica, e nella Segnatura del
dì 3 agosto 1843 fu rigettata l'una e l'altra dimanda per la
ragione dell'essersi serotinamente proposte, cioè dopo decorsi
i tre ed i sei mesi, che dalla legge sono accordati. Ai 23 di
novembre fu nuovamente discussa la causa.

Il sig. avv. *Mandolesi*, combattendo la risoluzione precedente, dicea che, volendosi risguardare la lite sotto l'aspetto
della legge vigente, quando il giudizio nel 1833 innanzi al
vicario venne introdotto prima dell'attuale riforma, era ignota
in diritto la perenzione dell'appello senza interpellazione
dell'uomo — Che l'editto del 1831 nel § 126 per la perenzione degli appelli si riferiva al codice piano, che in quell'intervallo di tempo fu richiamato provvisoriamente in vigore,
e in questa legge si conteneva il salutare articolo 958 che
i negligenti volea intimati ad appellare entro sei mesi, sotto
pena di perdere ogni diritto di revisione (1), il quale atto
non fu dai Bonini eseguito, e molto meno riprodotto — Che
se l'editto del card. Gamberini emanato in settembre del 1835
pose ad una stessa misura i nuovi giudicati ed i vecchi, dando

---

(1) *Cod. piano art.* 418. – Perchè sia peronto il diritto di appellare tanto in sospensivo, quanto in devolutivo, quella parte che
avrà ottenuto il giudicato dovrà trasmettere una intimazione alla persona o domicilio dell'altra in cui le notificherà, che se nel termine

per questi un termine di sei mesi ad interporre l' appello,
niun dubbio che la sentenza del cessato vicario divenisse
inappellabile per ministero di legge all'entrare del marzo 1836,
ma non per questo restò perento nel Fabris il diritto ad implorare la restituzione in intiero, perchè tal benefício richie-
der si può, finchè non decorrano sei mesi dall' ultimo atto
esecutorio, e l' ultimo atto esecutorio in quel processo mai
non avvenne — e proseguiva così.

Il codice di procedura civile nel § 1841 posto nel tit. XIV.
che ha la rubrica *della esecuzione dei giudicati* definisce, ed
insegna che *la procedura relativa alla esecuzione dei giudicati,
comprende gli atti, le controversie, e le liquidazioni che hanno
luogo in sequela dei medesimi*, e, tra le liquidazioni da farsi
in sequela dei giudicati, annovera *la tassa, e la liquidazione
delle spese*. Come dunque impugnare che l' ultimo atto sia
la liquidazione delle spese? Dicono gli avversari che non corre
la regola, quando il giudicato accordò al vincitore alcuna cosa,
come nel caso il diritto a sperimentare le sue ragioni in giudizio: ma se la legge, senza distinguere caso da caso, pone
per estremo di termine l' ultimo atto esecutorio, se il tassare
le spese è un atto esecutorio, se atto esecutorio esso è tanto
nelle sentenze che assolvono, quanto in quelle che condannano, o bisogna fare una giunta alla legge, introducendovi
una distinzione che essa non ha, o d'uopo è convenire che
in tutti i casi la liquidazione delle spese sia quell' ultimo atto,
da cui i fatali termini per domandare la nullità, o la restituzione in intiero debbano decorrere. Con le quali parole il
sig. Mandolesi intendea combattere la distinzione già fatta

---

di sei mesi non avrà interposta l' appellazione, non le sarà più permesso di appellare; ed il giudicato non potrà sottoporsi a nuova
revisione: questa intimazione dovrà prodursi negli atti avanti il tribunale che emanò il giudicato: ed il termine di sei mesi principierà
a decorrere dal giorno della produzione della suddetta intimazione.

dal tribunale supremo tra le sentenze assolutorie, e le condannatorie nella causa *Albanen. circumscriptionis* 22 febbraio 1839 cor. Ferlisi, nella *Perusina restitutionis in integr.* 18 aprile del med. anno compilata dallo stesso prelato, e nella *Romana circumscriptionis et restitutionis* 20 giugno pur del med. anno cor. Morichini (2): massima di prassi che, risguardando una materia tanto penale, a noi sempre parve meritevole di ulteriore discussione, al che l'ingegno del sig. avvocato forse in questo incontro avrebbe soddisfatto, se, per difender le vitalità del ricorso, non avesse avuto un altra ragione.

Cioè che il giudicato del vicario, tranne la condanna alle spese; non contenne altra disposizione che potesse esser materia d'atto esecutorio, nel qual caso la regiudicata non potea reputarsi diversa da una assolutoria: cosa che già il ch. mons. Morichini aveva accennato, quando nella citata decisione di segnatura avea detto essere ultimo atto esecutorio la vendita del pegno all'asta pubbl·ca — *nisi forte res sit de sententia rei conventi absolutoria, vel alia hujusmodi, quae judiciali ritu exequutioni committi nequeat: quibus in casibus, cum desit vera, et realis sententiae exequutio, sumptuum judicialium taxationis et solutionis ratio haberi decet.* E dopo aver richiamata l'attenzione dei giudici sulla circostanza dell'essere quella regiudicata contumaciale, per conseguenza impropria, e nata altresì prima dell'attuale riforma, per cui si dovesse più facilmente concedere l'implorato rimedio (3), passava a trattare del merito.

Patrocinava in contrario il sig. avv. *Vici*, e dicea che, non avendo i Fabris appellato dalla vicariale sentenza pria della decorrenza del termine ad adempire la concordia, que-

---

(2) *V. il pres. giornale anno* 1840 *vol.* 1 *pag.* 195.

(3) Segnat. *nella Praenestina restitut. in integr.* 31 *maggio* 1827 *cor.* Cioja § 1. - *Camerinen. rest. in integr.* 22 *dic.* 1836 *cor.* Conventati. - *Forolivien. restitutionis in integrum* 9 *aprile* 1840 *cor.* Lippi·

sto signlficò acquiescenza al giudicato (4) — Che secondo il
§ 108 dell'editto 31 ottobre 1831 legge vigente al tempo del
pronunciato giudizio, risultava *l' acquiescenza tacita dall' avere*
il soccombente . . . . manifestata la sua volontà di acquistarsi
con qualunque atto, o fatto positivo, che supponga necessariamente
l' intenzione di non reclamare , o di non volersi prevalere del
rimedio dell' appello , e che, avendo i Bonini dopo la decorrenza del termine , esercitato il loro diritto coll' istruire il
giudizio innanzi al tribunale di commercio, quest' atto fece
anche più l' acquiescenza irretrattabile: per cui al Fabris non
potea rimanere altro rifugio che quello di domandare la restituzione in intiero entro il semestre dal giorno in cui il
beneficio dell' appellazione rimase perento: e citava una *Ter-*
racinen. stipulationis instrumenti 14 dicembre 1839 cor. Bofondi , nel cui § 5 fu detto — *Haec profecto vis est conditionis*
infra certum tempus adimplendae, ut, si infra terminum non adim-
pleatur, resolutum maneat jus alligatum huic conditioni, quod
placuit, stabilitumque fuit inter certum tempus designatum,
intelligitur post id temporis amplius non placere — Aggiungea che, se il semestre ad implorare la restituzione in intiero decorre dal giorno in cui la regiudicata venne eseguita,
plenaria esecuzione fu quella d' istruire il giudizio in forza
della riserva delle ragioni contenuta nella sentenza dell' ecclesiastica curia. Così nella risposta, e passava quindi ancor
esso a trattare del merito.

Il supremo ordine ,, Considerando che la sentenza del
vicario generale di Cesena non avea acquistata la forza di
regiudicata, quando a dì 20 agosto 1835 fu emanata la legge
che ai giudicati antichi, per l' effetto della perenzione, applicò

---

(4) *L.* 28 *in pr. ff de recept. arbitr.* - Celsus ait. Si arbiter intra
calendas septembris dari jusserit , nec datum erit , licet postea offe-
ratur , attamen semel commissam poenam compromissi non evanescere:
quoniam semper verum est intra calendas datum non esse.

le regole nuove; per cui sarebbe assai strano dire perento il
diritto di domandare la restituzione in intiero, pria che la
sentenza acquisti la forza di regiudicata.

" Che i giudizi dal Bonini istruiti in forza della riserva
delle ragioni innanzi al tribunale di commercio negli anni 1833,
e 1841 pel pagamento della cambiale, e suoi frutti, non
si possono dire esecuzione della regiudicata, e molto meno
ultimi atti esecutori: giacchè la regiudicata altro non disse,
se non che i Bonini, spirato il termine ad adempire la concordia, potessero esercitare loro azioni, nè l'intentare un
giudizio in forza d'una riserva è atto esecutorio: che se fosse
tale, non si sarebbero potuti istruire gli atti innanzi al tribunale di commercio.

" Che inoltre in questi giudizi istruiti innanzi al tribunal
di commercio, mai non seguirono gli ultimi atti esecutori,
poichè, sebbene il Bonini oppignorasse i fondi del Fabris,
non mai procedè agli atti d'asta, e molto meno conseguì
l'aver suo.

" Che neppure ebbe luogo la tassa delle spese, e ciò
solo basta per dire che mai non avvenne l'ultimo atto esecutorio: la qual tassa di spese è l'ultimo atto da cui decorrono i termini perentorj a domandare la nullità, e restituzione in intiero, quando si tratta di sentenze che non contengono altra condanna da poter eseguire.

Rescrisse — *Quoad circumscriptionem in decisis, in reliquis de caussis sine praejudicio rei judicatae, etiam quoad refectionem expensarum.*

*Segnat. del dì 23 dic. 1843 — Caesenaten. circumscriptio-
nis vel restitutionis in integrum* R. P. D. Caracciolo-Santobuono, *proc. per Fabris* sig. dott. Proja, *per Bonini* sig. dott.
Brunetti.

TESTAMENTO . CAUSA PIA . MUTAZIONE DI VOLONTA'

XV. *Il privilegio della causa pia supplisce nei testamenti la
mancanza delle forme, non la prova della volontà.*

Per cui, se consti della mutazione di volontà, la causa pia non basta a che un atto precedentemente imperfetto, s' abbia a ritenere come testamento, od almeno come prova di volontà.

Se in una scheda del testatore consegnata al parroco si dica di volere testare nella forma comune, il testamento non può ritenersi come fatto in forma privilegiata, neppure a riguardo della pia causa.

Come nei testamenti privilegiati si trasmettono le eredità per la nuda volontà del testatore, e senza osservanza di forme, così non è bisogno di forme per dire mutata nel testatore la volontà.

Cruciani c. Curi nel nome ecc.

Un Cruciani di Monte-granaro, che è terra picena, abitualmente malato, al sacerdote Curi consegnò una minuta di testamento da lui sottoscritta, ma senza data, nella quale dicea d'istituire erede universale d' ogni aver suo la sacrestia della chiesa in cui quel sacerdote era pievano: poco dopo gli inviò un'altra scheda colla data del dì 27 giugno 1837 nella quale dicendo — *faccio il mio ultimo nuncupativo testamento chiamato dalla legge senza scritto, quantunque per pura memoria ridotto in scrittura, che chiuso, e sigillato verrà da me infrascritto consegnato a qualunque pubblico notaio*, nominò erede la suddetta chiesa parrocchiale, e il suo priore *pro tempore*, e la sottoscrisse colla formola — *così è Domenico Cruciani testo e dispongo come di mia assoluta, e libera volontà mano propria.* Ma viveva ancor nel novembre quando richiese al Curi quella carta per farvi, a quanto sembra, alcun cambiamento, e a dì 25 di tal mese il Curi gli scrisse così — *Vi ritorno il connoto testamento che, redatto fedelmente sulle tracce da voi datemi, e colle intelligenze tra noi prese, sottoscrivetelo con due testimoni, e quindi potrete consegnarlo.* La morte, che finalmente lo sopraggiunse due dì dopo, impedì il compimento dell'atto, e le Cruciani che, come sorelle succedevano *ab intestato*, presero possesso dell' eredità:

per cui il parroco, nella sua qualità, innanzi alla curia arcivescovile di Fermo domandò d'essere riconosciuto erede testamentario. Ed ecco il giudicato con cui a dì 4 marzo 1839 fu ammessa l'istanza.

„ La questione unica, che si presenta, è quella se sia valida la disposizione a causa pia dal 27 giugno 1837 fatta da Domenico Cruciani a favore della chiesa priorale parrocchiale dei ss. apostoli Filippo e Giacomo eretta nel territorio di Montegranaro, disposizione sottoscritta soltanto da esso testatore, e da due soli testimoni. Non potevasi però non rimarcare, che nelle disposizioni a pia causa nulla dee calcolarsi la mancanza delle estrinseche solennità, bastando solo che consti in qualche modo della volontà a forma del notissimo *cap. relatum in 6*. — *Mandamus quatenus, cum aliqua caussa talis ad vestrum examen deducitur, eam non secundum leges, sed secundum decretorum statuta tractetis*. Quindi per volontà del Cruciani emerge limpidamente l'atto del 27 giugno, come che da esso testatore sottoscritto in concorso di altri due testimoni, le di cui firme apposte si veggono all'atto suddetto, e invano si domandava che si facesse luogo alla intestata successione.

„ Considerando poi, che il cambiamento di volontà diversa da quella che il testatore espresse nell'atto 27 giugno 1837, perchè possa farsi luogo all'intestata successione, è di necessità concludentemente stabilito e dimostrato, che oltre alle nullita, cui potesse esser soggetto il testamento, realmente revocasse quella che avea manifestata, e spiegata a favor della pia casa.

„ Considerando, che il certificato di Giuseppe Maria Cruciani è di persona congiunta in terzo grado alle sorelle Cruciani, unico, e singolare nel suo detto.

„ Che la deposizione del canonico Luigi Ercolani tutta poggia sull'assertiva di Giuseppe Maria Cruciani, e perciò non può più di questa valutarsi, ed apprezzarsi-

„ Che Maria Arcipreti, e Gio. Battista Alunna non allegano veruna causa precisa di scienza per sostenere nel testatore il cambiamento di volontà, o almeno non l'inducano
diversa da quella, che appresero dalla bocca del primo testamento Cruciani, o da una tale. Marianna Marazzi beneficata
dal testatore, ben chiaramente dimostra tutto l'interesse per
concorrere anche essa nel provarlo, volendo con ciò che pas-
sasse nel suo pieno dominio e proprietà ciò, che in solo uso
il testatore intendeva legargli.

„ Che, non costando da tutto ciò della mutazione di volontà, deve avere il pieno suo effetto la disposizione a causa
pia del 27 giugno 1837.

„ Che la lettera dal priore Curi scritta al testatore avea
il solo scopo della consegna del testamento in mani di un
notaro, e che la volontà del suddetto testatore era in questo
contenuta, e fedelmente riportata dal Curi incaricato dal
testatore.

„ S. S. Illma in prima istanza, definitivamente pronunciando, ed aderendo alla dimanda dell'attore nella suespressa
qualifica spiegata con atto di citazione 4 luglio 1838 ha dichiarato, e dichiara non farsi luogo alla successione intestata
del fu Domenico Cruciani a favore dei rei convenuti, ammettendo la disposizione da esso fatta a favore della pia causa
sotto il dì 27 gennaro 1837, e, previa la revoca dell'ordinanza emanata in camera di consiglio dal tribunale civile di
prima istanza sedente in Fermo li 2 dicembre 1837 a pro
degli anzidetti rei convenuti per l'immissione al possesso dei
beni di cui trattasi, ha ordinato, ed ordina che venghino
essi rimossi dal possesso suddetto, e ne sia investito, ed immesso l'attore nella surriferita qualifica, mediante anche la
forza armata, qualora faccia di bisogno. „

Appello in ruota colla formola — *An sit locus immis-
sioni, et restitutioni fructuum, seu potius manutentioni, ita ut
sint relaxanda mandata.*

Il difensore delle appellanti non negava che il testamento a causa pia vale comunque consti della volontà. Ma dicea che la volontà deve esser certa, e la certezza da legittime prove dee risultare (1) — che per lo contrario il Cruciani, dopo aver sottoscritta quella scheda del dì 27 giugno, dal pievano la rivolle per farvi un cambiamento, e questa era una prova di volontà variata, lo che bastò ad abrogare ciò che precedentemente avea ordinato (2): e siccome un testimone, Cruciani ancor esso, avea deposto che il testatore, vista la nuova formola dal pievano mandata, avea detto che *non gli andava bene*, *e che non era quella la sua volontà*, vero è, proseguiva, che tal testimone è unico, ma a lui nulla non torna dell' eredità, per cui non ha interesse in causa, ed inoltre con lui altri concorrono, i quali dicono che in prossimità di morte, ad altri egli manifestò che eredi sue sarebbero state le sorelle Cruciani. Di ciò dava le prove, e quindi passava a dir che, avendo Domenico voluto far testamento nelle forme comuni, e non avendolo fatto, la manifestazione della di lui volontà rimase imperfetta, e la successione si aprì *ab intestato*: di che avea fondamento nel noto consiglio 119 d' Oldrado, il quale,

---

(1) Claro *quaest.* 7 *num.* 7. – Barbosa *de univ. jur lib.* 3 *cap.* 27 *num.* 69. – De Lugo *de just. disput.* 22 *sect.* 9 *num.* 276. – Amostaz *de caussis piis cap.* 6 *num.* 17 *tom.* 1. – Rota *nella Tusculana immissionis* 6 *aprile* 1778 § 5 *cor.* Soderini, *nella Constantien seu Nullius. S. Galli legati pii* 4 *junii* 1753 § 7 *cor.* Molino, *e nella Hortana seu montis Falisci* 27 *aprilis* 1804 § 10 *cor.* Strasoldo.

(2) L. *Si scriptis ff de his quibus ut indign.* – Si scriptis haeredibus ideo haereditas ablata est, quod testator aliud testamentum, mutata voluntate, facere voluit, et impeditus ab ipsis est, ab universo judicio priore recessisse eum videri. – Menoch. *de praesumpt. praesumpt.* 165 *num* 25. – Mantica *de conject. ult. volunt. lib.* 12 *tit.* 1 *num.* 45. – Marta *de success. legat. parte* 4 § 4. – Rota *decis.* 237 *num.* 20 *cor.* Olivatio.

considerato il caso d'un testatore che, manifestata la sua volontà, muoia pria che giunga il notaio, disse — *imperfectam esse* (son parole del Fierli) *testatoris voluntatem, eumque potius dici debere se preparasse ad testamentum, quam testamentum vere confecisse.* Io so, dicea, la controversia che v'è circa all'intelligenza di questa dottrina, ma sono tutti d'accordo nel convenire sempre essere imperfetta la volontà, quando il testatore espressamente abbia voluto si chiamasse un notaio (3).

Nè, proseguiva, si risponda dal parroco che esso non chiede la immissione alla eredità per il primo testamento del Cruciani, ma per la scheda che sotto il dì 27 giugno avea firmata, mentre a tale difesa si opporrebbero il fatto e la legge, il fatto perchè in quella carta egli dichiarò che, chiusa e sigillata, l'avrebbe consegnata al notaio, la legge perchè i testamenti fatti in forma privilegiata dentro un determinato spazio di tempo devono essere rilevati (4): lo che dal pievano non fu eseguito.

All'incontro dicesi che *quamdiu possit valere testamentum, tamdiu legitimus non admittitur* (5) — che nei testamenti a causa pia basta la prova della volontà (6), per cui

---

(3) Castillo *controv. jur. lib.* 4 *cap.* 21 *num.* 89. - Gratian, *discept. forens. cap.* 76 *num.* 6. - Card. De Luca *de testamentis discuss.* 15 *num.* 3. - Rota *nella decis.* 327 *num.* 11 e 12 recen.

(4) Bened. XIV. *nell' istit. Quamvis consentaneum* § 36. - Parochus tabulas deinde ostendet, ut in actis a notario referantur, testamento ipsius partes applicari a parocho ac testibus opus non est, si illud a testatore ipso, ac testibus obsignatum fuerit. Satis erit si testes easdem tabulas, et obsignationes manu sua peractas fuisse confirment. insuper haeredem institutum, legata, decreta, et reliqua omnia, prout in testamento describuntur, a testatore constituta fuisse comprobent.

(5) *L.* 90 *ff de reg. jur.*

(6) *Cap. relatum de testam. in* 6. - Schmalzgrueber *jur. eccles.*

6*

non occorre nè presenza di-testimoni, nè atto di notaio (7) disposizione di diritto canonico conservata dal m. p. piano, dal leonino, e dal vigente nel § 37 che dice — *non s'intende derogato al disposto nel cap.* relatum, *in quanto concerne il favore delle cause pie* — che la scheda del dì 27 giugno fu testamento perfetto, che nulla perdè di sua integrità col rimettersi dal parroco al testatore, poichè tale rinvio fu per supplirvi una lascita di soldi cinque alla metropolitana di Fermo, che in quella diocesi è prescritta per forma — che se quella scheda fu testamento perfetto, gli argomenti contrari si riducevano ad una pretesa di revoca verbale, la quale però non ha nessuna efficacia, se non vi concorre la presenza di tre testimoni, e l'andar d'un decennio da che fu fatta (8); e se anche constasse d'una verbale manifestazione di diversa volontà, non per questo sarebbe stata perfetta in modo da surrogare all'erede scritto l'erede intestato, per la qual conseguenza, secondo la dottrina di Bartolo nella *l. si jure* 18 *num.* 3 *ff de legat.* 3,

part. 3 *tit.* 26. - Rubeo *resolut. practic. circa testam. num.* 32. - Rota *cor.* Lancetta *decis.* 431 *num.* 43. - *Reatina immissionis* 12 *giugno* 1837 *num.* 5 *cor.* Marini.

(7) Reiffenstuel *in lib.* 3 *decret. tit.* 26 § 6 *num.* 143. - Rota *decis.* 356 *num.* 2 *et sequen. cor.* Crescentio.

(8) *L.* 27 *cod. de testam.* - Si testator tantummodo dixerit, non voluisse prius stare testamentum, vel, aliis verbis utende, contrariam aperuerit voluntatem, et hoc vel per testes idoneos non minus tribus, vel inter acta manifestaverit, et decennium fuerit emensum, tunc irritum est testamentum, tam ex contraria voluntate, quam ex cursu temporis. - Brunemann. *alla stessa l. num.* 9. - Peresio *in cod. lib.* 5 *tit.* 23 *num.* 21. - Donell. *t.* 2 *col.* 127 *num.* 14 *ed. Lucen.* - Rota *in Milevitana Laudi super undecimo capite* 9 *marzo* 1759, *e nella confermatoria* 28 *gennaio* 1760 *cor.* Canilliac, *e nell'altra confermatoria della sentenza ruotale* 15 *luglio* 1761 *cor.* Aspurù - *nella Alatrina successionis* 11 *aprile* 1834 *num.* 5 *cor.* Avellà.

è necessario che il testatore espressamente dichiari di voler morire intestato (9).

Ed aggiungea non ostare che il Cruciani nella scheda da lui datata e sottoscritta dicesse di fare il suo testamento in forma comune, poichè, se lo disse, non lo prescrisse, e, consegnandola al parroco in quelle·forme, chiaramente manifestò di voler disporre nelle forme privilegiate, mentre — *non est praesumendum* (come dice la Ruota cor. Seraphino *decis.* 611 *num.* 3) *quod testator elegerit viam per quam voluntas ipsius impugnari possit,* ed in tali casi le espressioni dei testatori si debbono ritenere come meramente dimostrative (10) — che il testamento del militare avea ancor esso una forma privilegiata, e, ciò non ostante, Ulpiano nella *l. si miles* 3 *ff de testam. milit.* prevede il caso d' un militare, che abbia manifestata la sua volontà, dicendo di volerla raccomandare ad un atto in forma comune, e prima di farlo sia passato di vita, conclude per l' efficacia della volontà dichiarata (11), onde il Voet, nel commentar questa legge, dice che — *ex eo autem quod miles habet licentiam testandi quo modo volet, et poterit, etiam illud descendit quod, si miles quia destinaverat jure comuni testari ante defe-*

---

(9) Gratian. *discept. forens cap.* 558 *num.* 1 *et* 2. - De Luca *de testam. disc.* 31 *num.* 6. - Rota *decis.* 623 *num.* 2 e 3 cor. Remboldo, *e nella suddetta Milevitana laudi super* 11 *capite* 9 *marzo* 1759 *num.* 10 e 11 *cor.* Canilliac.

(10) Menoch. *de praesumpt. lib.* 4 *praesumpt.* 175 *num.* 1 e 2.- Gratian. *discept. forens. cap.* 259 *num.* 21. - Rota *cor.* Falconer. *decis.* 35 *num.* 14, *e nella Romana pecuniaria* 15 giugno 1827 *num.* 5 *cor.* Bofondi

(11) *L.* 3 *ff de testam. milit.* - Si miles, qui destinaverat comuni jure testari, ante decesserit quam testaretur, Pomponius dubitat, sed cur non in milite diversam probetur? neque enim qui voluit jure comuni testari, statim beneficio militari renunciavit, nec credendus est quisquam genus testandi eligere ad impugnanda sua judicia, sed magis utroque genere voluisse propter fortuitos casus.

eerit quam perfecerat seu sollemnia adhiberet, ejus voluntas tamen rata sit, quia non hoc ipso quod voluit jure comuni testari, statim beneficio militari renunciavit, nec credendus est genus testandi elegisse ad impugnandum judicium suum, sed magis utroque voluisse genere uti, quasi subaudita clausula codicillari (12) — che appunto la clausula codicillare di cui quella scheda era munita, la faceva valere come testamento legittimo, quand' anche fosse stato necessario munirlo delle solennità civili (13) — Che se il testatore non disse a quale notaio si dovesse far la consegna, e se dopo la di lui morte fu fatta dal parroco, la volontà anche in tal parte fu adempita — il consiglio 119 d'Oldrado, non ammesso da tutti, e combattuto da molti (14), essere inoltre estraneo alla causa, poichè vi si tratta d'un testatore tanto determinato a testare in forma comune, che avea perfino fatto chiamare il notaio, e per lo contrario il Cruciani avea già sottoscritto, e consegnato l'atto, per cui fosse alla teorica da applicare il parere del Fierli, che dice procedere nel caso dubbio ed ambiguo, quando *nec expresse, nec tacite constat de voluntate testatoris*. Le quali ragioni il sig. avv. Secreti corredava con molta suppellettile di dottrinali, diretti a provare essere rarissimo, e quasi impossibile il caso in cui, esistendo una volontà di testatore manifestata a causa pia, possa considerarsi come una semplice preparazione a testare (15).

(12) *In pandect. lib. 29 tit. 1 num.* 3.

(13) *L. 29 ff qui testam. facere poss.* - Respondi ex his verbis quae scripturae pater familias addidit - *hoc testamentum ratum esse volo, quacumque ratione poterit*, videri eum voluisse omnimodo valere ea quae reliquit, etiamsi intestatus decessisset.

(14) *Gabriel. comm. conclus. lib.* 3 *tit. de testam. conclus.* 9 *num.* 9. - *Cephal. in cons.* 99 *num.* 6. - *Grat. in cons.* 107 *col.* 1 *vol.* 1. - Natta *ed altri citati dal* Castillo *controv. jur. lib.* 4 *cap.* 21 *num.* 76.

(15) *Gratian. discept. forens. cap.* 895 *num.* 21. - Rocca *di.*

Dopo di che col presidio di testimoni si studiava di pro_
vare che il testatore, della disposizione fatta in favor della
chiesa, si compiaceva con gli amici — che la lettera con cui dal
parroco gli fu riuviata la scheda non alludeva che a cambia_
mento di mera formalità, per cui esso parroco diceva d' averlo
fatto *sulle traccie da voi datemi, e colle intelligenze fra noi
prese*: e, combattute con molta cura d' analisi le testimonianze
contrarie, dicea che due sono i modi per revocare i testa_
menti, cioè il fatto, e le parole, e che la revoca di fatto, al
dire dello Schmalzgraeber, si fa — *primo quando prius testamentum ex voluntate consulta testatoris conscinditur, vel lacera-
tur, aut quocumque modo corrumpitur, secundo quando testator
aliud testamentum confecit* (16): lo che non avvenne nel caso.

Il sacro uditorio nella sessione del dì 11 maggio 1840 rescrisse — *negative in omnibus ad primam partem, affirmative
ad secundam*: e nella seconda proposizione della causa.

„ Considerando che, sebbene in antico i testamenti a causa
pia andassero soggetti a quelle medesime solennità che occorrevano negli altri (17), questa disposizione civile fu corretta
dal diritto canonico nei *cap. cum esses* 10, e *relatum* 11 *de
testament.* Siccome però, mentre da un lato è grande il privilegio della causa pia, non è meno grande il privilegio della
causa dei poveri, così la lite consiste nell' investigare quale
fosse la mente del testatore a dì 27 novembre 1837, giorno di
sua morte, circa alla sua eredità, e, per dimostrarla, il parroco
addita la scheda che fece a dì 27 giugno del medesimo anno.

---

sput. juris select. cap. 40 *num.* 7. - Rubeo *resolut. practic. circa
testam. cap.* 8 *num.* 255. - Rota *decis.* 392 *num.* 7 *et seqq. cor.*
Lancetta, *e nella conferm. decis.* 431. - *Decis.* 356. *cor.* Crescentio
num. 2, *e la sudd. Reatina immissionis* 12 *giugno* 1837 *num.* 8
cor. Marini.

(16) *Jur. Eccles. part.* 3 *tit.* 26 § 6 *num.* 176.

(17) *L. Generaliter* 13 *cod. de sacros. eccles.*

„ Che tale scheda è soggetta a molte eccezioni. Ed in primo luogo è da osservare che pria fu prodotto un foglio informe senza data, in cui si disse che contenevasi la volontà del testatore; del qual foglio apparvero tre esemplari scritti di carattere del parroco, uno prodotto innanzi al vicario di Fermo sottoscritto dal testatore, e da due testimoni, uno mancante di tali firme, uno, che è quello contenente la clausula — *così è Domenico Cruciani testo e dispongo come di mia assoluta volontà, mano propria* che dal parroco fu esibito negli atti di un notaio, e che, al dire di lui, fu al testatore renduto per supplirvi i cinque baiocchi in favore della metropolitana: difetto che il privilegio della causa pia sanava, ed il parroco non dovea ignorarlo.

„ Che, comunque andasse la cosa, ritenendola innocente per parte del Curi, della cui religione non è da dubitare, gli è certo che, attesa la moltiplicità delle carte, e la volubilità dell'autore, sulla quale sono concordi ambe le parti, non si ha nessuna certezza della di lui volontà.

„ Che se nei testamenti appunto la volontà del testatore è quella che si deve esplorare, cioè la di lui volontà nel dì della morte, in tal dì non avea il Cruciani volontà nessuna, perchè la condizione da cui dipendeva non si era ancora purificata: la condizione cioè che il testamento chiuso e sigillato dovesse essere consegnato a qualche pubblico notaio, del quale omise il nome appunto perchè non reputava di compiere l'atto del testamento con quella carta.

„ Che non è da dire quelle parole essere dimostrativamente adoperate, nè da addurre l'esempio della *l. si miles ff de testam. milit.*: non il primo, perchè la volontà è espressa in un modo molto preciso, e, se ancor fosse dubbia, fu chiarita dal parroco con quella lettera in cui, rinviando al Cruciani il testamento, gli disse — *sottoscrivetelo con due testimoni, e quindi potete consegnarlo*: e se il Cruciani nol fece, la scheda del dì 27 giugno si dee ritenere non come un testamento, ma al più come prova d'animo preordinato a testare, inef-

ficace per la teorica d'Oldrado a trasmettere il godimento
d'una eredità : non la *l. si miles* , la quale anzi al proposito del pievano è contraria : mentre in essa si stabilisce la
regola che il testamento del militare valga, comechè cancel-
lato , se si provi che egli fino alla morte abbia perseverato
nella medesima volontà : ma questa regola cessa, se si provi
il contrario , cioè che la di lui volontà sia cambiata : e se
è certo in diritto che il favore della pia causa supplisce nei
testamenti il difetto delle solennità, gli è certo altresì che non
supplisce il difetto della volontà, che si deve provare persi-
stente fino alla morte, come per la stessa ragione, mancando
la prova della volontà, non si sostiene neppure il testamento
inter liberos : per cui , quand' anche la scheda del dì 27 giugno materialmente potesse sussistere , non potrebbe sussistere
per ciò che risguarda la perfezione dell' atto in ordine alla
volontà , che deve essere certa e determinata.

„ Che la prova del cambiamento di volontà nel testatore
non solo risulta dal non avere egli voluto sottoscrivere la
nuova modula mandata dal parroco , ma da molti testimoni
eziandio, alcuno dei quali indotto dal medesimo parroco, non
vinto da quelli che egli, nel fervor della lite, ha posteriormente procurati.

„ Che se il Cruciani, secondo il disposto della *l. Sancimus* 27 *cod. de testam.* non revocò in forma solenne la sua
volontà, bisogna distinguere il testamento fatto in forma comune, da una scheda sottoscritta a favore d' una pia causa,
giacchè nel primo caso , dovendo concorrere molte forme
estranee alla volontà del testatore, giusto è che nel medesimo
modo il testamento sia revocato : ma nel caso inverso, con-
stando della volontà per una semplice scheda, bastava a revocarla una semplice manifestazione di volontà , essendo assai
naturale che le cose si sciolgano in quel modo con cui vennero legate (18) : regola che milita anche a danno della pia

(18) *L.* 35 *ff de regul. jur.*

causa, perchè al dir dell' Amostaz *de caussis piis lib.* 1 *cap.* 7 *num.* 6 sarebbe *contra rationem quod ecclesia pro se statuit in testamentis piis, in aliis non observaret.*

„ Che l' altra regola del non potersi togliere al primo erede l' eredità, se il testatore non abbia fatto un altro testamento, o non abbia dichiarato di voler morire intestato, non è riceuta nel foro, e perchè i dottori dal Graziano allegati non dicono ciò che egli dice, come osservò il Marta nella *Summa totius success. legal. parte* 4 *quest.* 5 *art.* 1 *num.* 43, e perchè nel caso non provasi che il testatore revocasse il primo testamento per farne un altro: e quando si revoca un testamento senza tal volontà, il primo non è di nessuna efficacia.

Rescrisso — *In decisis.*

Ruota del dì 11 *dicembre* 1840 — *Firmana immissionis* R. P. D. De Cursiis decano, *proc. per le Cruciani* sig. dott. Brunetti, *pel Curi* sig. dott. Borghi (Raffaele).

10 maggio 1841 — *Expediatur.* — *accettata dal soccombente.*

TRIBUNALI ORDINARI . COMPETENZA . QUESTIONE AMMINISTRATIVA

XVI. *La questione amministrativa eccitata per via d' eccezione innanzi ai tribunali ordinari, non li rende incompetenti a giudicare sull' istanza.*

Poichè, a renderli incompetenti, è necessario che la questione amministrativa si contenga nel libello introduttivo di lite, o sia risoluta nella parte dispositiva della sentenza.

I tribunali ordinari sono incompetenti per dichiarare che una causa appartenga all' autorità amministrativa.

(*Discuss. sul* § 1700 *del regol. giud.*)

Pasquali c. Agostini

Il dott. Agostini citò Pasquali innanzi all' assessore della delegazione d' Ancona per pagamento d' opera medico-chirurgica prestata alla costui famiglia, e n'ebbe sentenza che deferiva sulla prestazione dell'opera il giuramento suppletorio all'attore. Portata dal Pasquali la causa in appello al tribunale collegiale della provincia, si eccitò questione se per i regolamenti del municipio quel professor sanitario, che è agli stipendi del pubblico, avesse diritto a conseguire il salario : ed i giudici a dì 30 gennaio 1841 pronunciarono la seguente sentenza.

„ Il tribunale, definitivamente pronunciando in secondo grado di giurisdizione, ha ammessa l'appellazione interposta da Francesco Pasquali contro l'assessorale sentenza interlocutoria 25 maggio 1839, e per l'effetto ha revocata la sentenza stessa, in ciò che concerne la ordinata prestazione di giuramento suppletorio d'officio per parte del sig. dott. Vincenzo Agostini medico condotto in questa città — In quanto al merito però il tribunale, decretando interlocutoriamente, ha dichiarato per ora la propria incompetenza, ed ha rinviato le parti a sperimentare i loro diritti innanzi all'autorità contenziosa-amministrativa, al cui potere spetta l'interpretazione della riforma, e discipline emanate dal municipio di Ancona, sulli obblighi inerenti ai fisici condotti, da cui dipende la questione del merito stesso. „

Appello del medico al tribunale di Macerata : ed erano ivi gli atti in pendenza, quando il Pasquali, usando il diritto del § 1700, interpose ricorso al Sovrano, supplicando si dichiarasse spettare la causa ai magistrati del contenzioso amministrativo.

Si oppose che il libello, con cui innanzi all'assessore d'Ancona fu introdotto il giudizio, nulla contenne che potesse alludere a questione d'atto amministrativo — che se nel decorso della causa, per eccezione del reo convenuto fu posta in controversia l'influenza dei regolamenti municipali in quella lite, è regola di procedura che le eccezioni del reo non danno, e non tolgono competenza ai giudici, poichè la giurisdizione dalla petizione dell'attore deve arguirsi — che

molto meno degli atti del municipio si parlò nel giudicato —
che quindi la causa si dovesse ritenere come spettante ai
magistrati ordinari, e che solo peccò il tribunale di prima
istanza d' Ancona quando giudicò la questione di competenza, riservata all' udienza sovrana pel disposto del suddetto
§ 1700.

Si rispose all' incontro, che il § 8 della legge 25 luglio 1835 si esprime così — *Se innanzi i magistrati giudiziari si promuovono controversie, od insorgono difficoltà concernenti materie amministrative, dovranno essi a richiesta delle
parti, od anche per officio dichiararsi incompetenti . . . Sulla
istanza, o reclamo dell' una o dell' altra parte, la competenza
amministrativa verrà regolata dal sovrano con la norma prescritta dal § 1700 del m. p. 10 novembre 1834* — Che acciò
un tribunale ordinario si debba dichiarare incompetente *ex
officio*, e, quando nol faccia, possa aver luogo il ricorso al
sovrano, non è necessario che una questione sulla materia
amministrativa sia per libello espressamente eccitata, ma basta
che nasca incidentemente per eccezione, o per replicazione
delle parti, mentre la legge concede il rimedio tanto nel
caso che le controversie *si promuovano*, lo che significa *contestazione espressa*, quanto al caso che *insorgano difficoltà*,
lo che certamente significa eccezione data, o ragione addotta
discutendo la causa.

Il ricorso fu risoluto col seguente rescritto — *Die 29 januarii 1844 — SSmus, auditis partibus, acceptoque voto RR.
PP. DD. decani et subdecani supremi tribunalis Signaturae
justitiae, nec non mei infrascripti relatione, circumscripto decreto interlocutorio tribunalis primae instantiae Anconae super
competentia, cum omnibus inde sequutis, benigne declaravit caussam spectare ad magistratus ordinis judiciarii.*

V. CARD. MACCHI S. J. PRAEF.

CAMBIALE . CLAUSULA all'ordine S. P. . GIRATA .
CLAUSULA ut supra . FIGLIO DI FAMIGLIA .
ARRESTO . STRAGIUDIZIALI

XVII. *La clausula* all'ordine S. P. *rende commerciale qualunque obbligazione contratta colle estrinseche forme cambiarie.*

La clausula ut supra, *supplisce nella girata la menzione espressa della data, e della valuta.*

Chiedere l'apertura del proprio fallimento, è confessarsi commerciante.

Il figlio di famiglia in età maggiore non può impugnare, pel disposto del s. c. macedoniano, la validità d'una obbligazione commerciale da lui contratta.

E per l'adempimento della medesima può essere costretto anche coll'arresto personale.

Nei giudizi pel pagamento delle cambiali trajettizie si tassano anche le stragiudiziali.

Bertiboni c. Levi-Camerini

A pag. 235 vol. 2 dell'anno scorso fu da noi presagito che le cambiali del Bertiboni a questa effemeride avrebbero data occasione di raccogliere ancora altre massime, oltre a quelle di cui fu conservata memoria nel luogo accennato, inoltre a pag. 31 del medesimo anno, ed a pag. 202 vol. 1 anno 1841: ed ecco colla regiudicata avverato il presagio. Vogliamo ripetere che il Bertiboni, per non pagare tre piccioli effetti componenti la somma di sc. 312 firmati a Pergola con domicilio eletto ad Ancona all'ordine s. p. di Giacomo Guazzugli, da questi girati al proprio fratello Giuseppe, e, per altra girata, venuti in possesso dei negozianti Levi e Camerini, condannato in contumacia dal magistrato consolare d'Ancona, per somma sì tenue, mandò tre ricorsi di nullità o restituzione in intiero in Segnatura: la quale, rigettata la nullità, rimise la causa per manifesta violazione di legge in sacra ruota, ove, divisa in tante istanze, quante erano le cambiali, i difensori del ricorrente riprodussero la questione d'incompetenza, benchè una regiudicata del tribunale supremo l'avesse esclusa, ed avessero inoltre contestata la lite in tutte le cause colla formola — *videndum infirmari et revocari sententiam latam a tribunali commercii Anconae in rem judicatam transactam, qua instans damnatus fuit ad solutionem, instantem absolvi ab indebite exadverso petitis.*

Il sig. avv. *Vici* difensore del Bertiboni incominciò da quella verità che è nel trattato del sig. Boucher *Delle lettere di cambio cap.* 74 *tom.* 2 *pag.* 107 *ed. di Parigi*, quando dice così — *È tempo che i tribunali si portino rigorosamente contro gli avari prestatori di danaro, che per la maggior parte non sono che usurieri, i quali, profittando dello stato di miseria del loro debitore, non sono contenti per lo più d'aver pegni, di conseguire delle grandi usure, e, desiderando di avere maggiori sicurezze personali, dettano alle loro vittime delle lettere di cambio, che non sono altra cosa che false carte monetate. Di la le infinite usure sulle piazze, le quali, demoralizzando il commercio, lo fanno camminare a gran passi verso la sua rovina: e ciò vie maggiormente perchè questi uomini sanno garantirsi dagli avvenimenti, presentando nel corpo delle lettere dei prestanomi che, girandole in bianco, e ponendole in circolo, in questo modo le pongono al coperto d'ogni perdita: e ciò avverrà sovente se non si sorvegliano, e non si puniscono.* Quindi dicea che se il tribunale supremo in un quarto ricorso interposto dal Bertiboni contro lo Stefanini, creditore d'un altra cambiale, annullò gli atti d'Ancona (1), e non annullò quei che furono fatti ad istanza di Levi e Camerini, avvenne perchè l'istanza per la cambiale firmata a favore dello Stefanini non era nell'interesse d'un giratario, come lo erano le altre girate al Guazzugli. con che si vollero significare le eccezioni di nullità contro i giratari innanzi ai tribunali ordinari, o innanzi ai tribunali

(1) *V. il pres giornale anno* 1842 *vol.* 1 *pag.* 59.

d'appello, finchè le sentenze sono appellabili, doversi dedurre. Da ciò gli era facile concludere che, avendo invece il
tribunale supremo, coll'accordare il beneficio della restituzione in intiero rimosso l'obice della regiudicata, alla querela di nullità per motivo d'incompetenza avesse riaperta la
via (2) — E siccome il rescritto di Segnatura era concepito colla
clausula *quoad circumscriptionem nihil, et utatur jure suo*, in
ciò vedeva un altro argomento per dire ancor viva la questione d'ordine, mentre per disposizione di diritto la restituzione in intiero equivale al beneficio della appellazione,
e il tribunale d'appello per le querele di nullità è magistrato
opportuno. Qui, riportandosi a quanto avrebbe detto più tardi
circa alla incompetenza *ratione materiae*, chiariva manifesta la
incompetenza *ratione personae*, perchè il Bertiboni mai non
fu addetto al commercio, e perchè l'articolo 606 della legge
commerciale rinvia ai tribunali ordinari l'istanze dirette ad
ottenere il coattivo pagamento delle cambiali, che ai termini
dell'art. 107 debbono essere riputate come semplici promesse.

La dimostrazione dell'incompetenza *ratione materiae* era
tutta nel ricordare che cambiale non è quella, che nella sostanza non contiene un contratto di cambio, di cui la cambiale è l'esecuzione (3) — che mentre il contratto si compie
fra due, uno dei quali somministra danaro acciò venga pagato
in un luogo, mentre l'altro promette pagarlo in un altro,
la lettera di cambio, che viene in esecuzione del medesimo,
dee contenere tre diverse persone, un *traente* che riceve danaro, un *portatore* a cui si consegna la lettera in correspet-

---

(2) Paul. *sent. lib.* 2 *tit.* 7 § 1. - Pothier *in pandect. ad tit.
de in integr. restit. num.* 1 *nota A.* - Marchesan *de commiss. parte* 2
§ 1 *num.* 7.

(3) Rogron *cod. di comm. spiegato tit.* 8 *sez.* 1 *della lettera
di cambio.* - Dalloz *Giurispr. alla parola* effetti di comm. *sez.* 1
art. 1 *num.* 1.

tività del danaro ricevuto, un *trattario* a cui viene inviata pel pagamento, e che, dopo l'accettazione, si chiama *accettante*, a tal che il traente sia sempre colui che riceve, non colui che da la pecunia — che per lo contrario in quelle cambiali Jacopo Guazzugli fu nel medesimo tempo datore del danaro e portatore della lettera, perchè questa venne stilata — *pagate per questa sola di cambio all'ordine t. p. mio proprio la somma di romani scudi... valuta che riceveste in simile specie* — che dunque le carte firmate a Pergola dal Bertiboni altro non furono che la prova d'un mutuo, con mandato di renderlo altrove, e per conseguenza obbligazione meramente civile, non essendo nuovo in diritto che taluno prometta di soddisfare il precedente suo debito in luogo diverso da quello ove risiede il suo creditore (4) — che la clausula *all'ordine* non potea rendere commerciale una obbligazione meramente civile, perchè *origo potius, quam titulus considerandus est* (5), molto meno pel modo con cui quegli effetti furono dal Guazzugli girati; Dicea che pel disposto dell'art. 131 del cod. di comm. — *la girata è datata: essa esprime il valore somministrato: essa contiene il nome di colui al cui ordine è tratta*, e che per l'articolo 132 — *se la girata non è conforme alle disposizioni dell'articolo precedente, non trasporta la proprietà, e non è che una procura* — che in nessuna delle cambiali controverse si conteneva l'espressione della valuta, una era mancante di data, per cui in origine obbligazioni meramente civili, non poteano, messe in commercio, divenire commerciali — che i difetti estrinseci delle cambiali, per incontrovertibile regola di giurisprudenza, si possono opporre anche ai giratari, sia che questi le posseggano a titolo oneroso, sia che le abbiano

---

(4) *L. 7 ff de eo quod certo loco.* - Aut mutua pecunia sic data fuerit, ut certo loco reddatur. - *L. 5 ff de constituta pecunia.* - Cum qui Ephesi promisit se soluturum, si constituit alio loco se soluturum, teneri constat.

(5) *L. 3. in fid. cod. ad s. c. macedon.* - *L. 7 ff de fidejuss.*

come semplici mandatari. Notava per ultimo che, se nelle cambiali fu scritta la clausula — *valuta che riceveste in simile specie*, quel mutuo fatto ad un figliuol di famiglia cadde sotto il disposto del s. c. macedoniano — che tal disposizione di diritto ha sempre luogo, quando interviene la numerazione del danaro, qualunque ne sia il titolo, e l'involucro (6), ed appunto perchè l'involucro contiene una frode, obbligazioni simili debbono essere in odio ai magistrati, più che non quelle nelle quali è manifesta violazione di legge (7) — che nel Guazzugli era tal frode più riprovevole, mentre, di Pergola anche esso, non poteva ignorare le qualità d'un suo concittadino — che, essendo la girata irregolare, e, dovendosi per conseguenza considerare i giratari come semplici mandatari ad esigere, si potea loro opporre l'originaria illegittimità della obbligazione — che molto meno fosse da credere quelle girate come altrettante delegazioni, primo perchè, all'effetto della delegazione, è necessario che il delegante sia debitore di colui a cui favore vien fatta (8), e nel caso era ignoto se i negozianti Levi e Camerini fossero creditori del girante Guazzugli, che inoltre il commettere altrui con una girata l'esi-

___

(6) *L.* 3 *ff ad s. c. maced.* § 3. - Is autem solus s. c. offendit, qui mutuam pecuniam filio familias dedit, non qui alias contraxit, puta vendidit, locavit, vel alio modo contraxit. Nam pecuniae datio perniciosa parentibus eorum visa est : et ideo, et si in creditum abii filio familias, vel ex caussa emptionis, vel ex alio contractu in quo pecuniam non numeravi, et stipulatus sim, licet coeperit esse mutua pecunia, tamen, quia pecuniae numeratio non concurrit, cessat s. c. Quod ita demum erit dicendum, si non fraus s. c. sit cogitata, ut qui credere non potuit, magis ei venderet, ut ille rei praetium haberet in mutui vicem.

(7) Boucher *trattato delle lett. di cambio, cap.* 73 *num.* 2 *pag.* 102 *ed. di Parigi.*

(8) *L.* 11 *ff de novat. et deleg.* - Delegare est, vice sua, alium reum dare creditori.

7

genza d'una somma di danaro, non importa delegazione (9), e che finalmente è necessario un contratto tra il debitore delegato e il creditore (10), e nel caso nessuno ne intervenne tra la ditta Levi-Camerini, ed il Bertiboni — La difesa era accompagnata da un *sillabo*, ossia fascicolo, nel quale il sig. avvocato avea fatto trascrivere i dottrinali, che si suole allegare per togliere, quando è possibile, alle cambiali la giuridica loro efficacia.

Il sig. avv. *Ciabatta*, che in sì lungo litigio patrocinò sempre la ditta, meravigliava nel vedersi riprodurre una questione di nullità d'atti, già da lui per regiudicata vinta in segnatura, e molto più il vedersela opporre nelle allegazioni del sig. Vici, dopo che il procuratore, da cui gli fu commessa la causa, avea formulato il libello di ruota colle parole *infirmari, et revocari sententiam latam a tribunali commercii Anconae* — che inoltre la causa di nullità fu la sola, che si agitasse in tribunale supremo, dal quale fu risoluta, mediante la clausula con cui si rigettano tali querele, onde il riprodurla era lo stesso che voler disputare su cose non più suscettibili di questione — che finalmente la clausula *utatur jure suo* nei rescritti di segnatura, è come un congedo dato a chi perde, né per tale atto rimane men vero che abbia perduto.

Circa alla giustizia della sentenza d'Ancona ricordava la regola che ogni portator di cambiale ha contro l'accettante una triplice azione — *nempe* (come disse la ruota nella *Bononien. litterae cambialis* 7 aprile 1823 *cor.* de Corsi) constitutae pecuniae, *quia acceptatio praesefert confessionem debiti pro summa in cambiali acceptata designata*, depositi, *quia acceptans declarat quodammodo sese eam summam retinere loco depositi, donec veniat indictus solutioni terminus*, fidejussoria

_____

(9) *L.* 21 *ff eod.* - Si debitorem meum jussero tibi solvere, non statim tu etiam stipulando id novare possis.

(10) *L.* 1 *cod. de novat. et deleg.* - Delegatio debiti, nisi consentiente et stipulanti promittente debitore, jure perfici non potest.

tandem, quia in gratiam publici commercii acceptatio secumfert acceptantis fidejussionem pro indemnitate possessoris litterae cambialis (11) — Quindi dicea che, se la cambiale fu dal Guazzugli tratta all'ordine proprio, n'ebbe la facoltà dall'art. 105 del codice di commercio, il quale permette che la lettera possa essere tratta *sia all'ordine di un terzo, o all'ordine del traente medesimo* — che quand'anche le obbligazioni del Bertiboni incontro al Guazzugli potessero avere eccezione alcuna, (benchè in realtà nessuna ne avessero) la pretesa derivazione da un mutuo mai non si sarebbe potuta opporre ai giratari, che l'acquistarono a titolo oneroso, perchè — *quaelibet sit* (continua la decisione suddetta) *scheda quae scripta sit* all'ordine s. p. *efficit haec clausula, ut illius solutionem acceptans denegare nequeat giratariis* (12), la quale giurisprudenza è riceuta in tutto le parti del mondo, in cui si ha l'uso delle cambiali, che, senza tale franchigia dalle eccezioni degli accettanti non potrebbero essere d'uso nessuno; per cui la girata rende perfette le cambiali anche imperfette (13): onde la ruota nella *Romana litteras cambialis* 18 *februarii* 1791 *coram* Malvasia disse che *omnis reapse perturbaretur commercii ratio, et publica fides, si postquam litterae ex mandato trahentes, et sub ejus obligatione in commercium deductae sunt, et in tertios translatae, declinari ab eo pos-*

---

(11) Ansaldo *de comm. disc.* 3 *num.* 4. - Rocca *de cambiis cap.* 92 *num.* 31. - Constant. *vot. decis.* 102 *num.* 15. - Rota *nella Romana litt. cambii* 5 *junii* 1784 § 2 *cor.* Riminaldo, *nella Romana litter. cambii* 24 *april.* 1818 *cor.* Odescalchi, *e nella Bononien. litterae cambialis in re commerciali* 10 *sept.* 1852 *cor.* De Cursiis.

(12) *Romana litterar. cambii* 16 *febr.* 1791 § 7 *cor.* Malvasia - *nella Auximana litter. cambii super pertinentia caussae* 16 *maggio* 1836 *cor.* Marini.

(13) Sirey *annot. al cod. di comm. art.* 114 *num.* 8. - Pothier *trattato delle lett. di cambio num.* 10. - Pardessus *diritto commerciale num.* 333. - Dalloz *sez.* 1 *art.* 7 *num.* 3.

7*

sit solutio quia nihil acceperit in caussam praetii. Latissima quin immo fraudibus pateret via, *cum facile exarari possent litterae in commercium producendae, nulla interveniente pecunia ad tertios decipiendos, qui eas coemerunt bona fide* (14) — che cedere una cambiale per valuta avuta senza dire se in moneta, se in merci, se in altra maniera, è regolare (15) — che girare per valuta avuta sempre significò valuta avuta in contanti (16) — che in fine, esistendo una`regiudicata di Segnatura con cui fu riconosciuto competente pei giratari il tribunal di commercio, questa implicitamente portò la conseguenza che disputar non si potesse sulla qualità veramente commerciale di quegli effetti: giacchè, se avessero avuto il carattere d'obbligazioni meramente civili, il magistrato regolatore avrebbe detta la giurisdizione consolare incompetente.

Circa all'uso, che del s. c. macedoniano pretendeasi di fare in contrario, rispondeva chiedendo come i giratari, che comprano in piazza una cambiale, possano conoscere se l'accettante sia o non sia soggetto alla patria podestà, facendo riflettere che, nell'ipotesi di tale giurisprudenza, non si potrebbero in borsa negoziare effetti di commercio, se l'agente di cambio non accompagna le lettere con una fede di nascita, che giustifichi gli anni dell'accettante, e con una fede di morte che giustifichi il decesso del padre, od altro documento che lo dica franco dalla patria podestà — che *Voet in pand. ad s. c. maced. num.* 6 dice che — *si filius familias mercator accipiat mutuum, mercaturae favore senatus consultum cessare*

----

(14) *V. anche la Forolivien litterae cambialis* 21 *junii* 1821, e *la confermatoria* 14 *aprile* 1832 *cor.* Spada *nnm.* 7.

(15) *Romana litt. cambii super circ. et app.* 1 *oct.* 1821 *cor.* Gamberini. - *Bononien. eod.* 10 *sept.* 1832 *cor.* De Cursiis. - *Auximana litt. cambii super pertinent.* 1 *maii* 1836 *cor.* Marini.

(16) Rota *nella Bononien. litterarum cambii* 7 *aprile* 1823 *cor.* De Corsi.

placuit (17) — che la ruota nella medesima *Bononien. litterae cambialis in re comm.* 10 *sept.* 1832 § 6 *cor.* De Cursiis, disse altrettanto, quando disse — *praeterea nec quidquam Bassius proficeret, si probaret se fuisse filium familias: agitur enim in proposita specie de collybistica littera, quo in casu tum minorum, tum filiorum familias privilegia in irritum cedunt:* che nella specie di quella lite si trattava d'un debitore minore d'età, e, sebbene la ruota in una proposizione della causa rispondesse — *esse locum solutioni, suspenso interim mandato personali,* nella proposizione del dì 7 gennaio 1833 rispose *in decisis juxta modum,* cioè *relaxato etiam mandato personali, et expediatur.* Volea per ultimo salva la regiudicata anche nella condanna alle spese stragiudiziali onde era munita, perchè le stragiudiziali sono sempre dovute, quando le condanne provengono da cambiali traiettizie accettate, o girate (18), come sono dovuti gl'interessi dal giorno in cui sono protestate (9).

Il sacro uditorio „ Considerando, che i difensori del Bertiboni domandano nel loro libello — *infirmari et revocari sententiam latam a tribunali commercii Anconae diei* 13 *junii* 1839 *in rem judicatam transactam, qua instans damnatus fuit ad solutionem . . . instantem absolvi ab indebite ex adcerso petitis,* la qual formola, alludendo unicamente alla ingiustizia del giudicato, di sua natura abbandona ogni questione di nullità, e d'incompetenza.

---

(17) Ansaldo *de comm. et mercat. disc. gen. num.* 89 *et* 90. - Peresio *in cod. lib.* 2 *tit.* 43 *num.* 4.

(18) Rota *nella Romana seu Sorana super expensis extrajud.* 4 *maii* 1781 *cor.* Litta, *nella Romana pecuniaria* 25 *febr.* 1818 *cor.* Zinanni, *Romana litter. cambii* 6 *martii* 1801 § 8 *cor* Gardoqui, *nella Romana seu Massilien litterarum cambii* 14 *martii* 1815 *cor.* Tassoni, *e nella suddetta Bononien. litterae cambialis* 7 *aprilis* 1823 § 17 *cor.* De Corsi.

(19) Rota *nella Senogallien. pecuniaria* 27 *giugno* 1806 § 11 *cor.* Bardaxy De Azara.

„ Che, quand' anche il libello non fosse concepito così, la regiudicata, con cui la segnatura rigettò la domanda di nullità, sarebbe d' insuperabile ostacolo al riprodurre una eccezione, che pel disposto dell' articolo 606 del codice di commercio unicamente innanzi ai giudici mercatorj si poteva proporre.

„ Che d' altronde la cambiale di cui si tratta fu vera cambiale, e molto più dopo essere stata girata a favore di un terzo, contenendo essa tutte le condizioni del § 105 del codice di commercio.

„ Che non osta la formola *all' ordine mio proprio*, dicendo l' articolo che le cambiali possono essere tratte, *o all' ordine d' un terzo*, *o all' ordine del traente medesimo* : molto meno la pretesa supposizione di luogo per essere stato promesso il pagamento in Ancona, da chi a Pergola avea domicilio: mentre pel disposto dell' art. 105 — *una lettera di cambio può essere pagabile al domicilio di un terzo.*

„ Che inoltre qualunque eccezione sparisce incontro alla clausula *all' ordine s. p.* la quale produce che, se una cambiale anche imperfetta sia mandata in giro col mezzo della cessione, pel favor del commercio non si possano opporre al possessore altre eccezioni, che quelle le quali appariscono dalla sua estrinseca forma.

„ Che inopportunamente si dice la gira estrinsecamente imperfetta, perchè manca la data, e la specie della valuta : giacchè la clausula *ut supra*, colla quale il Guazzugli cedè quell' effetto a Levi e Camerini, significò fatta la cessione seconda nel medesimo giorno in cui fu fatta la prima, e, in quanto al correspettivo della cessione, le voci *valuta avuta*, secondo l' uso del commercio, bastarono a soddisfare la volontà della legge, la quale è contenta che si esprima se in danaro, se in merci, se in *qualunque altra maniera.*

„ Che ad una azione speditissima, quale si è quella che nasce dall' accettazione d' una cambiale, non può il Bertiboni contraddire col disposto del s. c. macedoniano: poichè, prescia-

dendo dai non lievi argomenti pei quali si prova essere esso
addetto abitualmente al commercio, concorre una regiudicata
del tribunale d'Urbino colla quale, a sua richiesta, fu aperto
sopra i suoi beni il fallimento, concorre l'accettazione di tale
sentenza che egli fece con dare una nota, nella quale annoverò
anche il debito delle cambiali controverse: inoltre, se pure
abbia per tal disposizione di legge il Bertiboni alcuna azione
contro il Guazzugli in cui favore accettò, non l'ha certamente contro ai giratari, che dall'estrinseco aspetto della
cambiale non poteano conoscere che egli fosse soggetto alla
podestà del suo genitore.

„ Che la sentenza d'Ancona non fu men giusta in ciò
che risguardò all'ordine esecutorio anche personale, alla
condanna alle usure mercantili, ed alle spese stragiudiziali:
poichè, in quanto alle usure, esse sono espressamente accordate dell'art. 178 del codice mercatorio, in quanto alle stragiudiziali esse si devono in tutti i giudizi per cambiali traiettizie, come la ruota decise in molti casi, ed in ispecie nella
*Romana seu Batava litt. cambialis super reservatis in rejud.
A. C. Met quoad cambia, et recambia, et expensas extrajudiciales* 27 *jan.* 1809 § 2 *cor.* Isoard, circa finalmente all'arresto, dispone il § 41 dell'editto 1 giugno 1821 che — *nei
giudicati di commercio compete l'esecuzione personale.*

Rescrisse — *Esse locum solutioni litterae cambialis in
summa scut.* 154, *una cum fructibus sexuncibus, et expensis
extrajudicialibus, atque relaxationi mandati realis et personalis,
et extendatur decisio.*

Rota del dì 24 aprile 1843 R. P. D. D'Avellà *Anconitana restitutionis in integrum quoad litteram cambialem scut.* 154
in re commerciali, proc. per Bertiboni sig. dott. Brunetti, *per*
Levi, *e* Camerini sig. dott. Salini.

4 agosto — *In decisis, dempto mandato personali contra
Joannem* (Bertiboni), *et extendatur nova decisio.*

12 febbraio 1844 — *In primo loco decisis, et expediatur.*
Così furono risolute le cause delle altre due piccole cambiali.

XVIII. *Possono i soci legittimamente convenire una prelevazione d'interessi sui capitali posti in società, senza pericolo di labe usuraria, quando un tal patto sia reciproco.*

Alessandrini c. De Gregori

Alessandrini e De Gregori contrassero in Roma società sopra un negozio di drogheria, e, tra gli altri patti, quello che risguardava l'immissione del danaro fu concepito così — *Il capitale sociale non potrà esser minore di scudi seimila compresi gli stigli, buon uscita, ed avviamento spettante al sig. De Gregori ... quali scudi 6000, considerati all' interesse mercantile del sei per cento, dovrà portarsi come peso fisso della società nelli bilanci annui per scudi trecento sessanta, da prelevarsi, detti interessi, in proporzione del capitale, che hanno immesso a forma della nota, e respettiva consegna, onde potersi dividere l'utile, detratti li detti sc. 360, ed altri pesi fissi, ed inerenti al negozio.* Alcuni anni dopo, venuti ad acre contesa sui conti sociali, deputati pria gli arbitri dal tribunale di commercio, quindi dalla ruota i periti, questi all' Alessandrini accreditarono sul capitale immesso per titolo d'interesse sc. 818:44, la quale partita rendè perdente il bilancio di pressochè simile somma. La partita fu accusata d'illecita per labe usuraria.

I difensori del De Gregori diceano cadere quel patto sotto l'anatema della bolla *Detestabilis avaritiae,* in cui Sisto V. condannò — *omnes et quoscumque contractus, et conventiones per quas cavebitur personis, pecunias, animalia, aut quaslibet alias res, societatis nomine tradentibus, ut, etiamsi fortuito casu damnum aut omissionem sequi contingat, sors ipsa, seu capitale semper salvum sit, et integrum a socio restituatur, sive ut de certa quantitate, vel summa in singulos annos, aut menses, durante societate, respondeatur,* per cui il pontefice disse feneratizio tanto il patto della salvezza del capitale, quanto quello dell'immancabile prestazione dei frutti in una quantità deter-

minata, lo che era vietato anche per disposizione di diritto
civile (1), a tale che, se un socio voglia accrescer del suo
il capitale sociale, con pattuirsi un certo interesse di ciò
che immette, la ruota dice anche in tal caso la convenzione
usuraria (2) — Nè, proseguivano, si dica che l'Alessandrini pose in società pecunia molto maggiore di quella, che
immise il De Gregori, poichè, quanto è certo che il socio
contribuente un maggior capitale abbia diritto a maggior
quota di utili, altrettanto è sicuro che non può pattuirsi una
percezione d'interessi determinata da ogni pericolo franca,
ed immune (3).

Ed aggiungevano — Non si pretenda, che il modo di com-
binare le società dalla legge sia rimesso alla sfrenata volontà dei
contraenti, mentre — *Ait praetor: pacta conventa, quae neque*
dolo malo, neque adversus leges, plebiscita, senatus consulta,
aedicta principum, neque quo fraus cui eorum fiat, facta erunt,
servabo (4), per cui non debbono essere osservati quei patti
che contro alla disposizione di ragione furono convenuti:
molto meno si opponga che il testo nella *L. si unus* 68 § 3 *ff pro*
socio permette ad un socio il dare ad usura il proprio danaro
alla società (5), mentre parla del caso in cui il socio, dopo

---

(1) *L. indebitas cod. de usuris.* - *L. si non autem,* ed ivi
Bartol. *num.* 4 *ff de condict. indebiti.* - Rota *decis.* 86 *num.* 9
cor. Gregor., *decis.* 277 *num.* 2 *cor.* Celso, *decis.* 526 *num.* 2
parte 14 *recen.*, *decis.* 676 *num.* 5 *parte* 18 *tom.* 5.

(2) *Decis.* 576 *num.* 1 *cor.* Emerix.

(3) Ruin. *cons.* 102 *num.* 1 *per tot. lib.* 1. - Riminald. Jun.
cons. 463 *per tot.* - Mantica *de tacitis lib.* 6 *tit.* 7 *num.* 3. - Staiban.
Jun. *resol. for. centur.* 1 *resol.* 94 *num.* 34. - Harman. Pistor. *lib.* 3
quaest. 2 *num.* 30. - Zanchio *de societate part.* 1 *cap.* 6 *num.* 157. -
Rota nella *sud. decis. cor.* Emerix *num.* 3.

(4) *L. juris gentium* § 7 *ff de pactis.*

(5) *L.* 68 § 3 *ff pro socio.* - Si quid unus ex sociis necessario
de suo impenderit in comuni negocio, judicio societatis servabit, et

aver fatta nella società l'immissione della sua parte di capitale; sia richiesto d' un mutuo, e lo da, come potrebbe darlo un terzo qualunque, non del caso in cui la percezione del lucro certo, nel formarsi della società, sia pattuita: onde è comune opinione dei dottori, che, se il socio venga richiesto d'accrescere il capitale sociale, e voglia somministrar danaro ad usura, debba assumere la qualità di terzo mutuante, e deporre quella di socio (6), e molto più debba deporla se, renduto necessario un aumento, voglia supplire alla necessità, stipulandosi un frutto (7) — Vale quel patto, nel quale un socio si stipula un determinato interesse del proprio danaro rinunziando all' incerta percezione dei lucri, non quello in cui si pattuisca, oltre ai lucri, un interesse certo della propria pecunia (8).

Dicean per ultimo essere diverso il caso della questione tra Marignoli e la Stefanoni per la società de' sali, e tabacchi (della qual causa noi faremo relazione tra non molto) poichè il Marignoli, nel somministrare danaro a quella impresa si stipulò un interesse, ma, oltre all' interesse del danaro somministrato, non volle nessuna percezione di lucri, per cui a ragione potè dire la ruota in essa causa *Romana imputationis*

---

usuras, si forte mutuatus sub usuris dedit. Sed et si unam pecuniam dedit, non sine caussa dicetur quod usuras quoque percipere debeat quas possit habere si alii mutuum dedisset.

(6) Navarr. *in manual. cap.* 17 *num.* 254. - Covarruv. *resol. var. lib.* 2 *num.* 4. - Carleval. *de jud. tom.* 2 *disput.* 7 *num.* 18. - Zanchio *de societate loco cit. num.* 56, *e* 68.

(7) Rota *nella suddetta decis.* cor. Emerix *num.* 6.

(8) Felin. *de societate cap.* 11 *num.* 21. - Conciol. *allegat.* num. 60. - Torre *variar. resol. juris quaest. lib.* 2 *tit.* 20 *quaest.* 4 *num.* 11. - Card. De Luca *de usuris disc.* 3 *num.* 4. - Zanchio *de societate part.* 3 *cap.* 6 *num.* 24. - Leotard. *de usuris quaest.* 31 *num.* 19. - Rota *nella Romana nullitatis contractuum* 31 *aprile* 1804 cor. Resta § 11, *e nella confermatoria* 1 *febbraio* 1805 § 7 cor. eod.

solutionum 17 *giugno* 1842 *cor. b. m.* De Retz — *denique nec societatis, nec participationis naturae repugnat, neque novum est in hujusmodi contractibus, ut praefiniatur annua lucrorum summa loco incertorum, quae a socio, aut participe lucrari potuissent* — Nè potersi coonestare ciò che fu stipulato in favore dell'Alessandrini col dire, che altrettanto fu pattuito in favore del De Gregori pel capitale che si sarebbe immesso da lui, mentre non è come possa coonestarsi, quello che è illecito per natura sua. È, diceano, illecito il furto, ma se tu m'involi un anello, il furto diverrà forse atto innocente perchè io a vicenda t'ho involata la borsa?

Rispondeva all'incontre il difensore dell'Alessandrini — Io non cercherò quale sia l'opinione dei dottori circa il contratto *trino*, che è quello in cui un socio capitalista pattuisce la salvezza del capitale e del lucro, o circa il contratto *bino* in cui disgiuntamente si promette ad un socio la salvezza del capitale, o quella del lucro (9), ma dirò, come già disse la ruota nella *Romana societatis* 3 *giugno* 1822 *cor.* Spada che — *locum habet quaerela ista tunc solum, cum expresse cautum sit caput ab uno socio immissum in quovis eventu esse ab altero reddendum, etiamsi societas abeat in praeceps, et caput ipsum omnino deficiat: nisi hoc pactum, et expressis quidem verbis recurrat, numquam societas dici potest contracta a capo salvo, et pacta immo quaelibet interpretantur, quatenus caput vere supersit:* il qual fatto della salvezza del capitale tra quei soci non fu stipulato, ed invece fu detto che, *terminata la società, si diverrà alla formazione dei bilanci, e divisione dei rispettivi capitali... prelevati quindi dai soci li respettivi capitali immessi a forma della nota, il di più sarà diviso in porzione eguale* — Che molto meno fosse da accusare l'Alessandrini, come colui che si era stipulata la percezione d'un doppio

---

(9) Rossignoli *delle usure* pag. 55. - Concina *vol.* 2 *diss.* 4 *cap.* 6. - Carleval. *de jud. lib.* 1 *tit.* 3 § 22. - De Luca *de usuris disc.* 3 § 4. - Rota *cor.* Tanara *decis.* 46 *num.* 12.

lucro, quello cioè degli interessi sopra al danaro, e quello
dei lucri della società: giacchè in primo luogo, quand'anche
un tal patto si fosse realmente convenuto in tal modo, essendosi in favore del De Gregori convenuto altrettanto, non
si potrebbe accusare d'ingiustizia, secondo perchè, mentre
l'Alessandrini si stipulava lucro di società, e frutto d'impiegata pecunia, dall'altro canto abbandonava al De Gregori
l'intiera metà dei lucri sociali, benchè nella cassa non immettesse tanto danaro, quanto veniva immesso da lui: per
cui l'Alessandrini perdeva negli utili, quello che acquistava nei frutti: col quale discorso intendeva il sig. avvocato
di professare su questa specie di convenzioni la dottrina del
ch. Zanchio che nell'opera *de societate part.* 1 § 13 dice non
essere — *indistincte verum socium societati credentem, et usuras simul et lucra socialia non posse licite percipere: quia hoc
procedit cum ab altero socio tantum integras creditae pecuniae
usuras percipit, ipsamque pecuniam creditam integre ab eo
repetere stipulatur: non item quando a societate ipsa usuras
percipit: nam, hoc casu, dimidium usurae a sua parte sociali,
et alterum dimidium a portione alterius socii consequitur. Quod
si socius, societati credens, lucra socialia percipit, tamquam
socius percipit ab illa etiam parte dimidia pecunias creditae,
cujus et ipse aequale subit periculum: atque ita intelligenda
est de duplicitate lucri exceptio, idque est maxime notandum,
ac menti tenendum* — e faceva riflettere che, siccome il De Gregori non conferiva nella società la sua industria, giacchè
per questa avea un mensile salario, siccome non conferì la
metà del capitale, sarebbe stato iniquissimo che avesse per-
cepito quegli stessi proventi che percepiva l'Alessandrini,
dicendo che il Leotardo, lo stesso Zanchio, la decisione cor.
Emerix, e le altre autorità in contrario citate tutte risguardano
al caso del contratto veramente trino nel senso della sistina.
Aggiungea che lo spirito di tal bolla fu quello di condannare
i mutui con percezione d'indebite usure, palliati sotto l'aspetto
di società legittime, e nei quali del contratto legittimo non

è altro che il nome : che per lo contrario quel contratto che
avvenne tra il De Gregori e l'Alessandrini fu una vera e
reale società di drogheria stabilita tra due antichi droghieri,
che aveano sempre esercitato un tale commercio — essere nota
la differenza tra il danaro dato ad imprestito, che passa in
dominio del mutuatario, e quello collocato in una società,
che sempre appartiene al collocante, rimanendo a di lui danno
e pericolo — questa sola circostanza d'avere l'Alessandrini
lasciato il suo capitale esposto ai pericoli di quel commercio,
escludere la natura del mutuo richiesta come carattere necessario alla nullità del contratto nei consigli in contrario
citati, e particolarmente in quelli del Riminaldo, e del Ruino.

Il sacro uditorio, nella parte risguardante a tal punto di
sociale controversia.

„ Considerando, che i frutti accreditati dal perito all'Alessandrini non devono togliersi dal conto, poichè, essendosi reciprocamente convenuti, in modo cioè che avesse diritto a percepirli qualunque dei soci immettesse capitali
nella società, un simile patto non ha nulla di feneratizio,
e molto meno se si considera, che, mentre un tale emolumento fu dato all'Alessandrini come socio capitalista, al De
Gregori venne assegnata una mensuale mercede per l'impiego della sua industria. „

Revocando la decisione precedente, nella quale i suddetti
interessi erano stati negati, e per conseguenza si era detto
vincente, od almeno in equilibrio il bilancio, rescrisse — *Recedendum a decisis, et constare de immissione capitis socialis,
et de damno societati obvento ad formam primae hypothesis periti
peritioris, et esse locum locationi tabernae ad formam apochae,*
et extendatur nova decisio: il qual patto di locazione era nelle
provvidenze dell'apoca di società, pel caso che l'industria
fosse ai soci di danno.

*Ruota del dì 17 marzo 1843 — Romana societatis, in re
commerciali* R. P. D. De Retz, *dif. per De Gregori* sigg. avv.
profess. Belloni, e Lunati, *proc.* sig. dott. Montanari *proc.*

di coll. , per Alessandrini sigg. avv. Benedetti , e Bachetoni, *proc.* sig. dott. Marini *proc. di coll.*

5 febbraio 1844 — *In. decisis , et expediatur.*

AVVOCATI . PATROCINI . CLIENTI

XIX. *Gli avvocati hanno contro i clienti diritto ad onorario.*

1.° *Per la visura in ogni grado di giurisdizione.*

2.° *E per ogni incidente, quando sia stato necessario esaminare nuovi documenti, e comporre apposito sommario.*

3.° *Per la corrispondenza epistolare, se l' abbiano tenuta.*

4.° *Per le collezioni di dottrinali, se siano stati disposti con metodo : e molto più se sia stato necessario volgerli da una lingua straniera.*

5.° *Hanno diritto a ritenere per l' effetto dell' onorario come piene le pagine delle loro memorie occupate dalle sottoscrizioni , e dall' occhio, ossia frontespizio.*

6.° *Non hanno diritto a rimborso per le copie dei loro originali mandati alla stampa.*

N. c. Petrocchi

Il sig. avv. Petrocchi, che nel tribunale dell' A. C. , e quindi in ruota avea patrocinate, e vinte le cause di un figlio quasi diredato dal padre, costretto a richiedere il pagamento dei propri onorari, citò per mille scudi, *od altra somma che sembrerà al tribunale*, producendo una specifica di sc. 1280 : ebbe un giudicato per scudi mille, dal quale il suo cliente avendo appellato alla ruota, una sentenza cor. Zacchia, per la reciprocità dell' appello, aumentò la condanna a scudi 1217 : 30. Nata così la regiudicata pei mille, rimase appellabile la differenza, per cui in altro turno gli fu necessario disputare la formola — *An sententia rotalis quoad scuta 217 : 30 sit confirmanda , vel infirmanda.*

Incominciò dal recitar le parole con cui Cicerone ai giudici di Gneo Plancio descrisse la malvagità della ingratitudine, e degli ingrati, dicendo — *Etenim judices, cum omni-*

bus virtutibus me affectum esse cupiam, tamen nihil est quod malim, quam me gratum esse, et videri. Haec est enim una virtus non solum maxima, sed etiam mater virtutum omnium reliquarum. Quid est pietas, nisi voluntas grata in parentes? Qui sunt boni cives qui bello, qui domi de patria benemerentes, nisi qui patriae beneficia meminerunt? Qui sancti, qui religionem volentes, nisi qui meritam Diis immortalibus gratiam justis honoribus, et memori mente persolvunt? Quae potest esse jucunditas vitae, sublatis amicitiis? Quae porro amicitia potest esse inter ingratos? Quis est nostrum liberaliter educatus, cui non educatores, cui non magistri sui, atque doctores, cui non locus ille mutus ubi ipse altus, aut doctus est cum grata recordatione in mente versetur?... Equidem nil tam proprium hominis existimo, quam non modo beneficio, sed etiam benevolentiae significatione alligari: nihil porro tam inhumanum, tam immane, tam ferum, quam committere ut beneficio non dicam indignus, sed victus esse videar: sentenza da scriversi a grandi caratteri in tutti gli studj di quei difensori, che non per commercio, ma per coscienza, e per cuore assumono i patrocinî, e che d'ordinario nel conseguimento dei loro premi sono i men fortunati. Dopo di che, con quel vigore di bella latinità che si distingue negli scritti di tal difensore, dicea come quell'uomo venisse dalla provincia a cercar patrocinio contro al testamento paterno, destituito dei mezzi, che a sostenerne le spese erano necessarî, che, ricusato da molti, egli lo assunse, e per cinque anni amministrò quella guerra contro a difensori di primissima forza, quali erano, e sono i sigg. avv. Duranti, e Giansanti, conducendo il cliente di vittoria in vittoria fino alla regiudicata, che lo fece opulento, d'indigente che egli era, quando fu intrapresa la causa — Che in tale processo esso fu non solo avvocato, ma causidico, agente, amico, fratello, sovventor di danaro, a tal che il cliente un dì gli scrivea — *io ricorderò sempre la parte zelante, che ella tenne nella mia causa, cioè di cliente, di avvocato, di curiale:* qualità tutte che, zelantissimamente eseguite, poterono, dopo Dio, essere atte a liberarmi dal caos degli imbrogli diabolici dei miei assassini; ma che poco dopo, finita interamente la lite, incominciarono i segni dell'ingrato animo, coll'abbandonare, che egli fece, lo studio del fu Luigi Serra, appena questo suo onesto e diligente causidico, collaboratore delle vittorie, mancò sventuratamente di vita, comechè dalla vedova la continuazione degli affari fosse stata commessa ad un collega di eguale capacità, ed onoratezza, e ciò senza premettere il pagamento degli onorari — che quindi si pose coll'avvocato in silenzio, e otto anni andarono in espettazione del pagamento, finchè fu necessità convenirlo in giudizio.

Quindi passava a difendere dalle contrarie censure alcune partite, che nella specifica si era accreditate, e che dal contraditore si dicevano inammissibili secondo la legge, e gli usi giudiziari. La decisione, di cui diamo il compendio, farà conoscere su quali cadeva la controversia, e ne abbiamo voluto conservare memoria per servire di nota al cap. 4 tit. 4 della legge 17 dic. 1834, che tratta degli onorari dovuti alla rispettabile classe degli avvocati.

Il sacro uditorio ,, Considerando che all'avv. Petrocchi furono affidate questioni di grave importanza, e nei fatti complicatissime, dalle quali nacquero altre subalterne controversie ancor esse molto importanti.

,, Che tal patrocinio egli dovè sostenere per cinque anni, nei quali ebbero luogo trentadue proposizioni di causa, e, moltissimi documenti coi quali furono composti voluminosi sommari: e in tale officio egli si prestò con tanto cuore, quanto ne richiedeva la forza dell'opposizione contraria, per cui il suo cliente gli scriveva — io ricorderò sempre la parte zelante che ella tenne, cioè di cliente, di avvocato, di curiale... dunque o finita, o non finita la causa, io sarò sempre memore di chi ha operato bene.

,, Che, avendo la regiudicata già riconosciuta la specifica dei di lui patrocini come giusta per la somma di scudi mille, questo solo dimostra, che dunque le cause, per la loro gravità, ebbero bisogno di molta fatica.

„ Che', quanto alle partite in ispecie , in primo luogo è da avvertire che non si tratta di tassa giudiziale, che dalla parte vinta alla parte vincitrice debba esser pagata, per cui si debba stare al rigore della tariffa ; ma di onorari dovuti dal cliente al proprio avvocato, al quale si dee il pagamento di tutto ciò che al buon esito del processo egli ha creduto conducente , e necessario (1).

„ Che, detratte due partite, una di sc. 62 : 12 già tolta dalla sentenza ruotale , e più dall' avvocato Petrocchi non reclamata, non che un altra di sc. 46 che si trova nel conto indicato per *copie delle scritture mandate alla stampa* , tutte le altre partite devono essere approvate, nulla essendo in esse che al giusto, ed alla forense consuetudine sia contrario.

„ Che la suddetta partita di sc. 46 deve detrarsi primo perchè non si è provato che quelle trascrizioni fossero fatte, e che se ne fosse pagato il salario, secondo perchè la legge agli avvocati non accorda rimborso , se alcuna cosa per le copie dei di loro autografi abbiano pagato.

„ Che molto meno è luogo a fare altre detrazioni , mentre consta che furono nella specifica omesse molte partite, per le quali competeva onorario. Fu omesso cioè l'onorario per la corrispondenza epistolare , e per l' esame dei documenti non adoperati in causa, come per ischiarire quelli che ai periti eletti furono esibiti , inoltre l' avvocato non si accreditò tutto quello che gli apparteneva per la visura delle posizioni : delle quali omissioni si deve avere ragione a com-

_____

(1) Ad exhibitam autem notulam in specie quod spectaret (*ecco il testo di questa massima fondamentale nel § 3*) animadvertendum in primis haud rem esse de judiciariis functionibus , quae a parte victa, victrici debeant rependi : si enim ita esset, certe nomina singula, seu singulae partitae ad normam a lege praescriptam essent strictim expendendae. At vero de functionibus agitur a cliente persolvendis proprio advocato, pro quibus honoraria deberi dicendum erat, ubi ad caussam pertinere, ad illiusque processum necessaria depraehendantur.

B

penso d'alcuna partita che potesse essere soggetta a censura: giacchè, appartenendo all'officio del giudice usare d'un prudente arbitrio nel decretare gli onorari, ed in ispecie quando la controversia è tra cliente e difensore, così è in di lui facoltà non solo di diminuire, ma anche di accrescere, se si avvegga che alcuna partita, per giustizia competente, sia stata trasandata.

„ Che perciò non si può togliere l'onorario di sc. 45 per la difesa fatta in grado d'appello nella ruota del dì 25 gennaio 1839 cor. De Retz, nè gli sc. 10:60 per un altro piccolo memoriale *super subministratione*.

„ Che nulla deve detrarsi per i congressi: giacchè, considerate le circostanze di quel patrocinio, la gravità, e la difficoltà delle cause, la diuturnità della loro durata, l'assiduità del cliente presso all'avvocato, non è da meravigliare che si tenessero sessantaquattro congressi, i quali corrispondono a dodici per ogni anno, ed a due per ciascuna proposizione di causa.

„ Che neppure è da censurare gli onorari che si è accreditato per la visura delle posizioni negli incidenti, giacchè, sebbene nelle questioni incidentali non sempre competa la percezione di tale emolumento, siccome però in quelle — *super exhibitione chartarum — super provisione — super examine testium* fu necessario veder molti, e nuovi documenti, e formare di essi apposito sommario, ed erano inoltre assai gravi, e molto influenti nelle cause principali, così devono le visure essere accreditate.

„ Che mal si oppone la mancanza di alcune linee nel conto dei fogli stampati: mentre non sono da valutarsi tanto materialmente i ristretti degli avvocati, potendo essere che la mancanza che nei gravami fu rilevata in sessantaquattro allegazioni, possa derivare dalle lacune, che necessariamente occorrono nelle ultime pagine per le sottoscrizioni dei difensori, e per i frontespizi: molto meno sulle partite delle di-

fese Pilotti , e per le autorità .d' un francese giureconsulto
che fu d' uopo tradurre, e stampare, scegliendo, e disponendo
quelle che facevano al caso.

„ Che non osta la decisione nella causa *Romana honorariorum* 30 aprile 1841 (2), mentre eran diverse le circostanze
di quella controversia, che fu controversia commerciale finita
in pochi mesi , e con tre sole proposizioni di causa. Molto
meno che il Petrocchi domandasse la somma di mille scudi,
poichè nel libello aggiunse la clausula — *od altra, che sembrerà al tribunale.*

Rescrisse — *Sententiam rotalem esse confirmandam pro
sc.* 171:10

Ruota del dì 1 *febbraio* 1843 — *Romana honorariorum*
R. P. D. Alberghini, *proc. per Petrocchi sig. dott. Roseo.
accettata dal cliente.*

SPESE . CONDANNA . LIQUIDAZIONE ANTICIPATA

XX. *Chi è condannato genericamente alla rifusione delle spese,
non ha diritto a far decidere che non vi si comprendano
le stragiudiziali, pria che la parte vincitrice proceda alla
tassa.*

(*Discuss. sui* §§ .360, *e* 1181 *del reg. giud.*)

Farroni c. Enei

Enei citò Farroni innanzi al tribunale di Fermo, come
tribunale di commercio, al pagamento di sc. 60, ed a motivo d' un acconto ricevuto nella somma di sc. 12:84, ottenne
sentenza pel residuo in sc. 47:16 *non meno.che alla rifasione
di tutte le spese liquidate in sc.* 83:48. Il tribunale degli appelli
commerciali d' Ancona revocò un tal giudicato, condannando
l' Enei nelle *spese tutte tanto del primo , quanto del secondo
grado* , la ruota in terza istanza confermò la sentenza di

---

(2) *V. il presente giornale anno* 1841 *vol.* 1 *pag.* 14.

Fermo colla solita formola *partemque victam favore victricis in expensis condemnamus*. Era in tal modo quella piccola somma andata in litigio per tre gradi di giurisdizione, allorchè dal Farroni s' interpose ricorso di restituzione in intiero in Segnatura: mentre però a Fermo si eseguiva la regiudicata pel capitale, e per le spese ivi liquidate, il procuratore di Roma avvisò di attendere l' esito del nuovo cimento pria di tassare le spese di ruota con esso quelle del tribunale d' Ancona. Ma il difensore del Farroni lo citò innanzi al prelato, che avea sottoscritta la sentenza ruotale — *ad audiendam voluntatem s, ordinis super taxatione, et liquidatione expensarum, et loco voluntatis, ad effetum regulariter procedendi in taxatione, mandari declarari non esse locum taxationi, et liquidationi expensarum extrajudicialium in caussa de qua agitur*, e l' incidente fu rimesso alla decisione dei padri del turno.

Il difensore dell' istanza dicea, che ognuno può nei giudizi promuovere quegli incidenti, che alla propria difesa crede opportuni, e se nella principale causa l' attore o pentito della intentata azione, o per forense artificio si ponga in silenzio, gli atti possono essere ripresi, e continuati dal reo convenuto — Or se, proseguiva, la sentenza ruotale condanna genericamente alle spese la parte vinta in favore della vincitrice, e le stragiudiziali furono comprese nella sentenza di Fermo, d' uopo è che si dica se il sacro uditorio creda altrettanto, poichè la decisione sua, che è decisione d' appello, sarà come una legge ai magistrati fermani — Se il Farroni vorrà volontariamente pagare ciò che per le spese è dovuto all' Enei, non è chi possa impedirlo, e lo vorrà, anzi deve volerlo, mentre non è inibitorio il ricorso interposto per la restituzione in intiero: ma come pagare, se egli non sa quello che deve? e come saperlo, finchè non viene deciso se nella tassa le stragiudiziali debbano essere comprese?

Ciò premesso, dicea le stragiudiziali non esser dovute, mentre il § 360 le ammette in due casi soltanto cioè 1.° *quando fosse convenuto per patto speciale che il vincitore debba esserne reintegrato:* 2.° *quando la parte vinta fosse condannata all'emenda dei danni meramente estrinseci,* e nessuna delle due circostanze si verificava nella vittoria dall'Enei riportata, la quale, comechè ottenuta in un tribunale di commercio, non per questo portò conseguenze diverse da quelle, che generalmente in tutti i giudizi ammette la legge. E citava ciò che disse la ruota nella decisione cor. Isoard num. 2 — *et sane si quaelibet pactio desit, et desit praeterea dolus et fraus et calumnia, locus numquam sit refectioni expensarum extrajudicialium: vix est ut ea decernatur in judicio violenti spolii, et attentatorum, quia adamussim vis et crimen puniendum est.*

Il difensore dell'Enei dicea all'incontro essere nuovo, che, mentre un creditore nulla richiede, il debitore si faccia innanzi a volere una decisione giudiziale per la curiosità di sapere quello che deve, comechè possa avvenire che il creditore in futuro nulla richiegga — Che la legge, trattando del modo con cui il reo convenuto in caso di condanna alle spese possa conoscere quali debba pagare, nel § 1181 indica quello della opposizione all'ordinanza, prescrivendo il medesimo mezzo per le opposizioni alle ordinanze di Ruota, e che non v'è paragrafo il quale permetta di anticipare una difesa, pria che venga l'offesa — Che se un debitore voglia liberarsi dal debito col mezzo del pagamento, la legge stessa gli indica il modo dell'offerta reale: per cui, se il Farroni volea di quella tassa togliersi ogni pensiere, avrebbe dovuto offerire all'Enei le spese giudiziali o stragiudiziali, come meglio credesse — Che in fine il § 842 non permette domande incidenti, se non è introdotto il giudizio principale (1), ed il giudizio principale sulle spese nel caso non si trovava introdotto.

La sacra ruota rescrisse — *Utatur jure suo.*

---

(1) *Reg. giud.* § 842. – Le domande incidenti non potranno promuoversi, se non è introdotto il giudizio principale.

Ruota del dì 22 gennaio 1844 — Firmana in re commer-
ciali super taxa R. P. D. Quaglia , *dif. per Farroni* sig. avv.
Rossi (Felice) , *proc.* sig. dott Brunetti , *per Enei* sig. avv.
Cataldi , *proc.* sig. dott. Lasagni.

RENDICONTO . CAPITALI . COMPETENZA

XXI. *Dovendosi nelle cause di rendiconto desumere le compe-*
tenze dei tribunali d' appello dal valore dei capitali ammi-
nistrati, sotto tal nome s'intendono i capitali immessi, non
i frutti, e le accessioni prodotte durante l' amministrazione.

(*Discuss. sui §§ 459, 841, 844 del reg. giud.*)

Baldaccini c Antonietti

Questa massima, che non è di mediocre importanza, fu
stabilita dalla Segnatura nella controversia d'un Baldaccini che,
vigente la prassi leonina , innanzi al pretore di Perugia citò
Antonietti, ed altri suoi soci nell' affitto d' un forno comunale
d' Assisi, a sentir dichiarare che essi suoi soci dovessero dipendere da lui nell' amministrazione di quel panificio, e i
soci a vicenda lo aveano riconvenuto per obbligarlo a rendere conto dell' amministrazione fino a quell' ora ritenuta :
ed è da avvertire che , sebbene si convenisse avere i soci in
quella negóziazione immesso un capitale non maggiore di
sc. 500, dal Baldaccini, correndo tali giudizi, fu prodotto un
conto negli atti in cui si dimostrò che, aggiunti gli utili, il capitale era salito al di là degli scudi duemila, come è altresì da
notare, che dopo l' introduzione del giudizio, essendo decorso
l' anno al quale la durata dell' affitto era ristretta, il Baldaccini, riformato il libello, abbandonò la richiesta delle carte,
e dei libri che gli erano inutili, e si limitò a domandare
il pagamento d' un salario, che nella somma di sc. 30 avea
pattuito. A Perugia fu ammessa l' istanza riconvenzionale :
ma, siccome il tribunale dell' A. C. in grado d' appello assolse
il Baldaccini , l' Antonietti andò la Segnatura per la nullità,

dicendo che la causa si dovea portare alla ruota, e perchè
il valore si dovea desumere dal primo libello con cui l'attore avea introdotta la lite, e perchè il capitale, che era
il soggetto del rendiconto, compresi i frutti, oltrepassava
il valore dei cinquecento scudi, ai quali era limitata la
giurisdizione di quei giudici: nel primo esperimento, che
fu a dì 6 aprile 1843, nacque il rescritto — *circumscriptis
omnibus gestis cor. tribunali civili A. C. in primo turno, ex
defectu jurisdictionis, partes utantur juribus suis*: ma nella
seconda proposizione della causa il sig. avv. Marchetti (Giuseppe), che difendeva la validità degli atti, disse così.

Domandò il Baldaccini nell'anno 1828 innanzi al pretor
di Perugia che gli si dassero i libri, e le scritture per amministrare il sociale negozio; più tardi, svanito col passare dell'anno
il principale oggetto della sua istanza, si limitò a domandare
che per quell'unico anno in cui durò l'impresa, gli si pagasse
la promessa mercede: gli avversari a vicenda da lui richiesero i conti dell'amministrazione d'un capitale, che confes-
sarono immesso in somma di sc. 364:40. Da quale delle due
istanze il valor della causa si deve arguire? non mai dagli
incidenti: ora, secondo il § 841 — *le controversie che nascono,
e vengono occasionate dalla dimanda principale, e che si promuovono sia dalle parti, sia fra esse ed i terzi, sono dimande
incidentali*, e nel § 844 si aggiunge — *saranno sempre riputate incidenti, e trattate come tali, le istanze per riconvenzione,
quando siano proposte prima che la causa venga decisa.* Aggiungea che inoltre il libello fu riformato, e dicea da quest'atto
il valor della causa doversi desumere, non dal primo, e che
il tribunale supremo solennemente lo disse, quando nella *Romana circumscriptionis et restitutionis in integrum* 6 giugno 1839
cor. Ferlisi si espresse al § 5 — *Non nova erat apud ordinem
nostrum quaestio hodie proposita utrum primaeva nimirum, aut
reformata potius actoris petitio, ad litis valorem praefiniendum,
foret spectanda, eamque jugiter, et perpetuo tenuit supremum
tribunal sententiam, quod a reformati dumtaxat libelli subjecto*

aetas controversiae valor, ac tribunalium jurisdictio erui debe-
ret (1): e siccome i contrari aveano detto le riforme serotine,
ricordava il disposto nell'art. 153 del suddetto codice di
procedura, il quale la permetteva fino ad otto giorni prima
della proposizione della causa, come altresì faceva osservare, che su tale riforma non aveano gli avversari mossa
querela, per cui sarebbe rimasta sanata, quand'anche fosse
stata illegittima (2). Per ultimo richiamava a memoria la
giurisprudenza adottata dalla Segnatura nella *Romana circum-*
scriptionis, et restitutionis in integrum 6 giugno 1839 pure cor.
Ferlisi, in cui stabilì, che se il tribunale sul libello riformato,
piuttostochè sul primitivo, abbia pronunciato il suo giudicato,
da questo, e non da quello il valor della causa debba in tutti
i casi arguirsi (3). Quindi passava a dimostrare, che quand'anche il valor della causa dal riconvenzionale libello si volesse
desumere, si dovessero ritenere come capitale della società
gli sc. 3640:40 non i profitti, che al finir della intrapresa lo
accrebbero ad oltre i duemila. Dicea che la legge nel § 459
vuol definito nei giudizi di rendiconto. il valor delle cause in
appello *dal valore dei capitali amministrati*, che nel linguaggio giuridico *caput, usuris oppositum, sortem principalem si-*
gnificat (4) che secondo l'Azuni in questa voce — *dicesi*
capitale tra negozianti quella somma, che ciascuno di essi pone
di sua parte in qualche traffico sociale, nell'atto che si con-
trae una società ; come anche quella di cui un negoziante sta.

---

(1) *V. il pres. giornale anno* 1839 *vol.* 1 *pag.* 31.

(2) *Cod. leon. art.* 61, *e piano art.* 59. - La irregolarità della
citazione rimarrà sanata dalla comparsa delle parti in udienza, la
quale, se avrà opposta qualche eccezione in merito, non potrà più
proporre la nullità.

(3) *V. anche la Romana circumscript. et restit. in integrum.*
5 *giugno* 1841 *compilata dallo stesso prelato.*

(4) *L. un. cod. theod. de usur.* - Vicat e Calvino *alla v.* Caput.

bilisce il fondo del di lui commercio che imprende per conto proprio. Chiamasi pure generalmente capitale qualunque principal somma che produce interesse.

All' incontro i difensori dei soci diceano, che i paragrafi 841, e 844 del m. p. 1834 in contrario citati, appartenendo alla vigente riforma, non si potessero applicare ad una causa incominciata nell' anno 1828, tempo di procedura leonina, mentre in allora la convenzione, e la riconvenzione si consideravano come istanze egualmente principali secondo l' avviso di tutti coloro che scrissero delle mutue petizioni; del Mindano in ispecie, e del Vultejo che trattarono espressamente l' articolo (5) — che se il giudizio dal Baldaccini intentato fu un giudizio di pagamento, e quello de' soci fu un giudizio di rendiconto, non era da ritenere per incidente una simile istanza a cui è assegnata la sua propria, e diversa azione nel codice di procedura civile — che inoltre il libello, con cui l' attor primitivo sembrò ridurre l' istanza ai 30 scudi, non per ciò reso men vero, che fosse tolta di mezzo l' istanza con cui avea da principio introdotto il giudizio, mentre non é riforma o moderazione di libello, che possa sostanzialmente cambiar la natura, ed il genere dell' azione, dicendo l' Autentica *Qui semel cod. quomodo, et quando judex* — *Qui semel actionem proponit, sive conventione judiciaria, sive precibus principi oblatis, judicique insinuatis, et per eum adversario cognitis, necesse habet usque ad finem litem exercere* (6), regola a cui si fa eccezione soltanto nel caso di giudizi universali, come in quello di petizione d' eredità, nei particolari non mai (7) — e molto meno dopo la contestazione della lite, la quale oggi secondo il diritto canonico *cap.* 44 *de litis contest.* si compie

---

(5) Mindano *de continentia caussarum lib.* 3 *cap.* 5. - Vultejo *de judiciis lib.* 2 *cap.* 2. - Devoti *instit. canon. lib.* 3 *tit.* 12 § 1 e 2.

(6) *Reg. giud.* § 549.

(7) Vultejo *de jud. lib.* 2 *cap.* 4 *num.* 195 al 198.

per petitionem in jure propositam, et responsionem sequutam (8). Diceano per ultimo che quando il § 459 dispose che nei giudizi di rendiconto in grado d'appello si debba desumere il valore dai capitali, espressamente parlò dei capitali *amministrati*, non degli *immessi*, per conseguenza ancor dei profitti che il capitale ha prodotto, e che amministrò il Baldaccini, dicendo egli stesso che tali profitti aveano accresciuto il capitale immesso a più di due mila scudi.

Il tribunale supremo ,, Considerando che il valor della causa deve desumersi non dal libello primitivo, ma da quello con cui la domanda fu riformata (9).

,, Che nel primitivo libello il Baldaccini richiese l'amministrazione dell'impresa sociale, i libri, le carte, e quant'altro occorreva per esercitarla, lo che certo importava indeterminato valore di lite: ma più tardi limitò la domanda al pagamento di scudi trenta, e fu questa l'istanza che, decisa dal pretore di Perugia, fu portata in appello al tribunale dell'A. C.: riforma d'istanza che e venne fatta in tempo opportuno, cioè otto giorni prima della proposizione della causa, secondo il disposto nell'art. 157 del codice leonino, o, se fu fatta in tempo inopportuno, la irregolarità fu col silenzio sanata, come nel § 69 del medesimo codice era scritto.

,, Che sebbene l'istanza riconvenzionale, stando al codice leonino, considerar non si potesse come incidente, vero è però che il suo valore non oltrepassava gli sc. 364:40 i quali uniti ai trenta scudi, che richiedeva il Baldaccini non

---

(8) Gonzalez *comment. ad jus can. lib.* 2 *tit.* 5 *num.* 5. - Devoti *lib.* 3 *tit.* 8 *de litis contestatione* § 1.

(9) *Segnat. nella Romana circumscr. et pert. caussae* 27 *novembre* 1828 *cor.* Alessi. - *Perusina circumscr.* 6 *agosto* 1835 *cor.* Renazzi. - *Romana circumscr. et restit. in integr.* 6 *giugno* 1839 *cor.* Ferlisi. - *Centumcellarum circumscript.* 5 *settembre del med. anno cor.* Conventati.

oltrepassano la somma, che alla giurisdizione d' appello nella congregazione civile dell' A. C. è prefinita.

„ Che il § 459 desume il valore delle cause in appello dal valore dei capitali amministrati, e, sotto il nome di capitali, mai non si comprendono i frutti.

„ Che se la legge dice capitali *amministrati*, e non capitali *immessi*, questo significa che la legge riguarda i rendiconti anche di quelle amministrazioni che non sono sociali, e nelle quali v' è amministrazione, non immissione di capitali, per cui dovè adoperar quella voce che convenisse alla generalità di siffatti giudizi.

„ Che se il valore in simili cause si avesse a desumere dai capitali immessi, e dai prodotti, non vi sarebbe causa di rendiconto il cui valore non si dovesse dire indeterminato, giacchè, dovendo il valor dei prodotti risultare dall' esito del rendiconto, per chi lo chiede, le conseguenze dell' intentato giudizio sono sempre incerte, e indeterminate: per cui la sola certezza è quella del capitale immesso nella cassa sociale.

Rescrisse — *Nihil.*

Segnat. del dì 3 agosto 1843 — *Fulginaten. circumscr.* R. P. D. Ferlisi; *proc. per Baldaccini* sig. dott. De Sanctis, *per Antonietti* sigg. dott. Biscontini·, e Brunetti.

APPENDICE

Opere nuove di giurisprudenza.

1. Codice di commercio, colle note tratte dalle disposizioni legislative, e dalle massime della giurisprudenza francese dal 1791 al 1842. *Nuova compilazione di un avvocato toscano* - Firenze - Felice Le Monnier editore - 1844 vol. unico in 8° grande di pag. 696.

È l'opera del Sirey d'assai migliorata per uso del foro, poichè in un medesimo libro si trovano i discorsi pronunciati al corpo legislativo sul codice di commercio, il testo del codice secondo la traduzione italiana, i confronti colle varianti dei codici napolitano e pontificio, la legge francese 28 maggio 1838 sui fallimenti, le ordinanze 15 germinale anno 6, e 17 aprile 1832 sull'arresto personale, un formulario, ed una biblioteca consultiva sul diritto commerciale. In ogni articolo si riportano le regiudicate francesi di cinquanta e più anni, e vi si citano gli autori che hanno trattato di ciò che era questionabile, per cui è lavoro molto utile in pratica, per non dire indispensabile: la biblioteca consultiva, ossia il catalogo dei libri che trattano delle materie commerciali, è meglio disposta che quella inserita dal sig. Pardessus nel suo *Corso di diritto commerciale*, mentre è divisa in parti, cioè 1. in giornali, decisioni, repertori, dizionari, collettanee di leggi, 2. in trattati generali 3. in trattati speciali 4. in opere varie: e le parti suddivise in classi, quanti sono gli oggetti della legislazione commerciale. Il numero delle opere, che *per questo solo ramo della giurisprudenza civile* vengono indicati come utili, ascende a 2800....!!

2. Delle società commerciali - Commentario del tit. 3 del codice di commercio (*des sociétés commérciales etc.*) del sig. Delangle *avvocato generale alla corte di Cassazione ec.* - 2 vol. Joubert - Parigi - prezzo fr. 18.

L' opera è preceduta da una introduzione in cui è narrata l' istoria del contratto di società. La prima parte tratta della natura del contratto. delle società diverse, delle condizioni generali, dell'amministrazione, dei diritti e dei doveri dei soci: la seconda tratta delle società in nome collettivo, delle accomandite, delle anonime, della società in accomandita per azioni, delle forme degli atti di società, della loro pubblicità, e della società in participazione: la terza è destinata a ciò che concerne lo scioglimento, ed il fine della società, gli effetti che ne derivano, e la prescrizione delle azioni.

3. Manuale del codice di commercio di M. Sossi avvocato patrocinante presso i supremi magistrati, e L. Montagnini sostituto avvocato fiscale presso il R. tribunale di prefettura di Torino - Torino 1843 - *dalla stamperia della Minerva subalpina* in 8, fasc. 1.

Quest' opera contiene 1. la spiegazione del codice di commercio attualmente in vigore negli stati sardi, 2. il suo confronto col codice di commercio francese e colle relative leggi posteriori, col codice di commercio di terra e di mare pel già regno d'Italia, colle modificazioni promulgate nel regno lombardo-veneto, col codice del regno delle due Sicilie, col regolamento di commercio per lo stato pontificio modificato secondo l'editto del dì 1 giugno 1821, colle leggi romane, cogli altri codici e leggi vigenti in Piemonte, 3. la giurisprudenza delle regiudicate nazionali e straniere, 4. le formole di tutti gli atti al codice di commercio relativi. Il primo fascicolo, solo fino a quest' ora a noi pervenuto, contiene un' assai bella introduzione circa all' istoria del commercio e della legislazione commerciale.

4. Rivista di diritto francese e straniero. Continuazione della Rivista straniera e francese (*revue de droit français et etranger ecc.*) pubblicata per la parte straniera dal sig. Foelix dottore in diritto, avvocato alla corte reale di Parigi; per la parte francese dai sigg. G. B. Duvergier avvocato alla corte reale di Parigi, continuatore di Toullier, e Vallette professore di codice civile alla facoltà

di diritto a Parigi, avvocato alla corte reale - Tom. 1 fascicoli di gennajo e febrajo 1844 - *Parigi* - Joubert - *prezzo per l' estero fr.* 25 *annui.*

Sommario del 1. *fascicolo* - Avviso dei direttori - Osservazioni sull' insegnamento del diritto civile in Francia, *Oudot.* - La sentenza pronunciata contro un debitore sopra una questione di proprietà d' un immobile, si può opporre al creditore ipotecario, il cui titolo è anteriore al giudizio? - *Vallette* - Progetto di un codice penale pel regno di Prussia - *Foelix* - Degli Habous presso gli Arabi, ed i settarj dell' islamismo - *Giacobbi* - Accademia delle scienze morali e politiche, seduta del dì 5 novem. 1843 rapporto del sig. *Berriat Saint-Prix* - Cronaca - Bollettino bibliografico.

2. *Fascicolo* - Del nuovo progetto del codice penale per gli stati prussiani - *Nypels* - Del carattere della riserva legale - *Lagrange* - Delle antiche giurisdizioni ecclesiastiche - *Belime* - Congresso scientifico d' Italia - Nota sulla nuova casa di detenzione a Ginevra - *Cramer* - Sugli ultimi concorsi aperti alla facoltà di diritto a Parigi - Cronaca - Bollettino bibliografico.

Giurisprudenza estera commerciale ed ipotecaria

BIGLIETTO ALL' ORDINE . GIRATA . DATA

1. *Il portatore di un biglietto all' ordine in virtù d'una girata irregolare ed incompleta, (mancante di data) non è ammissibile a stabilire, per ciò che risguarda ai terzi, e per esempio all'accettante, che egli è veramente proprietario dell' effetto. In vece si ritiene come semplice mandatario, e passibile di tutte le eccezioni che possono opporsi dall' accettante al girante.*

Delcros c. Verillon

La CORTE. Visti gli articoli 136, 137 e 138 del codice di commercio - Visti altresì gli articoli 187 e 188 del med. codice

Attesochè a termini dell' art. 138 del codice di commercio, le girate non rivestite delle formalità prescritte dall' art. 137 del medesimo codice non valgono-che come procura, e non trasmettono le proprietà degli effetti sui quali sono apposte: che la legge è espressa, e che a riguardo dei terzi nessuna prova è ammissibile, fuori di quella che risulta dai termini stessi della girata.

„ Attesochè nella specie le girate fatte a Verillon non sono datate, per cui sono irregolari, e non valgono che come procura a riguardo del sig. Delcros.

„ Che intanto la decisione della corte di Parigi (26 marzo 1840) contro cui si ricorre, ha dichiarato che le girate avemo trasferito in Verillon la proprietà degli effetti di cui si tratta, lo che facendo, ha espressamente violati gli articoli sovraccennati

Per questi motivi CASSA ec.

Corte di Cassazione sed. a Parigi ud. del 5 luglio 1843 cam. civ. sig. Barone *Portalis I. presid.*

ACCOMANDITA . CREDITORI . AMMINISTRATORE GIUDIZIARIO . SEQUESTRO

2. *I creditori d' una società in accomandita rappresentata provvisoriamente da un amministratore giudiziario, hanno il diritto di fare sequestri tra le mani dei debitori della società.*

Jagon c. Dumesnil

LA CORTE - Considerando che Dumesnil nominato amministratore provvisorio della società delle miniere di Pyremont-Seyssel, è stato unicamente incaricato di continuare la gestione dell' amministratore rivocato, finchè sia provveduto alla nomina d' un amministratore definitivo.

„ Che questo amministratore provvisorio non ha altra qualità che quella di amministratore ordinario, e che la società sotto questa amministrazione provvisoria continua ad essere nel medesimo stato, come era prima.

„ Che per conseguenza Jagon ha potuto fare sequestro tra le mani dei debitori della società, come avrebbe potuto farlo durante un' amministrazione definitiva.

REVOCA *ecc.*

Corte reale di Parigi ud. dei 25 ottobre 1843 *cam. delle vacanze*, sig. Simonneau presid.

3. *L' inesecuzione del concordato a riguardo di uno dei creditori permette a questi di perseguitare il suo debitore mediante arresto personale.*

Questa inesecuzione non fa rivivere lo stato di fallimento, nè paralizza l' azione del creditore.

Gendrop c. Tondu

La Corte „ Considerando che nell' artic. 5 del concordato fu pattuito che, se Tondu non pagava i dividendi nel termine fissato, sarebbe decaduto dal beneficio del medesimo un mese dopo l' interpellazione di costituzione in mora.

„ Che Gendrop gli fece tale interpellazione, e Tondu lasciò decorrere il termine senza soddisfare al suo impegno.

„ Che da quel momento Gendrop è rientrato nella pienezza dei suoi diritti, ed ha potuto validamente perseguitare il suo debitore anche per mezzo di arresto personale , o ciò tanto in virtù del concordato , quanto pel titolo originario.

„ Considerando che Tondu, per l' effetto del suo concordato, era stato riposto alla testa de' suoi affari.

„ Che l' inesecuzione e la risoluzione del concordato a riguardo d' un solo creditore non ha potuto far rivivere di pieno diritto il suo antico stato di fallimento , e paralizzare l' azione del creditore.

REVOCA ec., e nel merito ordina che Tondu rimarrà in prigione.

Corte reale di Parigi 11 agosto 1843, 3. cam., presid. sig. Pécourt.

SOMMARIO DEL FASCICOLO II.

1. *Mano regia - Cessionario - Alimenti* . . . pag. 65
2. *Locatori - Inquilini - Inquilinato* . . . . . " 70
3. *Ultimo atto esecutorio - Perenzione - Regiudicate improprie* . . . . " 73
4. *Testamento - Causa pia - Mutazione di volontà* . . . . " 78
5. *Tribunali ordinarj - Competenza - Questione amministrativa* . . . . " 90
6. *Cambiale - Clausula all'ordine S. P. - Girata - Clausula ut supra - Figlio di famiglia - Arresto - Stragiudiziali* . . . . " 93
7. *Società - Capitale immesso - Frutti.* . . . " 104
8. *Avvocati - Patrocinj - Clienti* . . . . . " 110
9. *Spese - Condanna - Liquidazione anticipata.* " 115
10. *Rendiconto - Capitali - Competenza* . . . " 118

APPENDICE

Opere nuove di giurisprudenza.
1. *Codice di commercio colle note* . . . . . " 124
2. *Delangle.* . . . . " ivi
3. *Sossi, e Montagnini.* . . . . " 125
5. *Rivista di diritto francese, e straniero* . . " ivi
Giurisprudenza estera commerciale, ed ipotecaria.
1. *Biglietto all'ordine - Girata - Data* . . . " 126
2 *Accomandita - Creditori - Amministratore giudiziario - Sequestro* . . . . " 127
3. *Concordato - Fallimento - Arresto.* . . . . " 128

L'annuo importo del presente giornale è di sc. 2 : 40 in Roma, e di sc. 2 : 52 franco di posta fino ai confini. Le associazioni si prendono in Roma presso l'*editore* Alessandro Natali *libreria di Pallade a s. Silvestro in capite.*

TIPOGRAFIA MENICANTI

Pubblicato il dì 29 Febbraro 1844.

XXII. *L' azione quasi popolare de suspecto tutore, al terzo non dà facoltà di dimandare la nullità di un contratto fatto dal tutore per i pupilli, dicendolo dannoso ai medesimi.*
Il debitore ceduto non può muover questione sulla validità della cessione.
Il padre, legittimo amministratore dei beni dei figli, può alienare una parte dei beni, onde soddisfare i debiti contratti per alimentarli.
Nè può dichiararsi nullo un contratto fatto da minori per difetto di solennità estrinseche, perchè i prossimiori, che v'intervennero, aveano un interesse nel medesimo, quando quest'interesse è secondario.

Gaffi c. Scifoni, ed Ambroni

Un decreto di volontaria giurisdizione, dato dal fu mons. Ferrarelli luogotenente del vicariato nel 1841, abilitò Paolo, ed Augusto Scifoni in età pupillare a distrarre la quarta parte della dote materna loro spettante come eredi della madre predefonta Candida Gaffi, onde erogarla nella dimissione di varii debiti, che il loro padre avea contratti a causa di gravi malattie da essi sofferte, e del loro mantenimento ed educazione, non che per altre bisogne, alle quali non poteva il padre sopperire del proprio, attesa la sua estrema povertà. Ed il decreto del giudice anzidetto venne consentito dallo zio, e dall'avo di essi pupilli, intervenuti come prossimiori: il profitto poi di tale distrazione dovea depositarsi presso il loro zio Francesco Scifoni, onde erogarlo nella dimissione dei debiti accennati, e nei bisogni avvenire. Con un tale decreto i detti Scifoni ottennero dalla Febei-Ambroni a credito fruttifero la somma di sc. 500, e per l'ammontare della medesima fu ceduta alla sovventrice la quarta parte della dote materna ad essi dovuta nella somma di sc. 2000 dal loro zio

9

materno Alessio Gaffi , con esso la relativa ipoteca, Intimata
una tale cessione al debitore Gaffi, questi si fece attore avanti
il primo turno della congregazione civile dell' A. C. diman-
dando la nullità del decreto di volontaria giurisdizione, e del
successivo contratto che disse improvido, lesivo dei pupilli ,
e difettoso nelle solennità estrinseche; e comprese in questo
giudizio tanto Luigi Scifoni, come amministratore dei figli,
e Francesco, come depositario dei denari somministrati, quanto
la sovventrice Ambroni. L' A. C., ritenuta la mancanza di
persona legittima ad agire pel Gaffi, e la validità del contratto, rigettò l' istanza. Il Gaffi appellò in sacra ruota colla
formola — *An sit locus nullitati contractus in casu etc.*

L' appello era raccomandato al sig. avv. *Cajani* il quale,
invocando il principio, che nulli sono i contratti dei minori
senza le solennità, e la giusta causa, diceva che l' alienazione
dei due impuberi era nulla perchè mancante dell' intervento
dei prossimiori, e di un legittimo curatore, e perchè non era
stata giustificata al giudice in specie la causa della necessità
a contrattare. Ed in quanto al primo, dimostrando che i debiti
erano stati contratti dal padre, diceva che questi, come avente
interesse, non poteva, come tutore, autorizzarlo (1), e per tale
ragione sosteneva che non potevano intervenire prossimiori
della linea paterna, cioè il loro zio ed avo, ma dovesse
prescegliersi la materna (2). Riguardo all' altro capo di nullità diceva, che invalido era il decreto del giudice, perchè
emesso sull' esposizione di una causa troppo vaga, e generica,
non giustificata con documenti specifici, quale giustificazione
specifica egli credeva alla validità del decreto necessaria (3).

_____

(1) Costant. *ad stat. urb. annot.* 44 *num.* 73, *annot.* 25 *num.* 50.—
Rota *in Carpentoracten. primogeniturae super transactione* 4 *julii* 1784
§ 4 *cor.* De Bayane.

(2) Costant. *ad stat. urb. annot.* 44 *num.* 138.

(3) Rota *decis.* 42 *num.* 3 *p.* 18, *decis.* 109 *num.* 5 *p.* 18 ·
decis. 368 *num.* 2 *et seq. p.* 13 *recent.*, *decis.* 713 *num.* 35 *cor.*
Merlino , *ed altre molte.*

Sosteneva quindi, che la causa stessa esposta così genericamente era falsa, almeno in parte, perchè ai bisogni dei due
impuberi era sufficiente il frutto che si ricavava dalla dote
materna in scudi otto mensili, quali il padre non poteva
appropriare a se stesso pel diritto che glie ne dava la legge sui beni avventizi dei figli: mentre, allorchè i figli sono
poveri, l' usufrutto dei beni avventizi è loro dovuto a titolo
di alimenti (4). Per le quali ragioni conchiudeva, che il decreto di volontaria giurisdizione era nullo, e con esso cadeva
anche il successivo contratto.

Si dava quindi carico della competenza dell' azione, e
diceva che essa era nel Gaffi benchè terzo, e non intervenuto al contratto, perchè, trattandosi dell' interesse dei pupilli,
era lecito a chiunque del popolo il difenderli, ed istruire
quelle azioni che non possono essi stessi per la debolezza
dell'età (5). Aggiungeva che esso, come debitore ceduto, doveva
investigare sulla validità della cessione, onde non correre il
pericolo di pagare due volte, e perciò poteva opporre la
nullità dell' atto stesso in via di eccezione (6), volendo far
credere che egli piuttosto reo convenuto che attore dovesse
considerarsi in giudizio, atteso che l' avea istruito dopo l' intimazione della cessione fatta dalla creditrice. Deduceva in
fine un' altro motivo di suo interesse ad agire, e l' arguiva
da ciò che, disperdendosi i beni dei nepoti, esso potrebbe
essere costretto a prestare gli alimenti.

---

(4) De Luca *de dote disc.* 169 *num.* 5. – Rota *recen. decis.* 125
p. 4 *tom.* 2 *num.* 2.

(5) De Luca *de jud. disc.* 27 *num.* 11. – Rota *cor.* Crescent.
decis. 406 *num.* 6, e 399 *num.* 3, *Romana nullitatis contractus*
8 *martii* 1822 *cor.* Pianetti.

(6) Costant. *ad stat. urb. annot.* 44 *num.* 752. – Rota *recent.*
decis. 13 *num.* 2 *p.* 15, *decis.* 52 *num.* 19 *p.* 16 *cor.* Emerix,
decis. 201 *num.* 9, *decis.* 587 *num.* 6 *cor.* Merlino, *decis.* 748
num. 6, *decis.* 35 *num.* 9 *cor.* Falconer *tit. de miscell.*

9ª

La difesa dei rei convenuti era divisa. I Scifoni sostenevano la validità del contratto; la Febei opponeva la mancanza di azione. Il sig. avv. *Cataldi*, che difendeva i primi, narrate le disgrazie di questa famiglia, dimostrava in fatto la necessità della causa ad alienare, e quindi, rispondendo alle eccezioni contrarie, diceva che non potesse dichiararsi nullo il decreto di volontaria giurisdizione, perchè la causa fu troppo genericamente espressa (7), quale dimostrazione non mancava nel caso, mentre esibiva le dichiarazioni degli stessi creditori, che aveano somministrato il danaro a causa delle frequenti necessità dei due impuberi, i quali creditori erano stati quindi tacitati col denaro ritratto dalla cessione di detta rata di dote — Nè ostare, che quei debiti fossero stati contratti dal padre, e dell'avo, mentre dimostrandosi che furono creati a causa dei respettivi figli, e nipoti, e che il padre era affatto impossibilitato a dimetterli, i figli stessi, alimentati con quei denari, erano tenuti *in subsidium*, e con l'azione utile verso i creditori (8) — Ed essere ciò tanto vero, che il padre non solo per alimentare i figli, ma anche per alimentare se stesso, allorchè è assai povero, può alienare i beni avventizi dei figli, o ipotecarli ai creditori, invocando a tale proposito le gravi parole di Giustiniano nella *leg. ult. cod. de bon. quae liberis* (9) — Nè essere di bisogno che i creditori avessero dedotto in giudizio i loro crediti, ed insistessero con la spedizione del mandato; mentre bastava che fossero dimostrate le stragiudiziali istanze dei medesimi (10).

(7) Constant. *ad stat. urb. ann.* 25 *art.* 2, *annot.* 44 *art.* 3 *num.* 173. - Rota *recent. decis.* 11 *part.* 19 *tom.* 1.

(8) Surd. *de alim. tit.* 8 *privil.* 48 *num.* 5 e 6 - De Luca *de dote disc.* 100 *num.* 52. - Gratian. *disc. for. cap.* 107 *num.* 2, e *num.* 7.

(9) Surd. *de alim. tit.* 8 *privil.* 97 *num.* 4.

(10) Costant. *ad stat. urb. annot.* 25 *num.* 105 e 106, *disc.* 345 *num.* 8, e 9.

Sarebbe, dicea, un bell' oprare di tutore, o di ogni altro amministratore di cose altrui, se, per dimettere i debiti, egli attendesse, che fossero aumentati dalle spese giudiziali!

Quindi rispondeva al preteso difetto di solennità estrinseche per l'interesse che aveano nel contratto il padre, e l'avo dei due impuberi, che lo avevano autorizzato — Diceva, che un tale interesse era secondario; mentre, essendo stati da essi contratti i debiti per loro cagione, e provandosi che il denaro somministrato dai creditori erasi erogato a vantaggio dei medesimi, questi erano tenuti con l'azione utile contro i creditori, onde veniva a stabilirsi, che il principale interesse riguardava essi impuberi, e non già il padre, e l'avo — essere d'altronde certo in diritto, che i prossimiori non sono impediti dall'autorizzare un contratto per ragione dell'interesse, che vi abbiano, allorchè questo è secondario (11) — Benchè (soggiungeva) a che parlare dell'osservanza delle solennità estrinseche? La legge dell'attuale motu-proprio che le prescrive nel § 52 riguarda i *contratti dei pupilli assistiti dal tutore*; non può essa dunque applicarsi al caso nostro, in cui non si tratta di *pupilli*, nè di *tutore* per essi stipulante — *Pupillus est qui cum impubes est, desinit in patris potestate esse* (12): ma qui si tratta d'impuberi, che ancora sono sotto la patria potestà. Inoltre se la tutela è *vis et potestas in capite libero*, non può chiamarsi tutore colui che amministra i beni dei propri figli, non può per egual conseguenza la legge, che parla di contratti fatti dai pupilli assistiti dal loro tutore, applicarsi al caso in cui non si tratta nè di pupilli, nè di tutore. Ed infatti le solennità statutarie mai non sono state

---

(11) Costant. *ad stat. urb. annot.* 44 *art.* 2 *num.* 72. – Rota in *decis.* 493 *num* 23 *cor.* Ludovisio, *et in decis.* 168 *num.* 5 *p.* 7 recent.

(12) *L.* 239 *ff de verbor. signif.* – Donell. *comment. de jure civ. lib.* 3 *cap.* 2 *e* 7, *e lib.* 7 § 36.

prescritte in quei contratti che il padre fa sui beni avventizi dei figli (13).

Quindi rispondeva ad alcune più minute eccezioni addotte dal difensore del Gaffi — Opponeva questi, che lo Scifoni avrebbe potuto provvedere ai bisogni dei due impuberi con vendere l'acconcio che la madre avea recato in valore vistoso; ed a ciò rispondeva, che, essendo durato il matrimonio circa i dieci anni, si presumeva in tale spazio di tempo consunto del tutto, quando non si portasse la prova della vendita, o dell'esistenza di esso (14). Si obiettava inoltre la mancanza di prove per alcune delle spese fatte per i pupilli, come di vestiario ed altre più minute, ed a ciò si diceva che di simili spese, per essere ordinarie, e giornaliere, non si può allegare la prova specifica; e basta per la loro giustificazione la sola probabilità, e verosimiglianza (15).

Il sig. avv. *Viviani*, che difendeva la creditrice, fondandosi sulla mancanza di azione, interrogava il Gaffi con qual veste comparisse in questo giudizio? Sia pur vero, dicea, che a chiunque del popolo è lecito di difendere i pupilli, ma con quale azione? non con altra, se non con l'azione *de suspecto tutore*, la quale è unicamente diretta a rimuovere il tutore dall'officio, onde costringerlo a render conto, ed a vederne

---

(13) Ugo *in summa ad 6 lib. cod. num.* 12. – Sard. *de alim. tit.* 8 *priv.* 37 *num.* 5 *e* 6. – Gratian. *discept. for. cap.* 107 *num.* 11 *e* 12. – De Luca *de alim. disc.* 26 *num.* 11. – Rota cor. Buratto *decis.* 657 *num.* 5, *decis.* 334 *num.* 9 cor. Ludovisio, *decis.* 30 *num.* 11 cor. Bichio.

(14) Rota cor. Falconer. *decis.* 1 *num.* 18 *tit. de inventar*, *in Septempedana reddit. rat.* 14 *nov.* 1807 cor. Isoard § 6, *Tudertina nullit. exequut.* 7 *martii* 1823 cor. eodem.

(15) Ansaldo *de commerc. et merc. disc.* 80 *num.* 16. – Rota *in decis.* 475 *num.* 1 cor. Ludovisio, *decis.* 466 *num.* 50 cor. Ansaldo, *dec.* 11 *p.* 18 *tom.* 1 *recen.*, *Ferrarien. pecuniaria* 6 *junii* 1828 cor. Marco § 10.

dare altro in suo luogo (16) — Nè basta la semplice accusa
perchè il tutore possa dirsi rimosso dall'officio, se il giudice
competente, *causa cognita*, non lo dichiari sospetto, e non lo
rimuova in realtà dalla tutela (17); ma nel caso nostro tutto
manca. Manca l'accusa *de suspecto tutore*, manca il giudizio
che confermi l'accusa, manca la surrogazione di altro tutore, e questo nella persona del Gaffi. Non può esso dunque
agire per la nullità del contratto; giacchè questa non si può
proporre se non da colui in favore di cui è indotta, o da
chi legittimamente lo rappresenti (18). Non essendo pertanto
il Gaffi tutore dei due impuberi Scifoni, non può essere ascol-
tato nella sua querela di nullità: ed il dire, che la nullità
indotta in favore di un minore può opporsi da chiunque,
ripugna direttamente alla *l. 6 cod. arbitrium tutelae* ove sta-
bilisca — *In electione minoris positum est, ratam haberi*
venditionem invalidam — ed alla *l. 3 cod. si major factus*,
ove è insegnato, che con il silenzio di cinque anni dopo la
minorile età è convalidato il contratto del minore, benchè
infetto di nullità. D'onde ne siegue il principio opposto a
quello preteso dalla parte contraria, che la nullità dei contratti fatti dai minori non può opporsi se non da essi, e da
chi li rappresenta, preclusa la via ad agire a qualunque
terzo (19). Disapplicava quindi le autorità proposte in contrario, dimostrando essere esse del tutto estranee al caso.

---

(16) *L.* 1 *cod. de susp. tut.* - Voet *ad pand. lib.* 24 *tit.* 10
num. 7. - Perez. *in cod. lib.* 5 *tit.* 43.

(17) *L.* 1 *ff de susp. tut.* - Gothofred. *in gloss. ad d leg.* -
Donnell. *comment. de jure civ. lib.* 3 *cap.* 16 *num.* 20.

(18) *Decis.* 503 *num.* 5 *cor.* Cavaler., *decis.* 77 *num.* 13 *cor.*
Lancetta, *in Romana nullitatis inscript. hypothecariae* 17 *janua-*
rii 1825 *cor.* Martinez del Campo.

(19) Costant. *annot. ad stat. urb. num.* 44 *art.* 7 *num.* 714,
722 *ad* 723. - Gratian. *discep. for. cap.* 27 *num.* 39. - Surd. *cons.* 9
num. 17 *lib.* 1. - Rota *in recent. decis.* 122 *num.* 13 *p.* 14, *de-*

Riguardo poi ai motivi di suo proprio *interesse* addotti dal Gaffi, cioè che il debitore ceduto debba investigare sulla legalità della cessione, sosteneva il principio contrario, cioè che al debitore ceduto non compete l'azione di nullità (20): molto più perchè nel caso sulla cessione era intervenuto il decreto del giudice, e colui, che paga per ordine del magistrato, acquista sempre una piena liberazione (21). Notava quindi che, se l'autorità contrarie voleano che al debitore ceduto competesse talvolta l'eccezione di nullità, non erano da applicarsi alla specie, mentre dal Gaffi la nullità si proponeva non in via di eccezione, ma per via d'azione.

Il sacro uditorio ,, Considerando che, non rappresentando il Gaffi in alcun modo gl'impuberi Scifoni, ed essendo del tutto estraneo al contratto, non poteva essere udito nella sua querela di nullità perchè, essendo essa indotta in favore di determinate persone, esse sole, o chi le rappresenta possono opporla.

,, Che non può trarre sostegno dall'esser lecito a chiunque il proporre in favore dei pupilli l'azione *de suspecto tutore*, giacchè questa non è diretta ad allegare la nullità dei contratti fatti dal tutore, finchè la tutela dura; ma per costringere il tutore sospetto a render conto, surrogarne frattanto in suo luogo un'altro, e rimuoverlo perpetuamente dall'officio se si prova l'accusa: lo che era diverso dalla istruita azione.

,, Che non perchè interessa al Gaffi, che non si disperdano i beni dei minori, onde un giorno non sia tenuto per gli alimenti, nè perchè il debitore ceduto debba investigare la validità della cessione, può avere presidio nella sua azione;

---

eis. 224 *num*. 8, 9 *p*. 14, *in Receniten.*, *seu Cingulana restitutionis in integrum* 3 *julii* 1825 § 5 *cor.* Corsi. ·

(20) Olea *de cess. jur. tit.* 5 *quaest.* 10 *num.* 8.

(21) *L.* 7 *ff de minor.* § 2. - Menoch. *de arbitr. jud. cas.* 137 *num.* 11.

giacchè, in quanto al primo, non dal proprio interesse, ma a seconda delle forme prescritte dalla legge si acquista l'azione, ed in quanto al secondo l'azione di nullità compete al cedente, e non al debitore ceduto, specialmente allorchè paga costretto dal decreto del giudice, nel qual caso acquista una piena liberazione, sebbene paghi ad altri, che al vero creditore.

„ Considerando inoltre che, sebbene fosse lecito al Gaffi di promuovere una tale azione, pur tuttavia essa dovea dichiararsi ingiusta, perchè di niun momento sono le eccezioni addotte contro il decreto del giudice, mentre la causa ad alienare, in esso contemplata, era giusta, e giustificata, e che d'altronde il decreto del giudice ha tanta forza, e valore che, se il contrario non costi evidentemente, si deve sempre supporre essere il tutto stato fatto regolarmente, e che fosse giusta, ed idonea la causa che mosse il giudice ad autorizzare il contratto.

„ Che d'altronde non mancano altre prove dalle quali risulta la verità della causa ad alienare esposta al giudice, e che non ostava se la nota dei debiti esibita al giudice era in qualche parte mancante di giustificazione; mentre essi erano abbastanza giustificati dalla sola verosimiglianza, e possibilità, la quale è sufficiente a convincere delle spese che si fanno giornalmente, ed in piccolissima quantità.

„ Che non può dirsi aver potuto il padre dei due impuberi provvedere ai bisogni di essi colla distrazione dell'acconcio assegnato alla madre in occasione del matrimonio, giacchè nel lasso di tempo in cui l'unione avea durato, si presumeva consunto.

„ Che neppure può attaccarsi il decreto come mancante di solennità estrinseche, atteso l'interesse che aveano in esso i due prossimiori che v'intervennero, dimostrandosi esser questo secondario.

Rescrisse — *Negative.*

Rota del dì 27 marzo 1843 — Romana nullitatis contractus
R. P. D. Quaglia, *proc. per Gaffi* sig. dott. Annibali, *per*
Febei Ambroni sig. dott. Perucchini.
  26 giugno 1843 — *In decisis.*
Accettata dalla parte soccombente.

CURATORE ad litem . LOCAZIONE . CESSAZIONE . COMPETENZA

XXIII. *Se nasce controversia sulla deputazione d' un curatore*
  alla lite, la competenza dipende dal valor della lite, per
  cui il curatore fu deputato.

Se il conduttore domandò la nullità della disdetta, il valor
  della causa si arguisce dagli anni pei quali pretende di
  rimaner nell' affitto, e dal valor cumulato delle risposte,
  che per essi dovrebbe pagare, non dall'importo delle cor-
  risposte moltiplicate per venti, secondo il disposto nel
  § 452.

  (*Discuss. sui §§ 452, e 1606 del reg. giud.*)

Milani c. Nardini

Nardini, che per un anno, e per sc. 60, avea locati
a Claudio Milani alcuni piccoli predi, morto il conduttore,
e volendo la conduzione cessata, andò al vicario generale
d' Alatri, ed ottenne ordinanza per la deputazione d' un curatore alla lite, che contro i minori figli di lui voleva a quell'oggetto intentare: e tale elezione fu fatta in persona dello zio
paterno canonico don Gaetano, a cui intimò la disdetta, dicendo che l' affitto si dovesse ritenere cessato col finire
dell' anno 1838 : ma questi a vicenda lo citò al medesimo
magistrato per sentir dichiarare la sua nomina nulla per la
esistenza di curatore legittimo nella persona d' uno trai figli,
che era maggiore d' età, e come inattendibile la disdetta, in
qualunque evento inefficace a far cessare l' affitto fino a tutto
il 1839. Il Nardini, impugnando la cumulazione di tali azioni,

domandò d'essere assoluto allo stato degli atti, il Milani all'incontro domandò la nullità di tale incidente, che, ammessa dal vicario, detto motivo ad appello, il quale portato alla ruota, fu diviso in due cause, una sulla validità dell'incidente, un altra sulla osservanza della nomina del curatore, e della disdetta: e furono finite con due sentenze ponente mons. Alberghini, una delle quali disse — *non constare de nullitate citationis*, un altra al dubbio — *an constat de nullitate nominationis curatoris, et successivae disdictae, et sit locus prosequutioni afflictus, et manutentioni in casu*, rescrisse *negative in omnibus*. Spedite tali sentenze, e andato in perenzione l'appello, fu dal Milani fatto ricorso al tribunale supremo per l'annullamento degli atti di secondo grado. Nel primo esperimento, che fu del dì 13 luglio 1843, restò soccombente, come dall'opinamento, che sotto quel dì da mons. Ferlisi fu pubblicato.

Al tornar della causa, il difensore del canonico Milani disse che il codice, parlando in genere dei tutori dativi, e dei curatori, li volle indistintamente nominati dai tribunali civili (1), ma che, quando parlò del curatore alla lite, il cui officio è tassativamente ristretto alla controversia di cui si tratta (2), adoperando la discretiva, li volle eletti dal tribunale, o dal giudice innanzi a cui la causa si dovesse istruire (3), per cui alle cause, che potessero nascere circa alla nomina dei curatori *ad litem*, assegnò un valore, dicendo che il valor loro essere dovesse il valor della lite — che il § 449 num. 2

---

(1) *Reg. giud.* § 1606. — I tutori dativi, e qualunque altro curatore, fuori dei casi preveduti nella sezione precedente, saranno nominati dal tribunale civile nella camera di consiglio.

(2) *L.* 3 § 2 *ff de tutelis.* — *L.* 2 § 3 *ff qui pet. tut. et cur.* — *L.* 4 *cod. eod.* — *L.* 28 § 2 *cod. de administr. tut.*

(3) *Reg. giud.* § 1607. — Se trattasi di curatore *ad litem*, sarà esso nominato dal giudice, o tribunale innanzi a cui la lite dovrà introdursi, o trovasi introdotta.

nel quale si dice — *doversi considerare come aventi un valore indeterminato, e della maggiore entità le cause concernenti le tutele, e le curatele* risguarda i tutori, e i curatori abituali, non i curatori alle liti: giacchè, se per gli uni, e per gli altri avesse la legge voluto adoperare la stessa misura, non avrebbe detto che per gli uni si vada al magistrato che è competente secondo il valor della cosa domandata in giudizio, per gli altri ai tribunali civili: notando che una interpretazione diversa porterebbe all'assurdo di veder nominato il curatore *ad litem* da un giusdicente, ed introdotta innanzi a lui la causa per cui venne eletto, mentre la opposizione alla ordinanza della sua nomina si va discutendo innanzi al tribunale civile. Ciò premesso, passava a riconoscere il valor della lite, per cui dal vicario d'Alatri fu eletto quel curatore.

Dicea, che secondo il § 454 — *nelle cause concernenti la esistenza, o la validità dei contratti d'affitto, ovvero la cessazione dei medesimi prima del termine stabilito, il valore dovrà determinarsi, cumulando nel primo caso le pensioni, o corrisposte di tutti gli anni per cui è durevole il contratto, e nel secondo di tutto il tempo che ancora ne rimane al compimento,* il quale luogo di legge contiene la regola che, ove si tratti di cessazione, o di prosecuzione di contratto, il valor della lite debba desumersi dal valore delle risposte corrispondenti al tempo controverso — che nel caso il libello appunto alludeva ad una controversia di cessazione, o prosecuzione d'affitto, formulata per tale così nel dubbio di ruota colle parole — *itaut sit locus prosequutioni afflictus,* come nel ruotale rescritto che disse doversi ammettere la validità della disdetta, ma — *juxta modum, et modus est, ut sit locus prosequutioni afflictus ad totum annum* 1839 — che se come tale venne introdotta, e riconosciuta la causa, e se la risposta fu pel primo anno di scudi sessanta, il tempo controverso potea esser d'un anno, di due, di tre, e, se di tre anni, non potea oltrepassare gli scudi cento ottanta, per cui non potea mai giungere ai cinquecento, quanti son necessari, perchè una causa in appello sia di competenza ruotale — E dicea non ostare il disposto del § 454 ove si dice — *allorchè si dimanda la espulsione dopo scorso il termine dell'affitto, la competenza si determina secondo le norme indicate nel* § 452, il quale paragrafo stabilisce che — *nei giudizi di caducità, o cessazione d'enfiteusi il valore della causa si desumerà dal canone enfiteutico moltiplicato venti volte*, poichè, se per regola fondamentale conservata dal § 463 — *in tutti i casi il valore della lite sarà determinato dal valore della cosa richiesta, se per* l'altro canone contenuto nel § 465, nell'estimare il valor d'una causa, *non si avrà riguardo alle eccezioni del reo*, se pel § 466 — *il valore delle cause è sempre determinato dalla dimanda dell'attore, e non dalla somma stabilita dalla sentenza*, la dimanda con cui venne introdotto il giudizio fu quella del Milani, e, non trattando d'espulsione, altro non disse fuorchè progressività d'affitto, almeno a tutto l'anno 1839, nullità ed inefficacia della disdetta. Così della incompetenza *ratione valoris.*

Voleva altresì annullati gli atti ruotali, perchè il tribunale fu incompetente *ratione materiae*, essendo scritto nel § 1614 che — *dalle ordinanze proferite in camera di consiglio, e dalle sentenze emanate sulla opposizione nei diversi casi contemplati superiormente, non è ammissibile l'appello neppure in grado di restituzione in intiero*: e, siccome gli si opponeva alla questione sulla ingiustizia dell'ordinanza, essersi in ruota unita l'altra della nullità della disdetta, e della prosecuzione dell'affitto, rispondeva, allegando una decisione di Segnatura *Bononien. circumscr. vel pertinentiae* 21 aprilis 1841 *cor.* Caracciolo-Santobuono, nella quale fu proclamato che la congiunzione dell'appellabile coll'inappellabile, non rende il tribunale d'appello meno incompetente. Finalmente accusava il giudicato ruotale come pronunciato *extra petita*, mentre in ruota la lite venne introdotta, chiedendo la revoca del decreto incidente con cui l'alatrino vicario avea riconosciuta la nullità dell'istanza Nardini, e *sin minus* (cioè in modo condizionale) *juxta dispositionem* § 981 *vigentis praxeos absolvi instantem ab indebite ex adverso petitis* — che, avendo la ruota con una sentenza detto *non constare de nullitate citationis*, soddisfece al libello, e quindi non era luogo a decidere del merito presentato a disamina solo pel caso che la incidentale sentenza non fosse revocata — che il giudice giudica *extra petita* quando conosce d'una controversia a lui sottoposta sotto una condizione non avvenuta, od in qualunque altro modo non assolutamente nel libello compresa, comechè relativa all'introdotto giudizio (4).

Pel Nardini si faceva riflettere che la memoria con cui venne implorata la deputazione d'un curatore narrò che l'istante si trovava *nella necessità di dover contestare alcune cause* contro i Milani, e non si limitò a parlar solo di quella che risguardava alla cessazione dell'affitto, — che dunque il valore della controversia, che dipoi venne intentata sulla nullità di tale ordinanza, argomentar non si potesse dal valor dell'affitto, giacchè il curatore fu dato a rappresentare i minori in qualunque causa piacesse al Nardini contro di loro intentare, ed invece si dovesse ritenere la causa di un valore indeterminato, come a forma del § 449 son tutte quelle *che risguardano filiazioni, curatele, tutele* — che volendo desumere il valor della causa dalla questione che fu promossa sulla durazione dell'affitto, fosse da por mente a quell'ultima parte di libello con cui fu richiesto si ritenesse durato l'affitto almeno a tutto l'anno 1839, lo che, nel caso di rejezione d'istanza, portava ritorno del contratto a tempo indeterminato, e cessazione ad arbitrio, per cui conseguenza di sfratto, e necessità di valutare la controversia, secondo le corrisposte venti volte moltiplicate nel senso dei §§ 452, e 455 del regolamento giudiziario.

(4) Segnat. *nella Romana circumscr. et restit. in integr.* 28 julii 1831 *cor.* Grossi. - *Fulginaten. restitutionis in integr.* 9 junii 1843 *cor.* Ferlisi.

Circa alla pretesa incompetenza *ratione materiae*, arguita dall'essere inappellabili le ordinanze emanate in camera di consiglio, faceva riflettere che, s'elle son tali, è scritto del pari nella seconda parte del § 1614 che contro di esse — *non è luogo a ricorso al tribunale di Segnatura che pel solo motivo d'incompetenza in ordine al privilegio del foro ecclesiastico a termini del § 791* — che inoltre la pretesa d'incompetenza desunta dalla eccezione della regiudicata, e dall'esser queste sentenze addivenute inappellabili, non è proponibile in Segnatura, come tal tribunale non è competente a giudicare sulla perenzione degli appelli, così dichiarando la risposta autentica 3 settembre 1836 — dall'altro canto fosse da riflettere che, mentre il § 1614 dice non potersi interporre l'appello *dalle ordinanze proferite in camera di consiglio, e dalle sentenze emanate sulla opposizione*, nessuna sentenza sulla opposizione fu pronunciata dal vicario d'Alatri, e solo un giudicato incidente. e fu per questo che al tribunal della ruota venne dedotta la controversia — Da ultimo non sapeva comprendere come si volesse chiarire la sentenza ruotale pronunciata *ultra petita*, a fronte della declaratoria 13 settembre 1839, colla quale fu detto inapplicabile al sacro uditorio il § 981 (5), e *che in conseguenza la s. ruota, procedendo in grado d'appello dalle sentenze interlocutorie, o incidentali, ha conservato, e conserva la facoltà attribuitale dalle leggi anteriori al motu proprio di conoscere, e giudicare anche il merito principale della lite.*

_____

(5) *Reg. giud.* § 981. - Se il tribunale opina di revocare una sentenza interlocutoria che abbia ammessa una prova, una verificazione, una eccezione, una dimanda provvisionale potrà decidere nello stesso tempo il merito della causa, quando sia in istato di essere deciso senza bisogno di altre prove: questa regola è comune alle sentenze che abbiano ammesse le dimande incidentali, enumerate nel tit. 8 - Negli altri casi il merito della causa sarà giudicato dai giudici, o tribunali di primo grado.

Il supremo ordine „ Considerando, che nè per ragione di materia, nè per ragione di valore la causa di cui si tratta si potea portare in appello alla sacra ruota : non per ragione di materia, giacchè il giudizio altro non fu che una opposizione alla deputazione d'un curatore *ad litem*, e nel § 1614 si trova disposto, che tali opposizioni si deggiono fare innanzi ai giudici, o tribunali da cui le ordinanze furono emanate, e le sentenze pronunciate sopra di esse siano inappellabili : per cui una causa, che privativamente apparteneva al vicario d' Alatri, non poteva essere portata alla ruota.

„ Che non giova il rispondere gli appelli dagli interlocutorj dedurre al tribunale d' appello anche il merito principale, mentre questo generale principio non è applicabile al caso, in cui una disposizione speciale dica il contrario.

„ Che neppure per ragione di valore era competente il sacro uditorio, non essendo quella una causa che superasse la somma di scudi cinquecento : non per la parte che risguardava la deputazione del curatore *ad litem*, poichè, deputandosi tali rappresentanti a tutti quei giudici ai quali si vogliono portare le cause per cui si richieggono, e per conseguenza anche dai giudici pedanei, la controversia sulla deputazione di quel curatore tanto valeva, quanto la causa in cui fu citato.

„ Che neppure la petizione del canonico Milani nella parte che risguardava l' intrinseco merito della causa superava la somma di sc. 500. Egli chiedeva la nullità della disdetta, e, se avesse vinto, non avrebbe altro ottenuto che di star nell' affitto per due, od, al più, per tre anni : e se il vicario avesse chiarito la disdetta come nulla, non per questo il locatore non avrebbe potuto reiterarla, ed il tempo, pel quale l' affitto avrebbe durato, non avrebbe importato che tre annate di corrisposta facienti la somma di scudi cento ottanta.

„ Che non osta il § 555 pel quale le liti, in cui si tratta di cessazione di affitto, si valutano tanto quanto vale la corrisposta di venti annate, mentre in tal caso, richiedendo il locatore la restituzione della cosa locata, non potendosi concepire l'idea d'un tempo determinato, prudentemente dal legislatore furono assoggettate le controversie ai tribunali di giurisdizione maggiore — ma tale sanzione di legge applicar non si può ad un caso, in cui non il locatore, ma il conduttore ha istruito il giudizio, onde ottenere di rimanere nell'affitto per uno spazio di tempo, le cui corrisposte superar non potevano gli sc. 180.

Rescrisse — *Circumscriptis per viam nullitatis omnibus gestis in Rota cor. R. P. D. Alberghini, cum omnibus inde sequutis, ex defectu jurisdictionis, partes utantur juribus suis.*

Segnatura del 14 *settembre* 1843 — *Alatrina circumscriptionis* R. P. D. Mertel, *dif. per Milani* sigg. avv. Mandolesi, ed Orsini, *proc.* sig. dott. Rebecchini, *per Nardini* sigg. avv. Tosi, e Frezza, *proc.* sig. dott. Mazzanti.

IPOTECA . RINNOVAZIONE . LITE PENDENTE . PERENZIONE

XXIV. *La pendenza della lite non dispensa dall' obbligo di rinnovare allo spirar del decennio le iscrizioni ipotecarie. Esse rimangono perente a riguardo del terzo possessore, se la omissione mette il creditore nella impossibilità di cedergli utilmente la sua azione.*

Se, pendente il giudizio, si cambi lo stato della cosa controversa in modo che manchi il diritto all' attore, si dee giudicare secondo il cambiamento avvenuto, non avuto riguardo alle circostanze esistenti nel tempo in cui la lite fu contestata.

Mazzotti c. Gessi

Più d'una volta ne è stato richiesto quale sia la giurisprudenza di Ruota circa alla vitalità delle iscrizioni ipotecarie non rinnovate pendente la lite, ed abbiamo risposto, che il sacro uditorio, aderendo al principio della *l. si servus*

§ *etsi ff de condict. furt.* — *si lite contestata condictio extiterit*, *absolutio sequi debebit* — disse le iscrizioni, per la rinnovazione non fatta, anche nel caso di lite pendente irreparabilmente perite, quando il terzo possessore del fondo per la oscitanza del creditore, non possa ritrarre alcuna utilità della eccezione *cedendarum actionum.* La massima fu confermata nella circostanza di questa lite, in cui si trattò d'un Mazzotti, che avea comperato all'asta pubblica un predio in quel di s. Arcangelo presso ad Arimino fino dall'anno 1808, sebbene fosse gravato d'un censo creato fino dall'anno 1803; e che più tardi perseguitato da Gessi-Carlini creditore dei frutti a pagare sc. 267, od a soffrire l'associazione al fondo censito, disputando sulla natura del contratto, e sulla identità del fondo che impugnava, perdé tanto a Forlì quanto a Bologna in grado d'appello: ma, correndo questi atti, scadde il decennio per la rinnovazione della ipoteca, nè il Gessi curò di farla eseguire, onde gli eredi Mazzotti per questa, e per altre ragioni, ottenuta dal tribunale supremo la restituzione in intiero, poterono interrogare il sacro uditorio — *an constet de rejudicata, seu potius de caussis restitutionis in integrum in casu etc.*

Delle ragioni che furono addotte per dimostrare, che il contratto non fosse un censo, ma una rendita costituita di quelle che davano unicamente diritto ad azione personale, non ad ottenere il possesso precario del fondo, come delle altre che risguardavano la diversità del fondo assoggettato alla ipoteca, noi non diremo: poichè la ruota, vedendo l'identità destituita di prove, reputò inutile di prendere in esame il contratto: diremo della perenzione dell'ipoteca che avvenne correndo gli atti a Bologna, e che dai Mazzotti fu addotta come sussidiario riscontro di manifesta ingiustizia.

Si dicea dunque per essi colle parole del Castrense che — *lite pendente, si deficiat jus actoris, reus absolvitur: ex quo sequitur quod jus superveniens reo, lite pendente, inducit absolutionem: quod verum est etiam si superveniat ex caussa de praesenti* (1) — che al dire della decisione *Romana pecuniaria* 17 *febbraio* 1837 *cor.* Marini, la contestazione della lite mai non fu modo legittimo per rinnovare l'ipoteca, per cui il sacro uditorio più volte decise lo spirar del decennio in pendenza degli atti produrre la stessa caducità che ne deriva, quando non è nessuna causa pendente, se la omissione deteriori la condizione del terzo possessore, e lo metta fuori del caso d'acquistare, pagando, una utile azione dal creditore: ed in ispecie nelle tre decisioni col titolo *Romana pecuniaria* 17 *febbraio* 1837 detta di sopra, 17 *febbraio*, e 6 *giugno* 1838 *cor.* Marini, nell'ultima delle quali § 9 si espresse così — *Caeterum evanuit utcumque inscriptio, quum ejusdem renovatio anno* 1831 *fuerit omissa. Quin obsit decennium expirasse postquam praesens judicium fuit institutum. Quandoquidem haud eximi creditores ab onere renovandarum inscriptionum ob litem contestatam ne litigatorum gratia subvertantur, quae pro publica utilitate sunt constituta, firmant ecc.* — aggiungendo che, se pendente la lite si cambi lo stato della cosa controversa, è, d'ipotecata che ella era, divenga libera, si dee pronunciare sentenza secondo la sua libertà, comechè la mutazione di stato accada correndo gli atti d'appello: mentre al dire della medesima ruota in un altra *Romana pecuniaria quoad cambium scut.* 400 4 *giugno* 1830 pure *cor.* Marini § 3, giusta è la regola che i giudici d'appello debbano giudicare secondo lo stato in cui era la cosa controversa nel tempo in cui fu introdotta la lite — *sed non eo usque, ut negligendum sit, si quid in decurso judicii advenerit quod conditionem litigantium, et controversiae statum efficaciter immutaverit: nempe si quid interea supervenerit quod alterius jus validas exceptioni suppeditaverit:* tanto più che i Mazzotti pria dello scadere del decennio aveano fatta la trascrizione dell'acquisto, per cui, ottenuta la libertà

---

(1) Castrens. *ad l. si servus* § *Et si ff de condict. furtiva.* - Faber. *rational. alla sud. l.* - Duaren. *in tit. de condict. furtiva* cap. 2, e *nel tit.* Soluto matr. num. 1 cap. 19.

colla pretermessa rinnovazione dell'ipoteca, il fondo non poteva ritornare in servitù (2).

Il difensore del *Gessi-Carlini* dicea che la regola del doversi rinnovare la iscrizione ipotecaria, quando è scaduta dopo introdotta la lite, milita a riguardo degli altri creditori iscritti, non a vantaggio del terzo possessore, il quale per la stessa introduzione del giudizio non può ignorare che un ipoteca contro di lui si trovi iscritta : e così decise la ruota in una *Perusina hypothecae* 17 *giugno* 1825 *cor.* Pianetti , come nella *Romana pecuniaria quoad cambium scut.* 200 14 *junii* 1830 *cor.* Marini, e finalmente nella *Tudertina subhastationis 9 maii* 1836 *cor.* D'Avella — che la trascrizione non valse ad affrancare il fondo da un ipoteca per la quale già si era introdotto giudizio, allegando anche sopra di ciò la decisione *Signina aperitionis oris super exequutione contractus* 20 *aprile* 1822 *cor.* Gamberini, e la confermatoria 12 *gennaio* 1824 *cor.* Bofondi § 7 in cui si disse — *Inutiliter vero Dominicus ad legum fugiebat subsidium, quas hypothecarum jura hodie moderantur, ut hypothecarios declinaret effectus, obtendens se incubuisse trascriptioni bonorum emptorum, canonicum autem ipsiusque haereditatis curatores hypothecarii juris inscriptionem contempsisse, adeoque controversos fundos immunes evasisse a quovis vinculo hypothecario. Nam PP. perpenderunt usque ab anno* 1805 *expeditum fuisse monitorium adversus Dominicum, atque actionem hypothecariam fuisse probatam, ipsumque damnatum remansisse anno* 1808 *, indicta a sacro tribunali expeditione sententiae.*

Il sacro uditorio, dopo avere indicate le ragioni per cui riconobbe non constare dell'identità del fondo ipotecato,

---

(2) *L.* 98 *ff de solut. et liberat.* § 8. - Si alienum hominem promisi, et is a domino manumissus est, liberor : nec admissum est quod Celsus ait, si idem rursus lege aliqua servus effectus sit, peti eum posse : in perpetuum enim sublata obligatio, restitui non potest, et si servus effectus sit, alius videtur esse.

„ Considerando che fu ingiusta la regindicata quando ammise l'istanza del creditore benchè la iscrizione ipotecaria spirata a dì 6 ottobre 1839 non fosse da lui rinnovata.

„ Che tanto è il non iscrivere un ipoteca, quanto il non rinnovarla al cader del decennio, e l'estinguersi d'una ipoteca per la rinnovazione non fatta produce l'effetto che il creditore perda contro il terzo possessore l'azione ipotecaria.

„ Che non giova il riflettere essere spirato il decennio, quando non solo la lite era introdotta, ma eziandio inoltrata in grado d'appello, e che la sentenza dovesse essere pronunciata, avuto riguardo allo stato in cui si trovavan le cose quando la lite fu incominciata. Giacché, se pendente il giùdizio lo stato della controversia soffra tal cangiamento che l'azione del creditore venga a mancare, si deve avere riguardo allo stato delle cose secondo elle sono nel tempo in cui la sentenza dev'essere pronunciata, in modo che, sopravvenuta in favore del reo una eccezione perentoria, debba questi andare assoluto dall'istanza.

„ Che già altra volta il sacro uditorio, ventilato formalmente l'articolo, decretò la sopravvenienza della lite non liberare il creditore dall'obbligo di rinnovare la iscrizione quando l'omissione di tale atto rende deteriore la condizione del terzo possessore: mentre se il creditore, perseguitando il terzo possessore, e ricevendo da questi il pagamento del credito suo, gli deve cedere la sua azione, chiaro è che il Gessi-Carlini può essere dai Mazzotti respinto colla eccezione *cedendarum actionum*, mentre per colpa sua, e per la trasandata rinnovazione dell'ipoteca si è posto nella impossibilità di farlo.

Rescrisse — *Negative ad primam partem, affirmative ad secundam.*

Rota del dì 8 maggio 1843 — *Ariminen. restitutionis in integrum* R. P. D. D'Avellà, *dif. pei Mazzotti* sigg. avv. Vici, ed Ugulini, *proc. sig.* dott. Brunetti; *per Gessi-Carlini* sig. avv. Caramici, *proc. sig.* dott. Marchetti.

accettata dal soccombente.

XXV. *Nei giudizi diretti alla remozione d' un opera che impone una servitù, dal valore dell' opera da rimoversi non si arguisce il valore dalla causa, ma dal valore del fondo che si vorrebbe serviente.*

Se la riforma del libello introduttivo di lite permessa dal § 549 si faccia in maniera che ne resti variata l' azione, tale irregolarità è di quelle che risguardano all' indole, ed alla natura del giudizio, per cui è necessario dedurla alla prima udienza : in difetto è rimessa.

(*Discuss. sui* §§ 455, 549, 550 *del reg. giud.*)

Toni c. Massi

Massi possessore d' una casa in questa città nella via della Frezza citò Toni al primo turno del tribunale dell' A. C. dicendo — *attesochè il citato si è fatto lecito dare principio alla edificazione d' un muro alla di lui casa in via della Frezza num. 28 la quale confina con la casa dell' istante, e, con l' edificazione di questo muro nuovo, lo stesso citato è venuto non solo ad appoggiarlo arbitrariamente al muro di proprietà dell' istante, ma verrebbe in questo modo a rendere di proprietà comune tutto quello spazio di muro che di assoluta proprietà finora dell' istante stesso dal citato ingiustamente, e senza diritto alcuno venisse occupato.... sentir decretare che il citato non ha diritto di appoggiare la nuova fabbrica alla casa dell'istante, e per tale effetto venga al medesimo prefisso un breve termine a demolire il muro principiato ad edificare :* ma, nel rinnovare l' istanza al procuratore, la formulò con frasi alquanto diverse dicendo — *ed in ampliazione ancora, se occorra, della domanda pendente innanzi al tribunale, ed attesochè il citato si è fatto lecito di costruire, ed appoggiare arbitrariamente il muro alla casa dell' istante — attesochè con tale appoggio si viene a rendere comune quello spazio di muro di assoluta pro-*

prietà dell' istante, ed a recare alla casa medesima altri pre-
giudizi... sentir dichiarare che il citato non ha alcun diritto
di appoggiare la nuova fabbrica alla suddetta casa dell' istante,
e per tale effetto sentir prefiggere un breve, ed unico termine
a demolire il muro cominciato, quale decorso, accordare la fa-
coltà all' istante di farlo demolire colla forza armata. Il tribunale a dì 20 dicembre 1841.

„ Considerando che il muro a cui il Toni ha appoggiata
la nuova fabbrica è di assoluta proprietà del Massi, perchè
forma telaro con gli altri muri della di lui casa, sostiene
il tetto, i pavimenti della casa medesima, e vi erano fino
da tempo immemorabile tre fenestre.

„ Considerando che il semplice appoggio di una testa di
trave che serviva di sostegno non prova il condominio, ma
indica soltanto una clandestina usurpazione, od al più una
servitù *tigni immittendi*.

„ Che l' appoggio del mignano poteva in ogni pessima
ipotesi indicare il condominio del muro fino a quello spazio
che era occupato dal mignano, ma non poteva mai estendere
il dominio a quella parte di muro che era libero da qualunque infisso dal lato del Toni.

„ Considerando che non è applicabile al caso la costituzione di Gregorio XIII, perchè trattasi di fabbrica innal-
zata nella parte del cortile, e non concorre perciò l' ornato
della città, che è lo scopo della detta legge.

„ Pronunciando definitivamente in primo grado di giurisdizione, prefigge al citato Toni il termine di un mese
all' effetto di cui nell' istanza, qual termine decorso, ammette
l' istanza medesima in tutte le sue parti colla condanna alle
spese „ — Ai 22 di dicembre 1842 la sentenza in grado
d' appello dal secondo turno fu confermata. Ricorso del Toni
in tribunale supremo per mancanza di giurisdizione, sostenendo che la causa dovea in origine introdursi innanzi ad un
giudice di competenza minore, od almeno per ottenere il
beneficio della restituzione in intiero.

Il sig. avv. *Mandolesi* difensore di lui dicea, che secondo il § 456 — *nelle cause di servitù reali il valore si desume dalla stima del fondo serviente*, e per lo contrario secondo il § 457 — *nelle azioni reali, o miste, e nelle cause che risguardano il possessorio non sommarissimo, il valore della causa si desume dal valore della cosa litigiosa*: poichè, essendosi il legislatore proposto di stabilire nella sez. 3 del tit. 2 di dare alle cause il valore corrispondente al lucro, od al danno reale che l'esito loro apportar possa ai litiganti, perciò nel caso di liti dirette ad impedire la imposizione di servitù reali, disse la competenza dipendente dal valore del fondo al quale s'impone, giacchè, fatto serviente in una parte, perde in tutto la sua libertà (1), come per lo contrario negli altri giudizi che risguardano il possesso, o il dominio, volle arguito il valore unicamente dal valore delle cose controverse — che il giudizio istruito dal Massi propose una questione di dominio, di condominio, di possesso, non una questione di servitù, cioè la pretesa del dominio esclusivo in atto, e potenza del muro della propria casa, ch'egli dicea ingiustamente occupato dal Toni, mentre il Toni al contrario, pel disposto nella bolla di Gregorio XIII reputava non potersi negare l'appoggio a chi vuol fabbricare — che il Massi a vicenda dicea quella bolla risguardare le edificazioni che sono apparenti nelle vie, nelle piazze, non quelle che si fanno entro alle corti, dalle quali nessun ornamento deriva alla città, onde la cosa in lite dedotta non altro era che il muro dal Toni occupato, il cui valore non superava la giurisdizione del tribunal singolare — E siccome i contrari aveano sostenuto la dimanda del Massi avere risguardato a negare la pretesa d'una servitù *tigni immittendi*, ricordava la differenza tra una tal servitù, la quale

---

(1) *L.* 13 § 1 *ff de servit. praed. rustic.* - Si totus ager iteneri, aut actui servit, dominus in eo agro nil facere potest quo servitus impediatur: quae ita diffusa est ut omnes glebae serviant.

non porta che il muro sia fatto comune (2), ed il diritto d'appoggio, che nella nostra città importa comunione di muro secondo la gregoriana, a tal che il vicino, il quale voglia edificare, abbia diritto ad ottenerlo, pagando al vicino la metà del valore del muro (3). E notava che questione d'appoggio fu quella, che con azione negatoria fu dal Massi eccitata quando nel libello narrò — *il citato si è fatto lecito dar principio alla edificazione di un muro, e colla edificazione di questo muro è venuto arbitrariamente ad appoggiarlo al muro di proprietà dell'istante*, come nel rinnovar dell'istanza citò — *a sentir dichiarare che il citato non ha diritto alcuno d'appoggiare la nuova fabbrica alla suddetta casa dell'istante*. Quindi passava a dimostrare sussidiariamente la ingiustizia della regiudicata.

Recitava il § 4 della gregoriana che dice — *pro privatis autem aedificiis similiter, aut novis construendis, aut veteribus ampliandis liceat cuicumque quovis muro sibi propinquo libero uti, eique tigna, lapides, aliamque materiam aedificii sui, totumque ipsum aedificium injungere et adnectere, etiam si murus is ad vicinum suum totus pertineat, persoluto tamen ejusdem muri dimidio praetio, ad eam aestimationem quam duo periti, quorum singulae partes elegerint, vel, illis discordibus, ipsi viarum magistri declaraverint* — facendo osservare che in tal disposizione di legge edilizia non è differenza tra i muri esterni, e gli interni, che anzi papa Gregorio nel proemio della medesima disse di pubblicarla per ampliare quello che aveano prescritto i suoi predecessori Sisto IV, Leone X, e Pio IV *ad publicum urbis et illius districtus ornatum, aeris salubritatem, ac privatorum etiam comoditatem* — Che l'ampiezza,

---

(2) Caepolla *de servitut. disc.* 40 *per tot.* - Manzio *de muro comuni quaest.* 1 *num.* 2. – Respons. Jurisconsult. Holl. *p.* 1 *cons.* 504 *et p.* 2 *cons.* 6. - Surd. *cons.* 126 *num.* 30. - Mascard. *de probat. conclus.* 1144 *num.* 6.

(3) De Luca *de servitutibus disc.* 9 *num.* 6.

e la comodità delle corti contribuisce di molto alla salubrità dell' aere nei luoghi abitati — che se le bolle non avessero risguardato anche alle fabbriche che si fanno entro ai cavedj delle case romane, si vedrebbero in esse le intercapedini prescritte dalla notissima legge di Solone conservata nel testo *l. fin. ff finum regund.* (4), e per lo contrario non è casa in Roma che all' altra, entro i cortili, non si veda congiunta, lo che dimostra che la bolla fu fatta per conservare i cittadini in salute, non meno che per abbellire la città: onde il card. De Luca *disc. 5 de servit. num.* 9 dice, che in Roma la legge delle intercapedini — *tam ex statuto, quam clarius ex constitutione Gregorii XIII. recessit ab aula, et merito: cum hujusmodi modica spatia, seu intercapedines publico ornatui, etiam aeris salubritati praejudiciales videantur, atque ille modicae quae adhuc in aliquibus antiquis obscuris aedificiis in urbe cernuntur, satis indecentem figuram faciunt,* e conclude che in Roma — *quaecumque tribuitur facultas vicino utendi quocumque muro alterius vicini, soluto praetio, seu ut vulgo dicitur appodii* — che quand' anche la bolla gregoriana non fosse applicabile al caso, il tribunal dell' A. C. non avrebbe dovuto ordinare l' intiera demolizione del muro, ma al più avrebbe dovuto prescrivere o la demolizione parziale, o che si pratticasse una intercapedine tra quello del Toni, e quello del Massi: e siccome il suo contradittore opponeva la pretesa costituzione di Zenone sul doversi, chi fa un nuovo edificio, tener lontano almen dodici piedi dall' edificio altrui, e che si trova inserita nella *l. fin. cod. de aedif. privat.* non ometteva di ricordare com' essa sia ritenuta per apocrifa, e interpolata

---

(4) *L. fin. ff fin. regund.* - Si quis saepem ad alienum predium fixerit infoderitque, terminum ne excedito : si maceriam, pedem relinquito; si vero domum, pedes duos ; si sepulchrum aut scrobem foderit, quantum profunditatis habuerint, tantum spatii relinquito; si puteum, passus latitudinem; at vero oleam, aut ficum ab alieno ad novem pedes plantato ; caeteros arbores, ad pedes quinque.

dal Conti nell'edizione degli anni 1583, 1592 (5), per cui, secondo la dottrina dell'Ostiense, la legge che non è ripetuta in tutte le edizioni della collezione giustinianea, non si può ritener come legge. Faceva considerare altresì col Pacichelli *de distant. membr.* 1 *cap.* 6 *num.* 12. che — *si talia requirantur in aedificiis urbium interstitia, frequentissimi essent in civitatibus vici, non sine publicarum viarum damno, ac totius civitatis deformitate, iique receptacula immunditiarum repraehesentarent, publicaeque cloacae, quae suis immunditiis coeli ruinam minari possent* (6).

La difesa degli atti era affidata al sig. avv. *Luigi Antonio Rossi*, il quale sosteneva che il giudizio dal suo cliente introdotto fu unicamente diretto ad esercitare una azione negatoria di servitù — che il Toni avea immessi più travi nella parete del Massi, e l'impostar delle travi nel muro altrui è pretendere una servitù *tigni immittendi*, che i forensi con barbara voce chiamano *appodio* (7), per cui il ch. Vinnio distinguendo la servitù *tigni immittendi*, dalla servitù *oneris ferendi*, non fa nessuna differenza tra la prima, e la servitù dell'appoggio (8) — che il Massi per lo contrario, intento a proteggere la libertà del suo fondo, nel libello chiari la

---

(5) Paoluzio *diss.* 12 *art.* 1 *num.* 6. - De Luca *de servitut. disc.* 1 *num.* 3. - Rota *nella Neapolitana aedificii* 22 *aprile* 1662 *che è la* 375 *cor.* Celso § 5.

(6) Decis. Rotae *Bononien. decis.* 55 *num.* 11. - Muta *in capitul. regni Sicil. cap.* 116 *tom.* 2 *num.* 13. - Paoluzio *ibid. num.* 196. - De Luca *de servit. disc.* 5 *num.* 9.

(7) *Instit. de servit. praed.* § 1. - Item urbanorum praediorum servitutes sunt hae, ut vicinus onera vicini sustineat, ut in parietem ejus liceat vicino tignum immittere. - e *nella l.* 25 *ff de servit. praedior. urban.* - Hoc quod dictum est de immissis, locum habet ex aedificio alio in aliud, aliter enim supra alienum aedificium superius habere nemo potest.

(8) *Al sud.* § *delle istit.*

, innovazione contraria come diretta — *alla edificazione d' un muro il quale verrebbe a rendere di proprietà comune tutto quello spazio di muro di assoluta proprietà dell' istante, che dal citato ingiustamente, e senza alcun 'diritto verrebbe occupato,* onde concluse si decretasse — *che il citato non ha alcun diritto di appoggiare la nuova fabbrica alla casa dell' istante,* per cui fu negatoria, come lo sono tutte quelle nelle quali taluno pretenda — *jus non esse adversario utendi, fruendi eundi, agendi, aquam ducendi, tum altius tollendi, prospiciendique, vel projiciendi, imittendique* (9) — Nè ostare che nel libello si richiedesse la demolizione del muro, mentre questo è l' effetto d' ogni azione negatoria di servitù (10). Dal che gli era facile di concludere per la competenza del tribunale: mentre nei giudizi di servitù non dal valore delle cose innovate, ma da quello del fondo serviente la estimazione della controversia è desunta.

Quindi dicea come il caratter e di quel litigio si dovesse riconoscere nel secondo libello che fu variato (11) — che nei libelli non si deve attendere la sola conclusione, ma ben anche la narrativa (12) — che in quello del Massi si parlò di proprietà di muro appartenente all' istante, di communione

---

(9) *Instit. de act.* - *L.* 2 *ff si servitut. vindic.*

(10) *L.* 14 *ff ibid.* - Si cum meus proprius paries esset, passus sim te immittere tigna quae antea habueras, si novas velis immittere, prohiberi a me potes: immo etiam agere tecum potero, ut ea quae nova immiseris, tollas.

(11) Segnat. *nella Romana circ.* 11 *maggio* 1837 §7 *cor.* Grossi.

(12) *Cap. dilecti extr. de jud.* - Provideatis attente ne ita subtiliter, sicut a multis fieri solet, cujusmodi actio intentetur iniquitatis, sed simpliciter et pure factum ipsum et rei veritatem, secundum formam canonum, et sanctorum patrum instituta investigare curetis. - *ed ivi la glossa* - Nomen actionis exprimere in libello pars non cogitur: debet tamen factum ita clare proponere, ut ex eo jus agendi colligatur. - Voet *ad pandect. lib.* 2 *tit.* 13 *num.* 2.

pretesa, di libertà tolta, voci tutte convenienti a petitorio, od almeno a possessorio plenario: mentre, se avesse voluto intentare un giudizio in sommarissimo possessorio, in forza dell'interdetto *quod vi aut clam*, avrebbe dovuto limitarsi a parlare unicamente del fatto del possesso, e della turbativa per parte dell'avversario (13) — che, se pur nel libello fu alcuna frase che non convenisse ad esercizio d'azione negatoria, dice Giuliano nella *l.* 67 *ff de reg. jur.* — *quoties idem sermo duas sententias exprimit, ea potissimum excipiatur, quae rei gerendae aptior est*, onde la Segnatura inculcò che le parole nei libelli adoperate si devono intendere secondo la soggetta materia, e secondo la natura dell'atto a cui servono (14) — e citava la decisione Vienna, e De Persiis *Verulana circumscr.* 22 agosto 1839 (15) la quale trattò d'un libello concepito — *a sentir decretare che il citato rimuoverà la colonna di legno formante portone, appoggiato al muro dell'istante*, ed il tribunale supremo riconobbe in tali parole un concepimento d'azione negatoria, non un interdetto possessorio: oltre di che, se pur nel libello la qualità del giudizio fosse stata ambigua, l'avrebber chiarito come diretto ad esercizio d'azione negatoria di servitù gli atti posteriori, ed il modo con cui fu discussa la causa: la qual discussione sempre influisce a dichiarare le intenzioni delle parti circa alla qualità dell'azione intentata (16). E notava in fatto che quando, nata la regiudicata, si procedè alla liquidazione delle spese, si disputò se la tassa dovesse farsi colle regole dei giudizi sommari, o degli ordinari, e nacque una sen-

---

(13) Speculat. *part.* 2 *ff de restit. spoliat.* - Brunemann. *ad l.* 1 *tit.* 24 *ff quod vi aut clam.* - Richer. *univers. civil. et crim. jurisprud. tom.* 14 § 168.

(14) *Romana circumscr.* 11 *martii* 1857 § 7 *cor.* Grossi.

(15) *V. la pres. raccolta anno* 1839 *vol* 1 *pag.* 351.

(16) Scaccia *de sententia et rejud. glossa* 14 *quaest.* 16 *num.* 25 *e* 24.

tenza con cui il giudizio fu detto ordinario — *considerando che l'azione del Massi, lungi dall'essere circoscritta al solo fatto delle innovazioni, aggiravasi principalmente sul diritto d'appoggio che veniva dall'attore negato, e perciò la causa aveva per oggetto l'azione negatoria di servitù basata sulla piena, ed assoluta libertà della casa* — Ciò detto, non gli era difficile il dimostrare che, ritenuta la causa come esercizio d'azione negatoria di servitù, il valore si dovesse desumere non dal valore del muro a cui l'opera nuova venne appoggiata, ma dal valore dell'intiero edificio di cui era parte, mentre nel possessorio plenario, in cui si tratta di veder se un vicino abbia, o non abbia diritto d'edificare, la cosa litigiosa è appunto il diritto di edificare.

Passava quindi a trattare della pretesa violazione di legge: ed in quanto alla gregoriana sosteneva che ha luogo nelle pareti laterali soltanto, non mai nella parte postica delle case, giusta il consiglio dell'Aldobrandino, di cui è memoria nella *decis.* 386 *cor.* Merlino ove si dice — *celebre illud consilium Petri Aldobrandini passim receptum est, praesertim in sacro Camerae Apostolicae tribunali ubi consuluit, juribusque et exemplis confirmavit, beneficium constitutionis gregorianae non suffragari vicino coherenti a parte interiori seu posteriori, et quando facies publica aedificii certique ornatus, quem principaliter dicta constitutio intendit, non inde speciosior evaderet in casu praesenti, quia agitur de vico quodam angusto, et impervio.* Qual principio è riconosciuto anche nella *decis.* 417 *num.* 10 *cor. eod.*, ed ampiamente nella *Romana fabricae* 3 *giugno* 1735 *cor.* De Vais.

Il supremo ordine „ Considerando che la qualità del giudizio, ed il valor del medesimo si desumono dal libello, e servono anche a chiarirlo la discussione, e il processo degli atti.

„ Che nel libello il Massi dimandò *venga decretato che il citato non ha diritto ad appoggiare la nuova fabbrica nella casa dell'istante,* con che negò la servitù reale che si voleva imporre a di lui danno, e di ciò fu disputato dal principio al fine della causa.

„ Che per conseguenza non dal valore del muro, che deve demolirsi ; ma dal valore del fondo, a cui si volle imporre la servitù, deve arguirsi il valor della causa : e siccome il valore della casa del Massi è scritto nel censo per iscudi 375, niun dubbio che la controversia appartenesse alla congregazione civile dell' A. C., scritto essendo nel § 455 che — *nelle cause di servitù reali, il valore si desumerà dalla stima del fondo serviente, che risulti dalli libri del censo.*

„ Che senza ragione il difensore del Toni si è studiato di persuadere il primo libello dal Massi intimato contenere l' esercizio dell' interdetto *quod vi, aut clam*, e che per conseguenza dal valore del muro da demolirsi, si dovesse estimare il valor della causa : mentre, se nel libello secondo, con cui la domanda venne ampliata si disse — *venga decretato che il citato non ha diritto appoggiare la nuova fabbrica alla casa dell' istante*, ciò fu non solo esercitare un azione negatoria della servitù, ma porre ben anche in discussione il diritto, ed il titolo della medesima : che se avesse contenuta una variazione sostanziale, il Toni avrebbe dovuto opporsi alla prima udienza, dicendo la legge che — *tutte le controversie relative all' indole, e qualità del giudizio introdotto, saranno portate, e decise alla prima udienza* (17).

„ Che molto meno si può dir che la causa fosse ristretta a disputare del dominio, o del condominio del solo muro : mentre se, giusta il disposto della *l.* 85 *ff de verbor. oblig.* è regola che — *id petitum videatur, de quo actor senserit*, non potea l' attore esprimersi meglio che dicendo — *che il citato non ha diritto d' appoggio*, per concepire un azione negatoria della servitù alla sua casa minacciata dal Toni — che se tale concepimento d' azione pel reo convenuto non era

(17) *Reg. giud.* § 551.

chiara abbastanza, la colpa fu sua, se non domandò che l'attore più chiaramente la sua volontà dichiarasse (18).

„ Che con pari inutilità si vuol distinguere l'*appodio* dalla servitù *tigni immittendi*, poiché tanto la trave che s'immette nel muro altrui, quanto il muro che all'altrui muro si unisce inducono una servitù reale su tutto l'edificio, scritto essendo nel testo *l.* 23 § 3 *ff de servit. rustic.* — *quaecumque servitus fundo debeatur, omnibus ejus partibus debetur, et ideo quamvis particulariter veniret, omnes partes sequitur servitus.*

„ Che non è luogo a concedere il beneficio della restituzione in intiero, mentre dal Toni non si produce alcun nuovo documento, che ponga in incerto l'azione del Massi, nè si dimostra che alcuna legge sia stata violata.

„ Che la bolla di papa Gregorio XIII. non è applicabile al caso, mentre risguarda all'ornato della città, non ai luoghi nascosti, ed interni, come è il cortile del Toni, e quand'anche il Toni avesse diritto ad ottenere l'appoggio sul muro del Massi, dee domandarlo nel suo congruo, e separato giudizio: oltredichè la controversia si ridurrebbe ad interpretazione di legge, e per la restituzione in intiero si concede, nel solo caso che siasi — *espressamente contravvenuto ad una legge in vigore.*

„ Che infine il Toni a torto si grava del modo con cui venne ordinata la demolizione del muro, mentre la regiudicata, ammettendo l'istanza, ordinò la demolizione soltanto del muro *di cui si tratta*, cioè di quella parte che era stata innestata al muro altrui.

Rescrisse — *Nihil de circumscriptione, et restitutione in integrum.*

Segnat. del dì 27 agosto 1843 — *Romana circ. et restit. in integr.* R. P. D. Arnaldi, proc. per *Toni* sig. dott. Proja, per *Massi* sig. dott. Gizzarelli.

11 gennaio 1844 — *In decisis.*

_____

(18) Voet *in pandect. lib.* 2 *tit.* 13 *num.* 3. - Zanger. *de except. part.* 2 *cap.* 14 *num.* 3. - Mynsinger *cent.* 3 *observ.* 77.

XXVI. *Nella propria parete ognuno può aprire finestre ancorchè guardino sulla proprietà del vicino.*

*Eccettuato il caso in cui il vicino dimostri d' avere una servitù
negativa in contrario, e che questa abbia una causa continua.*

O che almeno le finestre vengano aperte per emulazione.

*Chi ha il diritto d' aprire le finestre nel proprio, non è obbli-
gato ad osservare nessuna distanza dal cortile, o dall' area
del vicino.*

*E molto meno quando si aprono in un muro già da gran
tempo esistente.*

*Le inferriate esistenti nelle antiche finestre non sono argomento
per dire che le nuove debbano essere a luce, e non a prospetto: molto meno se apparisca che quelle a luce, cioè
munite d' inferriate, son le più basse.*

Lo stesso c. lo stesso

La vicinanza delle suddette due proprietà somministrò
materia per un altra questione di diritto: poichè quando il Massi
comperò quella casa da un Cairoli capo-mastro murario, trovò
che egli, per innalzarla, nel muro che risguardava al cortile
comune tra lui, ed il Toni avea aperte due finestre, e ne
avea ampliate due altre, rimuovendo l' inferriate onde eran
munite: e che il secondo turno del tribunale dell' A. C. ad
istanza del Toni avea per definitiva sentenza prefisso al Cairoli — *il termine di giorni 20 all' effetto di ridurre al pristino
stato le finestre di cui si tratta col rimettervi le inferriate,
ed apporle nelle finestre nuovamente aperte:* per cui, usando
i diritti del venditore, interposto l' appello, ottenne dall' altro
turno sentenza revocatoria. Appello del Toni in sacra ruota.

Il sig. avv. *Sturbinetti,* al quale pel Toni era raccomandata
quest'ultima prova, diceva essere non ignobile tema quello dei
lumi negli edifici privati, dai forensi trattato coi generali

11

principj della libertà nell' edificare, senza occuparsi delle particolari disposizioni che lo riguardano — che i lacedemoni aveano una legge, secondo la quale chi edificava nel proprio dovea tenersi lontano dall' altrui un trarre d' arco; onde quell' *ambitus parietis sextertius pes esto* delle 12 tavole, e il suddetto decreto di Solone riportato da Gajo nella *l. ult. ff fin. regund.* — Che l' abitato di Roma era in antico tutto composto di isole, finchè le convenzioni private, avendo moltiplicate le aderenze di un edificio con l' altro, Nerone dopo l' incendio ripristinò l' antica decemvirale ordinanza, prescrivendo che le nuove case *non comunione parietum, sed propriis quoque muris ambirentur* (1) — che più tardi gli imperadori divi fratelli ordinarono quasi altrettanto (2), e quindi Zenone nella *l. 12 cod. de aedif. privat.* § 3 prescrisse — *Ne liceat praeter veterem formam in altitudinem aedificium erigere, vel fenestras facere, nisi decem pedes in medium intercedant: hunc enim prospectivas is qui aedificabit non poterit facere, nisi antea quoque fuerint, ut dictum est: luciferas vero faciet utique sex pedum, servato ab imo pavimento in altum intervallo.* E siccome Cujacio fu uno di coloro che tennero la zenoniana come sincera, citava l' autorità di questo grand' uomo, il quale nel *lib. 8 ff tit. 2 l. 2, e 3* dice — *hic obiter notandum est non imposita servitute neminem posse fenestras immitti in aedes vicini: eos qui jus luminis immittendi non habent, non posse aperire parietem comunem, fenestrae caussa. Quare ait comunem? Nonne idem est in proprio? Nemo enim parietem proprium potest aperire, ut immittat fenestras suas in vicini aedes* (3).

---

(1) Tacit. *ann. XV.*

(2) *L. 14 ff de servitut. praedior. urban.* - Imperatores Antoninus, et Verus rescripserunt in area, quae nulli servitutem debet, posse dominum vel alium voluntate ejus aedificare, intermisso legitimo spatio.

(3) Milizia *architettura civile part. 5 cap. 8 della giurisprudenza relativa all' architettura.* - Schuster *architettura legale art 33.*

Con che il ch. difensore, (il quale oltre all' essere quel distinto giurista che tutti conoscono, è altresì addottrinato nella nobilissima arte dell' architettura) non intendeva di dire che nessuna fenestra possa il proprietario del muro aprire nel suo, ma seguendo la distinzione che Paolo fa tra il lume, ed il prospetto (4), ripetuta nella suddetta costituzione di Zenone, ricordava col Pacichelli *de distant. cap. 6 memb. 4 num.* 2 che le fenestre — *alias dicuntur prospectivae quibus aerem haurimus, alias vero luciferae ad radios scilicet divinas lucis intromittendos*, e, queste ammettendo, negava nel caso del Massi il diritto d' aprire le prospettive, come altresì lo voleva obbligato a rimettere le inferriate in quelle che erano meramente lucifere pria dell' acquisto: e siccome i contrari aveano allegata come permissiva d' ogni apertura la *l. 8 cod. de aedif. privat.* (5) diceva che questa, vietando d' aprire di nascosto, o per forza una fenestra nel muro altrui, nulla ha di comune colla *l. 12 ff de servit.* la quale dispone che nel farsi fenestre prospettive si lasci una distanza tra esse, e l' altrui — che se la glossa alla sud. *l. 8 cod. de aedif. privat.* dice — *in pariete alterius non potest quis facere fenestras ... sed in proprio pariete bene possum facere*, non per questo rimette l' obbligo d' osservar la distanza: mentre al dire dello Schuster art. 16 — *qualunque contraddizione si scioglie se si considera, che il diritto di fabbricare sul proprio fondo è bensi in massima un diritto della libertà naturale, che viene però circoscritto dalle leggi allorquando s' imprende la fabbrica*

---

(4) *L.* 16 *ff de servit. praedior. urb.* - Lumen, idest ut coelum videretur: et interest inter lumen et prospectum: nam prospectus etiam ex inferioribus locis est, lumen ex inferiore loco esse non potest.

(5) *L. 8 cod. de aedif. privat.* - Altius quidem aedificia tollere, si domus servitutem non debeat, dominus ejus minime prohibetur. In pariete vero tuo si fenestram Julianus vi vel clam fecisse convincatur, sumptibus suis opus tollere, et integrum parietem restituere compellitur.

11*

dentro la prescritta distanza di dodici, o di dieci piedi. Circa alla sincerità della costituzione zenoniana ricordava, che i dubbi furono mossi dal Paoluzio che, volendo insegnare una dottrina diversa, ed essendo nel suo opinare testardo, disse la legge imposturata dal Conti, per cui il Lazzarini annotatore del Pacichelli, disse altrettanto, comechè l'imperadore tanti secoli prima nella nov. 63, ne avesse fatta menzione colle parole — *certis mensuris distare domos ab invicem Zenonis piae memoriae constitutio dicit,* e nella nov. 163 — *prospectus in mare qui intra centum pedes esse solet, non solum per directum, sed ne per transversum quidem impediri non debet opere. Hoc enim praesens forma adjicit tum Zenonis constitutionem custodiens, tum novellam interpretans.*

A ciò aggiungeva che la gregoriana nel favorire la edificazione delle case, e l'abbellimento della nostra città concesse il diritto d'appoggiare il muro nuovo al muro del vicino, pagato l'appoggio — *et si inter duas domos vioulus forte, sice intercapedo trium circiter palmorum intersit, liceat ei qui primus in altera eorumdem domorum aedificare coeperit totum sibi vioulum, nullo persoluto pretio, occupare, ac domui suae adjungere, domumque ad vicini murum producere, muroque comuniter uti :* ma che delle fenestre non disse nulla — che il Pacichelli mai non ammise genericamente il diritto d'aprir fenestre nel muro proprio, ma colla limitazione del bolognese statuto, il quale prescrive in tal caso le grate di ferro, o di marmo (6) — che altrettanto fu detto nella *Bononien. fenestrarum* 11 febbraio 1u67 cor. Emerix, nella *Asculana servitutis* 30 gennaio 1671 cor. Rourlemont, comechè fosse un caso, nel quale per patto era permesso d'aprire una fenestra in obliquo, e pure fu detto che delle inferriate dovesse esser munita, lo che fu ripetuto nella confermatoria che è tra le recenziori parte 18 decis. 78 num. 38. E qui dopo essersi occupato nel disapplicare i dottrinali in contrario

---

(6) *De distant. num.* 17.

allegati, si faceva presidio della legislazione comparata, specie d' autorità che noi vorremmo vedere nel nostro foro più generalmente prodotta, siccome quella che viene non da pareri di privati scrittori, ma dagli studj legislativi con cui i codici dei diversi governi furono preparati. Dicea cioè, che in Germania le fenestre prospettive sull' area vicina sono vietate (7), che in Francia per l' art. 676 — *il proprietario di un muro non comune contiguo al fondo altrui, può formare in questo muro delle luci, o finestre, ma con inferriate, o invetriate. Queste fenestre devono essere munite di una grata di ferro le cui maglie avranno un decimetro* (tre pollici, e otto linee circa) *di apertura al più, e di un telaio a invetriata fissa* (8), che in Prussia gli articoli 137, e 138 dicono che — *ognuno può aprire fenestre per aver luce: esse però debbono essere alte sei piedi dal pavimento del largo ove son poste: le fenestre per avere prospetto si possono fare solo nel caso che non vengano aperte in un muro contiguo immediatamente alla corte, od orto del vicino.*

Il sig. avvocato *Rossi* (Luigi Antonio) dicea colla sudd. *l.* 8 *eod. de servit.* che nella propria parete ognuno può aprire fenestre prospettive, o lucifere come meglio gli piace, quand' anche per esse s' abbia introspetto nella casa vicina (9) — che la costituzione zenoniana in contrario allegata fu ritenuta come apocrifa dal De Luca (10), dal Pacichelli (11), dal tri-

---

(7) Vinnio *instit. lib.* 2 *tit.* 3 *num.* 9.

(8) V. Taglioni che cita come concorde la *l.* 12 § 3 *cod. de aedif. privat.*

(9) Oinotom. *instit. lib.* 2 *tit.* 5. – Vinn. *ad instit. lib.* 2 *tit.* 3 *num.* 9. – Caepolla *de servitut. urban. praedior. cap.* 4. – De Ferraris *num.* 2. – Costantino *vot.* 296 *num.* 2. – Graziano *discept.* 184 *num.* 80 *ed* 82.

(10) *De servitut. disc.* 1 *num.* 3.

(11) *De distantiis cap.* 4 *membr.* 3 *num.* 22, e nella annot. 49.

bunal della ruota (12) la cui decisione *Bononien. fenestrarum cor.* Emerix parla nel senso della legge municipale vigente a Bologna — che inoltre il Cairoli possessor precedente, ed autore della fabbrica non aprì le fenestre in un muro che avesse edificato dai fondamenti, ma in un muro innalzato sopra di un altro che avea tre fenestre da più di un secolo, per cui si dovesse credere, che nell'aprir delle prime si fosse osservata quella distanza, che la legge richiede, se pure una ne richiede (13) — Che in Roma non corre una osservanza contraria alla disposizione del diritto comune: che se corresse per l'effetto giuridico, essendo derogatoria, bisognerebbe provarla disputata in giudizio (14) — che invece in più incontri la ruota disse i'romani potere liberamente nelle loro pareti aprire fenestre senza bisogno d'apporvi inferriate: così nella *Romana tramontanae* 7 *giugno* 1623 impressa dopo il Fenzonio *ad sttaut. urbis cap.* 104 *num.* 47, nella *Romana altius non tollendi* che è la 631 cor. Buratto; nella *Romana fenestrarum* 21 *febbraio* 1724 *cor.* Crispolto; nella confermatoria 21 dicembre del med. anno; nella *Romana fabricae* 7 *giugno* 1751 *cor.* Migazzi; nella *Romana fabricae* 9 *maggio* 1760 *cor.* Frangipane, facendo considerare che se a Roma fosse stata in vigore nei tempi andati una diversa consuetudine, nè il cardinale De Luca, che fu uditore del papa, nè il Graziano, che fu qui un avvocato d'illustre nome, nè il Costantino, che per cinquant'anni vi esercitò la magistratura, avrebbero scritto quello che scrissero intorno alla libertà che hanno i proprietari d'aprire fenestre nei

---

(12) *Decis.* 175 *cor.* Celso.

(13) Rota *decis.* 129 *num.* 5 *part.* 17 *recen.*, e nella *Romana fabricae* 9 *maggio* 1760 *cor.* Frangipane *num.* 23.

(14) *L.* 34 *ff de legibus et longa consuet.* - Voet *ad pandect. ttt. de leg. num.* 30.

loro muri (15). Quindi notava che in quel cortile altri vicini aveano fenestre, e che la ruota in una *Senogallien fenestrarum* 5 *luglio* 1751 § 14 *cor*. Molino disse così — *Constat quod a muro controverso ad domum mensae episcopalis adest longa distantia quodque pariter alii circumvicini plenum ac liberum prospectum habent in hortum ac domum dictae mensae: unde cessat ratio cur favore horti, ejusque domus constitui potuerit servitus non aperiendi fenestras.*

Il sacro uditorio „ Considerando, al dire del Vinnio *comment. ad instit. tit. de servitut. rustioor. et urbanor. praedior.* § 1 *num*. 9 è principio di diritto — *unumquemque in suo quidvis facere posse vel cum incommodo alterius, modo in alienum nihil immittat*, per cui ognuno può a comodo, ed utilità sua innalzare il proprio edificio, ed in esso aprire fenestre che guardino nel cortile, nel giardino, nell' atrio del vicino, a meno che non lo faccia per emulazione, o il vicino abbia una servitù derivante di causa continua per la quale possa impedirlo, o finalmente per contratto si sia convenuto che non possano aprirsi (16), di che non è la minima prova negli atti della lite.

„ Che invano si oppone la costituzione zenoniana per dire che il Massi non osservò la distanza che è necessaria quando si vogliono aprire fenestre prospettive: giacché, data ancora la sincerità di quella legge, i dottori che hanno trattato *ex professo* l' articolo, son d' avviso contrario; e inoltre è da riflettere che le fenestre furono aperte non in un muro edificato dai fondamenti, ma in un muro edificato sopra l' antico nel quale eran fenestre, per cui l' averne accresciuta alcuna, non ha indotta una nuova servitù.

„ Che se tra quei luoghi era da mantenersi una distanza, essa forse fu quella che, lasciata in origine quando fu creato

(15) *Vedi anche Masi architettura civile appendice* 3. - Tunzi *annot. a* Vitruvio *lib.* 1 *giunta* 1.

(16) *L.* 8 § *Aristo ff si servitus vindic.*

il cortile venne forse formata dagli spazi che appartenevano ad entrambi i vicini: e due delle fenestre che erano nel muro antico non aveano grate neppure di legno, lo che dimostra avere il Massi comperata una cosa che a nessuna servitù proibitiva era soggetta: che se due altre di quelle fenestre aveano inferriate, ciò era per sicurezza del padrone della casa onde impedire al vicino l'accesso. „ E per queste ragioni nella ruota del dì 8 luglio 1842 rescrisse — *Non esse locum appositioni clatrorum, et extendatur decisio.*

Un tale opinamento nella seconda proposizione della causa, che fu nel dì 20 febbraio 1843, fu revocato mediante la formola — *recedendum a decisis, et extendatur nova decisio,* e la ragione fu principalmente nel dire doversi distinguere le fenestre lucifere dalle prospettive — queste dalla zenoniana esser vietate se non si osservi la distanza in essa prescritta — che in antico non erano in quel muro fenestre che non avessero inferriate, come dai testimoni si faceva apparire — sincera la costituzione zenoniana perchè d'essa l'imperadore fece menzione nella *nov.* 63, e 163, e nella *l.* 13 *cod. de aedif. privat.* con cui, di municipale che ella era per la sola Costantinopoli, la volle applicata a tutto l'impero — che gravissimi scrittori di diritto la riputarono autentica, come Perezio, Cujacio, Brunemanno, Gotofredo, Rocca, Fenzonio; e se il cardinale De Luca fu d'avviso diverso nel discorso 1.° *de servitutibus,* fu quello uno dei discorsi che scrisse non rispondendo per la verità, ma per la difesa.

Tornó quindi la causa ad ultimo esperimento, nel quale il sig. avv. Rossi si propose di dimostrare che quand'anche la costituzione di Zenone si dovesse tenere come sincera, essa non potrebbe aver luogo nella parte posteriore, ed interna di un edifizio, ma solo in quel lato che nelle case risguarda alla pubblica via — Avvertì essere questa distinzione necessaria per non mettere in contraddizione le leggi che sono nel corpo del romano diritto; perchè nel digesto è il responso di Gajo *l. fin. finium regund.* in cui si dice che nell'edificare

una casa si debba lasciare uno spazio di due piedi tra essa,
e la casa vicina (16), mentre la xenonima si esprime nel
§ 2 — *duodecim pedes relinqui oportere ab eo qui aedificaturus
est inter propriam, et vicini domum*, antinomia che si trove-
rebbe eziandio colla *l.* 8 § *Aristo ff si servitus vindicet.*, e
colla *l.* 9 *ff de servit. urban. praedior.* nelle quali, come abbiamo avvertito, si dice — *unumquemque in suo quidvis
facere posse, vel cum incommodo alterius, modo nihil in alienum immittat*, e colla suddetta *l.* 8 *cod. de servitut.* i quali
testi sono interpretati da tutti nel senso che il padrone del
muro, senza osservare nessuna distanza, può aprire fenestre eziandio prospettive, cioè dal Voet, dal Donello col
suo annotatore Hilligero, dall' Eineccio, dal Perezio, dal
Paoluzio, dal Manzio, dall' Oinotomo, dal Cepolla, dal Pe-
chio, dal Costantini, i quali con altri scrittori, con essi la
ruota, furon d' avviso, che al più la costituzione di Zenone
debba aver luogo nella parte anteriore della casa, non nella
posteriore, in cui bastan due piedi (17) — che avendo il Cairoli continuato l' innalzamento del muro, ed in tale aggiunta
aperte le fenestre controverse, riputar si dovesse che la distanza dei due piedi voluta nella parte postica dalla *l. fin.
finium regund.* si fosse lasciata nella originaria edificazio-

---

(16) *L. fin. ff finium regund.* - Si quis sepem ad alienum praedium fixerit, infoderitque, terminum ne excedito: si maceriam, pedem relinquito: si vero domum, pedes duos.

(17) De Luca *de servit. in summa. num.* 18. - Masi *architettura
civile appendice* 3 *delle distanze.* - Carletti *nell' opuscolo intitolato*
Costituzione di Zenone. - Rota *nella Bononien. fabricae* 1 *julii* 1756
cor. Althamura. - *Senogallien. fabricae super constructione schalae*
15 *marzo* 1765 § 2 *cor.* De Verl. - *Setina fabricae* 5 *julii* 1771
cor. eodem. - *decis.* 9 *tit. de servit. cor.* Falconer. - *Romana fabricae* 26 *giugno* 1772 *che è la* 242 *cor.* Riminaldo. - *nella confermatoria* 14 *maggio* 1773 *cor.* Muto.

ne (19), tanto più che il Cairoli pria di quella nuova
edificazione avea lo stillicidio nel cortile del Toni, e niuno
non sa che appartiene al padrone della casa la parte di area
in cui cade il suo stillicidio (20).

Quindi si facea a dimostrare che in ogni modo la distanza
richiesta dalla costituzione di Zenone debba essere misurata
non dalla casa che si vuole fabbricare alla linea in cui comincia l'area del vicino, ma da un muro all'altro delle due
case, lo che arguiva così dalle parole della legge, come
dalla interpretazione dei dottori (21), e della ruota (22): e
dopo essersi nuovamente occupato nel provare, che quel muro
avea in antico tre fenestre a prospetto, due delle quali munite
d'inferriate, ma solo per causa di sicurezza. In una ultima memoria addizionale citava altre decisioni ruotali nelle
quali fu riconosciuto che la regola della distanza non corre
nella parte postica degli edifici (23). Facea inoltre riflettere alle parole che sono nella *l. 13 ff de servit. urb. praedior. — intermisso legitimo spatio a vicina insula*, ed osservando che questo responso è di Papirio Giusto, come la *l. fin.
fin. regund*, è di Gajo, giureconsulti contemporanei che viveano
sotto l'impero di Vero, ed Antonino verso la metà del secondo secolo dell'era volgare, anteriori di tanto alla costi-

---

(19) Rota *nella Romana fabricae* 4 *luglio* 1759 *num.* 11 cor-
Paracciano.

(20) De Luca *de regal. disc.* 142 *num.* 5. - Constant. *vot.
decis.* 296 *num.* 6.

(21) Voet *in pand. lib.* 8 *tit.* 2 *num.* 9. - Constant. *nel sud.
vot. decis.* 296. - Masi *architett. civile app.* 3. - Schuster *del diritto di fabbricare cap.* 1 *art.* 10 § 23.

(22) *Nella sud. Romana fabricae* 4 *julii* 1759 *cor.* Paracciano.

(23) Senogallien. *fabricae super constructione schalae* 25 *giugno* 1762 § 7 *cor.* Ratta. - *conformatoria* 3 *dicembre del med. anno
cor. eod.* - *altra confermatoria* 2 *aprile* 1764 *cor.* Episc. Pergen.

tuzione di Zenone: e, non essendo nel corpo del diritto altra legge che parli della distanza, non potessero riferirsi che alla legge decemvirale, tanto più che in quei tempi, come anche avea ricordato il suo contraddittore, le case di Roma erano tutte isole, per cui lo spazio tra di esse interposto chiamavasi *ambitus* (24) — che il Cepolla, e l' Antonelli convengono anche essi la legge decemvirale commentata da Gajo avere appartenuto agli edifici privati (25), e se l' imperadore avesse voluto la zenoniana applicabile a tutti i lati dell'edificio, non avrebbe ammessa nel corpo del diritto la suddetta *l. fin. finium regundorum* — che avendole inserite ambedue, volle che l'una risguardasse alla parte anteriore delle case, l' altra alla postica — che inoltre una costituzione pubblicata per Costantinopoli, ove le case erano tra di loro aderenti, non potea risguardare le parti postiche, ma solo quelle che stanno a filo delle pubbliche vie, simili in questo alla legge di Onorio, e Teodosio 11 *cod. de aedificiis privatis* con cui fu decretata la distruzione dei balconi troppo sporgenti in sulle vie. Nè ometteva di far considerare, che se tra casa e casa anche nella parte postica si dovesse osservare una distanza di dodici piedi, tra una casa e l' altra dovrebbe esservi necessariamente una piccola piazza.

Il difensore del Toni rispondeva, dicendo estranea alla causa la *l. ult. ff fin. regundorum*, che, parlando di siepi, di macerie, di piante in vicinanza delle case, o dei sepolcri (che non potevano essere entro alla città), letteralmente risguarda le case rustiche, e gli edifici esistenti nelle campagne: anzi appunto perchè questa legge non provvedeva

---

(24) Varrone *de lingua latina lib.* 4 *p.* 6. - Ambitus inter quod circumeundo teritur. Nam ambitus circuitus ab eoque XII. tabularum interpretes ambitum parietis circumitum esse describunt. - Festo *alla v.* Ambitus. - Cujac. *observ.* 19 *cap.* 21.

(25) Caepolla *de servit. praedior. urban. cap.* 40 *de pariete.* - Antonelli *de loco legati cap.* 23 *quaest.* 2 *num.* 21.

che alle campagne, l'imperadore Zenone pubblicò la sua per
gli edifici urbani — molto meno plausibile la distinzione tra
la parte anteriore, e la postica degli edifici, poichè, sebbene
nel testo sia definito che — *via constitui vel latior octo pedi-
bus, vel angustior potest, ut tamen eam latitudinem habeat qua
vehiculum ire potest* (25), nessuna distanza essendo prescritta
tra le case che stanno tra loro di fronte in sulle pubbliche
vie, mentre è limite la stessa via, ciascuno nel muro che
guarda la strada pubblica può aprir quelle fenestre che vuole,
o prospettive, o lucifere (26) — che se si trattasse d'aprire
fenestre meramente lucifere, ben si potrebbe ammettere l'idea
contraria di misurare tra casa e casa, non tra casa ed area,
ma non quando si tratta di prospettive, pel riflesso che, se
taluno apre nel muro suo fenestre meramente lucifere, siccome non inducono servitù, il vicino, edificando, può toglierne
il beneficio, ma non così delle prospettive — che inoltre il
pretendere di misurare dalle case, e non dal lembo dell'area,
sarebbe lo stesso che abolire la distanza legale, poichè delle
case formano parte le aree, le corti, i giardini — gratuitamente asserirsi che le inferriate delle antiche fenestre dal
Cairoli rimosse fossero apposte per sicurezza, mentre eran
fatte a fil di muro, e non a gabbia isporgenti, come quando
si vuole sicurezza, e prospetto. Per ultimo prendeva in
esame tutte le decisioni ruotali in contrario allegate, per
chiarirle inapplicabili al caso.

La sacra ruota rescrisse — *In primo loco decisis, et
expediatur.*

Ruota del dì 26 febbraio 1844 — *Romana servitutis* R.
P. D. Alberghini, *dif. per Toni* sig. dott. Morelli, *per Massi*
sig. dott. Gizzarelli.

---

(26) *L.* 35 *ff de servit.*
(27) Pacichell. *de distant. cap.* 6 *membr.* 9 *num.* 9.

XXVII. *Ai periti giudizialmente eletti per valutare le case, non è impedito di procedere in ragione composta sommando il valore dei cementi, e dell' area, aggiunto l' importo delle pigioni per trovare, detratti i pesi, il vero valore del fondo nella media di tali quantità.*

Livi c. Livi

Dopo che la ruota nella causa dei Livi sulla costituzione della dote, e formazione di stato ereditario, disse che l'architetto deputato dal sig. avv. Appolloni perito giureconsulto, andar dovesse ad Albano per valutare le case (1), esso architetto si recò sulla faccia del luogo, e dette opera a fare un cavo presso alle fondamenta d'uno degli edifici per saperne la profondità, e misurarli: i quali colpi di zappa dettero motivo ad un altro incidente: poichè i Livi, reputando quella misura diretta a comporre la stima anche del valore dei cementi, e non del solo reddito delle pigioni, che dicono stimare *a laudo*, citò in ruota — *ad audiendam voluntatem super confectione peritiae urbanorum praediorum, et pro hujusmodi effectu declarari assertam peritiam esse perficiendam ad laudum.*

Il difensore degli istanti dava come riceuta in sacra ruota la massima che il valore dei beni urbani nelle giudiziali perizie dal solo reddito debba argomentarsi: e citava una *Romana laesionis* 7 marzo 1828 cor. Muzzarelli, in cui per la ragione che il valore delle proprietà non dall'affezione dei singoli, ma dall'opinione dell'università viene estimato (2), pronunciò che il prezzo delle case — *in locatitiis eorum pensionibus potissimum consistit: unde quanti pensiones aestimantur, tantus congrua supputatione facta est valor domorum*, massima

(1) *V. il pres. giorn. anno* 1842 *vol.* 1 *pag.* 225.
(2) *L.* 63 *ff ad l. falcid.*

che fu confermata a dì 24 nov. del medesimo anno, e poco dopo in una *Romana laesionis* 10 dicem. pure del 1828 — che molto più nella specie di fondi enfiteutici, come quelli posseduti dai Livi, e nei quali l'enfiteuta altro non ha che il diritto alla percezione dei frutti.

Per le sorelle si faceva riflettere, che, deputati in una causa i periti dell'arte, mai non fu dato ricorrere ai giudici per disputare del metodo con cui debbono procedere, mentre della ragionevolezza con cui si è proceduto i giudici prendono cognizione, quando i periti hanno fatto il loro rapporto — che inoltre il metodo di stimare a ragione composta, piuttostochè a laudo è conforme alla più recente giurisprudenza di ruota, la quale in una *Romana seu Neapolitana* 29 aprile 1829 cor. De Cursiis § 12, avea detto che — *prout consueverunt Senepa architecti aedium aestimationem deducere ex dimidio pretii quod scatet, ex simul collecto valore tum caementorum et arreae quam pensionum ad rationem quincuncem, ita etiam hanc methodum servavit continuo sacer ordo, quemadmodum millena ostendunt oracula*, e, discusso formalmente l'articolo, in un'altra *Romana pecuniaria super creditis* 11 marzo 1836 cor. Zacchia num. 7, conclude dicendo — *aequior proinde aedium valor haud haberi poterat eo, quem architecti constituerant in scutis* 8905 : 53 *una simul colligentes caementorum areaeque aestimationem a canovario initam, pensionum quas ipse canovarius enunciaverat caput, et horum summa bifariam divisa, detractis oneribus, habito respectu ad diem aestimationis a cancerario confectae* — Nè questa regola essere inconciliabile colla qualità enfiteutica del fondo, poichè nelle stime dei fondi enfiteutici si detrae dallo stesso perito il valore del dominio diretto.

Il sacro consesso rescrisse — *Utatur jure suo.*

Rota del dì 22 *gennaio* 1844 — *Albanen. constitutionis et solutionis dotis super modo conficiendi peritum* R. P. D. Quaglia, *dif. per* Livi sig. dott. Cicconetti; *per le sorelle sig.* avv. concist. De Dominicis, *proc.* sig. dott. Ciampoli (Carlo).

XXVIII. *Chi accetta una sentenza non redatta all' effetto di
appellare , non si espone alla decorrenza dei termini perentori a proseguire , se oltre alla dichiarazione suddetta
non interpone l' appello , e lo intima alla parte.*

*Chi accetta come sentenza un rescritto del tribunal della ruota ,
o della camera ad effetto di appellare in terzo grado, non
rimane esposto alla decorrenza dei termini perentorj per
appellare , o proseguire l' appello , finché la sentenza non
è spedita , ed intimata.*

*L' accettazione di un simile rescritto sotto condizione di poter
portare la causa in grado d' appello ad un determinato
tribunale , si considera come non avvenuta , se la condizione non è adempita.*

*Nella odiosissima materia della perenzione dei termini ad ap-
pellare , o proseguire l' appello qualunque leggerissima
causa basta a rimettere la pena della caducità.*

Vannutelli c. il comune di Rocca priora

Il sig. avv. Vannutelli, disputando in piena camera sul
diritto di legnare, che i comunisti di Rocca priora preten-
dono d' avere nelle di lui selve, ebbe due rescritti, ossia *opinamenti* contrari a dì 5 luglio 1822 , e 7 luglio 1826 , per cui
bramando portare la sua causa in terzo grado alla ruota, a
dì 12 luglio 1829 andò agli atti, e dichiarò d' accettarli,
come formale sentenza — con *protesta* (egli disse) *che la dichiarazione presente non possa minimamente pregiudicare i
miei diritti ; né in modo alcuno ritenersi come prestazione di
consenso al rescritto succennato, quale unicamente ritengo come
sentenza ad oggetto di poter portare la causa in terzo grado
d' istanza avanti al tribunale della ruota.* Era tempo di prassi
leonina, secondo la quale nel tribunale della piena camera,
diviso in due turni, non più si appellava da un turno all' altro

come sotto l'impero della legislazione piana, ma uno solo di essi giudicava, come in oggi, le controversie giudiziarie, mentre l'altro attendeva alla revisione dei conti del pubblico erario; ed il Vannutelli, intimata la dichiarazione al comune, lo citò innanzi a mons. uditore del papa — *ad videndum remitti caussam in gradu appellationis ad s. Rotam*, accompagnando l'istanza, come era d'uso, con una supplica nella quale dimandava si provvedesse al modo di proseguire la causa. L'istanza fu risoluta colla formola — *utatur jure suo ad formam rescripti*, ed il rescritto fu che — *Sanctissimus, oratoris precibus inclinatus, benigne annuit ut caussa introscripta in gradu appellationis proponatur in tribunali plenae camerae, suffragium ferentibus etiam aliis quatuor cameras apostolicae clericis congregationem revisionis efformantibus, motu proprio diei 25 decembris 1828, caeterisque in contrarium minime obstantibus:* il qual componimento di tribunale al ricorrente non piacque, per cui la causa restò non proseguita ove la dichiarazione del dì 12 luglio 1829 l'avea lasciata. Sopravvenuto il m. p. dei 10 nov. 1834 seguito dalla declaratoria 22 aprile 1835, che sottopose alla medesima legge del § 969 anche gli appelli, e le appellabilità delle sentenze prima di quella legge emanate, per cui il comune, riputando il Vannutelli incorso nella caducità d'appello non proseguito, intimò l'esecutorio di tassa. Il Vannutelli si oppose citando innanzi al medesimo tribunale di piena camera per la nullità di tale atto, che fu rigettata. Appello in ruota colla formola — *an sit locus taxationi expensarum in casu etc.*

Il sig. avvocato dicea per se stesso, che per provvedere alla tassa delle spese d'uopo è che preceda una pronuncia, una redazione, ed una spedizione di sentenza, e che una declaratoria 25 settembre 1838 (1) disse — *che la notifica della sentenza, essendo prescritta come forma sostanziale, non può esser supplita specialmente all'effetto di perimere l'appello*

---

(1) *V. il pres. giornale anno* 1839 *vol.* 1 *pag.* 45.

colla scienza, abbenchè certa, e con qualunque agnizione della parte, nè con altri mezzi equipollenti: che infatti il § 871 dice decorrere il termine ad appellare *dal giorno della notifica della sentenza* — che la dichiarazione d'accettare il rescritto come sentenza fu *espressamente condizionata*, come il rescritto fu meramente facoltativo allorchè gli accordò un tribunale diverso da quello che richiedeva: il consenso prestato sotto condizione, si ha, egli dicea, come non prestato se la condizione non avvenga, ed alla grazia ottenuta può rinunziare chi l'ha richiesta. E citava molti rescritti del sacro uditorio, coi quali per lievissime cause fu rimessa la perenzione dell'appello (2).

Per lo contrario il sig. avv. concist. *Cicognani* nell'interesse del comune dicea, che se il Vannutelli dichiarò d'accettare i camerali rescritti come sentenze ad effetto d'appellare, se l'uditore del Papa gli indicò come magistrato d'appello i due turni riuniti del tribunal della Camera, se dentro i sei mesi assegnati dalla declaratoria 20 agosto 1835 a proseguire gli appelli antichi egli non fece gli atti opportuni, l'appello restò irreparabilmente perento, per cui fu dato al comune di procedere legittimamente alla liquidazione delle spese — Vero è, dicea, che ei dichiarò di voler riconoscere come sentenza i camerali rescritti ad oggetto di appellare alla ruota, ma vero è altresì che posteriormente supplicò al sovrano narrando che dubbia era la competenza del sacro uditorio, e richiedendo che il dubbio in forza della nov. 125 fosse risoluto da lui: che lo risolse rimettendo la causa al medesimo tribunale della camera, aggiunti i giudici della revisione — Che se il comune mai non ispedì,

(2) *Romana* 15 dec. 1837 *tra il cap. di s. Maria in Trastevere, e Righi cor.* Zacchia. – *Firmana peremptionis appellationis* 16 dicembre 1840 *fra De Angelis, e Boccabianca cor.* L'Avellà. – *Romana caducitatis super peremptione* 26 giugno 1842 *tra Pieri, e Filati cor.* Quaglia.

ed intimò la sentenza, non per questo non decorse il termine a proseguire l'appello sotto pena di perdita d'ogni
diritto, giacchè la declaratoria 31 agosto 1836 § 1 si espresse — *il termine di un anno intiero che si accorda per appellare, s'intende spirato appena il soccombente ha interposto,
ed intimato l'appello coll'atto introduttivo, abbenchè non sia
per anche seguita la notifica della sentenza :* e dava in sommario la relazione della causa Jullien e Segni fatta da noi
nel vol. 1 pag. 96 anno 1841 per rammentare come in quella
controversia (ove una sentenza fu pronunciata, ed un appello fu realmente interposto pria che fosse redatta) il sacro
uditorio riconoscesse la massima che — *chi appella da una
sentenza non notificata ritiene la notificazione come seguita, e
perciò sotto pena di perenzione deve proseguire l'appello facendo quello che la legge prescrive.*

Il sacro uditorio „ Considerando che il vincitore non
può tassare le spese, se non è finito il giudizio (3).

„ Che quando il comune procedè alla tassa delle spese
la causa non era finita, poichè, sebbene l'avvocato Vannutelli dichiarasse di riconoscere i rescritti del tribunale come
sentenza, intimasse una tale dichiarazione al comune, sup-
plicasse al sovrano sulla competenza del tribunale, e ne
avesse un rescritto con cui la causa fu rimessa al medesimo
tribunal della camera aggiunti i giudici della revisione, mai
però dal Vannutelli non fu interposto l'appello, e tutti quelli
atti altro nel Vannutelli non dimostrarono, che il proposito
di appellare.

„ Che anzi nel caso di cui si tratta non esiste neppure
la sentenza appellabile, e molto meno la intimazione, dalla
quale unicamente decorre l'anno fatale, come dice la legge,

---

(3) *Cap. constitutis De procurat. - Cap. cum venissent verbo
restitueret. - De eo qui mitt. in possess.* - Ridolph. *parte* 1 *cap.* 13
num. 613. - Rota *decis.* 83 *num.* 39 cor. Ansaldo, *e coram* Fal-
couer. *tit. de subhast. decis.* 5 *num.* 17.

e come dichiarò eziandio la risposta autentica 21 settembre 1838.

„ Che l'accettazione come sentenza degli opinamenti manifestati dal tribunal della camera fatta dall'avvocato Vannutelli, ebbe come causa finale il rinvio della causa al tribunale della ruota, ma siccome il rescritto sovrano gli accordò un tribunale diverso, l'accettazione si risolse, e la causa restò pendente nel medesimo tribunale della camera.

„ Che la declaratoria del 20 agosto 1835 fu fatta per le sentenze che erano state pronunciate, e spedite prima del motu-proprio 11 nov. 1834, e lo dice anzi il proemio, quando si esprime che venne emanata — *essendosi riconosciuta la necessità d'una misura transitoria intorno, agli appelli dalle sentenze proferite, ed intimate anteriormente al 1 gennaio 1835, epoca in cui vennero attivate le nuove leggi giudiziarie* : molto meno la declaratoria 31 agosto 1836 la quale parlò degli appelli interposti contro sentenze non notificate, ma realmente pronunciate, e spedite, quali appelli dentro il semestre non fossero proseguiti : che è il caso della *Romana pecuniaria* tra Jullien, e Segni.

„ Che se non si può concepire l'idea d'appellazione senza sentenza, non si comprende come si possa disputare di perenzione : tanto più che in questa odiosissima materia qualunque lievissima scusa basta a salvare dalla caducità.

Rescrisse — *Negative.*

Ruota del dì 22 dicembre 1842 — *Romana seu Tusculana expensarum* R. P. D. De Retz, *proc. per Vannutelli B. Belli; pel comune* sig. dott. Valenti.

12 giugno 1843 — *In decisis.*

4 agosto 1843 — *Expediatur.*

accettata dal soccombente.

REO . PROCURA . ESATTORI COMUNALI .
NULLITA' . COMUNI

XXIX. *Il procuratore del reo convenuto ha bisogno del mandato o espresso, o equipollente per difendere la lite, come il procuratore dell' attore.*

Delle nullità che commettono gli esattori comunali nella esecuzione della mano-regia i comuni non sono responsabili.

(*Discuss. sul* § *404 del reg. giud.*)

Com. di Castelmadama c. Scardala

Era distribuito il fascicolo di gennaio prossimo passato nella cui pag. 22 fu data da noi la notizia delle massime, che il tribunale supremo avea riconosciute circa alla nullità *ex defectu mandati* quando la procura del reo manca negli atti : e le ragioni del rescritto (che fu confermatorio nella parte risguardante alla nullità, revocatorio in ciò che risguardava la sussidiaria dimanda della restituzione in intiero) non erano ancora di pubblica ragione, come ancor non lo sono, rimanendo inedita la esposizione che ne fece il revmo mons. Conventati decano : appena però la compilazione di questa effemeride seppe che la decisione rettificava il principio di procedura che nel precedente opinamento era stato enunciato, fu sollecita di procurarsene un esemplare, e ne dà ora il compendio, anche all' oggetto di prendere memoria dell' altra massima per cui la restituzione in intiero venne accordata.

,, Attesochè (così mons. decano) più intimamente esaminati gli atti è da meravigliare che si domandi l' annullamento del giudizio di prima istanza per la ragione che il causidico Claudi comparve come difensore del comune senza averne mandato : mentre egli comparve unicamente pel comunale esattore Ignazio Fontana, lasciando l' istanza, per ciò che risguardava al comune, in contumacia.

,, Che tutta la questione di tale nullità *ex defectu mandati* si deve restringere agli atti d' appello innanzi al tribunale della piena camera: ora che il Claudi avesse mandato ad appellare risulta da una lettera che gli scrisse il priore dicendo — *per impedire il giudizio dei danni sarà bene che interponga appello alla piena camera, e, se dovrà proseguire, lo deciderà il consiglio che ho fatto già intimare.*

,, Che il Claudi avea certamente bisogno d' un espresso mandato per proseguire il giudizio : mentre se il procuratore del reo potesse comparire per taluno senza giustificare negli atti la sua qualità, potrebbe accadere che un attore, pregando una persona qualunque a comparire pel reo, suppeditasse così quella persona contro cui vuole una regiudicata: anzi incombe all' attore costringere chi si fa difensore del reo , a giustificare la sua qualità.

,, Che però nella specie è da riflettere così all' essere il Claudi abitualmente procuratore del comune , come alle lettere con cui dal priore gli atti fatti dal Claudi nel decorso del giudizio d' appello vennero ratificati; lo che almeno rendeva incerto il difetto , e *nel dubbio* (dice il § 1047) *il tribunale supremo rigetterà la dimanda per l' annullamento.* ·

,, Che mentre è inammissibile la querela di nullità, non è da negare al comune, condannato del proprio all' emenda dei danni , il rimedio della restituzione in intiero , mentre esso cedendo l' esazione al Fontana, non contrasse coi contribuenti nessuna responsabilità per gli errori che potesse commettere nella esecuzione degli atti : e quegli il quale si obbliga per altri, eccettuati alcuni casi, non può col fatto suo l' altro obbligare.

,, Che inutilmente si oppone avere il comune perseguitato lo Scardala, e non lo Scardala essere attore contro il comune , poichè del comune in quella intimazione , ed esecuzione di mano-regia non fu altro che il nome, lo che è tanto giusto, quanto è certo che gli stessi pubblicani sono tenuti pei danni che arrecano i loro ministri·(1).

---

(1) *L. 1 et seq. ff de publicanis·*

„ Che molto meno è da dire pel disposto del § 1675 (2) non soggetto a revisione il giudicato, che sulla nullità emanò il tribunale della camera: poichè quel luogo di legge riguarda unicamente alla nullità per difetto di giurisdizione.

Rescrisse (come dicemmo alla sud. pag. 22) — *Quoad circumscriptionem in decisis, in reliquis de caussis S. P. rei judicatae etiam quoad refectionem expensarum, et extendatur nova decisio.*

Segnat. del dì 9 dicembre 1843 — *Tyburtina circumscriptionis vel restitutionis in integr.* R. P. D. Conventati *decano,* dif. pel comune sigg. avv. Mandolesi, e Sarzana, proc. sig. dott. Bossi (Pio); *per Scardala* sig. avv. Regnoli, proc. sig. dott. Cicconetti.

---

(2) § 1675. - La nullità indicata nel § precedente (*delle sentenze, che in materia di mano-regia ammettono altre prove, oltre a quelle enunciate nei* §§ 1671 *al* 1673) si deduce in via di gravame avanti al tribunale della piena camera come tribunale d'appello · · · La sentenza della piena camera non sarà soggetta ad ulteriore appello, reclamo, o revisione.

APPENDICE

Opere nuove di giurisprudenza.

1. Rivista di legislazione, e di giurisprudenza (*Revue de legislation* ecc.) pubblicata sotto la direzione del sig. L. WO-LOWSKI avvocato alla corte reale di Parigi, professore di legislazione industriale al conservatorio delle arti, e mestieri — 10° *anno, nuova serie* — Parigi *officio della redazione* via Bergère num. 21 — *tip.* Hennuyer, e Turpin — *fascicoli di gennaio, e febbraio* 1844. — *pr.* 26 *fr. annui per l' estero.*

Questa interessante rivista, che dovrebbe essere alle mani di tutti i cultori della scienza giuridica, ha quattro parti, la prima delle quali, che tratta della legislazione civile, è diretta dal sig. *Troplong* consigliere alla Corte di Cassazione, e membro dell'istituto; la seconda, che ha per oggetto la legislazione antica, è presieduta dal sig. *Giraud* professore all'università di Aix, ancor esso membro dell'istituto; la terza, che concerne la legislazione penale, è regolata dal sig. *Hélie* capo d'officio per gli affari criminali al ministero della giustizia, e dal sig. *Ortolan* professore di legislazione penale comparata nell'università di Parigi; la quarta finalmente, che risguarda la legislazione amministrativa commerciale, ed industriale, la legislazione comparata, ed il diritto nei suoi rapporti colla economia politica, è riservata al sig. *Wolowski* fondatore dell'opera. Rende conto ogni mese dei lavori dell'accademia delle scienze morali, e politiche, ha un bollettino bibliografico, ed uno dei lavori legislativi. Col sussidio d'altri distinti giureconsulti fa un esame critico della giurisprudenza dei tribunali, e l'analisi dei principali articoli pubblicati dalle altre raccolte consacrate alla scienza del diritto.

Nel fascicolo di gennaio anno corrente è un interessante memoria del sig. cons. *Mittermaier* sullo *stato attuale della scienza del diritto commerciale in Italia,* nel quale, parlando della raccolta che col titolo *Decisiones sacrae Rotae romanae in re commerciali* vien pubblicata, ecco in qual modo questo grand'uomo (che per la

184

opere scritte, e per i continui laboriosissimi studi è uno dei giudici
più competenti che siano in Europa in materia d' organizzazione giudiziaria, parla del sacro tribunal della Ruota „ Quello che dà un
„ pregio anche maggiore alle decisioni della ruota è, che ben pochi
„ tribunali d' Europa hanno un metodo tanto adattato ad esaminare
„ profondamente le cause. L'autore di questo articolo, visitando due
„ volte Roma, fece relazione con alcuni giudici di quel tribunale
„ che per le loro vaste cognizioni giuridiche, per la loro bella,
„ ed elevata intelligenza avrebbero fatto onore a qualunque corpo
„ giudiziario : e siccome ogni giudice di ruota ha i suoi assessori,
„ coi quali consulta prima di dare il suo voto, così la decisione
„ del tribunale è il risultato dei voti di un gran numero di giure-
„ consulti, e di una preparazione matura (1), dall' altro canto è

---

(1) La Ruota romana (e ciò sia detto per gli esteri) giudica in
secondo o terzo grado, ed in grado di restituzione in intiero: ha dodici
prelati, ciascuno dei quali ha un aiutante di studio, e due aggiunti che si chiamano *segreti*, tutti obbligati insieme al prelato con
giuramento a non manifestare la loro opinione decisiva. Nelle cause d'appello giudica nel numero di cinque scelti per turno dall' appellante, in grado di restituzione in intiero giudicano tutti, meno
il ponente, o relatore se il numero dei presenti non è disparo :
quindi il giudizio d'appello è, o può essere il risultato di 20 pareri,
quello di restituzione in intiero di 44. L' aiutante di studio, e i segreti consultano nella preparazione del giudicato; in tribunale entrano,
e decidono i soli prelati. Siede due volte la settimana, cioè nel lunedì,
e nel venerdì dalla metà di novembre ai primi di luglio, meno i
tempi feriati : ai primi di luglio entra in vacanze, duranti le quali
siede unicamente per le cause di commercio, e per concedere, o
negare le appellazioni. La discussione è saggiamente abbreviata nel
tempo, e si compie in poche ore: per es. in una causa che sia assegnata
ad una ruota di lunedì, le difese si distribuiscono ad un'ora di
notte del venerdì precedente, e i gabinetti dei rispettivi prelati si
danno tosto allo studio che continua nel sabato : nel dopo pranzo
di tal giorno i prelati sentono nei loro appartamenti dai difenso
ri in abito di formalità le osservazioni in voce ; lo studio continua

„ da sapere che la *decisione* della ruota prima è pubblicata come
„ un semplice opinamento: i difensori ne ricevono comunicazione,
„ e possono farvi le loro obiezioni, mostrandone le inesattezze se ve
„ le trovano, e solo dopo nuova discussione i membri del tribu-
„ nale decidono se il progetto deve essere modificato, revocato,
„ o confermato, e convertito in sentenza. „

2. **Sistema, ed istoria interna del diritto romano privato (*Das
   system und die innere Geschichte des Römischen privat-
   rechts*) di G. C. BURCHARDI profess. a Kiel — *Suttgard*
   1843 — in 8.°**

   È il seguito della storia esterna del diritto romano già pubblicata dal sig. *Burchardi*. Vi tratta delle persone, delle cose, e delle
   azioni, dei diritti di famiglia presso i romani tanto sulle persone
   quanto sui beni, e così della patria potestà, del matrimonio, della
   dote, della schiavitù, della tutela, della curatela ecc. ecc.

3. **Joannis Farioli et Bartoli de Saxoferrato, de summaria
   cognitione commentarii — edidit prof. Dr. BRIEGLER —
   Erlangae — 1843 in 8° di 16, e 76 *pag.***

   È una nuova e molto corretta riproduzione del suddetti due
   commentari sulla procedura sommaria già più volte pubblicati.

4. **Comento analitico al codice di commercio per gli stati
   Sardi opera di A. ALBERTAZZI, e di G. P. PRASCA avvocati presso il real senato di Genova ad uso degli uomini**

---

anche nella domenica fino a qualche ora: nel lunedì si riuniscono in
tribunale, e, deliberando a porte chiuse, fanno conoscere nella stessa
mattina ciò che hanno opinato: l'opinamento, di cui parla il signor
Mittermaier, è redatto tra qualche giorno dall'aiutante di studio
del prelato relatore, ed è quello di cui la parte, che lo ha favorevole, domanda la spedizione; mentre chi lo ha contrario, domanda
la nuova udienza, che si concede se la causa è meritevole di nuova
discussione: se le ragioni dedotte contro all' opinamento non fanno
travvedere la probabilità di un diverso giudizio, il tribunale rescrive
expediatur, col quale rescritto essurisce la sua giurisdizione.

di legge, e dei commercianti — Torino 1843 *presso Ma-*
gnaghi libraio editore — Si distribuisce in fascicoli in 8°
di pag. 54.

È il nuovo codice di commercio, che la maestà del re Carlo Alberto ha pubblicato per i suoi stati , e che articolo per articolo è comen-
tato colla concordanza delle leggi anteriori , col diritto commerciale
degli altri stati d' Italia, della Spagna, della Francia , e dell' Olanda.
Ogni articolo è illustrato colle regiudicate dei tribunali nazionali, ed
esteri ; con questa , e coll' autorità dei più accreditati scrittori in
materia commerciale vi si risolvono le questioni principali. È un
commento intrapreso su di un piano molto più vasto di quello che
abbiamo annunciato a pag. 124 di questo volume, utile non solo ai
giuristi , e commercianti della nazione per cui è fatto , ma a quelli
eziandio di tutti gli altri paesi che , come il nostro , hanno desunto
dal codice francese la loro attuale legislazione commerciale. È in luce
il 7° fascicolo che porta il commento fino all' art. 109 (che per noi
è il 95) nella sezione che tratta sui *Commissionari dei trasporti per*
terra , e per acqua : saranno 25 fascicoli , prezzo lira 1 ciascuno.

Giurisprudenza estera commerciale, ed ipotecaria.

Girata in bianco - Biglietto all' ordine - Valuta

1. *Il portatore d' un biglietto all' ordine girato in bianco non può*
   essere ammesso a stabilire con prove estrinseche contro i sin-
   daci del fallimento del girante rappresentanti la massa dei
   creditori , che la proprietà del biglietto gli è stata trasmessa
   perchè ne è stata fornita la valuta.

In ogni modo i giudici non potrebbero far risultare da un giura-
   mento suppletorio deferito d' officio al portatore la prova della
   valuta fornita, se non nel caso che, dopo avere riconosciuto
   che la domanda del sindaco per la restituzione del biglietto
   non è nè a pieno giustificata, nè totalmente destituita di prove,
   deferissero il giuramento suppletorio anche sulla eccezione della
   valuta non fornita opposta dal portatore.

Sindaci Masselin c. Picard

La Corte „ visti gli articoli 137, 138 , e 187 del cod. di commercio - Visti ancora gli articoli 1366 , e 1367 del codice civile „ Attesochè è riconosciuto in fatto, che l' oggetto litigioso rimesso da Masselin a Picard non era rivestito che di una girata in bianco - che questa girata non era conforme alle disposizioni dell' art. 137, per cui a termini dell' art. 138 non ha punto operato il trasporto nel sig. Picard, onde essa non fu che una procura , negoziando la quale il sig. Picard a dì 1 marzo 1836 non ha potuto agire che come un mandatario : e risulta da ciò che, essendo l' effetto rimasto di proprietà del Masselin fallito, non ha potuto, come dispone l' ordinanza del 1673 in termini espressi , essere sequestrato dai sindaci in nome della massa dei creditori.

„ Che il codice di commercio lungi dal derogare alle disposizioni dell' ordinanze concernenti alle girate, le ha invece ristabilite in tutto il di loro vigore, adottandone i principj.

„ Che gli articoli 137 , e 138 sono concepiti in termini generali , chiari , e precisi , per cui l' effetto delle disposizioni in essi contenute può essere invocato da tutte le parti interessate.

„ Che quand' anche in casi particolari , ed a riguardo di particolari circostanze si sia potuto alcuna volta ricorrere alle prove estrinseche per istabilire, indipendentemente dalla forma delle girate, la realtà del trasporto delle proprietà nel portatore d' un biglietto all' ordine, nel caso cioè in cui la lite era tra il girante, e il portatore che da lui desumeva il proprio diritto, non si potrebbe adottare una simile massima, quando l' irregolarità della girata è opposta dal sindaco di un fallimento nell' interesse della massa dei creditori.

„ Che allora il sindaco non è il semplice rappresentante di chi ha fatta la girata, ma riunisce nella propria persona l' altra qualità di sorvegliante, e difensore degli interessi della massa , alla quale è obbligato di far ricuperare tutto quello che il fallito non avea legalmente perduto nel giorno in cui fu aperto il fallimento.

„ Che, negando al sig. Panier il giovine agente nella sua qualità di sindaco del fallimento Masselin il diritto di domandare contro Picard la restituzione alla massa del prodotto d' un effetto a lui rimesso con una semplice girata in bianco, la decisione (della Corte *di Caen 26 marzo 1838)* ha formalmente violato gli articoli 137, e 138 del codice di commercio.

„ Che il solo motivo opposto dalla decisione suddetta alla precisa disposizione dell' art. 138 è desunto dagli articoli 1366, e 1367 del codice civile relativi al giuramento che il giudice può deferire ad una delle parti per farne dipendere la decisione della causa: ma che secondo l'art. 1367 il giudice non può deferire d'officio il giuramento sia sulla domanda, sia sull'eccezione che vi è opposta che sotto le due condizioni enunciate in esso articolo, e che i giudici hanno verificata l'esistenza delle due condizioni legali in quanto alla dimanda del sig. Panier; ma non relativamente alla eccezione opposta dal sig. Picard, e pur nondimeno su tale eccezione hanno deferito il giuramento d'officio al sig. Picard, lo che facendo hanno falsamente applicati. ed anche espressamente violati i suddetti articoli 1366, e 1367 del codice civile – CASSA ecc.

Corte di Cassazione sedente a Parigi ud. del 15 dicembre 1841 sig. Ruperou f. f. di presid.

GIRATA IN BIANCO – TERZI – PROTESTO – TITOLO ORIGINALE – REGRESSO

2. *Se la girata in bianco d'una cambiale non opera il trasporto, e non vale che come procura, ciò riguarda unicamente ai terzi. Ma relativamente al suo cedente immediato, il portatore d'una girata in bianco può giustificare la realtà del trasporto con prove estrinseche alla girata. Fatta una tal prova, ne discendono tutte le conseguenze d'una girata regolare.*

Nessuna disposizione di legge richiede che nell'atto del protesto sia presentato al debitore il titolo originale.

Il protesto d'una lettera di cambio pagabile in paese estero deve esser fatto secondo le forme di questo paese.

Il portatore d'una lettera di cambio può essere ammesso a provare per mezzo di testimoni, che se non ha citato nei quindici giorni secondo l'art. 165, ciò è avvenuto per un accordo fatto tra di loro. In tal caso la materia è essenzialmente commerciale.

Dispensare il portatore d'una lettera di cambio dovuta da una successione dall'esercitare il regresso prescritto dall'art. 165 del codice di commercio, non è, per parte dell'erede beneficiato, rinunziare al diritto d'una caducità, ma fare un semplice atto d'amministrazione.

Baboul c. Sans et Authier

La Corte, in quello che risguarda le tre parti del primo mezzo „ Attesochè, se a termini dell'art. 138 del cod. di comm. la girata in bianco non opera il trasporto, e non vale che come procura, questa disposizione di legge non fa prova irrefragabile che contro i terzi: ma la cosa è diversa quando la lite è tra il portatore, e il suo cedente immediato che fece la girata irregolare, poichè in questo caso la presunzione cede alla prova contraria, e, se ne risulta che la proprietà è stata trasferita mediante la girata, a malgrado della sua irregolarità, la proprietà è acquistata al portatore.

„ Che in tal caso la garanzia solidale pronunciata dall'art. 140 del cod. di commercio, come anche l'arresto personale divengono una conseguenza legale della prova del trasporto della proprietà dell'effetto, o lettera di cambio.

„ Che nella specie la corte reale di Tolosa, poggiando sulle circostanze della causa, ha apprezzato in fatto il valore di tutte le girate in bianco apposte alla lettera di cambio di cui si tratta, e che la sua decisione su questo punto sfugge alla censura della corte di cassazione.

In ciò che risguarda il secondo motivo „ attesochè a' termini dell'art. 174 del codice di comm. il protesto deve contenere la copia letterale dell'effetto protestato : ma che nessuna disposizione di legge vuole che si presenti il titolo originale, e che inoltre nella specie il protesto fu fatto a Siviglia : e siccome la legge del luogo regola la forma dei protesti, è da considerare che la legge spagnuola ammette i protesti fatti sopra copia.

In ciò che risguarda il terzo e quarto motivo „ Attesochè la prova testimoniale è sempre ammessa in materia commerciale - che si tratta nella specie di rinuncia ad un termine entro il quale il protesto deve essere denunciato ai giranti - che per conseguenza la materia è essenzialmente commerciale - che la morte della signora Duboul, e la qualità dei di lei eredi non hanno potuto cangiarne la materia - e che infine contro gli eredi si oppone una eccezione di regiudicata pel motivo che essi non hanno appellato dalla sentenza con cui il tribunale di commercio di Tolosa a dì 3 nov. 1837 ammise la prova testimoniale.

„ Che d'altronde la decisione contro cui si ricorre, ha conosciuto che Leopoldo Duboul si era fatto buono per la propria sorella sig. Le Corroyer , onde egli era tenuto a suo riguardo per le conseguenze, le quali poteano derivare alla scadenza del termine ad elevare il protesto.

„ *Finalmente per ciò che appartiene al quinto motivo* „ Atteso che apparteneva alla corte di Tolosa di apprezzare l'estensione delle facoltà concesse a Leopoldo Duboul dai suoi fratelli ; che del resto si tratta d'una rinuncia ad un diritto di caducità non ancora acquistato : che d'allora questa rinuncia non eccedeva i confini di una buona amministrazione, dal che consegue che su tutti i punti la decisione contro cui si ricorre non ha fatto alla causa che una giusta applicazione delle leggi.

Per questi motivi RIGETTA ecc.

Corte di Cassazione sedente a Parigi , *ud. dei* 3 *luglio* 1843 sig Barone Portalis *primo presid.*

AVALLO - NON NEGOZIANTE - COMPETENZA

3. *L' individuo non commerciante che garantisce un debito commerciale non può essere per questo solo fatto giudicato dal tribunale di commercio* (1).

Molto meno quando la domanda principale è stata giudicata.

Nel caso l' incompetenza del tribunale di commercio è d' ordine pubblico, e può essere dal garante proposta anche per la prima volta in grado d' appello.

---

(1) Questo però è un punto assai controverso nella giurisprudenza francese – V. le seguenti decisioni delle Corti – Parigi 6 *giugno* 1731 – Lione 4 *febrajo* 1831 – Rouen 8 agosto 1838 – Bourges 18 *gennajo* 1840 – Dijon 15 *febrajo del med. anno* – Bordeaux 21 *maggio* 1841: ed in senso totalmente contrario la decisione della corte reale di Parigi 31 *maggio* 1843 riportata nell' appendice di questo giornale anno prossimo passato *vol.* 2 *pag.* 188.

Delahaye c. Normand

La Corte ,, atteso che, per lo stato in cui si trovava la causa allorquando il tribunale di Neufchatel ha pronunciato la sentenza, si tratta di sapere se era provato, che Delahaye figlio avesse garantito un debito commerciale contratto da suo padre verso Normand, e risulta dalle circostanze del processo che questa garanzia non era stata determinata nè da forniture fatte a Delahaye figlio pel suo proprio commercio, nè da altra causa che possa dare a tal garanzia un carattere commerciale.

,, Che dall'essere una tal garanzia un accessorio d'un impegno commerciale non risulta necessariamente che partecipi della stessa natura, e che debba seguire la medesima sorte per ciò che riguarda alla giurisdizione.

,, Che in effetto due persone possono obbligarsi al medesimo debito in una maniera diversa l'una commercialmente, l'altra civilmente; ed in tal caso queste obbligazioni diverse devono essere regolate coi principj proprj alla loro natura speciale.

,, Che non si può nel caso invocare l'art. 181 del cod. di proc. che manda il garante a quel tribunale ove pende l'istanza principale: poichè in *primo luogo* questa regola, essendo pei tribunali civili i quali hanno una giurisdizione generale, non è applicabile al caso in cui l'azione di garanzia sia della stessa natura che l'azione principale, e il tribunale si trovi competente *ratione materiae* tanto pel garantito, quanto pel garante: in *secondo luogo* perchè, la dimanda principale ed originaria tra Normand e Delahaye padre giudicata dal tribunale di commercio di Neufchatel a di 12 maggio 1841 più non era pendente, quando le Normand ha citato Delahaye figlio avanti a quel tribunale ai 14 del medesimo mese.

,, Atteso in fine che, avendo i tribunali di commercio una giurisdizione eccezionale, sono incompetenti *ratione materiae* negli affari civili, e tale incompetenza, essendo d'ordine publico, non può esser giammai sanata col consenso delle parti, e può essere reclamata anche in appello, ed in ogni stato di causa.

,, Riformando l'appellata sentenza, dichiara il tribunale di commercio di Neufchatel incompetente. Assolve Delahaye figlio delle condanne pronunciate contro di lui, e rinvia le parti avanti ai giudici competenti.

Corte reale di Rouen *2 camera, ud. del dì* 10 *dicembre* 1841 sig. Gébert *presid.*

Assicurazione – Abbandono – Notizia – Termine

4. *Il termine in cui deve essere fatto l' abbandono agli assicuratori non corre che dal giorno in cui l' assicurato ha ricevuto le notizie del sinistro in modo positivo, e con i caratteri della certezza. Non occorre però che la notizia sia accompagnata da prove legali.*

Brés c. gli assicuratori marittimi di Marsiglia

La Corte „ Considerando che se a dì 15 maggio 1840 si erano sparse delle voci inquietanti sulla sorte della nave *la Concezione*, la conoscenza che per mezzo della sua lettera l' assicurato Brés figlio ne avea fatta dare agli assicuratori, non potrebbe esser mai considerata come una manifestazione dalla parte del primo che egli intendeva di approfittare della facoltà accordata nell' art. 371 del cod. di commercio.

„ Che nel caso l' assicurato non ha precisamente conosciuto il sinistro, e non l' ha per conseguenza legalmente denunciato che nel mese di agosto 1841

„ Che perciò solamente a partire da questo mese egli è stato posto in mora per la decorrenza del termine prescritto dal suddetto articolo 373 onde deriva, che la sua dichiarazione di abbandono, essendo stata fatta li 26 marzo 1842, non ha oltrepassato il termine stabilito dalla polizza di assicurazione – Conferma ecc.

Corte reale di Aix 2 *camera civ. ud. del* 23 *dic.* 1842 sig. Vergér *presid.*

SOMMARIO DEL FASCICOLO III.

1. *Tutore - Azione popolare - Cessione - Alimenti - Minori - Solennità* . . . . pag. 129
2. *Curatore ad litem - Locazione - Cessazione - Competenza* . . . . „ 138
3. *Ipoteca - Rinnovazione - Lite pendente - perenzione* . . . . „ 145
4. *Servitù - Demolizione - Cause - Valore - Libello - Azione variata* . . . . „ 150
5. *Fenestre - Prospetto - Servitù - Distanza* . . „ 161
6. *Periti - Case - Stime* . . . . „ 173
7. *Sentenza non ispedita - Appello - Perenzione - Accettazione condizionata* . . . . . „ 175
8. *Reo - Procura - Esattori comunali - Nullità - Comuni* . . . . „ 180

APPENDICE

Opere nuove di giurisprudenza.
   1. *Wolowski* . . . . „ 183
   2. *Burchardi* . . . . „ 185
   3. *Briegler* . . . . „ ivi
   4. *Albertazzi e Prasca* . . . . . . „ ivi
Giurisprudenza estera commerciale, ed ipotecaria.
   1. *Girata in bianco - Biglietto all'ordine - Valuta.* „ 186
   2. *Girata in bianco - Terzi - Protesto - Titolo originale - Regresso* . . . . . . „ 188
   3. *Avallo - Non negoziante - Competenza* . . . „ 190
   4. *Assicurazione - Abbandono - Notizia - Termine.* „ 192

L' annuo importo del presente giornale è di sc. 2 : 40 in Roma, e di sc. 2 : 52 franco di posta fino ai confini. Le associazioni si prendono in Roma presso l'*editore* Alessandro Natali *libreria di Pallade a s. Silvestro in capite.*

TIPOGRAFIA MENICANTI

Pubblicato il dì 30 Marzo 1844.

XXX. *Nelle imprese librarie l'accollatario degli esemplari è responsabile verso gli associati per le condizioni promesse dall'editore nel manifesto d'associazione.*

L'editore, o l'accollatario d'un opera tipografica, che cita l'associato al pagamento delle dispense già pubblicate, può essere riconvenuto a dimostrare d'avere adempite le promesse del manifesto: in difetto a sentir dichiarare risoluto il contratto.

Chi si associa all'edizione d'un opera, e, ricevendo le dispense pubblicate, si obbliga a pagarle ogni, e qualunque eccezione rimossa, non rinuncia con ciò alla redibitoria, o all'azione ex empto che gli possono competere, se l'edizione non è conforme alle condizioni del manifesto. Nè osta che egli abbia pagate alcune dispense senza reclamo.

Il termine perentorio ad esercitare la redibitoria in fatto di opere che vanno per associazione, decorre dal giorno in cui è pubblicata l'ultima dispensa.

Salmi c. Lustrini

La classe legale è più che ogni altra visitata in Italia dagli associatori librarii, i quali, sapendo come all'esercizio d'una professione sì vasta nessun libro sia d'impossibile utilità, ogni dì compariscono offerendo ciò che i tipografi di questa penisola danno alla luce con profitto della patria coltura, e con molto onore dell'arte. Alla curia nostra pertanto, la quale già sa che il tribunal della ruota nella lite de Romanis e Pomba dichiarò nominati i contratti d'associazione che, firmando la modula in calce del manifesto, con essi si fanno, cioè compre-vendite non risolubili senza prefissione di termine all'adempimento (1), non sarà ingrato il conoscere

---

(1) *Romana seu Taurinen. exequitionis contractus in re commerciali* 3 agosto 1827 cor. Marco.

13

dall'esempio d'un altra regiudicata, come l'associato citato a pagare, reclamando l'osservanza dei patti, possa mettersi di pari passo con l'azione contraria: e risapere eziandio quale giurisprudenza soccorra agli associati circa alla responsabilità che gli associatori contraggono per gli editori, e per i librai da cui sono mandati.

, Fu il caso del sig. cap. Salmi, al quale uomo di armi un associator fiorentino persuase di sottoscrivere al Cujacio di Prato, che è libro di larghissima toga; e siccome n'eran gia pubblicate 81 dispense, pochi dì dopo con altro contratto si convenne riceverle tutte, e pagarle, come usa ad edizione inoltrata, in ragione d'uno scudo ogni mese metà per uno dei pubblicati fascicoli, e l'altra metà per quello che si pubblicava: la firma fu tosto venduta al sig. Lustrini, che, ritirata la obbligazione degli sc. 40 : 50 per gli 81 fascicoli, guarentì il compimento dell'opera a pena di riprendersi il consegnato, e restituire il danaro se non fosse ultimata. Ciò accadde in ottobre 1840: le dispense non vennero in luce nel promesso periodo, od almeno non tutte al Salmi furono portate, per cui ristette dal pagamento. Citato a pagare cinque scudi per le rate decorse, per la pubblicazione ritardata, e pei difetti dell'edizione riconvenne l'attore — *a sentir ordinare, sino alla concorrenza di detta somma pagata in anticipazione, la consegna di altri fascicoli che siano conformi al prospetto di associazione, ed il cambio di quelli che si conosceranno difettosi, e non conformi al prospetto con altri della qualità promessa dal prospetto medesimo, al quale effetto prefiggersi un breve, ed unico termine, scorso il quale senza avere adempite tutte, e singole le condizioni che gli si imporranno, dichiarare sciolto, e rescisso il contratto, ed ordinare al citato il ritiro dei fascicoli consegnati, ed il contestuale pagamento del prezzo dall' istante sborsato in scudi 14: in qualunque modo poi rigettare almeno l' istanza contraria:* ed il sig. avv. De Sanctis assessore dell' A. C. giudice della causa, vista una stragiudiziale relazione di tipografi, i quali dicevano la edizione trascurata, particolarmente in ciò che risguarda alla impressione dei fogli, deputò tre periti, rimettendo l'istanza di pagamento a dopo che questi avessero deciso, se l'edizione era conforme al manifesto che gli editori avean pubblicato. Il Lustrini, appellando al primo turno del tribunale dell'A. C., a dì 17 settembre 1842 vinse la causa col seguente giudicato.

" Considerando che il Salmi due separati, e distinti contratti stipulò in ordine alla ristampa del Cujacio, uno cioè il giorno 28 settembre 1840, col quale sotto le leggi del manifesto di associazione si obbligò verso i fratelli Giacchetti di ricevere i fascicoli di detta opera, l'altro stipulato col Lustrini il giorno 2 ottobre successivo, col quale, indipendentemente dalle leggi, e patti di associazione, fece acquisto dei fascicoli già pubblicati di quella stessa opera dal num. 1 al num. 81 inclusive al convenuto prezzo di scudi 40 : 50 pagabili in ragione di scudo uno per ogni mese.

" Che, rimasto il Salmi arretrato nel pagamento delle rate dell'obbligazione del giorno 2 ottobre, venne dal Lustrini citato innanzi l'assessore De Sanctis pel pagamento di dette rate con espressa riserva di agire in giudizio pel pagamento dei fascicoli dal num. 82 in poi, alli quali si riferisce il contratto di associazione del giorno 28 settembre.

" Considerando che il pagamento del prezzo di questi fascicoli dal num. 82 in progresso non venne affatto dedotto in giudizio avanti l'assessore, perché sulla pretesa difformità di questi, col campione annesso al manifesto di associazione potesse il Salmi promuovere dimanda riconvenzionale per l'annullamento del contratto, e perché potesse l'Assessore su di essa istanza pronunciare sentenza di deputazione di periti ad effetto di riconoscere la esistenza della pretesa difformità dei fascicoli col manifesto di associazione.

" Che mentre da un canto l'appellata sentenza, in quanto ai fascicoli dal num. 82 in poi, è in opposizione alle leggi

13*

di procedura, dall'altro canto la medesima si riconosce gravante per quello risguarda i fascicoli dal num. 1 al num. 81 inclusive, poichè, sebbene in quanto a questo potesse aver luogo la istanza di riconvenzione, tuttavia la medesima non poteva essere accolta colla deputazione dei periti, perchè, mirando all'esercizio dell'azione redibitoria, questa veniva intentata dopo trascorsi i termini fatali dal diritto comune stabiliti ad esercitarla.

„ Considerando inoltre, che quando anche si fosse verificata la pretesa difformità degli 81 fascicoli col manifesto di associazione, tuttavia tale difformità non avrebbe potuto dar luogo a rescissione di contratto, sia perchè la vendita fu fatta indipendentemente dalle leggi di associazione anche in quanto al prezzo, sia perchè il silenzio osservato dal Salmi per venti mesi dal dì del contratto, e lo avere egli pagato senza contrasto e riserva diverse rate di quella obbligazione, stabiliscono una prova di rinuncia a qualunque reclamo, o per lo meno rendono il Salmi indegno del beneficio accordato dalla legge ad agire coll'azione redibitoria.

„ Che vanamente si è preteso dal Salmi doversi il contratto dal giorno 4 ottobre 1840 considerare fuso nel contratto di associazione del giorno 28 settembre precedente, e con questo collegato, giacchè i termini della sua obbligazione del 4 ottobre sono tanto effrenati per escludere questa connessione, quanto che costituiscono un buono colla clausula *senza procura* pagabile ogni, e qualunque eccezione rimossa.

„ Considerando in fine che, avendo il Lustrini agito pel pagamento del buono suddetto in via esecutiva, la medesima non poteva essere ritardata dalle eccezioni del Salmi, le quali erano soggette a severe indagini costituenti un giudizio di sua natura ordinario.

„ Invocato il nome ssmo di Dio, il tribunale, pronunciando definitivamente in grado di appello, previa la revoca dell' interlocutoria sentenza dell' assessore De Sanctis, ammette la istanza del Lustrini, e per tale effetto prefigge al Salmi il termine di giorni dieci a pagare le rate a tutto il primo marzo a forma dell'istanza, scorso inutilmente il quale, lo condanna alla somma residuale dell'intero debito risultante dal buono, colla condanna del Salmi alle spese di ambo i gradi di giurisdizione, e delega il consigliere sig. avvocato Salvatori per tutti gli effetti di legge. „

Appello del Salmi all' altra sezione del tribunale, che pronunciò quella sentenza che noi qui appresso trascriviamo; la quale, indicando tutte le fonti da cui le massime di giurisprudenza poste in fronte a tale articolo furono dedotte, dà quanto basta per rinvenirle, a chi si trovasse in simile caso.

„ Considerando (essa disse), che un solo contratto di associazione si stipulò dal Salmi sotto il giorno 28 sett. 1840 all'intera ristampa del Cujacio eseguita dai fr. Giacchetti di Prato, e che l' atto susseguente del 2 ottobre non ne è che una mera dipendenza, portando soltanto una modificazione del medesimo.

„ Che il Lustrini divenne cessionario in tutto e per tutto del sig. Pietro Lotti, che acquistò la firma del Salmi, e che per conseguenza assunse sopra di se tutti gli obblighi da quello contratti.

„ Che nulla v' ha di più giusto quanto che ciascuno contraente soddisfi gli obblighi assunti, ed adempia ai patti, cui si è vincolato; e che non può insistere alla esecuzione del contratto quegli, che non lo abbia già prima per sua parte osservato — *l. 7 ff de pactis* — *l. si quis cod. eod.* — *l. Julianus § asserti ff de act. empt. et vend.*, non che la ruota nella *Romana seu Taurinen. resolutionis contractus* 4 maii 1827 cor. Marco num. 3 *et seg.*

„ Che il Lustrini, quando agì pel pagamento di alcune rate decorse, non fece che domandare la esecuzione del contratto di associazione; e per conseguenza sarebbe stato assurdo il supporre, che egli non dovesse essere responsabile delle leggi, con cui quel contratto venne conchiuso.

„ Che questa responsabilità nel Lustrini non viene distrutta dalle espressioni, o clausole stampate nel buono 2 ottobre, per le quali si obbligava il Lustrini di pagare, ogni e qualunque eccezione rimossa : poichè queste devono riferirsi ad altre eccezioni fuori di quelle che sortono dal ventre dello stesso contratto, tolte le quali, sarebbe tolta ogni correspettività, ond' è, che, affacciate, ritardano il corso di qualunque giudizio — *l. Julianus ff de act. empt.* — Cravetta *consil.* 151 *num.* 10. — Graziano *discept. for.* 293 *num.* 19, e la ruota nella *Fanen.* 10 *dec.* 1638 *cor.* Dunozzetto *num.* 5.

„ Che l' azione introdotta in via riconvenzionale dal Salmi, come quella che domanda l' adempimento del contratto, in forza del quale il Lustrini chiede contemporaneamente il pagamento di parte del prezzo, trovasi giustamente fondata tanto secondo le tritissime norme del diritto comune — *l.* 11 § 1 *ff de jurisd.*, *l.* 1 § *ultra ff de extraordin. cognit.*, *l.* 6 *cod. de compensat.*, *l.* 14 *cod. de sent. et interl.*, é il *cap.* 1 e 2 *de mut. petit.*, *nov.* 96 *cap.* 2, d' onde l' Authentica *Et consequenter* cod. *de sent. et interlocut.*, non che l' Hilligero *nota* 17 *al cap.* 18 *lib.* 17. di Donello *de jure civ.*, l' Ubero *ad pand. De quibus rebus ad eumdem judicem eatur*, Perezio al *cod. loc. cit.* ; quanto a' termini della riforma giudiziaria nei §§ 841, 843, 844, 846.

„ Che per gli accusati difetti non può essere respinto il Salmi dall' esercitare simile azione colla eccezione di proscrizione che milita contro le azioni redibitorie, poichè nel caso egli è soccorso dell' azione *ex empto* — *l.* 11 *et* 12 *ff de action. empt. et vend.*, Azone nella *Somma al cod. lib.* 4 *tit.* 57, Cujacio al *cod. loc. cit.*

„ Che, non prescritta l'azione, resta ugualmente distrutta la eccezione di tacita rinuncia alla stessa, la quale non si presume mai, trattandosi di un diritto chiaro, molto più

quando vi manca ogni fondamento di fatto, come nel caso:
la semplice consegna dei fascicoli difettosi non essendo bastante a produrla, perchè eseguita sulla fede dei patti com-
binati, e perchè i difetti non si appalesavano senza un lungo
dettagliato esame· Nè le diverse rate soddisfatte, ed il silenzio offrivano argomento di simile presunzione, dove non
poteva aver luogo la prescrizione, e dove sopratutto si
parlava di un contratto nè compiuto, nè consumato; il
che applicar si deve e per ciò che concerne il modo di
pagamento, e per ciò che risguarda la qualità della cosa
da consegnarsi.

„ Che la domanda della prefissione di un termine ad
adempire, e della rescissione, scorso questo inutilmente, non
alterano in nulla la natura della promossa azione, quale è
di esecuzione di contratto: poichè quella non presenta che
la risolutiva di questa, e non v' ha d'altronde causa più
giusta a rescindere, che se non si osservi il patto per cui
la convenzione fu stipulata: la ruota nella cit. *Romana seu
Taurinen. resol. contract.* 4 *maii* 1827 *cor.* Marco.

„ Che l'azione riconvenzionale, o semplice eccezione,
siccome era in facoltà del giudice assessore di conoscerla
preliminarmente alla dimanda istituita dal Lustrini, così poteva per istruzione dell'animo suo deputare periti, e verificare se i fascicoli corrispondevano alle condizioni del manifesto di associazione, o se contenevano quei vizi, che
rimarcava la perizia stragiudiziale portata dal Salmi.

„ Che per ultimo l'azione di esecuzione di contratto,
abbracciando tutto che in esso viene compreso, e tutte le
distribuzioni formandone il soggetto, rettamente egli non
limitò la ispezione dei periti ai soli fascicoli 81 in un tratto
consegnati, dei quali parla il buono 2 ottobre 1840, ma la
prescrisse anche pei conseguati in appresso. Imperocchè, viziati
pur questi, si rescinderebbe sempre il contratto per l'intero,
non essendovi contratti parte rescindibili, e parte nò.

„ Invocato il nome ec. Il tribunale, pronunciando definitivamente in terzo grado di giurisdizione, previa la revoca della sentenza della congr. civ. dell' A. C. in primo turno, conferma quella dell'assessore De Sanctis, riservate le spese di primo grado, e colla condanna del Lustrini alle spese di secondo, e terzo grado, e delega il giudice uditore sig. avv. Berardi.

Congreg. civile dell' A. C. ud. del dì 18 gennaio 1844 2 turno — mons. Renazzi v. presid., dif. per Salmi sig. avv. Cesare Salmi, proc. sig. dott. Bondi; per Lustrini proc. sig. dott. Grassi.

CAPPELLANIA . NOMINA . TESTAMENTO

XXXI. *Se un patrono dichiarì nel suo testamento d'aver nominato al godimento della cappellania una determinata persona, questa dichiarazione si considera come nomina, a tutti gli effetti di ragione.*

Per Leoni

A Terni era vacante una cappellania Volpi di cui è patrono il vescovo *pro tempore*, e monsignore Mazzoni, che a dì 11 nov. 1842 era in procinto di abbandonar quella sede per passare al riposo dei giusti, nel suo testamento dichiarò *di aver già disposto in favore del rev. sacerdote don Fabiano Leoni* (suo segretario) *la nomina di detta cappellania, quale nomina, sebbene non sia stata posta in atti, e redatta, pure coll'accennata dichiarazione vuole espressa la sua volontà, quale già in antecedenza avea comunicata al suo vicario generale, ed al cancelliere*: ed il vicario generale del vescovo dichiarava con giuramento, che quando all'accadere della vacanza egli supplicò a mons. Mazzoni di quel beneficio per un altro ecclesiastico, il prelato rispose d'averla già destinata al Leoni suo familiare, anche secondo le insinuazioni del tridentino *sess.* 22 *cap.* 4 *de reform.* Ma il vicario capitolare si oppose allegando 1.° che la nomina non fu registrata negli atti, 2.° che la testimonianza del vicario generale, per quanto fosse rispettabile, non poteva supplire alle necessarie legalità, 3.° che la esternazione fatta dal vescovo defonto potesse riputarsi piuttosto una disposizione a nominare, che un atto di nomina, 4.° finalmente che la disposizione testamentaria, avendo efficacia dopo la morte del testatore, non poteva dirsi che l'atto di nomina potesse avere avuto effetto pria della morte del nominante.

La controversia fu portata al giudizio della S. C. dei vescovi e regolari, innanzi alla quale il sig. avv. *Menghi* nell'interesse del Leoni fece considerare che la nomina, o presentazione ad un beneficio qualunque può farsi tanto per pubblico istromento, quanto per iscrittura privata, quanto in voce, purchè all'ordinario, che deve sanzionarla, consti in un modo qualunque, e dentro il termine legale la volontà del patrono intorno alla nomina del vacante beneficio (1) — che in siffatte materie basta la dichiarazione del vicario generale, che dica essere stata fatta innanzi a lui in voce la nomina (2) — che le nomine ai benefici si possono fare anche per testamento (3), e che al dire del Paris *cons.* 46 *num.* 26 *lib.* 4, la nomina — *licet emissa in testamento, recte evenisse dicitur in vita testatoris, juxta doctrinam Alciati in l. ult. cod. de pactis* (4).

---

(1) De Luca *de jure patronatus disc.* 64 *num.* 22.

(2) Rota *Civitatis-Castellanae beneficii* 21 marzo 1759 *cor.* Cavilliac. - Farnia *de jure patronatus parte* 2 *canon* 3 *cas.* 4 *num.* 17. - Pitoni *de controv. patronor. all.* 100 *num.* 350, *e la Melevitana beneficiorum* 10 *junii* 1712 *cor.* Aldrovando.

(3) Farnis *ibid.*

(4) *Id. num.* 12.

La sacra congregazione al dubbio — *se sia valida la nomina del sacerdote Leoni alla cappellania*, rescrisse — *affirmative.*

Sacra congr. dei VV. e RR. dei 23 febbraio 1844 segr. mons. Asquini.

FALSITA' . NULLITA' . VIOLAZIONE DI LEGGE . ALTERAZIONI DI SCRITTURE

XXXII. *Riconoscere nullo un istromento pubblico per motivo di falsità, non è pronunciare senza giurisdizione: è invertere l' ordine delle cognizioni, lo che è motivo per accordare la restituzione in intiero.*

E, generalmente parlando, il non assolvere dall' osservanza del giudizio, quando le circostanze del processo lo richieggono, è motivo di restituzione in intiero, non di nullità.

I giudici non hanno bisogno di deputare il perito calligrafo a riconoscere le alterazioni delle scritture, che si manifestano alla semplice loro ispezione oculare.

Cecchini c. Micocci

Il codice piano disponeva che, volendosi dedurre per via di azione la falsità d' un istromento, non potesse ciò farsi che in giudizio criminale — *eccettuato il caso* (dicea l' art. 328) *in cui o affatto s' ignorino, o non più esistano gli autori o complici, nel qual caso il giudizio di falsità potrà per via di azione principale introdursi nei tribunali civili*: la qual disposizione di legge fu colle stesse parole ripetuta nell' art. 229 del codice leonino. Ma la legge, con cui attualmente viviamo, nel § 829 rimise la necessità di portare la causa di falso ai magistrati della giustizia penale, e regolò questo punto di prassi con una saggia ozione, dicendo — *potrà essa proporsi o nel giudizio criminale, o per azione principale nel giudizio civile: ma non sarà ritardata la esecuzione dell' atto, che allorquando sarà proferita una sentenza che lo dichiari falso*: la quale riforma tolse la possibilità di riprodurre in cause di procedura presente controversie simili a quella di cui vogliamo conservare memoria, pel caso che si volesse per lo stesso motivo domandare l'annullamento d'alcun giudizio incominciato sotto l'impero del codice piano, o del leonino.

La specie è di un Micocci che, volendo nell'anno 1818 ammogliarsi alla Cecchini, e non avendo come assicurare la dote, nell'atto dell'istromento presentò garante una persona col nome d'un paterno suo zio, il quale ipotecava una casa, benchè lo zio in quel giorno, come posteriormente si pretese giustificare, assente da Roma luogo del contratto, fosse in viaggio per alla fiera di Senigallia. Fatto è che tornato, e risaputo il contratto, citò i coniugi innanzi al tribunale dell'A. C. — *a sentir dichiarare come non avvenuto l'istromento di pretesa obbligazione fatto dall'attore a rogito ecc. per tale effetto venga cassata, e radiata l'ipoteca, ossia iscrizione apposta nell'officio delle ipoteche di Roma sopra la casa di libera spettanza dell'attore sotto il dì 5 dicembre dell'anno 1818, perchè il giorno del celebrato istromento lo stesso istante era nella città di Foligno, come a suo luogo e tempo sarà dimostrato:* la quale istanza, tenuta lungo tempo sospesa, finalmente nel 1830 fu riassunta, e spedita dal luogotenente prelato Manari. Passata la sentenza in regiudicata, e morti così lo zio, come il nipote, la Cecchini, della cui dote trattavasi, e che della frode, se pure fu tale, era innocente, interpose ricorso di nullità, o restituzione in intiero.

Il sig. avv. *Mandolesi* dicea per essa nulli gli atti in origine, per mancanza di giurisdizione nel magistrato — che quel richiedere nel libello introduttivo si dichiarasse l'istromento non avvenuto, e quel dar come ragione l'assenza della persona, che fu detta presente, fu accusare la stipulazione di falso, e se tanto il codice di papa Pio VII, quanto quello di papa Leone XII mandavano le questioni di falsità ai giudici del criminale, il prelato Manari, che era magistrato civile, non avea giurisdizione per giudicarla — non ostando che nel libello la parola di falsità non fosse pronunciata — *nam actio-*

*nis qualitas colligitur ex libelli substantia, non ex verbis quibus
ille fuerit bene aut male conceptus, cum verba semper intelligi
debeant juxta subjectam materiam, et naturam actus cui de-
serviunt* (1) — lo che ritenuto, gli era facile di giustificare
che il consenso prestato dai rei convenuti nella giurisdizione
del prelato Manari, producendo innanzi a lui le proprie difese,
dar non potesse giurisdizione ad un uomo che magistrato
per le cause civili, per le criminali altro non era che un uomo privato (2) — In difetto volgeasi a richiedere la restituzione in intiero, e perchè trattavasi di regiudicata impropria, cioè consistente in una sola sentenza (3), e per la manifesta ingiustizia del giudicato. Per dimostrarla, siccome avea
contro di se la prova del passaporto dal quale appariva il
giorno in cui quello zio partì per a Senigallia, ed il giorno
in cui ritornò, non acquietandosi all'autentica copia dell'istromento dotale prodotto negli atti, andò ricercare in protocollo se realmente apparisse stipulato a dì 16 luglio, e ritrovò
che la data, comechè dal notaio posteriormente mutata con
inchiostro diverso, era stata in origine quella del dì 15 giugno, tempo in cui lo zio era in Roma, e poteva essere presente al contratto: lo sottopose agli occhi dei giudici.

Per lo contrario il sig. avv. *Santucci* dicea — che nel
libello la falsità dell'istromento non fu dimandata, e che
anzi fu detto richiedersi la nullità *senza pregiudizio della
criminalità in cui è incorso il notaio, e tutti quelli che hanno*

---

(1) Segnat. *nella Romana circumscr.* 11 *maggio* 1857 *cor.* Grossi
§ 7, *e nella Romana circ. et restit. in integr.* 24 *agosto* 1843
cor. Arnaldi § 5.

(2) *L.* 3 *cod. de jurisd. omn. jud.* - Sorge *jurispr. forens. tom.* 8
cap. 11 *de praesent. num.* 18 *et* 20. - Segnat. *nella Maceraten.
injunct. facultat.* 9 *luglio* 1829 § 7 *cor.* Gallimberti.

(3) Segnat. *nella Bononien. restitutionis in integrum* 7 *sett.* 1843
§ 12 *cor.* Lippi.

avuto parte nel contratto di cui si tratta, la quale riserva pose
fuori di causa la questione riservata (4) — che se al giudice per giudicare la causa civile fu necessario occuparsi
della impostura che nella stipulazione dell'istromento era stata
commessa, non per questo si potesse concludere che giudicasse
della falsità riservata ai magistrati del criminale (5), poichè,
al dire dello stesso ordine supremo nella *Maceraten. circumscri-*
ptionis et restitutionis in integrum 3 agosto 1843 *coram* La
Grua § 3 — *Notum est, judices posse incidenter quaestiones*
quascumque examinare, etsamsi ipsis non fuerint principaliter
compromissae, quin ex hoc judiciorum cognitio ullimode detur-
betur: eo quia de iisdem nulla ratione ipsi pronunciant, sed de
caussa principali tantummodo sententiam ferunt: la qual decisione richiamò eziandio a memoria la regola, che mai le
ragioni di decidere non danno carattere al giudicato, il quale solo dalla dispositiva prende la sua giuridica qualità (6).
Circa alla pretesa ingiustizia, dicea incontroverso che quello zio non dimorasse in Roma nel giorno in cui fu fatto
l'istromento, Io che solo bastava a riconoscerne nulla la
stipulazione (7).

---

(4) Surd. *cons.* 152 *num.* 29. - Natta *cons.* 614 *num.* 5. - Rota
recen. decis. 87 *num.* 56 *part.* 9 *tom.* 1.

(5) *L* 1 *cod. de ordine cognit.* - Adite Praesidem provinciae
et ruptum esse testamentum Fabii Praesentis agnatione filii docete:
neque enim impedit notionem ejus quod status quaestio in cognitione vertitur, etsi super status caussa cognoscere non possit: pertinet enim ad officium judicis, qui de haereditate cognoscit, universam
incidentem quaestionem examinare: quoniam non de ea, sed de haereditate pronunciat. - Perezio *alla sud. legge.*

(6) Segnatura *nella Maceraten. circumscr.* 3 *agosto* 1843 *cor.*
Là Grua § 3.

(7) *L* 14 *cod. de contrah. et committ. stipul.* § *ult.* - Et si
inter praesentes partes res acta esse dicitur, et hoc esse credendum:
si tamen in eadem civitate utraque persona in eadem die commanet

Il supremo ordine ,, Considerando che nel libello non fu dimandato si dichiarasse falso l'istromento, ma fu proposta soltanto un azione di nullità, per la quale era competente il giudice da cui la causa fu giudicata:

,, Che se la falsità fu addotta come motivo di giudicare, o i documenti prodotti mirarono a provare la stipulazione falsata, la giurisdizione del giudice non si estima dalle ragioni che furono dedotte, ma dalla parte dispositiva del suo giudicato: ed avendo il prelato Manari pronunciato sulla nullità, non è da cercare per quali ragioni pronunciasse.

,, Che, ciò non ostante, è manifesta la violazione della legge, poichè avendo il prelato Manari giudicata la nullità dell'istromento per la ragione della falsità, che solo dal tribunal criminale poteva essere esaminata, conculcò l'ordine delle cognizioni, e mentre dovea limitarsi ad assolvere il reo dall'osservanza del giudizio, pose alla propria sentenza per fondamento una ragione, che innanzi ad altra magistratura dovea essere ventilata: la quale inversione di metodo giudiziario è bastevol motivo per accordare la restituzione in intiero (8).

,, Che a ciò si arroge la produzione di nuovi documenti fatta dalla parte ricorrente, i quali dimostrano la presenza dello zio in quel contratto.

,, Che inoltre al supremo ordine è stato mostrato il notarile protocollo in cui si trova quell'istromento inserito, la quale ispezione ad occhi nudi ha fatto scorgere i vestigi dell'antica data, che era quella del dì 15 giugno, convertita posteriormente in un 16 luglio: nè i giudici hanno bisogno

---

in quo hujusmodi instrumentum conscriptum est. – *Instit. de inutil. stip.* § 11. – Rota *nella Bononien. donationis* 27 *giugno* 1611 *tor. Bevilacqua* § *non relevat.*

(8) Segnat. *nella Forolivien. restit. in integr.* 9 *aprile* 1840 § 7 *cor.* Lippi.

di periti quando la cosa può essere verificata colla sola loro ispezione oculare (9).

„ Che in quell' istromento si parla di matrimonio non ancora seguito, e mentre dagli atti parocchiali risulta che fu celebrato innanzi alla chiesa a dì 18 giugno, quanto la dicitura dell'istromento conviene alla data del 15 giugno, altrettanto sarebbe inconciliabile con la data del dì 16 luglio.

Rescrisse — *Quoad circumscriptionem nihil, in reliquis de caussis sine praejudicio reijudicatae, etiam quoad taxationem expensarum, et ad mentem. Mens est ut nihil innovetur quoad deletionem hypothecae, ad formam rescripti sanctissimi* (10).

---

(9) *Cap. 6 de fide instrum.*

(10) Siccome il ricorso non induceva inibizione, ed i Micocci in forza della regiudicata avrebbero potuto rendere frustratorio il buon esito della causa con far cancellare l'ipoteca dotale, il sig. dott. *Biscontini* incaricato del caritatevole patrocinio, usando il rimedio della supplica al principe, che è scritto in *corpore juris*, cioè nell'*Auth. quae supplicatio, cod. de prec. imper. offerend.* con molto lodevole energia di patrocinio, rappresentò a Nostro Signore l'imponenza del caso, e la irreparabilità del danno, che alla vedova sarebbe derivato. Sua Santità, cui fu sempre a cuore l'amministrazione della giustizia fra tutti i suoi sudditi, per mezzo del sig. cardinale suo segretario per l'interno, commise esame, e relazione al sig. cardinale prefetto della Segnatura: il quale, dopo avere adempiti i sovrani comandi, a dì 10 luglio 1843 pubblicò il rescritto, di cui parla la risoluzione del tribunale supremo, e che fu così concepito - *Sanctissimus, audita relatione quam nobis eminentissimus et reverendissimus dominus cardinalis Mattei a secretis, ejusdem Sanctitatis suae nomine commisit, atque attentis peculiaribus, gravibusque circumstantiis quae in casu concurrunt, benigne annuit pro gratia, et pro hujusmodi effectu inhibuit deletionem inscriptionis hypothecariae, de qua in precibus, usque ad exitum litis, contrariis quibuscumque non obstantibus.* - v. card. MACCHI s. j. praef.

Segnat. del dì 1 febbraio 1844 — Romana circumscriptionis et restitut. in integrum R. P. D. Mertel, proc. per la ricorrente sig. dott. Biscontini deputato dalla pia congreg. di s. Ivo; per l'intimato sig. dott. Onesti.

8 marzo 1844 — *In decisis.*

DIFENSORE DEL MATRIMONIO.
ANTICIPAZIONE DI SPESE

XXXIII. *Nelle cause di nullità di matrimonio il difensore ex officio del sacramento non ha diritto di domandare, che le parti litiganti indistintamente facciano deposito per i suoi onorari, ma solamente può dimandarlo da chi sostiene la validità del matrimonio.*

Se questi è povero, il difensore suddetto deve promuovere l'istanza al tribunale onde dalla cassa delle multe gli somministri una somma che cauteli l'importo delle sue spese, e de' suoi patrocinj.

Se il tribunale non ha tale cassa, deve rivolgersi alla curia vescovile.

Prima però di avanzare questa istanza è tenuto ad allegare una plausibile ragione chè lo induca a ricusare il patrocinio gratuito.

Il dif. del matrimonio c. Grazia e Pallotta

Pallotta di Rimini, partendo da Roma, dette mandato ad un commesso notaio di sposare per lui innanzi alla chiesa un Emma Grazia: ma, giunto in patria, lo revocò partecipando, per quanto si disse, la revoca al mandatario, il quale ciò non ostante procedè alla celebrazione dell'atto. Quindi ad istanza dell'uomo maritato senza volerlo, una lite di nullità innanzi all'uditore del vicariato, ed un altra per l'emenda dei danni contro il mandatario, per le spese dei quali litigi l'eminentissimo capo del tribunale, al difensore d'officio fece dar dalla cassa dei maleficii una somministrazione di trenta scudi romani. Il giudice riconobbe la nullità, e si dichiarò.

incompetente nell' altra causa dell' emenda deì danni, per cui, portata in appello alla sacra ruota, il sig. avv. difensore del matrimonio citò le parti innanzi al prelato ponente — *ad audiendam voluntatem super confectione depositi in summa R. P. D. Ponenti benevisa, pro expensis et honorariis defensionis ex officio faciendae pro validitate matrimonii in caussa de qua agitur.*

L' autore dell' istanza in una breve memoria, che distribuì ai padri del turno, si limitò a dichiarare di non poter gratuitamente prestare l' opera sua, come avea già dichiarato al prelato ponente della causa, e domandò che una somma ad arbitrio dei giudici si mettesse in deposito, per renderlo sicuro così degli onorari, come del rimborso delle spese che avrebbe fatte.

Il difensore del Pallotta ricordava il disposto dalla bolla *Dei miseratione,* colla quale il grande pontefice Benedetto XIV prescrisse la prassi per le cause di nullità di matrimonio, e nel cui § 12 è scritto — *Defensor autem matrimonii, quem ad munus suum gratis obeundum pro amore Dei, et proximi utilitate et ecclesiae reverentia exhortamur, si operam suam sine mercede aut salario aliqua ex caussa exhibere recusaverit, ab ipsius caussae judice ei constituatur, et ab ea parte quae pro validitate matrimonii agit, si ipsi facultas sit, solvatur, sin minus a judice primae vel secundae vel tertiae instantiae respective subministrabitur, qui pecunias ex mulctis suorum tribunalium redactas, vel redigendas, et in opera pia erogandas in hujusmodi sumptus insumere poterunt. Cum vero judices caussae, erunt judices commissarii, qui nempe forum non habent, et consequenter neque pecuniam ex mulctis collectam, volumus ac mandamus ut defensori matrimonii satisfiat ex pecunia mulctarum illius episcopi, in cujus dioecesi judex commissarius juxta sedis apostolicae mandatum judicium exercebit:* dal che gli era facile di concludere che, opponendosi il suo cliente alla validità del matrimonio, in nessun caso potesse essere condannato a somministrare le spese per la difesa, che si facesse contro di lui.

14

Facea quindi riflettere, che in simile causa le spese vive dovessero essere necessariamente assai tenui, non trattandosi di nullità addimandata per impotenza o assoluta, o relativa, nella quale sia necessario un dispendioso processo con relazioni di medici, e d'ostetrici, e con esame di testimoni, ma d'una semplice verificazione di volontà o permanente, o mutata, nel qual caso il procuratore a contrarre matrimonio, benchè inconsapevole della mutata volontà, resta revocato (1) — che in quanto agli onorari, oltrechè gli avvocati debbono perorare le cause — *ut non ad turpe compendium stipemque deformem accipiatur occasio, sed laudis per eum argumenta quaerantur: nam si lucro pecuniaque capiantur, veluti abjecti atque degeneres inter vilissimos connumerabuntur* (2), devono farlo molto più per i poveri (3), e molto ancor più nelle cause dei costoro matrimoni (4). Che in qualunque evento, se pure il difensore dei matrimoni avesse in quella causa diritto ad onorario, non mai il Pallotta, ma la donna, cui interessava l'esistenza dell'atto, avrebbe dovuto sopperire al deposito che da lui si addimandava.

Il sig. avv. *Jacometti* difensore della donna dicea ancor esso secondo la benedettina, che il difensore del matrimonio deve prestare gratuitamente l'opera sua, se pur non alleghi una legittima causa che gli renda impossibile tale officio di carità — che nessuna causa venne dedotta, onde quel dire *non posso*, equivalse a *non voglio*, nè bastò secondo la bolla

---

(1) *Cap. final. de procurat. in* 6. - Sane si procuiator antequam contraxerit a domino fuerit revocatus, contractum postmodum matrimonium ab eodem (licet tam ipse, quam ea cum qua contraxit revocationem hujusmodi penitus ignorent) nullius momenti existit: cum illius consensus defecerit, sine quo firmitatem habere nequiverit.

(2) *L.* 6 § 6 *cod. de postulando.*

(3) *L.* 7 *cod. eod. tit.* - Si quis monitus ab judice ea excussatione quae nequeat comprobari matrimonium, deneguverit, careat foro.

(4) *L.* 25 *in fin co l. de nuptiis.*

la sola ragione della propria volontà — che, quand'anche egli avesse una buona ragione, non mai alla cliente sua poverissima si sarebbe potuto rivolgere, per costringerla ad anticipare pecunia che essa non ha, ma alla curia vescovile, che in Roma è rappresentata dal vicariato, la cui cassa dei malefici dee, secondo la bolla, supplire alla spesa, quando il difensore del sacramento, addotta una ragione legittima, non possa prestare la sua opera *gratis*. E siccome in quella istanza dal difensore del matrimonio era stato citato anche il mandatario, faceva osservare che tal uomo, trovandosi in causa unicamente per la pretesa emenda dei danni, della nullità, o validità del matrimonio nulla a lui interessava.

La sacra ruota rescrisse — *Utatur jure suo.*

Rota del dì 8 marzo 1844 — *Romana seu Ariminen. matrimonii super subministratione* R. P. D. De Petro, *proc. per* Pallotta *sig. dott.* Pitocchi ; *per Grazia sig. dott.* Tuccimei (Filippo).

CONSERVATORI . ISCRIZIONE . OMISSIONE . DANNI

XXXIV. *Se il conservatore delle ipoteche, nel dare un certificato d'iscrizioni esistenti, una ne omette, è responsabile dei danni che da tale omissione derivano a chi ha contrattato sulla fede del certificato imperfetto, quand'anche esso non sia stato inserito nel contratto.*

Quand'anche il certificato sia stato richiesto dal venditore, e non dal compratore.

Il dannificato, notificata al conservatore l'azione quasi serviana intentata contro di lui, può transigere col creditore a cui appartiene l'ipoteca omessa, anche senza intesa del conservatore: né perde con ciò l'azione per l'emenda dei danni.

Non è luogo a benigne interpretazioni di legge, quando si tratta delle responsabilità dei conservatori per le loro negligenze, ed incurie: per ragione dell'officio che è di sua natura importantissimo, e del lucro che ne ritraggono, debbono esser trattati con tutto il rigore.

14*

Zambonini di Bologna nel 1821 vendé tutti i suoi beni
alle sorelle Modoni sue nuore, e, nel prendersi dal marchese
Pietramellara conservatore delle bolognesi ipoteche il certificato, fu omessa un iscrizione Minghetti per un debito del
venditore contratto colla sicurtà di Prati: per la quale iscrizione il Prati, costretto a pagare, avendo intentato contro alle
compratrici l' azione quasi-serviana, queste denunciarono al
conservatore le molestie, e più tardi, non potendo contraddire, vennero a transazione col creditore ipotecario. L' iscrizione era di mille scudi, e per essere rimborsate continuarono
contra il marchese l' intrapreso giudizio innanzi al tribunale
di prima istanza sedente a Bologna, che lo condannò ad 871:96,
che tanto era il danno nella transazione rimasto dall' omissione succennata. Appello in piena camera colla formola — *an
sententia tribunalis primae instantiae Bononiae sit confirmanda
vel revocanda.*

Il difensore dell' appellante, premettendo che giusta l' avviso di gravi scrittori della materia ipotecaria, i conservatori delle ipoteche devono essere con indulgenza trattati (1),
dicea che essi non sempre son tenuti pei danni, che dai loro
certificati derivano, cioè non mai quando son rilasciati a
persone alle quali non interessava la esistenza di una ipoteca,
come è quando son chiesti dai venditori — Che quando il § 253
del regolamento legislativo, dice — *I conservatori sono tenuti
pei danni derivati dalla mancanza di menzione d' una o più
iscrizioni*, si riferisce al precedente § 251, nel quale è scritto che — *i conservatori sono tenuti di dare a tutti coloro, che
la richieggono, copia degli atti esistenti nei loro registri, e lo
stato delle iscrizioni non perente*, onde al dire del Garnier
pag. 272 ed. fior., chiunque vuol contrattare — *per assicu-*

---

(1) Garnier *trattato delle ipoteche* parte 2 pag. 438 ed. *fior.* -
Troplong *trattato delle ipoteche* art. 1001.

rarsi della solidità del suo credito derivante dalle iscrizioni,
non può dirigersi che al conservatore delle ipoteche, per cui,
se taluno nell'accingersi ad una compera ripone sua fiducia
in un certificato richiesto da altri, il danno che gli deriva
deve ripetere dalla inescusabile sua avidità di risparmio. Qui
si studiava di far conoscere in fatto che il credito Minghetti
era pienamente noto così al venditore Zambonini, come alle
figliuole compratrici, onde il non darsene carico fu una
collusione di quella famiglia, come lo furono il giudizio
intentato dal Prati, e la transazione con cui venne finito —
che inoltre il predio, su cui l'omessa iscrizione gravitava,
era affetto d'altre precedenti ipoteche che non lasciavano
al creditore nessuna speranza: onde la frode nel fare con
lui una transazione non necessaria — e se la forza delle
altre ipoteche si dicesse dividua, ostare la regola della indivisibilità scritta nelle leggi ipotecarie (2), per cui il creditore può scegliere a suo grado quel fondo che più gli piace
di perseguitare (3), giacchè in caso diverso al creditore

---

(2) *Regol. ipotecario piano art.* 8. - La ipoteca, di cui sono
affetti uno o più fondi per l'adempimento di una obbligazione, è di
sua natura individua: sussiste intieramente sopra tutti, e sopra ciascuna parte degli immobili sui quali è imposta. - *m. p. del* 10 *no-*
vembre 1854. - Questo diritto è individuo di sua natura: sussiste
per intiero sopra tutti gli immobili, che vi sono sottoposti, sopra
ciascuno, *e* sopra una parte di essi.

(3) *L.* 2 *ff qui potior. in pignor. hab.* - Qui generaliter bona
debitoris pignori accepit, eo potior est cui postea praedium ex his
bonis datur, quamvis ex caeteris pecuniam suam redigere possit. - *L.* 6 *cod. eod. tit.* - Si generaliter bona sint obligata, et postea
res alio specialiter pignori dentur, quoniam ex generali obligatione
potior habetur creditor qui antea contraxit, si ab illo priore tempore tu comparasti, non oportet te ab eo qui postea credidit, inquie-
tari. - *Voet lib.* 20 *tit.* 1 *n.* 5. - Cujacio *alla l.* 2 *ff qui potior.* -
Merlin. *de pignor. et hyp. lib.* 2 *tit.* 1 *quaest.* 6 *num.* 54.

avente generale ipoteca — *sarebbe* (al dire del sig. Troplong *trattato delle ipoteche § 52) l' ipoteca generale di peso, invece d' essergli vantaggiosa: varrebbe meglio per lui una ipoteca speciale, che non lo esporrebbe ad eccezioni dilatorie, e converrebbe che questo creditore procedesse con grandi spese, e non senza interminabili dilazioni a spropriazioni forzate, nell' atto che un creditore di data posteriore sarebbe pagato prima di lui sopra somme già liquide. Il legislatore non ha potuto avere questa intenzione.*

E proseguiva — Neppure è da opporre che nel caso non si tratti di graduazione su tutti i beni del debitore, ma di graduarli su di un solo fondo: mentre appunto per questo è da star sulla regola dell' individuità dell' ipoteca, dalla quale si potrebbe prescindere se si trattasse di graduazione generale in cui, come prosiegue il med. autore § 760, — *è più facile di conciliare tutti i diritti con una divisione* — Doveano altresì le Modoni attendere il fine delle molestie che venivano loro arrecate, e farne conoscere il progresso al cliente, dicendo l' imperadore nella *l. 9 cod. de eviction.* — *Si controversia tibi possessionis, quam bona fide emisse allegas, ab aliquo movetur: auctori haeredive ejus denuncia, et, si quidem obtinueris, habebis quod emisti. Sin autem evictum fuerit a venditore successoreve ejus, consequeris quanti tua interest:* nè loro bastava l' aver intimato il pericolo della evizione, volendo j prammatici, che all' effetto di agire pei danni si verifichino otto condizioni, cioè 1. che la lite sia denunciata all' autore, 2. che intanto il compratore virilmente si difenda, 3. che sia pronunciata una sentenza, 4. che risguardi la proprietà, 5. che sia di giudice competente, 6. che non sia notoriamente imprudente, 7. che dalla medesima non penda l' appello, 8. che sia stata eseguita (4): per cui se le Modoni

---

(4) Richerio *jurispr. lib.* 3 *tit.* 17 *num.* 2586. — Donello *de jure civ. lib.* 13 § 8. - Cujacio *comment. in sent. Pauli ad edict. tom.* 5 col. 1400 *ed. di Prato.*

a tali giuridiche obbligazioni loro non adempirono, è da dire con Paolo nella *l.* 53 § 1 *ff de evict.* — *Si cum posset emptor auctori denunciare , non denunciasset , idemque victus fuisset , quoniam parum instructus esset: hoc ipso videtur dolo fecisse, et ex stipulato agere non posse.*

Il difensore delle appellate all' incontro dicea oltre alla regola dell' essere ogni dannificante tenuto all' ammenda dei danni, che per colpa sua sono ad altri avvenuti (5), concorrere il disposto nelle leggi ipotecarie, che presso di noi furono successivamente pubblicate, le quali sono concordi nel dare agli iscriventi contro i conservatori azione pei danni colle di loro omissioni avvenuti, e che dal sacro uditorio furono severamente applicate nelle *Macerten. refectionis damnorum* 5 luglio 1833 , 7 maggio 1834, 29 aprile 1836 , 6 marzo , ed 11 dicembre 1837 cor. Zacchia, l'ultima delle quali § 3 proclamò ancora una volta che — *probatione non indiget servatorem pro erroribus , omissionibus , ac vitiis aliis quae in hypothecis in codice inscribendis committuntur, ad omnia damna reparanda adigi , quae creditores patiantur.* E dopo aver dimostrato come quel danno che le Moduni soffersero, non contando l' ipoteca Minghetti che non conoscevano, derivasse dal non esser notata la iscrizione nel certificato, dicea che le sue clienti, col transigere la causa , l' azione che aveano contro il conservatore non pregiudicarono, mentre è ricevuto che neppure il compratore minacciato d' evizione , dopo avere denunciato al venditor le molestie , debba sostenere per lui un ingiusta causa, per cui, al dir dell'Urceolo *de transact. cap.* 42 num. 32, tra gli altri rimedi che ha il compratore — *aliud est etiam quod in illo emergenti potest capere ad evitandam imminentem rei venditae evictionem, et est transigere, concordare, et se componere cum creditore, donatario, fideicommissario, cum protestatione tamen repetendi summam solutam ex causa transactionis ab ipsomet venditore vel ejus haeredibus, et hoc facere po-*

(5) *L.* 155 *ff de reg jur.*

üst non solum quod ab illo praestendentis et jus habente mota
fuit lis, et per emptorem diu defensa et sustentata, ita ut vel
illa obtinuerit, vel proxime sententiam habiturus erat, verum
etiam antequam ullum institutum fuerit judicium, et ante sen-
tentiam, eaque non expectata, potest emptor agnoscendo bonam
fidem, et transigendo, evictionem ipsam praevenire, evitare
litium anfractus, et, tamquam a negocio utiliter gesto, repetere
a venditore, vel ab ejus haeredibus totum id quod exsolvit,
ex caussa ejusdem transactionis: la qual massima, che non
è nell'uso del foro di poca importanza, giustificava con altre
dottrine (6).

Dopo di che, combattuta la contraria offesa che l'azione
dal creditore intentata contro alle Modoni non sarebbe stata
proficua, dati su ciò gli schiarimenti, fatto osservare che,
conosciuta quella ipoteca, nessun tribunale alle clienti sue
avrebbe potuto negare il beneficio della divisione, o almeno
la commodità di dimetterla all'amichevole subentrando nelle
ragioni del creditore (7), volgeasi a vendicare dall'accusa di
collusione l'operato tra le Modoni, il padre loro, ed il creditore. Diceva in ultimo che sempre è fruttifero il danaro
pagato dal compratore per evitare la evizione di cosa fruttifera (8), giacchè il danaro impiegato nel redimere il fondo

(6) Rota *decis.* 337 *num.* 8, *et decis.* 390 *per tot.* recen. - *De-*
cis. 315 *num.* 15 *cor.* Bichio. - *Decis.* 876 *num.* 3 *cor.* Merlino. -
Decis. 566 *num.* 4 *cor.* Emerix. -. *Decis.* 116 *num.* 2 *cor.* Ansaldo,
e *nella Perusina reintegrationis* 19 aprile 1790 § 6 *cor.* Strasoldo.

(7) *L.* 22 *cod. de pignor. et hypoth.* - *l.* 1 *cod. qui potior*
in pignor. hab. - Qui pignus secundo loco accepit, ita jus suum
confirmare potest, si priori creditori debitam pecuniam solverit. -
L. 5 *cod. eod.* - *l.* 4 *cod. de his qui in prior. credit.*

(8) *L.* 9, 17, 22, *cod. de eviction.* - Mangil. *de evictione*
qu. 179 *num.* 1 *et seq.* - Rota *nella Perusina salviani super fru-*
ctibus 6 giugno 1785 § 2 *cor.* Lancellotto.

dalle molestie gode il beneficio della *l. eurubit*, considerandosi come se fosse lo stesso fondo (9).

Il tribunale nella prima proposizione della causa, che fu del dì 29 aprile 1842 rescrisse — *affirmative ad primam partem*, *negative ad secundam*: ed in seguito della nuova discussione.

„ Considerando che il danno deve essere riparato da chi lo arreca, e, checchè dicano il Granier, ed il Troplong circa all'umanità con cui devono essere risguardati i falli commessi dai conservatori, la legge presso di noi li rende *responsabili d'ogni pregiudizio risultante dall'avere omesso nei loro certificati di far menzione di una o più iscrizioni*: lo che fu ripetuto in tutti i motu-propri coi quali alla ragion delle ipoteche fu provveduto.

„ Che quando è chiara la disposizione della legge che, avuto riguardo all'importanza dell'officio commesso ai conservatori, ed al lucro con cui è rimunerato, li rende garanti *d'ogni pregiudizio* derivato alle parti per loro rinuncia, non si può avere riguardo all'opinione d'uno, o due privati scrittori per usare benignamente con essi, poichè diventa iniquità ogni equità usata contro all'espressa disposizione della legge (10).

„ Che quindi il conservatore Pietramellara non può esimersi dal rinfrancare le Modoni del danno che queste soffrirono per l'omissione dell'iscrizione Minghetti, mentre, se esse avessero conosciuta quella ipoteca, o non avrebbero pagato l'intiero prezzo al venditore, o non avrebbero fatto il contratto.

„ Che inutilmente dal conservatore si dice quel certificato non essere stato nell'istromento inserito, poichè dalla somma delle ipoteche che nell'istromento stesso fu enunciata, e dall'avanzo che si disse rimanere detratti i debiti, certo

---

(9) *Ibid n.* 3, e 4.

(10) *L.* 1 *cod. de legibus.* - *l.* 9 *eod. tit. Nov.* 82 *cap.* 13.

è che fu quello da cui nel comperare presero norma le contraenti.

„ Che se della collusione non si dà nessuna prova, anzi per parte delle sorelle Modoni viene esclusa, quel dire che la iscrizione Minghetti era inefficace, del pari è inutile: poichè, quand' anche quella iscrizione si fosse dovuta considerare come ultima, niuno non sa che l' ultimo creditore iscritto rimasto insoluto, può portare all' asta pubblica il fondo venduto, lo che era danno per le Modoni; e d' altronde in fatto è provato che l' ipoteca Minghetti sarebbe stata soddisfatta per la esuberanza che v' era nel prezzo dei fondi.

„ Che se le Modoni, senza attendere l' esito della lite contro di loro intrapresa dal creditore, conclusero con esso una concordia, non per questo perderono l' azione ad essere ristorate dei danni loro recati dal conservatore: mentre ogni possessor molestato ha diritto di esimersi transigendo col molestante, senza perdere la rivalsa contro chi è tenuto dell' evizione.

„ Rescrisse — *In decisis juxta modum in voto exprimendum* , ed il modo risguardò una tenue emenda di calcolo fatta nel credito delle appellate.

Camera del dì 4 agosto 1843 — Bononien. emendationis damnorum R. P. D. Amadori-Piccolomini *decano* , *dif. per Pietramellara* sigg. avv. Sturbinetti, Rossi (Felice), Pieromaldi, *proc.* sig. dott. Binarelli; *per le Modoni* sig. avv. Rossi (Pietro), *proc.* sig. dott Proja.

1 settembre 1843 — *Expediatur.*

RUOTA . DUBBJ . SENTENZA . DICHIARAZIONE D'ANIMO

XXXV. *La concordazione del dubbio serve in ruota all' ordine della discussione , non a limitare la giurisdizione dei giudici. Questa sempre dipende dalla citazione introduttiva del giudizio.*

*Se la interpretazione d' una sentenza dia luogo a controversia,
può, chi l' ha ottenuta, terminarla col dichiarare in qual
modo egli intende di profittarne.*

(*Discuss. sui §§ 1428, e 1431 del reg. giud.*)

Franchellucci c. Fracassetti

Al sig. avv. Fracassetti, (che, al dir della S. R. Ruota, di
lodi non prodiga *ob juris peritiam, et morum honestatem omnium
existimationem sibi comparavit* (1)) provocato dal Franchellucci
con una stampa, in cui si contenevano espressioni che non dovea tollerare, fu necessità chiamare tal suo avversario alla
curia metropolitana di Fermo *per ottenere* (disse il libello)
*che venga al citato prefisso un breve ed unico termine, entro
cui giustificare gli estremi della sua pretesa azione dei danni,
scorso il quale, e non prodotte le dette giustificazioni, o trovate
false ed insussistenti, venga emanata sentenza definitiva con cui,
previa la dichiarazione della falsità dei fatti suddetti, e quindi
dell' insussistenza della jattata azione dei danni, al medesimo
s' imponga perpetuo silenzio* — ed un primo decreto gli
prefisse un termine a *giustificare gli estremi delle jattanze*,
quale decorso, il giudice si riservò di decidere definitivamente
la causa: più tardi, passato il termine senza effetto, al 18 di
aprile 1842 il medesimo giudice dichiarò *doversi assolvere
l' avvocato Giuseppe Fracassetti dalle diffamazioni, molestie,
e jattanze di danni dipendenti dai fatti asseriti nelle succitate
stampe di Girolamo Franchellucci, al quale ha decretato, e decreta doversi imporre, siccome impone sulle anzidette diffamazioni,
molestie, e jattanze un perpetuo silenzio.* Portato in ruota
l' appello, e concordato il dubbio — *An sit locus praefixioni
termini ad effectum justificandi jactationes, et eo inutiliter elapso,
impositioni silentii,* il sacro uditorio, attenendosi ai termini

(1) *Firmana seu Pisauren. jactationis* 3 *aprilis* 1843 *cor.*
D' Avelli.

del § 1431 che vuole prefisso un termine a promuovere l' azione rescrisse — *affirmative juxta modum in decisione exprimendum*, il qual modo fu quello di dire — *ut Hieronymo* (Franchellucci) *praefigatur terminus unius mensis ad effectum promovendi actionem ad formam legis et, eo inutiliter elapso, sit locus impositioni silentii, et declarationi peremptionis actionis*: nello spedirsi la causa la sentenza fu concepita colla formola — *bene fuisse a tribunali primae instantiae judicatum sententia diei 18 aprilis 1842, proptereaque dictam sententiam esse plene confirmandam, et pro hujusmodi effectu, juxta modum in decisione expressum, praefigimus terminum unius mensis ad promovendam actionem ad formam legis, termino vero supradicto inutiliter elapso, decernimus esse locum impositioni silentii, ac declarationi peremptioni actionis*: la qual differenza tra il giudicato di Fermo, e quello di Roma al patrocinio del Franchellucci dette argomento per chiamare la formola della ruotale sentenza, alla censura del tribunale supremo.

Il sig. avv. *Buti*, sostenendo il ricorso, la disse nulla per difetto di giurisdizione. Ricordò che i ponenti di ruota nel sottoscrivere i giudicati non si possono allontanare dai rescritti (2), per cui il tribunale bene spesso annullò le sue proprie sentenze, in cui questa regola non fu osservata (3). Quindi sostenea che se la sentenza di Fermo giudicò *doversi assolvere l' avv. Fracassetti dalle diffamazioni, molestie, e jattanze di danni*, e il rescritto di ruota disse piuttosto doversi prefiggere un termine a giustificare, passato il quale doversi imporre silenzio, tale rescritto non confermò, ma revocò la sentenza appellata: mentre imporre silenzio a chi vuol parlare, è cosa diversa dal chiarire le cose dette da lui come

---

(2) *Cost.* 44 *di* Pio IV § 44. - *Cost.* 71 *di* Paolo V § 5 *num.* 7. - Rota· cor· Ansaldo *decis.* 23 *num.* 3,

(3) *Recen. parte* 16 *decis.* 151 *num.* 2 - *parte* 19 *decis.* 163 *num.* 2, 3. - *ibid. decis.* 622 *num.* 2. - *cor.* Benincasa *decis.* 92 *num.* 2, *e decis.* 123 *num.* 7. - *cor.* Molines *decis.* 718 *num.* 3.

bugiarde : per conseguente allorchè su tale rescritto reformatorio si spedì la sentenza, al ponente mancò la giurisdizione per dire *confirmamus*, perchè nei giudizi ruotali la concordazione del dubbio tien luogo d'istanza, nè potea confermando decretar come ingiuste quelle jattanze che i padri del turno in conformità della legge voleano in altro giudizio esaminate.

Ed aggiungea non ostare che la sentenza ruotale dicesse confermata la precedente *juxta modum*, poichè di quel modo nel dubbio non si parlò, ed in oltre il causidico che presentò la minuta della sentenza volle detto che la precedente *pienamente* si confermava, per cui la clausula *et pro hujusmodi effectu*, con cui continuò il tenore della cedola fu atta a spiegare, non a limitare la piena conferma che v'era enunciata. Dicea altresì che quella prefissione di termine concepita in quel modo, potea far credere che la conseguente imposizione di silenzio fosse nel senso del giudicato fermano, cioè per la ingiustizia delle jattanze, E notava per ultimo il ricorso non essere diretto alla nullità di tutti gli atti ruotali, ma della sentenza soltanto, per cui, nell'annullarla, non si dovesse avere tanta ripugnanza quanta conviene nel caso in cui di tutto il processo si chiegga la nullità: d'altronde l'annullamento essere necessario per dire al giudice di primo grado se il tribunal della ruota pronunciò sulla giustizia delle jattanze.

Il sig. avv. *Tosi* al contrario dicea pel collega essere molto nuovo per lui, che il modo aggiunto dal giudice non formi parte del giudicato, e se la ruotale sentenza disse di confermare nel senso di prefiggere un termine a giustificare le jattanze, passato il quale non le jattanze si reputassero ingiuste, ma s'imponesse silenzio a chi millantava, essa sentenza fu quella che fu, cioè riformatoria nella parte variante, confermatoria nella parte che realmente fu conferta, non per questo passibile della censura di nullità che mai non cade sulle parole, ma sopra i fatti. Quindi osservava che, se il § 1428 da al diffamato il diritto — *di convenire il dif-*

*famante, affinchè gli venga ingiunto di giustificare la pretesa
azione, o, in difetto, gli sia imposto relativamente alla medesima
perpetuo silenzio*, e se il § 1431 dice che — *il giudice asse-
gnerà un termine a proporre la sua azione in giudizio, scorso
il quale gli imporrà il silenzio, e dichiarerà che l'azione è
perenta*, quando il rescritto ruotale aggiunse il modo, ricon-
dusse la causa sulla via della legge, e la decisione lo significò
colle seguenti parole — *Correcto hinc errore calculi in quem fuit
lapsus firmanus Vicarius dum, ut intra terminum Hieronymus
jactationes probaret, loco tantummodo imponendi silentium, et de-
clarandi peremptionem actionis, jus quoque sibi reservavit di decidere* la causa nel merito come di ragione, *ac processit insuper deinde ad sententiam definitivam super falsitate earumdem
jactationum, merito PP. censuerunt non aliud posse in disputa-
tionem deduci, nisi ut locus nec ne esset praefixioni termini ad
effectum justificandi jactationes, et, eo inutiliter elapso, impositioni
silentii* (4) — Nè sapeva comprendere come la sentenza ruotale dir si potesse divergente dalla formola, e dalla risoluzione del dubbio, poichè se la formola fu di prefissione di
termine a giustificare le jattanze, e in difetto silenzio, se
la risposta prefisse il termine a promuovere l'azione a forma
di legge, quale decorso, volle silenzio, e perenzione d'azione,
il giudicato fu in perfettissima armonia col rescritto, il rescritto col dubbio, colla sola diversità che, come il dubbio
si conformava al libello, così la sentenza fu conforme al
rescritto, il quale rendè la risolutiva più corrispondente alla
disposizione della legge: per cui come è incivile il voler
applicare una legge senza esplorarne la volontà dall'intiero
tenore, così fosse incivile il dare ad un giudicato una forza
che tale non è, preso in esame tutto il contesto. E ripeteva
i moniti che circa alle diversità talvolta possibili tra le decisioni ossia opinamenti di ruota, e le sentenze ruotali si tro-

(4) *Firmana seu Pisauren. jactationum* 3 *aprilis* 1843 *cor.*
D'Avella § 3.

vano in più decisioni *eor. Falconerio*, e tra le altre nella decis. 6 num. 3 *tit. de usufr.*, decis. 25 num. 2 *de dote*, nella decis. 4 num. 6 *de pactis*, e nella decis. 26 *tit. de solutionibus*, ove dice al num. 4 — *conformitas sententiae etiam decisionibus non attenditur ex cortice verborum, sed ex rei, et ratione judicati*.

Proposta la causa a'dì 14 dicembre 1843 andò pel Fracassetti perduta col rescritto — *circumscripta per viam nullitatis sententia rotali diei 3 julii 1843 ex defectu jurisdictionis, partes utantur juribus suis ,* e nel procinto della nuova discussione, esso sig. avv. mandò una supererogatoria dichiarazione negli atti, in cui protestò che, sebbene la sentenza ruotale non avesse bisogno d'interprete, pur nondimeno egli intendeva potere il Franchellucci a suo grado, non ostante il tenore di essa, procedere alla giustificazione delle jattanze, e neppure esser d'ostacolo la già avvenuta decorrenza del mese. Il supremo ordine, udite nuovamente le parti.

„ Considerando che il patrocinio del Franchellucci fa consistere principalmente la nullità nell'avere il prelato ponente di ruota sottoscritta una sentenza che, confermando quella di primo grado, prefisse un termine ad intentare l'azione, mentre quella di primo grado impose silenzio alle jattanze.

„ Che ciò è falso : mentre la ruota non confermò semplicemente l'appellata sentenza, ma aggiunse un modo, cioè la risolutiva della prefissione del termine a promuovere l'azione a forma di legge : e se questo modo fu pienamente conforme al rescritto ruotale, il prelato ponente si tenne nei limiti della sua giurisdizione, per cui la conferma risguardò l'azione in genere, ed, in quanto alla risolutiva, il giudicato ruotale fu una vera riforma.

„ Che in tal maniera di formulare la sentenza non fu nessuna ripugnanza di clausule, mentre il confermare una sentenza di primo grado *juxta modum*, è lo stesso che in parte confermarla, ed in parte revocarla : inoltre il rescritto ruotale fu alla sentenza di primo grado pienamente conforme in quanto alla prefissione del termine, per cui quella voce di conferma potè opportunamente esservi usata : e d'altronde la causa, di cui oggi si tratta, non è causa di proprietà di termini, ma di nullità di sentenza, che non può essere decretata, se la sentenza al rescritto non è manifestamente contraria. .

. „ Che peggiore rifugio è quello di dire la sentenza contraria alla formola con cui il dubbio fu concepito : mentre neppure della nullità del rescritto ruotale oggi si tratta, e se non v'è discordanza tra il giudicato, e il rescritto, ciò basta a rigettare il ricorso. Oltrediché, quand'anche il rescritto non fosse in perfetta concordanza col dubbio, bene spesso la ruota si affranca dalle angustie dei dubbi, e per rispondere con disposizioni più larghe, adopera i modi : nè mai venne in mente a nessuno accusare di nullità per tale motivo le ruotali sentenze, tutti sapendo che le formole dei dubbi furono introdotte per commodo di discussione, e per frenare la intemperanza dei difensori, mentre la citazione introduttiva di giudizio è quella che determina i confini della giurisdizione.

„ Che perciò la sentenza ruotale mai non potrà essere d'ostacolo a quei che dovranno dare giudizio sulla giustizia delle jattanze, poichè dall'intero tenore di essa dovranno conoscere che la sentenza di primo grado, confermata in ciò che risguarda alla prefissione del termine, in quanto alla giustizia delle jattanze fu riformata. Oltre di che si arroge la dichiarazione con cui l'avv. Fracassetti ha fatto conoscere, che se il Franchellucci voglia entro un mese istruire la propria azione, e provar, se lo può, la giustizia di sue jattanze, è in arbitrio di farlo.

Rescrisse — *Nihil.*

Segnat. del dì 1 febbraio 1844 — *Firmana circumscriptionis* R. P. D. La Grua-Valdina, *proc. per Franchellucci* sig. dott. Bernetti ; *per Fracassetti* sig. dott. Brunetti.

XXXVI. *Non è necessario che la cambiale, per essere un atto di commercio, sia tratta da una persona sopra di un altra all'ordine s. p. di un terzo. Alla qualità commerciale della obbligazione bastano due persone, cioè quella che si obbliga a pagare, e quella in cui favore l'obbligazione è contratta.*

Chi non commerciante dice in Roma — pagherò, per esempio, a Terni all'ordine s. p. di Tizio scudi cento al domicilio di Cajo, fa un biglietto a domicilio che contiene trasporto di danaro, è per conseguenza un atto di commercio.

Qualunque credito civile può esser materia di trasporto di danaro, e per conseguenza di atto commerciale: nè osta la clausula valuta avuta in effettivo contante, mentre questa può anche significare credito preesistente.

Ceccarelli c. Severi

Ceccarelli causidico cesenate ai 16 di aprile 1842 firmò a Cesena in favor di Severi sostituto nella cancelleria di quel governo una obbligazione così concepita — *a' 18 mesi data, pagherò per questa mia prima e sola di cambio all'ordine s. p. del sig. Luigi Severi scudi 87 effettivi valuta avuta dal medesimo in effettivo contante — P. Ceccarelli — a me medesimo da Cesena pagabile in Forlì presso il sig. Domenico Rossetti —* Citato a pagare, ottenne che il tribunale di commercio si dichiarasse incompetente: ma, revocata la forlivese sentenza dal tribunale di Bologna, la questione d'ordine fu in terzo grado portata alla ruota, e commessa al patrocinio del sig. avv. *Mandolesi.*

Sulle generalità di questa polemica, che più volte i lettori hanno incontrata nel nostro giornale, cioè sulle origini del contratto cambiario, ripeteva ciò che hanno detto i francesi scrittori, e che fu in ultimo luogo raccolto dal sig. avv.

Vici nella causa Guazzugli , e Bertiboni (1): ad oggetto però di affrancar la sua causa dalle regole di competenza che ricorrono in fatto di vere cambiali , e dalla giurisprudenza su ciò in ruota transatta, per metterla, se gli fosse possibile, sotto all'articolo 606 che vuole il rinvio , quando i biglietti non contengono firme di mercadanti , o non provengono da operazioni di commercio, traffico , cambio, banca, o sensaria, ricordava la necessità delle tre persone che devono concorrere a costituire una vera cambiale, un traente cioè, un remittente, ed un accettante (2) ; ed aggiungea che siccome due specie di biglietti il commercio conosce — *secondoche* (dice l'Azuni) *lo scrivente si obbliga pagare nella piazza in cui scrive, o in altra al domicilio di un terzo* (3), così alcuni scrittori rassomigliarono alle cambiali *i biglietti a domicilio*, rassomiglianza che dal sig. Pardessus fu chiarita illegale (4), e che essi fondavano nell'idea che cambiale sia ogni carta per la quale il danaro si trasporta da un luogo all'altro, senza considerare che, se questo bastasse, l'art. 117 che dice spurie quelle che contengono supposizioni di nomi rimarrebbe senza utilità — e continuava così.

Dice l'art. 606 — *allorquando i biglietti all'ordine non avranno che firme d'individui non commercianti, e non avranno origine da operazioni di commercio, traffico, banco, o sensaria, il tribunale sarà obbligato di rimettere l'affare al tribunale civile*, e nel susseguente , considerando che uno stesso

(1) *V. il pres. volume pag.* 93.

(2) Pardessus *delle lettere di cambio num.* 438 , e 439. - Locré *spirito del cod. di comm. all'art.* 112. - Azuni *alla v.* cambiale *art.* 2 § 39. — Nouguier *trattato delle lettere di cambio num.* 24. - Pothier *del contratto di cambio part.* 1 *cap.* 2 *num.* 17. - Marrè *tom.* 1 *num.* 385. - De Villeneuve *lett. di cambio* § 1 *e* 2 *num.* 5 , 12, 22. - Dalloz *vol.* 25 *part.* 2 *pag.* 267.

(3) *Ibid.* § 14.

(4) *Ibid. num.* 478 , *e* 479.

biglietto può contenere firme d'individui negozianti, e d'individui non negozianti, sottomette gli uni e gli altri alla giurisdizione consolare, solo dicendo che il tribunale — *non potrà pronunciare l'arresto personale contro gli individui non negozianti, a meno che essi non si siano obbligati in occasione di operazioni di commercio, traffico, banco, o sensaria, o che l'esecuzione personale non competa anche secondo la legge civile in quel caso*: ma se la carta sottoscritta dal Ceccarelli fu un biglietto, e non una cambiale, se il Ceccarelli è un causidico non un mercadante, se gli sc. 84 non provenivano da un atto di commercio, ma da tasse di cancelleria, e da un rancido credito che il Severi avea contro un Pasini al Ceccarelli accollato, e da un prestito fatto, l'obbligazione da lui contratta sarà una di quelle che il tribunal di commercio è incompetente a giudicare. E si studiava di giustificare che il biglietto avesse realmente l'origine che avea accennata. Quindi notava che sebbene da alcuna regiudicata francese fosse già deciso tali biglietti a domicilio doversi considerare come atti di commercio, ancorchè non sottoscritti dai mercadanti, ciò provenne da abuso dell'art. 632 (che nel nostro regolamento è il 602) e che reputa atti di commercio *le lettere di cambio o rimesse di danaro fatte di piazza in piazza fra ogni sorta di persone*, comeche nell'articolo quell'*o* sia spiegativo e non disgiuntivo, cioè significante parlarsi delle lettere di cambio, *cioè* rimesse da piazza a piazza: giacchè altrimenti il legislatore avrebbe adoperato le congiunzione, e avrebbe detto — *lettere di cambio, e rimesse di danaro fatte da piazza a piazza*: ed invece il sig. de Villeneuve, la cui opera dalla curia di Roma venne accòlta con plauso, professa la ragionevolezza di tale interpretazione dicendo nell'art. 632 — *il legislatore non può aver voluto esprimere che una medesima cosa, cioè a dire una rimessa di danaro operata da una lettera di cambio, ancorchè colui che la darà non sia commerciante* (5). L'ultima parte di tale difesa

_____

(5) *Dis. di comm. alla v.* lettera di cambio § 1 *nella nota* 1.

fu nell' arguire la simulazione di quella tratta, sia dal perchè Cesena e Forlì sono città tanto vicine da renderc impresumibile una scadenza a 18 mesi data, sia dall' essere il Severi un sostituto cancelliere, il Ceccarelli un causidico, e nessuno di essi addetto al commercio, sia finalmente dalle prove che il sig. avvocato avea riunite per convincere i giudici sopra alla vera origine della valuta che fu detta in contanti. Citava l' autorità di non pochi, i quali rimettono il giudizio di tali simulazioni al criterio che i tribunali possono formarsi sulle circostanze dei fatti (6).

Il sig. avv. *Theodorani*, che sosteneva l'appellata sentenza, parlò ancor esso della natura del cambio, ma senza escire d' Italia, e citando gli antichi che in poche parole la definirono per quello che è nella sostanza : cioè il nostro *Scaccia* il quale dice essere di due specie — *primum de pecunia praesenti quod fieri solet in uno eodemque loco, secundum de pecunia praesenti cum absente, ideoque cum fiat de loco ad locum vocatur cambium per litteras* (7), il genovese Torre che insegna altrettanto, soggiungendo che talvolta il denaro cambiato è reale — *et de numerato, aliquando de aliquo nomine seu debitore cesso vel delegato, non raro de ipso nomine debentis, saepe de mercibus aliisque corporibus, et speciebus aestimatis, aliquando aliter*, e finalmente il grande pontefice s. Pio V che nella bolla dei cambi per la città di Bologna ordinò — *che la piazza sia libera per ogni sorta di persone così terriere come forastieri, e tanto mercanti quanto non mercanti, di modo che ad ogni sorta di persona di qualsivoglia grado, e condi-*

---

(6) Pardessus *corso di diritto comm. p.* 3 *t.* 1 *cap.* 1 *sez.* 1 *num.* 32. - Vincens *espos. della legisl. comm. lib.* 8 *cap.* 11 *num.* 2. - Reale *diss. sulle lettere di cambio.* - Pothier *del contratto di cambio cap.* 10 *art.* 55. - Marrè *num* 1 *art.* 232. - Locré *annot. all' art.* 110. - Mongalvy *analisi del cod. di comm. all' art.* 112 *num.* 9.

(7) *De comm. et cambio quaest.* 5 *num.* 2.

zione sia lecito di dare, o di pigliare danaro a cambio purchè il cambio sia reale : intendo esser cambio reale, quando con effetto si é dato il danaro in un luogo acciocchè sia pagato in un altro — provvedendo alla competenza con dire — *che di tutte le questioni e liti che occorreranno per causa di detti cambi in questa cittade, tra quali si voglia gradi di persone, solamente il giudice o consoli del foro dei mercanti siano e s' intendono essere giudici competenti*, aggiungendo che tutti, ed in ispecie lo Scaccia, l' intervento delle tre persone in una cambiale dissero alcuna volta opportuno secondo le circostanze della operazione che vuol farsi, ma non necessario, e ritenendo che può un traente trarre sopra se stesso senza che ciò renda men vero, e men commerciale il trasporto del danaro da piazza a piazza (8) : dottrina che dai migliori trai moderni venne professata (9). E, dopo avere combattuta l' opinione del sig. Pardessus, scorciava alla decisione la via, dandosi a sostenere che se quella carta non fu una vera cambiale, fu certamente un biglietto all' ordine a domicilio che, a definirlo colle parole del Pothier — *è un biglietto col quale io mi obbligo di pagare a voi, o a colui che avrà ordine da voi una certa somma in un certo luogo col mezzo del mio corrispondente invece della somma, e della valuta che ho da voi ricevuta, e che debbo ricevere* (10), specie d' obbligazione a cui tutti accordano, compreso il sig. Pardessus, il beneficio della giurisdizione consolare (11), senza che nessuno di essi

---

(8) Scaccia *quaest.* 5 § 7. - Strick. *disp.* 18 *cap.* 18 § 8 *al* 20.

(9) Cesarini *trattato ecc. cap.* 20 § 2. - Marrè § 223. - Ricci *nelle note ad Azuni.* - Delvincourt *instit. comm. lib.* 1 *tit.* 7 *lett.* E. - Persil *trattato delle lettere di cambio art.* 110 *num.* 13. - Becane *questioni ecc. pag.* 246, 247. - Nouguier *delle lettere di cambio ecc. ses.* 2 § 63.

(10) *Trattato del cambio part.* 2 *cap.* 7 § 215.

(11) *Corso di diritto commerciale part.* 3 *tit.* 3 *cap.* 2 *ses.* 3. - Fremuer *studio sul diritto comm. cap.* 16. - Horson *quaest.* 13. -

quelle parole — *o rimesse da piazza a piazza* — che sono
nell'art. 602 abbia inteso nel senso esplicativo di *lettere di
cambio*, la quale intelligenza convincerebbe il legislatore di
pleonasmo, impresumibile in una legge ben formulata. Oppo-
stosi quindi alla contraria assertiva che materia di quel biglietto a domicilio fosse una nota di tasse di cancelleria con
alcun credito al Ceccarelli accollato, passava a sostenere che,
data anche una tale origine, il biglietto a domicilio sarebbe
stato un atto commerciale.

Dicea che in Italia non fu mai dubitato potersi da un
credito precedente creare un cambio (12), come la ruota
mai non dubitò potere il cambio commerciale esistere fra
due persone soltanto, una delle quali sia nello stesso tempo
traente ed accettante (13), persuasa, come disse cor. Pianetti
decis. 42 § 8, che — *in litteris cambialibus illud unice quaeren-
dum est utrum pecuniae de loco ad locum trajiciendae sint, nec
ne, nam una pecuniarum trajectio veram realemque contractus
cambii essentiam atque naturam constituit* (14), come non ne
dubitarono neppure i francesi: e citava per tutte la notissima
decisione della corte suprema nella causa Garda, e Mon-
genet 5 maggio 1809 riferita da Merlin alla voce *lettera di
cambio*. A tutto ciò aggiungeva l'autorità della legislazione
comparata, riportando il tenore delle leggi austriache, inglesi,
olandesi, russe, svedesi, portoghesi, svizzere, napolitane,

Merlin *alla v.* biglietto a domicilio. - Despreaux *competenza* § 502.
503. - Sirey *cod. di comm.* anno 1.

(12) De Luca *de cambio disc.* 83 *num.* 1. - Casaregi *de cambiis disc.* 25 *num.* 6. - Rota *nella Romana pecuniaria 26 giugno* 1805 § 3 *cor.* Resta.

(13) *Romana literae cambii 24 aprilis* 1818 *cor.* Odescalchi.
Tolentina seu Camerinen. pecuniaria in re commerciali 15 dec. 1826
cor. Marco § 10.

(14) *V.* anche la *Romana seu Urbevetana liter. cambii 6 marzo* 1815' *cor.* Tassoni.

oltre alle particolari ordinanze di Lipsia, di Norimberga, d'Augusta che con esemplare diligenza avea ricercate (15).

La sacra ruota ,, Considerando che sebbene nè il Ceccarelli, nè il Severi esercitino la mercatura, per cui *ratione personae* non siano soggetti alla giurisdizione commerciale, pur nondimeno la causa di quel pagamento apparteneva al tribunale di commercio *ratione materiae*, e perchè la obbligazione avea la forma d'una vera cambiale, e perchè conteneva una vera trasmissione di danaro da piazza a piazza, nel qual caso il tribunal consolare pel disposto dell'art. 601 del codice di commercio dovea giudicarne.

,, Che non giova l'opporre essere dal Ceccarelli tratta sopra se stesso, e in lui verificarsi la qualità di traente e di accettante: poichè, sebbene alla natura di tali obbligazioni convenga che il traente e l'accettante siano due persone diverse, non v'è nessuna legge la quale divieti il riunire in una sola persona le suddette due qualità, o dica che per tale riunione l'atto sia meno commerciale: d'altronde, consistendo la natura del cambio nella permutazione del danaro da taluni rassomigliato a quello della compra-vendita, la concorrenza d'un traente, e d'una persona in di cui favore si trae bastano a perfezionarlo, comechè l'intervento d'altre persone

---

(15) *Patente* austriaca *sopra il cambio rinnovata nell'anno* 1822 *art.* 3. - *Delle lettere di cambio, e dei biglietti all'ordine secondo la legislazione e giurisprud. d'*Inghilterra, *della* Scozia, *e dell'* Irlanda *dei signori* Foelix, *e* Strafford Carey § 12. - *Codice di comm.* olandese *del dì* 1 *ottobre* 1838 *tit.* 7 *sez.* 1 - *Digesto russo del* 25 *giugno* 1832 *regol. sulle lett. di cambio cap.* 1 § 294. - *Ordinanza data a* Stokolm 1 *febbraio* 1748 *art.* 1 § 4. - *Cod. di comm.* portoghese *art.* 428. - *Ordinanza del cambio pel cantone di Zurigo* 16 *maggio* 1805 § 11. - *Ordinanza di Lipsia* 2 *ott.* 1682 § 1. - *Regolamento di cambio per la città di Norimberga del* 1722 *cap.* 2, *simile per la città d'Augsburg del* 1778. - *cod. di comm. pel regno delle* due Sicilie *cap.* 3 *tit.* 1 *art.* 3.

introdotte dall'uso o dalla utilità del commercio facesse credere ad alcuni scrittori che fosse necessario, ed in ispecie al Pardessus, ed al Locré in ciò contraddetti con solidissime ragioni da moltissimi altri che professarono la dottrina già in Italia insegnata dallo Scaccia, dal Torre, e dall'uditorio ruotale.

„ Che se la tratta fatta dal Ceccarelli considerar non si debba come cambiale, ella fu certamente un *biglietto a domicilio*, perchè tratto da Cesena pagabile a Forlì nel *domicilio* Rossetti; e per conseguenza si operava con esso un trasporto di danaro da piazza a piazza.

„ Che il codice di commercio nell'art. 602, oltre alle vere cambiali, annovera tra gli atti mercatorii *le rimesse di danaro da piazza a piazza tra ogni sorta di persona*: e quegli scrittori, i quali sostengono che le cambiali, rigorosamente parlando, sono quelle in cui intervengono almeno tre persone, son d'accordo nel dire che qualunque altra lettera la quale contenga trasmissione di danaro, sebbene il traente rappresenti la persona dell'accettante, sia atto di commercio.

„ Che ciò posto è inutile studio quello diretto a ricercare qual fosse l'origine di quegli scudi 84 per ridurli ad obbligazione meramente civile non soggetta al tribunale di commercio: giacchè in primo luogo non si è provato che tal somma provenisse da tasse di cancelleria unite ad un credito ceduto al Ceccarelli, anzi a tale assertiva si oppone la clausula *valuta avuta in effettivo contante*, onde il biglietto è munito, clausula a cui la ruota ha sempre accordata la massima forza, e la massima autorità: ed inoltre, ancorchè sia vero quanto dai difensori del Ceccarelli viene asserito, non v'è ragione per dire che un credito meramente civile non possa dar causa ad un atto di commercio, ed essere convertito in una cambiale senza alcun vizio di supposizione di valuta: dal che consegue l'obbligazione di cui si tratta, doversi considerare soggetta al tribunale di commercio o come cambiale, o come biglietto a domicilio.

Rescrisse — *Constare de competentia*.

Ruota del dì 8 marzo 1844 — Cassationem. in re commerciali super competentia R. P. D. Bonini, *pros. per Ceccarelli* sig. dott. Proja, *per Severi* sig. dott. Brunetti.
Accettata dal soccombente.

XXXVI. CAUSE DI COMMERCIO. INCIDENTI ESECUTORJ. COMPETENZA

XXXVII. *Nelle questioni incidenti, che nascono dagli atti esecutorj per sentenze commerciali, gli ebrei di Roma non hanno diritto a reclamare la giurisdizione privativa del vicariato.*

La domanda di nullità di pignoramento per titolo di dominio, ancorché fatta prima dell'istanza di vendita, è una dimanda incidente, e non un azione principale rei vindicatoria.

(*Discuss. sui* §§ 368, 841, e 1146 *del reg. giud.*)

Panzieri c. Maggi

Panzieri ebreo romano, in forza d'una sentenza del tribunale di commercio, aveva oppignorati i mobili d'una Ghirlanda, e la costui moglie, che se ne disse proprietaria, citando così il creditore, come il proprio marito, ottenne dal primo turno del tribunale dell'A. C. una sentenza che ammise l'istanza, quale revocata dal secondo turno, ma confermata dalla ruota in terzo grado acquistò la forza di regiudicata: ed allora la Maggi, per una tassa di spese a vicenda oppignorò i mobili del creditore. Questi, che avea una nuora di nome *Ester Volterra*, mandolla in giudizio a dimandare l'annullamento dell'atto, dicendosi ancor essa proprietaria degli oggetti oppignorati, e citando innanzi al medesimo tribunale per la nullità, ma quindi, mutato consiglio, esso Panzieri, riflettendo al privilegio che hanno gli ebrei d'esser giudicati dal tribunale del vicariato, interpose ricorso in segnatura per la nullità degli atti che la Maggi fece innanzi all'A. C. quando in origine domandò l'annul-

lamento della esecuzione che sulla mobilia era stata fatta:
il costei procuratore disse allora che dunque, se il tribunal
dell'A. C. era incompetente per l'ebreo reo convenuto nel
primo giudizio, lo era egualmente per la causa che dalla
Volterra era stata introdotta, e nella quale lo stesso suo
suocero era stato citato: mons. uditore a dì 24 novembre 1843 — *mandavit circumscribi omnia et singula acta facta*
coram congregatione civili A. C. tam in primo, quam in secundo
turno cum omnibus inde sequutis: ma la prefettura a dì 29 febbraio 1844, previa l'unione delle istanze, revocando il decreto
di monsig. uditore che annullò gli atti della Maggi, ammise
per quelli della Volterra il ricorso di nullità: ed ecco, per
guarentia della massima, i motivi che precedettero il giudicato — *Ad hanc dirimendam controversiam nonnulla videntur*
in mentem revocanda, nempe quod actor sequi debeat forum rei:
quod oppositio venditioni rerum sub exequutione positarum est
actio incidentalis juxta §§ 1354, 1364, 1365, quod haec actio
incidentalis promovenda est coram judicibus quibus jus est prae-
cipiendi venditionem earumdem rerum, ita monente lege decla-
ratoria diei 14 augusti 1837 — His praemissis, cum in judicio
nullitatis exequutionis reus conventus fuisset Philippus Ghir-
landa, et acta essent prosequenda coram tribunali civili A. C.
etiam haebraeus Panzieri, aliique omnes forum rei sequi tene-
bantur, actaque proinde coram eodem tribunali servanda sunt.
Ex adverso cum in judicio ordinationis taxae sit actrix The-
resia Maggi, cujus nomine peracta fuit exequutio super rebus
mobilibus rei conventi israelitae Panzieri, actio incidentalis
pro oppositione venditioni ipsarum rerum non coram tribunali
civili, sed coram tribunali eminentissimi vicarii, quod competens
erat ad jubendum venditionem rerum ad haebraeum spectantium,
erat promovenda.

Nella difformità dei decreti la causa in terzo grado fu
portata al giudizio del pieno tribunale.

Pel ricorrente fu invocato il disposto nella bolla *Cum*
sicut di Giulio III, in cui le cause civili contro gli israeliti

di Roma sono rendute giurisdizione privativa del vicariato: disposizione che fu confermata da Paolo V nella cost. *Universi*, come dal § 368 del vigente codice giudiziario — che nella causa introdotta innanzi all'A. C. la Maggi fu attrice, ed il Panzieri reo convenuto nella questione sulla ingiustizia o nullità del pignoramento, per cui al tribunale mancò la giurisdizione per giudicare — che la comparsa dell'ebreo non potea prorogare la giurisdizione d'un tribunale incompetente, pel disposto nel § 706 che rende insanabile — *il difetto di giurisdizione concernente la materia, ed il valore della lite, ovvero le persone e le cose soggette al foro ecclesiastico*, e perché (come dice il Voet *ad pand. lib.* 1 *tit.* 4 *num.* 23) — *Si non singularibus personis, sed toti alicui hominum universitati privilegium datum sit, nec singulorum renunciationibus quidquam juris ipsi decedet universitati, nec singulorum factis privilegio contrariis illud subvertatur; quum nemo juri alieno renunciare possit.*

E siccome è scritto nel sad. § 368 che in materia commerciale non hanno gli ebrei giurisdizione privativa, i difensori del Panzieri posero in campo un'idea, che fu, non ha molto, concepita da alcuno di curia, e che meritava di essere rettificata: diceano cioè, che per la definizione contenuta nel § 841 — *le controversie che nascono, o vengono occasionate dalla domanda principale, e che si promuovono sia dalle parti fra loro, sia fra esse ed i terzi, sono demande incidenti*, ma che incidente dir non si poteva una dimanda promossa pria che l'ebreo citasse per la vendita, non potendo essere incidente, ove non è causa principale, e niuna causa il Panzieri avea colla Maggi — che in fatti il § 1354 parla del caso in cui il terzo voglia opporsi alla vendita, e dice — *un terzo che dimostra essere proprietario in tutto, o in parte dei mobili, degli immobili, delle azioni, e diritti pignorati, potrà fare opposizione alla vendita per mezzo di citazione alla parte pignorante, ed al debitore pignorato*, colla qual voce potrà permette di citare anche prima, nel qual caso l'istanza non è un'istanza incidente, ma, contenendo l'esercizio d'un azione *rei vindicatoria*, è principale — Che appunto un istanza *rei vindicatoria* fu fatta, e non una opposizione alla vendita, che non era stata richiesta dalla Maggi.

Il difensore della Maggi per lo contrario rispondeva col § 1146 il quale dice — *gli atti che riguardano pignoramenti o vendite giudiziali in virtù di sentenze di tribunali di commercio si faranno sempre avanti i tribunali civili, da cui dipendono i luoghi ove esistono i beni pignorati, qualunque sia la somma in essi contenuta* — che nel § 368, con cui la privativa giurisdizione del vicariato sopra gli ebrei fu confermata, si disse espressamente 'che la conferma risguardava alle cause *non commerciali* — Che ogni controversia emergente in fatto di pignoramento è di natura sua incidentale, come apparisce dai §§ 1354, 1363, 1364, 1365, e dalla declaratoria 14 agosto 1837, per cui l'attore citato nell'incidente, non cessando per questo d'essere attore, l'ebreo che era stato attore in merito non potea reclamare una giurisdizione privativa, che a lui come reo è unicamente accordata (1) — Che se il Panzieri non avea domandata la vendita, non per questo era men vero che avesse fatto un pignoramento, e che essendo il pignoramento principio di processo esecutorio, questo bastava a che le istanze fatte in conseguenza di esso dir si dovessero istanze incidenti, e non azioni principali della oppignorata proprietà vindicatorie.

Il tribunale supremo rescrisse — *Servetur decretum auditoris praefecturae.*

_____

(1) De Luca *disc.* 60 *num. 9 de jurisdict.* - Segnatura *nella Maceraten. circumscript.* 21 *novembre* 1833 § 3 *cor.* De Bubalo, *Bononien. restit. in integram* 8 *martii* 1838 *cor.* Grossi § 5 . *Romana circumscript. et competentiae* 17 *septembris* 1840 § 7 *cor.* La Grua Valdina.

Segnat. del dì 18 aprile 1844 — Romana circumscriptionis R. P. D. Consolini *aud.*, *dif. per Pansieri* sigg. avv. De Cupis, e Cristinacci, *proc.* sig. dott. Mancini (Pietro Paolo); *per Maggi* sig. dott. Ricci.

EREDI INDIVISI . COMPETENZA . PROROGA

XXXVIII. *Il giudice singolare è assolutamente incompetente per ragione di materia, cioè incapace a conoscere e giudicare delle azioni di creditori del defonto contro gli eredi non ancora divisi. Quindi la di lui giurisdizione non può essere prorogata.*

(*Discuss. sul* § 441 *del reg. legisl.*)

Fabri c. Sgarzi

Giacomo Sgarzi di Budrio citò i fratelli Fabri di Medicina quali eredi intestati del loro padre dottor Gian-Francesco Fabri, per sentirsi condannare alla restituzione di sc. 70 che egli asseriva aver sborsati al genitore suddetto poco prima della sua morte senza alcuna ricevuta, e come anticipazione di rate d'affitto del podere in vocabolo *Gajana*, che si'era trattato, e non mai concluso. L'attore ebbe in vista il valore della lite, e il domicilio de' RR. CC. e quindi, senza badare alla disposizione del § 441 num. 3, ed alla non avvenuta divisione de' coeredi, non dubitò di chiamarli avanti il governatore di Medicina. Anche i rei convenuti non rifletterono alla incompetenza del giudice, e impugnarono acremente il credito dello Sgarzi inducendo testimoni a riprova, e offrendo in ultimo le posizioni, alle quali l'attore credè di potere rispondere con giuramento. Allora il governatore accolse l'istanza dello Sgarzi. Ma si avvidero i fratelli Fabri della nullità degli atti, fecero ricorso alla suprema segnatura pella circoscrizione, allegando il diffetto di giurisdizione concernente la materia — Come causa minore il prelato uditore di segnatura ammise l'istanza. Reclamo di Sgarzi avanti l'uditore della prefettura, il quale emanò il seguente opinamento.

„ Quae in titulo secundo, sectione secunda codicis judi-
„ ciarii de foro competenti enumerantur actiones, non omnes
„ ita materiam respiciunt, ut, nisi apud designatos judices,
„ et tribunalia instituantur, insanabilem jurisdictionis de-
„ fectum secumferant, et jurisdictionis respuant prorogatio-
„ nem. Aliae enim vere inhaerent competentiae ratione ma-
„ teriae, veluti actiones commerciales, actiones contra fi-
„ scum : aliae autem, sicuti personales, reales, vel mixtae,
„ respective quoad domicilium rei conventi vel locum fundi
„ controversi, competentes habent quidem judices, attamen
„ si ad incompetentes allatae fuerint, non sunt immediate,
„ et illico inutiles, ac circumscribendae, quia judicis incom-
„ petentia forte sanari potuit.

„ Inter has recensendae videntur actiones creditorum
„ defuncti adversus illius haeredes, et bona, de quibus lo-
„ quitur § 441. Etenim non absolute, et indefinite apud
„ civilia tribunalia, exclusis expresse judicibus singularibus
„ lex praecipit eas esse instituendas ; sed sub conditione,
„ nimirum quod instituantur contra haeredes, vel contra
„ bona haereditaria, quae adhuc sint indivisa. Ex quibus sua
„ sponte sequitur, quod si una agatur adversus haeredes,
„ si bona divisa fuerint, actiones promovendae sunt coram
„ judicibus singularibus, vel coram tribunalibus, juxta or-
„ dinariam praescriptam competentiam, et actionis indolem ;
„ nullo amplius interveniente jurisdictionis privilegio, et
„ praerogativa.

„ His positis, nemo inficiabitur, quod judicibus etiam
„ singularibus est in genere jurisdictio actiones creditorum
„ defuncti cognoscendi, et definiendi, atque hujusmodi mate-
„ riam esse extraneam, prorsusque ademptam ab eorum
„ auctoritate, sub conditione tantum. Hinc prorogabilis dici
„ debet ea jurisdictio, cum non agatur de incapacitate ex

„ absoluto defectu ratione materiae, quae nulli conditioni
„ obnoxia esse potest.

„ Et prorogata reapse fuit in casu jurisdictio guberna-
„ toris Medicinae, veluti docent acta quamplurima hinc inde
„ facta, ante praepositam nullitatis querelam.

„ Prorogata autem jurisdictione, circumscriptio dene-
„ ganda est, et contumaciale decretum R. P. D. auditoris,
„ ut arbitror, revocandum, cum comdemnatione instantium
„ ad expensas de jure debitas. „

Coerentemente all'opinamento spedì il decreto revocatorio. Quindi nella difformità reclamo dei Fabri al pieno tribunale di segnatura.

L'avvocato difensore di lui sosteneva gli atti del governatore, che d'altronde in riguardo al valore della lite, e
al domicilio de' RR. CC. sarebbe stato giudice competente.
Ben è vero, egli diceva, che il governatore era incompetente per disposizione del § 441 num. 3 il quale ordina che
siano introdotte avanti il tribunale le azioni de' creditori
contro gli eredi *finchè sono indivisi*; ma questa disposizione si deve intendere in modo che induca nel governatore
una *incompetenza semplice*, *prorogabile*, *e sanabile*, e non
mai una *incompetenza assoluta per ragione di materia*, ossia
incapacità. Questa interpretazione è naturalissima, se si rifletta che il § 441 num. 3 non toglie al governatore la facoltà di giudicare questa causa, se la divisione sia già fatta,
ma che soltanto gliela toglie sotto la condizione, che la divisione non sia ancora avvenuta. Ora un giudice che sotto
una condizione è competente per una data questione, ed è
incompetente per la questione stessa sotto la condizione contraria, non si può dire assolutamente incapace di quella tal
materia. Giacchè allora soltanto si verifica l'incapacità per
ragione di materia, quando una tal lite è sottratta alla giurisdizione di un giudice sempre, e in ogni evento, e non
vi è caso in cui egli possa giudicarne. Questa definizione la
traeva dalla decisione *Romana circumscr.* 20 junii 1839 § 7

cor. *Ferlisi*, e dall'altra *Romana circumscr.* 20 *junii* 1840 § 10 cor. *Morichini* — Aggiungeva ripugnare alla natura della *incompetenza assoluta*, l'essere dipendente da una condizione che ora esiste, ed ora non esiste, e che finalmente se la legge avesse voluto stabilire nel § 441 num. 3 una incapacità sarebbe stata molto improvvida, aprendo l'adito alla frode de' coeredi i quali possono celare, o simulare la divisione a seconda che gli tornerà più a conto di tenér fermi, o di annullare gli atti fatti avanti il giudice singolare.

Al contrario il difensore dei Fabri dimostrava, che gli atti del governatore di Medicina furono nulli per difetto di giurisdizione concernente la materia, e che perciò le comparse, e le caldissime difese fatte dai Fabri avanti quel giudice non avevano potuto in alcun modo prorogare una incompetenza assolutamente insanabile (§ 786). Che il governatore fosse incompetente assolutamente, ossia privo di giurisdizione per ragione di materia dimostrarlo la lettera della legge, la ragione della legge, e l'autorità del supremo tribunale.

E (proseguiva) primieramente l'ordinamento giudiziario è quello che crea i giudici, e li investe di quella giurisdizione che il De Luca chiama *abituale*, la quale è il fondamento della loro capacità. Leggi il § 285 — *La competenza de' governatori.... è limitata alle sole cause enunciate ne' §§ seguenti —* § 286 — *conoscono e decidono.... le cause il cui valore non oltrepassa la somma di scudi 200 salvo il disposto del § 291 in ordine ai tribunali civili:* dunque il governatore non ha giurisdizione abituale per le cause enunciato nel § 291. Quali sono questi casi determinati dalle leggi di procedura? nel codice non sono che il § 441, e il § 507 che trattino di casi concernenti le successioni. Dunque il governatore è privo di qualsiasi giurisdizione nelle materie concernenti le successioni enumerate ne' suddetti paragrafi. Il codice di procedura del regno d'Italia chiama espressamente questi casi *materia di successione*.

E proseguiva — Quando la legge è chiara ogni interpretazione contraria è abuso: se pure vogliasi cercare la ragione della legge, si vedrà che dessa è stata prudentissima nell'annoverare queste azioni fra i giudizi concernenti le successioni. Vediamolo. Un creditore del defonto muove l'azione personale contro i suoi eredi che ancora non hanno diviso; il giudice deve necessariamente rilasciare il mandato contro le persone de' coeredi, ciascuno per la sua rata di eredità, perchè le azioni, e gli obblighi del defonto passano negli eredi *ministerio juris*, *et pro rata haereditatis*. Dunque è necessario che prenda una qualche cognizione del gius ereditario di ciascuno. Ora come potrebbe il giudice di un castello sbrigarsi da questioni di gius successorio senza l'ajuto di avvocati? Come decidere con fondamento per es. se vi sia o no il gius d'accrescere, e in che modo? se uno sia erede, o legatario di cosa certa? se sia erede a titolo oneroso, o lucrativo? se sia erede, o semplice donatario? se il legatario in una università di cose sia tenuto verso i creditori? e mille altre simili questioni astrusissime che facilmente possono insorgere. Ecco la ragione prudentissima per cui la legge non doveva commettere la decisione, sebbene indiretta, di tali questioni all'azzardo, ma doveva, come ha fatto, costituire di questi giudizi una materia privativa dei tribunali, i quali, essendo stabiliti nelle città, facilmente si compongono di esperti giureconsulti, ed ivi si trovano valenti e pratici avvocati che possono svilupparli. Quando poi la divisione è fatta, dalla stessa divisione apparisce per qual quota ciascuno sia erede, e difficilmente nascono questioni successorie di alta indagine. Quindi è che allora, cessando la ragione della legge, le azioni de' creditori contro gli eredi divisi sono di competenza de' governatori. Ciò non ostante, se anche nel caso dell'avvenuta divisione una qualche volta sorgesse una questione ereditaria, il § 507 ordina al governatore — *di rimettere egualmente la causa e le parti al tribunal civile, se nasce disputa sulla qua-*

lità ereditaria. - Nè potersi ammettere la definizione tratta dalle due allegate decisioni, perchè fino a tanto che le azioni de' creditori involgono questioni successorie, cioè fino a tanto che i coeredi sono indivisi, il governatore è sempre, e in ogni evento incompetente, e non si può mai dare il caso che egli possa giudicarne finchè dura quella communione: in quello stesso modo che l' azione per una cosa meramente civile, se sia diretta contro un *chierico*, contro il *fisco*, o contro la *pubblica amministrazione* sarà sempre, e in ogni caso di privativa giurisdizione per ragione di materia, finchè quella cosa civile sarà del chierico, del fisco, o del pubblico — Falso che almeno in generale la condizione ripugni alla natura della incompetenza assoluta 1.° perchè l' adiettivo *assoluto* non è già preso nel senso d' *invariabile* in modo che una causa debba esser sempre di quella tal competenza, quantunque variino le circostanze intrinseche, ma che il foro ha tratto questo adiettivo dall' avverbio — *assolutamente* — del § 786 per significare che l' incompetenza assoluta non può *in alcun modo* prorogarsi o sanarsi 2.° perchè la clausula — *finchè sono indivisi* — non è propriamente una condizione legata ad un futuro evento, ma è piuttosto una dimostrazione o descrizione della materia del giudizio, od anche, se si vuole, è una condizione impropria detta da Giustiniano (*inst*, § 4 *de verb. oblig.*) — *ad praesens vel ad praeteritum tempus* — che non lascia niente in sospeso; giacchè al momento d' introdurre il libello la competenza è certa nel tribunale, se la divisione non è ancora fatta, o nel governatore, se la divisione è avvenuta — Difficilissimo che i coeredi possano far frode ai creditori, perchè vi è uno scambievole loro interesse di non usare simulazioni nelle communioni ereditarie; perchè molti sono che devono concorrere a tali atti, come i periti, i consultori, i mezzani; perchè entrano nelle divisioni per lo più donne e minori, ai quali sono necessarie le solennità, e che queste non possono adoperarsi nelle tenebre: che se in qualche caso è pos-

sibile la frode, non per questo è permesso di sovvertire la
legge. Qual è, dicea, quella legge che possa impedire tutti
i casi di frode? È necessità che essa si limiti a prevenire
i casi più comuni, e più ordinari.

In terzo ed ultimo luogo citava la decisione *Romana
circumscriptionis* 23 *januarii* 1840 *num.* 4 *cor.* La Grua Valdina ove si stabilisce, che il § 441 num. 3 costituisce una
competenza *assoluta* nel tribunale; e l'altra *Centumcellarum
circumscriptionis* 20 *augusti* 1840 § 2 *et* 3 *cor.* Caracciolo
Santobono la quale formalmente discute l'articolo, e no
forma la principale ed unica ragione di nullità.

Il pieno tribunale di Segnatura confermò la circoscrizione ordinata dal prelato uditore rescrivendo — *Servetur
decretum D. Auditoris.*

Segnat. del dì 18 *aprile* 1844 R. P. D. Consolini *aud.*,
dif. pei fratelli Fabri sig. dott. Barattini; *per Sgarzi* sig.
avv. Tosi, *proc.* sig. dott. Brunetti.

FIDEJUSSORE . DEBITORE PRINCIPALE .
LIQUIDAZIONE

XXXIX. *Il fidejussore benché solidale non è tenuto pel debito
del principale obbligato, se questo debito risulta da una
liquidazione alla quale esso fidejussore non fu chiamato.*

Colafranceschi c. Caroselli

Colafranceschi fece società per un negozio di osteria
con Citeroni pel quale Caroselli si rendè sicurtà solidale, ed al finire della società, fatti i conti trai soci per
mezzo d'un computista, Citeroni restò debitore di sc. 77,
al pagamento dei quali fu condannato con sentenza del tribunal di commercio di Roma, e posto in carcere. Fatta una
questua nel capitolo di s. Mariá *in via lata* si raccolsero
scudi trenta i quali, pagati al creditore, procurarono al debitore la dimissione dal carcere: l'oste peró, che nel prestare
consenso alla libertà del proprio collega, avea voluto riser-

16'

varsi le ragioni contro il Caroselli, si dette a perseguitare costui innanzi al medesimo tribunal di commercio: ma con sentenza del 12 febbraio 1842 ne fu rigettato. Appello al primo turno della congregazione civile, la quale a dì 13 febbraio 1843 pronunciò il seguente confermatorio giudicato.

„ Considerando che l'appellante Colafranceschi istruì giudizio innanzi il tribunale di commercio di Roma unicamente contro Pio Citeroni pel pagamento di scudi settantasette e baiocchi sei, e contro questi ne riportò ancora favorevole sentenza all'appoggio di un conteggio fatto fra di esso ed il reo convenuto Citeroni, e redatto da Niccola Balestra senza l'intervento del Caroselli.

„ Considerando che dopo ciò inutilmente pretendea il Colafranceschi di rivolgersi pel pagamento della somma risultante dal conto suddetto contro l'appellato Caroselli, perchè era acceduto come sicurtà solidale per lo stesso Citeroni nella convenzione intervenuta fra lui, ed il Colafranceschi riferibile alla vendita del vino che da esso si somministrava al Citeroni medesimo. Imperocchè, nello stato delle cose, non era luogo a procedere contro del fidejussore solidale il quale non potea essere responsabile delle risultanze di un conteggio cui non intervenne, ed ove essere anzi dovea onninamente chiamato insieme al Citeroni, affinchè potesse dedurre i suoi rilievi, e perchè dalla sua presenza e concorso nascer quindi potesse efficacemente la di lui obbligazione per quel debito che dal dibattimento delle partite ne sarebbe emerso.

„ Considerando che ad escludere la necessità dell'intervento del fidejussore a quel conteggio non giovava opporre il patto dell'apoca sociale, ove si era convenuto, che anche col concorso di un solo de' soci osservare si dovessero le risultanze del conto Balestra. Dappoichè, quanto per siffatta convenzione potea rettamente ritenersi, che sebbene l'un degli interessati interpellato si rifiutasse intervenire al conteggio, pure egli avrebbe dovuto soggiacere alle conseguenze di esso, altrettanto però ripugna alla equità, ed al vero significato del patto che anche non chiamato, od interpellato dovesse ciecamente, e senza sua cognizione l'assente interessato rimanervi obbligato.

„ Considerando che tanto meno un tale conteggio poteva essere obbligatorio pei Caroselli sicurtà solidale, in quanto che non fu fatto dalla persona che fu a tal proposito col consenso delle parti nella convenzione avvenuta deputato per la liquidazione dei conti, mentre in quella si stabilì che Pietro Balestra dovesse procedere ad una tale operazione, ed al contrario la liquidazione in questione fu fatta da Niccola Balestra figlio di Pietro, e questi di fatti dichiarò con giuramento in seguito di sentenza del tribunale di commercio di averla esso eseguita.

„ Considerando che dopo ciò si scorge a sufficienza la ragione per cui Colafranceschi si rivolse soltanto contro il debitor principale, e perché contro lui unicamente poteva vantare la prova di una liquidazione, che in fine sarebbe stata anche difettosa, mentre ebbe luogo sul solo libretto che presentò Colafranceschi, quandochè dall'altro che esisteva presso Citeroni appariva di essere creditore piuttosto che debitore.

„ Considerando che maggiormente viene addimostrata coi fatti posteriori del Colafranceschi la sua decisa volontà di riconoscere per unico, e solo suo debitore il Citeroni, mentre procurò con tutti i mezzi, ed anco coll'averlo fatto imprigionare di ottenere il pagamento del suo supposto credito che fu soddisfatto quasi interamente.

„ Il tribunale, pronunciando definitivamente in grado di appello, conferma la sentenza del tribunale di commercio del 12 febbraro 1841 colla condanna del Colafranceschi nelle spese ulteriori, e delega il giudice uditore sig. avvocato Cecconi per tutti gli effetti di legge. „

Ricorso del Colafranceschi in tribunale supremo per ottenere il rimedio della restituzione in intiero.

I difensori del ricorrente dicevano per la sentenza del tribunal dell' A. C. violata la regola che rende trai correi comuni le conseguenze dei fatti e delle confessioni, a tal che l' operato di uno obblighi l' altro , benchè non intervenuto , onde al dire del Fabro *in cod. lib.* 8 *tit.* 27 *de duobus reis — Correorum debendi una quidem et individua est obligatio, sicut et una summa, quae a singulis in solidum debetur, unde illud quóque est , quod dici solet alterius factum alteri etiam nocere* (1), per cui, confessato il debito dal Citeroni, non potesse il Caroselli fidejussore solidale esimersi dal pagare il debito confessato da lui : non ostare il giudizio dal suo cliente istruito contro il Citeroni , mentre è disposto nella *l.* 28 *cod. de fidejuss. — nullo modo electione unius ex fidejussoribus vel ipsius rei alterum liberari , vel uno ex his electo liberationem mereri , nisi satisfiat creditori : sed manere jus integrum donec in solidum ei pecunias persolvantur, vel alio modo ei satisfiat: idemque* (prosiegue la legge) *in duobus reis promittendi constituimus ex unius rei electione praejudicium adversus alium fieri non concedentes : sed remanere et ipsi creditori actiones integras et personales et hypothecarias, donec per omnia ei satisfiat :* che molto meno si potea dire novata l' azione del creditore con quel permettere che escisse il Citeroni dal carcere quando il capitolo pagò gli scudi trenta per lui , e perchè, nel consentire si riservò le ragioni contro il correo , e perchè liberato uno dei correi, l'altro rimane ciò non ostante obbligato a meno che le parti non dicano di volere innovata la obbligazione primitiva (2).

A difesa della regiudicata si dicea che la regola dell' essere il fidejussore solidale tenuto al fatto del correo non milita quando concorrono congetture di collusione tra il

(1) Cancer. *variar. resol. cap.* 5 *de fidejuss. tom.* 2 *num.* 42. - Rota *cor.* Pamphilio *decis.* 112 *num.* 2. - *cor.* Ansaldo *decis.* 302 *num.* 3. - *cor.* Marco *decis.* 405 *num.* 1.

(2) Nicos. *ad tit. instit quibus modis toll. obligat.* § 3.

principale obbligato, e il creditore (3) — che, avuto riguardo
alla condizione dei contraenti che eran due osti, non era
molto da credere che la buona fede presiedesse a quel
conto — che il conto fu fatto sopra una nota che presentava
il Colafranceschi, non sopra quello che avea il Citeroni, comechè usi in quella negoziazione che il socio venditore del
vino abbia un libretto datogli dall'altro socio per notarvi
il riceuto, e il venduto, o far su di esso i conti — che il
computista incaricato di farlo non fu un Balestra nell'apoca
di società destinato, ma il costui figliuolo — che la regiudicata non impugnò generalmente la regola che il correo è
tenuto alle confessioni, ed al fatto dell'altro obbligato, ma
disse solo non essere applicabile per le circostanze che nel
caso vide concorrere: e questo non fa violare la legge,
mentre al dire del testo *l. 32 cod. de rejudicata.* — *Cum pro-
latis constitutionibus contra eas pronunciat judex, eo quod non
existimat caussam de qua judicat per eas juvari, non videtur
contra constitutiones sententiam dedisse* (4).

Il tribunale supremo rescrisse — *nihil, quia non constat
de manifesta injustitia rei judicatae ob legis violationem.*

Segnat. del dì 3 agosto 1843 — *Romana restitutionis in
integr.* R. P. D. Consolini, *dif. per Colafranceschi* sigg. avv.
Corsetti, e Bigioni, *proc.* sig. dott. Fabj; *per Caroselli* sig.
avv. Mandolesi, *proc.* sig. dott. Brunetti.

---

(3) Card. De Luca *de credito disc.* 10 *num.* 1, e 2.
(4) *L.* 2 *cod. quando provocare non est necesse.* - *l.* 1 *cod.*
§ 2 *quae sententiae sine appell.* - Segnat. *nella Sabinen. restitutionis in integr. quoad cambium sc.* 580 3 *sept.* 1829 *cor.* Conventati.

APPENDICE

Opere nuove di giurisprudenza

1. Rivista di legislazione, e giurisprudenza (*Revue de legislation et jurisprudence ecc.*) pubblicata sotto la direzione del sig. profess. L. VOLOWSKI — Parigi — fascicolo di Marzo 1844.

Sommario - Studi istorici sul diritto civile francese - Origini germaniche - *Successioni* - Disposizioni a titolo gratuito - *Koenigswatter* - Ricerche sulla costituzione delle proprietà nei paesi musulmani - Della proprietà rurale ed urbana nell'Algeria - Degli *habous* e degli *ana* - *Worms* - Del mettere in libertà sotto cauzione - *Hélie* - Rivista della giurisprudenza amministrativa - *Dufour* - Rivista delle raccolte straniere consacrate alla scienza del diritto - *Laboulaye* - Bollettino legislativo - Bollettino bibliografico - Cronaca.

2. Rivista del diritto francese, e straniero (*Revue du droit français et etranger ecc.*) dei signori avv. FOELIX, DUVERGIER, e VALETTE — Parigi — Joubert — fascicoli di marzo, ed aprile 1844.

Sommario - Della illegalità dell'adozione dei figli naturali - *Molinier* - Legislazione, ed istituti giudiziari dell'Islanda nel medio evo - *Wheaton* - Esame della dottrina del diritto romano, e della corte di cassazione sulla questione delle vendite fatte dall'erede apparente - *Laferriere* - Economia politica - Esame critico del corso di economia politica del sig. Rossi, e dell'istoria dell'economia politica del sig. conte *Alban De Villeneuve Bargemont* - *De la Nourais* - Degli *Habous* presso gli arabi, e i settatori dell'islamismo - *Giacobbi* - Cronaca.

Fascicolo di aprile - Della inalienabilità, ed imprescrittibilità delle selve demaniali - *Pagart* - Della giurisprudenza in materia di diritto di trascrizione - *Championnier* - In qual momento è formata una convenzione fatta per corrispondenza? - *Cadrés* - Dell'influenza dell'appello *comme d'abus* sull'azione politica pubblica, e l' azione civile nate da un fatto qualificato misfatto , delitto, o contravvenzione dalle leggi della giustizia repressiva – *Serigny* – Del nuovo codice penale del cantone di Vaud – *Van-Muyden* – Notizia necrologica sul conte Ferdinando dal Pozzo – *Ronna* – Cronaca – Bollettino bibliografico.

3. **Giornale critico della scienza del diritto, e della legislazione nei paesi stranieri alla Germania (*Kritische Zeitschrift ec.*) pubblicato dai sigg. MITTERMAIER, e DE MOHL. — vol. 16 fasc. 12.**

Sommario – Nuova legge francese relativa al notariato – *Foelix* – Dell' associazione coniugale in quanto ai beni secondo il diritto francese – *Rauter* – Opere sul diritto pubblico di Napoli – *De-Mohl* – Ultimo stato del diritto canonico cattolico in Italia – *Roschirt* – Stato attuale della legislazione criminale nei Paesi Bassi – *Vredde* – Codice penale della Norvegia del 20 agosto 1842 – *Mittermaier* – Legge del Belgio sulle elezioni comunali – *Thilo* – Conto reso dal sig. Mittermaier di diverse opere.

Giurisprudenza estera commerciale, ed ipotecaria

DONNE – CAMBIALI – COMPETENZA

1. *Ancorchè la firma di donne non commercianti in lettere di cambio non valga che come semplice promessa, la giurisdizione commerciale non è meno competente per giudicarne.*

De Vaux , de Saint , Steon ed altri c. Lebourgeois–Ducherray

La corte „ Visti -gli articoli 113 631 e 632 del codice di commercio. Atteso che per regola generale e pel disposto negli articoli 631 e 632 del codice di commercio i tribunali commerciali giudicano fra tutte le persone delle contestazioni relative alle lettere di cambio o rimesse di danaro da piazza a piazza.

„ Atteso che , eccettuando dalla competenza commerciale le pretese cambiali alle quali l' art. 112 ricusa questo carattere , reputandole semplici promesse, perchè esse non provengono da un trasporto di danaro realmente fatto da piazza a piazza , e regolarmente provato, l'articolo 632 dello stesso codice osserva il silenzio circa alle cambiali che, sebbene non derivanti da un vero contratto di cambio sono solamente firmate da donne non commercianti, e non valgono a loro riguardo che come semplici promesse in virtù dell' articolo 113.

,, Atteso che resulta da questo silenzio che la legge non ha voluto derogare nel caso di cui parla l'articolo 113 ai principj generali della competenza, in estendere a questo articolo la disposizione che l'articolo 636 ha limitata al caso dell'articolo 112.

,, Atteso in fatto che le ricorrenti in cassazione furono citate avanti al tribunale civile di Puy tanto a riconoscer le firme che aveano apposte alle cambiali, quanto per essere condannate all'importo delle medesime, interessi, e spese.

,, Atteso che la decisione della corte reale di Riom, rigettando la declinatoria opposta così in prima istanza, come in appello, e confermando la condanna di pagamento ha conculcate le regole della competenza, ed espressamente violate le leggi precitate. CASSA ecc.

Corte di cassazione sedente a Parigi cam. civ. ud. del 6 novembre 1843 - sig. barone Portalis primo presidente.

CAMBIALI - PROVVISTA - COMPETENZA

2. *Quando la provvista d'una cambiale si trova colpita da un sequestro nelle mani della persona su cui è tratta, il tribunal di commercio è competente per giudicare anche a riguardo del sequestrante ancorchè questi non sia soggetto alla giurisdizione del medesimo nè per ragione di persona, nè per ragione di domicilio.*

In tal circostanza la giurisdizione commerciale non deve soprassedere fino a che i tribunali civili abbiano giudicato sul merito del sequestro.

Alexandre e Baussard c. Cadot

LA CORTE - Sulla incompetenza. Atteso che a termini dell'art. 431 del cod. di commercio i tribunali consolari devono conoscere prime di tutte le contestazioni relative agli impegni tra negozianti, mercanti, e banchieri, secondo fra tutte le persone delle contestazioni relative agli atti di commercio.

„ Atteso che l'articolo 632 reputa atto di commercio ogni contratto di cambio.

„ Atteso che nella specie si tratta di una contestazione nata all'occasione d'un accettazione di cambio tra commercianti per cui sotto il doppio rapporto delle persone, e dell'operazione che è l'oggetto del processo, il tribunale era competente.

„ Atteso che l'articolo 149 del codice precitato dispone che non è ammessa opposizione al pagamento d'una lettera di cambio fuor che in caso di perdita della medesima, e di fallimento del portatore – che non si tratta nella causa di opposizione fatta in uno dei casi previsti da quest'articolo, ma di un sequestro fatto da Cadot nelle mani di Baussard trattario – che la legge non attribuisce a quest'atto esecutorio l'effetto d'impedire il pagamento della lettera di cambio per cui il tribunal di commercio non ha potuto arrestarsi avanti a quest'ostacolo.

„ Che d'altronde non si tratta di apprezzare la regolarità del sequestro il quale rimarrà fermo sulle altre somme che non formano la provvista appartenente al portatore della cambiale : ma solo di decidere se in un affare di sua natura urgente ; e in un caso in cui la legge non ammette opposizioni al pagamento della cambiale, il tribunale doveva astenersi allo stato degli atti : e che risulta dai motivi che precedono, che il tribunale era competente, e ne dovea giudicare.

„ Adottando sul merito i motivi dei primi giudici, CONFERMA ec. Corte reale di Rouen 2 cam. ud. degli 11 gennaio 1844 sig. Renaid presidente.

TRIBUNALE CIVILE - AZIONE COMMERCIALE - COMPETENZA

3. Quando innanzi ad un tribunale civile si è citato per un affare commerciale, ed il reo convenuto non ha opposta l'incompetenza, i giudici non possono dichiararsi incompetenti d'officio.

Dujardin c. Descapf

LA CORTE - Atteso che l'istanza introdotta davanti al tribunale civile di Douai aveva per oggetto di rendere esecutorio un giudicato emanato da un tribunale straniero, e per la natura della loro giurisdizione i tribunali civili sono i soli competenti per esaminare questa sorta di dimande, la cui conoscenza mai non potrebbe appartenere ai tribunali di commercio, i quali pel loro carattere eccezionale non possono giudicare che sopra interessi meramente commerciali.

„ Atteso 'che i tribunali civili , essendo rivestiti della pienezza della giurisdizione, possono pronunciare in materia commerciale quando il reo non dimanda il suo rinvio avanti al tribunale d' eccezione (1).

„ Atteso che, presentandosi le parti , e concludendo sul merito avanti al tribunale civile di Douai, non potea questo tribunale dichiararsi incompetente

„ Mette al nulla il giudicato da cui è appello - dice che la giurisdizione civile era la sola competente per conoscere della domanda formata da Dujardin, ed, avocando , dichiara esecutorio il giudicato emanato a dì 11 settembre 1840 dal tribunal di commercio di Tournai.

Corte reale di Douai 2 cam. ud. del dì 9 dicembre 1843 sig. Petit *presid.*

Sindaci – Solidarietà'

4. *I sindaci d' un fallimento sono solidariamente responsabili per i fatti della loro gestione.*
Tuttavolta questa responsabilità cessa a riguardo di quello che per un avvenimento di forza maggiore , per esempio in seguito di un alienazione mentale, è stato messo fuori del caso di amministrare gli affari del fallimento.
In questo caso i creditori devono imputare a loro stessi il non averlo fatto rimpiazzare.

Sindaci Baudron , Boulard c. vedova, ed eredi Lutton-Maudrard

La corte „ Atteso che secondo i principj del nostro diritto commerciale i sindaci di un fallimento hanno un mandato collettivo , e non possono agire individualmente , per cui la loro

_____

(1) Ecco la massima che *se 'l' attore vuol rinunciare alla giurisdizione commerciale*, *il reo convenuto ha diritto di opporsi*: massima di cui alcuni della nostra curia hanno dubitato.

gestione, essendo indivisibile, la loro responsabilità deve esser lo del pari : dalla quale indivisibilità di funzioni necessariamente discende la responsabilità solidale dei membri del sindacato.

„ Che il mandato loro è obbligatorio pei creditori che non possono nè sciegliere liberamente i loro mandatarj, nè restringere o ampliare i limiti del mandato.

„ Che scelti dal tribunale i sindaci, dacchè hanno accettato questo mandato *sui generis*, sono costretti a sorvegliarsi reciprocamente, mentre i diritti di tutti i creditori in questa reciproca sorveglianza trovano le garanzie necessarie alla loro conservazione.

„ Che per ciò la negligenza di uno di essi è una mancanza che lo rende responsabile del danno sofferto dalla massa dei creditori, nè in tal caso sono da applicare le regole relative al mandato ordinario per cui il mandante è libero nella sua scelta, e fa col mandatario convenzioni di cui può determinare l'estensione, e la responsabilità.

„ Che se la solidarietà non si presume, se non può essere ammessa se non nei casi determinati dalla legge, bisogna anche riconoscere che quando v'è una gestione collettiva confidata a molti, e per conseguenza indivisibile nei loro atti, v'è ancora responsabilità collettiva, e solidarietà.

„ Che questo principio risulta particolarmente dalle disposizioni dell'articolo 465 della nuova legge sui fallimenti che permette di dividere la responsabilità solo nel caso in cui il giudice commissario ha divisa la sua gestione; d'onde la doppia conseguenza che negli altri casi vi è solidarietà, e che prima di questa innovazione, e sotto la legge antica che sola deve regolare la causa vi era solidarietà nei due casi di gestione in comune, e di gestione parziale e distinta.

„ Ma atteso che la responsabilità, e per conseguenza la solidarietà suppongono la gestione, o almeno la possibilità di amministrare.

„ Che ogni responsabilità cessa, quando per un'avvenimento di forza maggiore uno dei sindaci è posto nell'impossibilità di continuare le sue funzioni.

„ Che nella specie, ed in fatto è stabilito dal giudicato di cui è appello, che secondo la notorietà pubblica, e secondo i resultati della discussione avanti ai primi giudici, Lutton era caduto poco tempo dopo la sua nomina in sindaco, in uno stato completo d'alienazione mentale, che non gli permetteva di amministrare gli affari propri ,

„ Che il conto stesso prodotto dai creditori, ed accettato dai nuovi sindaci stabilisce che le somme provenienti dal fallimento sono state ricevute dal secondo sindaco Ligmand Bassiere che solo ha avuta la gestione.

„ Che, avvertiti i creditori dalla notorietà pubblica, devono imputare a loro stessi di non aver provocato il rimpiazzo del sindaco divenuto incapace.

„ Che la loro negligenza fu tanto inoltrata che dal 1835 fino al 1842, non fecero nessuna premura per rimpiazzarlo, e se ne dettero pensiero solo in tale anno, quando la morte, ed il fallimento del secondo sindaco li lasciò senza nessuna garanzia: onde non può, mettersi a carico degli eredi Lutton la responsabilità della loro propria negligenza, nè si possono invocare i principi di solidarietà contro un sindaco che essi sapevano essere nell' impotenza di agire, e che hanno intanto negligentato di far rimpiazzare.

„ Per questi motivi mette l' appello al nulla, ed ordina che la sentenza appellata abbia il suo pieno, ed intiero effetto.

Corte reale di Orleans ud. del 7 dicembre 1843 - sig. Abatucci presid.

FALLIMENTO - ESAZIONI - BUONA FEDE

5. *Il creditore che ha esatto dal fallito, delle somme per effetti commerciali scaduti tra l'epoca del fallimento, e della sua dichiarazione, non deve riportar nella massa la somma esatta, se è provato che l' esazione è stata fatta in buona fede. I giudici hanno sopra di ciò un potere discrezionario per decidere se il creditore è stato o non è stato in buona fede.*

Sindaci Joursanvault c. Deren

LA CORTE „ Considerando che l' articolo 447 del codice di commercio dà ai magistrati il diritto d' apprezzare le circostanze nelle quali si è trovato il creditore perseguitato pel riporto delle somme da lui esatte quando già aveva una qualche conoscenza che il suo debitore quindi fallito aveva cessato dai pagamenti: e le circostanze che sopratatto devono avere influenza sono quelle della buona o cattiva fede nella condotta di questo creditore.

„ Considerando che nella specie risulta dalla corrispondenza, dallo stato dei fatti, e dalla condotta costante di Déren a riguardo di Joursanvault che l' appellante è sempre stato di buona fede, e che ha costantemente sagrificato i suoi propri interessi e quelli di Joursanvault al quale era stato sinceramente affezionato : che egli non ha in nessuna circostanza cercato d' impiegare nel proprio interesse mezzi fraudolenti a danno degli altri creditori, che anzi egli anche dopo che ha potuto sospettare dal cattivo stato degli affari del suo amico gli ha prestato delle somme anche più considerabili di quelle che gli erano dovute, o delle altre per le quali era semplice cauzione.

„ Che in tali circostanze essendo scaduti gli effetti dei quali è stato pagato, non v'era luogo, applicando le disposizioni dell' articolo 447 del codice di commercio, ad ammetter le conclusioni degli intimati tendenti a che Déren fosse rigettato nella sua dimanda.

Corte reale di Riom 9 gennaro 1843.

Ricorso per parte dei sindaci in cassazione.

La corte „ Atteso che la decisione contro cui si ricorre, avendo dichiarato che l' intimato erasi prestato in buona fede, e che il debito di cui ha ricevuto il pagamento era scaduto, l' approvazione di tal pagamento è stata una giusta applicazione dell' articolo 447 del codice di commercio. rigetta ecc.

Corte di cassazione sedente a Parigi ud. del dì 12 febbraio 1844 camera dei ricorsi - sig. Zangiacomi *presid.*

CAMBIALE - SMARRIMENTO - SCADENZA

6. *Benchè per regola generale il decreto del giudice voluto dall' articolo 152 del cod. di comm. (nostro regol. art. 146) debba essere ottenuto dal proprietario della cambiale smarrita prima del protesto, questa regola, la cui osservanza non è prescritta a pena di nullità, soffre eccezione nel caso in cui la perdita ha avuto luogo prima della scadenza : basta in tal caso di fare l' atto di protesto prescritto dall' art. 153 del codice di commercio, e notificarlo secondo le disposizioni di questo articolo.*

La corte „ Considerando che, se per regola generale l' ordinanza del giudice voluta dall' art. 152 del codice di comm. deve essere ottenuta dal proprietario della cambiale perduta prima del protesto (la legge avendo stabilito pel caso più ordinario quello in cui l' effetto sia perduto prima della scadenza) questa regola, la cui osservanza non è prescritta a pena di nullità, deve soffrire eccezione nel caso in cui la perdita, avendo avuto luogo dopo la scadenza, è impossibile al proprietario dell' effetto di adempire a tale formalità nello spazio di tempo, durante il quale il protesto deve aver luogo a pena di caducità.

„ Considerando che risulta dai documenti del processo, che l' effetto di cui si tratta è stato perduto nella mattina della scadenza, e nel medesimo giorno in cui era stato presentato al soscrittore che non avea potuto pagarlo.

„ Che in tal circostanza Oeschyer e Rauch tornati ad essere proprietari dell' effetto per averne pagato l' ammontare, sono stati nell' impossibilità assoluta d' ottenere prima del protesto l' ordinanza del giudice.

„ Che perciò essi hanno bastantemente soddisfatto alle prescrizioni della legge per conservare il loro regresso (avendo solo fatto l' atto di protesto prescritto dall' art. 155) contro i giranti, i quali non hanno avuto nessun danno dalla mancanza del decreto del giudice.

Revoca, e condanna Fillion e Desprat al pagamento del biglietto all' ordine di cui si tratta.

Corte reale di Parigi 4 camera ud. del dì 7 dic. 1843 – sig. Cauchy presid.

XL. *Benché i vescovi non possano commettere ad altri fuorché
ai vicari l'esercizio della magistratura giudiziaria, possono deputare supplenti pel caso che i vicari siano legittimamente impediti.*

*E nelle cause meramente laicali tra laici possono deputare an-
che un laico: come per es. nelle cause di cappellanie laicali, e in altre di misto foro.*

*Non però nelle cause criminali, o in quelle nelle quali con-
corra la spiritualità.*

*E non é necessaria una delegazione espressa, bastando la ta-
cita. Equivale a delegazione tacita in un supplente il render giustizia nel palazzo del vescovo.*

(*Discuss. sul § 358 del reg. giud.*)

Felici c. Felici

La causa *Anagnina* in cui la segnatura ai 2 di dicembre 1839 riconobbe la massima che, se un vicario si astenga
dal giudicare, il vescovo può deputare altro giudice (1) richiamò l'attenzione di questa effemeride sulla giurisprudenza
suprema in altri casi che sotto all'influenza del § 358 potessero nascere. Non mancò d'annunciare alla curia la decisione
Reatina nella quale fu stabilito che gli uditori dei vescovi
non hanno dalla legge la giurisdizione per giudicare in nome
proprio, benché a tale officio vengano eletti dai respettivi
prelati (2), il rescritto con cui Nostro Signore sanò gli atti
di quella curia *exceptis iis super quorum nullitate judicium
introductum reperiatur* (3), la decisione *Brictinorien* nella quale
fu detto che i vescovi non possono ai vicari foranei dar po-

---

(1) *V. il pres. giorn. anno* 1839 *vol.* 1 *pag.* 109.

(2) *Anno* 1841 *vol.* 2 *pag.* 147.

(3) *Ivi pag.* 156.

destà di giudicare in cause superiori agli scudi cinque (4) , l'*Assisien* con cui fu proclamato, che il vescovo deputato dal papa a dare un tutore è competente nelle cause che risguardano il patrimonio pupillare (5) : finalmente la declaratoria 8 maggio 1843 ove, riprovata la regola che la segnatura nella lite di Bertinoro avea stabilita, fu detto che il regolamento giudiziario non ha tolto ai vescovi le facoltà di accordare ai vicari foranei una giurisdizione maggiore o minore, secondo che credono nelle circostanze opportuno (6). Alla continuazione della dottrina vengono ora le regole in questo articolo annunciate, per cui, quando sarà deciso anche il punto di sapere se supplenti non cherici possano, per elezione dei vescovi, giudicar nelle cause di persone ecclesiastiche, la interpretazione di quell'articolo organico potremo dire pienamente transatta

Furono stabilite nel caso d'una sentenza, che l'ora defonto dottor Ligi pronunciò ad Urbino in una lite concernente il diritto ad una cappellania laicale, e che, introdotta da Carlo e Federico Felici contro Giovanni loro nipote *ex fratre* da cui alla morte del genitore era stata occupata, fu conosciuta dal vicario generale mons. Caliendi fino ad un esame di testimoni, dopo il quale, per sopravvenuto legittimo impedimento, subentrò il Ligi uditore dell'arcivescovo, e la giudicò per sentenza definitiva, rigettando l'istanza. Il tribunal della ruota, al quale gli zii interposero appello, pronunciò revocatoria sentenza, e già in terzo grado tre opinamenti la confermavano, quando il nipote, con esso la contessa Bonamini sua madre, interpose in segnatura ricorso di nullità, dicendo la causa simile a quella che nell'affare di Rieti fu giudicata : e i padri nel primo esperimento, che fu del dì 29 febbraio anno corrente, considerando che il Ligi cherico

(4) *Anno sudd. vol.* 1 *pag.* 170.

(5) *Ivi pag.* 325.

(6) *Anno* 1842 *vol.* 1 *pag.* 371.

coniugato, col deporre le insegne, avea perduta la qualità che. ricale (7), che perciò di cosa ecclesiastica senza autorità ponte. ficia non potea pronunciare (8), che, giudicando d'un patronato, decretò di cosa ecclesiastica (9), che gli uditori dei giudici non hanno giurisdizione propria, e perciò non possono sot. toscrivere sentenze (10), che finalmente della deputazione del Ligi a quella giudicatura non constava dagli atti, rescris. se — *circumscripta per viam nullitatis sententia diei 10 apri. lis 1840 Aloysii Ligi cum omnibus inde sequutis ex defectu ju. risdictionis, partes utantur juribus suis*, come è a vedere nell'opinamento che sotto quel giorno da mons. Arnaldi fu pubblicato. Ma tornò a discussione la causa.

La difesa dei vinti fu divisa in tre capi per dimostrare nel *primo*, che il codice di procedura non tolse ai vescovi la facoltà concessa loro dai canoni di giudicare le cause civili per mezzo di un laico, che anzi la confermò, ed in ispecie nel caso d'impedimento dei loro vicari; nel *secondo*, che la controversia della cappellania laicale giudicata trai Felici era controversia meramente civile, o di misto foro, la quale da un laico per delegazione del vescovo potea essere giudicata; finalmente nel *terzo*, non potersi mettere in dubbio che il Ligi in quella causa amministrasse giustizia per giurisdizione dal vescovo a lui demandata. Sostenevano il primo proposito, citando il canone di Bonifacio VIII nel cap. 7 *de officio ordinarii* in 6° che dice — *Cum episcopus in sua diaecesi jurisdictionem noscatur habere, dubium non extitit quin in quolibet loco ipsius diaecesis non exempto vel per se, vel per alium possit pro tribunali sedere, et caussas ad ecclesiasticum forum spectantes audire, personas ecclesiasticas (cum eorum excessus exegerint) capere et carceri deputare, nec non et caetera, quae*

(7) Ghaldi *de jure pontif. p.* 1. *lib. decret. sect.* 43 322.

(8) *Cap. decernimus* 4 *de jud.*

(9) *Cap. de jure extrav. de jure patron.*

(10) *L.* 2 *e* 13 *cod. de adsessoribus.*

ad ipsius spectant officium, libere exercere, dicendo che tal facoltà di giudicare *per alium* scritta letteralmente nel testo abbraccia ogni specie di cause (11), e dà loro diritto d' esercitare la giudiziaria podestà anche per mezzo di laici (12), poichè quel divieto del capo *decernimus*, che *laici ecclesiastica negocia tractare non praesumant*, secondo la glossa non impedisce che possa dai vescovi esserne ai laici la cognizione affidata (13): onde al dir dell' Alciato, *concludit glossa quod episcopus caussas civiles laico delegare potest*, *et ita comuniter tenetur*: *non discedendo a comuni nota, quod quis facere potest nomine alieno*, *quod non potest nomine proprio* (14), e proseguivano così.

Il codice dice nel § 1 che — *le leggi del diritto comune moderate secondo' il diritto canonico, e le costituzioni apostoliche continueranno ad essere la norma dei giudizi civili in tutto ciò che non viene altrimenti disposto nel presente regolamento*, dunque conserva al venerabile ceto dei vescovi la facoltà di giudicare *per alium*, che è scritta *in corpore juris*: ha detto la curia che secondo il § 358 esercitano la giudicatura per essi i vicari generali, argomentando da ciò che dai soli vicari possano essere rappresentati, ma fu quello un paragrafo il quale accordò ai vicari una giurisdizione ordinaria, senza impedire che possano i vescovi sedere essi stessi *pro tribunali*, amministrando giustizia per mezzo d'altri, come

---

(11) Reiffenstuel *comm. in l.* 1 *decret. tit.* 29 § 3 *num.* 11.

(12) Barbosa *in praeterm. et addit. ad collectan. in lib.* 2 *decret. tit.* 1 *de judiciis num.* 9.

(13) *Glossa in cap. decernimus alla v. non praesumant auctoritate sua.* – Delegari tamen possunt caussae saltem pecuniariae sive hujusmodi mere civiles, ut hic colligitur et in laicis etiam de talibus potest compromitti.

(14) *Glossa nel sud. cap.* 2 *extr. de jud.* - Felin· al *med. cap.* - Fagnano *in cap. contingit* 8 *extrav. de arbitris num.* 27. - Pignattelli *consult. canon. cons.* 45 *num.* 1.

lo dichiarò la segreteria dell'interno nella risposta autentica degli 8 maggio 1843 dicendo essere in facoltà del vescovo accordare ai vicari foranei *una giurisdizione maggiore o minore secondo che egli crede opportuno, siccome prescrivono i sacri canoni* (15), nè tra il vicario generale, e l'uomo privato v'è differenza per ciò che risguarda alla applicabilità del principio, mentre, avendo il vicario foraneo giurisdizione sopra somme di tenue entità, per le somme maggiori, senza la speciale delegazione del vescovo, alla giudicatura sarebbe incapace. Dopo di che, provando un fatto che nella precedente proposizione della causa non fu sincerato, cioè che il Ligi non era dall'arcivescovo costituito a giudicare le università delle cause, ma veniva deputato *interpolatamente nelle cause civili, quando i rispettivi vicari generali mancavano, od erano impediti ad esercitare da se quest'atto di giurisdizione*, dicean che dunque ritener si dovesse quella medesima giurisprudenza che fu applicata al caso d'Anagni, poichè in caso diverso, mentre i più piccoli giudici hanno i supplenti, se ai vescovi non fosse lecito deputarne alcuno quando sono impediti i loro vicari, si dovrebbe sospendere l'amministrazione della giustizia, o le preziose ore loro trai piati forensi dovrebbero essere occupate — Dopo di che, passando al secondo capo, diceano in quella lite essersi trattato d'una cappellania meramente laicale fondata per essere goduta *da persona secolare e coniugata* — che le cappellanie laicali sono considerate come opere pie, ma non come proprietà appartenenti alla chiesa (16), per cui nelle liti su di esse eccitate, come su quelle che vertono sui legati a pia causa, è dato di adire, come piace all'attore, il giudice laico, o l'ecclesia-

---

(15) *V. il pres. giornale anno* 1842-43 *vol.* 1 *pag.* 371.

(16) Valeron. *de transact. tit.* 3 *quaest.* 6 *num.* 27: – Amostaz *de caussis piis lib.* 3 *cap.* 2 *num.* 55. – Barbosa *juris eccles. univers. lib.* 5 *cap.* 5 *num.* 6. – Panimolle *decis. fori eccles.* 12 *annot.* 5 *num.* 1.

stico : e sopra di ciò allegavano l' autorità di molti scrittori
in fatto di prassi ecclesiastica (17).

Davano termine alla difesa facendo riflettere che sebbene negli atti d' Urbino non esistesse prodotta la deputazione del Ligi, non si potea dubitare che egli dall' arcivescovo fosse deputato, poichè rendeva giustizia nello stesso
arcivescovile palazzo : e ricordavano la regola che la prova
espressa di tali delegazioni non è necessaria, bastando la tacita (18), che tacita delegazione è il permettere sia renduta
giustizia nello stesso luogo ove risiede il delegante (19), e
che finalmente, dopo seguita la contestazione della lite, la delegazione non può essere impugnata (20).

Tale difesa fu accompagnata da una memoria che, sottoscritta col nome di Carlo Felici, si mostrava come opera
d' esperto giurista, qual' è il sig. avv. *Sarzana*: vi si dimostrava che quando il cap. *decernimus* disse che i laici entrar non
dovessero in cause di chiesa, lo disse, come spiega la glossa
nel caso che lo volessero *auctoritate sua*, mentre quel testo,
se pur ne ha bisogno, è spiegato dall'altro cap. *Et sane de sent.*
excom. in cui si decreta che — *laici citra excomunicationis*
sententiam capere clericos, et ad judicium trahere possunt, si opor-
teat etiam violenter, dum tamen id de mandato faciant praela-

---

(17) Engel. *coll. univ. juris can.* lib. 2 *de foro compet.* § 2. -
Guttierez *practic. quaest. lib.* 1 *quaest.* 44 *num.* 3. - Card. Tuschi
practic. conclus. jur. tom. 5 *conclus.* 293. - Amostaz *de caussis piis*
lib. 5 *cap.* 6 *num.* 79.

(18) Paolo De Castro *in l. fin. ff quod cum eo.* - Mascard. *de*
probat. conclus. 402 *num.* 1, e 2. - Vantio *de nullitatibus tit. qua-*
liter sent. et process. num. 44. - Piton. *discept. eccles.* 157 *num.* 10.

(19) Menoch. *de praes. lib.* 2 *praesumpt.* 15 *num.* 8. - Cancer.
variar. resol. part. 2.

(20) Laymann *in cap.* 35 *de off. et potest. jud. deleg. num.* 2. -
Lauren. *allo stesso tit. quaest.* 699 *num.* 2. - Menoch. *de praesumpt.*
lib. 2 *praesumpt.* 15 *num.* 15.

torum .... cum hoc non ipsi, sed illi quorum auctoritate id faciunt, facere videantur — che se la sentenza pronunciata dal Ligi in nome dell'arcivescovo, da questo prelato non fu sottoscritta, dal gius civile i personaggi eminenti (21), e dal canonico i vescovi (22) hanno privilegio di farle recitare per mezzo di altri — Che inoltre ad Urbino era il Ligi ritenuto da tutti come persona legittima per giudicare, e perciò le sentenze pronunciate da lui doveano reputarsi legittime per l'equità della *l. Barbarius*, facendo anch'egli por mente alla circostanza che rendeva giustizia nell'archiepiscopio, onde non fosse possibile il credere sotto gli occhi del padrone di casa usurpata da lui la giudiziaria autorità — che la sentenza era intitolata — *tribunale arcivescovile di Urbino, ossia mons. arcivescovo di questa città, e per esso il sottoscritto uditore* — Che in fine o il Ligi si considerasse come delegato, o come pedaneo, o come consultore della curia ecclesiastica, o come incaricato a recitare la sentenza del vescovo, essendo la causa di misto foro, e per conseguenza anche laicale, ogni nullità fosse sanata dal consentir delle parti, od almeno rimanesse sì dubbia da dovere applicare il disposto del § 1047 nel quale si dice che — *il ricorso per l'annullamento o circoscrizione non può essere ammesso, se alcuno dei tre difetti indicati nel § 780 non è chiaramente provato: nel*

---

(21) *L. 2 cod. de sent. ex peric. recit.* - Hac lege perpetuo credimus ordinandum, ut judices quos cognoscendi et pronunciandi necessitas tenet ... sententias partibus legant... exceptis tam viris eminentissimis praefectis praetorio, quam aliis illustrem administrationem gerentibus, caeterisque illustribus judicibus, quibus licentia conceditur etiam per officium suum, et eos qui ministerium suum eis accomodant sententias definitivas recitare.

(22) *Cap. 5 de sentent. et rejud. in 6.* - Episcopo tamen, quem propter dignitatis praerogativam ampliori convenit honore fulgere, sententiam ab eo ferendam licebit, ad instar inlustrium personarum, per alium recitare.

*dubbio il tribunale supremo rigetterà la dimanda per l' an-
nullamento.* Quindi faceasi ad analizzare l' opinamento che
mons. Arnaldi avea pubblicato, e lo combatteva nelle singole
parti.

I difensori degli zii diceano di non negare che i vescovi
prima del m. p. 10 novembre 1834 avessero la facoltà di
delegare, come l' aveano tutti i giudici ordinari, ma che
dal § 358 loro fu tolta, e fu definito i loro rappresentanti nella
giudicatura civile essere i vicari generali, ed i vicari foranei, non altri, come dal tribunale supremo fu riconosciuto
nelle decisioni *Brictinorien,* e *Reatina,* alla quale si aggiunse
il rescritto del principe che, sanando i giudicati dell' uditore
Giraldi, riconobbe implicitamente la loro nullità — Che la
declaratoria 8 maggio 1843, circa alla facoltà che hanno i
vescovi di delegare una giurisdizione maggiore ai vicari foranei, fu surrettizia, mentre chi l' ottenne non narrò quello
che la segnatura in essa causa avea già decretato — che
inoltre parlò dei vicari foranei soltanto, e dall' aver detto
che possano i vescovi conceder loro una giurisdizione superiore all' economica, non fosse da concludere che dunque i
vescovi possano deputare altri giudici in luogo dei loro vicari — E non ammettevano che la controversia trai Felici
eccitata fosse mera questione di cappellania laicale, dicendo
che vi si disputava dal patronato, e niuno non sa essere scritto
nel cap. 5 *de judiciis — Caussa patronatus ita conjuncta est
et connexa spiritualibus caussis, quod nonnisi ecclesiastico judicio valeat definiri,* disposizione di diritto la cui osservanza
fu raccomandata nella bolla *ad militantis ecclesiae* di Benedetto XIV — nè ostare che i possessori dei beni fossero laici,
poichè Benedetto XIII nella precedente costituzione del dì
29 novembre 1728 § 3 avea già dichiarato che i giudici laici
non abbiano nè possano avere giurisdizione nessuna sopra i
beni della chiesa posseduti dai laici (23) — che se la materia

(25) *Boll. Mainardi num.* 246.

di quella lite si dovea considerare di *misto foro*, nelle cause di tal qualità prevale la competenza del giudice prevenuto innanzi a cui la lite fu contestata — che la lite fu contestata innanzi al vicario, e perciò non potea *re non integra* esser dedotta ad altro giudice (24) — che infine se il Ligi teneva udienza nell'archiepiscopio, non per questo dovea essere noto al prelato ch'egli pronunciasse nell'affare dei Felici una sentenza, potendo credere che, come uditore, prendesse cognizione della causa, ma che i giudicati fossero sottoscritti dal vicario, come mons. uditore della camera sottoscrive i giudicati di chi in di lui vece siede *pro tribunali*.

Il supremo tribunale „ Considerando che i PP. nel precedente opinamento avvisarono di annullare la sentenza del Ligi per due ragioni, primo perchè si reputò avere tal uomo esercitato l'officio di giudice indistintamente tanto nel caso d'assenza del vicario, quando allorchè il vicario era presente, secondo perchè i difensori del ricorrente rappresentavano la cosa come se un laico di materia ecclesiastica, o annessa allo spirituale, cioè d'un patronato avesse pronunciato giudizio: nel qual caso, checchè sia di ciò che è disposto nel diritto canonico, pel § 358 non avrebbe potuto giudicare altri fuorchè il vicario, nè il consenso delle parti avrebbe potuto prorogare la giurisdizione d'un magistrato incapace.

„ Che i fatti chiariti nel secondo esperimento tolgono ambedue le ragioni di dubitare, poichè rimane provato non indistintamente avere il Ligi in Urbino per l'arcivescovo amministrata giustizia, ma solo nel caso d'assenza, o di legittimo impedimento del vicario, esercitando l'officio di supplente dall'arcivescovo a lui delegato: onde la controversia si riduce a conoscere se sia lecito ai prelati delle diocesi deputare tali supplenti: sopra di che il tribunale supremo rispose affermativamente nella *Anagnina circumscriptionis* 19 dicembre 1839.

---

(24) L. 16 e 17 *ff de proc.*

„ Che se il § 1 del m. p. 10 nov. 1834 conservò alle leggi del diritto comune, moderate secondo il diritto canonico, e le costituzioni apostoliche, tutto il loro vigore in ciò che non venne con quella riforma altrimenti disposto, e se in essa non fu vietato ai vescovi il destinare supplenti per l'assenza, od altro legittimo impedimento dei loro vicari, non è da dubitare che fosse loro mantenuta tale facoltà derivante da espressa disposizione canonica: e se quella riforma dette supplenti anche ai giudici di minore giurisdizione, sarebbe stato molto incongruo il negarli ai vicari, in modo che, impedito un vicario, o debba chiudersi il tribunale, o il prelato debba far da supplente al suo vicario.

„ Che non è di dire il Ligi incapace: mentre non si trattava nè di causa fra cherici, nè di cosa ecclesiastica, ma di capellania meramente laicale, al cui godimento, chi la istituì, chiamò persone laiche col solo obbligo di far celebrare alcune messe, dare ai poveri elemosine, e recitare alcune preci, cose che possono essere adempite anche da laici: onde le liti sulla vocazione a tali cappellanie, quando non nasce disputa sulle pie prestazioni di cui sono gravate, come controversie di misto foro, possono essere giudicate dai laici: e così fu deciso nella *Perusina circumscriptionis* 1 settembre 1842 cor. Grossi.

„ Che mentre i vescovi senza il beneplacito del sommo pontefice non possono dare ai laici facoltà di giudicare le cause criminali contro i cherici, le cause spirituali, e, secondo alcuni dottori, anche le cause civili dei cherici (benchè altri sian di diversa sentenza) (25) siccome nella causa di cui si tratta nessun cherico era citato, il Ligi per delegazione dell'arcivescovo avea capacità legale per giudicare.

„ Che se finalmente non esiste negli atti di Urbino una espressa delegazione del Ligi, siccome egli esercitava l'officio nel palazzo dell'arcivescovo, e molte sentenze nella sua qua-

---

(25) Pignatelli *consult.* 45 *per tot.*

lità avea emanato, non è da dubitare che lo adempisse per volontà, ed autorità del prelato.

Rescrisse — *nihil.*

Segnat. del di 18 *aprile* 1844 — *Urbinaten. circumscript.* R. P. D. Lippi, *dif. pel ricorrente* sigg. avv. Piacentini Rinaldi, e Caramici, *proc.* sig. dott. Vaselli *proc. di coll.*; *per gli intimati* sigg. avv. Sarzana, e Lupacchioli, *proc.* sig. dott. Sellini.

CAUSE COMMERCIALI . RICORSO DI UNIONE .
MODERAZIONE

XLI. *Non è vietato di ricorrere in segnatura per la unione di due cause una commerciale, una meramente civile.*

Questa massimà milita anche nel caso che la lite commerciale nasca sulla esecuzione d' una regiudicata del tribunale di commercio.

(*Discuss. sul* § 345 *del reg. giud.*)

Alessandrini c. De Gregori

Ecco una conferma della massima, che per la prima volta fu stabilita dal tribunale supremo nella causa Serny e Bellefin riportata in questo giornale anno 1842 vol. 1 pag. 105, ed un applicazione di essa anche al caso di processi derivati da una regiudicata. In conseguenza della regiudicata ruotale nella *Romana societatis in re commerciali* di cui a pag. 163 del presente volume, e della clausula che permetteva all' Alessandrini mettere a gride d' affitto la drogheria ritenuta in società col De Gregori, furono affissi gli editti: ma il De Gregori pose campo di nuovo litigio nel tribunale civile di Campidoglio, citando il suo socio — *per sentir dichiarare nulla, ed inattendibile l'affissione dell' avviso per l' affitto del negozio di droghe, perchè fatto in opposizione del patto opposto nell' apoca, e per conseguenza nulla, ed inattendibile tanto qualunque offerta, quanto qualunque contratto che il sig. Alessandrini si arbitrasse di fare, e nell' ipotesi che l' affissione degli editti si riconoscesse*

valida — *sentir dichiarare, che in forza del patto compete
all' istante il diritto di prelazione* : ma siccome all' aprirsi
dell'offerta vi si trovò l'esibizione di un De Angelis per trenta
scudi mensili, l' Alessandrini, dopo avere con protesta inutilmente eccitato il De Gregori a profittare del patto di prelazione, concluse coll' offerente il contratto, e nella congregazione civile dell' A. C., tribunale esecutore della regiudicata commerciale, lo citò a lasciar libero il locale. Il De Gregori interpose ricorso per l' unione di tale giudizio a quello
introdotto da lui nel tribunale capitolino. Il procuratore
dell' Alessandrini non persuaso, a quanto sembra, dalla massima già da noi fatta conoscere alla curia, invece di attendere che giungesse a maturità la proposizione della causa,
avvisò di poterne impedire il progresso, con un incidente
d' estrinseca inammissibilità.

Descritta la serie dei molti conflitti che il suo cliente
avea per molti anni dovuto sostenere per quella, come egli
dicea, malaugurata società, accusava il ricorso come un trovato per nuova protrazione di godimento della cosa sociale
a danno del socio, per cui, a torto di mezzo, si dovesse applicare il disposto nel § 1052 num. 4 che dice inammissibili
tali dimande — *quando, avuto riguardo alla qualità dei giudizi
respettivi, si riconosce che il giudizio è diretto ad impedire, o
ritardare il corso dell' uno, o dell' altro* — Che nelle cause
commerciali, per la notissima disposizione del § 345, non si
ricorre in segnatura, fuorchè all' oggetto di domandare l' annullamento degli atti dopo la regiudicata, o il rimedio straordinario della restituzione in intiero, e commerciale fu quella
dal suo cliente introdotta innanzi all' A. C. in conseguenza
di una società di commercio, ed in esecuzione di una regiudicata commerciale , come domanda di prelazione in affare
di commercio era quella, che il De Gregori al tribunale capitolino avea portata — Che se, aggiungeva, in Francia è
permesso di portare ricorsi in cassazione anche in materie
commerciali , non hanno i Francesi il divieto che abbiamo

noi nel sud. § 345 del nostro codice giudiziario. Per ultimo dicea illegale la distinzione fatta dalla segnatura nella causa Ballesin e Serny quando disse il paragrafo non risguardare il caso misto di due liti pendenti una commerciale, l'altra civile, poichè nella legge, la quale genericamente dispone, indusse una distinzione che la legge non fa.

Ma il difensore del ricorrente dicea che nè l'una, nè l'altra causa da unirsi si potesse dire commerciale: non quella dall'Alessandrini introdotta innanzi all'A. C. nè per l'indole della magistratura, nè per la materia, che, consistendo nella esecuzione d'una regiudicata derivante da un tribunale di commercio, pel disposto nel § 962 non poteva essere dedotta alla giurisdizione consolare: il quale paragrafo, togliendo ai tribunali di commercio ogni competenza sulla esecuzione dei loro giudicati nel momento in cui l'esecuzione incomincia, manda il processo agli ordinari magistrati civili, i quali sappiano giudicare le questioni che possono nascere: molto meno la causa dal suo cliente introdotta nel tribunale di Campidoglio, che in materia commerciale non è neppure competente a conoscere sulla esecuzione dej giudicati. Vero è (aggiunge) che pel § 345 nelle cause commerciali non si può ricorrere in segnatura, ma è vero altrettanto che pel § 1050 — *quando una causa, ovvero più cause fra di loro connesse, o l'una dall'altra dipendente, sono introdotte avanti diversi giudici o tribunali, ha luogo il ricorso per l'avocazione, o riunione di esse avanti un solo giudice, o tribunale, affinchè da uno solo siano decise*, nè il divieto del primo articolo si può conciliare colla concessione contenuta nell'altro, fuorchè dicendo, non potersi ricorrere in segnatura per causa commerciale quando si tratta di nullità, d'incompetenza, di ricuse di giudici, non mai quando nasce il pericolo di sentenza contro sentenza: possibilità di conflitto, che ha bisogno d'una magistratura per essere evitata. Ed opportunamente notava, che quando la legge volle togliere alla segnatura la facoltà di giudicare su tali emergenze, espressamente lo disse, come nel caso che accada tra le sacre congregazioni e i tribunali

ordinari (1), o nell'altro che avvenga tra questi e le magistrature che per le controversie amministrative son destinate (2).
Per giustificare che in Francia si ricorre in simili casi pel
regolamento dei giudici al tribunale supremo, citava gli esempi riferiti da *Merlin* alla voce *réglément de juges*, e dai signori
Carré all'art. 397 del cod. di proc., *Berriat Saint-Prix* nel
corso di proc. num. 700, *Dallox* nel suo giornale della corte
di cassazione alla v. *competenza* sez. 1 num. 1, ed allegava per
ultimo così la causa Andreucci e Camerini riferita ancor essa
in questo giornale anno 1839 vol. 2 pag. 21, quanto l'esempio
dell'affare Ballefin, ed un altro precedente che è da vedere
nella *Romana pertinentiae* 12 julii 1827 compilata dal nestore
dei magistrati romani mons. *Cioja*, allora decano di segnatura.

Il tribunale supremo rescrisse — *nihil de moderatione
recursus, et ad d. auditorem qui mandet caussam poni in folio.*

Segnat. del dì 2 maggio 1844 — *Romana unionis et avocationis super moderatione recursus*, dif. per *Alessandrini* sig.
avv. Bachetoni, proc. sig. dott. Marini *proc. di coll.*; per
De Gregori sig. dott. Montanari *proc. di coll.*

APPELLO . PERENZIONE

XLII. *Il termine perentorio d'appello non decorre, se la sentenza
appellabile non è intimata al procuratore. A tale effetto
non basta la intimazione fatta alla parte.*

(*Discuss. sul* § 969 *del reg. giud.*)

Bevignati c. Bevignati

Questo principio fu per la prima volta messo in controversia nel caso d'una dimanda di perenzione d'appello

---

(1) *Reg. giud.* § 385. - Le sacre congregazioni ecclesiastiche
non sono soggette a questo tribunale (della segnatura).

(2) § 1698 - I magistrati dell'ordine giudiziario sono incompetenti a conoscere e giudicare intorno agli atti dei dicasteri, che hanno
potestà di decidere in via amministrativa: non potranno in qualunque
modo interloquire sulle loro decisioni, e sugli oggetti in esse compresi.

portata in s. ruota dal sig. dott. *Salini* in una lite trai Bevignati in cui l'appellata sentenza, che era del vicario ripano, era stata intimata solamente alla parte, non al procuratore, e quando l'appello venne notificato era trascorso già da alcun giorno l'anno fatale.

Il difensor dell'istanza disse chiaro il disposto nel § 969 quando prescrive che l'anno per appellare da qualunque sentenza suscettiva di appello — *decorre dal giorno della notifica della sentenza alla parte in persona, o nel suo domicilio, e che, scorso l'anno, l'appello è perento di pieno diritto, senza bisogno di giudiziale interpellazione:* e siccome il § 611 ordina che la notifica dei giudicati sia fatta anche *al procuratore dell'altra parte quando lo abbia costituito, abbenché sia stato presente alla pronuncia della sentenza,* si studiava di francare la sua pretesa da tale disposizione di legge, dicendo che essa riguarda la notifica per eseguire, non quella per la decorrenza del termine ad appellare.

Il sig. dott. *Guarnieri* rispondeva a tale pretesa che quando la legge nel § 969 e seguenti parlò della perenzione d'appello, avea già prescritto nel § 611 che le sentenze debbono essere notificate tanto alla parte quanto al procuratore, e siccome la intimazione al procuratore o precede, od almeno accompagna quella della parte, ponendo in questa, che può essere più tarda, l'estremo per la decorrenza del termine, non esclude che il termine decorrer dovesse dalla notificazione legalmente eseguita, cioè dalla notificazione fatta secondo il precedente articolo così al procuratore come alla parte — Che se pel § 969 l'appello è un atto che ad utilità della parte può esser fatto anche dal procuratore, quel dire che all'effetto del termine ad interporlo basta la sola intimazione alla parte, fosse un rendere facile che un procuratore lasci scorrere un termine, senza conoscere quando la decorrenza ebbe principio, e commetta una colpa *in omittendo*, senza averne la reità.

La sacra ruota rescrisse — *non constare de peremptione appellationis.*

Ruota del dì 15 aprile 1844 — Ripana exequutionis super peremptione transactionis R. P. D. Consolini.

PERENZIONE DICHIARATA . APPELLABILITA'

XLIII. *La sentenza che riconosce la perenzione dell' appello è inappellabile.*

(*Discuss. sui* §§ 963, 983, 985, 996 *del reg. giud.*)

Lauri c. Lauri

Ed ecco in senso inverso un tentativo per rendere appellabile una sentenza d'inappellabilità. In una causa *familiae herciscundae* il tribunale d'appello di Macerata con sentenza del dì 23 agosto 1842, ritenuta la perenzione dell'appellazione interposta contro una sentenza del tribunale di Fermo, condannò l'appellante alle spese fatte in quel grado, e, domandata la revoca, il giudicato incidentale ai 19 gennaio anno corrente fu confermato. Appello in ruota. Istanza dell'appellato per far dichiarare l'inappellabilità.

Il sig. avv. *Cesari*, difensore dell'istanza, citava il § 996 nel quale si dice che — *se nasce disputa sulla inappellabilità delle sentenze, sarà decisa preliminarmente dai tribunali di seconda istanza nella forma prescritta per le dimande incidentali: sarà egualmente decisa dai tribunali di terza istanza la questione sulla conformità, o difformità delle sentenze di primo, o di secondo grado. Le sentenze da emanarsi intorno a tali controversie saranno irretrattabili, e non soggette ad appello, o revisione:* e dicea di non sapere come una sentenza, che dichiarò perento un appello, a questa chiara volontà di legge si potesse sottrarre, tanto più che il § 1060 nega perfino lo straordinario rimedio della restituzione in intiero *dalle sentenze pronunciate dai tribunali di appello sugli incidenti d'inappellabilità.* Faceva altresì opportunamente osservare che pel

§ 983 — *le sentenze interlocutorie che risguardano domande incidenti di qualunque giudice, o tribunale non sono appellabili che nel solo caso in cui compete l'appello dalla sentenza definitiva*, e pel susseguente § 985 contro alle sentenze incidentali di secondo grado l'appello non può interporsi *che unitamente all'appello dalle sentenze definitive, quando abbia luogo*, e da ciò concludeva, che se l'avversario non avea presidio d'appello dal giudicato fermano, che fu riconosciuto inappellabile da un tribunale che non potea pronunciare sul merito a motivo della incorsa inappellabilità, quand'anche il caso non fosse compreso nel § 996, i suddetti § 983, e 985 bastassero a giudicarlo.

Per lo contrario il sig. avv. *Vici* dicea essere scritto nel § 963 che — *si può interporre appello da qualunque sentenza, che dalla legge non sia dichiarata inappellabile* — che nel § 964 tali sono dichiarate tre specie di sentenze soltanto, cioè 1° *le sentenze emanate nelle cause maggiori di sc.* 10, 2° *quelle che risguardano la liquidazione delle spese*, 3° *quelle che sono accettate dal soccombente*, a nessuna delle quali si può riferire una sentenza che dichiari perento un appello — che il § 983 allegato in contrario parla delle sentenze emanate sopra dimande incidenti che possano essere seguite da una sentenza sul merito — che dice lo stesso il § 985 quando tratta d'appello da non potersi interporre se non quando è luogo a provocare dalla sentenza emanata sul merito principale — che perciò tali articoli influir non potessero su di un caso anomalo, quale è quello con cui una perenzione d'appello sia dichiarata : e, dopo avere adornato il suo tema con larga supellettile di antiche dottrine sulla appellabilità delle sentenze che dichiaravano deserti gli appelli (1), dicea che neppure il § 996 fosse del caso, mentre esso tratta non dei giu-

(1) Scaccia *de appell. quaest.* 17 *limit.* 47 *membr.* 1 *num.* 185. - Mynsig. *observ. cent.* 3 *observ.* 36. - Fenzonio *ad statut. urbis cap.* 176 *num.* 9. - Ruginell. *de appell.* § 2 *cap.* 3 *alla v.* desertio *num.* 265.

dicati che si pronunciano sulle *perenzioni*, ma di quelli che risguardano la *inappellabilità*.

Il sacro uditorio rescrisse — *non esse locum alicui appellationi.*

Ruota del dì 29 aprile 1844 — Firmana praetensae peremptionis super moderat. appellationis R. P. D. De Petro, *proc. per l'appellante* sig. dott. Nuvoli; *per l'appellato* sig. dott. Saraiva.

INTERLOCUTORJ.ACQUIESCENZA.INAPPELLABILITA'.
PROCURATORE

XLIV. *Se uno dei rei con sentenza interlocutoria sia posto fuori di causa, ed il procuratore dell'attore continui contro gli altri il processo, quest'atto importa acquiescenza al giudicato, e lo rende inappellabile.*

(*Discuss. sui* §§ 964, 965, 967 *del reg. giud.*)

Cenci c. Amati

Un sacerdote Amati posposto ad un altro sacerdote Cenci nella nomina, ad un canonicato nella collegiata di s. Arcangelo, chiamò al vicario di Rimini la confraternita del Rosario patrona, con essa il capitolo ed il nominato a sentir dichiarare nulla, e di niun effetto la elezione, e competergli il godimento del beneficio per la scelta che prima era stata fatta di lui, benchè dal capitolo non approvata. Il Cenci, volendo lasciare che l'Amati se la vedesse cogli elettori, mandò dichiarare formalmente negli atti la sua neutralità, ed a richiedere d'essere posto fuori di causa, intento che ottenne con sentenza interlocutoria del dì 30 giugno 1843. Dopo tale incidente il procuratore dell'Amati continuò la lite contro ai competitori superstiti, cioè contro alla confraternita, ed alla collegiata fino all'opinamento, quale venutogli contrario, retrocedendo interpose appello alla ruota dal suddetto decreto con cui il Cenci era stato posto fuori di causa. Al sig. dott.

Federici parve l'atto serotino, per cui domandò si dichiarasse *non esse locum alicui appellationi*.

Gli parve cioè cadere l'appello sotto alla censura dei §§ 964 num. 3, 965, e 967 nei quali si dice che le sentenze accettate dal soccombente sono inappellabili — che l'accettazione risulta dall'acquiescenza, la quale si verifica se il soccombente ha promossa istanza in giudizio per la esecuzione del giudicato, e se col fatto suo, o con atti giudiziali ha manifestata la volontà di non reclamarne: e ciò per la prosecuzione del giudizio fatta dal procuratore dell'Amati contro la confraternita, e contro il capitolo dopo il decreto, che pose il Cenci fuori di causa : ed aggiungea non ostare che *gli atti o fatti del procuratore cui manchi uno speciale mandato* (come dice il § 968) *non provano l'acquiescenza*, giacchè gli atti fatti per quella prosecuzione di giudizio furono atti di procuratore, che era stato munito d'opportuno mandato — che in fine pel disposto nel § 98ⁱ dalle sentenze interlocutorie proferite in primo grado non é luogo ad appello quando la esecuzione è incominciata.

I difensori dell'appellante, ricordata l'antica regola dell'essere per diritto comune l'appellazione permessa in ogni causa (1), diceano non potersi arguire l'acquiescenza dagli atti che dopo l'interlocutorio fece il procuratore dell'Amati, perchè in alcuni citò il procuratore del Cenci, gli altri non furono che atti suoi, non atti di parte, e gli atti suoi pel chiaro disposto nel § 968 non potevano portare acquiescenza al giudicato — che se pel § 963 le sentenze interlocutorie sono appellabili quando compete l'appello dalle definitive, non potendosi dubitare che in una causa di preferenza nel godimento d'un beneficio al perditore competa l'appello, non era da negarlo nell'incidente, in cui si trattò se uno dei rei dovesse essere in causa — che anzi tal giudicato fu pel Cenci definitivo, come lo è qualunque sentenza che assolve

---

(1) *L.* 1 *cod. de appell.*

un reo *ab observantia judicii*. Quindi notavano che la suddetta interlocutoria sentenza mai non fu all' Amati intimata, e che, mentre la legge al § 612 nei giudicati interlocutori che risguardano l'ordinatoria, dispensa una tale formalità, non la rimette negli altri, e vuole che almeno al procuratore l'intimazione sia fatta: per cui, se quello fu un giudicato interlocutorio, solo dal dì della intimazione poteva decorrere il termine ad appellare, o ad acquietarsi.

I padri rescrissero — *non esse locum alicui appellationi.*

Ruota del dì 6 maggio 1844 — Ariminen. canonicatus super moderatione appellationis R. P. D. De Petro, *dif. per Cenci* sig. dott. Federici; *per Amati* sigg. avv. Benedetti, Tomassetti, Vici, *proc.* sig. dott. Brunetti.

OSTI . ISTITORI . CONSUETUDINE

XLV. *Gli usi in Roma vigenti circa ai diritti tra gli osti, ed i loro spacciatori costituiscono consuetudine civica avente forza di legge.*

Il contratto che interviene tra costoro è piuttosto una istitoria od una locazione conduzione di opera, che una società.

Alegiani c. Torquati

È antico uso di Roma che il proprietario d'una taverna, volendo esercitarla, la fornisce dei necessari utensili, quali, descritti ed apprezzati da un perito, consegna ad un uomo per lo più nativo dell'Amatrice nel regno di Napoli col patto di vendere il vino, prendersi la metà del lucro netto, sottostare ai danni, essere amovibile *ad nutum*, ed in caso di congedo rendere gli utensili nello stesso valore, tenere a suo debito verso il capitalista i fidi fatti ai bevitori, e stare per la liquidazione inappellabilmente al giudizio del perito dell'arte: il quale perito (che ora è un Pietro Balestra) è sempre uno, mediatore, contabile, notaio, e giudice arbitro, a cui, quale centro della comune fiducia, stanno gli ostieri e gli spacciatori, come in antico stavano in Roma i lavoratori delle campagne al giudizio dell'abate *Sacco* nelle questioni coi loro caporali: dal che nacque tra noi il magistrato detto *dei mercenarj*. Ed un simile contratto fece il Balestra in dicembre del 1843 tra il proprietario Alegiani, e l'amatriciano Torquati, formulando la minuta dell'apoca coi suddetti soliti patti per una osteria in via della Palombella: siccome però il Torquati si ricusava di sottoscrivere, e prendere la consegna, fu necessario citarlo al tribunale di commercio, dal quale condannato secondo l'istanza, appellò alla ruota non per negare il contratto in genere, ma per ottenere che fosse munito di patti convenienti ad una società. Il sig, avv. *Ciuffa-Mastrofini* assunse la causa.

Premettendo la regola che nei contratti possiamo mèttere quei patti che più ci piacciano, ma non quelli che ne facciano cambiar la natura (1), dicea che l'Alegiani non volle nel Torquati un istitore, perchè l'istitore è un mandatario il quale amministra la cosa altrui non per emolumento di possibile lucro, ma per salario (2), ma volle un socio, come appariva dall'avergli accordata la partecipazione del guadagno, e dall'averlo voluto per la sua quota responsabile dei danni (3) — che se il contratto fu una società, bisognasse in primo luogo cancellare dall'apoca, che il Balestra avea minutata, quella clausula che il contratto si potesse rescindere *ogni giorno*, *quando meglio parerà e piacerà a ciascun contraente*, mentre è l'istitore che ad ogni cenno del preponente può essere congedato (4), non il socio, ed al dire dello Zanchi p. 3 *cap.* 12 *num.* 3 — *siculi societas nominatus est bonaeque fidei contractus, et poenitentiam excludit, non propte*-

(1) *L.* 38 *ff de pact.*
(2) *L.* 13, 16, 18 *ff de instit. act.* - Zanchio *de societate part.* 2 *cap.* 11 *num.* 8. - Ansaldo *de comm. et mercat. disc.* 50 *num.* 8.
(3) Zanchio *ibid.* - Costantin. *vot. decis.* 255 *num.* 48 *tom.* 2.
(4) Zanchio *loc. cit.* p. 2 *cap.* 11 *num.* 187. - Hermosill. ad Lopez *gloss.* 4 *leg.* 7 *tit.* 1 *part.* 5 *num.* 4 *tom.* 1.

*rea sociorum alter potest societatem, modo quo supra indefinito
hodie contractam, pro arbitrio in crastinum revocare: nam secus
lusoria esset societas:* tanto più che non tutti i mesi sono
lucrosi, e non tutti gli anni, a tal che l' affluire dei bevitori
varia secondo le stagioni che corrono, ed il maggiore o minore caro della derrata — Che inoltre non fosse da tollerar
l' altro patto in cui si volea partecipe della perdita il socio
d' industria, che perde abbastanza, quando dalle proprie fatiche non trae utilità, nè l' altro che gli stigli dovessero ren-
dersi col valore della stima originaria, per cui il consumo,
invece di stare a carico del socio capitalista, tornava a tutto
danno dell' industriale. Tassava in fine come eterogeneo in un
contratto di società quell' altro patto di doversi il Torquati
in caso di rescissione tenere a carico proprio i crediti contro ai bevitori, benchè la natura d' ogni società li voglia
divisi trai soci, e ciò tanto più che l' aver note di debitori
insolvibili è inseparabile dalla negoziazione dei tavernai.

All' incontro il sig. avv. *Lupi* a sostegno del giudicato
esibiva una dichiarazione di dodici osti, i quali dicevano la
minuta fatta dal perito Balestra essere pienamente conforme a ciò che si pratica per l' esercizio delle taverne nella
nostra città, e ricordava il grave monito che a Plinio dava
Traiano circa al venerare i vecchi usi municipali, dicendogli — *legis auctoritas et longa consuetudo usurpata contra
legem, in diversum movere te potuit. Mihi hoc temperamentum
ejus placuit ut ex praeterito nihil novaremus, sed manerent,
quamvis contra legem adsciti quarumcumque civitatum cives,
in futurum autem lex pompeja observaretur: cujus vim, si retro
quoque velimus custodire, multa necesse est perturbari (5).* Quindi dicea che i spacciatori nella nostra città non sono socii,
ma locatori di opera, giacchè non si tratta di comprare in
società vino per vendere, ma di vendere il vino dal capitalista comperato, nella qual vendita poca industrie richiedesi

---

(5) Plin. *epist.* 116 *lib.* 10.

meno quella della assiduità — Che la partecipazione degli
utili non è argomento di società (6), e che in quel contratto
essa fu posta in luogo di mercede allo spacciatore conveniente più di un fisso salario : per cui il patto di poter congedare lo spacciatore in ogni giorno fu omogeneo alla istitoria , come la revocabilità è nella natura d'ogni mandato —
Che se , proseguiva , si voglia credere che quei contratti
siano società , nessuno ignora che *societas coiri potest vel in*
perpetuum, idest dum vivunt, vel ad tempus, vel ex tempore,
vel sub conditione (7) , e che sta nel volere dei contraenti il
farlo cessare, purchè non sia frandolenta la volontà (8) , per
cui secondo lo Zanchi *de societ. part. 4 cap. 4 num.* 20 — *re-*
stat tertius modus contrahendae societatis , scilicet ad tempus
indeterminatum , puta quia de tempore nihil fuerit dictum, et
hoc ultimo casu recepta conclusio est a societate recessum semper,
et quandocumque admitti, dummodo fraus absit atque dolus (9) ,
e non solo può esistere una società senza nessuna determinazione di tempo , ma si può eziandio convenire che sia
risolubile a beneplacito (10), nè deve essere ignota la regola
che prima ancora del tempo nella convenzione stabilito possa

---

(6) Ansald. *de comm. et mercat. disc.* 73 *num.* 8. - Constantin.
vot. decis. 291 *num.* 44 *e seg.* - De Luca *de credito disc.* 161
num. 10.

(7) *L. 5 cod pro socio.* - *L.* 65 § 3 *ff eod.*

(8) *Instit. lib.* 3 § 4 *pro socio.* - Manet autem societas eousque
donec in eodem consensu perseveraverint : at, cum aliquis renunciaverit societati, solvitur societas. Sed plane si quis callide renunciaverit societati, ut obveniens aliquod lucrum solus habeat, non cogitur
hoc lucrum comunicare. - Oinotom. *instit. loc. cit.*

(9) Connan. *comment. jur. civ. lib.* 7 *cap.* 13 *num.* 12. - Rota
decis. 436 § 6 *cor.* Isoard.

(10) Felici *de societate cap.* 35 *num.* 18. - Zanchi *ibid. part.* 3
cap. 12 *num.* 5 , *ed al num.* 87 *e* 107.

il socio rinunziare alla società, mentre nessuno può essere
obbligato a vivere in comunione contro la sua volontà (11).

La sacra ruota rescrisse — *esse locum praefixioni termini
ad effectum subscribendi apocham in actis productam, et descriptionem a perito Balestra subsignatam, et expediatur.*

*Ruota del dì 29 aprile 1844 — Romana contractus in re
commerciali* R. P. D. D'Avellà, *proc. per Torquati* sig. dott.
Mascetti ; *per Alegiani* sig. dott. Federici.

MINORE DI 16 ANNI . TESTAMENTI . LEGGI FRANCESI . ANNO COMPITO

XLVI. *Generalmente parlando, allorchè dalla legge, o dall'uomo
è prescritto un certo numero di anni a fare, o ad ottenere
una cosa, non basta che l'ultimo degli anni prescritti sia
incominciato.*

*Quindi l'articolo 903 del codice civile francese, che vieta ai
minori di sedici anni il far testamento, deve essere inteso
nel senso che non possa validamente testare chi non ha i
sedici anni compiti.*

*La regola di diritto che in favorabilibus l'anno incominciato
si ha per compito, risguarda al caso dell'età richiesta per
acquistare onori, od esercitare pubblici offici, non la libertà
di testare, o conseguire legati, e fedecommessi.*

Lezi-Marchetti c. Cantagalli

La giovine contessa Maria Orfini era in età di anni 15
mesi 6 e giorni 5, quando ai sei di maggio 1814, morendo a
Foligno, del pingue aver suo fece erede Luca Lezi-Marchetti
a cui erasi disposata sei mesi prima: e siccome l'art. 903
della legge francese allora languente, e che cessò d'aver
forza per noi otto dì dopo, rendeva intestabili i minori di
16 anni, la contessa Palmira Cantagalli sua zia, reputandosi

---

(11) *L.* 14.ff *pro socio.* - Zoesio *in istit. lib.* 3 *tit.* 26 *num.* 10. -
Noodt. *comment. lib.* 17 *tit.* 2 *pag.* 502 *colon. agripp.*

erede legittima per un semisse, promosse lite di nullità, e
nel 30 luglio del medesimo anno ebbe dal pretore della città
una sentenza che, sostenuta innanzi alla ruota *videntibus omni-*
bus dall'egregio *Tavecchi,* ammise definitivamente l'istanza:
dopo di che una concordia suddivise trai litiganti il controverso retaggio. Più tardi però la Cantagalli attaccò di nullità
anche questo contratto per mancanza di forme, ed ottenne
una nuova sentenza, la quale ancor essa dal tribunale della
ruota fu confermata, come è da vedere nel presente giornale
anno 1840 vol. 1 pag. 149. È altresì registrato a carte 214 che
allora il Marchetti appellò dal primo giudicato di ruota, che
avea riconosciuta la nullità della disposizione testamentaria,
ma che a tale risorgimento di lite la Cantagalli si oppose, dicendo dopo tanti anni perento il diritto ad appellare, il risultato
del quale incidente procurò a questa raccolta una delle massime che hanno renduto meno tagliente il § 971, riconoscendo
che — *se dopo una sentenza si faccia una transazione, e que-*
sta venga posteriormente annullata, il tempo decorso fra la tran-
sazione, e l'annullamento di essa non si calcola nel tempo
atto a perimere il diritto di appello dal primo giudicato : per
cui la causa sulla suddetta nullità di testamento potè tornare al sacro uditorio col dubbio — *An constet de rejudicata,*
seu potius de caussis restitutionis in integrum. In un esperimento 4 giugno 1841 nacque il rescritto — *negative ad pri-*
mam partem, affirmative ad secundam, ma venne a nuova discussione la causa.

Il sig. avv. *Tosi,* che perorava per la nullità del testamento, premessa alcuna osservazione sul modo con cui
quella giovine sposa fu indotta a testare, andò collocarsi sul
tenore degli art. 903, e 904 del codice francese i quali dicono — *il minore, che non è giunto agli anni sedici, non potrà*
in verun modo disporre — il minore pervenuto all'età di anni
sedici non potrà disporre, eccetto che per testamento, e sino alla
concorrenza solamente della metà dei beni, che la legge per-

mette di disporre al maggiore (1), e siccome la decisione aver detto l'anno incominciato si dovesse tenere come compito per la naturale significazione delle parole, per l'interpretazione dei prudenti, e dei lessicografi, per la consuonanza con altri luoghi del codice, in fine per le regole di diritto comune che ricorrono in fatto di testamenti, cominciava dal dimostrare che la nullità della disposizione in primo luogo fosse evidente appunto per la naturale significazione delle parole, mentre come *essere nel tale anno*, significa correre pei mesi, e pei giorni che lo compongono, così *pervenire* al tale altro, significa arrivo di termine, per cui un principe dice nelle medaglie anno vigesimo del proprio regno il giorno che segue al diecinovesimo anno, se muore però si scrive che è morto nell'anno diecinovesimo, colla giunta dei mesi, e dei giorni che del ventesimo eran passati, perchè — *parlandosi d'età* (è scritto nel vocabolario universale italiano) *quando dicesi* „ il tale è arrivato all'età di venti anni, è giunto ai „ venti anni „ *ha compito i venti anni* — Che difatti nel testo *pervenire ad un anno* sempre significa anno compito (2), al che fanno eco tutti generalmente gl'interpreti (3), ed

---

(1) *Art.* 903. - *Le mineur agé de moins de seize ans ne pourra aucunement disposer, sauf ce qui est réglé au chapitre 9 du présent titre.*

Art. 904. - *Le mineur parvenu a l'agé de seize ans, ne pourra disposer que par testament, et jusqu'à concurrence seulement de la moitié des biens, dont la loi permet au majeur de disposer.*

(2) *L.* 22 *ff de donat. inter vir. et uxor.* - *L.* 37 *ff de verb. oblig.* - *L.* 5 *ff de capt. et postlim. revers.* - *L.* 5 *ff de off. procons.* - *L.* 49 *ff de legat. et fideicomm.* - *L.* 47 *ff de condit. et demonstr.* - *L.* 5 *cod. quando dies legati et fideicomm. cedat.* - Non coeptum enim annum sed completum si de emolumento relicti fideicommissi tractatur expectandum esse prudentibus placuit.

(3) *Jason nella l. qui hoc anno ff de verb. signif.* - *Cujacio comment. al tit. ff de legat.* 1 *alla l. si cui legetur ed. mut.* 1779

anche i francesi , trai quali il Furgol *de testamentis cap.* 7
sez. 6 *num.* 20, il Delvincourt *corso del cod. civ. tom.* 1 *pag.* 198
num. 3 *edit.* 5 , il sig. Dalloz nel repertorio alla v. *disposizioni tra vivi*, e finalmente il sig. Duranton che nel suo *corso
di diritto francese tom.* 8 *pag.* 216 dice così — *L' art.* 904
*dice il minore pervenuto all' età di sedici anni : ora è egli per-
venuto all' età di sedici anni colui che non ha se non quindici
anni , e più un mese?* Nó *certamente: all' appoggio di questa
interpretazione si può citare la* l. 98 ff de condit. et demonstr.
*ove si tratta di un fedecommesso lasciato presso qualcuno fino
a tanto che il fedecommissario sia pervenuto all' età di sedici
anni* „ cum ad annum sextum decimum pervenisset „ *il giureconsulto Marcello interpreta queste espressioni, che in un altra
lingua sono quelle medesime impiegate dal nostro articolo, nel
senso che fa di bisogno che il fedecommissario abbia compito
il suo sedicesimo anno, per potersi far rilasciare il fedecommesso:*
al quale avviso aggiungea quello d' illustri avvocati che avea
fatto consultare a Parigi, cioè dei signori Bonjean, Valette,
De Maitre, Audot, Perreyre, Royer-Collard, e del sig. professore Blondeau poc' anzi decano della facoltà di diritto. Circa a
que' luoghi del codice, ove nel prescriversi gli anni compiti
si dice espressamente *anni compiti* allegati in contrario , per
arguire che dunque il legislatore, quando volle parlare d'anno
finito, espressamente lo disse , facea considerare che in altri
la medesima leggè, volendo parlar d' anni entranti, adoperó
l' adiettivo d' *incominciati* (4), onde non fosse da formare un

---

tom. 7 *col.* 1016 *lett. B.* – Donello *comm. al tit. cod.* 22 *lib.* 6 *ediz.
luc. tom.* 8 *col.* 1349 *num.* 4. – Camarell. *de legat. lib.* 8 *praest.* 24
de divers. condit. pag. 633 *num.* 4. – Card- Tuschi *tom.* 2 *lett. D
conclus.* 328. – Barbosa *de diction. usu frequent. dict.* 258. – Cal.
vino e Vicat *alla v.* pervenire.

(4) *Art.* 376. – Si l'enfant est agé de moins de seize ans *commencés*, le pere le pourra le faire detenir ecc. – *Art.* 577. – Depuis
l' agé de seize ans *commencés* jusqu' a la majorité, ou l' emancipation,
le pere pourra seulement requerir la detention de son enfant ecc.

criterio su di un uso di locuzione incostante, nè da preferire
illazioni dubbie, e versatili alla giuridica interpretazione
della legge — Quindi passava a dimostrare la nullità secondo
il diritto romano fonte, ed interprete d'ogni moderna legislazione civile.

Recitava il responso d'Ulpiano nella *l. 5 ff qui testamentum facere possunt* citato come concordante in tutte le chiose
dei suddetti articoli 903 e 904, e che dice così — *qua aetate
testamentum vel masculi vel foeminae facere possint videamus:
et verius est in masculis quidem decimumquartum annum
spectandum, in foeminis vero duodecimum completum. Utrum
autem excessisse debeat quis decimumquartum annum, ut testamentum facere possit, an sufficiat complesse? pone aliquem
calendis januariis natum, testamentum ipso natali suo fecisse
decimoquarto anno, an valeat testamentum? dico valere. Plus
arbitror etiamsi pridie calendarum fecerit, post sextam horam
noctis valere testamentum: jam enim complesse videtur annum
quartum decimum, ut Marciano videtur,* ove la glossa pone il
quesito se sia necessario — *quod compleverit dicta tempora,
an vero quod excesserint,* e risponde dicendo — *quod sufficit
complevisse, et complevisse intelligitur quocumque modo tetige-
rit de die artificiali ultimo quartidecimi anni, de mane usque
ad vesperam.* Quindi la *l. 29 ff de legat. fideicomm.* in cui è
definito che — *si cui legetur cum quatuordecim annorum erit,
certo jure utimur ut tunc sit annorum quatuordecim, cum im-
pleverit,* e rammentava la distinzione che, in caso di dubbia
volontà della legge o dell'atto, fanno tutti i dottori tra la
generica indicazione d'un anno, e quella d'un anno a fare
o ricevere, nel qual caso l'anno prescritto s'intende anno
compito (5).

---

(5) Donell. *alla l. 4 cod. quibus non est permiss. facere testam.* - Antonell. *de tempore legali lib.* 4 cap. 1 num. 7, e 9. -
Manzi *consult.* 119 num. 6, 7, 8. - Grazian. *discept. forens. cap.* 946
num 21. - Ferraris *biblioth. alla v.* annus num. 2, e 5. - Rota

Nè, aggiungea, si vada dicendo doversi gli odj restrìn-
gere: mentre la legge che risguarda il tempo in cui si possa
far testamento non è odiosa, ma favorevole, giova cioè al
mantenimento dell'ordine nella repubblica, alla quale interessa
che la debole età non sia dalla seduzione, e dalle male arti
circuita, ragione per cui furono introdotte le solennità nei
contratti, l'incapacità a donare, o a far testamento, le tutele, le curatele, la giurisdizione volontaria dei giudici (6).
E siccome i contrari aveano opposta la *l. 74 ff ad s. c. trebell.*
in cui è memoria d'un rescritto con cui Caracalla, nel caso
d'un fedecommesso lasciato ad un impubere *cum ad vigesimum annum pervenisset*, morto tale chiamato *annum agens
plenum nonum decimum, et ingressus vigesimum, nec dum tamen
eo expleto*, riconobbe purificata in lui la vocazione, ed ordinò
che i beni si dassero alla figlia, facea por mente alla ragione
della legge, che fu una ragione di equità, per l'estrema miseria in cui l'erede del fidecommissario si sarebbe trovata,
e per la presunta volontà del fedecommittente (7).

La difesa del Lexi-Marchetti annunciava ancor essa il
proposito di difendere l'atto colla naturale significazione delle

---

decis. 75 *num.* 45 *part.* 2 *divers. decis.* 543 *cor.* Pamphil. *num.* 5, 6,
decis. 175 *num.* 7 *parte* 1 *recen.*

(6) Vinnio *comment. al* § 1 *instit. lib.* 2 *tit.* 12 *num.* 1. - Puf-
fendorfe *de jure naturae et gent. versione di* Barbeirac *lib.* 4 *cap.* 10
§ 7. - Fenzouio *ad statut. urbis cap.* 151 *num.* 2. - Rubeo *singul.
part.* 6 *annot. ad statut.* 151 *num.* 1. - Constantin. *ad statut. urbis
annot.* 44 *art.* 1 *num.* 1. - Grenier *delle donazioni e testamenti
tom.* 1 *part.* 2 *ses.* 2 § 2. - Duranton *corso di diritto francese lib.* 3
tit. 2 *num.* 183 *tom.* 8. - Joubert de la Gironde *rapp. al tribunato
sul tit. delle donazioni e testam.*

(7) Cujacio, Donello, e Voet *a tal legge.* V. lo stesso Donello
alla l. si frater cod. qui testam. fac. poss. tom. 8 *col.* 1350 *num.* 4. -
Furgol *de testam. cap.* 7 *sect.* 6 *num.* 20. - Delvincourt *corso del
cod. civ. tom.* 2 *pag.* 198 *nam.* 5 *edis.* 5.

parole, colla volontà della legge francese, e con l'autorità del romano diritto. E in quanto alla prima dicea, che a chiunque venga richiesto quando un giovinetto si possa dir giunto al sedicesimo anno, tosto risponde che egli vi giungerà battuta l'ultima ora del quindicesimo, mentre nella graduale progressione dei tempi tra spazio e spazio non v'è intervallo reale, ma solamente imaginario, e matematico: così, proseguiva, diciamo d'essere all'anno quarantadue, allorchè ci troviamo al dì 1 gennaio di tale millesimo, senza aspettar che tramonti l'ultima ora del 31 dicembre, giacchè, tramontata, già ci troviamo all'anno seguente che è già entrato: così di taluno diciamo che visse fino al dì d'oggi, benchè sia spirato in sul fare dell'alba, e diciamo d'un principe che abbia regnato fino al vigesimo anno, benchè sia morto dopo anni diecinove e mesi tanti: onde il latino *annum agens vicesimum* significa essere giunto al cominciar dei vent'anni, e che in fatti *pervenire* (secondo Brisson *de verbor. signif. lib.* 14) *est locum destinatum attingere, pervenire ad aliquam rem, est perduci ad eam vel attingere* — che se nell'italiana versione del codice, data nel nostro stato per officiale da una legge· della consulta straordinaria, gli art. 903, e 904 del testo francese suonano — *il minore che non è giunto agli anni sedici non potrà in verun modo disporre* — *il minore pervenuto all'età di anni sedici non potrà disporre, eccetto che per'testamento*, se le voci *giungere, pervenire* equivalgono alle voci latine *pervenire, attingere*, se nei lessici, se nei dottori, se nei tribunali *attigisse, pervenisse* significa toccare, e non oltrepassare il punto destinato (8), non è da dubitare che pel legislatore francese bastasse essere giunto il primo dì del sedicesimo anno, perchè il minore potesse legalmente testare.

Di qua passava a raccogliere tutti gli articoli del medesimo codice nei quali si parla d'anni assegnati alla pubertà, alla

---

(8) Brisson. *ivi.* – Cujac. *comment. alla l.* 49 *ff de legat.* 1 *tom.* 7 *col.* 1058 *edit. nap.* – Rota *decis.* 155 *num.* 8 *part.* 15 *recen.*

minore età, àlla emancipazione, alle nozze per farvi osservare
che avendo voluto il legislatore prescrivere anni finiti, in tutti
adoperò gli adiettivi *révolús*, *accomplis* (9), e per applicare al
caso la regola che la legge *quod voluit expressit, quod noluit
reticuit* (10) — che non fosse da trarre argomento dagli articoli 576, e 577 in cui, parlandosi del genitore che possa
mettere in prigione il figliuolo vi si dice del figlio *agé de
moins de seize ans commencés*, giacchè poco dopo la medesima legge all'art. 380 soggiunge che — *si le pere est remarié,
il sera tenu pour faire detenir son enfant du premier lit, lors
meme qu'il serait agé de moins de seize ans, de se conformer
a l'art.* 377, dal che chiaro apparisce che in quell'uso di
voci non pose il legislatore nessuna importanza, adoperando
due dizioni diverse, mentre in ambi gli articoli intese parlare d'un figlio che non avesse compito i sedici anni — Che
se, aggiungeva, alcuna ambiguità nelle voci apparisse, verrebbe in soccorso un argomento di congruenza, cioè che la
legge francese permette ai maschi, ed alle femine l'unirsi
in matrimonio pria che finisca l'anno decimosesto (11), e
che il matrimonio importa di sua natura l'emancipazione
dei figli (12) — che sarebbe stato assai strano riconoscere
buona l'età per essere *sui juris*, e per governare una famiglia, non per testare. Dicea quindi del diritto comune.

Dicea, cioè, che se per disposizione di diritto comune
le femine all'età di dodici anni compiti, i maschi all'età di
quattordici possono far testamento, la legge francese, pro-
traendo il divieto per l'uno, e per gli altri a sedici anni,

---

(9) *Art.* 148, 159. 374, 384, 388, 477, 478.
(10) Menoch. *consil.* 1 *num.* 178, *consil.* 30 *num.* 8. - Barbosa *axiom.* 136 *num.* 5 *et* 6. - Guttierez *canon. quaest. lib.* 1
cap. 26 *num.* 12. - Rota *nella Romana pecuniaria* 3 *luglio* 1818
cor. Tiberi.
(11) *Art.* 144, e 145.
(12) *Art.* 476, e 477.

come ristrettiva della libertà naturale dir si dovesse odiosa, e per conseguenza in caso di dubbio intenderla a pro di chi fece testamento (13) — che la causa della testamentifazione è ognor favorevole, e che nelle cose favorevoli l'anno incominciato si deve sempre ritenere come compito (14): ed era qui che in suo pro allegava la suddetta *l.* 74 *ff ad s. c. trebell.* dicendo che non l'equità, ma le parole del testamento suggerirono di riconoscere l'anno incominciato per anno compito. In fatti la glossa dice che le parole *ad annum ecc.* possono significare *ut ad ultimum annum pervenerit, qui eum intravit, sicut quis venit ad ultimum ferculum, statim cum ei proponitur,* e perchè si citava la costituzione dell'imperadore Adriano in cui per gli offici municipali fu detto bastante l'anno incominciato, e si portava l'esempio della legge Senzia, nella quale fu stabilita la regola *annus incoeptus, habetur pro completo* — Circa agli esempi delle leggi 44 *ff de legat.* 1 — 27, e 79 *ff de condit. et demonstr.* — 5 *cod. quando dies leg. vel fideicomm.* dicea risguardare disposizioni odiose di legati, e di fedecommessi a pregiudizio degli eredi, non la facoltà di far testamento, che sempre è favorevole (15): — Così i signori avvocati nelle difese prodotte in questo secondo esperimento.

Il sacro uditorio ,, Considerando che l'anno ha di sua natura una graduale progressione di mesi, giorni, ed ore,

---

(13) *Cap. cum dilectus de com.* - Cyriac. *controv.* 388 *num.* 4 - Rota *recen. decis.* 183 *num.* 6 *part.* 18. - *Decis.* 141 *num.* 6, e 215 *cor.* Buratto. - *Viterbien. consuccessionis* 21 *februarii* 1834 § 4 *cor.* Spada.

(14) *L.* 8 *ff de muner.* - *L.* 15 *ff de div. tempor. praescript.* - *L.* 6 *ff de usucap.* - *L.* 41 *ff de manum.* - *L.* 15 *ff de muner. et honor.* - *L.* 74 *ff ad s. c. trebell.* - Rota *cor.* Falconerio *decis.* 36 *num.* 3 *tit. de jure patron.*

(15) Cujacio alla *l.* 49 *ff de legat.* 1 *ed. neap. tom.* 7 *vol.* 1038. - Richerio *univ. jurispr. tom.* 8 § 26 *ed. laud.*

per cui, quando l'art. 903 della legge francese disse — *le mineur agé de moins de seize ans, ne pourra aucunement disposer,* volle dir che non possa far testamento colui, che fino all'ultima ora non ha percorso lo spazio di tempo alla legittima esistenza dell'atto dalla legge assegnato.

„ Che se nell'art. 904 disse la legge che — *le mineur parvenu a l'agé de seize ans, ne pourra disposer que par testament,* non per questo è da ritenere che la voce *parvenu,* in volgare *pervenuto,* in latino *perventus* voglia significare l'anno incominciato come compito: giacchè, prescindendo dal riflesso che se l'articolo 903 toglie la testimentifazione ai minori di anni sedici, non potrebbe esser loro accordata dall'art. 904 senza una contradizione manifesta, il suono naturale delle parole significa anno compito, mentre l'anno è un intiero spazio di tempo, che da nessuno si può dire percorso, finchè giunta non è l'ultima ora, come nessuno, percorrendo la via, può asserire d'essere giunto alla meta: e così la frase *pervenire ad un anno* è intesa dal testo, dai dottori, dai lessici, e dai chiosatori della legge francese.

„ Che quando nelle disposizioni della legge, od in quelle dell'uomo è prescritto un certo numero d'anni a fare, o ad ottenere una cosa, non basta che l'ultimo anno sia incominciato, ma deve essere compito (16).

„ Che se in alcuni articoli del codice francese alla voce *ans* si trovano aggiunti gli adiettivi *accomplis, revolus,* non per questo è da trarne un argomento di discretiva, per dire che dunque basti essere l'anno incominciato, quando non si dice che debba essere compito: mentre in quel codice sono pure altri articoli nei quali alla voce *ans,* si aggiunge l'altra *commencés,* per cui a tale argomento si può a vicenda rispondere

---

(16) Urceol. *conclus.* 106 *num.* 8, *e* 18. - Fattinel. *respons.* 51 *num.* 3. - Hard. *ad Surd. decis.* 75. - Narbon. *in tractat. de aetate annot.* 22 *num.* 5. - Surdus *decis.* 75 *num.* 7.

che ove la legge ha voluto parlare d' anni solamente incominciati, espressamente lo ha scritto.

„ Che non è da apprezzare l' altro riflesso della pretesa
incongruenza, mentre il diritto di far testamento non è una
conseguenza necessaria della pubertà, del matrimonio, o
della emancipazione: fu anzi la legge molto prudente quando
pel testamento richiese un età di più maturo intelletto.

„ Che con pari inutilità si allega la regola nello interpretare le leggi francesi doversi men che si può allontanare
dal disposto nel diritto comune, e concedere almeno che,
possa testare entrante l' anno decimosesto una donna, che pel
comune diritto può testare appena compito l' anno duode-
cimo: poichè il codice napoleone non fu legge correttoria
del diritto comune, ma legge surrogata al diritto scritto,
o consuetudinario della nazione francese, e siccome per le
leggi, o per le consuetudini che in Francia esistevano, si
richiedeva per testare un età molto maggiore, il cui ultimo
anno fosse compito, così è da credere che nel codice si ritenesse la medesima regola, permettendo però di far testamento
finito l' anno decimosesto.

„ Che la legge la quale prescrive un età per poter fare
testamento è favorevole: ma favorevole alla repubblica, alla
quale importa che menti immature non siano circonvenute e
sedotte: oltre di che la regola del doversi ritenere l' anno
incominciato come compito non in tutti i favori generalmente
procede, ma in quelli soltanto che risguardano l' abilitazio-
ne ai pubblici onorevoli offici, come è chiaramente espresso
nella *l. ad rempublicam ff de muneribus et honoribus*: ed alla
specie non può riferirsi la *l.* 74 *ff ad s. c. trebell.* la ragione
della quale, al dir di tutti i dottori, fu una ragione di equità.

„ Che i scrittori francesi di primo nome ritengono la
necessità dell'anno compito, trai quali *Levasseur*, *Delvincourt*,
Toullier, *Duranton*, *Dalloz*, e lo stesso parere hanno manifestato nei loro voti *pro veritate* i signori *Bonjean* avvocato
al consiglio del re ed alla corte di cassazione, *Vallette* pro-

fessore in diritto, *Demartre*, *Audot*, *Perreire*, *Royer-Collard*, *Blondeau*, *Coste*, e *Villecour*: oltre di che il sacro uditorio ha osservato essere tale opinione nel foro francese sì universalmente ricevuta, che mai non fu posta a controversia nei tribunali di quella nazione.

„ Che se il codice francese nel § 1094 permette agli sposi — *soit par contrat de mariage, soit pendant le mariage ... disposer en faveur de l'autre époux en propriété de tout ce dont il pourrait disposer en faveur d'un etranger*, siccome ogni limitazione deve appartenere alla sua regola (17), quel *sauf ce qui est reglé au chapitre IX du present titre*, che è nell'art. 903, non può riferirsi al sud. articolo 1094 che dei minori non tratta, e che presuppone la facoltà di testare, ma all'art. 1095 nel quale si dà allo sposo minore la facoltà di fare a pro dell'altro sposo donazione o pura, o reciproca, ma — *avec le consentement, et l'assistance de ceux dont le consentement est requis pour la validité de son mariage*: una interpretazione diversa renderebbe la disposizione dell'art. 1094 irrita, ed illusoria, giacchè, mentre esso permette allo sposo il disporre in favore dell'altro per tutto quello di cui potrebbe disporre a pro d'uno straniero, secondo l'art. 903 prima d'aver compito l'anno decimosesto non potrebbe disporre in favore del superstite.

„ Che fu prudentissima nella codificazione francese la ragione di tal differenza, giacchè le donazioni antenuziali promuovono i matrimoni, mentre per lo contrario, a matrimonio seguito, le blandizie d'un conjuge possono estorcere disposizioni sconsigliate, ed improvvide.

Rescrisse — *recedendum a decisis.*

Ruota del dì 22 aprile 1842 — Fulginaten nullitatis testamenti R. P. D. Muzzarelli, *dif. per la Cantagalli, e con-*

----

(17) *L quaesitum ff de fund*o *instructo.* - Averan. *interpret. jur. tit.* 5 *cap.* 17 *in fine.* - Rota recen. *parte* 1 *decis.* 590 *num.* 14.

sorti sigg. avv. Tosi, Benedetti, e Lasagni, *proc.* sig. dott.
Caramelli; *per Lezi-Marchetti* sigg. avv. concist. Armellini,
Amadori, Landucci, Romoli-Venturi, e Ciabatta, *proc.* sigg.
dott. Serafini, e Viscardi.

16 giugno 1843 — *in secundo loco decisis.*
29 gennaio 1844 — *in ultimo loco decisis.*
15 aprile — *expediatur.*

FONDI ECCLESIASTICI . VINDICATORIA . COMPETENZA . PROROGA

XLVII. *Nelle azioni vindicatorie dei fondi ecclesiastici istruite
contro laici è competente il giudice laico, quando si controverte se il fondo appartenga, o non appartenga alla
chiesa.*

*E per declinare la giurisdizione ecclesiastica basta che il reo
nieghi appartenere il fondo alla chiesa. Non è necessario
che dia alcuna ragione di tale assertiva.*

*Chi chiede che un enfiteuta o dimetta il possesso del fondo,
o paghi i canoni decorsi, ed i laudemj, esercita un
azione reale.*

*Per cui è competente il giudice del territorio nel quale il fondo
è situato, non quello del luogo ove il reo convenuto ha
domicilio.*

(*Discuss. sui §§ 785, e 786 del reg. giud.*)

Agnoletti ed Anau c. Mai

Il sacerdote Mai, come rettore d'un beneficio di s. Agata,
facendosi direttario d'alcuni fondi situati in quel d'Occhio-
bello, territorio transpadano, ed il cui utile dominio da un Cavriani era stato venduto a Daniele Anau, citò il compratore
innanzi alla curia arcivescovile di Ferrara per sentirsi prefiggere un termine a dichiarare di dimettere il godimento, o
prenderne l'investitura con pagare i laudemj, ed un biennio

di canoni, in difetto sentire ordinare la stipulazione d'officio col rilascio d'ogni opportuno mandato reale ed esecutivo: ma il dott. Agnoletti, che pretendeva il dominio diretto essere suo, non della chiesa, domandò d'essere ammesso in quella causa, e, decretato l'intervento, tanto egli quanto l'Anau dettero d'incompetente al vicario sì perchè si trattasse di fondo laicale, sì perchè un giudice del territorio pontificio giudicar non potesse di cosa esistente in estero stato. A dì 26 luglio 1843 la declinatoria fu rigettata col seguente giudicato.

„ Ritenuto, che la massima dei dottori attinta dal diritto comune, e segnatamente dalla *l.* 3 *ubi in rem actio exerceri debeat*, è che l'esercizio dell'azione reale stia in facoltà dell'attore d'introdurlo o nel luogo del domicilio del r. c., ovvero nel luogo *rei sitae* — Menoch. *de adipiscen. possess. remed.* 4 *num.* 402, Vinn. *quaest. select. lib.* 1 *cap.* 18 *gloss. ad d. leg.* 3, Perez. *num.* 1 *ad cod. ibi*, e come legge presso noi al giorno di oggi accettata, mercè il disposto nel § 437 del vig. reg. leg. il quale, senza distinzione alcuna, accorda all'attore la scelta di promuovere l'azione reale, o mista nel luogo ove è domiciliato il reo, oppure avanti il tribunale sotto la di cui giurisdizione esiste la cosa litigiosa.

„ Ritenuto che, comunque fosse il parere del supremo tribunale di giustizia residente in Verona nella causa Versolini, Perini ecc. per non permettere la esecuzione della sentenza 9 settembre 1816 del tribunale di Ferrara, e 11 luglio 1817 del tribunale di appello a Bologna, ciò prova però che anche in quel tempo li tribunali pontifici si ritenevano facoltizzati a potere decidere cause provenienti da azioni reali, e sebbene fossero beni situati in estero stato. È poi eccezione impertinente, da non potersi frapporre alla esecuzione del decreto da emanarsi nel presente giudizio, se si riflette, come egregiamente riflette il *Vinnio* al luogo citato, che tutto l'incommodo, ed il danno in caso ricaderanno a carico del solo attore, che dovrebbe a se stesso imputare l'evenienza predetta ; se si riflette che potrebbe attualmente essere diversa l'opinione dei tribunali dell'estera dominazione, avuto specialmente riguardo alla vicendevole voluta reciprocanza dei due stati limitrofi , e se si riflette che questi inconvenienti ponno nascere quando si trattasse di mandare ad esecuzione un decreto a carico di un' estero da uno dei nostri tribunali pontifici avente beni solamente nel proprio stato , oppure , giusta il disposto nei § 434, può l'estero suddetto convenirsi avanti gli stessi ; se si rifletta per ultimo che non regge l'obbietto in fatto, perchè il carattere dell'azione principale avanzata dall'attore non porta per conseguenza un decreto di espulsione, o qualunque altro da eseguirsi sopra li fondi predetti, come avviene v. g. nel giudizio di caducità tendente a coartare invece l'Anau all'adempimento di un suo preteso obbligo , all'effetto di che non si può rinvenire luogo più commodo per lui del sito di sua dimora.

„ Ritenuto che l'azione reale concernente stabili di diretto dominio della chiesa costituisce *ex se* una materia ecclesiastica, e che perciò in appoggio al disposto dell'accennato § 437 dell'attuale regolamento per le discorse cose starà nella facoltà dell'attore di stradarla avanti il tribunale ecclesiastico nel domicilio del reo, che al dire dei dottori forma il foro competente per l'esercizio di ogni , e qualunque azione — Vinnio *ibi*.

„ Ritenuto che, sebbene si ponderi alle qualità dell'azione promossa dall'attore signor don Mai, ha essa per oggetto principale la coattiva esecuzione di un fatto da prestarsi dal r. c. Anau, quale è la stipulazione dell'investitura a cui si vuol egli obbligato , qualora dichiari di dimettere li fondi. Tale azione adunque (sulla di cui sussistenza o no, non è il tribunale chiamato in oggi a parlarne) sembra che sia principalmente personale a carico dell'Anau, quantunque accessoriamente fosse reale, nella quale circostanza non è da desumersi la competenza del foro dal luogo della esistenza della cosa, ma sibbene dal sito della dimora, o domicilio della persona — Card. De Luca *de jurisd. disc.* 62 *num.* 9.

„ Ritenuto che la eccezione declinatoria di competenza sarebbe mai sempre intempestiva, ed anzi sanata si ravvisa per fatto degli stessi signori Anau, ed Agnoletti, che in oggi la propongono; dappoichè simile eccezione è da affacciarsi prima della contestazione della lite, che va a radicare la giurisdizione del tribunale per la decisione della causa, in conseguenza del presunto consenso delle parti, ossia del quasi contratto ch'ella produce — Voet *ad ff de judiciis num.* 64, Brunemanno *ad cod. lib.* 8 *tit.* 36 *ad leg.* 12 *et ult. num.* 1, 2, e 3, Rota *recent. decis.* 306 *part.* 7, *decis.* 367 *par.* 10 — quando l'incidente di pretesa incompetenza del foro fu iniziato colla citazion 18 maggio, dopochè il tribunale aveva pronunciati li due interlocutorj decreti d'intervento, e di unione di cause, e dopo che nell'udienza del giorno 6 aprile 1843, fatta la discussione, ed in contesto dei procuratori costituiti delle parti era stata posta la causa ad opinamento sul merito.

„ Ritenuto che se pur fosse in noi difetto di giurisdizione nel decidere il merito della presente causa, colla produzione però operata prima di opporre l'eccezione d'incompetenza tanto dal signor Jacob Daniel Anau, che dal sig. dottor Ercole Agnoletti della scrittura 6 luglio 1839 relativa per certo allo stesso merito della causa, sarebbe quello sanato a termini del § 785 del ridetto regolam. legis. e giudiz. 10 novembre 1834.

„ Ritenuto che il fatto più luminoso, da cui risulta per parte dei medesimi signori Anau, ed Agnoletti avere acconsentito alla nostra giurisdizione, consiste nei due incidentali, ed accessori giudizi da essi loro introdotti d'intervento volontario, e necessario. Perchè se il signor Agnoletti chiese puramente d'intervenire nel giudizio principale avanti noi pendente fra il signor priore di s. Agata col signor Anau, convenne anche per qualunque interesse che lo poteva riguardare nella nostra facoltà di decidere il merito dello stesso giudizio, restandogli interdetto quindi di deviare tutto ad un tratto, e di avocare altrove la causa medesima — Voet *ad pandect. eod. tit. de judiciis num.* 18, Andr. Quil. *observ. lib.* 1 *observ.* 71 *num.* 2 *et seq.* — Ed altrettanto sarà da dirsi in rapporto al signor Anau come che facendo le parti di attore, ed instaurando un secondo giudizio avanti di noi chiamò a liberazione di molestie il suo venditore signor Cavriani: s'egli concorse nella nostra giurisdizione in quanto al giudizio accessorio di liberazione dalle molestie da lui promosso, come potrà non riconoscerla per la decisione del giudizio principale? Tanto più che non è impedito al reo convenuto di esperimentare l'azione di rilievo in separata sede di giudizio, ed avanti alli giudici che chi ha diritto a sollievo credere possa competenti.

„ Definitivamente in via incidentale pronunciando — Abbiamo rigettata l'istanza incidentale promossa dalli signori dottor Ercole Agnoletti, e Jacob Daniel Anau mediante atto di citazione intimato li 18 maggio anno corrente 1843 dal cursore Pietro Pareschi in punto di pretesa incompetenza, e li abbiamo condannati alla rifusione delle spese. „

Ricorso di nullità al tribunale supremo.

Il sig. avv. *Tosi* disse pei ricorrenti, che le regiudicate, e le leggi risguardanti le cose, e le persone non hanno efficacia fuori del territorio in cui vengono emanate, perchè *niuno stato o nazione può* (al dire del sig. Foelix nella sua opera *del diritto internazionale privato cap.* 3) *con le sue leggi colpire direttamente, legare, o regolare degli oggetti che si trovano fuori del suo territorio, ed il sistema contrario, che accordasse a ciascuna nazione il poter regolare le persone, e le cose che si trovano fuori del suo territorio, escluderebbe l'eguaglianza dei diritti fra le diverse nazioni, e la sovranità esclusiva che a ciascuna di quelle appartiene* (1), per cui il tri-

---

(1) *V. anche* Wattel *diritto delle genti lib.* 2 *cap.* 7 *num.* 133.

bunal della ruota nella *Romana seu Florentina census super incompetentia* 9 giugno 1835 cor. D'Avellà disse incompetente il tribunale di Cadice ad ammettere un azione reale contro beni esistenti nel territorio di Ferrara — *quia* (§ 4) *ex communi gentium jure receptum est regna et imperia in eo aequalitatis ad veluti naturas statum posita esse, ut, cum par in parem non habeat imperium, ideo nullus imperans posset alterius jurisdictionem invadere, et conditas per consequens ab eis leges extendi nequeant ad bona in alieno dominatu sita* (2) — che il supremo tribunale di giustizia residente a Verona consultato dal tribunale di Rovigo se potesse ordinare l'esecuzione d'una regiudicata nata a Bologna, implorò dal consiglio aulico una decisione sovrana, e con decreto del dì 9 maggio 1818 n'ebbe la negativa, e che, nel senso inverso, accade altrettanto in un affare dei conti Revedin i quali, volendo disputare a Venezia di questioni che aveano per la Sanmartina, tenuta che esiste in quel di Ferrara, con decreto del veneto tribunale d'appello 20 nov. 1841 furono rinviati al tribunale *rei sitae*; risoluzione ancor essa confermata dal consiglio aulico a dì 23 marzo 1843. Quindi passava alla seconda ragione del ricorso, cioè all'essersi dall'Agnoletti negato che quel diretto dominio appartenesse alla chiesa.

Ricordava che — *si clericus laicum de rebus suis vel ecclesiae aut clerici, sed suas proprias esse asseverat, debet de rigore juris ad forensem judicem trahi: cum actor forum rei sequi debeat* (3), e che, applicando questo principio, più volte il tribunale supremo annullò i processi d'azioni vindicatorie di pretese proprietà della chiesa intentate da cherici contro

---

(2) *Nella confermat.* 14 marzo 1836 § 2 cor. eod. - *nella Florentina seu Forolivien. nullitatis testamenti* 3 junii 1825 § 10 cor. Ruspoli.

(3) *Cap. si clericus* 5 de foro compet. - Barbosa *ivi.* - Segnat. *nella Beneventana pertinentiae, et avocationis* 22 aprile 1841 cor. Ferlisi § 5.

laici i quali negavano la proprietà (4) — Nè potersi mettere in dubbio in quel processo la qualità d'azione reale, e perchè nel libello vi fu anche richiesta d'abbandono dei fondi, ed *in rem actio est per quam rem nostram, quae ab alio possidetur, petimus, et semper adversus eum est, qui rem possidet* (5), e perchè quel richiedere i laudemj allude a diritto reale non personale (6), e perchè finalmente fu nel libello espressamente richiesto il mandato reale. Quindi dicea della possibile offesa contraria su di alcun atto da cui nel vicario arguir si potesse una giurisdizione prorogata, richiamando a memoria la regola della benedettina *Romanae curiae prestantiam* § *jurisdictionem vero*, per cui non si ammette altro modo di proroga che quello del consenso prestato pria della contestazione della lite negli atti del competente giudice laico. E qui le tante decisioni con cui essa regola dal supremo ordine venne applicata, e colle quali, nella mancanza di tal forma, i vicari furon detti incapaci (7).

Il difensore degli atti cominciava dal dire che l'azione dal suo cliente istruita fu personale, come, secondo la definizione del testo *instit. lib.* 4 *tit.* 6 § 1 son tutte quelle nelle quali l'attore *intendit adversarium suum ei dare, et facere*

---

(4) *Tyburtina circumscript.* 23 *genn.* 1834 § 3 *cor.* Gallimberti. - *Ariminen. circumscript.* 28 *genn.* 1835 § 7 *cor.* Renazzi. - *Beneventana pertinentiae et avocat.* 22 *aprile* 1841 *cor.* Ferlisi § 5.

(5) *L* 25 *ff de obligat. et act.*

(6) Menoch. *cons.* 444 *num.* 34. - Gratian. *discept. forens.* 377 *num.* 24.

(7) *Caesenaten. circumscr. et appell.* 24 *nov.* 1825 *cor.* Grossi. - *Ariminen. circ.* 24 *agosto* 1832 *cor.* De Bubalo. - *Civitatis plebis circumscr.* 27 *febr.* 1833 *cor.* Alessi. - *Ferrarien. circ.* 7 *marzo* 1835 *cor.* eo d. - *Maceraten. circumscr.* 4 *giugno* 1835 *cor.* Grossi. - *Ariminen. circumscr.* 28 *aprile* 1836 *cor.* Renazzi. - *Tudertina circumscr.* 9 *junii* 1836 *cor.* Gallimberti. - *Pergulen. circumscr.* 8 *marzo* 1838 *cor.* Amici.

oportere, e che divengono miste, allorchè si richiede, oltre
alle cose, la prestazione di danaro, o d'alcun fatto (8) — che
il Mai non dimandò gli si dasse il possesso, ma la dichiarazione di dimetterlo e abbandonarlo, lo che fu volere non
la tradizione di un fondo, ma la prestazione del fatto
dall'abbandono, e, nella risolutiva, che si ordinasse la stipulazione dell'istromento d'officio, la quale risolutiva è la
parte d'istanza, che imprime il carattere ad ogni giudizio (9).
Arguiva da ciò che l'azione del Mai o reale, o mista si
potesse portare al magistrato del luogo ove il reo convenuto
avea domicilio per l'alternativa concessa all'attore dal § 437
il quale dice che — *le azioni reali o miste, e quelle che
risguardano il possessorio non sommarissimo, saranno introdotte
avanti al giudice, o tribunale nella cui giurisdizione è situata
la cosa litigiosa* : disposizione di legge che nella *Ferrarien.
circumscript.* 12 febbraio 1843 cor. Caracciolo-Santobono fu
dal tribunale supremo applicata anche al caso di rei domiciliati negli stati romani, e di beni esistenti in estero territorio (10). Circa alle risposte del consiglio aulico di Vienna
allegate in contrario, dicea che la causa dovesse dipendere
dal disposto nella legge civile, non dalle ragioni che le riso-
luzioni politiche determinarono, e che inoltre in quei casi
si trattava d'eseguire sentenze, cosa diversa dal vedere se
un giudice ha giurisdizione per giudicare. In fatti la sega-
tura, a cui nella suddetta causa Sani e Lollio venne proposta
questa medesima difficoltà, nel § 3 la sciolse dicendo — *alienum
ab hodierna contentione erat inquirere, utrum ejusdem tribunalis
sententia in veneta dominatione exequutionem nec ne mereretur,
quod caeterum pendet ab peculiaribus conventionibus diversos*

---

(8) Richer. *jurispr. tom.* 1 *lib.* 2 *tit.* 23 §§ 7666, 7667.

(9) Segnat. *nella Romana circumscr.* 21 *luglio* 1836 § 7 *cor.*
Gallimberti. - *nella Reatina circumscr. et pertinentiae caussae*
17 *marzo* 1843 § 5 *cor.* Ferlisi.

(10) *V. il pres. giorn. anno* 1842-43 *vol.* 2 *pag* 76.

inter status, atque inter finitimos praesertim principes initis.
Pertinet id siquidem ad exequutionis modum, non judicis respi-
cit jurisdictionem, quae in actionibus singulis, praesertim per-
sonalibus, adversus subditos in pontificia ditione commorantibus
numquam potest deesse.

Circa all'altro motivo di nullità dedotto dell'essere
quella causa materia di giudice laico, notava che, ad applicare
la dottrina del cap. *si clericus* in contrario allegata, non basta
il nudo asseverare del reo, che la cosa controversa non appartenga alla chiesa, ma deve prodursi una ragione probabile dell'assertiva, anzi sommariamente provarla (11), e
che la segnatura lo disse nella *Forolivien. seu Ravennaten.*
circumscriptionis seu restitutionis in integrum 6 giugno 1839
cor. La Grua § 5 e 6 tra Cicognani e Zavatti da noi riferita
nel primo volume di quell'anno pag. 209.

Dicea per ultimo della giurisdizione prorogata dall'Agnoletti non tanto col comparire, quanto col domandare l'intervento, ed assumere le parti di attore, nei quali casi sosteneva non essere necessario d'osservare la forma nella benedettina prescritta, mentre il consenso fu bastante a rendere
attuale la giurisdizione, che nel vicario è abituale. E citava
come puntuale l'altra decisione di segnatura *Civitatis Castelli*
20 giugno 1843 tra Salacchi, Dini, e Bufalini ancor essa
riferita nel 2 volume di quell'anno pag. 129 (12).

Il tribunale supremo „ Considerando che il priore Mai
agì contro Anau per vindicare il dominio diretto di un
fondo che dicea appartenente alla chiesa, onde la contro-

(11) Fermosin. *de judiciis par* 2 *cap. si clericus de foro compet.*
part. 9 *cap.* 1. – Gratian. *discept. forens. cap.* 238 *num.* 57, *et* 58. –
Sperell. *decis. fori eccl. decis.* 7 *num.* 42. – Menoch. *de retin. re-*
med. 3 § 361. – Pirryngh. *jus. can. de foro compet. num.* 12.

(12) *V. anche tralle raccolte la Interamnen. circ. et appell.*
11 *maggio* 1826 *cor.* Alessi § 7.

versia ai giudici forensi dovea esser portata, perchè l'attore deve seguire il foro del reo.

„ Che non giova il rispondere avere l'istanza risguardato una cosa ecclesiastica, mentre allora si può per cosa ecclesiastica trarre il reo innanzi al giudice ecclesiastico, quando non si controverte se la cosa appartenga, o non appartenga alla chiesa : che se per trarre un laico al giudice ecclesiastico bastasse il dire che la cosa appartiene alla chiesa, nè bastasse che il convenuto dica essere sua, bisognerebbe cancellare il disposto nel cap. *si clericus* il quale dice che, niegandosi dal reo essere la cosa proprietà della chiesa, la lite debba essere portata al giudice laico : per cui la regola ha una limitazione solo nel caso in cui, non impugnandosi la proprietà nella chiesa, la controversia cada sul canone, sulla servitù, o sopra qualunque altro diritto al fondo inerente : e tal fu la specie della *Forolivien. circumscript.* 6 giugno 1839.

„ Che se alcuni canonisti, interpretando il cap. *si clericus*, sono d'avviso essere necessario che il laico adduca almeno una ragione probabile del non essere la cosa appartenente alla chiesa, oltre a che altri ritengono bastare la semplice asseverazione del reo, l'Agnoletti, nel caso di cui si tratta, produce riscontri del suo diretto dominio sopra a quei predj, e lo stesso rettore del beneficio per prova di suo pretese non produce che vaghe, ed incerte stragiudiziali relazioni di periti poco atte a provare che il fondo comperato dall'Anau fosse quello della chiesa.

„ Che, ritenuta la incapacità del vicario a giudicare di cosa, che si negava appartenere alla chiesa, non essendosi osservato il disposto nella benedettina *Romana curiae praestantiam*, il consenso prestato non fu bastevole a prorogare la di lui giurisdizione, e ciò quand'anche il rettore del beneficio avesse intentata un azione meramente personale. Ma l'azione fu azione reale, giacchè, sebbene espressa in un involucro di parole, il libello si riduceva a richiedere o che l'Anau dimettesse il possesso del fondo, o pagasse i canoni, ed i laudemj: cose che dall'attore non poteano ottenersi fuorchè vindicato il dominio diretto del fondo — ed azione reale è quella con cui vogliamo esser nostra una cosa corporea ritenuta da altri.

„ Che inoltre, a sentimento di tutti i dottori, il diritto d'esigere canoni è diritto reale non personale, ed un mandato reale dal sacerdote Mai nella risolutiva dell'istanza venne richiesto.

„ Che infine i predi, sui quali nacque la controversia, esistono nel territorio veneto, sul quale non hanno nessuna giurisdizione i nostri tribunali civili: altra ragione per dire che il giudizio fu portato ad una magistratura incompetente.

Rescrisse — *circumscriptis per viam nullitatis omnibus gestis cor. vicario generali Ferrariae ex defectu jurisdictionis, partes utantur juribus suis.*

Segnat. del dì 28 marzo 1844 — Ferrarien. circ. R. P. D. La Grua-Valdina, *dif. per Agnoletti ed Anau* sig. avv. Tosi, proc. sig. dott. Brunetti; *per Mai* mons. Gnoli *decano dei* sigg. avv. concistoriali, sig. avv. Marchetti (Giuseppe), *proc.* sig. dott. Caramelli.

Accettata dal soccombente.

ENFITEUSI . STATUTI . M. P. DI LUGLIO 1816 .
CANONE

XLVIII. *Il m. p. dei 6 luglio 1816 non ha abolite le disposizioni statutarie, e le consuetudini risguardanti la coattiva rinnovazione delle investiture.*

L'uso della rinnovazione coattiva nel territorio di Benevento ha forza di legge: ed anche contro la chiesa.

Come vi ha forza di legge la consuetudine che il canone in ogni rinnovazione debba essere col mezzo dei periti proporzionato all'attuale coltivazione del fondo.

De Giovanni c. Errico

Ecco una regiudicata che somministra una bella nota all'art. 102 del m. p. 6 luglio con cui furono abolite tutte le leggi municipali, e gli statuti *a riserva di quelli che contengono provvedimenti relativi alla coltura del territorio*. Nel territorio di Benevento, in cui quasi tutti i fondi sono enfiteutici, per disposizione dello statuto confermato in forma specifica da quattro pontefici, ha termine l'investitura dopo 29 anni, ma il padrone diretto, sia anche la chiesa, non può ricusarsi di rinnovarla: per cui nell'anno 1840 Teresa Errico citò De Giovanni a rinnovarle l'investitura d'un fondo, il cui dominio utile essa avea comperato dai suoi fratelli, che n'erano stati investiti nel 1800 colla clausula — *salve le ragioni della nuova investitura facienda, servata la forma dello statuto beneventano, e non altrimenti*. Il De Giovanni all'incontro citò per la consolidazione dell'utile col diretto dominio, e, riunite dalla segnatura le cause innanzi al vicario di quella curia, rigettata la dimanda di devoluzione, fu decretato si rinnovasse per quel canone che dai periti fosse assegnato. Appello in ruota colla formola — *an sit locus devolutioni, seu potius stipulationi instrumenti renovationis emphiteusis, et pro quo canone in casu ecc.*

I difensori dell'appello, recandosi nel cuor della causa, diceano non essere alla devoluzione d'ostacolo la riserva con cui gli enfitenti vollero salve le ragioni di nuova investitura *servata la forma dello statuto beneventano*, perchè il sud. § 102 del m. p. 6 luglio 1816 abrogò tutte le leggi statutarie, perchè una riserva non si può considerare come patto (1), finalmente perchè nè per lo statuto, nè per l'equità di Bartolo, quando il padrone diretto vuol ritenere l'enfiteusi per se, può essere obbligato a rinnovarla (2) — Che

---

(1) Marta *de clausulis part.* 11 *claus.* 50. - Rota *recen. parte* 2 *decis.* 25 *num.* 8.

(2) Fulgineo *de jure emphiteut. de rennovat. quaest.* 1 *num.* 24. -

molto meno si potesse ricorrere alla consuetudine, e perchè nei secoli andati, avendo un Camillo di Morra, ed un Tommaso Roscio supplicato a Clemente VIII. acciò obbligasse l'arcivescovo a rinnovare le enfiteusi scadute, allegando la consuetudine, il papa fece rispondere — *Semus maturius providebit, et consulet publicae utilitati, et, quatenus expedire putent, doceant de allegata consuetudine,* per cui più tardi Benedetto XIII. con altro breve francò le chiese e i luoghi pii dall'obbligo di rinnovare le investiture — che la medesima falce, da cui i municipali statuti furono tolti, obliterò le consuetudini, quando disse il pontefice che il suo moto-proprio dei 6 luglio 1816 dovesse essere eseguito colla clausula *sublata,* e *non ostante qualsivogliano costituzioni, ordinazioni, statuti, riforme, stili, consuetudini,* clausula che in quello di papa Leone, e nel vigente fu ripetuta, oltre all'abrogazione già decretata dal principe Talleyrand quando occupava il ducato, e che come efficace fu dalla ruota riconosciuta (3). Da ciò argomentavano che molto meno la rinnovazione si dovesse concedere a persone che nella caducità erano incorse per conseguenza del patto, e per disposizione di diritto comune: del patto perchè nell'investitura si era convenuto non potersi alienare l'util dominio *senza la preventiva licenza dei padroni legittimi* ; del diritto perchè cade *in commissum* quegli, che senza un tal beneplacito, manda l'util dominio in mani altrui (4), non iscusato dall'averla trasmessa a persona nella investitura contemplata, giacchè, quando il patto proibitivo dell'alienazione in termini generali è concepito, non è persona che formar possa eccezione alla regola, mentre

---

De Luca *de emphyt. disc.* 13 *num.* 4. – Rota *cor.* Tanara *decis.* 100 *num.* 14. *cor.* Bichio *decis.* 57 *num.* 1.

(3) *Beneventana laudemii* 4 *junii* 1841 § 5 *cor. b. m.* De Retz.

(4) Rota *Tyburtina reintegrationis* 2 *decembris* 1828 § 6 *cor.* Isoard.

allora si unisce, il divieto dell'uomo a quello che è scritto nella l. 3 cod. de jure emphyteutico (5).

Nè ammettevano in fatto che l'alienazione fosse seguita a pro di persona contemplata nella investitura, anzi dicevano che la Teresa Errico fu un nome supposto, ed il vero cessionario fu il marito di lei, che somministrò per la comprera la necessaria pecunia. E siccome non potesno negare che il di loro cliente da quella cessionaria avesse ricevuto il pagamento di canoni, a tale eccezione, che era argomento di riconosciuta trasmissione di diritto, replicavano dicendo, che il pagamento dei canoni fu sempre fatto in nome dei fratelli Errico enfiteuti, e che in qualunque caso la cessionaria avrebbe dovuto assoggettarsi al pagamento del canone solito, senza richiedere diminuzione alcuna: questa essendo la sorte d'ogni enfiteuta che voglia pretendere la rinnovazione per diritto (6).

All'incontro il difensore degli enfiteuti dicea la rinnovazione dovuta per lo statuto di Benevento, e per la riserva contenuta nel contratto d'investitura — che se Benedetto XIII per errore di fatto volle le chiese, ed i luoghi pii franchi dall'obbligo di rinnovare, Clemente XII. avendo più tardi riconosciuto che senza il patto di rinnovare non si trovava in quei luoghi chi per poco tempo volesse prendere a coltivazione i terreni, richiamò l'antico uso in vigore, quale consuetudine fu dalla ruota riconosciuta efficace, anche dopo il m. p. del 5 luglio che abolì gli statuti (7) — Nè fosse da dire che cessi l'obbligo di rinnovare allorchè l'enfiteusi passi agli estranei, o il padrone diretto voglia ritenere i beni per sè, mentre per dare agli enfiteuti il diritto negli altri casi, non v'era bisogno nè di consuetudine, nè di sta-

---

(5). Fulgin. de jure emphyt. tit. de alienat. quaest. 1 num. 194.

(6) Id. tit. de renov. quaest. 16 num. 1, 2.

(7) Beneventana emphyteusis quoad canones 20 giugno 1825 § 5 cor. De Cursiis.

tuto soccorrendo la nota equità di Bartolo nella *l.* 1 § *permittitur ff de aqua quot. et aestiva*, secondo la quale ai discendenti, ed ai cognati non può la rinnovazione essere negata, quand'anche si voglia richiamarla alla propria famiglia (8) — aggiungersi il patto, cioè quella clausula — *salve però le ragioni della nuova investitura facienda, servata la forma dello statuto beneventano, e non altrimenti*, riserva che fu tenuta per patto nella *Beneventana emphyteusis quoad canonem* 19 *junii* 1797 *cor.* Consalvi *num.* 15.

Quindi passava a dire del canone, che si sarebbe dovuto imporre alla nuova enfiteusi, sostenendo che per l'uso del luogo, riconosciuto come consuetudine avente forza di legge, allo scadere d'ogni ventinove anni si devono mandare i periti i quali, stimata la possibile produzione del fondo, dicano qual canone possa meritare: e citava sopra di ciò decisioni non poche, tra le quali la *Beneventana emphyteusis quoad canonem* 14 gennaio 1789 *cor.* Accialoli, la suddetta decisione *cor.* Consalvi, che nella collettanea è la 60, e l'altra *Beneventana emphyteusis quoad canones* 20 giugno 1825 in cui si conclude dicendo — *Cum ergo consuetudo jubeat in renovatione emphyteusis novum canonem esse constituendum, nulla ratio subest cur ea lex, quae in caeteris omnibus contractibus servatur, hoc uno in negocio contemni debeat. Aequa vero est consuetudo novi canonis constituendi, qua pollet dominus directus, semel ac respondet juri alteri, quo gaudet utilis dominus renovationem emphyteusis, ab invito etiam directo domino, obtinendi*, aggiungendo che in tali casi la fissazione del nuovo canone dee retrotrarsi al giorno in cui spirò l'enfiteusi, benchè il padrone utile pria della nuova investitura abbia continuato nel godimento (9), senza che possa da ciò arguirsi che l'enfi-

(8) Fulgineo *de jure emphyt. tit. de renovat. quaest.* 1 *num.* 1.- Ruota *recen. decis.* 11 *num.* 2, e 6 *part.* 2.

(9) Ruota *nella stessa Beneventana cor.* Accialoli § 3, *e nella sud. decis. cor.* Consalvi *num.* 2.

tenta abbia voluto continuare a pagare ciò che pagava nella investitura precedente (10).

Il s. tribunale „ Ritenuto che a Benevento da tempo immemorabile esiste una consuetudine riconosciuta dallo statuto municipale per cui, al cadere d'ogni ventinove anni, il padrone diretto è obbligato a rinnovare l'investitura del fondo enfiteutico — Che sebbene il sommo pontefice Benedetto XIII. di s. m. a tal obbligo non volesse soggette le chiese, siccome l'esperienza fece posteriormente conoscere che i fondi rimanevano senza coltura, Clemente XII. richiamata in vigore l'antica osservanza, volle che dai laici come dagli ecclesiastici si avesse in conto di legge.

„ Che non è da dire tale consuetudine doversi osservare solo nel caso d'un padrone diretto, che voglia concedere l'investitura ad estranei: giacchè un tale diritto non è un semplice diritto di prelazione, ma un diritto quesito di rinnovazione coattiva, per cui il padrone diretto, anche contro sua volontà, può essere costretto a rinnovare, come è a vedere dalla decis. 46 num. 12 cor. Malvasia; d'altronde, per dire che il padrone diretto non possa preferire gli estranei, non sarebbe bisogno nè di consuetudine, nè di statuto, nè d'ordini dei sommi pontefici, mentre in quel caso agli enfiteuti provvederebbe l'equità di Bartolo, che è quanto dire la giurisprudenza comune.

„ Che non osta l'abrogazione delle leggi municipali, e degli statuti contenuta nell'art. 102 del m. p. 6 luglio 1816, perchè essa risguardò a quelle leggi che le città, ed anche alcuni piccoli luoghi si erano fatte, e che la legislazione dello stato pontificio rendevano intricata e difforme, nè potea risguardare ad una consuetudine particolare del territorio di Benevento, per le particolari sue circostanze confermata dai sommi pontefici.

---

(10) *Ibid. e nella stessa decisione cor.* Accioli § 6.

20*

„ Che a tali motivi è da aggiungere il patto contenuto nella clausula — *salve le ragioni della nuova investitura facienda, servata la forma dello statuto beneventano.* Nè è da tenere quella clausula come una riserva, non come un patto, giacchè, come a forma dello statuto fu pattuita a pro del direttario la caducità per non pagamento dei canoni, o per altra colpa, così a vicenda si 'deve dire pattuita la rinnovazione dell' investitura la quale, benchè si dicesse *facienda,* non s' intese di dirla ipotetica, ma positiva, quella essendo la clausula che, nel farsi delle beneventane enfiteusi, è in uso: ed il m. p. che abrogò le leggi statutarie, non abolì le convenzioni fatte a forma degli statuti.

„ Che meno utilmente si parla di caducità incorsa per l' alienazione che gl' investiti fecero dell' enfiteusi, giacchè fu fatta in favore di persona compresa nella investitura.

„ Che la consuetudine di Benevento, anche in ciò che risguarda alla determinazione del canone, deve osservarsi, che cioè da due periti debba essere determinato; ed è vano il pretendere che ciò debba aver luogo quando si tratta d' accrescere il canone, non all' effetto di diminuirlo, mentre se l' equità richiede che il poco non porti danno al padrone diretto, essa vuole del pari che pel troppo non sia l' enfiteuta ingiustamente aggravato. E non è da dire che non si debba diminuire il canone pel deterioramento del fondo a motivo che il contratto d' enfiteusi importa di sua natura miglioramento : giacchè dopo quasi trent' anni può avvenire che le vicende dei tempi abbiano renduta ingiusta quella annuale retribuzione, che conveniva alle circostanze ventinove anni prima esistenti.

Rescrisse — *negative ad primam partem, affirmative ad secundam a die 25 julii 1831 pro canone a peritis praefiniendo ad formam consuetudinis beneventanae.*

Rota del di 27 marzo 1843 — Beneventana emphyteusis R. P. D. Marini , *dif. per De Giovanni* sigg. avv. Galeotti, e Lazzarini, *proc.* sig. dott. Biscontini; *per Errico* sig. avv. Rossi (Luigi Antonio), *proc.* sig. dott. Mandolesi.

22 gennaio 1844 — *in decisis.*

— *expediatur.*

SOMMINISTRAZIONE . CAUZIONE

XLIX. *Non è luogo a richiedere una cauzione per le somministrazioni che i tribunali concedono* in caussam declarandam.

Quand' anche esse siano di somma grave, e si accordino in un grado d'istanza soggetto ad appello.

Torlonia, e consorti c. Pancaldi

Così giudicato dal tribunale della sacra ruota nella circostanza d'una somministrazione di scudi duemila decretata a dì 17 marzo prossimo passato in favore del sig. ab. Pancaldi in aggiunta dell'altra, di cui è menzione in questo volume pag. 26. I padri del torno, conformando la decisione precedente che accordava al Pancaldi i tre centesimi, ed un quarto sugli utili dei *sali e tabacchi*, ordinarono che gli si desse a titolo di somministrazione la somma suddetta, ed i di lui avversarj Torlonia, Pizzardi, e Benucci, chiedendo la revoca di tale interlocutorio, proposero la subalterna dimanda — *sin minus capi provisionem ad tuendum jura instantium, et loco provisionis mandari satisdari*, ma il tribunale rigettò l'incidente col rescritto — *nihil.* Questo caso confermò anche la massima che l'*esistenza d'un giudicato di prima istanza, contrario all'opinamento nato in appello, non impedisce ai giudici di questo grado di accordare all'appellante una somministrazione.*

Ruota del dì 29 aprile 1844 — Romana nullitatis transactionis super subministratione R. P. D. Alberghini, *proc.* per *Torlonia, Pizzardi,* e *Benucci* sigg. dottori Pagnoncelli (Antonio) *proc. di coll.*, Brunetti, e Nardini; *per Pancaldi* sig. dott. Binarelli.

APPENDICE

Opere nuove di giurisprudenza.

1. Sui pascoli comunali', memoria del conte CASIMIRO FAL-
ZACAPPA di Corneto — ediz. 2 *corretta ed accresciuta* —
Roma — Menicanti — in 8 di pag. 48.

Finchè non venga una legge, che ponga un termine alle questioni dei pascoli, questa bella memoria del sig. conte *Falzacappa*
si potrà ritenere come un manuale teorico, istorico, e pratico della
giurisprudenza che le riguarda. Nella prima parte, in cui si ragiona
*quale sia il linguaggio sulla contraddetta questione dei pascoli comu-
nali nei diversi tribunali*, il sig. conte sostiene doversi oramai tenere
come transatto il principio che ogni proprietario possa restringere il
fondo, quando la servitù del pascolo deriva da diritto civico consuetudinario, non da dominio, nè da contratto, e ciò senza dare nessun
compenso per la perdita della servitù agli utenti, spiegando in
questo senso il m. p. 15 sett. 1802, e dimostrando, che quella legge
intese decretare il compenso solo a coloro che, col chiudersi il fondo
dal proprietario per farvi piantagioni, perdessero un pascolo derivante da una convenzione tra il comune,ed il proprietario: la seconda
parte dice *qual sia il linguaggio degli economisti sulle servità dei
pascoli*, e prova che tutti si accordano a reclamare l'abolizione
d'un vincolo estremamente nemico al libero esercizio del diritto di
proprietà, ed all'incremento della agricoltura, che è la fonte della
prosperità pubblica, e privata. È in somma un libretto che in poche
pagine contiene il risultato di laboriosissimi studi fatti sulla materia,
e, chi si trovi nella necessità di dover scrivere in una causa *prae-
tensi juris pascendi*, ha in esso una guida per fare un trattato,
mentre forse non è opera conosciuta, o sconosciuta, memoria,
difesa di celebre avvocato, decisione di tribunale supremo, o voto
reso pubblico con le stampe, che non vi si trovi indicato.

2. Rivista di legislazione e giurisprudenza (*Revue* ecc.) pubblicati sotto la direzione del profess. WOLOWSKI, ed altri — fascicolo di aprile 1844.

Sommario - Studi istorici sul diritto civile francese - *Koenigswarter* - Della sorveglianza dell'alta polizia - *Helie* - Statistica della giustizia civile, e commerciale - *Wolowski* - Rapporto al re sulla amministrazione della giustizia civile, e commerciale nell'anno 1842 (1) - Rivista critica della giurisprudenza in materia civile - *Pont* - Accademia delle scienze morali, e politiche - Leggi delle XII tavole - Diritti del creditore sulla persona del debitore insolvibile - *Barriat Saint-Prix* - Osservazioni dei signori *Troplong*, e *Giraud* - Bullettino legislativo - Bullettino bibliografico - Cronaca.

3. Archivi della giurisprudenza in materia civile (*Archive für civilistische praxis*) tom. 36 fascic. 3.

Sommario - Dell'effetto devolutivo dell'appello interposto contro i giudicati, che rigettano la domanda dell'attore o puramente e semplicemente, o sotto condizione - *Cucumus* - L'obbligazione

---

(1) Articolo di sommo interesse. Il sig. *Martin du Nord* ministro della giustizia, dopo avere riferito al Re il numero delle sentenze pronunciate dai tribunali francesi in tutto il regno, correndo l'anno 1842, per richiamare l'attenzione del sovrano sulle imperfezioni che possa avere in qualche parte la legge, dopo avere classificate le cause dicendo quante ne sono nate sul codice civile, quante su quello di procedura, di commercio ecc., aggiunge una classificazione subalterna, dando a conoscere a quali titoli delle singole leggi sono state relative, ed è naturale che il titolo *della esecuzione dei giudicati* (che nel codice di procedura francese non è il più facile) presenti il maggior numero di giudicati. La somma delle sentenze pronunciate nell'anno 1842 in tutto il regno è la seguente.

. Corte di cassazione 513
Corti reali 11,365
Tribunali di prima istanza . 165,552
Giudici di pace 668,539

In tutto 845,969

naturale del debitore sussiste non ostante il giudicato che rigetta
la dimanda dell'attore? Felix – Del diritto di reversione della dote
profettizia – Franke – Stato attuale della legislazione in materia di
lettere di cambio, riforme da introdurvi, necessità di una legislazione uniforme in questa materia negli stati componenti l'unione
doganale germanica – Mittermaier.

4. Il diritto commerciale nei suoi rapporti col diritto delle
   genti, e col diritto civile (Le droit commercial ecc.) del
   sig. MASSÉ avvocato alla corte reale di Parigi — tom. 1
   e 2 — Parigi 1844 — Guillaumin libraio editore.

Il primo libro contiene le considerazioni generali, ed il titolo I.
del libro II. le leggi concernenti il commercio esterno in tempo di
pace ed in tempo di guerra, e la loro efficacia per ciò che risguarda
i cittadini degli stati tra di loro belligeranti, ed i neutri, il cor-
seggiare, il blocco, il diritto di visita, e le prede: il capitolo III.
dello stesso tit I. che compie il primo volume, ragiona dei consoli,
dei loro caratteri, dei loro privilegi, e delle loro funzioni. – Il tit. II.
occupa tutto il secondo volume, e tratta della condizione degli stranieri in Francia per ciò che appartiene al commercio, dei loro diritti,
e dei loro doveri circa alle persone, ed alle cose, agli atti, ai giudicati, e loro esecuzione.

Giurisprudenza estera commerciale, ed ipotecaria.

IPOTECA – SPECIALITA' – ACQUISTO POSTERIORE

1. E' ipoteca acconsentita da un debitore su tutti gli immobili di
   cui è proprietario nel territorio di un comune determinato, supplisce abbastanza la specialità voluta dalla legge nell'ipoteca
   convenzionale.
   L' ipoteca convenuta su di un immobile, che alla data del contratto
   non apparteneva al debitore, è nulla, e non potrebbe essere
   convalidata dall'acquisto che questi ne facesse posteriormente.
   Questa nullità può essere reclamata dagli altri creditori ipotecari,
   ma non dal debitore (1).

---

(1) Vedi anche Voet ad pandect. - Qui potior in pignore hab.

„ La corte „ Attesochè, prima di esaminare le questioni nell'intrinseco, d'uopo è ricercare se Felice di Romécourt ha, o non ha interesse a far riformare il giudicato che attribuisce a Lalande De Vernon un grado di fr. 1200 non sul prezzo delle case intieramente assorbito dai creditori delle parti di Vetland, ma unicamente sul reliquato del prezzo di altri beni rurali provenienti dai coniugi Georges debitori comuni.

„ Che l'appello sarebbe senza interesse, che è quanto dire il giudicato non apporterebbe nessun gravame a Felice di Romécourt, se l'ipoteca di cui egli intende prevalersi, non fosse esercibile che sulla casa di Frouard, e non sugli altri beni rurali, soli ipotecati pel credito Vernon.

„ Ma attesochè l'ipoteca convenuta dagli sposi Georges a profitto di Felice di Romécourt per contratto di prestito 29 ottobre 1832 è stipulata nei termini seguenti - a guarentia del rimborso del capitale, ed interessi, i debitori dichiarano d'ipotecare tutti gli immobili che loro appartengono situati a Frouard, e sue vicinanze, e specialmente una casa situata nel luogo detto il Sobborgo, composta di ecc.

„ Attesochè la natura degli immobili ipotecati non è in questa formola specificata per altri fondi, fuorchè per le case di Frouard, ma che nondimeno i terzi interessati non potevano essere indotti in errore sulla intenzione dei coniugi Georges di volere ipotecare senza eccezione alcuna, tutti i beni situati a Frouard che dicevano essere in quel momento di loro proprietà.

„ Attesochè la designazione nominale, e precisa di ciascuno dei detti beni non sarebbe stata necessaria, fuorchè nel caso in cui i debitori avessero voluto riservarsene alcuno per poterlo ipotecare ad altri più tardi: e, non avendolo fatto, ognuno verificando i registri delle ipoteche poteva sincerarsi che nessuna porzione de' beni che essi pretendevano di possedere a Frouard poteva essere da

num. 51. - Gujacio alla l. 41 ff de pignor. act. - Corvin. Enarr. ad cod. p. 631 col. 1. - Fabro rational ad pand. l. 41 ff de pignor. act.

loro ulteriormente offerta in ipoteca a pregiudizio del credito di Felice di Romécourt.

„ Attesochè in questa maniera lo scopo della specialità , e della pubblicità dell'ipoteca era bastantemente ottenuto , ed è in tal senso , ed in questa latitudine razionale, che devono essere intese , e spiegate le disposizioni degli articoli 2129, e 2148 del codice civile.

„ Che v'è luogo di riconoscere nelle specie che l'ipoteca di Felice di Romécourt deve (se del resto essa è valevole) colpire i beni rurali come la casa di Frouard, e per conseguenza egli ha interesse a far prevalere la sua iscrizione contro il grado ottenuto a suo pregiudizio da Lelande De Vernoa, e che per ciò il giudicato, da cui è appello, è gravante. „

In ciò che risguarda il merito sulla questione di sapere se l'ipoteca stipulata a suo profitto col contratto del di 29 ottobre 1832 deve essere dichiarata nulla , perchè accordata sopra beni di cui i debitori Georges non erano allora proprietari , ma che hanno acquistati posteriormente.

La corte „ Considerando in fatto che è stato riconosciuto, e confessato dalle parti che alla data del contratto di prestito dei 28 ottobre 1832 i coniugi Georges non avevano ancora nessun titolo legale, e provante le proprietà degli immobili, che allora essi assoggettavano all'ipoteca : ed è solamente nell'anno 1835 che per atto autentico essi ne divennero proprietari.

„ Considerando che vanamente Felice di Romécourt ha voluto fondarsi sul possesso di fatto, che nel 1832 ne avevano i suoi debitori, e così sulla esistenza probabile d'un titolo di proprietà a firma privata , ma non registrato, quale, secondo lui, per questo motivo sarebbe stato seguito da un atto autentico.

„ Che da una parte queste sono allegazioni che non hanno nessuna certezza giuridica , e dall'altra un atto a firma privata non registrato non ha data certa a riguardo dei terzi, e non può loro essere opposta – che un possesso di fatto non può equivalere ad un diritto legittimo di proprietà , la di cui prova deve essere data per soddisfare alla definizione sia legale, sia grammaticale della voce *appartenere*, di cui l'art. 2129 del codice civile si serve per regolare le condizioni della validità delle ipoteche convenzionali.

„ Che da tutto ciò risulta doversi considerare i conjugi Georges come persone, che nel 1832 hanno dato a Felice di Remécourt un ipoteca sopra beni di cui allora non erano proprietari, e, per risolvere intanto la questione di diritto se l'acquisto posteriore di quegli immobili deve produrre la conseguenza di convalidare, o di rendere operativa l'ipoteca stipulata a profitto dell'appellante, bisogna distinguere il caso in cui tal questione si dovesse decidere trai creditori, ed il debitore, dall'altro in cui, come nella presente specie, la stessa questione si presenti a risolversi trai creditori d'un medesimo debitore.

„ Che tra il creditore ed il suo debitore la questione si dovrebbe risolvere in favore del primo, giacchè quando il debitore abbia acconsentito ad una ipoteca nulla, e contraria alle prescrizioni della legge, non può allegare contro il suo creditore la propria turpitudine, e deve per conseguenza essere dichiarato non ricevibile per trarre profitto da una nullità, che per ogni altro, fuorchè per lui, sarebbe stata perentoria.

„ Che però non è lo stesso trai creditori in una graduatoria, trai quali non può esistere l'eccezione personale della propria turpitudine: e si è preteso a torto, che la qualità d'avente causa dal debitore comune, debba obbligare quelli, che hanno presa un ipoteca valevole, e conforme alle legge sopra beni che al debitore realmente appartenevano, a dover rispettare, e sostenere le ipoteche viziose e nulle, che al debitore stesso fosse piaciuto di stipulare, non ostante il divieto del codice, quando i beni appartenevano ad altri.

„ Considerando infatti che le qualità d'*avente causa*, e di *terzo* qualche volta si confondono, e permettono sia ad un creditore, sia ad un acquirente d'esercitare diritti distinti da quelli del loro autore, come, per esempio, quando si tratta d'una contro-lettera, o d'un atto che non ha data certa.

„ Che deve essere lo stesso tutte le volte che i creditori di un debitore devono disputar fra di loro in una graduatoria circa alla validità, o nullità delle ipoteche che hanno acquistate sopra di lui in circostanze, ed epoche diverse.

„ Che in questo caso essi agiscono come *terzi*, non avendo bisogno di difendersi coi diritti loro trasmessi dal debitore, mentre per in contraria traggono la propria difesa dalla legge, dai divieti che questa contiene, e dalle nullità che pronunzia.

„ Considerando che, ammessi tali principj, la questione si affranca dalla oscurità in cui la poneva il vedere se fosse per esse applicabile il principio *confirmato jure dantis, confirmatur jus accipientis,* mentre, se più non si tratta d' un *avente causa*, d' uopo è soltanto di esaminare in tesi generale, se sotto l' impero del codice civile una ipoteca stipulata sul fondo altrui, può divenire efficace per l' acquisto di esso fatto dal debitore.

„ Considerando che a termini dell' art. 2129 del codice – *non v' è ipoteca convenzionale valevole, che quella che è data sopra gli immobili appartenenti al debitore*, e lo stesso articolo aggiunge – *i beni futuri non possono essere ipotecati.*

„ Che questo testo è formale, e, combinato coll' assioma di diritto – *quod ab initio nullum est, non valet tractu temporis convalescere*, non può mettersi in dubbio la nullità assoluta, ed irreparabile di qualunque stipulazione portante ipoteca sui beni altrui.

„ Considerando che, per combattere questa opinione, si sono inutilmente cercati argomenti nelle analogie del diritto romano, il quale diritto, pieno delle difficoltà che facevano nascere la diversità delle azioni, ed in ispecie la distinzione sottile tra le *dirette* derivanti dalla legge, e le *utili* in certi casi dal pretore accordate per motivi di equità, non può servire di base alla soluzione della controversia attuale.

„ Che in fatti nel codice civile l' ipoteca, e tutte le condizioni che la costituiscono sono di stretto diritto, e non di equità: che inoltre il diritto romano, che permetteva d' ipotecare convenzionalmente i beni futuri, poteva per questo stesso motivo prestarsi a convalidare eventualmente un ipoteca stipulata in precedenza sopra un fondo di cui il debitore non era ancora proprietario. Ma siccome il diritto francese nell' articolo 2129 di cui si tratta ha adottato un principio diverso, al quale ha fatta una sola eccezione (quella cioè dell' art. 2130) così non si può ammettere *de plano* una violazione di questa regola per convalidare un ipoteca la quale graviterebbe, per es. su tutti gli immobili che taluno dicesse dovere in appresso contenersi in una donazione che spera, o in una successione che si augura di raccogliere.

„ Che conseguita da ciò il divieto d'ipotecare i beni futuri, doversi nella legge considerare come divieto d'ordine pubblico, simile a quello dell' art. 791 dello stesso codice civile, in cui si proibisce di vendere il diritto ad una futura successione: onde è erroneo il sostenere che le disposizioni dell'art. 2129 non hanno avuto per effetto che di assicurare meglio la pubblicità, e la specialità dell'ipoteca. (Il quale argomento era stato opposto all'oggetto di poterne concludere che la condizione della pubblicità, e della specialità sarebbe supplita con una iscrizione immediata sull'immobile ipotecato prima di esserne proprietario).

„ Ma, considerando su questo punto che un iscrizione, la quale nello stesso giorno della stipulazione del contratto gravasse i beni di cui taluno spera divenire proprietario, darebbe vita ad un diritto esorbitante, ed eccezionale: mentre il codice civile il quale, per unica eccezione, ha permessa l'ipoteca dei beni futuri in caso d'insufficienza *dichiarata* dei beni presenti, non lo ha fatto che con la condizione legittima che la iscrizione non potesse avere effetto che a *misura degli acquisti* successivi del debitore: onde è da concludere, che se la legge avesse voluto creare una anomalia di diritto contraria a questa saggia disposizione, non avrebbe mancato di dirlo con un testo formale, e, non avendolo detto, convenga decidere che coi termini chiari e precisi dell' art. 2129 abbia voluto colpire d'una nullità assoluta tutte le ipoteche convenute sopra beni non attualmente appartenenti al debitore, per cui non possa ammettersi la distinzione troppo sottile che si è cercato di scoprire come esistente tra le nullità, e l'inefficacia temporanea di tale ipoteca. – CONFERMA ecc.

Corte reale di NAPOLI *2 cam. ud. del dì 30 maggio 1843 sig.* Ristou *presid.*

CREDITORI – UNIONI AMICHEVOLI – COMMISSARI

2. *I commissari di una unione amichevole di creditori nominati senza le formalità legali da una parte dei creditori, non possono essere riputati come sindici. E perciò sono tenuti personalmente, e solidalmente alle conseguenze pecuniarie dei mandati che hanno dato, salvo loro il ricorso contro i creditori da cui hanno ricevuta la commissione.*

Mauiglier c. Saussay

La corte „ Considerando che dei commissari, nominati senza le formalità legali dei fallimenti da una parte soltanto dei creditori, non possono essere assimilati ai sindaci, e riguardo dei quali v' è presunzione che non abbiano agito, se non in nome della massa.

„ Considerando che i lavori di cui si tratta sono stati comandati dai commissari dei creditori Morisset, nel numero dei quali si trova Mauiglier in un interesse che gli era comune, e che perciò devono essere pagati da loro, salvo loro il regresso contro i creditori dai quali avevano ricevuto il mandato. - conferma ecc.

Corte reale di Parigi, ud. dei 22 novembre 1845, 4 camera sig. Cauchy presid.

SOCIETA' - ACCOMANDATARIO - VERSAMENTO DELLA QUOTA - RESTITUZIONE - GERENTE - LIQUIDAZIONE

3. *L' accomandatario, che non ha versato la sua quota, può esservi costretto non solamente dal gerente, ma ben anche dai creditori della società* (1).
E se, dopo averla versata, vuol ritirarla, non può farlo a pregiudizio dei creditori fino alla liquidazione della società.
Per cui si deve considerare come nulla l' obbligazione di venderla, che avesse fatta il gerente prima della liquidazione.
Se il gerente ha confusi gli affari della società con i suoi personali, e particolari, si deve ordinare una liquidazione speciale, e separata.

Liagre c. Lessens

La corte „ Attesochè consta 1° che la moglie dell'appellante non era che un associata accomandataria di Narciso Lessens, 2° che la società tra loro contratta avea per solo oggetto la fabbricazione della fecola di patate, 3° che la detta donna era del tutto estranea

---

(1) *Così anche Merlin quaest. alla v. società* § 2. - Delvincourt *Instit. di comm. t. 2 pag. 2. -* Pardessus *diritto comm. num.* 1054. - Malpeyre, e Jourdain *della società comm. p.* 157.

agli altri affari di Narciso Lessens, ed in ispecie alla distilleria, ed alla fabbrica dell' aceto appartenente a quest' ultimo.

„ Che per l'art. 25 del codice di commercio il socio accomandatario non è che un locatore di fondi, e che, a termini dell'art. 26 dello stesso codice, un tale associato non è passibile delle perdite che fino alla concorrenza dei fondi che ha posti, o deve porre in società, e deriva da questi principj che l'associato è in obbligo verso il socio gerente di versare la sua quota, se non l'ha fatto, e che il socio gerente ha azione contro di lui per obbligarlo a versare: azione che può essere esercitata anche dai creditori della società, a termini dell'art. 1166 del cod. civile.

„ Che al contrario la quota è stata versata, il socio accomandatario diviene creditore del socio gerente, e che allo scioglimento della società egli ha contro di lui un azione per farsela rendere, dedotta la sua parte contributiva delle perdite sociali, se esistono, e salvo il diritto dei creditori per contraddire a tale restituzione, se è di pregiudizio ai loro diritti.

„ Attesochè sia in riguardo ai soci tra loro, sia in riguardo ai creditori della società, la sorte dell' accomandita deve stabilirsi dalla regolare liquidazione della società: la quale operazione può sola dare a conoscere se la società è in perdita nel punto del suo scioglimento, e se per conseguenza il socio accomandatario deve, o non deve ottenere la restituzione sia totale, sia parziale di ciò che ha versato.

„ Atteso che in fatto la moglie dell' appellante ha effettuato il versamento della sua quota, e che per questo titolo è creditrice di Narciso Lessens: ma non è ancora riconosciuto che essa abbia diritto alla restituzione, giacchè nessuna liquidazione è ancora avvenuta.

„ Che l' atto del 2 giugno 1842 sottoscritto da Narciso Lessens alla vigilia del suo fallimento, non può supplire alla necessità di una liquidazione.

„ Che la causa ivi enunciata è riconosciuta falsa dalla stessa donna Lessens, mentre la vera causa fu quella di procurare alla moglie dell'appellante il rimborso della sua quota, e per ciò quell'atto non presenta nessuno degli elementi propri a stabilire la vera situazione attiva, e passiva della società.

„ Che per conseguenza, facendo astrazione da quell' atto, e considerandolo come se non esistesse, si deo ripatare come giusta la dimanda della moglie dell'appellante per essere ammessa al passivo del fallimento.

„ Che, se il socio gerente ha confusi gli affari suoi personali, e particolari con quelli della società, il socio accomandatario da tale confusione non deve risentire nessun danno.

„ Che sarebbe contrario a tutti i principj il far soffrire alla moglie dell'appellante le conseguenze d'un fatto che non è il suo nè direttamente, nè indirettamente, fatto che ella al contrario è in diritto di rimproverare al socio gerente rappresentato dai sindaci, e dai creditori della società.

„ Che in questo stato, e prima di giudicare sul merito importa che si proceda alla liquidazione della società.

Ordina che da uno, o tre periti si procederà alla liquidazione della società esistente tra Narciso Lessens, e la moglie dell'appellante per la fabbricazione della fecola di patate all'effetto di determinare se nel punto del suo scioglimento essa società era, o non era in perdita, ed in caso affermativo in che la perdita poteva consistere.

Dice che tale liquidazione non dovrà comprendere che gli affari della società senza alcun riguardo agli altri affari del suddetto Narciso Lessens ecc. ecc.

Corte reale di Douai 2 camera ud. del dì 14 dicembre 1843 sig. Petit presid.

SOMMARIO DEL FASCICOLO V.

1. *Vicarj generali - Supplenti - Cappellanie - Misto foro* . . . . pag. 257
2. *Cause commerciali - Ricorso di unione - Moderazione* . . . . „ 267
3. *Appello - Perenzione* . . . . „ 270
4. *Perenzione dichiarata - Appellabilità* . . . „ 272
5. *Interlocutorj - Acquiescenza - Inappellabilità - Procuratore* . . . . „ 274
6. *Osti - Istitori - Consuetudini* . . . . . . „ 276
7. *Minore di 16 anni - Testamenti - Leggi francesi - Anno compito* . . . . „ 280
8. *Fondi ecclesiastici - Vindicatoria - Competenza - Proroga* . . . . „ 292
9. *Enfiteusi - Statuti - M. P. di luglio 1816 - Canone* . . . . „ 302
10. *Somministrazione - Cauzione* . . . . . . „ 309

APPENDICE

Opere nuove di giurisprudenza.
 1. *Falzacappa* . . . . „ 310
 2. *Rivista di legislazione* . . . . „ 311
 3. *Archivj della giurisprudenza* . . . . . . „ *ivi*
 4. *Massé* . . . . „ 312
Giurisprudenza estera commerciale, ed ipotecaria.
 1. *Ipoteca - Specialità - Acquisto posteriore* . . „ *ivi*
 2. *Creditori - Unioni amichevoli - Commissari* . „ 317
 3. *Società - Accomandatario - Versamento della quota - Restituzione - Gerente - Liquidazione.* „ 318

L' annuo importo del presente giornale è di sc. 2 : 40 in Roma, e di sc. 2 : 52 franco di posta fino ai confini. Le associazioni si prendono in Roma presso *l'editore* Alessandro Natali *libreria di Pallade a s. Silvestro in capite.*

TIPOGRAFIA MENICANTI

Pubblicato il dì 31 *Maggio* 1844.

LATIFONDI . ACQUISTI . PARTE IPOTECATA .
LIBERAZIONE

L. *Chi acquista un latifondo, e ne trova ipotecata una parte, volendo liberarla, non è obbligato a dichiarare quanto di prezzo intenda di attribuire alla medesima. Può denunciare al creditore iscritto il prezzo complessivo, ed il creditore deve su questo accrescere il decimo, se voglia provocare l' esperimento dell' asta.*

La massima ha luogo anche nel caso di più poderi riuniti, benché coltivati da diversi coloni.

La riunione si arguisce dall' esservi un solo casino padronale per tutti, con magazzeni a servigio di tutti.

(*Discuss. sul § 209 del reg. legisl.*)

Pallavicino c. De Prat

La legge francese proclamava un principio totalmente diverso: mentre, dopo aver detto che l' acquirente d' una proprietà fondiaria, per liberarla dalle ipoteche, potea denunciare ai creditori iscritti t' acquisto, e che i creditori, non persuasi del prezzo, entro i giorni quaranta avessero facoltà di accrescere il decimo, e provocare l' esperimento dell' asta, nell' articolo 2192 vedeva il caso che l' acquisto comprendesse più immobili *gli uni ipotecati, gli altri liberi situati o nello stesso, o in diversi circondari degli offici alienati per un solo e medesimo prezzo, o per prezzi distinti e separati, aggregati o non aggregati alla stessa tenuta,* e diceva che allora il prezzo di ciascun immobile assoggettato a particolari e separate iscrizioni, dovesse essere *dichiarato nella notificazione del nuovo proprietario, mediante una stima sul prezzo totale del titolo,* aggiungendo che il creditore mai non potesse essere costretto ad estendere la sua obbligazione sopra gli immobili, fuori di quelli che fossero ipotecati per il suo credito. Quando però col regolamento dei 6 luglio 1816 il sistema ipotecario fu

presso di noi definitivamente adottato, un tale articolo fu pre
terito, come lo fu nella riforma leonina, e nella vigente:
per cui il cav. De Prat, che comperò dagli Antinori in Perugia un tenimento di *Solfagnano* composto di 18 predi con-
tigui, denunciò agli iscritti l'intiero prezzo di sc. 26000,
ed anche al marchese Pallavicino di Genova, che creditore
di sc. 12000, sopra quattro di quelli, e sopra altri in altre
contrade trovavasi iscritto. Questi però, non avendo entro i
giorni 40 posta negli atti dichiarazione nessuna, si vide nella
necessità di dover domandare la inefficacia della denuncia
contraria, ed innanzi al tribunale della provincia ne promosse
l'istanza, dicendo che in difetto si astringesse il cav. De Prat
a specificare qual prezzo ai quattro predi intendesse di attribuire. A dì 27 gennaio 1843 sentenza contraria. Appello in
ruota col dubbio — *an constet de inefficacia denunciationis
aliorumque actorum, itaut sit praefigendus terminus pro determinatione pretii, quo in utiliter elapso, sit locus actioni hypothecariae.* A dì 19 giugno 1843 rescritto — *negative in omnibus* — In marzo ultimo nuovo esperimento.

Il sig. avv. *Lunati*, a cui era affidata la difesa del marchese Pallavicino, volea persuasi i padri del turno che non
fosse da credere il tenimento di Solfagnano compatto, e individuo, come, per l'indole della loro coltura, sono le tenute
dell'agro romano, le quali, benchè divise in quarti pel necessario alternarsi della produzione, e del riposo, ciò non ostante formano un predio; ma una tenuta, detta tenuta per la
combinazione della contiguità, non perchè i predi non siano
predi distinti, ciascuno dei quali può essere amministrato iso-
latamente, diversi in sostanza come lo sono quando più predi
hanno nomi, e confini diversi (1). Dopo di che, richiamato a
memoria il principio che concpica la legge — *qui verba legis
amplexus, contra legis nititur voluntatem: nec poenas insertas*

---

(1) Rota *Bononien. liquidationis* 5 *giugno* 1664 *num.* 2 *cor.*
Emerix.

legibus evitabit qui se contra juris sententiam, saeva prerogativa verborum fraudolenter excusat (2), dicea che il cap. 10 della sez. 2 tit. 7 del m. p. 10 nov. 1834, avendo rubrica — *del modo di rendere libere le proprietà dalle ipoteche,* letteralmente appartiene ai fondi gravati, non a que' che sono liberi, come è manifesto dal vedere contemplati due casi soltanto, quello cioè del prezzo che basta, e di quello che *non è bastante* (§ 206) *a soddisfare i creditori iscritti* — che il compratore d'un complesso di fondi, alcuni dei quali abbiano vincoli, mentre gli altri non li hanno, nel diritto comune dee cercare la via per purgare il suo acquisto, cioè nel principio, che sebbene i contratti risguardanti più beni siano fatti *per modum unius,* se i beni sono dividui, è dividuo il contratto (3), e si crede che in esso tante siano le stipulazioni, quanti sono i corpi ai quali appartiene (4). E citava tra le altre una *Firmana donationis* 5 maggio 1785 cor. Malvasia in cui si trattò di più fondi donati, uno dei quali al donante (che era sacerdote) apparteneva per titolo di patrimonio sacro, col quale pretesto volea rovesciata la donazione intieramente, e la ruo-

---

(2) *L. 5 cod. de legibus.*

(3) *L.* 2 § *et harum ff de verbor. oblig.* - Et harum omnium stipulationum quaedam partium praestationem recipiunt, veluti cum decem dari stipulamur: quaedam non recipiunt; ut in his quae natura divisionem non admittunt, veluti si viam iter actum stipulamur.

(4) *L.* 1 § *sed si mihi ff de verbor. obligat.* - Sed etsi mihi Pamphilum stipulanti, tu Pamphilum et Stychum spoponderis, Stichi adjectionem pro supervacuo habendam puto. Nam si tot sunt stipulationes, quot sunt corpora, duae sunt quodammodo stipulationes una utilis alia inutilis: aeque vitiatur utilis per hanc inutilem. - *L.* 29 *ff eod.* - Scire debemus in stipulationibus tot esse stipulationes, quot species sunt. - Donell. *comment. tom.* 4 *pag.* 699. - Vinnio *comment. ad* § 5. *Instit. tit.* 2 *lib.* 3 *num.* 5. - Voet *in pandect. lib.* 45 *tit.* 1 *num.* 7.

21*

la rispose (num. 4) — *omnes enim consentiunt ex natura rei dividuum esse contractum ubi plura complectitur bona, quae separari invicem ac dividi commode possunt. Et quamvis revera unum sit instrumentum, una stipulatio, si tamen res plures complexa sit, adeo certum est contractum suapte natura esse dividuum, ut tot immo censeantur distinctae stipulationes, quot res sunt in stipulatum deductae,* la qual regola dicea ricorrere anche nel caso che sia fatta la vendita per un solo prezzo (5) — Che nei §§ 206, e 208 della legge vigente pel caso del donatario che voglia purgare dall'ipoteca alcuno dei fondi donati si dice che debba dare un valore ai fondi gravati, e notificare la valutazione al creditore ipotecario, per cui non si saprebbe trovare un perchè la stessa regola non si dovesse osservare nel caso di vendita. Di qua passava a notare gli assurdi che produrrebbe una giurisprudenza diversa: il primo dei quali sarebbe quello che se, per es., il marchese Pallavicino invece d'essere creditore ipotecario di scudi dodicimila, lo fosse di cento, per ricuperare quei cento dovrebbe far correre l'asta, e, mancando oblatori, divenir compratore coattivo d'un fondo che vale ventiseimila e cinquecento — l'altro che ad arbitrio dei debitori starebbe la sorte dei creditori, e svanirebbe la utilità del sistema ipotecario, giacchè il debitore, volendo frodare il creditore, allo scader del suo debito potrebbe vendere, o simulare di vendere tutto il suo patrimonio, e ridurre così il creditore, o a comperare proprietà anche lontane, o a perdere il credito: un altro che se il marchese Pallavicino fosse costretto, per ricuperare il suo credito, ad offerire su tutto, correndo ai creditori iscritti sugli altri fondi il medesimo

---

(5) *L.* 18 *ff de contrah. empt.* - Scisso pro portione pretio, pro parte emptionem valere, pro parte non valere. - *L.* 36 *ff de aedil. aedict.* - Si plura mancipia uno pretio venierint et de uno eorum aedilitia actione utamur, pro bonitate ejus extimatio fiet, si confusae universis mancipiis constitutum pretium fuerit.

ebbligo, potrebbe avvenire che facessero anche essi la medesima offerta per cui, non trovandosi oblatori nell' asta, non si
saprebbe a chi aggiudicare la proprietà fondiaria, e così un
giudizio, che chiamasi d' ordine, sarebbe volto in vero disor-
dine — Che se le leggi, con cui presso di noi fu stabilita
la conservazione delle ipoteche, non adottarono l'articolo 2192
della legge francese, non per questo l' omettere una disposizione speciale, fu derogare al diritto comune, tanto più che
i romani prudenti, che servirono ai principi autori dei moto
propri, non poterono obliare le massime contenute nel testo
circa alla divisibilità delle azioni, nè ignorare la regola
che — *ideo quia antiquiores leges ad posteriores trahi usitatum
est, semper quasi hoc legibus inesse potest, ut ad eas quoque
personas, et ad eas res pertineant, quae quandoque similes
erunt* (6). Le quali cose discorse, proseguiva così.

L' opinamento mi ha detto che il cliente lasciò correre
i giorni quaranta, e per conseguenza perdè ogni diritto: ma
fu petizione di principio: giacchè i giorni quaranta corrono
da una ragionevole denuncia, ed ho dimostrato che l' idea
d' obbligarlo ad offrire su tutto, fu irragionevole: ha soggiunto che non fu irragionevole, citando l' esempio del creditore del censo che, volendo esercitare il retratto sul fondo
benchè in parte censito, deve prendersi il fondo interamente.
Rispondo che la regola milita nel caso di un fondo individuo — *secus autem* (come dice il Cenci *de censib. quaest.* 66
num. 101) *quando sunt corpora separata et diversa : eo enim
in casu non potuit domino census per illius debitorem, vendendo
rem censitam, cum aliis ab ea separatis, auferri beneficium
sibi a jure concessum, cum non possit alteri per alterum iniqua
conditio inferri* — mi ha detto altresì che il marchese ha
in ipoteca altri fondi oltre i quattro che sono in Solfagnano :
e replico che — *creditoris arbitrio permittur ex pignoribus*

---

(6) L. 17 *ff de regul. juris.* - Voet *ad pandect. lib.* 5 *tit.* 24
num. 16. - Donell. *comment. jur. civ. lib.* 19 *cap.* 5 *num.* 13.

sibi obligatis quibus velit distractis ad suum comodum perve-
sire (7), oltre di che non é sicuro su quelli il suo pagamento. Finalmente mi ha detto che se all' incanto non si por-
terà tutto intiero il tenimento, non si troverà molto vantaggio nel prezzo, ed io rispondo che — *non videtur vim*
facere, qui jure suo utitur, et ordinaria actione experitur (8).

La difesa del cav. *De Prat* fu dettata dal sig. avv. *Ridolfi,*
che disse presso a poco così — Il moto-proprio dei 10 novembre 1834 § 204 prescrive che — *l'acquirente può esimersi dalle*
azioni ipotecarie, e liberare i beni acquistati sia per vendita
estragiudiziale, sia per atto di donazione, osservando le regole
seguenti, é le regole sono che dopo la vendita il compratore
debba trascrivere, che in caso di sufficienza di prezzo lo
ponga a deposito, e chiegga il cancellamento delle ipoteche,
che in caso contrario provochi i creditori ad accrescere il
decimo, che, se non lo facciano entro giorni quaranta, il
prezzo si ritenga definitivo, dopo di che, surrogato il prezzo
alla cosa, si compia il cancellamento delle ipoteche, e non
parla del caso in cui un creditore abbia sopra una sola
parte del fondo la sua ipoteca: come dunque può chiedersi
la nullità pel motivo che l'atto non fu conformato ad una
legge non esistente? Sarà che i giudici abbiano autorità di
supplire colla interpretazione la legge, benchè al dire di
Tullio debbano usarne assai parcamente (9), ma non quando
la legge ha col silenzio voluto stabilire un principio direttamente contrario, mentre in tal caso il supplemento tornerebbe in violazione manifesta. Qui traeva argomento appunto dall' essersi dalla legge di luglio 1816 ripudiata la disposizione dell' art. 2192, e diceva che se la disposizione non

---

(7) *L.* 8 *ff de distr. pignor.* - Voet *in pandect. lib.* 20 *tit.* 5
num. 4. - Rota *nella Romana seu Ariminen. exequutionis* 4 *ju-*
lii 1828 § 3 *cor.* Muzzarelli.

(8) *L.* 155 *ff de reg. juris.* - *L.* 26 *ff de damn. infecto.*

(9) *De invent. lib.* 2. - Quintil. *declam.* 264.

piacque, se non piacque neppure ai sommi pontefici che decretarono le susseguenti riforme convenisse tenerla intieramente abrogata, richiamando alla memoria il principio che — *rationes eorum quae constituuntur, inquiri non oportet, alioquin multa ex his quae certa sunt subvertuntur* (10).

Ciò non ostante dicea, che quella preterizione d'articolo non fu senza prudenza: primo perchè, se nella compera di un tenimento si dovessero fare tante diffidazioni, tanti aumenti, tante aste quante sono le parti sui quali i singoli creditori hanno ipoteca, sarebbe lo stesso che mettere simili proprietà fuori di commercio, mentre nessuno, che ha volontà di comperare una proprietà riunita, e compatta, vorrebbe essere posto a pericolo di rimanere con il peggio, e di perdere il meglio — secondo perchè quel mettere in brani le proprietà fondiarie ne deprime il valore, per cui è scritto nel testo *l. 3 ff de comm. divid.* che — *cum regionibus dividi comode aliquis ager inter socios non potest, vel ex pluribus singuli : aestimatione justa facta, unicuique sociorum adjudicantur, compensatione pretii invicem facta, eoque cui res majoris pretii obvenerit, caeteris condemnato: ad licitationem nonnumquam etiam extraneo emptore admisso, maxime si se non sufficere ad justa pretia, alter ex sociis sua pecunia vincere vilius licitantem profiteatur :* finalmente perchè nel diritto romano è ovvio principio non potersi retrarre una proprietà fondiaria, se non intiera (11). E non è (proseguiva) che al creditore ipotecario si faccia ingiuria, giacchè quando egli ebbe in ipoteca

_____

(10) *L.* 20 *ff de legibus.*

(11) *L. tutor.* § 2 *ff de minoribus.* - An eatenus venditio rescindenda sit, quatenus adolescentium pro parte fundus comunis fuit? Respondi eatenus rescindi nisi si emptor a toto contractu velit discedi; quod partem empturus non esset. - De Luca *de servit. disc.* 74 *per tot.* - Corradin. *de jure praelat. quaest.* 19 *num.* 5. - Tiraquell. *de utroque retractu* § 23 *gloss.* 1 *num.* 1. - Ramus. *de unione rerum unic. sect.* 23 *num.* 9.

fondi che formavano parte di una tenuta, già conosceva che
il volerli dividere sarebbe lo stesso che volerli invilire: d'altronde *quod tibi non nocet, et alteri prodest est faciendum*,
e qual nocumento al creditore ipotecario, se mentre il debitore della riunita sua proprietà trova un prezzo più lauto,
egli del credito suo nulla rimette, ricuperandolo o sul prezzo
di vendita, o su quello che possa produrre la gara dell'asta,
fatto l'aumento? Oltrediché sebbene l'ipoteca sia un diritto tendente alla distrazione del fondo, finchè non si renda
giuridicamente efficace, non è che un diritto meramente reale
inerente sul fondo a tutela d'un credito, dipendente però dalla
condizione che questo si renda esigibile: per cui, dato un
caso simile a quello del cav. De Prat, al grande scopo della
specialità non resiste, se la legge divieti l'esercizio dell'azione
contro la parte, e piuttosto la voglia esercitata su tutto,
proteggendo essa abbastanza il creditore ipotecario, col fargli
abilità di conseguire l'aver suo prima della scadenza, e rendere per lui risolubile un contratto già fatto, senza che il
debitore sia ridotto all'estremo di vedere deprezzata, col di-
viderla in parti, una proprietà, che la ipoteca del creditore
non fece men sua. E qui alla sua volta descriveva ancor esso
gli assurdi che produrrebbe una giurisprudenza nel senso
dell'articolo 2192, e quello tra gli altri che se il cav. De
Prat, volendo seguirla, avesse assegnato ai quattro predi, per
esempio, scudi cinquemila, il Pallavicino l'avrebbe tassato
di troppo tenue, ed a vicenda, se avesse detto diecimila, gli
altri creditori iscritti l'avrebbero chiarito come eccessivo:
dal che necessariamente un litigio — Dicea per ultimo che
quell'articolo letteralmente appartiene a chi abbia fatta la
compra di più terreni fra di loro divisi, non al caso di predi
tra loro in modo aggregati, che reputare si debbano un predio solo, mentre in tal caso la stessa legge francese avrebbe
prescritto di procedere per *modum unius*, dicendo l'art. 2211
che — *se i beni ipotecati in favore del creditore, ed i non
ipotecati formano parte di un solo e medesimo corpo di pos-*

sessione , si procede alla vendita degli uni , e degli altri.
Colla pianta alle mani, e colla fede del cancelliere del censo,
facea i padri convinti essere quel Solfagnano un aggregato
di predi per la contiguità , e per la reciproca necessità di
servigio componenti una fattoria fisicamente , ma non eco-
nomicamente divisibile.

Il sacro uditorio ,, Considerando che se il cav. De Prat
si uniformò alle norme prescritte nel codice gregoriano
circa al modo di rendere libere le proprietà dalle ipoteche,
ed il marchese Pallavicino non offerì entro i giorni quaranta
l' aumento del decimo, con tale acquiescenza fece sì che il
prezzo d' acquisto divenisse definitivo , per cui non sia da
richiedere l' annullamento di atti regolarmente incominciati,
ed eseguiti : e molto meno incontro ad una legge, la quale
dopo i quaranta giorni ogni pretesa di domandare nullità
dice prescritta : e il pretendere che si tratti d' un caso nelle
leggi nostre preterito, non regge nè in fatto, nè in diritto.

,, Che in fatto non trattasi di predi fra loro divisi, poichè, sebbene il cancelliere del censo abbia dichiarato essere
la tenuta di Solfagnano intersecata da fondi che spettano ad
altri padroni , non ha potuto dissimulare *che gli diecinove
casali, o poderi, che la compongono, sono fra loro finitimi*, per
cui il padrone può percorrerli tutti , caminando sempre sul
suo. La quale aggregazione di fondi risulta altresì dall' essere destinati ab antico a stare uniti , segno la pastura del
casino padronale, che è nel bel mezzo di tutti, con accanto
i soli granai, che esistono a servigio di tutti: d' altronde il
cap. 10 sez. 2 tit. 8 parte 1 del codice , dicendo dei modi
con cui il compratore possa purgare i beni dalle ipoteche ,
parla genericamente di beni, e di fondi, la quale generalità
di parole dà necessariamente a conoscere che sotto una stessa
disposizione ha voluto comprendere anche il caso di fondi,
alcuni dei quali siano franchi, altri siano gravati d' ipoteche.

,, Che , quand' anche si tratti d' un caso omesso dalla
legge, la pretesa del Pallavicino sarebbe inammissibile in di-

ritto : poichè sebbene l'arbitrio del giudice possa non radé volte supplire al silenzio della legge, non per questo egli può contraddire alla chiara disposizione di essa, come avverrebbe se, mentre la legge parla genericamente *del prezzo convenuto*, facesse una distinzione che in essa non è : interpretazione molto meno permessa se si rifletta, che l'art. 2192 non potè non venire sotto gli occhi di quelli che compilarono il m. p. di luglio 1816 , per cui il non adottarlo fu manifesto ripudio , certamente perchè reputarono inutile provvedere in ispecie , ad un caso compreso nella disposizione generica.

,, Che se il marchese Pallavicino si vede costretto a dovere offerire su predi diciotto, mentre di que' n' ebbe quattro soltanto in ipoteca , non è nuovo nel foro che al diritto d'alcuno si dia talvolta maggiore efficacia di quella che ha il diritto stesso : come nell'enfiteusi, e nel censo hanno, pel retratto del fondo censito, il creditore censuario, od il padrone diretto. Sopra di che non è da produrre l'autorità del Cenci , il quale dottore distingue due casi , quello cioè del fondo censito , che si vende con accessori che formano parte della cosa venduta, da quello del fondo che sia censito unitamente ad altri fondi diversi , concludendo nel primo caso che il creditore censuario deve esercitare il retratto anche sulle accessioni del fondo venduto, nel secondo che può esercitare il diritto sul solo predio gravato del censo ;

,, Che a tali ragioni è da aggiungere un altra considerazione di fatto, cioè che la tenuta di Solfagnano nella quale si trovano i quattro fondi specialmente ipotecati al marchese Pallavicino sono gravati d'altre anteriori, e poziori generali ipoteche, per cui, mentre il parziale esperimento dell'asta avrebbe pregiudicato all'interesse di tutti i creditori a lui, posteriore nel tempo, e nel grado, non sarebbe riuscito di nessun giovamento.

,, Che infine, avendo il cav. De Prat denunciato l'acquisto a dì 4 luglio 1840 , il marchese Pallavicino lasciò arrivare il settembre dell'anno seguente senza uniformarsi alla legge, nel quale spazio di tempo il compratore impiegò molta pecunia nelle riparazioni, e nei miglioramenti, e così egli perdé ogni ragione a promuovere istanza di nullità pel principio che i diritti esercibili dentro un tempo determinato, più non lo sono, passato il tempo (12).

Rescrisse — *in decisis.*

Ruota del dì 8 marzo 1844 — Perusina nullitatis seu inefficaciae denunciationis R. P. D. De Petro, *proc. per Pallavicino* sig. cav. dott. Rem-Picci; *per De Prat* sig. dott. De Sanctis.

accettata dal soccombente.

CURSORI . GIURISDIZIONE . NULLITA' . SENTENZA *ultra petita*

LI. *Se la citazione introduttiva di lite sia stata notificata da un cursore fuori del territorio assegnato al suo officio, non per questo gli atti son nulli di nullità riservata al tribunale supremo.*

Neppure è nullità per pronuncia ultra petita *il condannare ad emenda di danni prodotti da più d'una causa, mentre il libello la richiedeva come prodotti da una.*

(Discuss. sul § 475 del reg. giud.)

Franci e Giosuè c. Cappabianca

Così fu deciso dal magistrato rappresentante nelle cause minori la prefettura del tribunale supremo, in favore d'un *Cappabianca* contro Franci e Giosuè, rigettando un ricorso che questi aveano interposto per fare annullare un giudicato del governatore di Sarnano. Mons. uditore avea ammessa la querela, dicendo nullo il processo, perchè il Cappabianca attore in giudizio fece notificare il libello per mezzo del cur-

---

(12) *L.* 41 ff *de fideicomm. ed ivi la glossa. - L.* 7 *cod. de pactis inter empt. et vendit.*

sore di Sarnano, provincia di Macerata, a persone che aveano
domicilio in Bolognola, villa di Camerino, e perchè, mentre il libello (era causa di danno dato) domandava l'emenda
del danno, che aveano fatto le pecore dei rei convenuti, il
perito liquidò anche quello che aveano fatto i cavalli: in
tutto scudi tre e bai, settantacinque. Per sì piccola somma,
nella difformità dei decreti, si volle dai ricorrenti interporre
reclamo in piena segnatura.

E si disse il difetto di citazione evidente; perchè il § 475,
dicendo la forma con cui nei libelli deve essere fatta la relazione della notifica, esige che siavi — *il nome cognome del
cursore, con la indicazione del giudice, o tribunale a cui é
addetto*, lo che dovesse bastare a riconoscere nulla la notifica
fatta a un cursore di Sarnano in territorio non suo — che
inoltre il § 292 dell'editto disciplinare espressamente dispone che — *i cursori addetti all'officio principale potranno attitare in tutta la giurisdizione del tribunale superiore da cui
dipende l'ufficio, cumulativamente ai cursori che risiedono nei
capi luoghi delle giusdicenze: i cursori che risiedono nei capi
luoghi delle giusdicenze potranno attitare in tutta la giurisdizione del territorio respettivo*, e che, come secondo la disposizione del testo *l. 20 ff de jurisd. omn. jud.* — *extra terri-
torium jus dicenti, impune non paretur*, così l'atto eseguito
da un cursore illegittimo, si dovesse considerare come eseguito da una persona privata; ed il giudizio considerare si
dovesse come mancante di citazione, avendo altra volta il tribunale supremo detto d'una citazione simile — *Haec citatio
nullius est momenti renuncianda, immo et habenda, ac si numquam facta fuisset: nam idem est non citare, ac nulliter citare,
quia nihil refert utrum aliquid non fiat, aut eo modo fiat, quo
non debuit* (1) — Collocava l'altro motivo sul disposto della
l. 18 ff comun. divid. — *ultra id quod in judicio deductum
est, excedere potestas judicis non potest*, e dicea che in quel

_____

(1) *Romana seu Parmen. circumscr.* 27 *nov.* 1828 *cor.* Grossi
num. 2.

giudizio fu unicamente dedotto il danno arrecato dal bestiame pecorino : che se il perito apprezzò il danno fatto dai cavalli, ed il giudice condannò, *vista la perizia*, *e come dagli atti*, ciò fu un giudicare *ultra petita* : difetto insanabile con la comparsa, come in più incontri dal tribunale supremo venne deciso (2).

Per lo contrario non si niegava l' irregolarità della citazione, ma si dicea che l' essere stata notificata da un cursore illegittimo, non potesse produrre quel difetto totale, che, secondo il § 781, è necessario per domandare l' annullamento degli atti in segnatura, che ha luogo allorquando — *il reo convenuto non fu citato in principio di lite, nè in persona, nè al domicilio, nè alla sua dimora, nè in altro luogo determinato dalla legge* (3) — che pel § 718 — *le nullità concernenti la ordinatoria, e quelle pei tre difetti sostanziali, devono essere proposte innanzi ai giudici rispettivi ove è introdotta la lite*, e che molto meno i ricorrenti potessero di quella irregolarità querelarsi, dopo averla sanata coll'addurre le proprie difese innanzi al giudice. Aggiungea non concorrere eccesso di giurisdizione nella sentenza, perchè il libello richiedè emenda indeterminata di danni, ed emenda di danni nella somma di sc. 3 : 75 accordò la sentenza, per cui, essendo conformità negli estremi, non fosse da riconoscere eccesso nei mezzi.

Il tribunale rescrisse — *servetur decretum auditoris praefecturae.*

Segnat. del dì 14 marzo 1844 — Camerinen. circ. R. P. D. Consolini, dif. per Franci e Giosuè sig. dott. Binarelli; per Cappabianca sig. dott. Salini.

----

(2) *Asculana circ. et restit. in integr.* 24 dic. 1836 cor. Ferlisi. - *Sabinen. circ.* 17 sept. 1835 cor. Grossi decano. - *Interamnen. circ. et restit. in integr.* 26 marzo 1840 cor. eod. - *Maceraten. circumscr. et restit. in integr.* 12 maggio 1842 cor. Lippi.

(3) *Reg. giud.* § 1046.

LII. *Il chierico coniugato può essere convenuto innanzi al giudice laico, ed innanzi alla curia ecclesiastica. Citato innanzi al giudice laico, non può reclamare il privilegio del foro, ma non può ricusare la giurisdizione del vicario, se innanzi a questi sia convenuto.*

È valido l'atto con cui la persona privilegiata vien chiamata a liberazione da molestie innanzi ad un giudice per esso incompetente: il giudice però, conosciuta appena l'esistenza del privilegio, deve rimettere la causa al tribunale competente.

Una controversia di spoglio, che nasca tra un conduttore di proprietà comunali ed un privato, non è controversia d'interesse municipale, che debba portarsi al magistrato cui appartengono le liti delle comuni.

Se in un ricorso si faccia istanza, che, previa la nullità d'un giudizio, si dichiari la causa spettare ad un tribunale piuttosto che ad un altro, ed una delle due contemporanee pendenze (che sono necessarie pel ricorso di competenza) più non esista, il ricorso è risoluto anche nella parte che risguarda alla nullità.

Così anche nel caso d'una dimanda praevia circumscriptione, uniri ecc.

(*Discuss. sui §§ 361, 362, 363, 857, 865 del regol. giud.*)

Comune di Scurcola c. Moriconi

Moriconi di Scurcola, enfiteuta d'un predio, l'avea cinto di siepe e macerie, per metterlo a piantagione di olivi: ma il comune, volendo servitù di compascuo, lo citò al tribunale di Frosinone per sentirlo obbligato a rimovere gli ostacoli, per cui egli chiamò a guarentia il seminario d'Anagni padrone diretto: per tale intervento i giudici laici si dichiararono incompetenti, ed il comune, invece di riprendere gli atti innanzi al vicario, venne all'uditore della camera citando, non sappiamo il perchè, la banca di s. Spirito, e l'amministrazione del buon governo. In questa un Ambrosi, che avea dal comune l'affitto dell'erbe, rotta la siepe, vi mandò pascolare il suo gregge, per cui altro litigio di emenda di danni contro tal uomo innanzi al vicario, perchè il Moriconi lo sapea fatto cherico nella sua giovine età, sebbene in quel tempo non incedente, e coniugato. Consegnata la briga ai causidici, istanza d'Ambrosi contro il comune a guarentire le conseguenze di quest'altro litigio innanzi al vicario, quindi due ricorsi in segnatura, uno del Moriconi per vedere annullati gli atti di Roma, l'altro di Scurcola per sentir decretare che, riconosciuta la competenza di mons. uditore della camera, fossero annullati gli atti d'Anagni, o fossero almeno riunite ambe le cause nel tribunale dello stesso uditore della camera. Il tribunale supremo annullò realmente gli atti di Roma, come è a vedere dalla *Anagnina competentiae et circumscriptionis* 14 settembre cor. Conventati: più tardi fu chiamato all'udienza il ricorso interposto dalla comunità.

Si dicea che l'Ambrosi, avendo già da gran tempo menata una moglie, e deposte le insegne della milizia ecclesiastica, senza ragione fu citato al vicario, e che appunto una *Ferentina circumscriptionis et pertinentiae caussae* 27 giugno 1833 cor. Gallimberti nei § 4 e 5 richiamava a memoria, esser principio comunissimo in prassi — *fori privilegium clericos amittere, si clericalem coronam in capite non gerant, si clericales vestes non ferant, si nulli inserviant ecclesiae, eaque juris canonici censura eo magis locum sibi vindicat si clericum uxorem duxerit, unicam licet, et virum nondum expertam. Quo enim apertius ab ecclesiastico statu se refugere, uxore accepta, demonstravit, eo religiosius conciliaria requisita servare cogitur, si clericali privilegio fori uti adhuc exoptat.* Aggiungea che inoltre *ratione materiae* la controversia non potesse portarsi innanzi al vicario, giacchè pel disposto nei

§§ 361, 362, e 363 le cause comunali e fiscali si portano innanzi ai tribunali civili, *abbenchè risguardino persone, e fondi
ecclesiastici*: dicea finalmente che, quand'anche il comune in
quella causa non avesse interesse, siccome trattavasi di danno
arrecato da gregge non appartenente alla chiesa, dovesse la
causa essere portata al foro laicale: e traeva al proposito il
m. p. di Benedetto XIV 10 gennaio 1751, il quale, dopo aver
definito nel § 6 che — *se il danno sarà stato dato sui beni
dei laici, con gli animali parimenti dei laici, la cognizione della
causa dovrà appartenere privativamente tanto in prima che in
seconda istanza al foro, e giudice laicale*, prosiegue nel § 10
dicendo — *ordiniamo, e dichiariamo che per animali di chiese,
luoghi pii, o persone ecclesiastiche si debbano intendere, e riputare solamente quelli che ad essi appartengono di dominio,
e di possesso, e che da essi sono stati dati in mano di pastori
laici per semplice cura, governo, e custodia: ma non già
quelli che, sebbene a loro appartengano come sopra, sono stati
da essi trasferiti in mano di persone laiche e per contratto di
società, o per altro contratto, in virtù del quale il pericolo di
essi animali o per tutti, o per una porzione di essi sarà passato in mani di persone laiche*. Della questione di competenza, e dell'unione non faceva, e non poteva fare parola,
poichè, come abbiamo detto, la contemporanea pendenza
di due giudizi innanzi a tribunali diversi, era stata tolta di
mezzo col rigettarsi a dì 14 settembre il contemporaneo
ricorso.

Ma appunto da questa rejezione di ricorso il patrocinio
del Moriconi prendeva argomento per dire, che dunque non
fosse più luogo a parlare dell'altro: poichè, essendo l'istanza
concepita colla formola — *praevia circumscriptione actorum
factorum coram vicario generali Ananias, declarari caussam spectare, et, quatenus opus sit, uniri, remitti ad R. P. D. auditorem
camerae, attenta connexione, et dependentia*, svanito lo scopo,
e renduto impossibile il conseguirlo, non fosse più luogo a
trattare d'una nullità posta in libello solo all'oggetto di

rinvenire la competenza, ed innanzi ad essa ottenere l'unione. Non volendo però dar corso alla massima sostenuta in contrario, tra le altre risposte gli dicea col cardinale De Luca *disc.* 112 *num.* 6 — *Indistincte non solum quoad alios effectus clericatus, sed etiam quoad illum fori . . . verius est ut clericus, quamvis requisitis careat, adhuc tamen episcopi vel alterius superioris ecclesiastici forum declinare non valeat: ergo quoad omnes alios effectus remaneat subjectus. Cum enim conciliare decretum prodierit in odium illorum qui clericali militiae adscripti illam deserunt, sive habitum tamquam militare cingulum deferre negligunt, hinc non debet eorum delictum praejudicare superioribus ecclesiasticis, ad instar desertoris militiae saecularis qui, licet militaribus favoribus et privilegiis efficiatur indignus, non per hoc tamen evitat forum et superioritatem ducis, aliorumque militarium magistratuum, ac propterea in poenam remanet utrique foro subjectus* (1).*

Circa al secondo capo dicea che nella questione di spoglio nata tra il Moriconi e l'Ambrosi, il comune di Scurcola non avea nessun interesse, giacchè risguardava non al diritto, ma alla momentanea violenza di fatto, ed alle sue conseguenze — che quand'anche all'Ambrosi competesse il diritto di pascere, non per questo potea, senza sentenza di giudice, darsi a squarciare le siepi, ed a rovesciare le macerie : e che non sempre il chiamare a causa una persona privilegiata porta che i giudici ordinari debbano dichiararsi incompetenti, ma solo lo possono *quando* (dice il § 857) *riconoscono che la causa non può decidersi senza intervento.*

---

(1) Bened. XIV *de synod dioeces. lib.* 12 *cap.* 2 *num.* 3. - Giraldi *exposit juris pontif. part.* 2 *sess.* 93. - *S. C. Concilii in Alatrina jurisdictionis* 17 *marzo* 1763, ed ex professo nella *decisione di segnatura Interamnen. circumscript. et appellat.* 27 *aprile* 1827 *cor.* Marini, *che nel vol.* 1 *della raccolta da noi pubblicata, è la* 74.

22

Il supremo tribunale „ Considerando che la dimanda di nullità si contiene nel ricorso come accessoria della dimanda di pertinenza, poichè non fu richiesto annullarsi gli atti, *sin minus* unirsi ed avocarsi le cause, ma invece che, previo l'annullamento degli atti, si dichiarasse la causa spettare a mons. uditore della camera.

„ Che avendo il tribunale regolatore già decretata la nullità degli atti fatti innanzi a mons. uditore della camera, manca uno dei due giudizi, che necessariamente devono esistere, onde abbia luogo la questione di pertinenza, e così non è luogo neppure a decidere sulla unione, per la quale egualmente richiedesi la contemporanea esistenza di due cause.

„ Che inoltre non è da dubitare sulla validità degli atti fatti innanzi al vicario: poichè in ciò che risguarda alla persona, se un dì l'Ambrosi fu riceuto nella milizia ecclesiastica, coll'essersi unito in matrimonio, e coll'avere deposte le insegne chericali, perdè, è vero, il privilegio del foro (2), ma non per questo era per lui giudice incompetente il vicario: mentre chi abbandona la vita chericale rimane soggetto ai giudici laici, ed a que'della chiesa, nè certo chi fu soggetto una volta alla giurisdizione del vescovo, può ricusarla.

„ Che molto meno era incompetente il vicario *ratione materiae* per la ragione che si trattasse di causa municipale: mentre la causa sul diritto di pascere era una causa diversa, che pendeva in separato giudizio innanzi ad altri giudici, e quella tra il Moriconi e l'Ambrosi era una causa che risguardava le conseguenze d'un fatto privato, e di danni dei quali, coll'azione che nasce dalla legge aquilia, si richiedeva l'emenda non contro il comune, ma contro il dannificante.

_____

(2) Bonif. VIII *cap. unic. de cleric. conjug. in* 6. - *Trident. sess.* 25 *cap.* 6 *de reform.*

„ Che infine neppure mancò di giurisdizione il vicario pel motivo che il municipio, avente per se un tribunale privilegiato, fu chiamato a causa: mentre egli è ben vero che pel disposto nei §§ 361, 362, 363, la regola dei §§ 857, e 863 risguardanti all'intervento di persone ecclesiastiche si può applicare alla dimanda d'intervento proposta contro una comunità, non basta però la semplice esistenza d'una dimanda d'intervento di persona privilegiata a che un tribunale s'abbia a dichiarare incompetente, ma gli si deve lasciare tanto di tempo quanto occorre a convincersi che la causa senza quell'intervento non possa essere giudicata: altrimenti una umbratile domanda d'intervento d'una persona privilegiata, sarebbe sufficiente a togliere le cause dalla giurisdizione dei giudici ordinari. „

· Per tali ragioni nella segnatura del dì 7 dicembre 1843 rescrisse — *nihil.* Ma nel nuovo esperimento, sostenendo il procuratore del comune, che quando si tratta di chiamare a liberazione di molestie rei convenuti aventi privilegio di foro, la citazione debba esser trasmessa innanzi al giudice privilegiato, non innanzi al tribunale ordinario, ove pende la causa

La segnatura „ Considerando che la denuncia delle molestie, e la prima citazione a liberare può essere fatta innanzi al giudice ordinario per la regola generale, che le molestie devono essere denunciate innanzi a quel giudice, il quale conosce la causa principale (3), così disponendo anche il regolamento giudiziario nei §§ 443, 860, 861.

„ Che il § 682 non è una limitazione di questa regola generale, ma una disposizione ulteriore da intendersi nel senso che se il giudice ordinario conosce che la persona chiamata a causa abbia privilegio di foro, anche d'officio debba rinviare le parti al tribunale privilegiato.

---

(3) *L.* 29 § *ult.* - *L.* 39. - *L* 63 *ff de evict.* - *L.* 8, 9, 20, 23 *cod. eod.* - *L.* 1 *cod. ubi in rem actio.*

„ Che dunque al giudice ordinario è indispensabile il conoscere per mezzo di alcun atto, se concorrano le circostanze dalla legge volute, giacchè altrimenti di quello che non conosce non può giudicare, secondo l'assioma che *non entis, nullae sunt qualitates*, ed è antica regola di procedura, che la citazione all'effetto dell'evizione contro persone privilegiate si può trasmettere innanzi al giudice ordinario (4), e per conseguenza fu valida la citazion con cui per la liberazione dalle molestie il comune di Scurcola fu chiamato innanzi al vicario generale d'Anagni.

„ Che però i susseguenti atti furono infetti di nullità: giacchè se il vicario pel § 363 non avea giurisdizione in una causa che risguardava all'interesse d'una comunità, letta la citazione a liberare dalle molestie, dovea immediatamente rimettere la lite al tribunale competente, non interloquire colla dichiarazione della contumacia, nè in altro modo porre nella controversia le mani (5).

Rescrisse — *quoad acta super merito, in decisis: quo vero ad liberationem a molestiis, circumscripto per viam nullitatis*

---

(4) Marchesan. *de commiss. part.* 2 § 3 *num.* 69 *ad* 72. - Bellet. *disquisit. clerical. de favor. real. cleric.* § 3 *num.* 1, 19, 20, 21. - Mangil. *de evict. quaest.* 6. - Card. De Luca *de jurisd. disc.* 60 *num.* 4.

(5) *Ecco il tenore letterale del* § 6 *con cui fu proclamata questa massima interessante.* - Verum ex his uti descendit validam esse habendam denunciationem, citationemque diei 21 maii, ita pariter deducitur nulla esse reliqua acta judicii liberationis a molestiis, cum vicarius generalis in municipium jurisdictionem non haberet ex § 363 ejusdem judiciariae legis. Oportebat enim ut vicarius postulationem hanc liberationis a molestiis illico ad proprium judicem municipii remitteret: sed cum ille die 31 maii per interloquutionem contumaciam decreverit, secundamque citationem edixerit, cumque iterum etiam in ea controversia manus apposuerit, egit haec absque jurisdictione, ideoque haec delenda esse merito fuit definitum.

*decreto diei 31 maii 1843 cum omnibus inde sequutis ex defectu
jurisdictionis, partes utantur juribus suis.*

Segnat. del dì 28 marzo 1844 — *Anagnina circumscript.
et avocationis et unionis* R. P. D. Mertel, *dif. per Moriconi*
sig. Popolla; *pel comune* sig. avv: Mandolesi, *proc.* sig.
dott. Proja.

APPELLO . DOMANDA DI PERENZIONE . SPESE

LIII. *Perento un appello, può l'appellato domandare con
istanza incidente che la perenzione sia dichiarata. Le spese
di tale istanza sono ripetibili contro l'appellante.*

(*Discuss. sul* § 959 *del regol. giud.*)

Franzero c. Cristofari

Franzero appellò contro Cristofari da un giudicato del
tribunale di Viterbo, facendo anche istanza di nullità: e questa
si trovava in ruota pendente, quando per volontà dell'appellante, colla non fatta produzione del processo, si mandò perento l'appello. Ciò non ostante il difensore dell'appellato
citò — *declarari non esse locum prosequutioni caussae super
merito principali, et multo minus incidentalis instantiae super
praetensa nullitate sententiae*, quale istanza, contumace il citato, a dì 22 gennaio di quest'anno 1844 fu ammessa colla
formola — *constare de peremptione justa petita.* Sulle spese
di tale incidente nacque contesa, ed il Franzero domandò
si dichiarasse — *non esse locum taxationi.*

Vero è, dicea, che un appello alla ruota venne interposto, ma è vero altresì che non fu proseguito, anzi, col non
produrre il processo, abdicato — Dispone il § 971 che, scorso
il semestre dato dalla legge a produrre il processo — *l'appello
è perento di pieno diritto, senza bisogno di giudiziale interpellazione*, e, se era perento di pieno diritto, perchè chiedere
ai giudici, che decidessero ciò che dalla legge era deciso?
Chi perde le cause deve rifare le spese, ma non quelle degli

atti supererogatorj, ed inutili, occasionate non dalla necessità della causa, ma dalla velleità del patrocinio — Si oppone che un istanza di nullità era pendente: ma era scritto nel § 789 che — *le nullità delle sentenze pei tre difetti sostanziali non rimesse, e non sanate, si propongono innanzi ai tribunali di secondo o di terzo grado, a cui si porta l' appello sul merito principale* : e se l' appello era perento di pieno diritto, cadde con esso l' istanza di nullità per la quale non era più tribunale che potesse decidere.

Si diceva in contrario non potersi impedire ad alcuno d' accedere al giudice acciò sia dichiarato quello che è nella disposizione di diritto, come, per esempio, sia riconosciuto nullo un contratto fatto da un minore, o da una donna senza solennità, benchè la nullità sia dichiarata dal § 52 — che se la persona citata vuole evitare le spese, deve ammettere l' istanza, altrimenti — *nec damnum sentire intelligitur, quod quis culpa sua damnum sentit* (1), nè essere nuovo che si comparisca innanzi ad un giudice fatto incompetente per intendere da lui, se la sua giurisdizione sia risoluta (2).

Il sacro uditorio rescrisse — *servetur taxa.*

Ruota del dì 10 maggio 1844 — Viterbien. moderationis taxae, dif. per Franzero B. Belli ; per Cristofari sig. avv. Cristofari, proc. sig. dott. Barattini.

CLAUSULA *appellatione remota* . APPELLABILITA'

LIV. *La regola che nelle liti delegate per rescritto sovrano colla clausula* appellatione remota *prima della vigente riforma, competa l' appello di pieno diritto, è applicabile anche a quelle che si trovavano rimesse alla ruota coll' altra clausula* videntibus omnibus.

---

(1) L. 203 *ff de regul. jur.*

(2) L. 2 *ff si quis in jus vocatus non ierit. - Ex quacumque caussa ad praetorem vel alius qui juridictioni praesunt, in jus vocatus venire debet, ut hoc ipsum sciatur an jurisdictio ejus sit.*

Si volle mettere in dubbio questo principio di procedura transitoria nel famoso litigio sulla esistenza della primogenitura degli Altemps (e del quale faremo relazione nelle pagine
prime del seguente volume per dare a conoscere anche più
ampiamente la giurisprudenza ruotale circa alla reviviscenza
degli antichi fedecommessi). Una declaratoria 15 marzo 1832,
da noi riferita nel vol. 2 dell'anno 1839 pag. 352 avea stabilito che l'appellabilità delle sentenze emanate in antico in
forza di commissione aventi la clausula *appellatione remota*
dovesse dipendere dalla giustizia o ingiustizia del giudicato,
e la suddetta controversia degli Altemps con rescritto del
dì 15 gennaio 1826 dal pontefice Leone XII di s. m. era stata
rimessa — *ad s. rotam quae, deputato curatore futuris vocatis,
procedat videntibus omnibus, praeviis duabus appellatione remota*, ed una sentenza ruotale 25 settembre 1840 ponente l'Emo
Corsi, dopo un lungo combattere avea definito — *constitisse
et constare de expiratione primogeniturae institutae a clar.
mem. cardinali Marco Sytico, et per consequens de libertate
bonorum, proindeque esse locum deletioni inscriptionis vinculi
primogenialis in codicibus hypothecariis susceptae*: nell'interesse del duca don Alberto Sitico, che si dicea chiamato
alla primogenitura, fu interposto l'appello alla medesima
ruota, ma il patrocinio che sosteneva la libertà dei beni pel
minore don Marco Altemps, cito — *declarari non esse locum alicui appellationi.*

Dicea che il tribunale della ruota fu in quella causa
compromissario per volontà delle parti, poichè, commessa
la causa ad istanza del duca, il curatore dei futuri chiamati
a tale commissione prestò consenso con gli atti, che quindi
alla volontà del pontefice, il quale nel rescritto pose la clausula *appellatione remota*, si aggiunse la elezione dei litiganti,
e che, quando la ruota è tribunale compromissario, pel disposto nel § 1752, i di lei giudicati non possono essere appel-

labili (1) — non ostare la declaratoria 15 marzo 1832, primo perchè non parla delle cause rimesse alla ruota colla clausula — *videntibus omnibus*, nelle quali l' appello dovrebbe essere portato ai medesimi giudici, secondo perchè la declaratoria venne emanata prima del m. p. 10 nov. 1834, il quale nel § 378 disse la ruota magistratura di secondo grado per le cause giudicate da un altro turno, non da tutto il tribunale.

Il difensore contrario opponeva i termini della declaratoria che genericamente dispose dicendo — *le cause rimesse pendenti innanzi ai giudici e tribunali specialmente delegati, che in vista dei nuovi regolamenti sono state e saranno decise dalle respettive magistrature, dovranno essere proseguite in grado d' appello*, per cui non eccettuò il caso di liti rimesse alla ruota colla clausula — *videntibus omnibus :* che inoltre una tal clausola sempre in antico accompagnava simili remissioni al sacro uditorio: e che non fosse da trarre la regola dei compromessi ruotali contenuta nel § 1752 ad un rescritto del papa nato fino dall' anno 1826, vigente il codice leonino, il quale dei compromessi nel tribunale della ruota non faceva parola.

Il sacro uditorio rescrisse — *esse locum appellationi.*

Ruota del dì 6 maggio 1842 — *Romana deletionis vinculi, seu inscriptionis primogenialis super moderatione appellationis* R. P. D. Muzzarelli, *dif. per gli appellanti sig. avv.* Secreti (Ciriaco), *proc. sig. dott.* Montanari *proc. di coll.; per l' appellato sig. dott.* Brunetti.

---

(1) *Reg. giud.* § 1752. — Non si può compromettere in un giudice, o tribunale qualunque, eccettuato quello della sacra ruota, quante volte però le parti dichiarino che il di lui giudizio sarà inappellabile; la sacra ruota procederà in questo caso alla decisione delle controversie coi suoi metodi, e forme particolari.

LV. *La regola, che le somme riunite non rendono le cause di*
competenza maggiore quando derivano da titoli diversi, mi-
lita anche nel caso, che ad una somma di competenza mag-
giore siano state riunite somme di competenza minore.

E le somme di competenza maggiore divengono di competenza
minore, se nel libello si esibisce al reo convenuto di me-
nargli buona, in conto di pagamento, una somma certa, che,
buonificata, renda la dimanda di competenza minore.

(*Discuss. sul § 460 del regol. giud.*)

Petrini c. Petrini

Petrini d' Ispello citò suo fratello Giovanni al tribunale
di prima istanza sedente in Foligno a pagare sc. 273:30, cioè
sc. 207:50 prezzo di concime a lui consegnato, sc. 24 prezzo
d'altro concime dato ad altri per lui, sc. 12:50 prezzo di
una botte, sc. 14 nolo della medesima per anni 14, sc. 6
per quattro vetture, sc. 4:50 per trasporto di fieno, sc. 2
pagati per lui a due persone diverse, e finalmente sc. 1:80
prezzo di tre reti da fieno, con dichiarazione di voler buonificare tre acconti riceuti, formanti la somma di sc. 66. Opposta l'incompetenza, fu rigettata colla condanna del reo al
pagamento, per cui il processo venne alla censura del tribunale supremo.

L'accusa di nullità era fondata sul disposto nel § 460
ove si dice che — *se l'attore dimanda il pagamento di più som-*
me, si avrà riguardo a ciascuna somma separatamente, quando
il debito di ciascuna derivi da una causa distinta (1), ne gli era
difficile di persuadere che le somme riunite in quella miscela
provenissero da cause tanto distinte, quanto i titoli, pei quali
si domandavano, erano diversi. Nè la nullità rimanere scusata
dall'essere in quel libello, tra le altre somme, quella di

_____

(1) *L. 11 ff. de jurisdict. omn. jud.*

sc. 207:50, primo poiche la incompetenza del giudice nelle altre parti della dimanda, per la ragione della individuità, infetta anche la parte a giudicare la quale, sarebbe competente (2), secondo perchè quegli sc. 207:50 con altri sc. 24 furono addimandati per un medesimo titolo, e benchè si dicesse di voler buonificare su tutto scudi sessantasei, per disposizione di diritto doveano andare *in caussam duriorem*, che nella specie, come più anticamente dovuti, eran gli sc. 207:50 (3).

All' incontro si dicea pel fratello che il poter cumulare più azioni in uno stesso giudizio è antica disposizione di diritto (4), alla quale non osta la *l.* 11 *ff de jurisd. omnium judicum* da cui fu desunto il § 460, come venne spiegato da monsig. Roberti quand' era giudice del tribunale supremo nella *Romana circumscriptionis* 2 agosto 1838 § 4 ove disse che, *si plurium summarum ex dissitis caussis in uno libello coacervationem lex improbasset, supervacaneum erat casum fingere in quo* l' attore dimandi più somme, *supervacaneum itidem rationem indigitare deducendi valoris a petito quantitatum acervo, cum satis hoc in themate fuerit sanctionem abscisse in-*

---

(2) Segnat. *nella Reatina circumscr.* 3 marzo 1842 cor. Caracciolo Santobono § 4 *riferita in questo giornale anno* 1842 *vol.* 1 *pag.* 231.

(3) *L.* 102 *ff de solut. et liberat.* § *Valerius.* - Valerius Lucii Titii servus scripsit : accepi a Mario ex summa majore tot aureos, quaero an haec summa in proximum annum ei accepto ferri debeat, cum superioris anni sit relinquator? Respondit videri in primam quamque summam liberationem proficere.

(4) *L.* 10 § *si quis ff de appell. et relat.* - *L.* 3 *cod. de edendo.* - *Cap. cum dilectus extra de causs. possess. et propriet.* - Brunemann. *in pandect. lib.* 49 *tit.* 1 *num.* 9. - Manzi *quaest.* 69 *num.* 9. - Mynsinger. *practic. observ. cent.* 1 *observ.* 83 *num.* 4. - Mornaccio *observ. in pandect. lib.* 49 *tit.* 1. - Donell. *comment jur civ. tom.* 5 *col.* 1008 *num.* 4, 5. - Voet *in pandect. lib.* 2 *tit.* 13 *num.* 14.

terponi ut ne actor „ dimandi più somme , quando il debito
„ di ciascuna derivi da una causa distinta „ Alla quale interpretazione d' articolo fecero plauso la *Interamnen. circumscriptionis* 26 marzo 1840 , e la *Ferrarien. circ.* 30 aprile
del medesimo anno cor. Grossi.

Se adunque , dicea , per disposizione di diritto civile e
canonico , e per la giurisprudenza del tribunale supremo è
lecito di coacervare più somme in uno stesso libello, se tal
coacervazione concede anche il § 460, non è da mettere in
dubbio che le somme minori, comecchè domandate per cause
diverse, debbano andare ai tribunali di maggior competenza:
e quel dire del paragrafo che in tal caso *si avrà riguardo
a ciascuna somma separatamente*, non volle significare che si
debbano far tante liti quante sono le somme , ma la lite
debba essere portata al giudice di competenza minore, se le
somme o congiunte o divise non pervengano a fare scudi
duecento: mentre per dire che, concorrendo più somme provenienti da un medesimo titolo la causa debba essere portata
al giudice che è competente per la somma riunita, non era
bisogno di fare un paragrafo , mentre a nessun creditore ,
per esempio , di quattro semestri di nolo , che oltrepassano
scudi duecento, può venire in mente di fare tante cause quanti
sono i semestri. Dicea per ultimo che, come un mercadante
per un conto di merci di qualità tra loro diverse, e consegnate in tempi diversi, può introdurre un solo giudizio, de-
sumendo la competenza da tutte , così il Petrini potea per
quel conto di credito portare la causa al magistrato di maggiore competenza.

Il tribunale „ Considerando che Giovanni Petrini cumulò
più domande in uno stesso libello, richiedendo nel medesimo
tempo prezzo di cose vendute , mercede di cose locate , e
restituzione di mutuo, le quali domande nella massima parte
erano di competenza minore, ed alcune tra queste di competenza meramente economica, e per conseguenza il giudizio fu istruito contro la regola stabilita nel § 460 applicata in

casi simili dall'ordine supremo, come è a vedere dalle decisioni *Camerinen. circumscriptionis et avocationis* 9 settembre 1841, e *Reatina circumscriptionis* 3 marzo 1842.

„ Che se due delle domande, cioè quelle che risguardavano al prezzo del concime, superavano la somma di sc. 200 non per questo il processo fu meno irregolare, ed istruito innanzi a giudici meno competenti, giacchè, essendo incompetenti per le altre dimande, una stessa sentenza non potrebbe in parte esistere, in parte cadere.

„ Che non è da addurre l'esempio del mercadante, e del giudizio che egli istruisca innanzi al tribunale di competenza maggiore per una nota di merci; mentre in quel caso derivano i crediti tutti da un titolo, cioè dalla vendita, lo che non si verifica nel conto Petrini, composto di somme quasi tutte richieste per obbligazioni di natura diverse.

„ Che molto meno è da allegare la regola scritta nel testo circa alla facoltà di cumulare le azioni, mentre oggidì la legge dice quali per le diverse azioni, e per le somme siamo i magistrati competenti, per cui ogni possibilità di cumulare innanzi ad un magistrato azioni, che spettano ad altri, è tolta di mezzo.

„ Che inoltre il tribunale di Foligno, nel rigettare la eccezione d'incompetenza, pose le mani nella giurisdizione del tribunale supremo al quale, pel disposto nel § 791 — *è riservata esclusivamente la nullità per difetto di giurisdizione, se il difetto risguarda la materia, o il valore della lite.*

Rescrisse — *circumscriptis per viam nullitatis omnibus gestis coram tribunali civili Fulginei cum omnibus inde sequentis, pp. ut. juribus suis.*

Segnat. del dì 27 febbraio 1844 — Fulginaten. circumscr. R. P. D. Conventati *decano, dif. pel ricorrente* sig. dott. De Romanis; *per l'intimato* sig. avv. Bonelli, proc. sig. dott. Mancini-Lombardi.

18 aprile 1844 — *in decisis.*

LVI. *Per comprendere nella tassa di segnatura anche le spese dei giudizi annullati, è necessaria la condanna in genere alla medesima.*

Sani c. Lollio

Così fu deciso dal tribunale supremo, quando si trattò d'eseguire le regiudicate, di cui è memoria nel vol. 2 pag. 77 e 81 anno 1842, e che trascinavano per conseguenza di spese una tassa di mille e più scudi. Ambi i litiganti pretendevano di fare nelle parti vinte la tassa, che dal tribunale supremo venne in fatti divisa, accordando rimborso alla Lolli-Finotti per le spese della causa intitolata *circumscriptionis* (pag. 77), ed al Sani per l'altra intitolata *circumscriptionis et restitutionis in integrum* (pag. 81), dal che niun principio di prassi che meriti d'essere riferito in questo giornale. Vogliamo dire solo, che quando il procuratore del Sani citò *exequi* innanzi a mons. uditore della segnatura colla solita clausula *et in expensis condemnari*, il prelato ammise l'istanza colle parole — *obtinuit ad formam rescripti cum condemnatione ad expensas factas coram tribunali signaturas contra partem victam*: la qual reticenza delle spese fatte a Ferrara nei giudizi annullati, al patrocinio della Lolli-Finotti dette motivo per volerle poste fuori di tassa, primo perchè la colpa d'andare a giudici incompetenti era stata comune (1), secondo perchè non potesse essere tassa di spese senza precedente condanna (2).

---

(1) *L.* 1 *ff de compensationibus.* - Si ambo socii parem negligentiam societati adhibuimus, dicendum est desinere invicem esse obligatos, ipso jure compensatione negligentiae facta.

(2) *L. properandum cod. de jud.* - Rota cor. Lancetta *decis.* 511 *num.* 2. - cor. Olivatio *decis.* 281 *num.* 3. - cor. Coccino *decis.* 1161 § 6.

Il difensore del Sani rispondeva che il comparire innanzi ad un giudice incompetente non fu colpa, ma necessità di difesa, e in quanto alla reticenza che era nel decreto di mons. uditore dicea che il concedere quelle di segnatura non fu negare le altre, e che il giudicare sulle altre fosse nelle facoltà del pieno tribunale.

Il tribunale supremo rescrisse — *quoad expensas judiciorum circumscriptorum, utatur jure suo prout de jure* (3). *Quoad expensas in signatura respicientes caussam super circumscriptione et restitutione in integrum, esse locum taxationi favore Mariani* (Sani), *quo vero ad expensas respicientes caussam circumscriptionis, esse locum taxationi favore Juliae* (Finotti) *ecc.*

Segnat. del dì 11 gennajo 1844 — Ferrarien. circumscriptionis et restitutionis in integr. super jure taxandi R. P. D. Consolini, *dif. per Lolli-Finotti* sig. dott. Brunetti; *per Sani* sig. dott. Ugolini.

CURIALI . PROCURE . COADIUTORIE . CONGEDO

LVII. *Un curiale ammesso come coadiutore in una procura, morto il coadiuto, non può essere congedato senza legittima causa.*

Serafini c. L'arch. di Maria Ssma dell'orto

Il sig. dott. Serafini curiale ruotale, nel 1824 dall'archiconfraternita della Madonna dell'orto in questa capitale fu nominato sollecitatore e coadiutore del causidico titolare Luigi De Rossi, senza onorario finchè vivesse il coadiuto,

---

(3) Del resto rimane sempre ferma la massima che *chi trasse al tribunale incompetente, e quindi richiede in segnatura l'annullamento degli atti, rifonde le spese del giudizio annullato, quand'anche la parte contraria abbia prestato al giudizio pieno consenso,* stabilita dal tribunale supremo nella *Reatina circ.* 7 luglio 1842, e riferita nel presente giornale anno 1841 vol. 2 pag. 265.

ma con patto di futura successione: ed in tal qualità fu confermato più volte anche dai visitatori apostolici finchè nel 1838, defunto il De Rossi, diventò titolare con rescritto del cardinale Odescalchi di veneranda memoria, che era capo della visita come vicario di N. S. Ma un anno dopo i confratri con decreto della congregazione, che chiamano segreta, lo congedarono, per cui citò innanzi a mons. luogotenente civile del vicariato a sentire — *che venga dichiarata di niun effetto, e come non avvenuta la risoluzione della congregazione segreta 4 luglio 1839, e venga reintegrato l'istante nel pieno esercizio della procura legale con gli stessi pesi ed emolumenti come li percepiva il suo coadiuto curiale Luigi De Rossi, e li ha percepiti egli stesso nell'anno 1838 e 1839, al quale effetto venga condannata la citata al pagamento dell'onorario nella somma di sc. 36 all'anno inclusivamente alle regalie principiando dall'anno 1840 all'emenda di tutti i danni ecc. sin minus sia condannata l'archiconfraternita di prestare all'istante il quanti interest, per non esercitare la procura, cioè a pagargli il detto onorario, ed una somma per titolo di perdita della rifazione delle spese.*

Ecco la sentenza con cui venne ammessa l'istanza, e che, risguardando personalmente la classe, alla cui utilità é principalmente diretta questa effemeride, noi vogliamo interamente trascrivere.

„ Considerando che il curiale Giuseppe Serafini con risoluzione della congregazione segreta del giorno 26 agosto 1824 fu legittimamente ammesso e nominato per sollecitatore, e successore causidico alla procura legale dell'archiconfraternita.

„ Considerando che una tale nomina fu solennemente confermata da un decreto di visita emanato da mons. Cherubini nell'anno 1827 come in allora visitatore apostolico dell'archiconfr. nei seguenti termini „ Confermiamo il pre-
„ sente procuratore Giuseppe Serafini nella qualifica di sem-
„ plice coadiutore, conforme fu nominato col detto atto di

,, congregazione delli 26 agosto 1824 senza alcun fisso emo-
,, lumento , ma però colla futura successione alla procura
,, del procuratore ab. Luigi De Rossi. ,,

,, Considerando che, cessata la visita di mons. Cherubini,
i guardiani dell' archiconfr. li 31 marzo 1825 munirono
l'attore di una amplissima procura *ad lites* per pubblico
istromento colla qualifica di sollecitatore e coadiutore del
procuratore dell' archiconfraternita.

,, Considerando che consta dagli atti dell'A. C. a noi ori-
ginalmente esibiti, che l'attore dal mese di gennaro 1825 incominciò ad agire per l' archiconfr. e fece molti giudizi , e
così continuò sempre senza interruzione per tredici anni
continui nella qualifica di coadiutore *senza veruno emolumento* , lo che resta altresì provato dalla testimonianza che
ne hanno fatto tre onoratissimi curiali ruotali, per avere
bene osservato i registri degli atti, e le posizioni tutte delle
cause dell' archiconfr. da esso difese durante la detta epoca,
e che l' attore quasi esclusivamente trattasse tutti gli affari
giudiziali e stragiudiziali dell' archiconfrat. durante la coadiutoria esercitata dall' attore quasi sempre è stata in lite col
suo procuratore l' abate Luigi De Rossi, come provano le
due .soprannunciate sentenze di reintegrazione.

,, Considerando altresì che consta della diligenza ed attenzione usata dall' attore nel trattare gli affari dell' archiconfr. non meno dall' attestato onorifico che glie ne ha rilasciato il notaro e segretario dell' archiconfr. che dal fatto dei
guardiani della medesima nell' accordargli delle gratificazioni,
quali certamente non ottiene un procuratore da un luogo pio,
se non in compenso di fatiche straordinarie , e di somma
diligenza usata nel disimpegno degli affari. Di fatti è espresso
nel mentovato attestato — *che la maggior parte degli affari
legali si davano al procuratore Serafini, ed esso li disimpegnava
sollecitamente , e sempre con utilità del detto luogo pio.*

,, Considerando che da tali fatti ne risulta in diritto
che la procura dell' attore non fu · una procura semplice

e gratuita, nel qual caso nessuno può essere obbligato a mantenerla in perpetuo, dappoichè egli non fu costituito immediatamente col suo onorario, ma bensì fu nominato coadiutore con la successione alla procura, senza che, durante la coadiutoria, avesse avuto diritto a percepire verun onorario: per cui una tal procura onerosa correspettiva, accordata in premio delle fatiche da esso sostenute, *assume la natura di un vero e reale contratto innominato* obbligatorio da una parte e dall'altra, come appunto ogni altro contratto correspettivo: la quale dottrina si trova stabilita in ispecie dall'autorità del Ruin. *cons.* 115 *num.* 15 *e* 16, dal Golino *de procuratoribus par.* 3 *cas.* 5, Rolan a Valle *cons.* 6 *num.* 55, *e dall'*Ossualo Hilliger. *ad Donell. cap.* 17 *vol.* 368 *num.* 11 di modo che l'attore, se voleva conseguire la procura, era obbligato a prestare la sua opera per la difesa delle cause dell'archiconfr. finchè fosse vivuto il suo coadiuto *senza verun onorario*, ma, adempintasi da esso in tal modo la convenzione, allorchè fosse venuto il tempo del promesso premio stante la morte del suo coadiuto, la confraternita non se ne poteva esimere colla revoca della procura stessa, bensì era *obbligata* ad accordargliela e mantenergliela irrevocabilmente, altrimenti a prestargli il *tantumdem* dell'utile che gli avrebbe dato l'esercizio della procura durante la sua vita, siccome apertamente insegna il testo nella *l. stipulationes non dividuntur* 72 §·*Celsus ff de verb. obligat.*, e nella *l. si fundum* 114 *ff eod.*, il Molin *de justitia et jure tract.* 2 *de contract. disput.* 258 *num.* 3, il Gomez *nel suo comment. tom.* 2 *cap.* 8 *de contr. innom. num.* 2, Polis. *tom.* 4 *de verb. oblig. quaest.* 9 *dissert.* 7 *num.* 32, card. De Luca *disc.* 3 *num.* 20 *de locat. et conduct.*: nè altrimenti la s. ruota in ispecie nella *decis.* 292 *tom.* 4 *nuperrim. per totam.*

„ Considerando che, defonto sulla fine dell'anno 1837 il De Rossi coadiuto dell'attore, stando l'archiconfr. sotto la visita particolare di mons. Augustoni di b. m., e per essere aperta la visita generale straordinaria, di cui in allora il card. Odescalchi; come vicario di S. S. n'era il presidente, questi sul fondamento delle sopra esposte ragioni alla supplica dell'attore per conseguire la procura fece il rescritto — *l'oratore espone il vero: egli è il procuratore, e per tale deve essere riconosciuto con gli stessi emolumenti.* — *C. card. Odescalchi visitatore apostolico.*

„ Considerando che un tale rescritto, mentre dimostra la piena cognizione e verità dei fatti che conteneva la supplica, ove in ispecie l'attore aveva esposto che esso non ad altro fine aveva sostenuto le fatiche della sua coadiutoria per *tredici anni continui*, se non che per conseguire la procura essendo stato emanato dal card. vicario come in allora presidente della s. visita straordinaria, si deve ritenere della stessa autorità ed efficacia, come fosse stato emanato e firmato dalla stessa Santità sua.

„ Che quindi forse in niun caso era in facoltà dei guardiani dell'archiconfraternita di rimuovere l'attore dalla sua procura sussistendo un tal rescritto che può dirsi sovrano : ma poi è fuor di dubbio che, senza una giusta e legittima causa, giammai l'archiconfrat. l'avrebbe potuto dimettere.

„ La qual ragione tanto più milita a favore del procuratore di un luogo pio cui in ispecie è vietato di denigrare la reputazione de' suoi addetti con un capriccioso congedo, massima che oltre all'essere conforme alla retta ragione, ed al sentimento dei dottori a forma del testo nella *l. si cum fundum ff de pact. dell' auth. nisi velociter tit.* 2 *de defensor. civit. cap.* 2 *collat.* 3, il Cujacio *nel tit.* 1 *de syndic. lib.* 3 *cod. tit.* 9 *edit. mutin. vol.* 5 *tit.* 3, ed il Ferrari *nella biblioth. jurid. verb. procurator tit.* 9 *num.* 31 33, Spada *consil.* 161 *num.* 5 *lib.* 3 la troviamo abbracciata e canonizzata nella identifica specie delle regiudicate emanate dai sopra lodati due giudici della s. visita a favore del De Rossi, e quindi in oggi da sua ecc. rev. mons. uditore della camera, e dall'emo e rmo sig. card. vicario in grado di appello a favore del curiale Giuseppe Ceccarelli surrogato all'attore medesimo, e dopo pochi mesi dimesso anch'esso dalla procura, ed anche adottata dal secondo turno della congregazione civile dell'A. C. a favore del curiale Capocci-Egizi.

„ Considerando che ninna giusta cansa si è addotta dall'archiconfraternita contro l'attore, che anzi si trova espresso nella difesa dell'archiconfr. — *Il Serafini non è stato ringraziato per un motivo che alteri punto la sua riputazione, ma per mera volontà del mandante, servendosi del suo diritto di revocare una procura di sua natura revocabile ad nutum*, e che non vi fosse veruna giusta causa di dimettere l'attore, oltre che la sua ereditaria ed intatta riputazione lo fa presumere, ne convince il fatto dell'archiconfr. mentre, se vi fosse stata una legittima causa, certamente che non avrebbe omesso di dedurla nel presente giudizio, invece che andare mendicando tante eccezioni illegali e di niun valore.

„ Nè avrebbe convenuto col Ceccarelli che avesse dovuto egli sostenere tutto il peso della lite che si sarebbe promossa dall'attore in seguito della sua dimissione, e che avesse dovuto esercitare la procura senza verun onorario finchè l'archiconfr. non fosse stata affatto esonerata dal dover pagare l'onorario all'attore medesimo. E finalmente non avrebbe promossa la lite contro l'attore per far dichiarare buona e valida la sua offerta reale con cui pretendeva compensare e tacitare ogni sua obbligazione verso l'attore medesimo.

„ Considerando che inutilmente non si è cessato mai di ripetere dall'archiconfr. che dee essere in libertà del mandante la revoca della procura, allegando che, come il procuratore si può ritirare a suo beneplacito, così il costituente la può revocare quando gli piaccia, dappoichè, come vedemmo, una simile teoria non è adattabile al caso, ove non si tratta di una procura delle ordinarie revocabili a piacere del costituente, ma bensì di una procura che ha assunto la qualità di un contratto correspettivo per cui, adempiutosi il patto da una parte, non è in facoltà dell'altra di recedere dal contratto, ma deve ancora essa adempirsi sotto pena di prostare all'altra il *quanti interest* dell'utile che ha perduto, e perderebbe in appresso pel patto non adempiuto.

„ Considerando non essere ne anche valutabile l'altra eccezione desunta dalla particola dell'antico statuto dell'archiconfr. che le dà la facoltà di *levare dal servizio della casa qualsivoglia sorte di deputati ministri provvisionali, e religiosi con degni rispetti* : dappoichè sempre dee intendersi non a capriccio, ma ragionevolmente, cioè sussistendo una giusta causa, perciò indarno fu opposto lo stesso statuto contro i sopraenunciati procuratori, i quali, non ostante lo statuto per essere stati dimessi senza una giusta causa, vinsero la lite e furono reintegrati nella procura

„ Che assurdissima si scorgeva quell'altra eccezione, che la promessa alla futura successione non fosse il correspettivo principale della coadiutoria, ma bensì un patto secondario, e d'incoraggimento, pretendendo che la coadiutoria dovesse essere compensata con le gratificazioni e con la rifazione delle spese dai soccombenti, quando all'opposto da tutti gli atti, ed in ispecie dal decreto del visitatore apostolico mons. Cherubini risulta che per la coadiutoria il compenso unico promesso all'attore fosse la successione della procura alla mancanza del suo coadiuto. Difatti le poche gratificazioni da esso ricevute, non furono al certo contemplate nella sua installazione, ma bensì negli ultimi anni gli furono date in compenso di sue fatiche straordinarie coll'espressione *da non passare in esempio*, onde non v'acquistasse mai verun diritto a conseguirle in appresso. Lo stesso quindi dee dirsi delle rifazioni, nelle quali d'altronde è da rimarcarsi essere stato dimostrato che nella procura dell'arch. R. C. sono tenuissime e difficilissime a potersi conseguire dai soccombenti, come accadde al Ceccarelli, che non ostante le molte cause che ne' nove mesi che esercitò la procura, sostenne per l'archiconfrat. non potè conseguire dai soccombenti che soli due scudi di rifazione.

„ Considerando in fine non essere d'ascoltarsi l'ultima eccezione che si dava dall'archiconfr. desunta dall'aver conseguito l'attore, la procura alla morte del suo coadiuto, quasi che per averla esercitata diciotto mesi, quindici dei quali sotto la visita di mons. Augustoni, e soli tre mesi dopo il ritorno del Guardiami dal quale fu dimesso potesse dirsi di avere ottenuto quel compenso che gli era stato promesso col patto assoluto della successione alla procura, la quale eccezione pare sia anche offensiva a fronte delle ragioni dell'attore che prova di avere esercitato la coadiutoria per tredici anni continui; quando altresì per la *consuetudine* in simili casi allorchè si dà la coadiutoria colla promessa della successione, s'intende che, terminata la coadiutoria, alla mancanza del coadiuto si debba ottenere la successione all'impiego non già per pochi mesi, o per pochi anni, ma bensì a vita, se pure una legittima e giusta causa non ne obblighi alla rimozione.

„ Considerato tutt'altro ecc.

„ Invocato il nome Ssmo di Dio — Noi Niccola Ferrarelli arcivescovo di Mira, luogotenente civile del vicariato, giudicando definitivamente in primo grado di giurisdizione dichiariamo di niun effetto la risoluzione della congregazione segreta dell'archiconfr. dei 2 luglio 1839 e prefiggiamo alla medesima il termine di un mese a reintegrare il Serafini nell'esercizio della procura legale con la condanna al pagamento di tutti gli onorari in tutto a forma dell'istanza, scorso il qual termine senza effetto ammettiamo l'istanza medesima nella seconda parte, condanniamo l'archiconfrat. a pagare al Serafini l'onorario in sc. 36 all'anno, principiando dall'anno 1840 sua vita naturale durante, e nell'uno, e nell'altro caso all'emenda de' danni per la perdita delle rifazioni nella somma da liquidarsi, ed alle spese parimente da liquidarsi.

Giudicato a Roma nell' udienza del giorno 9 gennaro 1843
e redatta questo dì 31 gennaro anno suddetto.

Niccola Ferrarelli arciv. di Mira luogotenente.

Angelo Monti notaro e cancelliere.

Carlo Seganti sostituto.

*passata in regiudicata per accettazione della confraternita,
con la reintegrazione del sig. dott. Seràfini* (1).

SENTENZA ORDINATORIA . APPELLO

LVIII. *La sentenza con cui si dichiara che allo stato degli
atti non è luogo a procedere, non è sentenza ordinatoria,
ed è perciò suscettiva d' appello.*

(*Discuss. sul* § 604 *del reg. giud.*)

Pucci c. Sgargiali

In una causa sul pagamento del prezzo d' un fondo,
pendente ad Orvieto tra Pucci e Sgargiali, il tribunale, a
motivo d' una transazione avvenuta tra il venditore ed il
compratore, a dì 20 giugno 1842 pronunciò la seguente
sentenza. ,, Il tribunale ha dichiarato e dichiara che, allo
,, stato delle cose, non è luogo a procedere nè in quanto al
,, mèrito, nè per le spese, salvo però il diritto ad ambe le
,, parti di riproporre la causa sia per l' uno, sia per l' altro
,, fine ed effetto, se e come di ragione ,,. A dì 11 marzo 1843
sentenza che riconobbe la nullità della transazione: a dì
17 giugno 1843 riassunzione del giudizio sul pagamento del
prezzo, a dì 23 detto appello in ruota per parte dello Sgargiali dal giudicato dei 20 giugno 1842. Istanza del Pucci per
far dichiarare non essere luogo ad appellazione.

---

(1) È esemplare in questa specie di controversie dei diritti dei
coadiutori nelle procure legali, la decisione di Ruota *Romana coa-
diutoriae et transactionis super exequutione resolutionum generalis
adunantiae* 14 gennaio 1788 *cor. de Bayane.*

Si dicea che pel § 983 — *le sentenze che risguardano la semplice ordinazione del processo non sono appellabili che unitamente alla sentenza che decide il merito della causa*, e che di tal qualità fu la sentenza con cui il tribunale d'Orvieto decretò si soprasiedesse nel giudizio del prezzo durante il giudizio sulla nullità della concordia : che in fatti quel giudicato alle parti non arrecò nessun nocumento, e, risguardando unicamente all'ordine delle cognizioni, lasciò in di loro facoltà *di riproporre la causa quando, se, e come sarà di ragione* — Che quand'anche la sentenza non si avesse a tenere come ordinatoria, si dovesse almeno riputare come incidentale, e siccome dalle sentenze incidentali, pel disposto nel § 986, l'appello può interporsi *finché la esecuzione della sentenza non sia incominciata*, non potesse in quella interporsi dopo l'esecuzione avvenuta col riassumersi del giudizio sul pagamento del prezzo.

Il difensore dell'appellante dicea che sentenze ordinatorie sono quelle soltanto che dichiarano la contumacia, che mandano in ruota una causa, che prescrivono la produzione d'un documento, o contengono disposizioni altre simili unicamente dirette alla istruzione del processo, tutte le altre sono interlocutorie o definitive, e che interlocutoria avente forza di definitiva è quella con cui vien decretato doversi o non doversi procedere in un giudizio. In fatti questa è la definizione del Ridolfino che nella prassi *p.* 1 *cap.* 13 *num.* 303 dice — *Interlocutoriae inferentes gravamen irreparabile sunt primo pronunciationes de respondendo libello, vel de procedendo, vel non procedendo super eo* (1), e ciò quand'anche il giudice lo abbia dichiarato lecitamente (2) : che l'avere domandato

***

(1) Scaccia *de appell. quaest.* 18 *limit.* 97 *membr.* 1 *num.* 90, e *num.* 108, e lo stesso autore nel trattato de *sententiis gloss.* 14 *num.* 23.

(2) Lo stesso *de appell. nella sud. quest.* 17 *limit.* 47 *membr.* 1 *num.* 46.

il prezzo dal fondo pria che la transazione fosse annullata,
fu lo stesso che domandarlo pria che giungesse il dì del
pagamento, lo che fu esercitare un azione prima del tempo (3),
per cui il tribunale di Orvieto avrebbe dovuto condannare il
Pucci alle spese: quindi il gravame, e la ragione dell' appello.

Il sacro uditorio rescrisse — *servetur appellatio in su-
spensivo*.

Ruota del dì 15 aprile 1844 — *Urbevetana pecuniaria
super moderatione appellationis* R. P. D. Muzzarelli; dif. per
Pucci sig. avv. Alonso, proc. sig. dott. Bacchi (Gius.) proc.
di coll.; per *Scarziali* sig. dott. Brunetti.

TESTIMONI · AVVERSO · NUOVO · ESAME.

LVIII. *Fatto l'esame dei testimoni in prima istanza, e chiuso
il processo, non è permesso di procedere a nuovo esame,
nè in quel grado d'istanza, nè in altro.*

*E ciò quand' anche i tribunali di grado ulteriore abbiano or-
dinato di coadiuvare le prove.*

(*Discuss. sul* § 672 *del reg. giud.*)

Bortolotti c. Mari

Il § 672 del regolamento giudiziario dice che — è vietato al tribunale di permettere l'esame di altri testimoni dopo
chiuso il processo. Questo divieto ha luogo pure nel caso in cui
debba procedersi a nuovo esame, atteso l'annullamento del primo.
Siccome però tal luogo di legge espressamente non parla del
caso in cui si richiegga un nuovo esame in grado d'appello,
così in una causa *Ferrarien. compascui* tra Bortolotti e Mari
portata alla sacra ruota in terzo grado, e nella quale il tribunale di Ferrara avea in primo grado interrogati i testimoni,
il procuratore di Roma avventurò una notificazione d'articoli per esaminare nuovi testimoni, i nomi dei quali indicava:

---

(3) *Instit. de except.* § 10.

consigliato a ciò anche da un precedente rescritto ruotale, che gli avea imposto di *coadiuvare le prove*. Ma per parte del Bortolotti si reputò opportuno di mandare un istanza incidente nella quale si disse — *attento quod non est amplius locus examini aliorum testium post jam clausum processum, declarari non esse, nec fuisse locum praetensae transmissioni articulorum.*

In sostegno dell'istanza si richiamò a memoria il disposto della *nov.* 90 *cap.* 9 § 1, e nel *cap. fraternitatis de testibus et attest.* in 6, nei quali è disposto che — *post publicata dicta testium, et didicita testificata,* non è dato di esaminare i già esaminati, nè altri testimoni (1), e che diversamente non dice il regolamento giudiziario, quando dice *che è vietato al tribunale di permettere l'esame d'altri testimoni dopo chiuso il processo*, e lo dice anche all'effetto che non si possano ammettere altri testimoni, neppure nel caso *in cui debba procedersi a nuovo esame*, atteso l'annullamento del primo, giacchè secondo il Reiffenstuel alla *clem.* 2 *de testibus — postquam pars didicit testificata, subest periculum subornationis testium, seu ne pars quae testes produxit eos subornet instruat, ut aliquid addant vel demant suae depositioni.*

Per la parte del Mari si rispondeva che — *testes examinati in una inspinita ad unum finem, non impediunt examinationem fieri ad alia ad alium finem* (2), e che siccome è nell'officio del giudice il ricercare per tutte le vie la verità, non si dovessero angustiare le prove, e togliere i mezzi atti a produrle, molto meno dopo il rescritto *coadiuventur probationes*, con cui il tribunale dette a conoscere non essere alla sua convinzione bastante il risultato del primo esame di testimoni.

_____

(1) Reiffenstuel *lib. 2 decret. tit.* 20 *de testibus* § 13. — De voti *instit. canon. de probat.* § 19. — Rota cor. Patrizi *decis.* 85, *num.* 1 2.

(2) Dauvyz *summ. jur. civ. verb. testes* § 7.

Il sacro uditorio ammise l'istanza incidente colla formola — *ad d. ponentem juxta petita.*

Ruota del dì 10 giugno 1844 — Ferrarien. super praetenso novo examine testium R. P. D. De Avellà *dif. per Bortolotti* B. Belli ; *per Marí* sig. avv. Teoli, *proc.* sig. dott. De Romanis.

SOCIETA' . CERTEZZA DI LUCRO . PARTECIPAZIONE

LIX. Siccome il socio del socio non è socio della società, ma di colui che le ammette in partecipazione, così non è necessario che la di lui ammissione sia contemporanea al contratto della società principale. Il quoziente dei fondi dal socio fatto partecipe deve esser versato nelle mani di colui che lo ammette, non nella cassa della società.

In una società in partecipazione non è feneratizio lo stipularsi in luogo dei lucri incerti un annua prestazione certa, purché però non sia convenuta la salvezza del capitale, e resti a favore del socio assicurante la probabilità di ritrarre dalla quota ceduta un lucro maggiore di quello, che è stato assicurato.

Marignoli c. Benucci

Benucci nell'anno 1831 entrò con Torlonia e Pizzardi nella società dei sali e tabacchi, e per sopperire alla sua quota di fondi, che era di sc. 130000, raccolse danaro per via di cambiali: alla scadenza alienò qualche parte delle sue voci, e, tra gli altri contratti che fece, tre successivi ne concluse con Marignoli negli anni 1833, 1834, e 1835 ritraendo da lui scudi ventimila, ed ammettendolo in società per un centesimo e un quarto, con dichiarazione che tale danaro andava a sollievo dell'anticipazione data alla cassa sociale per l'andamento dell'impresa, e per l'impronto fatto al governo nello stipolare l'appalto, che inoltre il danaro si sarebbe al Marignoli renduto in 21 rate semestrali, e che, ad evitare conteggi per la liquidazione degli utili, il Benucci gli avrebbe

corrisposto in ognuno del 21 semestri scudi 1875, senza che
questi aver dovesse niuna ingerenza nell'impresa, che in
fine, ove venisse a mancare per fatto del governo il contratto
d'amministrazione cointeressata, dovesse cessare la percezione
degli utili pel tempo non consumato. Una tale promessa fu
per qualche anno dal Benucci attenuta, ma, avendo più tardi
ricusato il pagamento, fu dal Marignoli convenuto in giudizio
innanzi al secondo turno del tribunale dell'A. C., ed a vicenda il Benucci, che fino a quell'ora avea pagati per frutti
sc. 19119, citò il Marignoli a veder dichiarare nulli, e feneratizi i contratti, per tale effetto ordinare l'imputazione del
pagato nella sorte di sc. 20000, e vedersi costretto di ricevere a saldo sc. 881. Rigettata la dimanda di pagamento, a
dì 11 maggio 1841 fu ammessa la pretesa del Benucci col
seguente giudicato.

,, Considerando, che i biglietti di sopra enunciati indi-
cano abbastanza, che la vera intenzione del Marignoli era
quella di assicurare un frutto certo del suo denaro, che
andava ad imprestare al Benucci.

,, Considerando, che tale intenzione si vede posta in
esecuzione nei contratti in disputa, i quali non presentano
che un mutuo con usure, mentre Marignoli dava al Benucci
la somma di scudi ventimila, e questi si obbligava a resti-
tuirgliela; sborso, e restituzione, che costituiscono il mutuo. E la promessa aggiunta dal Benucci di pagare altre
vistose somme, conteneva i frutti del mutuo dalla legge vietati.

,, Considerando, che sebbene a palliare tali usure si
dicesse nella enunciativa, e non già nella dispositiva di ciascuno di quei contratti, che il Benucci cedeva al Marignoli
una quota della sua interessenza nella impresa de' sali, e tabacchi, tali cessioni per altro non furono che un'apparenza,
con cui si volle colorare il mutuo, sia perchè di tale cessione non si parlò più nella dispositiva dei contratti stessi,
sia perchè non può concepirsi una vera cessione quando
manca il prezzo della cosa ceduta, nè il prezzo stava nello

sborso dei scudi 20000, poichè questi non dovevano rimanere presso il cedente, ma dovevano intieramente restituirsi
al cessionario, dimodochè venivano semplicemente prestati.

„ Considerando, che se volesse ritenersi come prezzo
della cessione lo stesso imprestito dei scudi 20000, allora
converrebbe ammettere, che tale cessione fosse fatta a sola
contemplazione del mutuo, e quindi nella cessione stessa,
ossia nel compendio della medesima, avrebbesi una usura,
ed un usura smoderata. Ed invero la impresa de' sali, e tabacchi, all' epoca de' contratti in discorso, non era per gli
appaltatori una cosa di dubbio evento, ma di un utile certo,
e cospicuo, come dallo stesso Marignoli si confessa. In tale
stato di cose il cedere al Marignoli una parte dell' interessenza sociale in quella impresa, ossia l' ammetterlo in società, non era, come accade in altre imprese, l' esporlo
all' incertezza di un guadagno, o di una perdita, nel qual
caso l' ammissione in società ha un correspettivo nella stessa
incertezza de' futuri eventi. Era invece un renderlo partecipe di un lucro certo, ed abbondantissimo, il che non ve-
dendosi fatto, che a solo intuito del prestito, una tale supposta ammissione in società si risolve nella retribuzione di
una usura straboccevole.

„ Considerando, qualora si volesse prescindere da queste
ragioni, e supponendo, che a quell' epoca la impresa de' sali,
e tabacchi potesse presentare un' alea, si volessero i suddetti
contratti riguardare sotto l' aspetto d' interessenza sociale,
in tale ipotesi conterrebbero il vizio di società a capo salvo;
vizio solennemente condannato per la pravità usuraria, che
racchiude, dal sommo pontefice Sisto V nella notissima costituzione, che comincia — *detestabilis*. Ed in vero promise
in essi il Benucci la restituzione delle somme ricevute dal
Marignoli, e la promise assolutamente, e senza riguardo
alcuno alle vicende della impresa; promise inoltre di pagare
a titolo di utili, ed interessi in ogni semestre una somma
certa sino al termine dell' appalto, maggiori o minori che

fossero quelli corrispondenti ad un centesimo, ed un quarto. È chiaro quindi, che niun pericolo dal Marignoli si correva nella pretesa cessione di una quota del negozio sociale, che il suo capitale di scudi 20000 rimaneva sempre salvo.

„ Considerando, che invano ad escludere questo vizio di capo salvo si obiettava contro la lettera dei contratti, che la obbligazione di restituire la sorte, abbenchè pura, e semplice, ed indistinta, debba intendersi alligata alla condizione, che la sorte stessa non sia perita per le vicende della società, ogni volta che i contraenti non abbiano dichiarato di volere, che anche in questo caso abbia luogo la restituzione del capitale. Siffatta obiezione cadeva da per se stessa, dappoichè essendosi nei contratti stabilito, che gli scudi 20000 dati dal Marignoli dovessero nella identica somma restituirsi dal Benucci, e che nel solo caso, in cui venisse per fatto del governo a mancare l'appalto, dovesse cessare la percezione degli utili in favore del Marignoli, si era per tal guisa con marcati termini significato, che anche in caso di sinistro evento, non doveva egli soggiacere alla perdita del capitale, ma a quella soltanto degli utili.

„ Considerando, che niente osta la eccezione, che col danaro, che dal Marignoli ebbe il Benucci, trovò questi un sollievo dell'anticipazione fornita alla cassa sociale per l'andamento della impresa, e così potè conseguire i lucri, che ne sono derivati, poichè non sussiste in fatto, che Marignoli, il quale somministrò i scudi 20000 negli anni 1833, 1834, e 1835, desse alcun sollievo all'anticipazione già data dagli appaltatori al governo fin dall'anno 1831, in cui ebbe principio il contratto di appalto. Oltre di che è certo in diritto, che i vantaggi, che col mezzo del danaro ricevuto si procura il mutuatario, non danno titolo al mutuante per esigere da esso alcun compenso, il quale può essergli lecitamente dovuto allora soltanto, che egli stesso, il mutuante, giustifichi nei modi prescritti dalla legge il danno sofferto, o il guadagno perduto a cagione del prestito.

„ Considerando, che niun peso può darsi all' altra obiezzione, che i contratti in quistione siano della stessa natura di quello avvenuto fra il governo, e 'gli appaltatori, onde come questi godono i vantaggi derivati dal contratto col governo, così non possa oggi contrastare il Benucci quelli, che reclama il Marignoli in forza dei contratti in quistione. Non sussiste in primo luogo la parità dei contratti, subitochè nel contratto fatto col governo, non fu convenuto che il solo frutto del cinque per cento sul mezzo milione improntato, ed, in quanto agli utili, niuna somma convennero a di loro favore gli appaltatori, ma dovevano risultare dalla eventualità della impresa, cosa, che dal Marignoli si volle invece stabilita con pattuire gli utili certi, ed in una somma determinata. D' altronde poi la supposta parità, ancorchè sussistesse, nulla rileverebbe, imperocchè se anche in un contratto vi fosse un difetto, non perciò è autorizzato un terzo a fare altro contratto ingiusto a carico di chi risente i vantaggi del primo.

„ Considerando adunque, che i contratti in quistione contengono in verità un mutuo abbenchè ricoperto sotto altro nome, ed apparenza, e che le somme ivi promesse a titolo di utili, ed interessi, in realtà non sono che illecite usure, spontanea ne discende la conseguenza, che tuttociò, che si è finora pagato dal Benucci in forza dei suddetti contratti, debba essere imputato in causa di sorte, cosicchè ammontando i fatti pagamenti a scudi 19119, come non si è controverso, non resta il Benucci debitore, che di soli scudi 881 a compimento dei ricevuti sc. 20000.

„ Considerato tutt'altro da considerarsi; inerendo ai dubbi esternati nell'udienza di ruolo dei 2 marzo ultimo, il tribunale, pronunciando definitivamente in primo grado di giurisdizione, dichiara doversi imputare i pagamenti fatti dal Benucci in diminuzione della sorte di scudi ventimila, con la condanna del Marignoli nelle spese, e delega il consigliere signor avvocato Pales. „

Appello in ruota per parte del Marignoli colla formola — *an constet de simulatione ac foeneratitia qualitate contractuum, itaut sit locus imputationi in casu ecc.*, che a dì 17 giugno 1842, ponente mons. De Retz, fu risoluta col rescritto *negative in omnibus*, confermato a dì 5 dicembre del medesimo anno. Spedita la sentenza ruotale, appello del Benucci ad altro turno.

Abbiamo detto che tre furono i contratti avvenuti tra il Marignoli e il Benucci, ed ora aggiungiamo che quello del 1825 fu per scudi diecimila, coi quali il Marignoli acquistò mezzo centesimo, quello del 34 di scudi quattromila, coi quali comperò un quarto di centesimo, quello finalmente del 1835 con cui gli venne ceduto altro mezzo centesimo per lo prezzo d'altri scudi diecimila. Ora i difensori del Benucci, riservandosi a parlare più tardi del primo contratto, narravano in quanto al secondo che nel medesimo giorno in cui appariva l'acquisto della suddetta frazione per quattromila, il Marignoli rilasciava al Benucci due quietanze una di sc. 2071 : 42 per frutti, utili, e sorte di un anno dal 1 luglio 1833 a tutto giugno 1834, ed un altra di scudi 1035 : 71 frutti del posteriore semestre a tutto dicembre, e, riconoscendo impossibile che il Benucci in un medesimo giorno, contraendo con una stessa persona, pagasse, e prendesse danaro da essa, diceano che dunque il Marignoli per quei quattromila altro non dette che sc. 892 : 87 facendo la somma coi frutti che simulatamente, ma non realmente si dissero da lui ricevuti — che non fu vera la immissione di quella somma nella cassa sociale in sollievo dell'anticipazione pagata al governo, e che accadde altrettanto quando si fu all'acquisto dell'altro mezzo centesimo nel prezzo del quale, che fu di sc. 10000, vennero imputati sc. 1035 : 71 utili, e sorte di un semestre dal 11 gennaio 1835 a tutto giugno pel contratto dell'anno 1835, ed altri sc. 1148 : 44 col medesimo titolo 1 luglio 1834 a tutto giugno 1835 pel contratto dell'anno 1834 con ricevute portanti apparentemente

la data del 1 luglio, ma sicuramente coeve all'apoca del
terzo contratto che fu del 28 aprile, e perchè nel di 1 luglio il Benucci trovavasi in Napoli, e perchè in esse non
si dicea che il pagamento fosse seguito per mezzo d'interposta persona, e perchè finalmente la carta, il carattere,
l'inchiostro erano perfettamente simili all'apoca del dì 28
aprile. Per tali argomenti tacciarono la convenzione seconda e terza come ciavanzi, con infezione d'anatocismo, e
d'anatocismo di frutti non ancora maturi, perchè ai 28 di
aprile i frutti di giugno 1835 non erano ancora scaduti — Che
inoltre fu simulato nel primo contratto lo sborso di scudi
seimila, e ciò per un biglietto del Marignoli in cui diceva
al Benucci di voler assicurato il 17 per cento, e che in caso
diverso se ne depouesse il pensiero, richiedendo che in caso
affermativo gli si dicesse dove, e quando dovesse depositare
il compimento degli sc. 6000, e faceva osservare che se il
Marignoli parlò anche in quel caso di compimento, cioè
di *residuo*, tale residuo fu appunto la giunta che fu fatta al
credito dei frutti decorsi i quali per conseguenza formarono
la massima parte dei seimila scudi. Dopo i quali argomenti,
fondati sopra illazioni e sospetti, si dava a sostenere che,
data anche la realtà delle tre sovvenzioni, non per questo
i contratti furono meno reprobi, e feneratizi.

Ripetevano la regola che in fatto d'usure si debbono
anche apprezzare le presunzioni, e gli indizi (1) — Diceano
inverisimile che in quegli anni di calma politica, renduta
sicura la continuazione dell'appalto sali e tabacchi, e conosciuta l'impresa largamente proficua, volesse il Benucci accordare al Marignoli un lucro di sc. 34500 senza una obbligazione precedente per danaro mutuato a grandi usure,
come appariva da un altro biglietto in cui il Marignoli avea

(1) *Ferrarien. nullitatis contractus* 12 decembr. 1828 § 2 cor.
De Cursiis. - *Romana seu Liburnen. pertinentiae cambialium* 16 gennaro 1819 § 8 cor. Alberghini.

detto del diritto che avea, e delle difficoltà che non gli si do.
vessero fare, riflettendo a ciò che egli avea somministrato nel
precedente anno al Benucci — Che inoltre costui, promet_
tendo al Marignoli ciò che promise, gli assicurò lucro mag_
giore di quello che, stando in società avrebbe ottenuto,
giacchè (e lo dimostrava cogli annovali bilanci) mentre in un.
dici anni il centesimo avea prodotto a ciascuno dei soci
sc. 2951 : 50, al Marignoli furono dati sc. 33000, e ciò con
successivi contratti ad appalto inoltrato, e ad affare cono_
sciuto — che la simulazione, e la illecita usura ognora si
arguiscono quando è provato che il sovventore del danaro
volle pattuita la sicurezza del lucro (2) — che sebbene i
contratti di società con assicurazione di capitale e di frutti
possano alcuna volta, concorrendo la buona fede, essere salvi,
dal gran pontefice Benedetto XIV. furono chiariti come gene_
ralmente sospetti (3), e sempre reprobi, quando non trattasi
di lucro modico, la quale modicità fu definita dal tribunale
della ruota nella *Ferrarien. nullitatis contractus cor.* De Corsi
6 giugno 1828 § 7 colle parole — *ad contractum trinum va-*
lidum renunciandum opus est ut pars lucri, quae socio susci-
pienti periculum cedit, septies excedat annuam certamque quan-
titatem, quae lucri pariter nomine addicta est: e siccome i con_
trari aveano opposto che l'assicurazione del capitale non si
trovava nei contratti pattuita, replicavano che ben rimaneva
provata da quel biglietto in cui il Marignoli si espresse —
quando il sig. Benucci non vuole favorire Marignoli ed assi-
curargli quanto gli chiese, se ne deponga il pensiero, e dall'es_
sersi altresì pattuito che il capitale si dovesse rendere a
rate non dalla società, ma dal Benucci. Aveano detto che la
cessione del centesimo importava comunicazione anche del

---

(2) Spada *cons.* 296 § *et ex his.* - Rota *cor.* Millino *decis.* 201
num. 5 *tom.* 5 *part.* 5. - Nuperrim. *decis.* 116 *num.* 5 *tom.* 5 *part.* 1.

(3) *De synodo dioeces. lib.* 10 *cap.* 7 § 6. - Rota *nella Fer-*
rarien. pecuniaria 21 *februarii* 1825 § 8 *cor.* Bofondi.

danno che dalla società potesse risultare, e replicavano che
di queste non fu nessuna menzione nei patti, nei quali non
si parlò della società, ma del Benucci: aveano detto per
ultimo che se in quel contratto non si fosse voluto fare una
società, il Benucci avrebbe potuto trovare danaro a condizioni migliori, e replicavano che ciò non era facile, non
avendo il Benucci beni stabili da assoggettare ad ipoteca.

Il sig. avv. *Benedetti* scriveva pel Marignoli, e cominciava dal ricordare che papa Gregorio XIII., scrivendo al re
di Baviera ai 27 di maggio 1581 definì il mutuo palliato
per un contratto — *qui ad aliam speciem quam mutui cum
conventione lucri ex eodem mutuo accepti, et assecuratione sortis
et lucri reduci non potest* (4) — Quindi dicea che la natura
dei patti fatti tra il suo cliente e il Benucci corrispondeva
al carattere impresso loro con le parole, che furono cioè
cessioni d'interessenza nella società dei sali e tabacchi contro danaro che al socio Benucci era necessario per sostenere
gli impegni contratti coi principali suoi soci. E siccome
l'offesa dei difensori Benucci era, come abbiamo veduto,
principalmente sui biglietti mandati nel far dei contratti, si
dava a spiegarli, ed a pretendere che in essi non fossero
voci e frasi contrarie alla intelligenza d'una vera e reale
società subalterna tra loro, che è quanto dire ammissione
del Marignoli alle sorti dell'intrapresa che i soci col governo
conclu:ero nell'anno 1831: giacchè se in uno di essi il Marignoli diceva non volere dal Benucci epoca nessuna, ma
bastare per lui *tanti recapiti pagabili semestralmente tanto per
i frutti, che per la restituzione del capitale,* se diceva in un
altro di volere *il 17 per cento compreso utile e frutti,* il parlare di *ricapiti* non fu argomento di mutuo, come trai negozianti non lo è il satisfare in tal modo quote di benefici sociali anche futuri — che molto meno fu argomento di mutuo

---

(4) Togni *instruct. pro sacris eccles. ministris* - *Romae* 1842
p. 2 cap. 1 § 8.

il pattuire la restituzione della sorte, che si conviene nelle
società, nei censi, nei cambi, o molto ancor meno il porla
a semestre per conformarsi all'originario contratto in cui
fu pattuito che il governo a semestri avrebbe renduto la
somministrata pecunia : la quale consuonanza di patti, anzi
provò che il danaro non fu dato per mutuo. Dopo di che,
dicendo che la società in partecipazione, non ignota agli
antichi (5), è quella che un socio contrae con un terzo al
quale comunica il godimento della interessenza che egli
ha (6), e che un tale atto tra il cessionario ed il cedente
genera una società subalterna (7) alla quale basta il consenso, mentre l'immissione del danaro appartiene alla esecuzione, non alla perfezione del contratto (8), sosteneva che
se l'indole della principale società portava che i soci dovessero dare una somma *sia per l'andamento dell'impresa, sia
per l'impronto fatto al governo*, se il Marignoli per questo
titolo somministrò scudi ventimila, che eran tre volte più
della somma corrispondente alle frazioni acquistate, non fosse
facile intendere la ragione, per cui a quel contratto attri-
buir si volesse la natura di mutuo: e proseguiva così.

Si dice che il danaro sociale si dovesse versare nella
cassa della società, non in quella del socio: ed è vero
quando taluno è ammesso da tutti nella società generale :
ma non quando un socio, senza intesa dei soci, ammette taluno a partecipare della sua interessenza a contratto già cominciato, mentre, se Caio socio di Tizio per sc. 4000 ammette Sempronio, e riceve da lui sc. 1000 questi sono, al dire
dello Zanchio *duae societates: altera inter Cajum et Titium
principales socios super capitali scutorum 4000, et altera inter*

(5) *L.* 19 *e* 20 *ff pro socio.*

(6) Zanchio *de societate part.* 1 *cap.* 8 *num.* 15.

(7) Jorio *giurispr. del comm. tom.* 2 *parte* 1 *lib.* 4 *tit.* 22.

(8) Rota *nella Bononien. participationis* 25 *giugno* 1824 *cor.*
Tiberi *num.* 5.

Cajum et Sempronium ad societatem admissum pro scutis 1000, *ut videlicet Sempronius admissus ad portionem Caii scut.* 2000, *participet pro utilibus suae ratae scut.* 1000 *in societatem conlatorum* (9), altrimenti bisognerebbe dire che, fatta una società, fosse chiusa la porta, e nessuno potesse esservi ammesso, lo che è assurdo (10) — Non era impossibile che per volontà del governo, il contratto fosse rescisso, o che per altra ragione convertir si potesse in sostanza di danno l'apparenza di lucro, e la ruota lo disse in altri litigi che per tale intrapresa ebbe il Benucci (11): ma quand' anche i lucri fossero stati sicuri, qual ragione per dire che dunque il contratto fu un mutuo palliato, non una cessione d'interessenza sociale contro pecunia? qual'è la legge che vieta di chiamare taluno a partecipare come socio in un negozio lucroso? — Qui citava l'esempio della *Romana nullitatis contractum* 30 aprile 1804 cor. Resta, nella quale la ruota disse legittimo il dodici certo per cento che il Pediconi fabbricatore di carrozze avea promesso a Sieubert che entrava con lui in società, ponendo in cassa la somma di seimila scudi, come tanti anni prima l'aveva detto in una *Romana societatis* 4 luglio 1842 cor. Bussi — Trattava per ultimo dei patti con cui quella particolare società fu convenuta.

Dicea che un socio, abbandonando all'altro socio la probabilità d'un lucro maggiore, può stipularsi un lucro certo

---

(9) *De societate part.* 1 *cap.* 8 *num.* 13 e 28. - Rota *coram* Merlino *decis.* 319 *num.* 5. - *coram* Molines *decis.* 145 *num.* 5. - *nella Melevitana depredationis super* 1 *dubio* 16 *marzo* 1733 *cor.* Aldovraudi, *e nella Maceraten. contractus super praetensa restitut. in integr.* 11 *mai* 1781 *cor.* Origo.

(10) Rota *nella Romana societatis* 6 *luglio* 1821 *cor.* Spada § 5, *e nella confermatoria* 18 *giugno* 1824 *cor.* Corsi § 5.

(11) *Romana circumscr. et damnor.* 14 *aprilis* 1834 *cor.* Bofondi *num.* 7. - *Romana nullitatis seu rescissionis transactionis* 25 *junii* 1841 *cor.* De Retz.

senza taccia d'usura (12)., che per incorrere nella censura
della bolla sistina *detestabilis avaritiae*, d'uopo è che intervenga un trino contratto, cioè società, ed assicurazione così
di capitale, come di lucro, per cui la semplice assicurazione dell'uno o dell'altro non basta a rendere la convenzione feneratizia (13), oltredichè l'assicurazione deve essere
espressa, e deve espressamente comprendere qualunque danno
che nasca da un caso anche fortuito — Che nella specie fu
pattuita la cessazione dei lucri se per fatto del governo il
contratto fosse rescisso, e che inoltre non fu in quel contratto assicurazione di lucro, mentre se il centesimo e un
quarto ceduto al Marignoli formava parte delle due voci
nella società appartenente al Benucci, nella generale convenzione tra soci fu detto — *il bene ed il male, i vantaggi ed
i danni della intrapresa sociale saranno distribuiti ad egual
porzione fra soci in ragione delle respettive voci, ed azioni* :
che inoltre al dire del medesimo Zanchio — *pactum resti-
tuendi capitale societatis non est intelligendum pro assecuratione illius seu capitali salvo, sed pro eo capitali simpliciter
quod superfuisset, ita ut si nihil superfuisset, nihil esset resti-
tuendum* (14), per cui la condizione *se sia salvo*, in tali contratti sempre è sottintesa (15), a tal che nessuna clausula
quantunque effrenata non possa significare salvezza di sorte se
tale condizione non è espressamente dedotta in contratto (16).

---

(12) Carrozzi *della società di guadagno* cap. 7 § 7. - Rota
nella *Romana pecuniaria* 17 *febraio* 1805 *cor.* Resta, *nella Romana
nullitatis contractus* 30 *aprile* 1804 *cor.* *eod.* § 11, e *nella confermatoria* 1 *febbraio* 1805.

(13) S. Alfonso de Liguori *theol. moral. lib.* 3 *tract.* 5 *cap:* 3
dub. 14.

(14) *De societate parte* 3 *cap.* 5 *num.* 71.

(15) Rota *nella Romana. nullitatis contractuum* 4 *luglio* 1806
cor. Isoard, *e nella Romana societatis* 18 *giugno* 1824 *cor.* Corsi § 9.

(16) Rota *decis.* 101 *cor.* Molines *num.* 2.

Dicea finalmente che la doppia assicurazione del lucro e della sorte può farsi da un terzo (17), che può farsi anche trai soci *ex intervallo* (18) — che il cambio obliquo è ancor esso un contratto trino (19), e pur non è nullo, perchè il divieto risguarda il caso in cui la società non sia vera, ma simulata.

Il sacro uditorio ,, Considerando che per dire simulato un contratto è necessario allegare una causa, e provarla per mezzo di sicuri argomenti, e molto più quando si tratta di pravità usuraria, che, piena d'odio, non si presume finchè non venga evidentemente dimostrata.

,, Che avendo in primo luogo riguardo alla persona del Marignoli, egli è impossibile che, addetto abitualmente al commercio, ed in ispecie agli appalti fiscali, uomo probo, e non mai tradotto come usuraio, volesse fare un contratto fittizio, e che il Benucci in tanta ricchezza dell'affare che avea per le mani, potendo procurarsi danaro a modica usura, volesse prenderlo dal Marignoli a patto gravissimo, senza avere la volontà di vendere una quota della sua interessenza sociale.

,, Che il tenor dei contratti convince che si trattò di cedere, e respettivamente acquistare una quota di interessenza sociale, come lo provano le condizioni con cui furono fatti, coincidendo coi patti della società generale la restituzione della pecunia anticipata coi frutti, la esclusione dei soci venturi da ogni ingerenza nell'amministrazione della società, la distribuzione dei benefici in ragione d'interessenza, la cessazione di essi se per fatto di principe l'appalto mancasse: nè certo sarebbe stato omogeneo ad un mutuo il dire che i frutti cessar dovessero, cessato l'appalto.

---

(17) Leotard. *de usuris quaest.* 31 num. 13.

(18) Bonacina *opusc. moral. tom.* 2 *de contract. disput.* 3 *quest.* 3 *num.* 11. - Mastrofini *delle usure lib.* 3 *cap.* 4 *num.* 375.

(19) De Luca *de cambiis, in summa num.* 6.

„ Che le trattative precedenti il contratto dimostravano nel Benucci un cedente, nel Marignoli un cessionario di quota sociale, come apparisce dagli scritti medesimi del Marignoli, e come lo provano i fatti susseguenti, cioè l'osservanza, la dilazione dal Benucci domandata al Marignoli in iscritto di *aspettare per gli utili, e frutti a tutto dicembre*, dei quali *utili* non avrebbe parlato in un mutuo i cui proventi si chiamano *usure*: nè certo è da dire che un contratto usurario sia stipulato per la sola possibilità di poterlo nascondere sotto il pallio d'un contratto legittimo.

„ Che molto meno è da dire necessaria alla legittima stipulazione d'una società l'immissione del danaro nella cassa sociale, giacchè tale principio conviene alle società principali, non alle subalterne società in partecipazione, nelle quali anzi d'ordinario i soci vengouo ammessi a società già conclusa, ed a cassa formata: che se il socio partecipe nella cassa della generale società versar dovesse la quota, ciò basterebbe a convertirlo in socio principale, ed a perturbare le convenzioni della società generale.

„ Che se il Marignoli dette danaro quando già la utilità dell'impresa era nota, ed a tranquillità politica già ricuperata, non per questo è da dire che la società non fu società, ma mutuo palliato; ma piuttosto che il Marignoli stipulò col Benucci un buon contratto: nè certo è una legge la quale vieti ad un uomo chiamare un altro in società d'un negozio il cui lucro è immancabile. Oltre di che non è sicuro che il negozio fosse franco da ogni possibilità di discapito: giacchè, prescindendo dalla possibilità di turbamento politico, di rescissione per causa d'improvidità, potea bene accadere che si diminuissero i lucri o per l'incarimento dei tabacchi stranieri, o per impreviste vicissitudini commerciali.

„ Che molto ancor meno ripugna alla natura d'una società in partecipazione l'essersi stabilita una somma certa di frutti in luogo della eventuale, giacchè simili accordi trai mercadanti sono frequenti ed usitati, per non avere sospetti sulla fedeltà della amministrazione, ed alcuna volta per non aver la molestia dai conti sociali.

„ Che nelle società si richiede soltanto che il socio immetta la parte sua del danaro, se la società lo richiegga, come fu immessa dagli altri : e ciò neppure a pena di nullità, appartenendo l'immissione del danaro alla esecuzione, non alla perfezione del contratto : e se il Marignoli dette danaro al Benucci *in sollievo della anticipazione*, con ciò soddisfece all'obbligo che avea verso la società.

„ Che nella specie non fu nessuna assicurazione di lucro: ma quand'anche vi fosse, siccome essa non venne congiunta all'assicurazione del capitale il contratto non cadde sotto alla censura della sistina, la quale vuol per estremo di pravità usuraria l'assicurazione simultanea dei frutti, e del capitale.

„ Che in fine in tali materie è dottrina riceuta, allora solo essere illecito il contratto, quando all'assicurante non rimane nessuna probabilità di conseguire un lucro maggiore: e che il lucro conseguito dal Benucci sia stato maggiore, l'esito lo ha comprovato.

Rescrisse — *sententiam rotalem esse confirmandam.*

Ruota del dì 12 gennaio 1843 — Romana imputationis solutionum R. P. D. Alberghini, dif. per Benucci sigg. avv. Piacentini-Rinaldi e Venturoli, *proc.* sig. dott. Nardini — *per Marignoli* sigg. avv. Benedetti e Massani, *proc.* sig. dott. Ciampoli (Carlo).

12 gennaio 1844 — *in decisis cor.* De Silvestris (20). *accettata dal soccombente.*

---

(20) surrogato a mons. *Alberghini* pel cambiamento del turno prodotto dalla morte di mons. *De Retz* di ch. mem.

APPENDICE

Giurisprudenza estera commerciale, ed ipotecaria.

COMMERCIO – PROFESSIONI ESTRANEE AL COMMERCIO – NOTAJ

1. *L' esercizio d' una professione estranea al commercio non basta a far presumere che chi l' esercita non sia commerciante.*

L' abitudine di commerciare costituisce in tutte le posizioni sociali la qualità di commerciante.

Per cui il notaio, che fa abitualmente atti di commercio, può essere dichiarato commerciante, e perciò posto in istato di fallimento se cessa dai suoi pagamenti (1).

La qualità di commerciante si acquista per la natura commerciale dell' impiego dei capitali, e non pel solo impiego.

In conseguenza tutti i creditori indistintamente, ancorchè portatori di titoli meramente civili, sono ricevibili a provocare il fallimento dei loro debitori commercianti.

Lehon (2) c. i suoi creditori

Il tribunale di commercio della Senna pronunciò il seguente giudicato.

„ Attesochè a termini dell' art. 1 del codice di commercio sono commercianti tutti quelli che esercitano atti di commercio, e ne fanno la loro professione abituale.

(1) V. Bulay-Paty *trattato dei fallimenti e bancherotte tom.* 1 *num.* 17. – Renouard *tom.* 1 *p.* 234. – Carré *leggi d' organizzazione e competenza num.* 103. – Rolland de Villargues *repertorio dei notaj alla v.* fallimenti *num.* 3. – Gagnereaux *comment sulla legge del 25 ventoso anno XI art.* 1 *num.* 37, *ed art.* 7 *num.* 2.

(2) È questi il notaio di Parigi di cui tanto parlarono i fogli pubblici, ed al quale i suoi clienti davano danaro e procure per fare investimenti ipotecari, ed egli, asseverando di averli fatti, pagava loro gli interessi al cinque per cento, ed invece impiegava i capitali in commercio per trarre il sei, e così lucrare l' uno per cento. È noto che il fallimento fu per molti millioni di franchi.

„ Che la redazione primitiva del codice di commercio portava _ *Sono commercianti quelli che esercitano notoriamente atti di
commercio, e ne fanno la loro professione abituale*: ma la qualifica *notoriamente* fu soppressa dal consiglio di stato, e la qualifica
principale fu egualmente soppressa, e rimpiazzata dalla voce *abituale*
in seguito della discussione innanzi ad uno dei poteri dello stato
che contribuirono alla confezione delle leggi.

„ Attesochè, sopprimendo quelle due qualifiche, il legislatore ha
voluto lasciare ai giudici la libertà di apprezzare gli atti abituali
di commercio attribuiti ad ogni persona esercente ostensibilmente
una professione per se stessa esclusiva di traffico, ed impedire che
l'esercizio di questa professione non fosse riguardato come un ostacolo assoluto alla riconoscenza delle qualità di commerciante: d'onde
risulta che l'esercizio d'una professione determinata oltre quella di
commerciante, non stabilisce una presunzione legale contro all'abitudine d'atti di commercio, e che questa abitudine constatata in
tutte le posizioni commerciali imprime le qualità di commerciante.

„ Attesochè nella specie apparisce da tutti i documenti prodotti che dopo l'anno 1834 fino al giorno del suo arresto, il notaio
Lebon si è approfittato di una gran parte dei capitali portati al suo
studio, e che in luogo di farne l'investimento per mezzo di contratti ipotecari a nome dei suoi clienti, come essi clienti credevano,
ne ha fatto impiego in case di commercio sotto i nomi di Reynolds
ed altri.

„ Attesochè si è costretti di arguire da tutte le circostanze
della causa che Lebon è stato indotto ad interessarsi in operazioni
commerciali per la speranza di ottenere dei benefici, e di ripienare
per mezzo di essi le perdite che precedentemente aveva fatte, perdite il cui interesse che egli pagava al 5 per cento ad anno assor-
bivano anche al di là i guadagni del suo studio.

„ Che dopo l'anno 1834 la sua professione di notaio non era
per lui che un mezzo per procurarsi dei capitali per alimentare le
operazioni di commercio, nelle quali s'interessava: per cui la sua
qualità ostensibile di notaio è sparita innanzi alla temerità delle sue
speculazioni.

„ Attesochè i capitali in tal modo dal Lebon impegnati nel
commercio, e nella industria a suo rischio e pericolo non montano

ad una cifra enorme, e su di essi in conseguenza di malaugurate operazioni egli ha dovuto soffrire una perdita di più millioni.

„ Attesochè quegli il quale, come Lehon, si approfitta di capitali al cinque per cento all'anno per impiegarli in imprese di commercio al sei per cento durante il periodo di sette anni, fa evidentemente atti abituali di commercio, e sopratutto quando, indipendentemente dagli interessi, egli si riserva una parte nei benefici.

„ Considerando che il mistero di cui Lehon si circondava per nascondere al pubblico i suoi atti di commercio non potrebbe essere un motivo per non dirlo commerciante, giacchè un notaio sottomesso alla sorveglianza della sua camera, la quale sorveglianza è senza dubbio esercitata con grande severità nell'interesse delle famiglie e della professione, spiega tutta la sua abilità per nascondere le infrazioni dei regolamenti del suo ceto: d'onde deriva che la notorietà degli atti di commercio per parte degli officiali pubblici non può esistere prima del fallimento, che in casi eccezionali, e non si manifesta ordinariamente, che nel momento in cui esso è dichiarato.

„ Che se Lehon pretende che la dichiarazione di fallimento non è ricevibile pel motivo che tutti i suoi creditori indistintamente non hanno contro di lui che dei titoli civili, questa obiezione è senza valore: giacchè in effetto la qualità di commerciante si acquista per la natura commerciale dell'impiego dei capitali, e non solamente pel carattere dell'imprestito.

„ Attesochè per i fatti della causa, e per i documenti prodotti egli è costante che Lehon dal 1834 fino al punto del suo fallimento si dedicò ad una continuità d'atti commerciali, che costituirono una professione abituale.

„ Attesochè Lehon è in istato di cessazione dai pagamenti. Per questi motivi il tribunale dichiara Francesco Lehon in istato di fallimento, e fissa l'apertura al 15 maggio 1844 giorno del suo arresto ecc.

Avendo il Lehon interposto appello.

La CORTE - Adottando i motivi dei primi giudici, CONFERMA ecc.

Corte reale di Parigi 5 camera, udienza del dì 17 dicembre 1842 sig. Pécourt presid.

FALLIMENTO - CONCORDATO - OPPOSIZIONE

2. *Il creditore, che ha prodotti i suoi titoli in tempo utile nelle mani dei sindaci, se il credito non è stato verificato per fatto dei medesimi, ed in appresso giurato, ha il diritto o d'essere ricevúto opponente al concordato, o di fare opposizione al decreto di omologazione.*

Delabarre c. i sindaci Bertrand

L<small>A</small> C<small>ORTE</small> „ Considerando che risulta dai documenti della causa, e d'altronde non s'impugna che Delabarre ha prodotto il suo titolo di credito con specifica che ammonta a fr. 104656, e che la specifica 'è stata ricevuta dal sindaco salariato, e ridotta da lui alla somma di fr. 73641, ma che il titolo è rimasto nelle mani del sindaco fino a dopo il concordato.

„ Considerando che il detto credito non è stato verificato contradittoriamente coi sindaci in presenza del giudice commissario secondo il prescritto dell'art. 493 del codice di commercio, e che nessun processo verbale nè di verificazione, nè di contestazione è stato redatto dal giudice commissario.

„ Considerando che se a termini dell'articolo 439 del medesimo codice il creditore è tenuto di affermare con giuramento la verità del suo credito, questa affermazione non può essere fatta se non in quanto è stata preceduta da una verificazione, lo che nella specie non ha avuto luogo.

„ Considerando che, non essendovi stata contestazione sul credito Delabarre, non ha potuto farla decidere sia per citazione, sia per rinvio del giudice commissario.

„ Che se a termini dell'art. 512 del medesimo codice, l'opposizione al concordato non può essere ricevuta che dalla parte del creditore che avea diritto di concorrervi, e che se Delabarre dovesse essere privato di questo diritto perchè il suo credito non è stato nè verificato, nè giurato, questa eccezione non può essere opposta ad un uomo al quale non si può opporre il difetto di contestazione, mentre è per fatto dei sindaci che egli non ha potuto nè verificare, nè giurare, nè contestare.

„ Considerando che Delabarre escluso dal concordato non fu nel medesimo rappresentato dai sindaci , per cui egli ha potuto, formare opposizione al giudicato di omologazione : ma considerando che egli non potrebbe fare annullare il concordato , se non in quanto il suo credito fosse riconosciuto, che v' è istanza a questo riguardo, e che non può essere luogo a giudicare sulle nullità del concordato se non dopo la decisione sull' intervento.

„ Senza arrestarsi alla eccezione d' inammissibilità, riceve Delabarre come opponente al giudicato contumaciale, e, facendo diritto tanto sulla opposizione che sull'appello da lui interposto avvoca, e sul merito lo riceve opponente al concordato , ordina che si soprassieda sulla opposizione finchè sia giudicato sulla validità del suo credito.

Corte reale di Parigi, *ud. del* 23 *febraio* 1844 3 *camera,* sig. Simonneau *presid.*

TRIBUNALI CIVILI – SENTENZE COMMERCIALI –
ESECUZIONE – COMPETENZA

3. *La competenza attribuita ai tribunali civili relativamente alla esecuzione dci giudicati commerciali porta in essi diritto di giudicare le istanze relative alla esecuzione, anche quando si fanno risultare da atti di commercio, o che emanano da commercianti , se esse sono una dipendenza della esecuzione.*

Dubos c. Thieulien

La specie fu di un conto corrente aperto dalla casa Dubos a Thieulien per istromento e con ipoteca. Notificato l' ordine esecutorio dalla casa Dubos che si facea creditrice, e fatta opposizione dal debitore , la questione del conto fu portata al tribunale civile che rigettò l' opposizione , dichiarandosi però incompetente in ciò che risguardava la liquidazione del conto. Appello di Thieulien alla corte di Rouen che dichiarò competente il tribunale civile , decretando una supersessoria negli atti esecutorj fino alla liquidazione del conto. Ricorso della casa Dubos in cassazione.

La corte „ Sulla pretesa violazione degli articoli 631 e 632 del codice di commercio - Considerando che l' art. 442 del codice di procedura civile dispone d'una maniera generale che i tribunali di commercio non giudicheranno affatto sulla esecuzione dei loro giudicati.

„ Che nella specie, in seguito della notifica d'un ordine esecutorio diretto a pignoramento di stabili, e proveniente da una sentenza commerciale notificata dal ricorrente in cassazione, l'intimato dopo essersi opposto al medesimo ed a qualunque atto ulteriore, citò il creditore innanzi al tribunale di Bernay per far giudicare sul merito della sua opposizione.

„ Attesochè la competenza attribuita dalle leggi ai tribunali civili relativamente all'esecuzione dei giudicati dei tribunali di commercio importa il diritto di giudicare sulle domande formate su questa esecuzione, anche quando si fanno derivare da atti di commercio, o che emanano da commercianti, se essi appartengono all'esecuzione, e non ne sono che una dipendenza. Dal che deriva che la dimanda d'imputazione, e di riduzione fatta dal debitore per arrestare l'esecuzione di cui egli era l'oggetto in vista di giudicati pronunciati da un tribunale di commercio, rientrava nella competenza del tribunale civile di Bernay al quale egli si era regolarmente diretto : per conseguenza la decisione contro cui si ricorre non ha violati gli articoli di legge invocati dal ricorrente, ne alcuna altra legge = RIGETTA ecc.

Corte di cassazione sedente a Parigi *cam. civ.*, *ud. del dì 7 febbraio* 1844, *sig. barone Portalis 1 presid.*

Fine del tomo primo.

IMPRIMATUR

Fr. Dom. Buttaoni O. P. S. P. A. M.

IMPRIMATUR

Joseph Canali Arch. Coloss. Vicesg.

SOMMARIO DEL FASCICOLO VI.

1. *Latifondi - Acquisti - Parte ipotecata - Liberazione* . . . . pag. 321
2. *Cursori - Giurisdizione - Nullità - Sentenza ultra petita* . . . . " 331
3. *Chierici conjugati - Privilegio del foro - Cause comunali - Liberazione da molestie - Ricorso praevia circumscriptione* . . . . " 334
4. *Appello - Domanda di perenzione - Spese.* . " 341
5. *Clausula appellatione remota - Appellabilità.* " 342
6. *Competenza - Somme riunite - Cause distinte.* " 345
7. *Giudizj annullati - Tassa di segnatura* . . " 349
8. *Curiali - Procure - Coadiutorie - Congedo* . " 350
9. *Sentenza ordinatoria - Appello* . . . . . " 358
10. *Testimonj - Appello - Nuovo esame.* . . . " 360
11. *Società - Certezza di lucro - Partecipazione.* " 362

APPENDICE

Giurisprudenza estera commerciale, ed ipotecaria.
1. *Commercio - Professioni estranee al commercio - Notaj* . . . . " 377
2. *Fallimento - Concordato - Opposizione* . . " 380
3. *Tribunali civili - Sentenze commerciali - Esecuzione - Competenza* . . . . " 381

L'annuo importo del presente giornale è di sc. 2 : 40 in Roma, e di sc. 2 : 52 franco di posta fino ai confini. Le associazioni si prendono in Roma presso *l'editore* Alessandro Natali *libreria di Pallade a s. Silvestro in capite.*

TIPOGRAFIA MENICANTI

Pubblicato il dì 3o Giugno 1844.

x

GIORNALE DEL FORO

IN CUI

SI RACCOLGONO LE PIU' IMPORTANTI REGIUDICATE
DEI SUPREMI TRIBUNALI

DI ROMA

E DELLO STATO PONTIFICIO IN MATERIA CIVILE

compilato

Dr B. Belli

ANNO 1843-44 VOL. 2.

Roma
PRESSO L' EDITORE ALESSANDRO NATALI
1844

1. *Nessuna legge impedisce di ricorrere in Segnatura per l'unione del giudizio sommario coll' ordinario.*

*L' unione può essere ammessa se le circostanze facciano cono-
scere che la causa ordinaria contiene una questione che è
pregiudiziale per la causa sommaria: molto più se la causa
ordinaria è stata introdotta prima della causa sommaria.*

*La questione della pregiudizialità è rimessa al prudente arbi-
trio del supremo tribunale, a cui appartiene giudicare
sull' influenza dell' una causa sull' altra.*

(*Discuss. sui §§ 1049, 1052 del reg. giud.*)

Candelieri c. Malservisi

Nel primo riprendere la narrazione di queste istorie
forensi fu da noi dato a conoscere il cambiamento che la
Segnatura avea fatto nella sua giurisprudenza sulle dimande
d' unione: mentre ove prima reputava necessaria la concorrenza della triplice identità, come è a vedere dalla *Perusina
unionis* 25 giugno 1827 compilata dal fu mons. Gallimberti
tenacissimo di quella regola professata da Ulpiano e da Paolo
nelle *ll.* 12 e 13 *ff de except. reijudicatae*, volse a principio
men rigoroso, e proclamò che la sola possibilità d' un at-
trito tra causa e causa bastasse ad unirle innanzi ad una
stessa magistratura: della quale emenda di massima primo
testimonio fu la *Romana avocationis causae* 21 aprile 1831
compilata da mons. Grossi, divenuta posteriormente regola e
norma in tali litigi come per molte relazioni nostre fu manifesto. Rimaneva a vedere definitivamente riconosciuta ed ammessa l' applicabilità del rimedio al caso di due giudizi uno
sommario, l'altro ordinario che hanno per volontà della legge
una diversa impressione di moto, per cui uno deve essere
necessariamente più celere, uno più tardo.

Candelieri di Bologna a dì 20 maggio 1843 citò la Mal-servisi vedova Moratti innanzi al tribunale di prima istanza sedente in quella città a sentir dichiarare cessata ed estinta una sicurtà, che per cinque anni egli avea fatta a Francesco Nannetti in causa d'un debito fruttifero di sc. 550, e la creditrice a vicenda con istanza del dì 29 lo chiamò al gius-dicente per sentirlo condannare a sc. 16 : 50 importo de' frutti. Onde il Candelieri interpose ricorso al tribunale supremo per sentire ordinare l'unione di questo giudizio con quello istruito da lui innanzi al tribunale di prima istanza. Nella sessione del dì 8 febbraio anno corrente il ricorso fu riget-tato, e nel secondo esperimento fu dal ricorrente commessa al sig. avv. Tosi la causa.

Questi si collocò sopra i §§ 1049 e 1050 uno dei quali parla del caso in cui ha luogo il ricorso di competenza, mentre l'altro dimostra la circostanza in cui si possa ri-chiedere l'avocazione e l'unione delle cause, il primo di-cendo — *ha luogo il ricorso per determinare la competenza, quando una medesima causa è introdotta simultaneamente in-nanzi a più giudici, o tribunali di eguale giurisdizione,* men-tre l'altro dispone che — *quando una medesima causa, ov-vero più cause fra di loro connesse, e l'una dall'altra dipen-denti sono introdotte innanzi diversi giudici o tribunali, ha luogo il ricorso per l'avocazione e riunione di esse avanti un solo giudice o tribunale affinchè da uno solo siano decise,* dichiarando dopo di ciò che cosa intende per connessione e dipendenza, cioè che *sono connesse e dipendenti quelle cause che hanno una stessa continenza, cosichè il farle deci-dere da diversi giudici e tribunali produrrebbe contrarietà di giudicati.* E faceva osservare che, se tale articolo 1050 am-mette la possibilità d'unione non solo nel caso che due liti connesse pendano innanzi a diversi giudici, ma in quelle eziandio che una medesima causa si trovi introdotta innanzi a tribunali diversi, se il precedente dice aver luogo il ri-corso di competenza nella specie di una *medesima causa in-*

trodotta simultaneamente innanzi più giudici o tribunali di eguale giurisdizione, per non dire che la legge per un medesimo male abbia indicato due rimedi di natura diversa, fosse necessità convenire che col § 1049 provvide al caso di due pendenze in tribunali diversi tra loro identiche appunto nel senso delle *ll.* 12 *e* 13 *ff de except. rei judicatae*, e voglia dichiarato col ricorso di competenza quale delle due magistrature abbia giurisdizione su di esse, con l'altro provveda al caso di due liti diverse tra di loro connesse, o d'una medesima lite introdotta innanzi a tribunali diversi, ma con alcuna ancorchè minima diversità tra l'uno e l'altro libello, come per esempio avvenne in una *Bononien. unionis caussarum* 3 agosto 1837 cor. Renazzi, in cui si ordinò l'unione di due graduatorie che pendevano innanzi a tribunali diversi una sopra l'intiero, una sopra la parte d'un medesimo prezzo, identiche in tutto, cioè per l'azione, per le persone, e per la causa, meno la differenza che interveniva tra l'intiero e la parte.

Dopo di ciò dicea concorrere nella sua specie ambedue i casi previsti dal § 1050, cioè la pendenza d'uno stesso litigio in tribunali diversi, e quella dei due litigi strettamente tra loro connessi e dipendenti, il primo perchè tanto nell'uno quanto nell'altro intervenivano le stesse persone, in entrambi si metteva a controversia se la fidejussione fosse cessata pel lasso del tempo, o all'effetto del pagamento dei frutti si dovesse ritenere come ancora vigente, non ostando la regola *solve et repete*, mentre l'istanza dal Candelieri si trovava introdotta, allorchè la Malservisi domandò il pagamento, il secondo perchè strettamente connessa è quella causa nella quale si tratta d'una questione che influisce nella efficacia del titolo dal quale dipende il giudizio sommario. E qui citava esempi di reigiudicate con cui il tribunale supremo distaccò giudizi sommari dai tribunali, innanzi a cui erano stati introdotti, per mandarli ai giudizi ordinari, cioè quello d'una *Ravennaten. unionis caussarum* 17 sett. 1835 cor. Vannicelli, nel quale una causa di pagamento fu riunita ad un altra di simulazione, e non numerato danaro, quello d'una *Bononien. avocationis et unionis* 1 agosto del medesimo anno innanzi allo stesso, con cui fu congiunto altro giudizio di pagamento con un giudizio *familiae haerciscundae*, quello d'una *Ferrarien. unionis caussarum* 23 agosto 1838 cor. Amici, con cui una lite sommaria sul pagamento del prezzo d'un fondo fu congiunta ad un altra sulla manutenzione nel possesso di esso, e finalmente una *Camerinen. unionis caussarum* 17 giugno 1841 nel cui § 4 monsignor Grossi tornò ad inculcare l'osservanza di una dottrina, che dieci anni prima, sostenuta da lui con quel suo vasto sapere nelle cose di prassi, nel tribunale supremo era stata adottata.

Il sig. avv. *Mandolesi* richiamava per lo contrario alla mente dei giudici il § 1052 in cui si dice inammissibile il ricorso d'unione quando, *avuto riguardo alle circostanze ed alla qualità dei giudizi respettivi, si riconosce che il ricorso è diretto a ritardare il corso dell'uno e dell'altro*, e, narrando che già in altro giudizio il Candelieri aveva proposta senza profitto l'eccezione della cessata sua sicurtà, dicea essere evidente che il nuovo giudizio per ritardare la via esecutiva fosse stato istruito. Quindi ammettendo esser bastevole la pregiudizialità per decretare l'unione delle cause, dicea non concorrere nella specie, come mai non concorre tra giudizio sommario ed ordinario, trattandosi nel primo d'eseguire un contratto finchè si trova nel suo implicito stato di validità. Dicea la causa dal Candelieri introdotta innanzi al tribunale di Bologna esser di grave e giuridica indagine disputandosi in essa non solo di vedere se, finito il quinquennio, la di lui fidejussione data per frutti fino alla estinzione della sorte si potesse dir terminata, ma di sapere eziandio se *qui diu stetit in fidejussione*, abbia diritto ad essere esonerato: per lo contrario la piccola causa del pagamento dei frutti innanzi al giusdicente istruita risguardare un indagine che non è indagine, cioè il pagamento d'un piccolo debito in

forza d'un istromento finchè non si dichiari o per il lasso
del tempo, o per disposizione di ragione il patto esaurito :
per cui il supremo ordine in simili casi mai non rinvenne
pregiudizialità, e mai non congiunse giudizio ordinario con
giudizio sommario (1).

Il tribunale supremo „ Considerando che nel caso di cui
si tratta la connessione tra l'uno e l'altro giudizio è manifesta, giacchè, mentre si disputa innanzi al tribunale di prima istanza se l'obligazione del Candelieri sia cessata, innanzi al giusdicente si controverte se invece debba essere eseguita.

„ Che la regola del non potersi congiungere i giudizi
ordinarj con gli esecutivi ha luogo nel caso in cui si voglia
ritardare il corso d'azioni spedite con altri litigi di non facile indagine, come son quelli di nullità d'istromenti, di lesione, di simulazione, di pravità usuraria e simili, in cui
si voglia mettere in dubbio la validità di contratti che si
trovano in istato eseguibile, ma non deve essere con tanta
generalità applicata che a negare la unione basti la sola diversità dei giudizi : mentre quando interviene la intrinseca
pregiudizialità, la congiunzione delle cause non può essere
negata.

„ Che questa dottrina è pienamente conforme alla legge
attualmente vigente, giacchè il § 1050 del codice gregoriano,
che stabilisce le regole per l'unione dei giudizi, non fa distinzione nessuna tragli ordinarj e gli esecutivi, e, mentre
il § 1050 dice che il tribunale supremo debba rigettare i
ricorsi di tale natura quando, avuto riguardo alle circostanze
ed alla qualità dei giudizi respettivi, si riconosce che il ricor-

---

(1) *Ferrarien. unionis caussarum* 19 giugno 1839 *cor.* Vannicelli. - *Ferentina unionis et avocationis* 20 *febbraio* 1838 *cor.* Ferlisi. - *Romana avocationis et unionis caussarum* 12 *marzo* 1840
cor. Lippi. - *Ravennaten. seu Pisauren. unionis caussarum* 26 marzo del med. anno *cor.* Caracciolo Santobuono. - *Ravennaten. unionis
caussarum* 25 *giugno* 1840 *cor.* La Grua Valdina.

so è diretto ad impedire o ritardare il corso dell'uno o dell'altro, somministra un argomento *a contrario sensu* per concludere che non dalla sola qualità delle cause, ma dall'intrinseca loro natura debba esser dedotta la ragione per rigettarli.

„ Che se la vedova Moratti non domandò la moderazione del ricorso, si mostrò con questo persuasa che esso non fosse di quelli diretti a ritardare i giudizi, nè certo il ricorrente avea interesse ad interporlo per questo solo motivo in una causa di valore tenuissimo, quale era quello di scudi 16 : 50.

„ Che in fine il giudizio dal Candelieri fu a Bologna introdotto pria che la vedova intentasse il giudizio sommario, per cui non è da dire intentata la lite ordinaria per fraudare una lite sommaria non ancora nata.

·Rescrisse — *eidem secundo turno tribunalis civilis Bononiae primae instantiae in statu et terminis.*

Segnat. del dì 2 maggio 1843 — *Bononien. unionis causarum* R. P. D. Ferlisi, *proc. per Candelieri* sig. dott. Brunotti; *per Malservisi* sig. dott. Ciampoli (Filippo).

SERVI . SALARIO . VIAGGI

II. *I servi che stanno a fisso salario, hanno diritto ad un compenso ancorché non convenuto, se dai padroni siano condotti a lunghi e disastrosi viaggi.*

Rosi c. Blondel.

Il sig. Blondel, trovandosi in Roma, prese a salario di cinque scudi mensili oltre agli alimenti un Lorenzo Rosi, e lo condusse in Egitto, ove dal re della sua nazione gli giunse incarico di fare un viaggio nell'interno dell'Affrica sino a riconoscere i Gallas, popolazione che è in gran parte selvaggia poco nota ai geografi, e che sta ad oriente tra le montagne dette El-kamar, o della Luna, e lo stretto di Bab-el-mandeb. Partito da Alessandria col Rosi, e passato il deserto, dimorò per tre anni pria nella Nubia, contrada, come ognun sa, abitata da popoli pressochè nomadi, quindi nell'Abissinia che, decaduta già da molti anni per le guerre intestine dal primato che avea in ogni specie di civiltà, di fiorentissimo e cristiano impero che ella era, divisa in istati tra loro nemici, non ha altre leggi ché la volontà dei tiranni : per cui non è da riferire i disaggi che i viaggiatori soffersero in quella dimora, ove non sono nè alberghi, nè case, né cibi, nè vetture, nè ospitalità convenienti ai nostri costumi, colla giunta dei cocentissimi giorni, e del pericoloso dormire nelle notti esposti agli assalti ora degli uomini, ora delle fiere, tra le quali nella Abissinia è numerosissima la infame genìa delle Jene, che per superstizione del popolo va franca nei luoghi anche abitati, godendovi sicurezza e impunità. Tornati a Roma, nacque litigio tra il padrone ed il servo che domandava un compenso d'un migliaio circa di scudi oltre il salario, e che il padrone ricusava, dicendo nel partire da Roma per andare in Egitto non avere il Rosi dimandato aumento di paga, e molto meno quando per l'Abissinia partì da Alessandria. Il tribunale pronunciò la seguente sentenza.

„ Il tribunale ammette l'istanza per la sola somma di ,, sc. 567 : 16, cioè quanto a sc. 207 : 16 per residuo del „ salario di sc. 5 mensili, e quanto a sc. 360 per compenso „ dell'assistenza e servizio straordinario durante il viaggio „ triennale nell'interno dell'Affrica con la condanna del „ Blondel alla sesta parte delle spese. „

Congreg. civile dell'A. C. 2 turno, udienza del dì 16 marzo 1844, procur. per l'attore sig. Picconi ; pel reo convenuto sig. Sarmiento.

accettata dal soccombente prima della redazione.

LITE PENDENTE . FRUTTI CASTRENSI .
CREDITO ILLIQUIDO

III. *La pendenza del giudizio sul pagamento di un credito* *non è pel debitore legittima scusa onde evitare il paga-*

12

*mento dei frutti che si richieggano in forza dell'allega-
zione dei requisiti castrensi. Il pagamento dei frutti castrensi dipende in questi casi dalla ragionevolezza dei
dubbi che si poteano promuovere sul credito, e dalla probabilità che il debitore avea di vincere la causa.*

*Nè osta che il credito per cui si allegano i requisiti castrensi
non sia liquido, se la mancanza di tal condizione provenga dal fatto del debitore, e dalla protrazione del giudizio.*

*D'altronde non è mai illiquido un credito quando. per enun-
ciarne la somma non v'è bisogno che di una materiale
operazione aritmetica.*

*In somma un socio che vegga ritardare dal socio irragionevol-
mente il conto e la consegna dei lucri a lui spettanti, può
con effetto allegare i requisiti castrensi su quello che gli
potrà appartenere a conto dato.*

Massari c. Grazioli

Una regiudicata ruotale avea condannati i Massari in
favore di Grazioli a dargli conto degli utili prodotti dalla
pescagione in Comacchio ed in Mesola, che aveano ritenuta
in società; ed il Grazioli anche nell'incertezza delle risultanze, che il giudizio di liquidazione avrebbe date, interpellò
ai soci i requisiti castrensi pei quali più tardi, allorchè per
un altra regiudicata ruotale si riconobbero a lui dovuti
sc. 2898:79, innanzi il tribunale di Ferrara, in cui la causa
si era trattata in prima istanza, domandò sc. 1261:61 quanti
gli appartenevano al sei per cento dal dì in cui l'interpellazione dal castrense voluta venne notificata. L'istanza fu
accolta per soli 701:66 corrispondenti al tempo posteriore
alla regiudicata: il tribunale d'appello sedente a Bologna
condannò per l'intiero, cioè pei frutti decorsi dal giorno in
cui la interpellazione fu fatta onde ancor questa causa venne
alla Ruota in terzo grado per ciò che risguardava la parte
appellabile, cioè la differenza di sc. 559:94.

Il sig. avv. *Caramici* difensore dell'appellante, rammentato il principio che mai non si debbono dal debitore le usure della ritardata pecunia quando la mora non è causata da mala fede (1), si fece a ritessere l'istoria delle cause che, trai Massari e il Grazioli sulle conseguenze di quella società, erano state agitate così a Ferrara come a Bologna, ed a Roma, riepilogando le ragioni di fatto e di diritto per cui i suoi clienti reputavano, e poteano reputare destituita d'ogni fondamento la pretesa contraria: nè certo mancavangli dottori di primissima autorità i quali, inerendo alla regola *qui sine dolo malo ad judicium provocat, non videtur moram facere* (2), dicessero con Gotofredo che — *non omne quod differendi caussa optima ratione fiat, morae adnumerandum* (3), o col sommo Cujacio che — *debitor eo ipso quod non solvit pecuniam non statim facit moram, etiamsi interpellatus fuerit: definitio morae incerta est: modo fit sine interpellatione, modo cum interpellatione. Nam qui dicit separatam sese actionem suscipere, is non est in mora dum putat se justam habere caussam litigandi : si igitur dicat se non soluturum quoad sit condemnatus, non facit moram* (4), per cui alla Ruota in più incontri bastò la sola pendenza della lite, la sola credulità, la sola probabilità d'un esito propizio per mandare assoluto il debitore da tali dimande (5), perchè la probabile causa di

---

(1) Leotard *de usuris quaest.* 74 e 75 *per tot.* - Scaccia *de comm. disc.* 66 *num* 20. - Rota nella *Romana pecuniaria super fructibus* 21 *aprile* 1820 § 13 *cor.* Bussi, *nella Romana fructuum* 12 *marzo* 1823 § 3 *cor.* Tiberi, *nella Romana fructuum* 5 *maggio* 1827 § 3 *cor.* Martinez del Campo.

(2) *L.* 63 *ff de reg. jur.*

(3) *L.* 22 *tit.* 1 *de usuris et fruct.*

(4) *Comment. in tit.* 17 *de diversis regul. juris ad l.* 65 *qui sine dolo tom.* 9 *ediz. di Prato pag.* 1899.

(5) *Romana cambiorum* 26 *marzo* 1700 *cor.* Muto, *e nella confermatoria* 14 *febbraio* 1701 *cor. eod.* (*che è la decisione* 28 *nel*

litigare è sufficiente ad indurre la buona fede (6), ed in
ispecie quando il dubbio concerne una questione di diritto
il quale è equipollente alla ignoranza del fatto (7), e perchè
altrimenti o la perplessità sarebbe una colpa, o chi è chiamato debitore da taluno dovrebbe pagare anche senza vedersi le proprie ragioni per non andare incontro alla pena
dei requisiti castrensi. E qui citava la decisione *Romana pecuniaria super fructibus requisitorum castrensium* 26 febbraio 1836
cor. De Retz tra i principi Colonna di Sciarra e Barberini in
cui al § 2 fu nuovamente riconosciuto che — *nemo tenetur
de suo jure decedere, sed se tueri e converso se valet, et judicis
expectare sententiam quae debitum renunciet certum et liqui-
tum: aliter enim nemo in mora dici potest, et in vim requisitorum castrensium compelli ad fructus rependendos.*

Nè, proseguiva, la ragionevolezza della causa si dee
arguire dall'esito, poichè quante volte noi perdiamo le cause,
e pure la ragione era dal nostro canto ? Anche il Torlonia
perdè una causa col duca d'Evoli, e pure quando si fu a
pretendere da lui i frutti castrensi, la Ruota rispose che — *cum
prohiberi non debeat diligens et prudens pater familias quin sua
jura procul etiam ab ulla moras et protervias nota apud judices experiatur, ita probari generalis regula non potest quod is
qui a lite cecidit veluti culposus et temerarius litigator existi-
mandus sit, et odiosa damnorum actione plectendus: d'altronde
se l'esito riesce propizio, non solo non si pagano i frutti,
ma neppure la sorte, per cui non è luogo a parlare di buona
fede, se il pagamento dei frutti dovesse dipendere dalla vittoria: anzi dir si dovrebbe colla *Romana cambiorum cor.* Muto
14 febbraio 1701 § 4, che allora — *remaneret de supposito non*

tom 7 delle *nuperrime*) *Romana liquidationis damnorum super fructibus requisitorum castrensium* 14 *maggio* 1823 cor. Tiberi. - *Na-
pesina solutionis fructium* 23 *maggio* 1827 cor. Ruspol^i .

(6) *L.* 24 *ff de usuris.*

(7) *Cap. cum dilectus de consuetud.*

supponente conclusio, quod justa caussa litigandi excusat ab usuris, dum aut debitor in progressu litis sententiam obtinet favorabilem, et tunc sicut non constat de credito, ita nec peti possunt usurae aut in judicio succumbit et semper ad usuras tenetur. Faceva avvertire altresì che se quelle liti vennero in terzo grado alla ruota, la vittoria arrise dunque una volta ai Massari, e questo in altri incontri alla ruota bastò per argomento di buona fede, e per assolvere il debitore dal pagamento dei frutti (8). Dicea per ultimo che nel momento in cui dal Grazioli furono allegati i requisiti castrensi, i conti non erano, né potevano essere renduti, per cui il credito non era liquido a tal che si potesse conoscere quanto al creditore fosse dovuto — e che non fosse da dire essere liquido un credito quando il conoscere la cifra dipende da una materiale operazione aritmetica, secondo la dottrina del card. De Luca *de judiciis disc.* 39 *num.* 46, giacchè quando il conto fu dato, il Grazioli lo trovò suscettibile di controversia, domandò d'essere ammesso al giuramento estimatorio, e la discussione durò più d'un anno, cioè dall'aprile 1838 al luglio dell'anno 1839: argomento che dunque una discussione era pur necessaria, come per questa era necessario un ritardo: al quale proposito richiamava a memoria la bella regola data da Cujacio nel commentare la *l.* 63 *ff de regul. jur.* — *non potest esse in mora, qui petit arbitrum rationibus expungendis.*

Il sig. avv. *Ceas* difensore del Grazioli dicea all'incontro che in ogni contratto di buona fede il debitore moroso paga le usure (9), molto più il socio (10), e molto ancor

---

(8) *Nella suddetta Romana liquidationis damnorum super fructibus requisitorum castrensium* 12 *maggio* 1825 § 4 *cor.* Tiberi, *nella Nepesina super solutione fructuum* 23 *maggio* 1827 § 2 *e* 3 *cor.* Rospoli, *e molto prima nella Centumcellarum pecuniaria quoad damna et interesse de voto* 4 *luglio* 1792 § 5 *cor.* Resta.

(9) *L.* 32 *ff de usuris* § 2. – In bonae fidei contractibus ex mora usurae debentur.

(10) *L.* 1 § 1 *ff eod.* – Socius si ideo condemnandus erit quod

più il socio, che i lucri sociali ingiustamente all'altro socio ricusa (11), le quali usure — *in actione pro socio* (al dire di Cujacio *quaest. papin. ed. neapolit. lib. 2 pag. 47 litt. E*) *non debentur ut foenus, sed quod socii intersit socium moram non fecisse, vel eam quae ex interpellatione creatur, vel eam quae reipsa fit* (12) — Che il contratto di società è regolato dal diritto civile (13), e che nel linguaggio del diritto civile — *mora fieri intelligitur non ex re ipsa, sed ex persona: idest si interpellatus opportuno loco non solverit*, e che nella specie non solo vi fu interpellazione col mezzo dell'introdotto giudizio, ma allegazione formale dei requisiti dal castrense voluti — Falso che i Massari sostenessero in buona fede quei luoghi litigi, mentre essi sapevano lo stato dei conti, e, ciò non ostante, vollero contendere fino agli estremi così in genere come in specie, benchè del torto loro avvertiti dall'abbandono che della loro causa fece l'Amici: lo che dovea renderli persuasi essere agli altri impossibile una vittoria che il primo avvocato di Roma non riescì a riportare: la qual scelta d'uomo di valentissima forza fu non mediocre argomento del cattivo loro diritto, dicendo il De Luca *de fideicomm. disc.* 1 *num.* 2 che — *qui magis de suis juribus diffidunt, eo diligentius juris consultos ac advocatos primi nominis adhibere student: altera vero pars, quae de suis juribus magis fidit, hujusmodi graviores expensas negligit* (14).

---

pecuniam comunem invaserit, vel in suos usus converterit, omnimodo, etiam mora non interveniente, praestabuntur usurae.

(11) *L.* 60 *ff pro socio.* - Socium, qui in eo quod ex societate lucri faceret reddendo moram adhibuit, cum ea pecunia ipse usus sit, usuras quoque eum praestare debere Labeo ait: sed non quasi usuras, sed quod socii intersit, moram eum non adhibuisse. Sed si aut usus ea pecunia non sit, aut moram non fecerit, contra esse.

(12) Leotard. *de usuris quaest.* 87 *num.* 8.

(13) *Reg. comm. art.* 17.

(14) Curantur dubii medicis majoribus egri. Tu venam vel discipulo committe Philippi. - *Juv. sat.* 13.

Di qua passava a ricapitolare le ragioni per le quali le cause dei conti Massari a Bologna ed a Roma andarono perdute, la evidenza delle azioni sperimentate dal suo cliente, l'agnizione dei diritti di lui risultanti eziandio da un carteggio che col di cui fratello avvocato Giuseppe i Massari aveano tenuto — più il linguaggio che tenne la Ruota, chiamando l'opposizione dei di lui avversari ingiusta e futile : concludendo da ciò che non fosse alla specie estranea la regola che frutti castrensi non pagano coloro, i quali ebbero una probabile ragione di lite, perchè i Massari non ebbero ragione nessuna. Nè ometteva di rispondere all'autorità delle decisioni in contrario allegate, facendo conoscere che in esse o si trattò di cause dubbie, o di debito, il ritardo del quale non era gravissima colpa, come nella *Romana fructuum* 5 marzo 1823 cor. Martinez del Campo in cui si trattava d'un credito di spillatici dubbio ed intricato, come spesso sono i crediti di tale natura, e contro un debitore il quale, lungi dall'istancare il suo creditore con la lite, sulla dote e sul lucro dotale avean transatto, debitore non per obbligazione da lui contratta, ma in lui derivata col patrimonio che avea ereditato. Dalla eccezione che si trattasse di credito illiquido gli era facile il disbrigarsi dicendo, che tale dir non si può quel credito la cui liquidazione consiste non in verificazione e giustificazione di partite, ma in semplice calcolo (15) — facendo altresì riflettere che in fatti la lite agitata sul credito in ispecie non importa occupazione di giudici in iscioglimento di difficoltà : e terminando con dire, che, se è scusabile la mora del debitore, quando la natura e la qualità del negozio rendono il debito incerto — *aliud est* (dice il Leotardo *de usur. quaest.* 84 num. 6) *si debitum non est liquidum ex facto et malitia debitoris, qui rem involvit frustra-*

---

(15) De Luca *de jud. disc.* 53 *num.* 48. - Rota *decis.* 201 *num.* 5 *cor.* Ottobono, *decis.* 323 *in fine cor.* Cavaletio.

2

tionis caussa ut plerique faciunt: habenda est enim liquida-
tio ac si facta fuisset in necem debitoris, ex quo per eum stet
ne fiat.

Il sacro uditorio ,, Considerando che due regiudicate
ruotali costituiscono il credito in genere del Grazioli, e che
due sentenze una del tribunale di Ferrara, l'altra del tribunale d'appello sedente a Bologna stabiliscono in genere
che egli possa dal credito conseguire gli interessi alla ragione
del sei per cento ed anno.

,, Che, prescindendo dal ricercare se un negoziante per
la sola possibilità di lucro perduto abbia diritto a conseguire
gli interessi del proprio danaro, massima che in altri incontri
l'uditorio ruotale ha riconosciuta (16), basta lo avvertire
che se il Grazioli, nell'allegare i requisiti castrensi si espresse
dicendo di voler conseguire — *su tutte e singole somme do-*
vutemi dai signori Massari il frutto e l'interesse del sei per
cento ed anno sia per titolo di lucro cessante e danno emer-
gente, come per qualunque altro migliore più valido e pro-
testabile titolo e motivo fino all'atto dell'effettivo e reale
pagamento, e se non potè precisare la somma che gli era
dovuta, ciò dee attribuirsi ai soli Massari che, ricusando di
dare i conti, tenevano i libri in casa, ove il Grazioli non
poteva accedere per conoscere con precisione ciò che gli
spettava: nè ad alcuno la propria colpa può essere di giovamento (17).

,, Che molto meno è da dire che il credito fosse illiquido nel tempo in cui i requisiti castrensi vennero inter-
pellati: poichè, se era illiquido, anche questo fu colpa dei

---

(16) *Januen. pecuniaria* 6 *giugno* 1611 *cor.* Lancellotto, *e nella*
confermatoria che è la 118 *cor.* Ubago.

(17) *L.* 1 *ff de. dolo malo.* - Constantin. *vot.* 349 *num.* 5. -
Cyriac. *controv.* 787 *num.* 17 - Rota *decis.* 129 *num.* 30 *cor.* Lancetta. - *decis.* 168 *num.* 4 *cor.* Molines. - *Romana societatis super*
liquidatione 18 *januarii* 1831 *cor.* Muzzarelli.

debitori Massari che protrassero a lungo il giudizio: oltredichè sono illiquidi i crediti nei quali è dubbio quanto
realmente sia dovuto, non se la somma col solo calcolo
aritmetico possa essere liquidata.

„ Che in fine, se una regiudicata ha già stabilito esser
dovuto al Grazioli gli utili della società a tutto l'anno 1831
nella somma di sc. 2848:79, se un altra regiudicata ha
riconosciuta questa somma come fruttifera, non resta a decidere che delle differenze tra il giudicato di Ferrara e quel
di Bologna, il primo dei quali disse dai Massari dovuti i
frutti dal giorno della prima regiudicata ruotale nella somma
di sc. 701:61, mentre l'altro decise che gli appartenessero
dal giorno in cui i requisiti castrensi vennero allegati, e
perciò nella somma di sc. 1261:61: ed è da plaudire al giudicato di Bologna, giacchè l'effetto delle sentenze non è
quello di generare in noi i diritti, ma quello di riconoscere
i diritti che abbiamo (18): e il diritto del Grazioli nacque
nel giorno in cui dichiarò di voler conseguire indennità pel
danno emergente, e lucro cessante.

Rescrisse — *esse locum solutioni scutorum* 519:94, *et
extendatur decisio.*

Ruota del dì 6 maggio 1844 — *Ferrarien. societatis super
fructibus in re commerciali* R. P. D. D'Avellà, *proc. per
Massari sig. dott. Antonio Pagnoncelli proc. di coll.; per
Grazioli sig. dott. Tosi.*

8 luglio 1844 — *in decisis, et expediatur.*

---

(18) L. *utiles* § *judicata ff de rejudicata.* - Valen. cons. 185
num. 44. - Rota *cor.* Coccino *decis.* 185 *num.* 3. - *cor.* Bichio
decis. 279 *num.* 2. - *cor.* Falconer. *de salv. interdicto decis.* 16
num. 11.

IV. *Se un procuratore abbia nullamente interposto un appello,
ed un consorte di lite, a cui venne intimato, lo abbia proseguito, sono nulli gli atti fatti dal consorte di lite.*

*Il successore allo studio d' un procuratore legittimo ha bisogno
di nuova procura per interporre appello dalla sentenza
pronunciata in contraddizione del procuratore defonto.*

(*Discuss. sui §§ 401, 402, 783, e 785 del reg. giud.*)

Cini c. Salvi

Il tribunale dell'A. C. primo turno, in settembre del 1839,
rigettò l'istanza che i creditori del marchese Nunez aveano
fatta per obbligare la contessa Cini a riportare in patrimonio i beni che a lei erano stati dati in soluto: e v'erano tra
gli altri i fratelli Ciceri di Milano, che la redazione della
sentenza disse rappresentati dal sig. Fulvio Filippani erede dello studio, come dei beni del padre suo dott. Pier Filippo passato di vita durante il giudizio. Questi pertanto
reputò conveniente d'interporre appello alla Ruota, mettendo nell'istanza il nome del sig. dott. Tommasi, forse perchè in quel tempo non era ancora riceuto trai procuratori
ruotali, e nel soddisfare all'atto prescritto nel § 994, produsse
la copia della sentenza che era stata notificata al suo domicilio. La contessa però, fatta istanza alla ruota per la cauzione che contro agli esteri si ha diritto di esigere, a di
9 gennaio 1841 ottenne prefiggersi ai medesimi un termine,
passato il quale fossero respinti *a limine judicii*, e, non
avendo i citati esibita nessuna guarentia, più tardi propose un altro incidente per sentir dichiarare che dunque
l'appello si riconoscesse svanito: al che si oppose Salvi
concreditore, allegando il § 987, che dice comune l'utilità
dell'appello, e vinse la lite. Allora la contessa, ottenuta
l'ordinanza di tassa per le spese del primo incidente, man-

dolla a Milano per ottenere da quel tribunale che contro i Ciceri la rendesse eseguibile. Questi citati, con una giudiziale comparsa, dichiararono di non conoscere la lite di Ruota, e niegarono di aver data per essa una procura, per cui la Cini si dovette necessariamente rivolgere allo stesso sacro uditorio, chiamati per affissione que' di Milano, il Salvi, ed i signori Filippani e Tommasi per ogni loro interesse a sentir revocare il decreto emanato nel secondo incidente — *et pro hujusmodi effectu circumscribi ex defectu mandati procurae actum appellationis a fratribus Ciceri interpositae adversus sententiam in caussa de qua agitur latam, cum omnibus inde sequutis, proindeque declarari non esse locum prosequutioni caussae in gradu appellationis.*

Il sig. avv. *Benedetti*, pregato di prestarsi al patrocinio di questo incidente di procedura, lo assunse e disse che, se i Ciceri dichiararono innanzi al tribunale di Milano di non conoscere neppure di nome i causidici Filippani e Tommasi, questo bastava per giudicare che essi comparvero senza procura — aggiungea che quand'anche una procura avessero avuta, doveano produrla, giacchè pel § 785 si verifica il difetto di mandato quando il procuratore nè in principio di lite, nè posteriormente, e prima che venga opposta la nullità non lo ha prodotto, alla qual produzione i suddetti causidici non soddisfecero neppure con equipollente, perchè non produssero nulla di ciò che, come equivalente a mandato espresso, è riconosciuto dal § 401. E citava il § 779 nel quale si dice che — *la nullità per i difetti sostanziali potranno sempre opporsi finchè non siano rimesse e sanate.*

Diceva altresì non essere legittima scusa che il sig. Filippani succedesse nello studio del padre, per cui il mandato dei Ciceri in lui, figlio ed erede delle carte paterne, fosse trasfuso: perchè le procure non passano *ministerio juris* di progenie in progenie, e quel *nihil transeat*, che metteva in antico il successore ad uno studio, oggi non vale dopo il disposto nel § 911 del codice di procedura, che lo mantiene per soli giorni sessanta procuratore legittimo, spirati i quali se il procuratore surrogato non avrà prodotto *il mandato di procura*, ovvero non sarà stata fatta la costituzione di altro procuratore la parte si riterrà come contumace. Per ultimo siccome la interposizione dell'appello deve essere seguita dall'intimazione dell'atto con citazione a comparire, che, quand'anche il Filippani avesse avuto il mandato dai Ciceri, non l'avrebbe avuto il Tommasi del cui nome fu fatto uso per servire almeno in apparenza al disposto nel § 973 num. 3 del codice di procedura.

La difesa degli atti fu pel Salvi affidata al sig. avv. *Rinaldo Secreti*, il quale disse che, se all'interesse del suo cliente potesse risguardare la controversia del Filippani, avrebbe potuto dimostràr facilmente che questi fu procuratore legittimo per interporre l'appello, e perchè nell'amministrazione dei patrocini paterni restò surrogato, e perchè come legittimo dalla contessa fu riconosciuto quando a lui fece intimare la sentenza del tribunale dell'A. C., e perchè finalmente il procuratore costituito in prima istanza, se abbia sofferto contraria sentenza, non solo può, ma deve appellare (1): ma che al Salvi bastava l'essersi interposto l'appello da un suo consorte di lite per avere diritto a goderne gli effetti, quand'anche quell'atto fosse tolto di mezzo, o per concordia dell'appellante, e per qualunque altra causa dicendo lo Scaccia *de appell. quaest.* 44 § 96 — *Quod si unus ex pluribus condemnatis appellavit, et, aliis scientibus et tacentibus, elapsis decem diebus componit se cum adversario, talis compositio tanquam personalis non nocet aliis post jus quaesitum per illam appellationem, scribunt ecc. Et quod etiam tertius possit pro suo interesse prosequi appellationem interpositam per reum principalem, aliter pro se non appellando, immo etiamsi reus principalis transigeret cum actore, potest nihilominus iste tertius prosequi quoad jus suum* — molto più quando il terzo è

---

(1) Scaccia *de appell. quaest.* 5 num. 10. - *Reg. giud.* § 402.

stato in causa, ed ha espressamente ordinato al suo procuratore di approfittare dell' appellazione interposta e continuarla, e molto ancor più quando tale dimanda di prosecuzione d' appello fatta da chi non l'ha interposto, è anteriore
alla domanda di nullità (2). Da ultimo faceva riflettere che
il procuratore della Cini non potè ignorare lo stato degli
atti, e la mancanza della procura quando promosse le domande incidenti prima sulla cauzione, quindi sulla cessazione d' ogni pendenza per la cauzione non data, e pur non
ostante riconobbe il procuratore dei Ciceri come legittimo:
nella qual circostanza, essendo nato un decreto che ordinò
l' appellazione doversi ritenere come pendente, quale decreto
non è soggetto ad appello o revisione, questo solo bastò per
rendere gli atti franchi da qualunque querela di nullità (3).

Il sacro uditorio rescrisse — *ad d. ponentem juxta petita
per comitissam pro circumscriptione actorum tantum.*

*Rota del dì 8 luglio 1844 — Romana circumscriptionis et
prosequutionis caussae* R. P. D. Alberghini, *proc. per Cini*
sig. dott. Brogi, *per Salvi* sig. dott. Tommasi *proc. di coll.*

APPELLO . SENTENZA . PRODUZIONE . RIPETIZIONE D'ATTI

V. *La ripetizione degli atti non basta a supplire la produzione della sentenza che, per mantenere pendente l' appello,
è necessaria secondo il disposto del § 994.*

*Se nei giudizi di rendiconto il tribunale prefigga un termine
a produrre le giustificazioni del medesimo, tale sentenza,
benché contenente una disposizione vitale pel merito, non
cessa d' essere interlocutoria.*

---

(2) *Reg. giud.* § 789.

(3) Rota *nella Bononien. circumscr. et refect. damnorum in re
comm.* 21 gennaio 1841 cor. D'Avella § 3.

Giuli c. l'arch. di s. Rocco di Roma

Le massime furono contraddette in una causa trattata per l'archiconfraternita di s. Rocco la quale, avendo citato i Giuli ad approvare un conto di salviano innanzi a mons. uditore della camera, avea veduto prefiggersi un termine ad esibire i documenti, e, nel produrre innanzi alla Ruota la citazione d'appello contro tale interlocutorio, avea fatta la ripetizione degli atti, ma avea trascurato di deporvi la copia autentica o notificata della sentenza contro cui reclamava. Il sig. dott. *Salini*, surrogato al procuratore che avea commessa una tale mancanza, per impedire le conseguenze della perenzione, concordato il dubbio sul merito colla formola — *an sit locus praefixioni termini ad probandam redditionem rationis, quo elapso adprobationis ex officio*, tentò di ottenere la concordazione di un altro sopra all'interlocutorio, e che richiedesse — *an sit locus praefixioni termini ad effectum exhibendi jura, quo elapso declarari inefficacem redditionem rationum.* Ma trovò resistenza nel suo contraddittore sig. dott. *De Romanis*, il quale propose un istanza incidente — *declarari non esse locum prosequutioni primae appellationis, nec concordationi dubii, et propositioni caussae super exhibitione.*

La difesa dell'istanza stava nel tenore letterale dei §§ 986 e 994, il primo dei quali dice che negli interlocutorj — *l'appello sarà perento di pieno diritto se non viene proseguito nel termine di un mese dal giorno della notifica dell'atto introduttivo*, mentre il secondo, dispensando la produzione del processo quando il tribunale di prima istanza e quello d'appello risiedono nel medesimo luogo, dice che — *in tal caso basterà la copia autentica, o la copia notificata della sentenza coi motivi, ed indicare gli atti e documenti che esistono nella cancelleria.*

La risposta del sig. Salini era nel dire che quest'ultimo articolo non usa la voce imperativa *dovrà*, ma la facoltativa *basterà*, per cui la produzione della sentenza avesse un equipollente nella ripetizione degli atti nei quali si trovava, tanto più che più tardi, cioè tre mesi dopo quella produzione che egli chiamava *virtuale*, fu renduta *reale* col porla realmente negli atti ruotali — Che inoltre il decreto della prefissione di termine a produrre i documenti si dovesse reputare definitivo, mentre il dire che la nota coi documenti dovesse essere giustificata, fu lo stesso che dire, non bastare il giuramento con cui il salvianista anche convenzionale dà conto dei frutti da lui percepiti.

La sacra Ruota ammise l'istanza col rescritto — *ad d. ponentem juxta petita.*

Ruota del dì 7 giugno 1844 — *Romana quoad praetensam prosequutionem appellationis* R. P. D. De Silvestris, *dif. per la confrat.* sig. dott. Salini; *per Giuli* sig. dott. De Romanis.

PIGNORAMENTO . PROCESSO VERBALE . NOTIFICA . DOMICILIO ELETTO . CLAUSULA *senza pregiudizio degli atti*

VI. *Il processo verbale di pignoramento è validamente notificato al debitore nel domicilio eletto.*

Il § 1364, che dice sanate le nullità anteriori alla sentenza di vendita, se non vengono proposte prima che sia proferita, intende parlare di nullità che derivano da difetti sostanziali, e non toglie la regola del § 778 che le nullità per difetto di forme ordinarie siano sanate anche nel processo esecutorio, se non vengano proposte nei tre giorni dalla produzione in cancelleria dei singoli atti.

La clausula senza pregiudizio degli atti fatti e da farsi non è reciprocamente preservativa, ma risguarda unicamente ai diritti del creditore.

(Disc. sui §§ 429, 446, 486, 1166, 1235, 1237, 1364 del reg. giud.)

Cola c. Cola

Pel pagamento d'un credito fruttifero di sc. 1500, e con sentenza del tribunale dell'A. C. Anna Cola ved. Rossi fece oppignorare alcuni fondi in quel di Leprignano a danno di Serafino e Vincenzo Cola, e il processo verbale fu dal cursore notificato in Roma al domicilio che i debitori aveano eletto nel contratto di creazione di debito. Questi dapprima trattarono colla creditrice di vendere i beni all'amichevole, e ne fecero convenzione con lei, che però fu ricenta colla clausula *salve le ragioni*, e *senza pregiudizio degli atti* : ma, datisi poscia al patrocinio d'un altro causidico, citarono innanzi all'A. C. per la nullità dell'esecuzione, adducendo come motivo la notifica del processo verbale al domicilio eletto : e citarono altresì ad espiare gli attentati chè, com'essi dicevano, la creditrice aveva commessi citando a sentir deputare i periti per la stima dei fondi in pendenza dalla citazione suddetta. Respinti con giudicato dei 30 luglio 1843, appellarono in Ruota proponendo la formola — *an sit locus nullitati exsequutionis, et purgationi attentatorum*, ed ebbero risposta *negative in omnibus*. Noi diremo del secondo ed ultimo esperimento.

Il difensore degli appellanti notava in fatto che il pignoramento venne eseguito tanto sui fondi, quanto sopra i frutti pendenti, per cui dovea essere dal cursore osservata la forma dalla legge prescritta per le due diverse specie di espropriazione — Che nel § 1235, concernente l'esecuzione sui mobili, si dice — *una copia del processo verbale sarà immediatamente lasciata al debitore, quando il pignoramento siasi fatto nel suo domicilio*, le quali parole *immediatamente lasciata al debitore*, significano persona presente, e domicilio reale, e che pel disposto del § 1234 sono considerati come mobili i frutti pendenti — Che nel § 1257 risguardante alla esecuzione sugli stabili si dice — *una copia del processo*

*verbale sarà immediatamente consegnata al debitore, ed a cia-
scuno degli inquilini, affittuari, o coloni se sono presenti: e
quando siano assenti sarà loro notificata nel termine di un
giorno con l' aumento proporzionato alla distanza dei luoghi*,
le quali parole ancor esse significano domicilio reale, volendo
ancor esse notificazione *immediata*, cioè al domicilio del
debitore che d' ordinario è nel luogo ove i beni sono situati,
e volendo altresì che sia fatta *a loro*, lo che letteralmente
suona *persona* — aggiungea non essere utile presidio il dire,
che pel § 446 il domicilio eletto è luogo legittimo alla notificazione degli atti, mentre il legislatore lo dice tale solo
all' effetto di determinare la competenza, e di notificarvi i
libelli (1), mentre nel § 1144 vuole che gli atti e le controversie risguardanti i sequestri esecutivi appartengano al
giudice o tribunale *del luogo ove risiede il debitore*, e quelli
che risguardano i pignoramenti dei beni mobili ed immobili, diritti ed azioni reali si facciano *innanzi al giudice o tribunale del luogo o della provincia ove esistono i beni, le azioni
o i diritti pignorati*, perchè la legge è aliena dal permettere
che gli atti esecutorj si facciano in luogo lontano da quello in
cui realmente ha suo domicilio il debitore. E notava altresì
che mentre il codice nel § 1166 dice che i processi verbali
dei pignoramenti ed altri atti esecutorj debbano contenere
le formalità ordinate per gli atti di citazione, aggiunge — *oltre
le forme da indicarsi in appresso*, e le forme in appresso
indicate sono appunto quelle dei §§ 1235 e 1257 che vo-

---

(1) *Reg. giud.* § 446. - Il domicilio eletto nelle obbligazioni,
od in altri atti pubblici o privati, quello indicato nelle lettere di
cambio, nei biglietti all' ordine, ed in qualunque altra scrittura per
eseguire il pagamento, o la consegna della cosa, si ritiene come
domicilio reale all' effetto di determinare la competenza. È in facoltà
dell' attore di citare il reo avanti al giudice o tribunale dell' uno,
e dell' altro domicilio.

gliono fatto al domicilio reale l'intimo del processo verbale d'esecuzione.

Quindi, a sostegno della discretiva tra la citazione e la notifica degli atti esecutorj, faceva riflettere che la legge col § 1264 toglie per questi ogni revisione, ogni appello, e che nel § 1305 chiude per essi la porta ad ogni ricorso in tribunale supremo, per cui la giunta di poter validamente notificare il processo verbale nel domicilio eletto bene spesso porrebbe il debitore a pericolo di non sapere che i suoi beni furono oppignorati, per esempio, se, avendo beni a Ferrara, si notificasse il processo verbale in un domicilio che per contratto fu eletto a Viterbo. Traeva altresì un altro argomento di discretiva da quanto è disposto nei §§ 427 e 472 relativamente ai domicilii eletti dagli esteri, il primo dei quali dice com'essi debbano eleggerlo nella cancelleria del tribunale, mentre il secondo, per dare a conoscere che tale elezione debba essere efficace per tutti gli atti, adopera larghissimi termini dicendo — *questo domicilio si ritiene come reale per tutte le citazioni, e per tutte le intimazioni o notifiche delle sentenze, ed altri atti della lite durante il corso della medesima anche in seconda ed ulteriore istanza, e nel tribunale supremo di Segnatura:* ampiezza di frasi che è ripetuta anche nel § 1645, in cui il legislatore parla più espressamente *degli atti posteriori alla citazione introduttiva di giudizio* che si fanno contro agli stranieri. E siccome i contrari aveano opposto la perenzione d'ogni diritto a domandare le nullità per la decorrenza dei tre dì perentori dati dal § 778, come altresì la convenzione che i debitori aveano fatta colla creditrice all'effetto di procurare una vendita amichevole, in quanto al primo dicea le nullità degli atti esecutorj avere un diverso termine nei §§ 1363 e 1364 per cui le domande sono ammissibili finchè non è nei respettivi casi o proferita la sentenza di vendita, o fatto l'incanto: e in quanto al secondo faceva riflettere che la carta venne munita della clausola *senza pregiudizio degli atti fatti e da farsi*, preservativa dei diritti dei contraenti.

Il sig. avv. *Bonelli* difendeva l'appellata, e cominciava dal dire col testo che — *nihil est impedimento quominus quis ubi velit, habeat domicilium quod ei interdictum non sit* (2), giacchè quand' anche l'elezione del domicilio non dia diritti di cittadino, fa che l'eligente sia reputato abitante nel luogo in cui venne eletto (3), per cui al dire di Merlin — *al domicilio eletto si può fare qualunque sorta di notificazioni per tutto ciò che può essere relativo alla convenzione stipulata* (4). Quindi dicea che se pel § 429 può *eleggersi il domicilio anche nei contratti*, e per gli effetti che saranno indicati *nelle sezioni seguenti*, se nella sezione 2 del tit. 3 è il § 446 il quale dice — *il domicilio eletto nelle obbligazioni, ed in altri atti pubblici e privati si ritiene come domicilio reale ad effetto di determinare la competenza*, se nella sez. 3 del medesimo titolo è il § 486 il quale si esprime — *il domicilio eletto od indicato a forma dei §§ 426, 427, 428, e 446 si ritiene come domicilio reale anche all' effetto di notificarvi gli atti di citazione: il reo convenuto ed i suoi eredi potranno essere citati o nel domicilio eletto od indicato a scelta dell' attore*, e se finalmente nel § 613 posto nella sezione *delle sentenze* è scritto che — *sono applicabili agli atti di notifica le disposizioni contenute nella sezione 3 del tit. 3*, niun dubbio che le notifiche delle sentenze, le quali non sono atti di citazione, si possano fare al domicilio eletto. Perchè, dicea, non la notifica dei processi verbali di pignoramento? E proseguiva così.

Dicono che pel § 1444 gli atti e le controversie, che risguardano i pignoramenti dei beni mobili e immobili, ap-

---

(2) *L.* 31 *ff ad munic. et de incolis.*

(3) *L.* 7 *cod. de incolis et ubi quis dom. hab.* – Cives origo, incolas domicilium facit.

(4) *Alla v.* domicilio § 11.

partengono al giudice o tribunale del luogo o della provincia ove esistono i beni, le azioni, e i diritti pignorati:
e che per ciò? anzi è questo l'articolo per cui si rende anche più manifesta la ingiustizia della contraria pretesa,
mentre esso dispone che negli atti esecutorj non solo non
si attende il domicilio reale, ma neppure la competenza
dei giudici, che per ragione del domicilio reale al reo convenuto appartengono: d'altronde, se avesse voluto sospendere gli effetti della elezione del domicilio, come sospese
quelli della naturale competenza, lo avrebbe detto, avrebbe
detto cioè che, al cominciarsi del processo esecutorio, non
solo gli atti si dovessero fare innanzi al tribunale *rei sitae*,
ma che si dovessero inoltre notificare al domicilio reale, non
all'eletto: oltre di che, se nel § 1166 dice la legge — *i processi verbali dei pignoramenti ed altri atti esecutori, oltre le
forme da indicarsi in appresso, conterranno tutte le formalità
ordinate per la notifica degli atti di citazione*, per la notifica
degli atti di citazione, secondo il disposto nel § 486, è luogo
legittimo il domicilio eletto. Nè gli era difficile di rispondere all'argomento che i contrari aveano tratto dal § 1235,
poichè quel luogo di legge, il quale parla del pignoramento
dei mobili, prevede due casi, cioè che il pignoramento sia
fatto nella abitazione del debitore, e quello che sia *fatto* in
un luogo diverso, dicendo che nel primo caso la copia del
processo verbale sarà *immediatamente lasciata al debitore*,
nell'altro non usa l'avverbio *immediatamente*, nè la voce
lasciata, e dice che sarà *notificata*, senza aggiungere se al
domicilio reale, o pure all'eletto. Così del § 1257 altro
luogo di legge dal quale traeva presidio la contraria difesa,
facendo avvertire contemplarsi anche in esso il duplice caso
d'assenza o presenza del debitore, dando per essi le disposizioni medesime.

Di qua passava alla prescrizione. Dicea che il disposto
del § 778 è generale, quando dice che le nullità debbano
proporsi entro i tre giorni, e che quel ricorrere del patro-

cinio contrario ai §§ 1363 e 1364 per dir che il § 778 non risguardi alle nullità degli atti esecutori, era un procedere per via d'interpretazione prepostera, e conculcare la regola della *l.* 24 *ff de legibus — incivile est nisi, tota lege perspecta, una aliqua particula ei proposita, judicare —* Che l'intelligenza di quell'articolo è che per le nullità degli atti esecutorj la legge abbia voluto adoperare una maggiore severità, e stabilire che, se arrivò il dì dell'incanto, o il dì della sentenza di vendita senza che siano passati i tre giorni del § 778, in grazia della speditezza dell'asta, l'azione di nullità si abbia come perenta — alla prescrizione aggiungersi l'acquiescenza derivante dall'atto con cui i Cola convennero nella vendita amichevole al quale proposito opportunamente traeva la *l.* 16 *cod. de testam.* la quale dice — *Illud etiam adjiciendum est, ut qui ex testamento vel ab intestato haeres extiterit, etsi voluntas defuncti circa fideicommissa legibus non sit subnixa, tamen si sua sponte agnoverit, implendi eam necessitatem habeat,* dicendo che se a quella convenzione fu aggiunta la clausula *salve le eccezioni, e senza pregiudizio degli atti fatti e da farsi,* questa nel linguaggio di curia preserva le ragioni pel creditore che non vuole con l'atto innovare il suo giudizio o inoltrato, o finito — Così, ma con molto maggiore ampiezza d'analisi, il giovine sig. avv. *Bonelli,* conducendo la causa tra gli spineti della prassi esecutoria con orazione di tanta chiarezza da augurare a questa effemeride (per la quale, come pei giudici, il *lucidus ordo* è un vero conforto), frequenti lavori della sua penna.

Il sacro uditorio „ Considerando che la notifica del processo verbale di pignoramento legalmente fu fatta al domicilio eletto, poiché se il § 429 permette di eleggere il domicilio anche per contratto, la elezione deve essere atta a produrre tutti gli effetti.

„ Che senza ragione i debitori avvisano di potere restringere tal disposizione di legge o all'effetto delle competenze di cui parla il § 446, o a quelle delle citazioni di cui parla il § 186, giacchè oltre al riflettere che quand' anche fosse così all' oggetto della nullità sarebbe scusabile quel creditore che ; vedendo dalla legge permessa nel domicilio eletto la notifica delle citazioni, nello stesso domicilio notificasse il processo verbale di pignoramento , toglie ogni dubbio il § 1166 il quale dice che — *i processi verbali dei pignoramenti ed altri atti esecutori, oltre le forme particolari da indicarsi in appresso, conterranno tutte le formalità ordinate per la notifica degli atti di citazione.* Giacchè siccome, tra le forme dalla legge prescritte nella notifica delle citazioni, v' è quella di poterla fare al domicilio eletto, non è da dubitare che altrettanto abbia voluto per la notifica del processo verbale di pignoramento , mentre il relato , con tutte le sue qualità ; si contiene nel referente.

„ Che con pari inutilità si va dicendo il § 1166 risguardare piuttosto la fo·ma delle citazioni , che il luogo ed il modo di presentarle : mentre la legge parla espressamente delle forme — *ordinate per la notifica,* delle quali peculiarmente si occupa nella seguente sezione 3 del tit. 2 : e siccome in tal parte di codice si trova il § 486 il quale dice che — *il domicilio eletto si ritiene come domicilio reale, anche all' effetto di notificare gli atti di citazione,* non è da dubitare che la disposizione di questo paragrafo si possa adattare alle notifiche dei processi verbali di pignoramento.

„ Che molto ancor meno è da allegare il § 1235 nel quale si prescrive che — *una copia del processo verbale sarà lasciata immediatamente al debitore , quando il pignoramento siasi fatto nel suo domicilio: se verrà fatto in altro luogo, la copia si dovrà notificare nel termine di un giorno con l' aumento proporzionato alla distanza,* o il § 1257 in cui si dispone che — *una copia del processo verbale sarà consegnata immediatamente al debitore ed a ciascuno degli inquilini, affittuari, e coloni se sono presenti, e , quando siano assenti , sarà loro notificata nel termine di un giorno con l' aumento proporzionato alla distanza dei luoghi.*

„ Che, in quanto al primo di questi articoli, basterebbe
il riflettere che esso appartiene al pignoramento dei mobili,
per cui non potrebbe essere applicato al caso di pignoramento di stabili: ma inoltre esso è alienissimo dal dare argomento per concludere che la legge non voglia notificati
i processi verbali al domicilio eletto. Conciosiachè la legge
in ambedue i suddetti articoli dispose in massima doversi
notificare il processo verbale ai debitori indicando due modi,
uno pel caso del debitore presente alla esecuzione, uno pel
caso del debitore assente, non altro dicendo per questo ultimo caso, se non che si debba notificare il processo, senza
indicare se al domicilio reale, o all'eletto. Se intanto è
vero che il domicilio eletto vale quanto il reale all'effetto
della notifica, ognuno comprende che la legge non tolse al
creditore l'arbitrio, che anzi un tale arbitrio espressamente
mantenne.

„ Che neppure giova il rispondere colla frase — *sarà loro
notificata* — avere la legge indicate piuttosto le persone, che il
luogo: poichè, se le parole si dovessero intendere in un
senso tanto ristretto, sarebbe necessità concludere che il processo verbale non si debba notificare neppure nel domicilio
reale, se i debitori siano assenti: onde è forza intendere la
legge nel senso ch'essa non altro abbia voluto nel caso di
assenza del debitore, fuorchè la notifica del processo. Per
cui, siccome può essere il domicilio tanto reale che convenzionale, e si possono in entrambi notificare tanto le citazioni, quanto le esecuzioni secondo la volontà dei §§ 486,
e 1166, torna che alla validità dell'atto l'opposto luogo di
legge non può arrecare la minima offesa.

„ Che a ciò si arroge la sanatoria, che sarebbe sopravvenuta per parte dei debitori. Conciosiachè nella specie si
tratta non di nullità derivata da difetto sostanziale, ma di
nullità per difetto di estrinseca forma, e per conseguenza
prescritta, passati i tre giorni dall'art. 778 dati a reclamare.
È mal si oppone che di tali nullità si abbia piuttosto a

giudicare colla regola del § 1364, il quale è anzi restrittivo della facoltà concessa negli altri casi dal § 778.

„ Che inoltre la nullità sarebbe stata sanata anche da altri atti tanto in giudizio, che fuori; e perchè i Cola domandarono innanzi all'A. C. la remozione del custode che era stato apposto ai frutti pendenti caduti nell'esecuzione, e perchè colla creditrice convennero di procedere ad un amichevole vendita de' beni oppignorati : non giovando loro le clausule preservative delle ragioni, e perchè non si attendono le riserve, quando sono in opposizione coi fatti, e perchè la clausula *senza pregiudizio degli atti fatti*, *e da farsi* espressamente si limitava a salvare le ragioni della creditrice.

„ Che non è da attendere la querela degli attentati, primo perchè, riunita alla causa principale in un medesimo dubbio, dipende dalla sorte di questa; secondo perchè, se i ricorsi di nullità pel § 1064 non producono inibizione neppure quando s'interpongono al tribunale supremo, molto meno è da dare loro forza inibitoria allorchè s'interpongono ai giudici ordinari.

Rescrisse — *in decisis.*

Ruota del dì 29 aprile 1844 — Nullius seu Lepriniani nullitatis exequutionis, et attentatorum. R. P. D. Bonini, *difensori per gli appellanti* sigg. avv. Massani, e Marchetti (Gius.), *proc.* sig. dott. Ricci; *per l'appellata* sig. avv. Bonelli, *proc.* sig. dott. Mancini-Lombardi.

8 luglio — *expediatur.*

GIUDIZI . DOLO . STRAGIUDIZIALI

VII. *Chi sostiene una lite manifestamente iniqua, può esser condannato anche alle spese irrepetibili sia attore, sia reo convenuto.*

E tali spese irrepetibili si pongono in tassa, quando anche nella sentenza non ve ne sia la condanna.

Generalmente parlando, il tribunale della sacra Ruota tassa le spese stragiudiziali ancorché non contenute nella sentenza, se crede che per diritto siano dovute.

I §§ 359 e 360 della legge 17 dic. 1834 parlano dei casi in cui le spese stragiudiziali non sono per diritto dovute, non di quelli in cui sono dovute: come nei giudizi ai quali il dolo o la frode hanno dato causa.

Giacché in qualunque disposizione di legge il caso del dolo e della frode non s'intende considerato, e preveduto.

In tali casi però, se siano condannati più litiganti, la condanna non è solidale, ma pro virili.

N. c. N.

Le suddette massime, che sono per la pratica di non tenue rilievo, furono stabilite *ex professo* dalla s. Ruota nella circostanza d'una lite, che intentò un figliuolo per ottenere la deputazione d'un curatore al proprio padre sventuratamente caduto in demenza, e per vedere altresì dichiarato nullo un testamento, che in quello stato di mentale infermità, a suggestione degli altri figli avea fatto, come è riferito nelle decisioni *Ferentina nullitatis testamenti*, e *Ferentina interdictionis cor.* Zacchia, e *coram* De' Retz dei giorni 23 marzo, e 3 luglio 1835, 8 luglio 1836, e 25 gennaio 1839. Passate in regiudicata, il fratello Luigi, che era l'attore, citò i propri fratelli Francesco, Pietro, e Niccola, che si erano opposti, non che una Maria comune sorella — *ad videndum taxari, et moderari expensas omnes judiciales, et extrajudiciales, sive damna, impendia, interesse quomodolibet ab instante passa occasione caussae, extensive ad sumptus omnes itinerum, et permanentiae extra lares, et alia de quibus in notula*: ed il tribunale, considerando che la Maria avea per tempo rinunciato alla lite, che Francesco e Niccola aveano rinunciato ancor essi, ma a giudizio inoltrato, e che il solo Pietro avea sostenuta la guerra fino alla sconfitta, ai 19 di aprile 1841 rescrisse — *quoad Mariam esse locum compensationi expen-*

3*

sarum etiam praesentis propositionis : in reliquis esse locum taxationi pro virili expensarum pro nunc judicialium quoad Petrum usque ad exitum litis , quo vero ad Franciscum , et Nicolaum usque ad diem peractarum renunciationum : quoad extrajudiciales damna et interesse, detur dubium, ed il dubbio fu dato colla formola — *an sit locus refectioni expensarum extrajudicialium, damnorum, dispendiorum, et interesse ita ut, quomodo , et in qua summa sit relaxandum mandatum.*

Il sacro uditorio ,, Considerando che, se Francesco nel cominciare del giudizio fece alcuna opposizione alle istanze del proprio fratello, ciò deve attribuirsi ad impulso di carità filiale, ed alla brama di vedere il suo vecchio genitore redento dalla interdizione, a cui si voleva assoggettarlo per motivo d'imbecillità: ma, appena questi morì, non solo cessò da qualunque opposizione, ma si confederò col fratello Luigi, per fare annullare il testamento : nè mancava per lui la causa impulsiva : mentre ancor esso in quella ultima pretesa volontà veniva istituito nella sola legittima : ragione per cui deve andare assoluto dalle spese stragiudiziali , essendo già stato condannato alle giudiziali fatte fino al giorno dell'emessa rinuncia.

,, Che però non si può dire altrettanto di Niccola e Pietro : i quali con dolo e con frode agirono a danno del fratello assente per creare un testamento paterno , comechè essi sapessero ciò che sapeano tutti gli altri individui della famiglia, ed anche gli estranei, che cioè il loro genitore, da ventidue mesi almeno pria della morte, era caduto in demenza, aveano veduto che nelle di lui lettere, e nei di lui contratti non v'era connessione d'idee, che usava voci non corrispondenti alle cose che voleva significare , e sottoscriveva in modo inusitato e stravagante.

,, Che, a malgrado d'una tale infermità , la quale in appresso dai medici fu dotta vera pazzia, Niccola e Pietro, coll'assistenza d'un malvagio notaio, circonvennero il padre, e, con ogni maniera di frodi, pervennero ad ottenere da lui il testamento, nel quale si fecero nominare eredi *ex asse.*

„ Che tali fatti risultano dai processi delle cause *super interdictione* , e *super nullitate testamenti* , ed apertamente sono dimostrati da tutte le decisioni in esse emanate : che , se consta da una regiudicata Pietro e Niccola con dolo , e con frode avere estorto il testamento paterno , come temerari e calunniosi litigatori devono pagare le spese anche non ripetibili , pel testo che dice — *improbus litigator, et damna et impensas litis inferre adversario suo cogatur* (1).

„ Che non giova il rispondere o che nelle sentenze non vi sia condanna alle stragiudiziali, o che pei §§ 359, e 360 della legge 17 dicembre 1834 le stragiudiziali non possano essere tassate, se almeno nella regiudicata non v' è la condanna ai danni: giacchè, in quanto al primo, secondo la Ruota nella *Romana taxationis expensarum* 3 febbraio 1819 cor. Bussi § 6 — *Non semel a patribus definitum est , quod ubi extrajudiciales expensae aut ex jure, aut ex pacto debentur, etiam, silente sententia, in taxationem veniunt,* e per ciò che risguarda il secondo, quei §§ di legge appartengono ai giudizi nei quali, per la loro natura, le stragiudiziali non sarebbero dovute , se non venissero incluse nella condanna ai danni : ma , quando si tratta di giudizi che per l'indole loro portano la rifusione delle irrepetibili, come sono i giudizi intentati o trattati con dolo e con frode, non v'è bisogno di nessuna condanna ai danni estrinseci, per poterle mettere in

---

(1) *Instit.* § 1 *de poena temere litig.* – *l.* 13 § 6 *cod. de jud.* – *l.* 4 *cod. de fruct. et lit. impens.* – *l.* 79 *ff de jud.* – Bartol. *ivi.* – Vinnio *ad instit. tit. de poena temere litig.* § 1 *num.* 3. – Donello *comment. lib.* 26 *cap.* 3 *num.* 6. – Perez *in cod. lib.* 7 *tit.* 51 *per tot.* – Rota *nella Anconitana seu Senogallien. nullitatis apochae super expensis extrajud.* 6 *marzo* 1795 § 2 *cor.* Acciajoli , *e nella Romana taxationis expens.* 3 *febbraio* 1819 *cor.* Bussi.

38

tasse: e fu questa la giurisprudenza del sacro uditorio anche in casi decisi dopo la pubblicazione del codice piano (2).

„ Che, se in ogni disposizione di legge s'intende escluso il caso del dolo, concorrendo il quale, deve il colpevole considerarsi come privato del soccorso di essa (3), le leggi, che limitano la repetibilità delle spese, non possono essere adattate al caso di frodolenti, e calunniosi litigi.

„ Che per tali ragioni Niccola e Pietro al pagamento delle stragiudiziali verso il fratello devono essere condannati: ma *pro virili*, e perchè nel rescritto, che risguardò la tassa delle giudiziali questo fu detto, e perchè non vi sarebbe nessuna ragione per condannarli solidalmente, non ammettendo la legge solidarietà di condanna per le spese dei giudizi civili, benchè trattati con dolo e con frode, giacchè, per quanto essi siano calunniosi ed ingiusti, sono sempre giudizi civili, e non delitti (4): tanto più che nella sentenza non v'è la condanna solidale (5).

---

(2) *Cornetana liquidationis damnorum et expensarum* 20 febbraio 1820 § fin. cor. Ziuanni. - *Senogallien. dotis* sup. expensis 6 luglio 1821 cor. Martinez. - *Anagnina super rejudicata, quoad excessum taxationis* 9 maggio 1823 § 4 cor. Bofondi. - *Romana liberationis a molestiis* 12 giugno 1829 § 9 cor. De Corsi.

(3) *L.* 65 § 7 *ff pro socio.* - *l.* 1 § 1 *ff de doli mali except.* - card. Tusch. lett. D concl. 81 num. 9, conclus. 580 num. 16 lett. E. - Mantica *de tacitis lib.* 26 tit. 9 num. 7. - Costantino *vot. decis.* 291 num. 4. - Rota cor. Falconer. tit. de solution. decis. 15 num. 5 et 6, decis. 8 num. 3 et seq. cor. Tanara.

(4) *L.* 39 *ff de jud.* - *l.* 78 § 1 *ff de legat.* 2. - *l.* 1 § 1 *ff de vacat. muner.* - Voet *in pand. tit. de rejud.* num. 24. - Faber *in cod. lib.* 7 litt. 18 defin. 1. - Richer. lib. 4 tit. 39 cap. 10 sect. 5 num. 1008. - Rota decis. 319 num. 1 et seqq. cor. Pamphilio, et decis. 468 num. 17 cor. Ansaldo.

(5) *L.* 1 cod. si plures una sent. - Gratian. discept. forens. cap. 23 num. 50. - Rota cor. Molines decis. 890 num. 1.

Rescrisse — *quoad Franciscum affirmative in omnibus:*
affirmative vero quoad Petrum usque ad exitum litis; quoad
Nicolaum usque ad diem renunciationis pro virili tantum, et
pro expensis extrajudicialibus tantum, et mandatum esse re-
laxandum.

Ruota del dì 14 giugno 1841 — Ferentina nullitatis testa-
menti, et interdictionis super expensis extrajudicialibus R. P. D.
De Retz, *proc. per Luigi* sig. dott. Cerafogli.

16 giugno 1843 — *in decisis juxta modum,* ed il modo
fu — *ut Franciscus persolvere debeat expensas extrajudiciales*
usque ad diem emissae renunciationis.

8 luglio 1844 — *expediatur.*

CURSORI FORANEI . APPELLO . PERENZIONE

VIII. *Se una citazione d'appello a comparire innanzi alla*
Ruota sia stata notificata da un cursore foraneo, ciò non
importa la nullità dell'atto all'effetto di domandare, de-
corsi i termini, la perenzione dell'appello.

(*Discuss. sul § 785 del reg. giud.*)

Porta c. Galeotti

Così giudicato nella circostanza d'una citazione d'appello da una sentenza ruotale mandata dai Galeotti contro
Porta innanzi ad un altro turno di Ruota, e notificata nella
terra di Capranica a dì 3 aprile 1844 da un Filippo Baldi,
che nell'atto si annunciò *cursore presso la curia foranea di*
Capranica, autorizzato anche per gli atti avanti all'ill. sig. vi-
cario generale di Sutri: e siccome la sentenza ruotale era
stata agli appellanti intimata fin dall'aprile 1843, in giugno
di quest'anno 1844 al procuratore del Porta parve maturo
il tempo, per domandare la nullità di quell'istanza: lo che
avrebbe portato la perenzione dell'appello. Perciò promosse
un incidente dicendo — *declarari, et decerni nullam, irritam*
ac circumscriptam praesentationem actus appellationis adversus

instantem ab illegitimo cursore peractam, et, pro hujusmodi effectu, declarari ac decerni non esse amplius locum alicui appellationi.

Il difensore dell'istanza dicea che *ogni contravenzione alle leggi di procedura induce la nullità dell'atto* (1) — che il governo nomina i cursori *pel servizio dei tribunali, e dei giusdicenti, che risiedono in ciascuna provincia* (2), ai quali cursori appartiene di notificare gli atti a forma delle leggi (3), quindi con una dichiarazione del tribunale di Viterbo, ed un altra del vicario generale di Sutri facea dimostrato che il Baldi non fosse descritto nè trai cursori del tribunale, nè tra quei del vicario, e che inoltre, nell'eseguire quell'atto, benchè il § 274 prescriva che — *le copie fatte dai cursori dovranno essere intieramente conformi agli originali,* lasciò di trascrivere la relazione, che avea posta in calce dell'originale.

Per lo contrario il difensore dei Galeotti dicea che pel § 781 — *si verifica il difetto di citazione, quando fu omessa la citazione introduttiva di giudizio, ossia quando il reo convenuto non fu citato in principio di lite nè in persona, nè al domicilio, nè alla sua dimora, nè in altro luogo determinato dalla legge,* e se una citazione al Porta fu notificata, all'odioso effetto della perenzione non si potesse dire nullo un atto, la cui irregolarità risguardava la mera ordinatoria, nè avrebbe potuto somministrare una ragione all'effetto molto men duro d'un semplice ricorso di nullità — Che se la legge del 17 dicembre 1834 non permette ai cursori foranei, od a quelli degli uditori legali il notificar citazioni innanzi a tribunali maggiori, ciò importa che essi, usurpando un officio che loro non appartiene, possano essere amministrativamente corretti, non che gli atti loro non siano atti, e che il citato per tale irregolarità possa asserire di non essere

---

(1) *Reg. giud.* § 408.
(2) *Reg. discipl.* § 283.
(3) *Ibid.* § 285.

stato citato — Alla mancanza della relazione nella copia rispondea coll'Uberto *de citat. cap.* 12 *num.* 106 che — *in curia cursores et mandatarii non faciunt relationem apud acta, sed in pede citationis, unde relatio simul cum citatione in actis producitur : et, si cursor faceret relationes diversas, unam in pede citationis et alteram in manibus partis, quod attendenda sit ea, quae est in scriptura originali citationis dixit ecc.* E citava il canone *quoniam de probat.* ove è letteralmente definito che, nascendo controversia sugli atti la cui copia si rilascia alla parte, si debba attendere unicamente l'originale (4).

La sacra ruota rescrisse — *servetur appellatio.*

Ruota del dì 8 luglio 1844 — *Sutrina laesionis super moderat. appell.* R. P. D. De Petro, *dif. per Porta* sig. dott. Rosa, *per Galeotti* sig. dott. Binarelli.

CAUSA PENDENTE . LAICI . CHERICI EREDI . COMPETENZA

IX. *Se un cherico succede nei diritti d'un laico reo convenuto dopo la contestazione della lite, il cambiamento delle persone non importa cambiamento di foro, e la causa deve essere terminata dal giudice laico, innanzi a cui venne introdotta.*

Sassoli c. Sassoli

A pag. 3 vol. 1 anno 1842 questa effemeride, per dovere del suo officio, si trovò nella necessità d'annunciare alla curia la massima che — *se un giudizio sia stato introdotto contro un laico nel tribunale laico, e, morto il reo convenuto, in pendenza di lite nella di lui eredità sia subentrato un ecclesiastico, il tribunale laico diviene* ipso facto *incompetente, e la causa deve essere continuata avanti al tribunale ecclesiastico.* Siccome però si trattava in quel caso di lite

---

(4) *Ed ivi la glossa.* - Costantino *vot. decis.* 77 *num.* 18.

appena introdotta, rimaneva a vedere se un tale perturbamento nell'ordine delle cognizioni dovesse permettersi anche nel caso di lite già contestata: ed ecco una bella regiudicata di Segnatura con cui non solo fu detto di nò, ma fu altresì renduta vacillante la regola che, nella specie di lite unicamente introdotta, era stata adottata.

Dall'anno 1835 nel tribunale di prima istanza sedente a Bologna pendeva una causa *familiae erciscundae* tra Biagio ed Antonio fratelli Sassoli, ed in ruolo più volte era stata discussa: morti però l'un dopo l'altro ambedue i litiganti, i figliuoli d'Antonio, volendo ultimarla, all'entrar di gennaio 1843 la riassunsero, citato il sig. dott. Campana come divenuto padrone di lite, ed insistendo per la emanazione dei dubbi: ma non appena li videro contrari, il sig. dott. Vecchietti, che difendeva gli eredi di Antonio, sapendo tra i figli di Biagio essere un don Giuseppe sacerdote, e conoscendo la suddetta regiudicata di Segnatura, citato lo stesso Campana, fece istanza per ottenere che la causa nello stato, e nei termini fosse rimessa alla curia ecclesiastica: l'ebbe contraria, e il tribunale a dì 14 giugno pronunciò la seguente sentenza.

„ Ritenuto, che, introdotta la presente causa con citazione 5 settembre 1833 ad istanza del signor Antonio Sassoli, suoi figli e nipoti *ex filio* contro il signor Biagio Sassoli in punto di nullità di divisione, o di supplemento di quota, e contestata, ma rimasta pendente, per ciò che concerne il merito della medesima, con ulteriore citazione 17 ottobre 1836 contro lo stesso Biagio Sassoli venne riassunta per la discussione e per l'opinamento dai figli ed eredi mediati, ed immediati dello stesso fu signor Antonio Sassoli, passato in quel tempo a miglior vita.

„ Ritenuto che di poi, cessato di vivere il signor Biagio Sassoli reo convenuto, volendosi dagli attori figli ed eredi del detto Antonio proseguire il giudizio, con ulteriore citazione intimata li 9 gennaro corrente anno 1843 si è citato il causidico signor dott. Pietro Campana padrone della lite per la morte del fu Biagio Sassoli reo convenuto, chiedendosi di bel nuovo la riproposizione della causa per la sua discussione , e per l' opinamento.

,, Ritenuto che con altro atto 8 maggio pure di questo anno, li detti signori attori hanno citato il prenominato causidico sig. dott. Pietro Campana nella sua, ed attribuitagli qualità come sopra di padrone della lite, ed addimostrato con due fedi l'una battesimale portante che il fu Biagio Sassoli nel 2 dicembre 1781 ebbe un figlio, al quale fu imposto il nome di Giuseppe, l'altra di questo arcivescovo, che il prefato sig. Giuseppe del fu Biagio Sassoli fino dal 22 settembre 1804 fu promosso al sagro ordine del presbiterato, non che all'appoggio di una decisione del supremo tribunale della Segnatura *Romana circumscriptionis coram* Grossi emanata li 18 agosto 1842, hanno chiesto che la causa sia rimessa al tribunale ecclesiastico.

,, Considerando primieramente che la citata decisione contempla un caso di non poco dissimile dal presente, e nel quale quella lite, appena introdotta, non era stata altrimenti contestata, lo che non si può dire di questa, in cui per due volte è stata riassunta, onde venisse discussa e pronunciato l' opinamento.

,, Considerando che nella presente fattispecie, come non fu mai notificata la morte di Antonio Sassoli, così non lo fu l'altra del suo fratello Biagio Sassoli, lo che pure operare si doveva pel disposto del § 904 del regolamento legislativo e giudiziario.

,, Considerando che nell' attuale caso di lite non è stata già riassunta avanti questo tribunale, citati i figli del fu Biagio Sassoli, fra quali si è ora provato esservi un sacerdote, ma sì vero citato il procuratore addivenuto padrone della lite pel disposto del § 903, e la lite, che fu giudicata dalla riferita suprema Segnatura, era appena incominciata, dopo un decennio fu riassunta contro dei sacerdoti fratelli di colui che in principio era stato provocato in giudizio, e quindi era reo convenuto nel medesimo.

„ Considerando che, come i tribunali non devono dubitare della propria competenza e giurisdizione, del pari non è consentaneo alla legge, che della medesima si spoglino per demandarla ad altro, giusta la *l.* 1 *ff de officio ejus cui mandata est jurisdictio — l.* 5 *ff de jurisdict.*, e ciò almeno fino a tanto che non consti, come nella odierna controversia non apparisce, che il reo signor don Giuseppe Sassoli abbia interesse nel present e giudizio, o quand'anche lo abbia, od avere ne possa, finchè non siavi denuncia di cambiamento di persona, o di stato della medesima, ma il padrone della lite continui ad essere il causidico del defonto Biagio Sassoli.

„ Per tutto ciò, il secondo turno del tribunale di prima istanza civile e criminale, interlocutoriamente giudicando, allo sta to degli atti, ha dichiarato e dichiara essere competente, e conoscere, e giudicare la presente causa. Ha poi rimesse le spese del presente incidentale giudizio di merito. „

Allora si volsero a riassumere di fatto l'antico giudizio innanzi alla curia dell'arcivescovo, citato il sacerdote, e più non curando di citare il Campana come divenuto padrone della lite; quindi a ricorrere in Segnatura per ottenere che, previo l'annullamento della suddetta sentenza, alla curia ecclesiastica fosse avocata e rimessa la causa, commettendo il patrocinio romano al procuratore di collegio sig. dott. *Montanari*.

Questi parlò del diritto canonico, e dei capi *diligenti* e *significasti* nel titolo *de foro competenti*, pei quali i cherici in nessun caso possono essere tratti al giudice laico: e disse non ostare che la causa innanzi ai giudici laici si trovasse legittimamente introdotta, perchè i rei convenuti erano laici, mentre la sopravvenienza del cherico li fece repentinamente incompetenti: ed a giustificazione della massima citava tutti ì scrittori che così la pensarono (1). Inoltre allegò una decisione della sacra congregazione della Immunità nella quale fu detto — *Clericum successorem laici non ligari instantia inchoata coram judice laico* (2), quindi l'autorità del Vitali che nel suo trattato *de jure Signaturae* si esprime dicendo che, *articulo formiter discusso, tenuit Squillante quoad clericum successorem laici adversus quem coeptum fuit judicium in foro laicali, ex eo quia clericus sive universalis, sive particularis successor sit laici, semper clericus est, et idcirco coram judice ecclesiastico citandus : et hinc iterum decrevit eminentissimus praefectus die 18 julii 1778, per acta archivii avocandam esse caussam, et remittendam ad forum ecclesiasticum.* Distribuiva per ultimo ai padri un esemplare della suddetta decisione del tribunale supremo 18 agosto 1842.

Il sig. avv. *Tosi* rammentava all'incontro che — *si quis postea quam in jus vocatus est, miles, vel alterius fori esse coeperit, in ea caussa jus revocandi forum non habebit, quasi preventus* (3), e dicea che, se fu tra i dottori e nei tribunali controversia sulla applicazione della regola al caso del privilegiato sopravvenuto in giudizio, quando la lite era appena incominciata, nessuno però abbia diritto di reclamare il suo

---

(1) Felin. *cap. ex tenore ,de rescript.* – Bald. *in l.* 1 *tit.* 2 *cod. si pend. appell.* – Soccino *in cap. proposuis. de foro compet.* – Graziau. *discent. foréns. cap.* 16 *tit.* 1 *tom.* 1. – Barbosa *de jure eccles. cap.* 59 *num.* 101. – Marta *de jurisdict. parte* 4 *casu* 33 – Antonelli *de juribus clericor. lib.* 1 *p.* 2 *cap.* 17 *num.* 1. – De Grassis *de effect. clericat off* 1 *num.* 278. – Deciano *tractat.* 4 *cap.* 9 *num.* 60. – Calcaguiuo *de avocat. et remiss. caussae num.* 38. – Rota *part.* 9 *tom.* 1 *decis.* 33.

(2) Ricci *synopsis resolut. s. c. verb.* clericus quoad forum *num.* 11.

(3) L. 7 *ff de judiciis.* – *l.* 30 *ff eod.* – *L. cum quaedam ff de jurisd. omn. jud.* - *cap. proposuisti* 19 *de foro compet.*

foro quando interviene dopo che la lite è *contestata* (4), per
cui nessuno, e neppure i scrittori in contrario citati osano
di sostenere che per la sopravvenienza d'un cherico, si possa
togliere al foro laico una lite già contestata per portarla al
foro di privilegio: e tra le altre autorità (5) allegava quella del
Novario, che nell'opera *de electione fori* si esprime così — *Qua-*
re omni ratione concludendum est, caussam inchoatam coram
judice defuncti, minime debere trahi, et finiri coram alio. De-
clara regulam procedere ubi lis est contestata cum defuncto:
at secus si solum coepta sit. Inde distinctionis foedere possumus
uti circa illam ventilatam quaestionem apud doctores an eccle-
siasticus succedens laico, teneatur prosequi judicium jam coe-
ptum in eodem foro.

Il tribunale supremo nell'opinamento del dì 11 gennaio
di quest'anno 1844 rescrisse — *quoad acta tribunalis civilis*
Bononiae usque ad totam diem 19 augusti nihil de circumscri-
ptione, in reliquis caussam spectare ad curiam ecclesiasticam
Bononiae in statu et terminis. Ma nella seconda proposizione
recedè da tale opinamento, ed ecco nel compendio della

---

(4) Calcagnino *de avocat. et remiss. caussae part.* 1 *observ.* 18
pag. 85 *num.* 5. - Carleval *de jud. lib.* 1 *tit.* 1 *disput.* 2 *quaest.* 7
sect. 3. - De Grassis *de effect. clerical. effect.* 50 *num.* 1259. - Reiffenstuel *in jus can. lib.* 2 *tit.* 2 *num.* 264. - Segnat. *nella Ferra-*
rien. circumscript. et restit. in integr. 15 *sept.* 1836 § 7 *cor.* Gallimberti.

(5) Covarruvias *cap.* 8 *quaest. practic. num.* 2 *et seq.* - Graziano *discept.* 16 *ove cita un gran numero di antichi.* - Barbosa
jus eccles. univ. lib. 1 *tit. de privil. cleric. cap.* 39 § 3 *num.* 101
ad 105. - Carleval *de judiciis lib.* 1 *disp.* 2 *quaest.* 5 *tit.* 1 *num.* 509. -
Oliva *de foro eccles. part.* 3 *quaest.* 23 *num.* 23. - De Grassis *de*
effect. clericat. effect. 4 *num.* 282 *et seqq.* - Hodierna *in adnot.*
ad Surd. *decis.* 110. - Segnat. *nella Tudertina circumscript.* 24 *apri-*
le 1834 *cor.* Grossi *decano* § 6.

decisione il cenno delle ragioni in tale esperimento dedotte
dai difensori d' ambe le parti.

„ Considerando che, se il giudizio introdotto nel tribunale di Bologna fu in origine valido, perchè laico era il reo
convenuto, e non si trattava di cosa appartenente alla chiesa,
valido fu anche in progresso: mentre per disposizione di
diritto il giudizio deve essere finito in quel tribunale, ove
fu incominciato.

· „ Che non è da pretendere cessata la giurisdizione del
tribunale laico nel momento in cui, morto Biagio Sassoli,
fu chiamato in giudizio il sacerdote Giuseppe di lui erede,
come se il cherico successore nella lite introdotta innanzi
ai giudici laici, non dèbba, e non possa in tale magistratura
continuarla. Giacchè, sebbene quasi tutti i canonisti siano
d'accordo nel dire, che il cherico erede del laico possa
condurre la causa agli atti del foro per lui competente, se
la morte del laico è avvenuta appena cominciato il giudizio;
la sentenza più vera e più sana è, che la lite debba rimanere ove si trova, se, quando avvenne il cambiamento della
persona, era già contestata.

„ Che a tale decisione di causa non ripugna nè il nuovo
codice di procedura, nè la giurisprudenza del tribunale
supremo, giacchè, in quanto al primo, egli è ben vero che
pel § 857 i giudici laici debbono rimettere anche le liti
contestate al giudice ecclesiastico, se veggono che la causa
senza l'intervento d'un ecclesiastico non può essere decisa;
l'articolo però tratta non d'una lite intentata contro un
cherico, o contro l'autore di lui, ma contro un terzo, e
nella quale sia necessario chiamare un ecclesiastico *ex integro*: cosa che è molto diversa. In quanto alla giurisprudenza del supremo ordine, il Vitali parla del cherico *successore
laici adversus quem* coeptum *fuit judicium in foro laicali*, non
del giudizio contestato (6).

_____

(6) *De jure Signat. just. cap.* 2 § *clerici quoad forum.*

„ Che nella causa *Romana circumscriptionis* 18 agosto 1842 si trattò appunto di giudizio non contestato, .e ,
se alcuna cosa nelle decisioni fu detto per comprendere
nella massima anche il caso di lite già contestata , si deve
attribuire alla particolare giurisprudenza dell' estensore, non
a quella del tribunale.

„ Che tutto ciò , che avviene in giudizio dopo seguita
la contestazione della lite, è estraneo al giudice (7), ed è massima ricenta nel foro che la sentenza si retrotrae al giorno
in cui la lite fu incominciata (8) : nè la giurisdizione dei
giudici si potrebbe mai dire sicura, se dovesse dipendere dal
cambiamento delle persone, che in un lungo litigio può accadere anche più d' una volta, per cui, correndo gli atti, si
dovrebbe portare la causa ora al giudice ecclesiastico perchè
è morto il laico contro cui venne introdotta , e nella cui
eredità è subentrato il cherico, ora al giudice laico perchè,
morto posteriormente anche il cherico , la costui eredità
rimase devoluta ad un laico.

„ Che, posta questa distinzione tra la lite introdotta e la
lite contestata, non è da dubitare che, nella specie, si trattò
di causa la quale già da gran tempo era contestata quando
morì Biagio Sassoli, alla cui eredità anche il sacerdote don
Giuseppe Sassoli si trovò chiamato, poichè, rimessa al ruolo,
più volte era stata discussa : nel che consiste la contestazione
d' una causa (9).

„ Che con ragione pertanto si dee decidere spettare la
causa al tribunale civile , annullati gli atti fatti nella curia
ecclesiastica : giacchè quando si tratta di pertinenza, la quale
richiede la duplice pendenza di causa, il tribunale supremo
decide non solo della competenza, ma eziandio della nullità.
Inoltre è da riflettere che il sacerdote Sassoli mai non prese

---

(7) *L. 25 ff de jud.*
(8) *Nov.* 115 *in princ. cap.* 1 *ut cum de appellat. cognoscitur.*
(9) *L.* 1 *cod. de litis contest.*

nessuna parte nel giudizio pendente innanzi al tribunale civile: poichè, sebbene Biagio Sassoli fosse passato di vita, gli eredi di Antonio proseguivano il giudizio, citando il di lui procuratore come divenuto padrone della lite.

„ Nè utilmente si è detto, che il procuratore del defonto, divenuto padrone della lite, non rappresenta il defonto, ma i di lui eredi (10), per cui tacitamente fosse citato il sacerdote Sassoli sotto il nome del causidico dott. Campana: conciosiachè è tanto sicura la erroneità di questa massima, che pel § 908 è espressamente prescritto che — *se l' erede del defunto vorrà proseguire la lite in proprio nome, sarà tenuto a denunciare all' altra parte la costituzione del nuovo procuratore, e la conferma del precedente.*

„ Che se l' erede per comparire in nome proprio ha bisogno dichiararlo espressamente, confermando con suo mandato il procuratore del defonto, ciò somministra un argomento *a contrario sensu* per dire, che, fino a tanto non venga fatta una tale dichiarazione, il procuratore, divenuto padrone della lite, rappresenta il defonto, e perciò gli eredi non si possano considerare parti litiganti, quantunque a loro ne appartenga il compendio od il danno: mentre la giurisdizione dei giudici non dipende dai commodi o dagli incommodi che dalle liti ritraggono le parti, ma dalla qualità delle persone, dalla condizione, e dall' indole del giudizio intentato.

„ Che se finalmente gli eredi di Biagio, lungi dal continuare la lite in nome proprio, lasciarono che gli atti si proseguissero contro il Campana, quel volerli citare in nome proprio innanzi alla curia ecclesiastica fu un voler togliere un arbitrio, che avean dalla legge, ed obbligarli indirettamente a stare in causa in nome proprio contro loro volontà.

---

(10) *L.* 23 *cod. de procurat.* -- *Reg. giud.* § 903.

Rescrisse. — caussam spectare ad tribunal civile Bononiae, circumscriptis omnibus gestis in curia ecclesiastica.

Segnat. del dì 23 maggio 1844 — Bononien. pertinentiae R. P. D. Caracciolo Santobuono, proc. per gli eredi di Antonio sig. dott. Montanari proc. di coll., per gli eredi di Biagio sig. dott. Piccinini.

SEGNATURA . STRAGIUDIZIALI . TASSA . MANCE

X. *Nei giudizi di nullità avanti la Segnatura non si tassano le stragiudiziali, quantunque ne sia stipulato il patto nel titolo da cui derivò la lite in merito.*

Ciò non ostante si pongono in tassa le mance date ai servi di mons. uditore, e di mons. referendario, cioè bai. 30 per ogni sala, se si tratta di litiganti domiciliati in provincia, e di bai. 60, se la causa è romana : non altro.

Approsi c. Battaglia

Così fu giudicato dalla prefettura del tribunale supremo, il cui magistrato, revocando un decreto di tassa col quale mons. uditore a pro di Battaglia avea condannato l' Approsi al pagamento di sc. 60 per una causa di nullità, che avea perduta in Segnatura, nel ridurre la specifica a sc. 49 : 58, tra le altre avvertenze, disse così — *Le informazioni private appartengono alle stragiudiziali, che, secondo la massima del pieno tribunale, non sono dovute neppure quando vi è il patto, trattandosi di circoscrizione, che non appella al titolo — Due sole mance sono dovute in bai. 60 per ciascuna, essendo causa romana, cioè alle sale di mons. uditore, e di monsignore referendario.*

Interposto reclamo dal procuratore del Battaglia in tribunale supremo, la decisione del magistrato suddetto acquistò forza di regiudicata, mediante il rescritto — *servetur decretum auditoris praefecturae.*

Segnat. del dì 18 aprile 1844 — *Romana taxationis expensarum* R. P. D. Consolini. dif. per *Battaglia* sig. Popolla, per *Approsi* sig. dott. De Romanis.

XI. *Il tribunale vescovile non è competente nelle questioni di dote che derivano da querele di stupro, se la pendenza criminale è stata transatta, o la dote fu per concordia assegnata, pria che il giudizio criminale fosse ultimato.*

N. c. N.

Pendente un incarto innanzi alla curia vescovile di Narni per causa di stupro con pregnanza, vuolsi che tra i genitori dei colpevoli seguisse una concordia, per la quale il seduttore, con esso il padre, alla donzella avrebbero data una dote di sc 375, e più sc. 25 per le spese del parto : certo è che il padre della donzella citò costoro innanzi al vicario per le somme suddette, ed, allegando testimoni, una sentenza interlocutoria ordinò farsi l'esame. I citati prima appellarono a mons. uditore della camera, quindi interposero ricorso in Segnatura per motivo di nullità, dicendo incompetente il giudice ecclesiastico a giudicare tra laici per controversia derivante da un atto di concordia civile, non da un processo penale, che non fu proseguito, e molto meno ultimato. A ciò rispondeva il difensore dell'intimato, ricordando il disposto del cap. *si seduxerit*, e del cap. *pervenit, de adulter. et stupr.* pei quali i seduttori sono tenuti a dotare le stuprate, e dicendo che tali cause sono di misto foro, per cui sono competenti anche i vicari (1): molto più pel giudizio criminale tutt'ora pendente, col quale la questione della dote avea tan-

---

(1) Ridolph. *in prax. part.* 3 *cap.* 1 *num.* 95. - Leuren. *de foro eccles. lib.* 2 *tit.* 2 *quaest.* 51 *num.* 2. - Pignattell. *consult. canon. tom.* 5 *consult.* 2 *num.* 38 *et* 42. - Reiffenstuel *in lib.* 2 *decret. tit.* 2 *num.* 151. - Ferraris *biblioth. canon.* alla v forus *num.* 59, e *nella add. num.* 22. - Segnat. *nella Septempedana circ. et avocat. caussae* 21 *maggio* 1829 *cor.* Alessi.

4*

ta relazione, quanta l'effetto può averne colla sua causa, e con la premessa, la conseguenza.

Il supremo ordine „ Considerando che l'attore deve seguire il foro del reo, e che, essendo laici i citati, non potevano essere tradotti alla curia del vescovo, a meno che non avessero in essa prestato il loro consenso, a forma della benedettina *Romanae curiae praestantiam*, § *jurisdictionem vero*, cioè nella cancelleria del giudice laico, innanzi a due testimoni, e sapendo che il giudice ecclesiastico è incompetente: mancando le quali formalità, l'ordine supremo ha sempre annullati per difetto di giurisdizione i processi (2).

„ Che incompetente il tribunale vescovile per le persone, lo era eziandio per la materia: giacchè la pecunia si richiedeva non in forza d'una condanna, ma d'una transazione, che è atto meramente civile (3).

„ Che inutilmente si adduce essere quell'azione derivata da un criminale processo, ed essere stata promessa la dote in espiazione del delitto: giacchè, non avendo il vicario pronunciata nessuna sentenza circa alla realtà del delitto, il solo titolo per cui si esercitò, e poteva esercitarsi l'azione, era la pretesa concordia, che è titolo meramente civile: lo che è tanto vero, quanto è sicuro, che anzi con la pretesa concordia il titolo criminale sarebbe rimasto estinto.

Rescrisse — *circumscriptis per viam nullitatis omnibus gestis coram vicario generali Narniensi, cum omnibus inde sequutis ex defectu jurisdictionis, partes utantur juribus suis.*

Segnat. del dì 6 aprile 1844 — Narnien. circumscriptionis R. P. D. Arnaldi, *dif. pel ricorrente* sig. avv. Bachetoni (Luigi), *proc.* sig. dott. Brunelli; *per l'intimato* sig. dott. Viscardi.

---

(2) *Tudertina circ. 3 giugno 1836 cor.* Gallimberti. – *Senogallien. circ. 18 aprile dello stesso anno cor.* Conventati.

(3) Wesembec. *in paratlit. ff de transact. num.* 2 *l. a.* – Alciat. *in rubr. cod. de transact.* – Urceol. *de transact. quaest.* 5 *num.* 23.

APPENDICE

Opere nuove di giurisprudenza.

FELICIS CICOGNANI S. Consistorii advocati - De mendican-
tibus validis - *ad l. unic. cod. lib.* 11 *tit.* 15 - Dissertatio -
Romae typ. Crispini Puccinelli - 1844 in 4° di pag. 66.

Ad una età nella quale il pauperismo ha occupati gli studii
di molti scrittori di economia politica, come le cure di tutti i governi di Europa, fu convenientissimo il tema scelto dal sig. avvocato Cicognani nella circostanza del suo ricevimento in Concistoro:
onorificenza che è presso di noi la corona olimpica per quei che,
percorso con gloria lo stadio del patrocinio privato, hanno meritato
la stima del principe e della patria. E siccome l'avvocatura romana, educata dal testo, così nell'interpretare, che nel difendere, è, e
deve essere nell'istoria della civiltà necessariamente erudita, non è
da ridire quanta ricchezza di peregrine notizie concernenti al soggetto si accolga in questa bella monografia. La dottrina dei due
principii, coi quali in città ben governata deve essere riguardato
l'affare dei mendichi, cioè del soccorso da darsi agli invalidi, e
delle pene da infliggersi alle mendicità volontarie presso i più colti
popoli dell'antichità; vi si trova narrata e giustificata coll'autorità di
quanti scrittori ne hanno parlato o da lontano, o da vicino, a tal
che chiunque volesse imprendere a scriverne un trattato completo,
non avrebbe che a consultare le opere consultate e citate nella com-
posizione di questo piccolo, ma pregevolissimo libro.

Per ciò che risguarda nell'oggetto del nostro giornale, che è strettamente giuridico, ricorderemo, che la legge presa a commentare è
un rescritto dell'imperadore Graziano a Severo prefetto di Roma
dato a Padova ai 20 di giugno, essendo consoli Antemio e Siagrio,
e che dice così - *Cunctis quos in publicum quaestum incerta mendicitas vocaverit, inspectis, exploretur in singulis et integritas corporum et robur annorum: atque inertibus, et absque ulla debilitate
miserandis, necessitas inferatur, ut eorum quidem, quos tenet conditio servilis, proditor studiosus et diligens dominium consequatur:
eorum vero quos natalium sola libertas persequitur, colonatu perpetuo fulciatur, quisquis hujusmodi lenitudinem prodiderit ac pro-*

baverit : salva dominis in eos actione, qui vel latebram forte fugi-
tivis, vel mendicitatis subeundae consilium praestiterunt -. Il ch. dis-
serente, prescindendo dal ricercare se invece d' *incerta mendicitas,*
secondo Gotofredo , si debba leggere *incoepta* , e inclinando alla
lezione volgata, perchè il rescritto parla di ogni mendicità o incipiente,
o protratta , commemora la dissertazione, che sullo stesso soggetto
fu letta quaranta anni indietro dal fu avv. Angelotti (1) , ed è di
avviso che il diritto di esplorare la sanità o l'infermità dei mendichi fosse accordato a coloro, ai quali apparteneva di vigilare sopra
di essi , ma dentro i limiti della semplice ispezione , per tenere in
pericolo di pena quei che, sotto pretesto di una mendicità necessaria, volessero vivere a carico della società : e ciò col mezzo dei fisici,
i. quali, avuta ragione dell' età e dei vizi del corpo , dessero avviso
sulla di loro idoneità al lavoro : - che alla ispezione subentrava il
giudizio per decidere se la infermità fosse vera o simulata, e in questo secondo caso il *proditore,* cioè colui che avea la facoltà di dare
la caccia a tali poltroni , s' impadroniva di lui, se era uno schia-
vo, o lo rendeva suo colono perpetuo. Nè potea convenire coll'opinione dell' Angelotti , che cioè non fosse lecito ai *proditori* assoggettare a tale ispezione le donne, e che nella legge fossero compresi solo i mendichi esteri , non i nazionali , giacchè nel testo tali
eccezioni non sono , e , adoperando la voce *cunctis,* l' imperadore volle significare che la sua prescrizione fosse per tutti.

Quindi della nov. 80 in cui Giustiniano provvide al pauperismo
di Costantinopoli , ordinando che i non conterranei venissero ispezio-
nati, se validi e schiavi, rimessi ai padroni; se liberi, rimandati alle
rispettive provincie; se conterranei e validi, mandati a lavorare nelle
officine degli artigiani, o nelle campagne , o , in caso di resistenza,
espulsi dalla città; se invalidi o vecchi, abilitati a mendicare, o mandati nelle case di ricovero a ciò destinate, pel quale oggetto creò
un nuovo magistrato, che chiamò *questore,* con altre incombenze edi-
lizie ivi narrate. A tale proposito molto opportunamente ragiona degli ordini dei mendicanti, i quali nella chiesa cattolica, operando dì
e notte per la salute delle anime, in chiesa , in convento, nelle case , negli spedali , nelle caserme , nelle campagne, sempre pronti ad

(1) *Romae* 1805 *typ.* Cannetti *et* Baldassari.

accorrere a qualunque chiamata, in qualunque ora, in qualunque stagione rendono alla società con grandissima usura quello scarso pane che ne hanno. Poteva aggiungere del solenne spettacolo di carità dato indistintamente da tutti gli ordini nell'infortunio di agosto e settembre 1837 in questa capitale. Per ultimo degli spedali, che per le largizioni dei fedeli, cominciando da Zotico *beatissimae memoriae viro, qui primus hujusmodi pietatis officium invenisse dicitur* (1), e via discorrendo fino all'età nostra così di questa insigne opera pia, come delle tante altre di cui la provvidenza dei sommi pontefici, a sollievo dei poveri invalidi, tenne sempre ricchissima la nostra città.

Opuscoli giuridici recentemente pubblicati in Germania

1. Societates innominatae, in quantum sequuntur romani juris principia de societatibus. Dissertatio etc. *quam scripsit* Fridericus Franciscus Fuessel Peguviensis. *Lipsiae typis Staritzii* 1842.

La dissertazione è molto utile nella parte commerciale.

2. De pupillorum, ac minorum disponendi facultate. Dissertatio etc. *quam scripsit* Gustavus Ruxxu Reg. Boruss. consiliarius judic. et Schoenbergensis judicii praepositus. *Heidelbergae typis A. C. Osswald* 1842.

L'A. si occupa a risolvere una quistione nata tra classici giureconsulti. Cujacio e suoi seguaci stabilirono. – *Minorem ex quavis contractu obligari, nisi si quid alienet, ubi curatoris consensus necessarius sit* - all'incontro Donello e Vinnio credono - *Minorem cui curator sit, sine ejus consensu numquam obligari* - mentre altri dottori dissero - *Minorem quidem ex contrahentibus obligari, sed, curatela durante, in judicium vocari non posse.*

3. De Conditionibus faciendi, vel non faciendi testamento adscriptis, quibus pareri non potest. Dissertatio etc. *quam scripsit* Joannes Jacobus Escrxx Turicensis - *Gottingae ex officina Henrici Caroli Seomann* 1842.

È un breve trattato delle condizioni, ed è rimarchevole la confutazione che vi si fa al Donello, che insegna doversi subito adempiere la *condizione* da chi vuole un legato.

---

(1) *L. 35 cod. de episc. et cleric.*

4. De pacto ne dolus praestetur. – Dissertatio inauguralis etc; *quam scripsit* Ludovicus Constantinus Ostralon Doehlensis etc. *Lipsiae typis Staritzii* 1842.

Fatta la distinzione de' patti *super dolo futuro* , *et super dolo praeterito*, decide, che il patto *ne dolus praestetur praeteritus* è valido , l' altro è nullo.

5. De intercessione mulierum. Dissertatio etc. *quam scripsit* Benno Vogel Golditiensis. *presso lo stesso* 1842.

È un trattato sul Senatus-Consulto vellejano

6. De actionibus adjectitiae qualitatis. Dissertatio etc. *quam scripsit* Otto Bachmann Dessavio-Ascanius. *presso il med.* 1843.

Parla dell' azione *quod jussu* , dell' azione *esercitoria* , della *direttoria* , della *tributoria* , di quella *de peculio* , e dell' altra *de in rem verso*.

7. De jure praetorio. Dissertatio *quam scripsit* Emilius De Thurmann Gollmensis. *presso lo stesso* 1843.

Quel diritto che introdussero li pretori *romani* o per supplire, o per correggere il gius civile in grazia della pubblica utilità , è il soggetto del trattato. Vi si parla assai pienamente degli editti dei pretori, del cosl detto *editto perpetuo*, della restituzione in intiero ec.

MICHELE DE MATTHIAS.

Corrispondenza tra le leggi indiane e le romane in materia civile.

Il sig. *Gibelin* procuratore generale alla corte reale di Pondichery , nella solenne adunanza dei 23 febraio 1840 annunciò come vicina la pubblicazione della raccolta contenente le leggi indiane, intorno alla quale già da molti anni si va occupando la magistratura francese in quella colonia, per aggiungere al codice di Menou, solo libro legislativo conosciuto nell' Indie , tutto ciò che fosse riescito di rinvenire nei libri dei sapienti, e nelle tradizioni nazionali in materia civile. In tal circostanza comunicò un saggio dei risultati , cioè una serie d' articoli risguardanti al matrimonio , alla filiazione, all' adozione , alla proprietà fondiaria , alle servità , alle successioni , alle donazioni , alle ipoteche ec. ec., facendo avvertire alla mirabile corrispondenza tra essi, ed il codice civile vigente in Francia. Non sarà inopportuno che un giornale giuridico, scritto alle radici del Campidoglio, faccia piuttosto conoscere la consuonanza che hanno col romano diritto. Ecco una parte delle disposizioni riferite dal sig. *Gibelin* secondo il testo indiano, colle concordanze del diritto giustinianeo.

DEGLI EFFETTI DELLE LEGGI

1. L' obbligazione assunta da una persona non è valida se è incompatibile con le leggi vigenti, e colla consuetudine immemorabile (1) *l. 28 in pr. l. 38 ff de pactis - l. 20 in pr. de religiosis et sumpt. funer. - l. 1 § 9 ff de magistrat. conven. - l. 15 § 1 ad l. falcid. - l. 45 § 1 ff de reg. jur.*

OBBLIGAZIONI CHE NASCONO DAL MATRIMONIO

2. Se, dopo che il padre ha fatto un assegnamento al figliuolo in causa di matrimonio, diviene povero, i figli gli devono prestare gli alimenti : se essi divengono poveri, il padre dovrà loro formare un altro assegnamento - *l. 19 ff de ritu nuptiar. - l. 5 § 2. 4 et 6 de agnoscend. et alend. liberis - l. 2 cod. de alend. liber. et parent.*

3. Non v'è differenza tra una moglie casta, e la dea dell' abbondanza. La moglie casta è l'ornamento della casa, e deve essere onorata - *l. 22 § 7. 8 ff solut. matrim. - 29 cod. de jur. dot. - l. 1 ff de act. rerum amotar. e in tutto il tit. ff e cod. ad l. Jul. de adulter.*

4. Le mogli devono essere nella dipendenza dei loro mariti - *l. 14 § 1 - l. 22 § 7 ff solut. matrim. - l. unica § 7 cod. de rei uxoriae act. - l. 2 ff de injur. - nov. 117 cap. 18.*

5. La moglie deve essere amata dal proprio marito, ed avere da lui il nudrimento, le vesti, e gli ornamenti. Colui che abbandona la moglie affezionata e costante, deve essere punito, e il re deve obbligarlo a riunirsi con lei. Il re deve costringerla a darle un terzo dei propri beni. La moglie virtuosa che desidera d' esser felice, non deve allontanarsi dal proprio marito - *l. 1 § 15 ff ad senat. cons. Silanian. - l. 5 ff de ritu nupt. - l. 8 ff de usu et habit. - arg. l. 13 § fin. ff de ann. legat.*

---

(1) Così gli articoli desunti dal saggio del sig. *Gibelin.*

6. Se un figlio nasce in casa, appartiene al marito della donna che lo ha partorito. Se una giovine era incinta, ma la gravidanza era ancora dubbiosa, il figlio appartiene a colui che la prende in isposa - *l. 3 ff de in jus voc. - l. 6 ff de his qui sunt sui, vel al. jur. - l. 9 cod. de nupt.*

DELL'ADOZIONE

7. Nell'età di ferro (*vecchiezza*) in mancanza di figli e di nipoti o di pronipoti, il farsi un figlio per via di adozione, è il solo mezzo che può essere posto in pratica - *l. 15 § 2 ff de adopt. - l. 17 § 3 ff eod.*

8. Il padre e la madre danno in adozione il proprio figliuolo, i conjugi adottano. Il padre adottivo gli dà il proprio nome, come se fosse un figlio nato da lui. Il figlio adottato non perde il diritto al patrimonio paterno *instit. § ult. de adopt. l. penult. cod. eod.*

9. Chi è adottato con tutte le condizioni volute dalla legge, in caso di morte prende possesso dei beni dell'adottante - *l. 1 in pr. de bonor. possess. contr. tabul.*

DELLA PROPRIETA'

10. Non possono essere donate od alienate le cose comuni a tutti, cioè le strade, ed altre proprietà simili di pubblico diritto - *l. 8 § 2 - l. 9 § 4 ff de rer. divisione - l. 3 § ne quid in loco sacro fiat.*

11. L'alluvione cede a vantaggio del proprietario lungo la riva - *l. 7 § 1 de adquir. rer. dom.*

12. I frutti e i fiori, ed altri prodotti degli alberi situati nella siepe comune, sono di ragione comune ai proprietari delle terre vicine - *l. 18 § fin. regund. - l. 1 ff de arboribus caesis.*

DELLE SERVITU'

13. Chi vuole scavare una latrina, una fossa, un pozzo, o stabilisce uno stillicidio, deve tenersi dodici piedi lontano dal muro del vicino - *l. 27 § 10 ff ad l. Aquiliam - l. 19 § 1 ff de servitutibus urban. praedior. - l. 17 § 2 ff si servitus vindicetur.*

14. Nelle case non si possono aprire nuove fenestre in modo che

errechino danno alla casa vicina - *l. 4 ff de servitut. praed. urb.*
- *l. 25 ff de damno infecto* - *l. 19 § 1 cod. de aedif. privat.*

15. Il godimento che taluno, dopo essersi stabilito in un paese, ha avuto della casa, della bottega, dell'acqua, della luce, del passaggio del suo acquedotto, dei tubi per condurre le acque pluviali, deve essere mantenuto nella stessa maniera, senza nulla innovare, e senza turbare il possessore - *l. 9 § si servitus vindicet.* - *l. 5 9 cod. de servitut. et aqua* - *l. 20 § 3* - *l 31 ff de servit. urban. praedior.*

(sarà continuato)

Giurisprudenza estera commerciale, ed ipotecaria.

IPOTECA - ELEZIONE DI DOMICILIO

1. *Una iscrizione ipotecaria è nulla per mancanza di elezione di domicilio per parte del creditore iscrivente nel circondario dalla situazione dei beni: ed anche quando il creditore abbia indicato il suo domicilio reale.*

Austruc c. Chabert e Donzel

La specie fu d'un sig. Chabert, che avea presa una iscrizione ipotecaria sopra un immobile appartenente a Charles, ma senza eleggere domicilio in conformità dell'art. 2148 del cod. civile nel circondario dell'officio, nel quale i beni erano situati, e si era limitato ad indicare il suo domicilio reale situato nello stesso circondario. Il tribunale di Nimes dichiarò valida questa iscrizione con sentenza del 5 agosto 1839. Ricorso in cassazione per parte di Austruc e Donzel per violazione del suddetto articolo.

La corte - Visto l'articolo 2148 del codice civile ,, Considerando che l'enunciazione del domicilio reale in una iscrizione non dispensa il creditore iscrivente dal fare elezione di domicilio in un luogo qualunque del circondario dell'officio in cui sono situati i beni sottoposti ad ipoteca, anche quando il suo domicilio reale si trovi stabilito nello stesso circondario.

,, Che in effetto esiste una differenza essenziale tra il domicilio reale, che può essere variato o per la morte, o per la volontà, ed il domicilio eletto, che è permanente.

„ Che l' elezione del domicilio nella iscrizione è necessaria, a termini degli art. 2156 e 2186 del codice civile, e 695 del codice di proc. civ., 1.° al debitore per domandare la cancellazione delle iscrizioni ingiustamente prese contro di lui, come a tutti quelli che avessero, per causa d' iscrizioni ipotecarie, azioni da esercitare contro i creditori iscritti ; 2.° a questi ultimi per procedere con la celerità richiesta in questa materia alla oppignorazione degli immobili del loro debitore, ed alla graduatòria per la distribuzione del prezzo ritratto dalla vendita ; 3.° finalmente ai terzi detentori per l' adempimento delle formalità necessarie all' effetto di purgare gli immobili acquistati dalle ipoteche che li aggravano.

„ Attesochè la legge ha messo tale importanza in questa formalità, che non ha permesso con l' art. 2152 del codice civile al creditore iscritto di cambiare il domicilio eletto, che col peso di sceglierne ed indicarne un altro nello stesso circondario.

„ Che consegue da ciò necessariamente, che l' omissione di una formalità sì positivamente voluta dalla legge, e che deve produrre tali effetti in un atto destinato a determinare, secondo l' art. 2134 del codice civile, il grado dei creditori fra di loro sui beni del loro debitore comune, deve far considerare quest' atto come mancante di uno degli elementi che ne costituiscono l' essenza.

„ Attesochè nella specie l' iscrizione presa da Chabert non contiene elezione di domicilio, e l' iscrivente si è contentato di far menzione del suo domicilio reale, che era stabilito nel circondario della conservazione delle ipoteche.

„ Che nondimeno questa iscrizione è stata dichiarata valida dal giudicato contro cui si ricorre, e per conseguenza ha violato le disposizioni della legge. CASSA ecc.

Corte di cassazione sedente a Parigi, ud. del dì 11 dic. 1843, cam. civile, sig. bar. Portalis presid.

NEGOZIANTI - GARZONI - COMPETENZA

2. *I tribunali di commercio sono competenti per giudicare sulle azioni dei fattori, commessi, e garzoni contro i negozianti pel pagamento dei loro salari* (1).

---

(1) Nella specie si trattava d' un garzone di falegname che domandava il pagamento del salario contro il padrone.

La corte ,, Considerando che l' art. 634 del codice di commercio attribuisce ai tribunali di commercio la conoscenza delle azioni che i negozianti esercitano contro i loro fattori, e commesi pel fatto del loro commercio.

,, Che se la reciprocità a vantaggio dei fattori, commessi, e garzoni pel pagamento dei loro salari non è stata enunciata in termini formali, essa risulta dalle disposizioni di quest' articolo saggiamente inteso.

,, Che in effetto lo scopo della legge, che è stato quello di far giudicare prontamente, e senza alcuna complicazione di procedura gli affari commerciali, non sarebbe raggiunto che incompletamente, se queste difficoltà che derivano da fatti di commercio non fossero giudicate dai medesimi tribunali istituiti per decidere su tutte le contestazioni commerciali.

,, Per tali motivi dice, che il tribunale di commercio era competente ecc.

Corte reale di Orleans, *udienza del 6 marzo* 1844 sig. Porcher *consigliere f. f. di presid.*

BENI-FONDI - COMPRA PER RIVENDERE - COMPETENZA COMMERCIALE

3. *Una società formata all' oggetto di comprare terreni per fabbricarvi case e rivenderle, deve essere considerata come puramente civile, ancorchè sia tra negozianti.*

Montcharmont c. Bazot

La corte ,, Considerando che la dimanda di Bazot contro Montcharmont, avanti al tribunale di commercio di Chateau-Chinon, avea per oggetto la liquidazione di un conto d' una società qualificata in partecipazione, e relativa all' acquisto e rivendita in dettaglio di un fondo acquistato da loro a dì 28 settembre 1832.

,, Che nello stato attuale della legislazione, l' acquisto dei beni-fondi per rivenderli in dettaglio, non costituisce un atto di commercio.

,, Che questa specie di operazioni, benchè fatte da commercianti, non possono prendere un carattere commerciale, che esse non hanno per loro natura.

„ Che a termini dell' art. 631 del codice di commercio i tribunali commerciali conoscono di tutte le controversie relative agli impegni e transazioni fra negozianti e banchieri : ma è necessario che le contestazioni possano cadere sotto la giurisdizione commerciale , che siano relative ad impegni risguardanti il commercio , e risguardino cose che possono divenire oggetto d' un negozio , d' un traffico qualunque : ma che tali non sono i beni-fondi, la cui compra e rivendita non può formare che atti della vita meramente civile, e non potrebbe mai dare esistenza ad una associazione commerciale in partecipazione - ANNULLA ecc.

Corte reale di Bourges *cam. civ. ud. del dì 10 maggio 1843* sig. Dupetit-Durand *pres.*

ATTO DI COMMERCIO - OPERE - EDITORI

4. *La pubblicazione d' un' opera composta d' articoli compilati da diversi autori, costituisce per parte dell' editore, ancorchè uomo di lettere , una operazione commerciale che lo sottopone, per tutto ciò che risguarda l' impresa, alla giurisdizione consolare, ed all' arresto personale.*

Duperrel c. Richault

LA CORTE „ Considerando che Duperrel è editore d' articoli compilati da diversi autori (la *Fama* , o *Biografia generale*).

„ Che la sua pubblicazione ha per oggetto di speculare sulla compra e rivendita delle opere altrui , lo che costituisce una operazione commerciale prevista dall' art. 632 del codice di commercio. CONFERMA ecc.

Corte reale di Parigi 2 *camera udienza del dì 25 aprile* 1844 sig. Silvestre de Chanteloup *presid.*

ASSICURAZIONE MARITTIMA - BARATTERIA DI PATRONE - INCENDIO IN MARE

5. *Gli errori risultanti dall' imprudenza del capitano, e dell' equipaggio costituiscono talvolta baratteria di patrone, come quello che risulta dal dolo , e dalla prevaricazione.*

L' incendio in mare d' una nave di cabotaggio, causato dal fuoco riconosciuto a bordo dopo più giorni di navigazione in vici-

stanza delle coste, costituisce baratteria di patrone a carico del capitano della quale non sono responsabili gli assicuratori del corpo della nave (1).

Kent-Pécron c. compagnia del Loyd francese

Così giudicato dal tribunale di commercio sedente a Parigi colla seguente sentenza.

„ Considerando , che per contratto verbale dei 29 settembre, e 12 dic. 1841 i citati assicurarono a Kent-Pécron 40,000 franchi sul corpo del Brick *le Sylvain* per un anno di navigazione , ma senza prendere sulle loro responsabilità la baratteria di patrone.

„ Che per baratteria di patrone non s' intende soltanto il dolo e la prevaricazione , ma s' intendono anche gli errori risultanti dall' imprudenza o dall' incuria del capitano , o dell' equipaggio.

„ Attesochè il Brick *le Sylvain* partito da Boulogne li 26 agosto 1842 con un carico di carbon fossile colla destinazione per Cette, restò incendiato in mare a dì 22 settembre presso alle coste di Catalogna , e che, secondo il rapporto del capitano Baclin, l' incendio si sarebbe dichiarato spontaneamente , e costituirebbe un caso fortuito , una fortuna di mare a carico degli assicuratori , ed in conseguenza Kent-Pécron proprietario del *Sylvain* vuole dai citati il pagamento delle somme portate nelle loro polizze respettive.

„ Che i citati provano essere nel fatto intervenuto grave errore per parte del capitano che ha negligentati i mezzi per salvare il corpo del bastimento.

„ Che dai documenti prodotti, e dalla discussione fatta in tribunale risulta che a dì 2 settembre nella nave si era aperto un forte trapelamento di acqua, che nel dì 12 nel sortire dallo stretto di Gibilterra , l' acqua estratta colle pompe era tepida, e che tale temperatura andava sensibilmente aumentando - che nel dì 19, essendo stata fatta una visita in tutte le parti di essa, e fino a dove era possibile di penetrare, si sentì un calore eccessivo, senza poter capire quale ne fosse il focolare.

„ Che parecchi esempi di simili disgrazie dimostrano essere tali sviluppi di fuoco bene spesso il resultato d' una fermentazione che

---

(1) V. Beaussant *codice marittimo* tom. 1 num. 256 e 237.

· si sviluppa nel centro della massa del carbone di terra a motivo della umidità, e l'esistenza d'un trapelamento di acqua, lungi dall'essere un impedimento, ha dovuto anzi contribuire, unitamente al giuoco delle pompe, ad un caso di questa natura.

,, Che d'altronde la natura del carico, e la ricerca fatta in tutte le parti accessibili senza che si potesse scuoprire il focolare, escludono, in quanto alle cause dell'incendio, ogni presunzione di negligenza, casualità, o malevolenza.

,, Ma attesochè a dì 2 settembre era stato riconosciuto, che il bastimento stentava assai ad andare innanzi, ed aveva un forte trapelamento di acqua: che a dì 12 settembre, quando esciva dello stretto di Gibilterra, e forse anche prima, l'elevazione sempre crescente della temperatura dell'acqua dovea richiamare tutta l'attenzione del capitano: che il suo dovere era di approfittare della vicinanza delle coste per approdare al porto più vicino, e prendere le misure necessarie per salvarsi.

,, Attesochè, continuando la navigazione per dieci giorni col fuoco a bordo, ancorchè fosse ancor lontano dal luogo di sua destinazione, e quando gli era facile, qualunque fosse il vento, trovare nel mediterraneo un porto ove entrare, il capitano ha commesso un errore grave ed inescusabile, che costituisce, a termini dell'articolo 353 del codice di commercio, la baratteria di patrone.

,, Attesochè in quanto ai termini dell'articolo 216 del medesimo codice, il proprietario della nave è responsabile dal fatto del capitano, e dell'equipaggio che impiega.

,, Per questi motivi - Dichiara Kent-Pécron mal fondato nella sua dimanda a riguardo di tutti i citati ,,.

Appello alla corte reale

La CORTE - Adottando i motivi dei primi giudici, CONFERMA ecc.

Corte reale di Parigi, ud. del dì 27 marzo 1844, 3 camera, sig. Froidefond-des-Farges cons. f. f. di presid.

SOMMARIO DEL FASCICOLO VII.

1. *Giudizi sommarj - Ordinarj - Unione* . . . pag. 5
2. *Servi - Salario - Viaggi.* . . . . " 10
3. *Lite pendente - Frutti castrensi - Credito illiquido* . . . . " 11
4. *Appello - Procuratore - Morte - Continuazione di procura - Successione allo studio - Nullità.* " 20
5. *Appello - Sentenza - Produzione - Ripetizione di atti.* . . . . " 23
6. *Pignoramento - Processo verbale - Notifica - Domicilio eletto - Clausula senza pregiudizio degli atti* . . . . " 25
7. *Giudizi - Dolo - Stragiudiziali* . . . . . " 34
8. *Cursori foranei - Appello - Perenzione.* . . " 39
9. *Causa pendente - Laici - Cherici eredi - Competenza* . . . . " 41
10. *Segnatura - Stragiudiziali - Tassa - Mance* . " 50
11. *Stupro - Dote - Azione criminale - Azione civile - Transazione - Competenza.* . . . " 51

APPENDICE

Opere nuove di giurisprudenza romana.
1. *Cicognani.* . . . . " 53
2. *Opuscoli pubblicati in Germania* . . . . " 55
3. *Corrispondenza tra le leggi indiane e le romane.* " 56
Giurisprudenza estera commerciale, ed ipotecaria.
1. *Ipoteca - Elezione di domicilio.* . . . . " 59
2. *Negozianti - Garzoni - Competenza* . . . " 60
3. *Beni-fondi - Compra per rivendere - Competenza commerciale* . . . . . . " 61
4. *Atto di commercio - Opere - Editori.* . . " 62
5. *Assicurazione marittima - Baratteria di patrone - Incendio in mare* . . . . . . " ivi

L'annuo importo del presente giornale è di sc. 2 : 40 in Roma, e di sc. 2 : 52 franco di posta fino ai confini. Le associazioni si prendono in Roma presso *l'editore* Alessandro Natali *libreria di Pallade a s. Silvestro in capite.*

TIPOGRAFIA MENICANTI

Pubblicato il dì 31 Luglio 1844.

XII. *Per il pagamento delle opere che si pubblicano per associazione, gli associati possono essere convenuti innanzi al
tribunale del luogo ove risiede l' autore.*

(*Discuss. sul § 422 del reg. giud.*)

Falconi c. Capozzi

La massima fu riconosciuta da uno dei signori assessori del tribunale dell' A. C. nella circostanza d' un giudizio
che il ch. sig. avv. Falconi dovè intentare contro Capozzi
domiciliato ad Albano associato alla di lui opera che porta
il titolo di *Trattato teorico-pratico sull'essenza, natura, e condizioni degli atti e contratti civili, e loro forme, ad uso dei notai
ed altri*: ed ecco il tenore del giudicato.

„ Sull' istanza dell' attore diretta ad ottenere in forza
del § 442 del vigente regol. legislativo e giudiziario, che conferma il privilegio contenuto nella legge 1 § *liberalia studia
et seq. ff de variis et extraordin. cognitionibus*, sia decretato,
essere il convenuto obligato a proseguire l' associazione al
*Trattato teorico-pratico sull' essenza, natura, e condizioni degli
atti e contratti civili, e loro forme, ad uso di notai ed altri*,
e perciò venga al medesimo prefisso un breve, e perentorio
termine ad effetto di ricevere i fascicoli 36, dal 16 inclusive
al 52, ed inoltre dei fascicoli successivi dell' opera stessa, a cui
trovasi il convenuto associato, come dall' originale obligazione che verrà in atti prodotta, e contestualmente pagare
sc. 9:90 importo dei medesimi in ragione di bai. 27 e mezzo
l' uno, compresa la spesa di posta: qual termine inutilmente
decorso, sia ordinato che i fascicoli suddetti vengano depo-
sitati presso il pubblico depositario di Albano a tutto rischio,
e pericolo dello stesso convenuto, e rilasciato l' ordine
esecutorio per la detta somma di sc. 9:90 importo complessivo dei fascicoli, con la condanna a tutte le spese di
giudizio.

5

,, Vista la istanza suddetta legalmente eseguita li 14 giugno 1843, e letta nell'udienza del dì 19, ove pel convenuto comparve il procuratore sig. Onorati, esibendo la copia della citazione notificata.

,, Vista la scheda di obligazione dal Capozzi firmata relativa al trattato teorico-pratico che pubblica l'istante, registrata, ed in atti prodotta.

,, Vista l'eccezione d'incompetenza allegata dal procuratore del reo convenuto.

,, Visto il § 442 del vig. reg. legisl. e giud. ove è disposto, che pei salari di opere liberali possa promuoversi l'azione a scelta dell'attore avanti il giudice e tribunale del luogo ove l'opera fu prestata, o avanti il giudice o tribunale del domicilio, o dimora del reo.

,, Intese le discussioni delle parti nella pubblica udienza.

,, Ritenuto che la voce *salario* usata dalla legge nel citato paragrafo equivale ad *onorario*, o retribuzione dovuta in compenso di una qualunque opera d'ingegno prestata per altrui commissione, come apparisce dalla intiera *l.* 1 *ff de variis et extraord. cognit.*, e dalla *l. diem functo ff de officio asses.*, o lo Zacchia *de salario quaest.* 52 *num.* 2 *ad num.* 5.

,, Ritenuto in fatto, che l'opera dell'attore pel di lei intrinseco merito debba ascriversi alla classe delle liberali, perchè parto originario del suo ingegno, esponendovi non solo la scienza, e l'arte del giusto, e dell'ingiusto, che costituisce l'officio del giureconsulto, a cui incombe di far conoscere il vero spirito della legge, e come deve applicarsi alle singole specie di fatti in controversia *argum. l. scire leges ff de legibus*, ma eziandio perchè, riunitevi tutte le disposizioni legislative fin qui emanate, ne dissipa con lodevole precisione e fino discernimento la sinonimia, ne concilia l'antinomia, ne illustra con felice successo le dubbiezze coll'esempio di Offelmann, del Bosio, del Bionckest, del Colardeo e di altri, e vi riferisce in fine con unità di ordine, e di condotta tutte le opinioni dei più accreditati interpreti, commentatori e trattatisti, svolgendo nelle teorie, e nella pratica forense le più interessanti quistioni.

„ Ritenuto che fra l'attore, e gli associati intervenne un vero contratto di locazione e conduzione di opera, perchè, proponendo egli l'associazione del suo trattato teorico-pratico, dichiarava nell'analogo programma a stampa, che se non avesse conseguito il pieno delle firme necessarie alla sua impresa, avrebbe subito diffidato l'associazione, come, nel caso inverso, avrebbe indilatatamente pubblicato il primo fascicolo, e così successivamente gli altri.

„ Ritenuto, che il reo convenuto, firmando la scheda col suo nome, gli commise implicitamente per sua parte di scrivere, e pubblicare il suddetto trattato.

„ Ritenuto, che per gli allegati motivi debba ascriversi l'opera dell'attore alla classe delle liberali, e che il reo convenuto gli abbia commesso per sua parte di scriverla e pubblicarla.

„ Ritenuto, che in questo caso fosse in arbitrio dell'attore di convenire in giudizio il reo convenuto ove più gli piaceva. Premesso e ritenuto tutt'altro da premettersi e ritenersi.

„ Considerando, che la proposta eccezione d'incompetenza, essendo per causa di domicilio, e vertendo fra parte e parte collitiganti, appartiene esclusivamente a noi di rifiutare, o di ritenere la causa, come avverte Ulpiano nella *l* 1 *ff de judiciis.*

„ Considerando che, senza cadere in una manifesta contraddizione coi premessi fatti, non potrebbe negarsi, che fosse in arbitrio dell'attore di chiamare il reo convenuto innanzi di noi, come giudice del luogo ove egli ha prestata la sua opera.

„ Considerando che egualmente liberale e degna di retribuzione si giudica l'opera di un professore, che pubblichi le sue cognizioni scientifiche o per mezzo di lezioni verbali, o scritte, e fatte di pubblico diritto colla stampa,

5*

come sanciva l'Imperatore Costantino nella *l. 6 cod. de professoribus*, e come dice Ulpiano nella *l. 1 proinde ff de variis et extraordinariis cognitionibus.*

„ Che inutilmente si pretenderebbe intervenuto fra l'attore ed il reo convenuto un contratto di compra e vendita, piuttosto che di locazione, e conduzione di opera liberale: imperocchè la carta e la stampa, dovendo cedere all'opera come più pregevole, e di prezzo inestimabile, deve ritenersi che per questo non abbia degenerato, e che molto meno siano intervenuti fra loro due distinti contratti, dicendo Giustiniano nelle sue istituzioni al titolo *de locat. et conduct.* che in questi casi — *placuit unum esse ñegocium* — Per la qual cosa, dovendo stabilirsi il genere del contratto in ragione della preponderanza dell'uno sull'altro, e, dovendo questa desumersi dal pregio maggiore dell'opera, e della materia, è necessario concludere, che il contratto debba ritenersi di locazione e conduzione, tanto più che il reo convenuto, come è naturale, principalmente voleva l'opera dell'autore, ed, obbligandosi di pagare 25 bai. per ciascun fascicolo, implicitamente gli commetteva di scriverla, e di pubblicarla. Ciò pertanto, essendo certo che la controversa causa appartiene alla nostra giurisdizione, abbiamo intese le eccezioni, che il medesimo reo proponeva contro l'intrinseco merito della dimanda, sostenendo, di non essere obbligato, a proseguire l'associazione, e ricevere e pagare il prezzo dei fascicoli arretrati, stante che l'attore non li aveva pubblicati nella ripromessa scadenza.

„ Ma considerando, che il contratto stipulato fra l'attore ed il reo convenuto appartiene alla classe di quelli, che diconsi *nominati*, non è luogo per questo alla rescissione, se una delle parti non lo adempia; ma bensì compete soltanto l'azione *ad implementum*, e allora soltanto ha luogo il *quanti interest*, quando, dopo la giudiziale interpellazione in mora non venga adempito.

„ Considerando tutt'altro ecc.

„ Invocato ecc. Noi Giuseppe avv. Berardi vice-assessore dell' A. C., giudicando definitivamente in primo grado di giurisdizione, prefiggiamo al reo convenuto il termine di giorni quindici, ad effetto di cui nell' istanza, scorso il qual termine inutilmente, ammettiamo l' istanza medesima in tutte le sue parti, colla condanna in ambo i casi alle spese, che liquidiamo in scudi cinque e bai. trentasette e mezzo, oltre quelle di spedizione e notifica della presente sentenza.

Giudicato a Roma nell' udienza del dì 12 luglio 1843, redatta e sottoscritta li 22 gennaro 1844 — proc. per Falconi sig. dott. Sgambati; per Capozzi sig. dott. Onorati.

PIGNORAMENTO . TERZO NON DEBITORE . CHERICI . COMPETENZA

XIII. *Il cherico attore, che ha eseguita la sentenza del giudice laico sui beni del terzo non debitore, può essere citato per la revoca di tale atto innanzi al giudice laico autore della sentenza.*

E ciò quand' anche il processo verbale di pignoramento non sia stato prodotto.

Giacchè simili istanze di revoca sono incidenti del giudizio fatto dal cherico innanzi al giudice laico, e non giudizi principali, o azioni rei vindicatoriae.

(*Discuss. sui §§ 1354, 1363, 1364, 1365 del reg. giud.*)

Conventuali di Recanati c. Broglio-Massucci

La nostra raccolta fece nota alla curia la decisione del tribunale supremo nella *Romana circumscriptionis* 18 aprile anno corrente 1844 tra Panzieri e Maggi con cui fu riconosciuto il principio che — *la dimanda di nullità di pignoramento per titolo di dominio, ancorchè fatta prima dell' istanza di vendita, è una dimanda incidente, e non una azione rei vindicatoria* (1). Ma, ciò non ostante, i conventuali di Recanati

---

(1) *V. il pres. giorn. vol.* 1 *di quest' anno pag.* 233.

denunciarono nulla per difetto di giurisdizione una istanza incidente, con cui il conte Broglio-Massucci dall' assessore di Loreto avea ottenuto revocarsi un pignoramento, che essi frati, creditori d' un Romagnoli, aveano fatto sopra due vitelle che non erano del debitore, ma sue : ed il prelato accolse l' istanza con decreto del dì 26 aprile preceduto dal seguente opinamento — *Cum adhuc judicium venditionis pignoris incoeptum non foret, oppositio ad normam § 1554 fieri non poterat : quia judicium incidentale non datur, nisi principale fuerit institutum ac pendeat (§ 842). Hinc certe videtur hujusmodi beneficio comitem uti noluisse, et ordinariam potius rei vindicatoriam actionem experire maluisse. Quapropter incompetentem adivit judicem laicum agens in regularium coenobium; quod ecclesiastici fori privilegio gaudere non ambigitur: et idcirco acta omnia coram lauretano adsessore facta, ob jurisdictionis defectum, circumscribenda videntur.* Ma il magistrato, che rappresenta la prefettura fu d' avviso diverso, dicendo nei dubbj — *Oppositio promota sive promovenda venditioni rerum quae sub pignore positae fuerunt, fieri debet per actionem incidentalem, testibus §§ 1354, 1365, 1364, 1365: judices autem, qui earum rerum venditionem decernere possunt, ii sunt qui cognoscere ac definire etiam debent (ita monente declaratione legis 14 augusti 1836) actionem incidentalem pro oppositione. Hanc sententiam novissime probavit plenum tribunal in comitiis diei 8 aprilis proxime praeteriti :* e con decreto del dì 18 luglio — *praevia repositione a decreto R. P. D. auditoris, mandavit servanda esse omnia et singula acta, cum condemnatione ad expensas de jure debitas.*

Portata la controversia in terzo grado al tribunale supremo, fu confermato il secondo decreto col rescritto — *servetur decretum auditoris praefecturae.*

Segnat. del dì 8 agosto 1844 — Lauretana circumscriptionis R. P. D. Consolini aud., dif. per i conventuali sig. dott. Tuzi, *per Broglio* B. Belli.

XIV. *Il cessionario dell'emolumento che può derivare da una lite, non può dal nome ceduto essere costretto a stare in causa.*

Molto meno se la cessione sia stata fatta per estinguere un credito che il cessionario avea contro il cedente, e che risultava da una regiudicata.

Molto ancor meno se la cessione sia stata riceuta pro solvendo, e se, dopo la denuncia, trai litiganti abbiano avuto luogo altri atti senza citarlo.

(*Discuss. sui §§ 569, e 871 del reg. giud.*)

Sterbini c. il com. di Castel Madama

A carte 74 vol. 2 anno 1840; 21 e 180 vol. 1 anno presente è menzione della lite che lo Scardala va agitando contro il comune di Castel Madama per la nullità d'una mano-regia intimata ed eseguita contro di lui da un cursore speciale, e vi si narra che il tribunale supremo a dì 9 dicembre 1843 accordò restituzione in intiero contro alla regiudicata del tribunale della Camera, con cui gli atti erano stati annullati. Ora diremo che dopo la regiudicata, e pria del ricorso, cioè a dì 29 marzo 1843 lo Scardala, che, per altro titolo riconosciuto in giudizio era debitore di Sterbini nella somma di sc. 383 : 11, cedè al suo creditore, per quanto v'entrava, il provento del suddetto litigio, ed un tale atto fu dal cessionario notificato al comune. Concesso dal tribunale supremo il beneficio, nell'intraprendersi gli atti di Ruota, il patrocinio municipale avvisò di comprendervi anche gli eredi dello Sterbini, che nel frattempo era passato di vita, formulando il libello — *et haeredes Sterbini citatos uti cessionarios dom. Scardala, in repraehesentantiam eorum patris et auctoris, in omnibus damnis et expensis condemnari.* Ma questi promossero un incidente per essere posti fuori di causa.

Il sig. avv. *Regnoli* disse per essi che — *res inter alios judicatae, neque emolumentum afferre iis qui judicio non inter-*

fuerunt, neque praejudicium solent irrogare (1), e che le sentenze non possono essere mai di pregiudizio ad un terzo, il quale nè personalmente, nè col mezzo dei suoi autori, o di un legittimo suo rappresentante abbia avuto parte nella causa (2) — che quindi il citare gli Sterbini ad una causa di restituzione in intiero innanzi alla ruota contro una sentenza provenuta da un giudizio agitato tra il comune e lo Scardala, fu novità di procedura equivalente e pretesa di necessario intervento, non ammissibile quando fu esaurito il primo grado (3) — che lo Sterbini consentì a quell'atto di cessione solo all'oggetto di conseguire il suo credito, e mai non promise di continuare in nome proprio la lite, molto meno quella della restituzione in intiero, che potesse porre in incerto la liquidazione dei danni : e che infatti *del prosegui-mento e decorso dal giudizio dei danni* fu unicamente parlato nella scrittura, in cui si disse altresì che — *quante volte la somma derivante dal suddetto ceduto credito, dopoché dal sig. Sterbini verrà realizzata, fosse maggiore e superasse il suddetto debito, e le spese di giudizio di liquidazione, il di più dovrà il sig. Sterbini versarlo nelle mani del sig. Scardala,* segno che il cessionario assumere non volle obbligo d'altre spese, fuorché di quelle di un giudizio di liquidazione: per cui altro non fu che un procuratore ad esigere con facoltà di prendersi il suo sull'esatto.

Il sig. avv. *Mandolesi* dicea pel comune, che se nel digesto, e nel codice sono i titoli *de alienatione judicii mutandi caussa facta*, e *de litigiosis* pei quali è permesso di obbligare il cedente a stare in giudizio, quando per la cessione fatta in corso di causa fu surrogato un contraddittore più potente, o più incomodo, questa regola stabilisce nel caso inverso, che un cessionario di una lite pendente, possa essere obbligato a stare in giudizio — Che inoltre non è succes-

(1) *L. 2 cod. quib rejud. non nocet.*
(2) *Reg. giud.* § 569.
(3) *Reg. giud.* § 871.

sore in diritto altrui, il quale non debba sostenere la lite quando nasce controversia per ragioni che i terzi hanno contro l'autore, come nel caso dell'acquirente minacciato d'evizione (4): a ciò aggiungeva il tenore del contratto, nel quale fu scritto che lo Sterbini fosse rimborsato *ben anche di tutte le spese che dovrà improntare nel decorso e proseguimento del giudizio di detti danni, che potrà ventilare avanti qualunque tribunale*, parole le quali apertamente significarono assunzione di causa: aggiungea la notificazione del contratto fatta al comune, il quale atto per argomento della *l. 1 cod. de novat. et deleg.* importa novazione e delegazione perfetta (5), e dicea estraneo al proposito il disposto nel § 871, il quale non parla del successore singolare o universale, che sia chiamato a proseguire la lite incominciata dal suo autore, e che non è un terzo, ma è, mutato il nome, per gli effetti legali quella stessa persona con cui la lite venne introdotta, dicendo l'Olea *de cess. jur. tit.* 6 *quaest.* 11 *num.* 2 — *Cessionarius una et eadem persona cum cedente censetur, et in ejus jura succedit ejusque imago est* (6).

---

(4) *L. 9 cod. de evict.* - Si controversia tibi possessionis, quam bona fide te emisse allegas, ab aliquo movetur : auctori haeredive ejus denuncia, et, si quidem obtinueris, habebis quod emisti : sin autem evictus fueris, a venditore, successoreve ejus consequeris quanti tua interest. - *ll.* 53 *e* 55 *ff eod.* § 1. - *l.* 17 *cod. eod.* - *l.* 1 *cod. de peric. et commodo rei venditae.*

(5) *L. 3 cod. de novat. et delegat.* - Si delegatio non est interposita debitoris tui, ac propterea actiones apud te remanserunt, quamvis creditori tuo adversus eum solutionis caussa mandaveris actiones, tamen antequam lis contestetur vel aliquid ex debiti accipiat vel debitori tuo denunciaverit, exigere a debitore tuo debitam quantitatem non vetaris. - Brunemann *ivi num.* 3. - Salgad. *labyr. credit. part.* 1 *cap.* 56 *num.* 24 *cap.* 7 *num.* 43.

(6) Card. De Luca *de credito disc.* 5 *num.* 8. - Rota *cor.* Olivatio *decis.* 624 § 3, *cor.* Molines *decis.* 495 *num.* 6, *e nella decis.* 1150 *num.* 6.

Il sacro uditorio ammise l'istanza degli Sterbini col rescritto — *ad dom. ponentem juxta petita.*

Ruota del dì 29 luglio 1844 — Tyburtina restitutionis in integrum quoad interventum, R. P. D. Quaglia, *proc. per Sterbini* sig. dott. Pediconi, *pel comune* sig. dott. Bossi.

FIGLI DI FAMIGLIA . MATRIMONI . NULLITA' . GIUDIZI . CAPACITA'

XV. *I figli di famiglia non solo hanno persona legittima per stare in giudizio senza l'autorizzazione paterna nelle cause dei loro matrimoni, ma in quelle ben anche che vertono sulle conseguenze civili, che ne derivano.*

(*Discuss. sui §§ 551 e 554 del reg. giud.*)

N. c. N.

In questa effemeride è memoria d'un giovine che, venuto da Rimini per gli studi legali, ottenuta la laurea, tornò in patria, lasciando in Roma un amore, una promessa di matrimonio, ed una procura ad un commesso notaio per celebrarlo, e vi si narra che, giunto in patria, prima per lettera diretta ad un amico, quindi per pubblico atto tolse ogni facoltà al mandatario, il quale, comecchè fatto consapevole di tal cambiamento di volontà, volle procedere alla esecuzione del mandato. Fu detto altresì che quell'uomo, divenuto marito contro sua voglia, andò al tribunale dell'eminentissimo vicario per la nullità del matrimonio, citando a tale effetto la donna, ed inoltre il commesso notaio pei danni, e n'ebbe sentenza con cui il giudice riconobbe il vincolo nullamente contratto, ma si dichiarò incompetente per l'altra parte d'istanza, per cui l'appello fu portato alla Ruota con formole convenienti ad ambe le cause. Allora però il mandatario, sapendo essere l'attore figliuolo di famiglia, benchè maggiore di età, promosse contro di lui istanza incidente — *ad audiendam voluntatem quoad nullitatem petitionis ex adverso uti filio familias transmissae sine patris venia judicio sistendi, et loco voluntatis absolvi ab observantia judicii, sin minus acta omnia usque adhuc gesta nulla declarari.*

Il sig. avv. *Jacometti*, difensore dell'istanza, dicea di non ignorare che nelle cause beneficiali, nelle spirituali, ed in quelle che ne dipendono, basta avere compita l'età di 14 anni per poter comparire legittimamente in giudizio senza deputazione di curatore o assenso di padre, mentre agli impuberi viene deputato un curatore dal vescovo o dal vicario (1): e non niegava che l'attore potesse in nome proprio continuare la causa per la nullità del matrimonio: dicea però che non in tutte le dipendenze le persone soggette alla patria potestà hanno la stessa franchigia, ma solo per quelle che chiamansi essenziali e necessarie (2) — la dimanda dei danni non essere una dipendenza essenziale e necessaria del matrimonio nullamente contratto, poichè necessarie sono quelle, senza le quali non potrebbe esistere la petizione principale, come nei benefici la repetizione dei frutti o delle decime,

---

(1) *Cap. fin. de jud. in 6°.* - Si annum quartum decimum tuae peregisti aetatis, in beneficialibus et aliis caussis spiritualibus, nec non et dependentibus ab eisdem, ac si major XXV annis existeres ad agendum et defendendum per te vel per procuratorem, quem ad hoc constituendum decreveris, admitti debebis: si vero intra XIV annum existas, per te agere aut defendere non poteris super ipsis, sed vel per tuum episcopum, vel per officialem ejusdem tibi curator dabitur ad lites hujusmodi exercendas: aut tu ipse, si major infante fueris, auctoritate alterius eorumdem procuratorem ad ea poteris deputare.

(2) *L. 68 ff de reg. jur.* - In omnibus caussis id observatur: ut, ubi personae conditio locum faciat beneficio, ibi, deficiente ea, beneficium quoque deficiat: ubi vero genus actionis id desiderat, ibi ad quemvis persecutio ejus devenerit, non deficiat ratio auxilii. - Gomez *repet. in cap. si annum in 6 de jud. num. 6.* - Anchasan. *ibid. num. 2.* - Passerin. *ad cap. si annum 3 de jud. in 6 num. 18.*

nei matrimoni il pagumento o la restituzione della dote (3) — Nè l'originaria nullità del giudizio da persona illegittima contro il mandatario introdotta essere sanabile col soprassedere negli atti, fino a che giunga l'autorizzazione del padre, e perchè — *quod ab initio vitiosum est, non potest tractu temporis convalescere* (4), e perchè, secondo il § 554, *se le parti o alcuna di esse sono incapaci a stare in giudizio, il tribunale dichiarerà che non è luogo a procedere sulla loro dimanda.* E siccome il mandatario nell'andare della causa al giudizio di Ruota avea dichiarato di non *impugnare la competenza del sacro tribunale per ciò che risguarda al giudizio in rapporto ai danni, ai quali non intende essere tenuto, come anderà a giustificare al tribunale medesimo,* dalle quali parole il sig. avvocato temeva potersi in contrario arguire come ammessa la dipendenza: dicea che il riconoscere legittimo il tribunale non fu argomento per dire riconosciuta legittima la persona del contraddittore, nè la volontà delle parti esser valevole a fare *sui juris* quei che sono soggetti alla paterna autorità.

Il sig. avv. *Ciuffa* difendeva il mandante, e dicea che la domanda di legittimazione di persona deve essere promossa nel senso di differire i giudizi, non di annullarli, dicendo il § 554 — *se le parti o alcune di esse sono incapaci a stare in giudizio, il tribunale dichiarerà che non è luogo a procedere sulla loro dimanda,* e ricordava che, essendo tali eccezioni dilatorie, nel primo incominciare della lite devono essere opposte, come è scritto nel testo (5), e nel § 551 del codice

---

(3) Fermosin. *opera omnia tom.* 7 al cap. *caussam* 9 *quaest.* 13 *num.* 15. – Monteallegre *practica cap.* 5 *num.* 16. – De Ancharan. *cap. si annum de jud.* in 6 *num.* 2. – Reiffenstuel *jus can. univ. lib.* 2 *decret. tit.* 1 § 6 *num.* 163 e 164.

(4) *L.* 30 *ff de reg. jur.*

(5) *L.* 3 *in fin. ff de except.* – *l. pen. et ult. cod. eod. tit.* – Scaccia *de jud. lib.* 65 *cap.* 101 *num.* 6. – Zanger *de except. p.* 2 *cap.* 8 *num.* 107.

giudiziario — che il commesso notaio non solo non oppose la eccezione declinatoria in principio di lite, ma professò di non voler impugnare la competenza del tribunale, promettendo dedurre le proprie difese — Non ammetteva che un figliuolo di famiglia non potesse istruire quella causa in nome proprio, dicendo che, come i figli possono in nome proprio esercitare le azioni d'ingiurie, di spoglio, di deposito, di commodato (6), e qualunque azione *in factum* (7), così hanno diritto di stare in giudizio nelle azioni *mandati* dirette o contrarie, e quindi per l'emenda dei danni (8) — che inoltre il canone di Bonifacio VIII nel *cap. si annum* dice genericamente di tutte le azioni che possono dipendere dalle cause spirituali, e, come generale, senza distinzione di dipendenze prossime o remote, necessarie e non necessarie, viene da tutti interpretato (9).

Il sacro uditorio rigettò l'istanza incidente col rescritto — *nihil.*

---

(6) *L. 9 ff de obligat. et act.* - Filius familias suo nomine nullam habet actionem nisi injuriarum, et quod vi aut clam, et depositi, et commodati, ut Julianus putat. - *l. 17 ff de rebus creditis* - Quum filius familias viaticum suum mutuum dederit, quum studiorum caussa Romae ageret, responsum est a Scevola extraordinario judicio esse illi subveniendum.

(7) *L.* 13 *ff de obligat. et action.*

(8) *L.* 18 § *si filius* 1 *ff de jud.* - Nam et Juliano placet: si filius familias legationis vel studiorum caussa aberit, vel furtum, vel damnum injurie passus sit, posse eum utili judicio agere: ne, dum pater expectatur, impunita sint maleficia: quia pater venturus non est, vel, dum venit, se subtrahet is qui noxam commisit. Unde ego semper probavi, ut etsi res non ex maleficio veniat, sed ex contractu, debeat filius agere utili judicio forte depositum repetens, vel mandato agens, vel pecuniam quam credidit petens.

(9) Gratian. *discept.* 789 *num.* 4. - Baron. *de effect. minor. aetat. effect.* 1 *num.* 171. - Narbona *de aetate annor.* 25 *quaest.* 27 *num.* 8 *et* 23.

*Ruota del dì 15 aprile 1844 — Ariminen. nullitatis matri-
monii et emendationis damnorum*, R. P. D. De Petro , *proc.
per l'istante* sig. dott. Tuccimei (Filippo), *pel citato* sig. dott.
Pitocchi.

MATRIMONIO . MANDATO . MUTAZIONE DI VOLONTA'

XVI. *Il matrimonio contratto per procura è nullo, se consta
  che il mandante re integra, abbia mutata la volontà, e
  revocata la procura.*
*E ciò quand' anche la mutazione della volontà non sia giunta a
  notizia del mandatario pria della esecuzione del mandato.*
*Non è necessario che la revoca della procura sia giudiziale ,
  o per atto giudiziale al mandatario notificata.*
*I sponsali de futuro seguiti dalla copula costituiscono una
  semplice obbligazione a contrarre matrimonio, quante volte
  non concorra una causa legittima di dissenso.*

N. c. N.

Dopo tale incidente si propose la causa sulla nullità
del matrimonio tra il preteso marito, ed il difensore d'officio per l'interesse dal vincolo, col dubbio — *an constet de
nullitate matrimonii in casu ecc.*

Il sig. avv. *Ciuffa* difensore dell'uomo, ripetuto il tenore
del canone con cui Bonifacio VIII disse irrito il matrimonio
fatto da un procuratore dopo la revoca della procura (1),

---

(1) *Cap. final. de proc. in 6.* - Procurator non aliter censetur
idoneus ad matrimonium contrahendum, quam si ad hoc mandatum
habuerit speciale. Et , quamvis alias is qui constituitur ad negotia
procurator alium dare possit, in hoc tamen casu, propter magnum
quod ex facto tam arduo posset periculum imminere, non poterit
deputari alium, nisi hoc eidem specialiter sit commissum. Sane, si
procurator antequam contraxerit, a domino fuerit revocatus, contractum postmodum matrimonium ab eodem (licet tam ipse quam ea,
cum qua contraxit, revocationem hujusmodi ignorent) nullius mo-

ancorchè la mutazione di volontà dal mandatario non sia nè notificata, nè nota (2), e sebbene il mandante nel dar la procura abbia giurato di non revocarla (3), dicea che lo sposo da Rimini a dì 17 agosto 1842 scrisse al sig. avv. Ugolini dicendo com'egli, nel giungere in patria, della donna che amava avesse saputo avventure poco onorevoli, per cui lo pregava d'andare al mandatario, e disdirgli ogni facoltà — che pel marchio postale appariva la lettera essere qui pervenuta a dì 20, che era giorno di sabato, e nella stessa mattina l'incarico venne eseguito — che a dì 23 lo sposo, non contento di questo, agli atti di un notaio di Rimini consegnò una dichiarazione formale del suo pentimento, e, ciò non ostante, il mandatario volle procedere alla celebrazione dell'atto innanzi alla chiesa — Dicea che se ogni mandato è revocabile di sua natura (4), e non è dalla legge per tale revoca prescritta una forma, per cui a richiamarlo basta la volontà del mandante (5): e se forma sostanziale del matrimonio è il mutuo consenso (6), non potesse esistere matrimonio tra due, uno dei quali non avea volontà di contrarlo. Ed aggiungea non essere per tal nullità necessario il processo prescritto dai canoni nelle cause di nullità di matrimonio, e dalla bolla *Dei miseratione* del sommo pontefice Benedetto XIV, mentre nel

---

menti existit: cum illius consensus defecerit sine quo firmitatem habere nequivit. - Sabell. *in summa v.* matrimonium *num.* 4. - Ferrais *biblioth. v.* matrimonium S. C. Conc. Eugubina 10 *julii* 1727. - Rota *recen. part.* 15 *decis.* 172 *num.* 2.

(2) Rota *decis.* 290 *num.* 3 *cor.* Ansaldo.

(3) *Ivi num.* 4. - *Glossa nel sud. cap. fin. v.* revocatio. - Sanchez *de matrim. lib.* 2 *disp.* 11 *num.* 8 *t.* 1. - Guttierez *de matrim. cap.* 43 *num.* 9. - Rota *cor.* Ubaldo *decis.* 310 *num.* 5.

(4) Harprect. *instit. lib.* 4 *tit.* 27 *de mandato* §§ 9 *e* 10 *num.* 1.

(5) Rota *cor.* Olivatio *decis.* 44 *num.* 27, *e nella confermatoria decis.* 76 *num.* 27.

(6) Ferraris *v.* matrimonium *art.* 1 *num.* 36.

caso non si trattava di nullità per impotenza, e per difetto di materia, ma di nullità per difetto di forme, per cui non fosse luogo nè a giuramento, nè ad ispezioni, nè ad esami di settima mano, come riconobbe lo stesso sommo pontefice nella istituzione ecclesiastica 53 *per tot*, allegando l'esempio d'una simile *Eugubina seu Perussina* tra Ghirandoni e Raffaelli decisa dalla sacra congregazione del Concilio a dì 5 luglio 1727.

Nell'interesse del vincolo dicea mons. avv. *Iannoni*, che nei tempi di Bonifacio VIII anteriori al concilio di Trento i matrimoni si contraevano in due modi, cioè *per verba de praesenti*, che è quanto dire con parole o segni sensibili i quali rendono certa la volontà dei contraenti, e per *verba de futuro*, cioè per promesse di effettuarlo, o per copula seguita dagli sponsali (7), ma che il Concilio di Trento nella *sess.* 24 *cap.* 1 *de reform. matrim.* disse — *Qui aliter quam praesente parrocho, vel alio sacerdote de ipsius parochi vel ordinarii licentia, et duobus vel tribus testibus matrimonium contrahere attentabunt, eos sancta synodus ad sic contrahendum omnino inhabiles reddit, et hujusmodi contractus irritos et nullos esse decernit: prout eos praesenti decreto irritos facit, et annullat* — Che la promessa di nozze sicure non solo fu seguita dalla copula, ma eziandio della pregnanza, a tal che la donna era in procinto, quando si celebrò innanzi alla chiesa il matrimonio, per cui il consenso posteriormente prestato compì la forma del sacramento, e ridusse quell'atto ad un matrimonio per

---

(7) Decret. di Greg. IX *cap.* 30 *tit.* 1 *lib.* 4 *de sponsalibus et matrimonio.* - Is qui fidem dedit mulieri super matrimonio contrahendo, carnali copula subsequuta, etsi in faciem ecclesiae ducat aliam et cognoscat, ad primam redire tenetur: quia licet praesumptum primum matrimonium videatur, contra praesumptionem tamen hujusmodi non est probatio admittenda. Ex qua sequitur, quod nec verum nec aliquod censetur matrimonium, quod de facto est postmodum subsequutum.

verba de praesenti, valido anche secondo la decretale di Bonifacio, il quale pontefice, nel dire revocabili i mandati a sposare, intese di quelli nei quali le parti non avessero precedentemente prestato consenso col reciprocamente promettersi, e consegnarsi. Nè, dicea, si opponga che, non ostanti i sponsali e la copula, dopo il tridentino, mancando il consenso] espresso, quel matrimonio riconoscere non si potesse come già fatto, mentre il sacro sinodo coll'ordinare la celebrazione del matrimonio non derogò alle costituzioni precedenti, per cui nei luoghi ove non fu pubblicato, i matrimoni per *verba de futuro* colla susseguente copula si riconoscono validi (8).

Quindi dicea che, data ancora nello sposo la facoltà di revocare il mandato, egli nell'atto di Rimini si espresse dicendo, volere che fosse al suo procuratore intimato, come infatti per disposizione di diritto comune nessuna revoca di procura non può avere efficacia (9), al quale diritto riportandosi, egli implicitamente rinunciò alla speciale disposizione bonifaciana, o così la sua volontà deve essere intesa per la regola che è sempre contraria a chi poteva significarla più chiara (10) — che inoltre la revoca d'ogni mandato deve essere fatta *re integra* (11), e tale non era la causa, giacchè quando a dì 17 quell'uomo manifestò, scrivendo da Rimini, la mutata sua volontà al sig. avv. Ugolini, già nel dì innanzi nella curia del vescovo erano stati esaminati due testimoni per comprovare il di lui stato libero, già il vescovo avea rilasciate le testimoniali, e quando a dì 23 agosto egli fece

---

(8) Zallinger *instit. juris. eccles. lib.* 4 *tit.* 1 § 10.

(9) Clem. *unica de renunciat.* - cap. *ex parte de rescript.* - l. *si mandassem,* ff *mandati.* - l. 1 § fin. ff *de contrah. empt.* - l. 1 ff *quod jussu.*

(10) *Reg. jur.* 17 *in* 6.

(11) Donell. *comment. jur. civ. lib.* 16 *cap.* 23 *num.* 11. - Maschat. *instit. canon. lib.* 1 *tit.* 38 *de procurat. num.* 15. - Ponte *de matrimonio lib.* 11 *cap.* 15 *num.* 15.

la revoca per mano di notaio, lo stato libero eziandio della donna era stato provato con altro atto. — Qui si facea ad esaminare le ragioni, che della mutata sua volontà l'uomo allegava: parte aneddota, che ad avere un'idea della questione di diritto, scopo della nostra effemeride, non è necessaria.

Il sacro uditorio „ Considerando, che forma sostanziale del matrimonio è il mutuo consenso, per cui sebbene un tal vincolo si possa contrarre per mezzo di procuratore speciale, che rappresenti lo sposo assente, siccome nessun matrimonio può esistere senza la volontà d'ambe le parti (12), egli è di diritto che, revocato il mandato *re integra*, ancorché la revoca non sia giunta a notizia del mandatario, il matrimonio si ritiene come non fatto: speciale disposizione giuridica contenuta nel can. *fin. de procuratoribus* di Bonifacio VIII, confermato dalla generale opinione dei dottori, e dalla costante giurisprudenza dei tribunali: e tale conclusione è tanto certa, che milita, sebbene il mandante abbia giurato di non revocare il mandato.

„ Che l'uomo, di cui si tratta, *re integra* revocò il mandato, come apparisce da una lettera scritta nel dì 17 agosto all'avvocato Ugolini, e nella quale questi fu incaricato di partecipare la revoca al mandatario: più, dall'atto, che a dì 23 agosto fu fatto in Rimini innanzi notaio: significazioni di volontà anteriori al dì 25 in cui il matrimonio fu celebrato.

„ Che la revoca del mandato non ha bisogno d'intimazione giudiziale per essere efficace, e come le cose si sciolgono in quel medesimo modo con cui furono contratte (13), come la sola volontà del mandante bastava a rendere esistente il consenso, così la sola volontà fu bastevole a farlo mancare. — Che inoltre la revoca fu bastantemente notificata,

---

(12) *Cap. gemma, e cap. cum locum de sponsalibus.* — Barbosa *in cap. final. de procurat.*

(13) Rota *decis.* 44 *num.* 7, *e decis.* 76 *num.* 14 *cor.* Olivatio.

e, siccome essa si può fare anche per nunzio, per lettera, per cenno, così può provarsi per mezzo di testimoni (14), che sono stati prodotti in causa.

„ Che inutilmente si dice non attendibile la decretale di Bonifacio VIII circa alla revocabilità di tali mandati nel caso di sponsali contratti per *verba de futuro*, e seguiti dalla copula : giacchè, prescindendo dal riflesso che tale distinzione non è nel canone, che la copula e gli sponsali non sono nel caso bastantemente provati, egli è da riflettere che, secondo il concilio di Trento, dagli sponsali e dalla copula nasce unicamente una obbligazione a contrarre il matrimonio per *verba de praesenti*, ed a prestare legittimamente il consenso quando non sia sopravvenuta una legittima causa per negarlo: lo che non significa averlo contratto: onde deriva che l'attore nel presente giudizio, dimostrando d'avere *re integra* revocato il proprio consenso, potea domandare la nullità di ciò che avea fatto il di lui mandatario.

„ Che se la donna ha diritto a provare l'esistenza degli sponsali, e la copula, può, se vuole, costringere il promittente a contrarre per *verba de praesenti* il matrimonio innanzi alla chiesa : azione alla quale la decisione della presente causa nessun pregiudizio arrecherà.

Rescrisse — *affirmative.*

Ruota del dì 5 luglio 1844 — *Romana seu Ariminen. nullitatis matrimonii* R. P. D. De Petro, *proc. per l'uomo* sig. dott. Pitocchi.

5 agosto 1844 — *expediatur sub unica.*

CASE . ACQUIRENTI . ACQUA . TASSA ARRETRATA

XVII. *I compratori delle case di Roma sono responsabili per la tassa arretrata dell'acqua, benchè questa per destinazione del precedente proprietario, più non fluisca nella casa venduta.*

---

(14) *Cap. ex insinuatione de procurat.*-Cevallos *comm. quaest.* 40 *num.* 7. - Golino *de procurat. part.* 3 *cap.* 5 *num.* 115.

(Discuss. sui §§ 88 e 91 del reg. legisl.)

Potenziani c. Conti

Il marchese Potenziani, creditore di Crespi, oppignorò una casa appartenente al debitore in questa città *via dei Polacchi*, e, nella perizia precedente l'incanto, l'architetto notò che in quel locale appariva in un tempo l'acqua *Felice*, distratta però dalla sua defluenza dallo stesso proprietario col vendere i condotti, che la portavano. Comprata la casa da Conti all'asta pubblica, si aprì la graduatoria sul prezzo, nel quale giudizio comparve il compratore dicendo l'amministrazione della tassa delle acque avergli intimata la mano-regia per venti e più anni di tassa arretrata nella somma di sc. 45, avere esso soddisfatto un tal credito con subingresso nelle ragioni fiscali; e chiedendo perciò sul prezzo depositato il rimborso. A dì 12 settembre 1842 fu ammessa l'istanza col seguente giudicato.

„ Considerando, che il Conti ha pagato del proprio la tassa dell'acqua felice, dovuta dai precedenti possessori della casa di cui si tratta, per l'epoca anteriore alla delibera in di lui favore avvenuta, insieme alle spese in forza di ordinanza esecutiva di mano-regia, e però, non esistendo questo debito fra gli oneri descritti nel capitolato, ha tutto il diritto di esserne reintegrato prelativamente ad ogni altro creditore in virtù del privilegio competente al fisco, secondo il § 88 del vigente regolamento legislativo e giudiziario per le tasse prediali, privilegio trasferito nel suddetto Conti non solo per manifesta disposizione del § 91 dello stesso regolamento, che espressamente gli accorda il subingresso nei diritti, e privilegi dell'erario pubblico, ma ancora perchè nel pagare del proprio il debito altrui, riportò la relativa cessione delle ragioni.

„ Considerando rapporto alle spese tanto di mano-regia, quanto del presente giudizio doversi le medesime riguardare come un accessorio del suddetto credito, e doversi perciò ùnire col medesimo ed essere graduate, e trattate coll'istesso privilegio a termini dei §§ 62 e 182 del citato regolamento.

„ Considerando essere giusto ed equo insieme, che il Conti venga senza ulteriore ritardo soddisfatto senza aspettare l'ultimazione del giudizio di distribuzione, perchè, mentre in oggi consta chiaramente dell'esistenza del menzionato suo credito, mentre si scorge con certezza il privilegio fiscale al medesimo competente, è giusto che venga dimesso con quella stessa speditezza, cui darebbesi luogo in favore del pubblico erario, ed altronde l'equità non soffre che, concorrendo tali circostanze, quegli, che per l'effetto delle procedure fiscali ha dovuto pagare immediatamente, debba soggiacere pel rimborso a lunghi indugi, e a nuovi dispendi, tanto meno poi perchè queste spese ridonderebbero in fine in aggravio degli altri creditori, stante la prelazione alle medesime attribuite pei motivi di sopra espressi.

„ Considerando, che questo diritto di prelativa soddisfazione fu già riconosciuto, ed ammesso da questo tribunale a favore del sig. cav. Galeffi creditore per simile privilegiato titolo fiscale di dativa reale sulla detta casa; tanto più si ravvisa ragionevole di adottare nella parità de' diritti e de' privilegi un'eguale temperamento in favore del Conti.

„ Invocato il nome ssmo di Cristo. Il tribunale, pronunciando definitivamente, ammette l'istanza del Conti tanto rapporto alla somma di scudi 45:15 per la tassa delle acque, quanto rapporto alle spese, che liquida in scudi 110:77. „

Appello in piena Camera per parte del marchese Potenziani, la cui principale ragione consisteva nel dire che, se il compratore obbedì all'intimazione di mano-regia, senza difendersi e senza denunciare le molestie al ceto dei creditori, ciò forse avvenne perchè dopo la compra egli avea ricuperata la defluenza dell'acqua, ed alla casa acquistata l'avea ricondotta — che la tassa delle acque gravita sopra i concessionari, o sopra gli utenti attuali, qualità che il compratore non avea per l'acquisto, nel quale l'acqua non solo non fu

compresa, ma esclusa. A tale difesa si contrapponeva il disposto nel § 88 del regol. legislativo, che dice esercibile il privilegio del fisco per le contribuzioni dovutegli *sui frutti, sulle
risposte, e sopra qualunque rendita di beni immobili di ciascun contribuente, e sui beni stessi, pel debito derivante da
tributi o tasse prediali a cui sono soggetti*, e si faceva riflettere, che il prezzo ritratto dalla vendita rappresentava appunto i beni del debitore.

Il tribunale rescrisse — *sententiam esse confirmandam
quoad solutionem taxae, salvis juribus hinc inde quoad pretium
aquae, prout de jure.*

Tribunale della piena Camera sess. del dì 9 agosto 1844
R. P. D. Amadori-Piccolomini *decano, dif. per Potenziani*
B. Belli; *per Conti* sig. dott. Rosco.

TESTAMENTO . SCHEDA . NOTAIO . ASSENZA . CAP. *cum esses* . TESTIMONI . RILEVAZIONE

XVIII. *Nel testamento per implicita nuncupazione la presenza
del notaio non è necessaria.*

La forma permessa dal cap. cum esses *ha luogo anche nel
caso che i notai siano assenti dal luogo, o in altro modo
impediti.*

*E in questo caso si può anche testare per mezzo di scheda
chiusa e consegnata al parroco.*

*La rilevazione dei testimoni non è necessaria quando essi e il
testatore hanno sottoscritta la scheda: basta in tal caso la
rilevazione del parroco.*

(*Discuss. sui* §§ 35 e 36 *del reg. giud.*)

Savarese c. Savarese

Noto è, che gli interpreti diceano in antico nullo il
testamento per relazione alla scheda, ma che, subentrata al
rigore delle leggi la giurisprudenza dell'equità, fu riceuta nel
foro la opinione di Bartolo alla *l. si ita scripsero* 38, *ff de*

condit. et demonstrat., e del suo discepolo Baldo alla *l. asse toto* 77, *ff de haered. instit.* per le quali teoriche il far testa_mento, consegnando una carta che dica ai superstiti la vo_lontà del defonto, si riconobbe politicamente opportuno a cansare gl'inconvenienti, e forse i delitti ai quali potesse dar causa l'avidità degli eredi, e dei legatari: la qual mi_stica forma, che tutta consiste nell'assicurare l'identità di quel foglio, fu renduta sicura pel consiglio 36 del Fulgosi, che suggerì di scrivere un rogito di consegna nel dorso, o nella pagina entro cui venga cucito e sigillato: con questa forma fu dal Savarese a Civitavecchia consegnato il testamento, di cui è memoria nella presente opera vol. 2, facce 107, an_no 1841. La Segnatura, come ivi è riferito, accordò la resti_tuzione in intiero a quell'Aniello dei Savaresi ancor esso, che, zio del defonto, e, facendosi erede intestato, perduta con Ferdinando erede testamentario la causa di nullità da un Paolo cugino, si procurò una restituzione in intiero per riprendere in suo nome la guerra, e conseguire la opulenta eredità: e, come da noi fu narrato l'esito di quella im_presa, per conservare la memoria di non ignobile massima circa alle nullità dei giudizi che domandano i terzi, e circa al quando nei giudizi civili le sentenze formino stato, ora diremo di più ardue questioni di diritto che innanzi alla Ruota si svilupparono, ed in ispecie sulla possibilità di testa_menti mistici in mani del parroco.

Chi assunse l'incarico di combattere contro alla regiu_dicata dicea, che prima, primissima forma nei testamenti per nuncupazione implicita è il consegnare la scheda ad un no_taio, poichè di notaio parlano i §§ 34 e 35, prescrivendosi in essi le norme e le cautele *usitate finora* (1), nè certo in an-

---

(1) *Reg. legisl.* § 34. – Saranno validi i testamenti per impli_cita nuncupazione: i testatori ed i notai osserveranno le norme e le cautele usitate finora. – § 35. – Se le schede, che contengono l'ultima volontà, nel caso del § precedente, sono scritte intieramente, datate,

tico mai si dubitò che il notarile intervento sia necessario; anzi al dire del cardinale De Luca *in mantiss. dec.* 14 *lib.* 16 *num.* 2 — *nec ad verificandam identitatem et excludendam possibilitatem suppositionis, in hac specie testamentorum multum periculosa et fraudibus supposita, sufficit sola fides notarii de testamento rogati, nisi alia concurrant adminicula illius comprobatoria: et quamvis, quando notarius adnotavit rogitum in dorso schedulae suae, etiam in folio illam involvente, aliquando Rota admiserit ex eo probari identitatem, attamen etiam in allegatis decisionibus conclusio non ita simpliciter fuit admissa, ut ea tantum habita fuerit pro sufficienti, sed in omnibus requiritur aliqua circumstantia notarii fidem coadiuvans, et possibilitatem suppositionis auferens* — Che nella specie la scheda fu consegnata immediatamente al parroco non al notaio che non era presente, ed a questi fu portata dal parroco, come si porta da un servo una lettera — che se il testamento fu fatto per nuncupazione implicita, non potea il notaio essere supplito dal parroco, giacchè non può essere per equipollente supplito ciò che è prescritto per forma (2) — E negava, che in quel dì non si potesse in Civitavecchia avere un notaio: che v'era il Bruni il quale, benchè infermo di nervi nei giorni nuvolosi e piovosi, in quel dì, che, secondo i registri nautici, fu *tempo buonissimo, cielo sereno, e calma di mare*, potea senza difficoltà accedere al luogo del testa-

---

e sottoscritte di carattere del testatore, basterà la presenza di due soli testimoni all'atto della consegna nelle mani di pubblico notaio. L'atto di consegna conterrà la dichiarazione del testatore, che la scheda chiusa e sigillata è scritta, datata, e sottoscritta di suo carattere: dovrà essere sottoscritta dal medesimo, da due testimoni, e dal notaio che ne sarà rogato.

(2) Averan. *interpret. jur. lib.* 7 *cap.* 5 *sect.* 10 *num.* 11, 12. - Marescott. *variar. resolut. cap.* 68 *num.* 1 e *seg.* - Rota cor. Ratto *decis.* 554 *num.* 12 e 15, *decis.* 13 *cor.* Rovarella *num.* 27, *Romana nullitatis testamenti* 10 *jan.* 1840 §:7 *cor.* Bofondi.

mento — che in fatti, esaminato esso notaio, sebbene rispondesse — *che tempo fosse in quel giorno, io non lo ricordo; ma, avendo detto nell'atto di consegna che ero impossibilitato ad uscire di casa, è ben possibile che il tempo non fosse molto buono,* soggiunse — *è certo che nessuno mi richiese in tal giorno d'andare a rogarmi del testamento di Federico Savarese.*

E proseguiva — Si pretende che, ciò non ostante, consta della volontà del testatore: ma se un testatore dichiari l'erede alla presenza di sei testimoni, chi dirà che non consta della di lui volontà? Eppure legalmente non consta, perchè sette testimoni sono richiesti per forma (3) — Qui richiamava a memoria del suo contraddittore una causa *Servi* e *Fantini* da questi poco prima vinta in sacra Ruota sulla nullità del testamento d'un cieco per la mancanza dell'ottavo testimone (4), e il dir che esso fece non doversi cercare della volontà del testatore quando è evidente la mancanza di forma.

Facea quindi considerare che il Savarese non volle far testamento nella forma canonica, e lo manifestò quando disse — *mi sono determinato fare il mio ultimo testamento nuncupativo, chiamato dalle leggi senza scritti,* e che ninno non sa quando. il testatore ha dichiarato di voler seguire una forma, essere nullo tutto ciò che si fa, questa non osservata (5) — che Federico non volle forma canonica, poichè, al dire del parroco, lo pregò *di volerlo depositare al più presto possibile negli atti di un notaio, affinchè sempre ed in perpetuo consti dell'identità di esso,* le quali parole mostrarono la volontà di voler testare secondo la forma del diritto civile (6) — Che

---

(3) *L. 12 cod. de testam.* - Si unus de septem testibus defuerit, jure deficit testamentum.

(4) *Romana nullitatis testamenti* 10 gennaio 1840 cor. Bofondi.

(5) Voet *comm. in pand. lib.* 28 *tit.* 1 *num.* 10. - Perezio *in cod. lib.* 6 *tit.* 23 *de testam. num.* 19.

(6) Rota *nella Firmana immissionis* 11 *dicembre* 1840 *cor.* De Cursiis § 7.

la forma canonica per letterale disposizione del § 36 rende
validi i testamenti — *allora soltanto, quando siano fatti negli
ospedali, ovvero da persone malate o defunte in una campagna
o villaggio lontano più di tre miglia dai luoghi ove risiedono
pubblici notai* — Che se Benedetto XIV nell'enciclica che
pubblicò per istruzione de' parrochi in tali bisogne, non dichiarò, che, secondo il cap. *cum esses*, far non si potesse il
testamento per implicita nuncupazione, oltre a che non si re-
cava in contrario nessuna decisione di Ruota, nella quale, dopo
l'enciclica, sia riconosciuto un testamento mistico innanzi al
parroco, a rimpetto di quel così chiaro § 36 non fosse da
allegare leggi ed osservanze anteriori.

Parlava per ultimo della mancanza dei testimoni testa-
mentari nell'atto di rilevazione, la quale, secondo l'istituzione
canonica 105 § 6 del suddetto pontefice, deve farsi entro otto
giorni al più tardi dal parroco o sacerdote *una cum testibus*
negli atti di un pubblico notaio *cui notum faciet se, jussu testatoris, eas tabulas scripsisse*, confermata nel suddetto § 36
quando si dice che — *dovranno inoltre osservarsi in questi
testamenti le regole stabilite dal pontefice Benedetto XIV nella
sua istituzione ecclesiastica 105 che incomincia ,, quamvis consentaneum ,,*: necessità d'intervento di testimoni riconosciuta
indispensabile per la validità dell'atto dalla costante giurisprudenza del sacro uditorio (7).

Al sig. avv. *Benedetti* era affidato il patrocinio del testamento. Egli, dopo avere ricordata la regola della somma influenza, che in tali litigi deve avere la presunta volontà del
testatore, proponessi di dimostrare valido l'atto, secondo la

---

(7) *Verulana immissionis* 21 marzo 1760 cor. Frangipane § 5. -
Interamnen. immissionis 27 giugno 1783 cor. De Bayane § 4. - *Civitatis Castelli nullitatis testamenti* 25 giugno 1802 cor. Bussio § 7. -
Confermat. 6 maggio 1805 cor. eod. - *Civitatis Castelli super decimo tertio dubio* 8 marzo 1805 cor. Serlupi § 2. - *Bononien. nullitatis codicillorum* 25 aprile 1817 § 7 cor. Bussi.

disposizione del comune diritto. Abbiamo, dicea, dal § 33
che — *nelle disposizioni testamentarie, e negli altri atti
d' ultima volontà dovranno osservarsi le forme prescritte dal
diritto comune*, ed, abolita oggi la forma del far testamento
nei comizi calati, o per *aes et libram*, non abbiamo che
il testamento in iscritto, e quelli per nuncupazione esplicita o implicita. Quali siano le regole dei testamenti esplicitamente nuncupativi lo dice l' imperatore nelle istituzioni *lib.* 2 *tit.* 11 § *final.*; quali per i testamenti in iscritto,
sta nella *l. hac consultissima cod. de testam.*, e se proverò
che l'atto del Savarese fu di questa natura, e che vi furono
osservate le forme di quest' ultima legge, avrò dimostrato
che esso fu un atto fatto *secondo le forme del comune diritto*. Che vuole la legge *hac consultissima?* la consegna
della scrittura, la quale, se i testatori *nullum scire volunt
ea quae in ea scripta sunt*, può essere chiusa; vuole che il
testatore dichiari essa contenere la sua ultima volontà, che
la sottoscriva, che siano presenti sette testimoni, che siano
firmati ancor essi, delle quali formalità nessuna fu preterita:
che debba intervenire un notaio in qual legge è prescritto?
Niun dubbio che l' uso dei notai sia antico, e che l' opera
loro venisse alcune volte impiegata nei testamenti (8), ma
non è testo in cui si prescriva: anzi il volerla nel testamento
del cieco è argomento per dirla non necessaria in casi non
simili (9): e citava Donello, il quale, nell'enumerare le forme, del notaio non parla (10); Vasquez, il quale dice, che

---

(8) *L.* 24 *cod. de testam.*

(9) *L.* 8 *cod. qui testam. facere possunt.* - Hac consultissima
lege sancimus, ut carentes oculis, seu morbo (vitiove), seu ita nati
per nuncupationem suae condant moderamina voluntatis: scilicet,
praesentibus septem testibus, quos aliis quoque testamentis interesse
juris est: tabulario etiam, ut cunctis ibidem collectis, primum ad
se convocatos omnes, ut sine scriptis testentur, educeant.

(10) *In cod. lib.* 6 *tit.* 23.

— *requiritur secundum quosdam quod testamento in scriptis* *interveniat tabellio, verum magis esse videtur, et de jure co-* *muni interventus non est necessarius*, e il card. De Luca, che nel discorso 78 *de testamentis* professa la stessa dottrina.

Nè gli era d'ostacolo il § 35 per quelle parole con le quali dice i testamenti di nuncupazione implicita validi, quando *si osserveranno le norme e le cautele usitate finora*, mentre per lui l'atto del Savarese era tutt'altro che mistico — dicea che il testamento mistico imaginato da Bartolo nella *l. si ita scripsero, ff de condit. et demonstr.* è una terza specie d'ultima volontà che ha della scritta e della nuncupativa; della scritta perchè il testatore è obbligato a notarvi l'erede, della nun-cupativa perchè non è obbligato a sottoscrivere, per cui, se dica pubblicamente l'erede, non è più testamento di nuncupazione implicita; se sottoscriva, è un testamento se-condo il diritto civile, cioè *in scriptis*: che se per testare in forma mistica bastasse il consegnare chiusa la scheda, non si saprebbe il perchè la *l. hac consultissima*, volendo descrivere il testamento civile, dica — *licere per scriptu-ram conficientibus testamentum, si nullum scire volunt, ea quae in eo scripta sunt, consignatam vel ligatam, vel tan-tum clausam, involutamque proferre scripturam* (11) — che il testatore sottoscrisse due volte, cioè tanto la scheda, quanto il foglio che la copriva, e se disse di fare un testamento *nuncupativo senza scritti*, si dee attendere quello che fece, non quello che disse, mentre, interessando alla repubblica la validità degli ultimi elogi — *credendus non est quisquam genus testandi eligere ad impugnanda sua judicia, sed magis utroque genere voluisse* (12) — che finalmente, dicendo il pa-ragrafo *i notai dovranno osservare ecc.* parla di quello che

(11) *V.* De Luca *de testam. disc.* 2 *num.* 8. - *nel disc.* 3 *num.* 6 *dal med. tit.*

(12) *L.* 3 *ff de testam. militis.* - Vasquez *de success. lib.* 2 § 1 *num.* 3. - Menoch. *de praesumpt. lib.* 4 *praesumpt.* 2 *num.* 14.

debbano fare se siano chiamati, e non decide che l'atto senza il di loro intervento non possa effettuarsi, riconoscendo la loro presenza come un mezzo di prova, non come una forma alla validità necessaria: ed invero anche l'imperadore nella *l.* 2 *cod. de testam.* volle che i notai sotto pena di falsità avessero cura che il testatore di propria mano scrivesse il nome dell'erede, e pure nessuno oggi direbbe che nel testamento in forma civile dovesse per necessità intervenire il notaio. Di qua passava a sostenere l'atto controverso almeno col disposto della legge canonica.

Non ignoro, dicea, che il § 36 permette la forma del cap. *cum esses* allora soltanto che i testamenti siano fatti negli spedali, o in luoghi dai quali i notai siano lontani tre miglia: *quid juris* però se nei luoghi, e nelle città ove sono notai, per morbo, o per altre cause siano impediti? Se il caso nella legge fu omesso — *bona occasio est caetera quae tendunt ad eamdem utilitatem, vel interpretatione, vel certe jurisdictione suppleri* (13). Qual fu la ragione per cui venne conservato il disposto del canone nel caso di luoghi lontani, e d'infermi che sono negli spedali? per la difficoltà d'avere i notai: perchè dunque non applicare la medesima legge quando esiste la medesima causa? L'art. 124 del m. p. piano disponeva altrettanto: e pure in un caso di luogo ove esisteva un notaio sospeso, e poi reintegrato, al sacro uditorio fu buono il testamento nelle mani del parroco, pel solo motivo che era ignorata la reintegrazione del notaio all'officio (14). La causa adunque è nel fatto — Qui colla dichiarazione del Bruni solo notaio che, come abbiamo detto, era in quella città, rendeva i padri convinti dell'impossibilità di accedere alla casa del Savarese, qual dichiarazione fatta nel medesimo dì, in cui il testamento fu consegnato, dicea superiore a qualunque

---

(13) *L.* 13 *ff de leg.*

(14) *Privernen. immissionis* 28 *aprile* 1826 *num.* 16 *cor.* Muzzarelli.

ricerca di tempo buono o cattivo che corresse in quel dì. Circa alla inapplicabilità della forma canonica ad un testamento per nuncupazione implicita, oltre al riflesso che da papa Alessandro III, autore del canone, non fu vietato, citava tre decisioni di Ruota in cui fu espressamente detto il contrario, cioè la *Narnien. legati* 17 marzo 1738 § 7 cor. Millino, la *Ferrarien. legati* 12 gennaio 1753 § 4 cor. Ansaldo, e la confermatoria 7 aprile 1758 cor. Herreros § 9, aggiungendo che a tale principio la benedettina *Quamvis consentaneum* non è meno amica, mentre in essa il pontefice nè derogò al diritto canonico, nè volle togliere ai testatori quelle facoltà che hanno dal diritto comune, e solo si limitò ad istruire i parrochi sopra la forma da osservarsi (15) — Dicea per ultimo del preteso difetto nella rilevazione arguito dal non esservi intervenuti i testimoni presenti all'atto d'ultima volontà, la quale presenza dei testimoni dimostrava non necessaria quando la scheda sia sottoscritta dal testatore (16): e trascrivea non poca parte della magistrale decisione *Balneoregien. nullitatis testamenti* 6 giugno 1827 cor. De Cursiis.

Il sacro uditorio ,, Considerando che *in publicis actis nihil est lege gravius, in privatis firmissum est testamentum* (17), per cui le disposizioni dei moribondi devono essere mantenute, quante volte la loro nullità non sia quasi palpabile.

,, Che il testatore Federico Savarese ebbe indubitatamente la volontà di fare erede il suo cugino Ferdinando come quegli che gli era carissimo fra tutti i congiunti, e, socio nel di lui commercio, era stato sempre al suo fianco.

---

(15) Rota *nella Bononien. immissionis* 4 *giugno* 1824 § 17 *cor.* Spada, e *nella terza confermatoria* 16 *febbraio* 1827 § 4 *cor. eod.*, *ma più ex professo nella decis.* 145 *cor.* Rusconi.

(16) Rota *nella Ferrarien. testamenti* 11 *aprile* 1755 § 16 *cor.* Amadeo. - *Hortana seu Montis Falisci immissionis* 4 *febbraio* 1805 *cor.* Strasoldo § 3 *e* 4, *e nella confermat.* 23 *genn.* 1818 *cor.* Piccolomini § 7.

(17) *Cic. Philipp. num.* 42.

· „ Che inoltre fralle carte del fu Giulio Guglielmi opu-
lentissimo proprietario di Civitavecchia, dopo di lui morte,
si rinvenne un foglio tutto scritto di costui mano, dal quale
apparì che il Savarese facea minutare un testamento simile
a quello che più tardi al parroco fu consegnato: foglie lontano da ogni sospetto, giacchè il Guglielmi morì molto
tempo prima che la lite si cominciasse.

„ Che più testimoni depongono avere udito dalla bocca
di Federico, come egli volesse istituire erede Ferdinando:
volontà, che fu nota anche al di lui confessore.

„ Che sulla identità della scheda non è da muovere
dubbio, perchè fu sottoscritta da Federico, il quale vi scrisse
di suo pugno l'erede, perchè dal medesimo testatore fu
firmato eziandio l'involucro, e infatti il giudizio fu incominciato da Paolo con un libello, il quale, citando a sentire annullare il testamento, ne ammetteva implicitamente l'identità.

„ Che, se questi fatti costituiscono la prova della volontà
resta a conoscere se colla formalità dalla legge richiesta
venisse manifestata, e in primo dalla mancanza del notaio.

„ Che Bartolo nella sua teorica mai non insegnò, nei
testamenti per nuncupazione implicita, essere necessari i notai: che anzi, se egli nel concepire la questione — *testator
dixit volo quod haeres meus det, quod scriptum in schedula
quam reliqui apud Guardianum fratrum minorum, Guardianus
ostendit schedulam, an valeat, et videtur quod non* la sciolse
dicendo *ego dico hoc esse verum, quando non appareat schedulam esse testatoris, et legitima litterarum comparatione,
vel aliis legitimis indiciis, alias puto quod valeat*, egli è manifesto che la forma solenne di tal testamento, per la teorica
di Bartolo, non consiste nella presenza o nell'intervento del
notaio, ma nella prova dell'atto, e della volontà di testare
secondo la scheda: per cui torna che tutto consiste nella
verità del fatto, la quale può essere provata anche senza la
consegna fatta da un notaio, secondo l'opinione del cardinale
De Luca *de testam. disc.* 1 *num.* 9, e *disc.* 2 *num.* 5.

„ Che se il Fulgosio nel cons. 86 suggerì la cautela
che il notaio scriva l' atto di consegna nel dorso della scheda
o in altro foglio che l'involga con porvi sigilli, senza rompere
i quali, la scheda non possa essere aperta, il suggerimento
di tale diligenza non porta che di necessità debba chiamarsi
un notaio, e il suddetto cardinale De Luca nello stesso *disc.* 2
de testamentis num. 6 prova con molte autorità che, non
ostante il parere del Fulgosio, la mancanza del notaio non
produce nullità.

„ Che quindi estraneo alla specie è il § 34, il quale,
parlando delle norme e cautele il cui uso vuol conservato
nei testamenti mistici, intese di quelle che risguardano alla
identità del foglio, non alle forme da adoperarsi nell' atto:
lo che torna anche più chiaro dal § susseguente, in cui si parla
della consegna, e vi si parla del notaio non tassativamente,
ed in modo da escludere ogni altra prova d'identità: la quale
identità nella specie dal libello che richiede la nullità, viene,
come si disse, implicitamente ammessa.

„ Che, volendosi ritenere necessario l' intervento del
notaio nei testamenti mistici, non per ciò si dovrebbe annullare quello di Federico Savarese, essendo provato che in
quel momento non era a Civitavecchia notaio, che alla di
lui casa potesse accedere. Si tratta pertanto d'un caso omesso,
per la decisione del quale è d'uopo ricorrere alla comune
disposizione di diritto. E siccome il comune diritto nel testamento del cieco supplisce la mancanza del notaio coll' ottavo
testimone, non si saprebbe il perchè nel caso del Savarese
la stessa mancanza non potesse essere supplita dalla presenza
del parroco.

„ Che quindi il testamento, di cui si tratta, fu testamento
scritto secondo le norme della *l. hac consultissima*, comechè
il testatore dicesse di voler fare l' ultimo suo testamento
chiamato dalle leggi senza scritti: mentre si dee credere che
l' uomo voglia testare in qualunque forma utile a far valere
l'estrema sua volontà, quando particolarmente, come nel caso,

aggiunga la clausula — *voglio che debba valere nel miglior modo possibile.*

„ Che le solennità del testamento scritto, secondo la *l. hac consultissima*, non sono che tre — *prima* (al dire di Donello *comm. ad cod. lib.* 6 *tit.* 23) *posita est in testibus necessariis adhibendis, altera in voluntate coram his declaranda, tertio in testium subscriptione et obsignatione, quae ita adhiberi oportet ut et testatio testatoris, et subscriptio testium, et obsignatio fieri debeat uno contextu actionis,* nè tra queste è annoverato l'intervento del notaio.

„ Che nel caso di cui si tratta sette testimoni idonei furono presenti quando il testatore dichiarò la sua volontà sottoscrivendo la scheda, e consegnandola al parroco: quale scheda fu in un medesimo tempo firmata da tutti. Che se le firme dei testimoni non furono apposte in calce del foglio testamentario, ma nel dorso dell'involucro, dice la legge che, se il testatore voglia tenere nascosta ai testimoni la sua volontà possa — *clausam involutamque proferre scripturam, eamque septem testibus offerre signandam; et subscribendam,* e non è dubbio che — *signatas tabulas accipi oportet, etsi linteo, quo tabulae involutae sunt, signa impressa fuerint* (18).

„ Che in fine, se il testamento di Federico non vale secondo il diritto civile, varrebbe secondo il diritto canonico, cioè per la costituzione di Alessandro III nel *cap. cum esses de testam.* per la quale si dichiara valido il testamento fatto innanzi al parroco, e due testimoni. Nè osta che il § 36 del vigente codice riconosca la validità di questa forma solo negli spedali, o per le persone che muoiono in campagne più di tre miglia lontane dai luoghi ove risiedono notari, poichè se la ragione di tale indulgenza in tali casi è la difficoltà d'avere notari, e se nella legge è omesso il caso di notaio che esista, ma che per infermità non possa accedere,

---

(18) *L.* 22 § *final. ff de testam. - Glossa alla v.* involutam - Cujac. *comment. ad lib.* 6 *tit.* 25.

bisogna per identità di ragione applicare anche a tal caso
ciò che è permesso per gli spedali, e per le campagne.

„ Che nella costituzione di Alessandro III non è alcun
divieto di fare il testamento per via di scheda consegnata
chiusa al pàrroco, nè fu vietato nella costituzione *quamvis
consentaneum* di Benedetto XIV, la quale si limitò ad istruire
i parrochi sul modo di ricevere le ultime volontà, e, se
dette le regole per i testamenti esplicitamente nuncupativi,
non per questo derogò al diritto comune, che permette gli
altri, come dal sacro uditorio fu deciso nella *Bononien.* *immissionis* 16 febbraio 1827 cor. Spada.

„ Che la rilevazione non è richiesta per forma, ma per
provare la verità d'un testamento: per cui quella dei testimoni non è necessaria quando essi e il testatore han sottoscritta la scheda, bastando in tal caso la rilevazione del
parroco.

Rescrisse — *affirmative ad primam partem, negative ad
secundam.*

Ruota del dì 9 giugno 1843 — *Centumcellarum testamenti*
R. P. D. D'Avellà, *dif. per gli eredi di Aniello* sigg. avv.
Tosi e Mandolesi, *proc.* sigg. dott. Proja e Brunetti; *per
Ferdinando* sigg. avv. Benedetti, Sturbinetti, Ostini, *proc.*
sig. dott. Salini.

19 aprile 1844 — *in decisis.*

8 luglio 1844 — *expediatur.*

BOTTEGHE . LOCAZIONE . SCORTA IN DANARO . FRUTTI

XIX. *Il danaro destinato a mantenere una bottega provvista di
merci è di sua natura fruttifero.*

*Per cui, locata una bottega, il locatore non ha bisogno di al-
legare requisiti castrensi per conseguire gl' interessi sul
danaro che dà per iscorta, e può legittimamente pattuirli.*

Ed anche sui nomi dei debitori che cede al conduttore.

Se però il capitale perisca, perisce al locatore.

Blasi c. Ramoni

Ramoni di Viterbo nel 1794 locò a Blasi per un triennio due botteghe di pizzicagnolo, che furono stimate sc. 5500,
tra i quali v'erano tremila scudi in contanti, che il locatore
dava per iscorta, e in questi alcuni nomi di debitori: ciò per
una pensione annua di sc. 370 che corrispondeva al sette
e un quarto per ogni cento di capitale, riservato sui capitali
il dominio, e con promessa d'assistere il conduttore negli
acquisti di maggiore entità, che egli facesse per assortire il
negozio. Il contratto andò prorogato di triennio in triennio
comecchè il locatore, e quindi il figlio, passassero l'uno
nel 1807, l'altro nel 1830 di vita. Nel 1832 il debito pei
pagamenti fatti dal Blasi era ridotto a sc. 3934 : 42, e per
istromento del 9 agosto di quell'anno fu confessato, con promessa d'estinguerlo a sc. 260 annui, e ribasso dell'uno e
un quarto sui frutti: mancata però la puntuale soddisfazione
delle rate, e decorsi sc. 1146 : 39 d'interessi, i creditori da
un canto richiesero il pagamento innanzi al tribunale della
provincia, dall'altro i debitori eredi Blasi riconvennero per
la imputazione dei frutti in sorte, e domandarono il pagamento di sc. 10665 : 97, che tanti, correndo una locazione sì
lunga, erano i pagati. Ebbero in ambe le cause sentenze contrarie, che, appellate alla Ruota, furono proposte con diverse
formole. La riconvenzionale fu concepita — *an, et quomodo
sit locus imputationi usurarum et solutionum, ita ut, pro qua
summa, et cujus favore constet de credito, et sit locus rescissioni
instrumenti diei 8 augusti 1832, deletioni inscriptionis, et sint
relaxanda mandata in casu ecc.*

Il sig. avv. *Rinaldo Secreti*, contraddicendo all'appellata
sentenza, ricordava che uno dei pallj, con cui gli usurai so-
gliono nascondere le loro malvagità, è il contratto di locazione-conduzione (1), al quale può bene talvolta andare con-

_____

(1) Leotardo *de usuris disp.* 1 § 21.

giunto un mutuo, ma solo nel caso che non ne torni al
locatore interesse, o che realmente sia dato per aumentare
la cosa locata, e farla capace a rendere frutto: la quale immissione di pecunia deve formare parte reale della università
del negozio, e deve essere proporzionata alla natura ed alle
occorrenze di esso, giacchè in caso diverso la somministrazione del danaro si reputa come un vero mutuo, o come
un mutuo interpretativo (2). Ciò premesso, dicea che nell'atto dell'istromento non furono numerati gli scudi tremila,
e solo si disse che il Blasi confessava d'*averli precedentemente ricevuti in suo potere*, che ricevere *in suo potere* non
significò, nè poteva significare tener la pecunia nel negozio
impiegata, ma farla propria, lo che letteralmente significa
mutuo, condizione la quale, al dire del card. De Luca *de
usuris disc.* 2 *num.* 4 — *ubi agitur de locatione animalium,
vel aliarum rerum usualium, quorum pretium prompte haberi potest, de facili corrumpit contractum, illudque transmu-
tat in mutuum interpretativum, et successive usurarium, ita
sub hoc vocabulo palliatum* (3), per cui il sacro uditorio
professò la dottrina essere sempre vietati e feneratizi tali
contratti tutte le volte che dalle merci, dal danaro, e dai
nomi dei debitori nel conduttore si trasferisce il dominio (4).
È faceva considerare che nel contratto si disse — *che il Blasi
in fine dell'affitto sia tenuto di restituire al sig. Ramoni tutti
i suddetti capitali di cacio, carne salata, e salumi di ottima
qualità come li ha ricevuti*, riscontro evidente che il locatore
volea la restituzione del danaro in danaro, che era quanto

---

(2) De Luca *de success. disc.* 19 num. 10. - Ruota *in Fulgi-
nat.* 9 febr. 1759 cor. Paracciano. - *Romana simulationis et nullit.
contractus* 11 mali 1821 cor. Isoard.

(3) *V.* anche Bartolo *nella l. sine certo* § *nunc videndum
ff commodati.* - Carocc. *de locato quaest.* 9. - Roderic. *lib.* 2 quaest.
num. 64. - Leotardo *de usuris quaest.* 36 num. 55.

(4) *Romana in re commerciali* 17 aprilis 1840 § 5 cor. Bofondi.

dire la restituzione del mutno, e che infatti nelle quietanze il Ramoni denominò i pagamenti annovali non pensioni o risposte, ma *frutti a me spettanti pel capitale che esso* (il Blasi) *ritiene*, e nell'istromento dell'anno 1832 del pari si disse che la corrisposta era stata ragguagliata alla ragione di sc. 7 : 25 per cento sul capitale, lo che significò percezione di frutto. Nè ometteva d'allegare la regola che — *cum diversae indolis diversaeque speciei res sub una, eademque stipulatione comprehensae sint, jam perinde est, ac si totidem stipulationes initas fuisse dicamus, quae sunt ipsarum met rerum species* (5).

E dicea non giovare al Ramoni la qualità mercatoria dei due contraenti, giacchè la possibilità del lucro non basta a dispensare neppure i mercadanti dalla allegazione dei requisiti castrensi (6), nè che con quel danaro potè il Blasi assortire un altro negozio di pizzicagnolo, e comprare eziandio fondi fruttiferi, poichè tali fatti tendevano appunto a provare che il danaro non fu dunque dato per mantenere la bottega locata, dicendo Benedetto XIV nella costituzione *Vix pervenit* § 2 — *ad istam labem purgandam, nullum accersiri subsidium poterit, vel ex eo quod lucrum non excedens sed moderatum, non magnum sed exiguum sit, vel ex eo quod is, a quo deponitur, non pauper sed dives existat, nec datam sibi mutuo summam relicturus otiosam, sed ad fortunas suas amplificandas, vel novis coemendis praediis, vel quaestuosis agitandis negociis utilissime sit impensurus* (7): per cui nei Blasi nasceva

---

(5) Rota *nella Romana pecuniaria* 3 *gennaio* 1805 *cor.* Gavotti § 5.

(6) Rota *nella Romana fructuum* 4 *marzo* 1763 *coram* Herrera § 7. – *Firmana restitutionis in integrum* 25 *gennaio* 1841 *cor.* Marini § 6.

(7) *V. anche la Ruota nella Albanen. pecuniaria* 23 *gennaio* 1837 *cor.* Zacchia.

manifesto il diritto di vedere imputate nella sorte le usure (8) : regola che milita anche nel caso di contratto commerciale, ed in ispecie quando si tratta d'interesse eccessivo (9). Né ometteva di avvertire che l'istromento dell'anno 1832 non potè cancellare la macchia della convenzione primitiva, mentre in fatto d'usure non è transazione, o regiudicata che possa rendere giusto quello che è peccaminoso ed illecito nella sua origine (10) — Quindi dicea che l'istromento dell'anno 1832 fu nullo per errore di calcolo, per cui si dovesse venire a liquidazione nuova, avendo riguardo agli indebiti pagamenti posteriori.

Questo errore di calcolo egli arguiva dal non essersi avuta ragione che il Ramoni morì fino dall'anno 1807, per cui non potè più prestare l'opera sua negli acquisti principali per l'assortimento dei negozi, quale promessa di prestazione di opera avea formato parte della cosa locata : che se mancò questa parte di cosa locata, per gli anni posteriori alla suddetta mancanza non si potevano accreditare agli eredi tutti intieri gli sc. 370 della corrisposta promessa, tanto più che, al dire di testimoni, quell'uomo, morendo, in riflesso della infermità che gli avea impedito di prestare la suddetta assistenza, dette incarico alla propria consorte di rilasciare ai Blasi sul debito la somma di cento scudi — Né fosse da dire che pel tempo posteriore l'abbuono fu dato colla riduzione dei frutti, la quale fu fatta non per tale motivo, ma perché le circostanze dei tempi quella promessa in origine rendevano intollerabile.

Il patrocinio della sentenza appellata era commesso al sig. avv. *Duranti-Valentini* il quale dicea — Niun dubbio che la pecunia appartenente alla serie delle cose fungibili

---

(8) *Romana foenoris* 18 *giugno* 1834 *cor* Spada § 5.

(9) *Ferrarien. pecuniaria* 21 *febbraio* 1825 *cor.* Bofondi.

(10) *Ravennaten.* 2 *agosto* 1830 *cor.* Muzzarelli § 1. - *Romana pecuniaria* 3 *giugno* 1825 *cor.* Ruspoli § 5.

sia di sua natura infruttifera: ma non quando per modo di università è unita a cosa fruttifera, come nel caso fu data ad istruzione d'una bottega destinata a produrre una utilità colla compera e colla rivendita delle mercanzie: caso deciso in più incontri (11) ed *ex professo* nella *Fulginaten. pecuniaria* 9 febbraio 1759 cor. Parracciano, nella quale fu detto — *Neque id genus contractus locationis super negocio a fundaco mercium per modum unius, cum omnibus suis adnexis, scilicet avviamento, stiliis, et apothecis, capitale fructiferum constituente, ulla poterat usuraria labe notari: cum valide aeque ac licite conveniri potuerit pro annua aliqua retributione, et, salva rei substantia, ad instar praedii fructiferi. Nihil penitus obstante quod promissae fuerint pecunias, quae, uti pertinentes ad classem rerum fungibilium, fructus sui natura non pariant, neque venire per se possint in contractu locationis, sed conjunctim per modum universitatis, ac pro instructione fundaci pecunias traditae apparent, et destinatae ad comparandas merces: utique tunc sine nota illiciti foenoris sub capitali fructifero comprehendi potuerunt* — Nè giova il dire, che per contanti furono dati anche nomi di debitori, perchè nomi di debitori sono in ogni negozio di tale natura, e, come essi formano parte dell'avviamento, così anche per essi si possono convenire i frutti compensativi (12). E qui, dopo avere descritta la pingue utilità che ritraggono i pizzicagnoli dalla loro industria, a tal che non poche ricche famiglie da questo genere di negoziazione si sono formate, tornava a dimostrare come il danaro si debba considerare mercanzia quando è destinato

---

(11) Rota cor. Emerix jun. decis. 69 num. 5. - Recen. decis. 275 num. 6 p. 16.

(12) De Luca disc. 40 de usuris num. 4. - Rocca disput. jur. select. cap. 159. - Rota coram Crispo decis. 42 num. 3 et 5. - Romana pecuniaria super fructibus 4 februarii 1742 cor. Calcaguino § 2. - Romana societatis 3 julii 1744 cor. Peralta num. 2. - Romana successionis 11 junii 1821 cor. De Cursiis § 7.

a costituire il capitale d'una intrapresa di sua natura fruttifera (13). — Circa alla opposizione contraria che ai Blasi
fosse mancata l'opera del Ramoni, facea riflettere che il
contratto fu fatto per un triennio, e di triennio in triennio,
anche dopo morto il Ramoni, andò rinnovato, senza che gli
avversari chiedessero compenso o minorazione di frutto per
quella mancanza: che inoltre, se ai Blasi alcun compenso
apparteneva per un tal titolo, non per questo la originaria
convenzione si dovrebbe chiarire feneratizia: solo punto di
questione in cui consiste la causa.

La sacra Ruota „ Considerando, che il contratto di cui
si tratta si dee ritenere come una locazione, finché con evi-
denti prove non venga dimostrato il nome di locazione essersi preso ad imprestito per palliare un mutuo con indebita
percezione di usure.

„ Che non giova il dire il danaro essere di sua natura
infruttifero, mentre ciò è vero quando si dà separatamente,
non quando si dà unitamente alle merci per istruzione di
un fondaco: giacchè in questo caso costituisce un capitale
fruttifero unitamente alle merci, e si possono su di esso
legittimamente pattuire gli interessi.

„ Che nel caso non si può mettere in dubbio che gli
scudi tremila fossero uniti alle merci per modo di università, mentre disse l'istromento effettuarsi la locazione — *con
il capitale in essere di scudi cinquemila e cento, cioè cacio
libre ventiquattro mila a sc. 65 il migliaro, che costituisce il
valore di sc. 1464, carne salata libre 3000 a sc. 50 il cento
sc. 1500, salumi assortiti sc. 836, stigli sc. 100, denari contanti sc. 3000: quali robbe tutte sono state tra di loro concordemente apprezzate nelle descritte somme, confessando li suddetti*

---

(13) Scaccia *de comm. quaest.* 96 *num.* 225. - Graziano *discept.
forens. cap.* 92 *num.* 26. - Rota *post Pacif. de Salviano interdicto* § 1 *et seq.* - *cor.* Merlino *decis.* 792.

Blasi di aver ricevuto in suo potere li sopraddescritti scudi tre-
mila in contanti, e tutte le descritte robbe.

„ Che, quand'anche in luogo di danaro si dassero per
contanti nomi di debitori (cosa che non è provata), siccome
si sarebbero dati non separatamente, ma con le merci, si
devono anche essi considerare come formanti parte del capitale delle botteghe, e per conseguenza atti ancor essi a produrre frutti.

„ Che se nel contratto si disse il danaro passato in
potere dei Blasi, non· per questo è men vero che fosse
locato come le merci, giacchè del danaro e delle merci
fu complessivamente detto doversi fare la restituzione alla
fine del contratto, quale promessa si doveva naturalmente
adempire per via di surrogazione, rimanendo sempre presso
il locatore la proprietà.

„ Che dalla obbligazione di rendere un tal capitale non è
da arguire che il Ramoni facesse in suo profitto un contratto
a *capo-salvo*: giacchè per dire pattuito il capo-salvo, d'uopo
è, che il conduttore prenda espressamente a proprio carico
i pericoli del capitale: in caso diverso il patto di restituzione
s'intende sempre secondo la natura di tali contratti, per la
quale non il conduttore, ma il padrone deve sostenere gli
infortuni che diminuiscono il valore della cosa locata.

„ Che se, per la morte del Ramoni, mancò la di lui opera
ai Blasi, questa mancanza potrebbe al più dar loro un titolo
per la diminuzione della corrisposta, ma ciò dovrebbe appartenere ad un separato giudizio, non al presente, nel quale
si tratta d'originaria nullità di contratto per labe usuraria.

Rescrisse — *negative in omnibus.*

Ruota del dì 4 marzo 1844 — Viterbien. imputationis
usurarum et rescissionis instrumenti, R. P. D. D'Avellà, *proc.*
pei Blasi sig. dott. Salini; *pei Ramoni* sig. dott. Savelli.

· 3 giugno 1844 — *in decisis.*

8 agosto — *expediatur.*

**FONDI FISCALI . SPOGLIO . COMPETENZA .
FISCO . INTERESSE**

XX. *Chi da un terzo è turbato nel possesso o quasi possesso
d' un fondo fiscale, può reclamare la purgazione dello spoglio nei tribunali fiscali, citando anche il fisco, benchè
l' azione sia personale contro l' autore della turbativa.*

*Per dedurre una causa ai tribunali fiscali non è necessario
che il fisco v' abbia un interesse principale: basta un interesse qualunque.*

(*Discuss. sul § 328 del reg. giud.*)

Brusca c. Galli

Nell' agro pontino Brusca aveva in affitto da Caporossi,
enfiteuta camerale, un predio *Cotarda*, e Galli, comperato
dall' enfiteuta l' utile dominio, e riportato il consenso del
fisco, vi mandò i buoi ad arare: il Brusca citò così il
Galli, come mons. commissario innanzi all' A. C. turno
camerale — *a sentire la volontà del tribunale sullo spoglio
del terreno anzidetto, ed in luogo della volontà fare qualunque
decreto, il quale possa cautelare l' interesse dell' istante, con la
condanna di chi crederà il tribunale alli danni e spese.* Il tribunale ammise l' istanza, per cui il Galli appellò in piena
Camera, e la sentenza fu revocata: pendeva la controversia
in terzo grado innanzi alla Ruota, ed era imminente la conferma del giudicato secondo, quando il Brusca si volse al
tribunale supremo con un ricorso di nullità. L' intimato dichiarò di consentire all' istanza, purchè il ricorrente rendesse
le spese alle quali avea dato causa: ma, la condizione non
essendo stata accettata, il ricorso fu portato al giudizio dei
padri.

I difensori del ricorrente diceano, che il turno camerale
dell' A. C. è una magistratura di eccezione, a cui pel disposto
del § 325 appartengono le cause *che risguardano l' interesse
del pubblico erario:* per cui, se nella causa sulla purgazione

dello spoglio il pubblico erario non avea interesse, a quei magistrati non si poteva dedurre. Aggiungea che nessun interesse potesse avere il pubblico erario, in una questione di puro fatto, in cui non si trattava della proprietà del latifondo, nè del dominio, tanto più che del dominio il conduttore, quando pur lo volesse, non può disputare (1): e citavano la decisione *Ferentina circumscriptionis* 28 gennaio 1830 colla quale mons. Grossi di ch. mem. sviluppò pel primo la dottrina della nullità quando, per trarre la causa ad un giudice incompetente, vien citato taluno che o non v'abbia nessun interesse, o v'abbia un interesse remoto e secondario. E faceva avvertire che il Galli fu persuaso di tal verità, mentre nell'interporre appello in piena Camera non curò di citare i procuratori fiscali, e chiamato in Segnatura, non dubitò di ammettere il ricorso di nullità. Vero è, dicea, che a tal consentimento aggiunse per condizione che il Brusca rifondesse le spese del giudizio male intrapreso, e male continuato: ma la colpa d'aver tenuta la causa innanzi ad una magistratura incompetente fu solidale, mentre se il Brusca citò, il Galli comparve, e dopo la sentenza del tribunale dell'A. C., in luogo di ricorrere in Segnatura, andò portare la controversia ad un collegio del pari incompetente, quale è la piena Camera: incompetenza anche più evidente se si consideri che mons. commissario non fu citato. E qui allegava le decisioni di Segnatura, in cui si trattò di tali complicità, e si risolse che in simili casi le spese debbono essere compensate (2), tutte però anteriori a quelle con le

---

(1) *L.* 1 *ff de vi et vi armat.* - Brunemann *comment. alla l.* 15 *cod. de locat. et conduct. num.* 5 - Richerio *jurispr. univ. lib.* 4 *tit.* 36 § 65 *et seq. tom.* 12. - Donell. *comment. de jure civili lib.* 15 *cap.* 18 *num.* 3. - Cujacio *comment. alla l.* 9 *ff de rei vindic.*

(2) *Ferentina circumscr.* 5 *sett.* 1835 § 8 *cor.* Gallimberti. - *Ferentina circumscri* 23 *luglio* 1834 § 7 *cor.* Piccolomini. - *Romana circ. et expensarum* 4 *giugno* 1834 § 4 *cor.* Ferlisi.

quali fu stabilito il principio della repetibilità delle spese contro quello che trasse al tribunale incompetente, e che si trovano riferite nel presente giornale.

Il sig. dott. *Piccinini* difensore del Galli dicea che il tribunale, riconoscendo la nullità del processo, non avrebbe potuto salvare il ricorrente dal pagare le spese, mentre egli invece di portare la causa al giudice ordinario, la portò al tribunale dell' A. C. citando la camera, massima antica registrata dal Vitali *de jure Signaturae cap.* 2 *pag.* 6, e riconosciuta dal tribunale supremo in più circostanze (3) — Ma che però gli atti furono validi per la cosa di cui si trattava, e per le persone che erano in causa, e perchè all' interesse del fisco appartiene d' aver nel suo fondo piuttosto un enfiteuta che un altro, tanto più che, reggendo il contratto fatto col Galli, la Camera avrebbe avuto il suo laudemio, e perchè l' azione di spoglio è un azione *in rem scripta*, il cui esercizio passa ai successori, ed a vicenda contro i successori' dello spoliante può essere esercitata (4) — che inoltre o personale o reale, l' azione venne diretta anche contro la Camera, la quale non fu citata per ogni e qualunque suo interesse, ma come rea principale, e con la clausula — *colla condanna di chi crederà il tribunale ai danni, ed alle spese:* lo che, bastò a dire la causa di competenza privilegiata (5):

---

(3) *Romana circ.* 19 *luglio* 1838 *tra Piergentili e Ciolli.* - *Montis Falisci super taxatione expensar.* tra la *s. c. del buon governo e Galeotti.*

(4) Rota *recen. decis.* 476 *num.* 2 *parte* 2, e *decis.* 127 *num.* 7 *parte* 4 *tom.* 2.

(5) *L. fin. cod. ubi caussae fisc.* - Hac lege sancimus ut sive agat domorum nostrorum colonus inquilinusve, aut servus, sive pulsetur ab aliquo super criminali seu civili negocio, non alterius quam tui culminis, ac viri spectabilis comitis domorum, petatur examen: nullius allegatione super fori praescriptione penitus admittenda. - *L.* 2 *cod. si adversus fiscum.* - Peregrin. *de jure fisci lib.* 7

alla qual competenza basta che il cessionario venga inquietato nel possesso che ottenne dal fisco, a che la causa possa essere dedotta ai tribunali fiscali anche nel caso che il rappresentante del pubblico erario non sia in giudizio (6). Facea riflettere per ultimo che l'unico caso, in cui nel presente codice nelle cause del fisco si va ai tribunali ordinari, è quello del fallimento (7).

Il supremo ordine „ Considerando che il Brusca istruì il giudizio principalmente contro il Galli, e contro la Camera, richiedendo che la condanna fosse pronunciata contro l'uno o contro l'altra, onde non è da dubitare che nella causa si trattasse dell'interesse fiscale.

„ Che inutile è il dire estranea la questione dello spoglio all'interesse fiscale, perchè dello spoglio deve rispondere chi l'ha commesso: mentre le validità e le nullità dei giudizi non dipendono dalla giustizia delle petizioni, ma soltanto dal fatto della cosa richiesta, e nella speci e non è da dubitare che contro la Camera si richiedesse una condanna.

„ Che se l'azione di spoglio è personale, non per questo è men vero che ella è esercibile non solamente contro l'autore del fatto materiale, ma contro quelli eziandio per la cui autorità, pel cui mandato, o col di cui consenso venne commesso (8): per cui non è da dire lusoria ed umbratile la chiamata del fisco in quella causa.

„ Che la competenza del foro viene determinata dalla petizione dell'attore, e qualunque interesse del fisco basta

---

tit. 1 num. 1. - Carleval. de judiciis disput. 2 quaest. 6 sect. 9 num. 698.

(6) Peregrin. de jure fisci lib. 7 tit. 1 num. 8. - Carleval. nel luogo soprac. num. 108. - Marchesan. de commission. p. 1 cap. 3 num. 63.

(7) Reg. giud. § 1650.

(8) Cap. 15 de restit. spoliat. - l. 1 § dejecisse ff de vi et vi armata.

a rendere le cause di competenza privilegiata . In fatti il patrocinio del pubblico erario non domandò nè assolutoria
dall'osservanza del giudizio, nè d'essere posto fuori di causa.

„ Che il tribunale supremo con più decisioni troncò e
diffamò i raggiri di quelli, i quali introducono nei giudizi
rei non aventi nessun interesse, ad oggetto di togliere al vero
reo la giurisdizione dei suoi legittimi giudici : ma nel caso
si tratta d'un litigio intentato principalmente contro il privato , e contro il fisco.

Rescrisse colla formola — *nihil.*

Segnat. del dì 23 maggio 1844 — Privernen. circumscript.
R. P. D. Mertel , *dif. per Brusca* sigg. avv. Tosi e Ridolfi,
proc. sig. dott. De Sanctis ; *per Galli* sig. dott. Piccinini.

18 luglio 1844 — *in decisis.*

DEPOSITO . PENDENZA DI LITE . SPESE . VIOLAZIONE DI LEGGE

XXI. *Ordinare il deposito della somma controversa prima che
si adimpiano le condizioni dalle quali dipende il pagamento , è manifesta violazione di legge.*

*Come è manifesta violazione di legge condannare in terzo grado
al pagamento delle spese , se nei gradi precedenti le sentenze , quantunque diverse , le abbiano compensate.*

Girotti c. Chabus

Girotti era debitore dell'avv. Morelli nella somma di
sc. 460 residuo prezzo di un predio, che avea comperato da
lui in quel di Bologna , e nel contratto di vendita si èra
pattuito prima del giorno destinato al pagamento dovere la
moglie del venditore cancellare l'ipoteca dotale iscritta sulla
cosa venduta , in difetto essere in facoltà del compratore o
ritenere quel prezzo presso di se, pagando i frutti , o depo-
sitarlo nel monte. Benchè esistesse ancora tale ipoteca, il
Girotti pagò al venditore sc. 160 , ma più tardi, avendo il
Morelli ceduto il residuale suo credito a Chabus di Milano,

coll'intervento della propria consorte la quale nel cessionario trasferì sue ragioni, questi invece d'esercitare l'azione ipotecaria contro il compratore, lo citò con azione personale al pagamento di tutti gli sc. 460 in una coi frutti, ma ebbe sentenza contraria. Nel tribunale d'appello a dì 9 agosto 1841 ottenne il seguente giudicato.

„ Ritenuto, che due sono le eccezioni affacciate dal Girotti alla dimanda del Chabus; l'una cioè, che non è venuto il giorno del pagamento, a termini del rogito di sua compra, dacchè esistono tuttora a di lui carico le ipoteche inscritte dalla Visconti moglie del Morelli; l'altra d'aver pagato in isconto sc. 160 fino dalli 16 marzo 1836, e quindi prima che il Morelli facesse cessione del credito al Chabus.

„ Considerando, quanto a questa seconda eccezione, che la sola data del registro attendesi negli atti privati, siccome riflettesi nella interlocutoria sentenza 2 luglio 1841 di questo tribunale: ond'è, che l'apoca privata, a cui si appoggia il Girotti, presentando la data di registro 4 novembre 1839, non lo può per alcuna guisa giovare, essendo di gran lunga posteriore non tanto alla cessione, che del credito fece Morelli al Chabus, ma anche alla diffidazione, che il Chabus fece intimare al Girotti li 8 ottobre 1838, d'avere cioè acquistato il credito anzidetto; oltredichè, non essendo stata fatta all'epoca del preteso pagamento alcuna riduzione dell'ipoteca, con tutta buona fede acquistò il Chabus l'intero credito degli sc. 460: non reggendo poi per alcun modo, che il Chabus debba, anzichè considerarsi come un terzo, ritenersi per la persona stessa dell'originario creditore, contro di cui forse non potrebbe affacciare l'eccezione tratta dalla data del registro; dacchè è bensì vero che il Chabus ha tutte le ragioni del suo cedente, e s'immedesima collo stesso per agire contro il Girotti: ma ove trattasi d'atti fatti fra Girotti ed il Morelli, il Chabus diventa come terzo, cosicchè a di lui pro militi l'anzidetta eccezione tratta dalla data del registro.

„ Considerando quanto all' altra eccezione di merito , che , siccome sarebbe pericoloso al Chabus il cancellare le ipoteche prima che avvenga il pagamento, come lo sarebbe pel Girotti il pagare prima che siano cancellate le ipoteche , non potendosi questi atti contestualmente operarsi , così l' equità, che sempre accorre al danno delle parti, ove segnatamente nessuna legge positiva disponga , suggerisce che il Girotti depositi in questo sacro monte di pietà la somma a libero credito bensì del Chabus, ma da non rilasciarsi allo stesso , se non se cancellate le ipoteche gravanti il Girotti sulla porzione della possessione a lui venduta, e inscritta a favore della signora Visconti moglie del prefato signor avv. Morelli.

„ Definitivamente sentenziando, ha condannato il sig. Gaetano Girotti a depositare entro 15 giorni dall' intimazione della presente in questo sagro monte di pietà gli sc. 460 residuo prezzo della porzione di possessione da esso comprata a libero credito del sig. cav. Giovanni Battista Chabus, da non rilasciarsi però al medesimo se non se dietro certificato d' essersi cancellate tutte le ipoteche della signora Visconti moglie del Morelli, che gravano lo stesso signor Girotti; condanna pure lo stesso signor Girotti al pagamento dei frutti dalla data della cessione, e cioè dal giorno 25 aprile 1838 alla ragione del 5 per cento decorsi , e decorrendi fino all' effettivo deposito, al quale effetto ha rilasciato gli opportuni ordini, e mandati esecutivi reali. Sono compensate le spese. „

Il tribunale della Ruota, ponente mons. Muzzarelli, confermò questa seconda sentenza colla condanna alle spese — Ricorso del Girotti in Segnatura per ottenere il beneficio della restituzione in intiero.

Il difensore del ricorrente sosteneva doversi accordare la restituzione in intiero dalla regiudicata ruotale , perché colla medesima si era violato il patto, erasi violata la legge. Nell' istromento di compra e vendita, egli dicea, si convenne,

che il compratore non potesse costringersi al pagamento
della residuale somma dei sc. 460, se prima non si' fosse
cancellata la ipòteca della moglie dell'avvocato Morelli, riservata nel tempo stesso al Girotti la facoltà o di pagarne
frattanto i frutti correspettivi, o di farne deposito, una obbligazione condizionata non è efficace prima che la condizione siasi verificata, perchè, dice la *l. cedere ff de verb.
signif.* — *Cedere diem significat incipere deberi, venire diem
significat eum diem venisse, quo pecunia peti possit. Ubi pure
quis stipulatus fuerit, et cepit, et venit dies. Ubi in diem, cepit
dies sed non venit ; ubi sub conditione, neque cepit neque venit
dies, pendente adhuc conditione*, lo Chabus richiese il pagamento della somma prima che la ipoteca si cancellasse, prima
cioè che si verificasse la condizione, in una parola prima
che il giorno venisse del pagamento: e siccome per la suddetta disposizione di diritto si sarebbe dovuta rigettare la
domanda, se si fosse promossa dal cedente, così si dovea
rigettare quella del cessionario.

Dimostrava quindi non essere la ingiustizia renduta men
grave coll'ordinare il deposito. Dappoichè nell'istromento
non semplicemente, nè in modi obbligatorii, ma coll'alternativa, ed in facoltà del Girotti si rimise l'obbligo o di
pagarne frattanto i frutti, o di depositarne la sorte. Era
adunque, diceasi, nello Chabus il diritto di scegliere quale
delle due obbligazioni gli piacesse di soddisfare, ma la regiudicata gli tolse questo diritto, fu dunque violata una legge
tanto comune, quanto la *l. juris gentium, § ait praetor, ff de
pactis*, che dice — *ait praetor, pacta servabo*.

Notava altresì, che il Girotti fu condannato al pagamento
dell'intera somma, mentre egli pel pagamento dei scudi 160
dopo l'istromento di compra-vendita, non era debitore che
di soli sc. 300, e faceva per ultimo rimarcare la ingiustizia
della condanna delle spese, dicendo che il tribunale di prima
istanza condannò a favore di Girotti lo Chabus alle spese, e
il tribunale di appello ne ammise la compensazione, per cui

8

non era neppure luogo all'appello, secondo il prescritto nel § 270, che dice — *La parte favorita dagli articoli riformatori non può interporre appello dalla seconda sentenza.*

Il difensore del Chabus dicea giustissima la regiudicata, facendo riflettere, che per essa non erasi nessuna legge violata. Ricordava che allora è violazione di legge, quando dal giudice viene manifestamente conculcata, non quando lo dice inapplicabile al caso, e che nella specie si sarebbe verificata la violazione della legge, se la regiudicata avesse detto, che invece il pagamento dovea farsi prima che la condizione si fosse appurata, interpretò la legge ed il patto dicendo, che intanto al Girotti si era concesso di non pagare prima che la ipoteca della Morelli fosse estinta, affinchè non si trovasse esposto all'azione ipotecaria, che la venditrice poteva esercitare sul fondo acquistato: ma il Girotti pagando, siccome *ipso jure* si estingue l'azione personale, così andava egualmente a cessare qualunque diritto ipotecario. E sosteneva poi la rettitudine di tale interpretazione col dire, che giammai la Morelli avrebbe potuto cancellare la sua ipoteca, se prima non si fosse soddisfatta del credito; e ciò sarebbe stato anche contro l'interesse del compratore, perchè non avrebbe liberamente posseduto il fondo, che n'era gravato : e rammentava la massima, che stabilisce doversi sempre un patto prudentemente interpretare di modo, che ne sia rimosso ogni pregiudizio che ai contraenti potesse derivare (1) — Che inoltre ingiustizia non fu togliere al Girotti l'azione di ritenere o depositare, giacchè quel diritto di elezione allora potea dirsi in qualche modo efficace, quando col pagamento non si fosse estinta la ipoteca dotale : finalmente dicea giusta la ruotale sentenza anche in riguardo alla somma per cui il Girotti fu condannato, notando che se la Ruota non ebbe a calcolo

---

(1) *L. in solution ff de pignorat. act.* - Alex. *cons.* 77 *num.* 4. - Cravett. *cons.* 215 *num.* 7. - Mantica *de tacit. et ambig. lib.* 3 *tit.* 2 *num.* 15.

il pagamento di sc. 160 in conto dei 460, ciò fece perchè giudicò antidato il ricevuto che si portava, e v'erano altri e non lievi indizi di simulazione, e di fraude. — Giustissima poi, secondo lui, la condanna alle spese, perchè lo Chabus avea riportato presso la Ruota·intera la vittoria, non ostante che questi richiedesse il pagamento della somma, e la Ruota rispondesse doversi farne deposito: perciocchè il deposito fu un modo non richiesto, ma aggiunto spontaneamente dal tribunale.

Il supremo ordine „ Considerando, che sebbene lo Chabus fosse cessionario anche dei diritti ipotecarii della moglie del Morelli, tuttavia non isperimentò per la esigenza del credito che l'azione personale, che competeva al cedente contro il compratore Girotti.

„ Che essendosi peraltro nell'istromento di compra e vendita convenuto, che il Girotti non potesse essere costretto al pagamento del residuo del prezzo prima che la ipoteca dalla Morelli si fosse cancellata, l'obbligazione a pagare si rese condizionata, e perciò la correspettiva azione non potea sperimentarsi, nè dal tribunale accogliersi pria che si fosse la condizione appurata, giusta il disposto della legge *cedere ff de verb. obligat.*

„ Che la Ruota, accogliendo la domanda prima dell'avveramento della condizione, violò manifestamente la surriferita legge.

„ Che dalla taccia d'ingiustizia la regiudicata non è difesa pel riflesso che, invece dell'assoluto pagamento, si ordinò il deposito nel sacro monte di pietà: che anzi ne risultava altra manifesta ingiustizia per la ragione, che fu vietato il patto pel quale erasi accordata al Girotti la facoltà o di ritenere presso di se la somma, e pagarne il correspettivo frutto, o di farne deposito presso il sacro monte di pietà; ed insieme col patto erasi violata la legge *juris gentium ff de pactis,* che impone la stretta osservanza dei patti, e le leg-

8*

gi 22 e 25 *ff de jure dotium*, le quali nell'alternativa accordano al debitore di prestar ció che a lui piace.

„ Che la ingiustizia della regiudicata non vien meno per la ragione, che lo Chabus era anche cessionario dei diritti ipotecarii della Morelli, per lo che avrebbe potuto prima del cancellamento dell'ipoteca costringere il Girotti al pagamento del residuo del prezzo: dappoichè lo Chabus non istruì l'azione ipotecaria cedutagli da lei, ma invece la sola personale cedutagli dal Morelli, a cui resisteva il patto dell'istromento, di cui sopra si è parlato.

., Che manifestamente ingiusta è altresì la regiudicata in quanto alla condanna di spese a carico del Girotti; perchè questi ingiustamente era stato condannato al deposito di quella somma, prima che si fosse cancellata la iscrizione ipotecaria.

„ Che inoltre, portate le cause innanzi la sacra Ruota, in quanto alle spese era già nata la cosa giudicata: perocchè i giudici di prima istanza condannarono lo Chabus a rifondarle interamente al Girotti; e i giudici di appello ne ammisero la compensazione; e siccome da questa parte, che era favorevole allo Chabus, non potea dal medesimo, pel disposto nel § 270 del vig. regolamento, interporsi appello: la Ruota non potea più sulla medesima interloquire.

Rescrisse — *de caussis S. P. reijudicatae.*

Segnatura dei 3 agosto 1843 — *Bononien. circumscriptionis et restitutionis in integrum*, R. P. D. Conventati, *dif. per Girotti* sig. avv. Vici, *proc.* sig. dott. Brunetti; *per Chabus* sig. avv. Buti, *proc.* sig. dott. Bernetti.

7 settembre 1843 — *in decisis.*

DELIBERATARIO . LOCAZIONI . SCIENZA

XXII. *Il deliberatario non è obbligato ad osservare le locazioni fatte dal debitore dopo il pignoramento, ancorchè prima dell'offerta ne abbia avuta conoscenza.*

(Discuss. sul § 1307 del reg. giud.)

Ageno c. De Simoni

La massima fu stabilita dal sacro uditorio in una lite di evacuazione tra De Simone deliberatario d'un forno situato a Roma in via di Montebrianzo, ed Ageno, che dopo il pignoramento l'avea preso in affitto da Martinelli debitore. Il tribunale dell'A. C. ammise l'istanza, onde la causa andò in appello col dubbio — *An sit locus expulsioni in casu ecc.*

Il sacro uditorio „ Considerando che il De Simoni non per contratto privato, ma per pubblica autorità comperó il forno e la casa di cui si tratta, per cui, come era obbligato a mantenere le locazioni fatte prima del pignoramento, così non poteva essere costretto a riconoscere la locazione fatta posteriormente, anzi dopo trascritta ed intimata la sentenza di vendita.

„ Che se la legge vuole osservati i contratti fatti prima del pignoramento, per argomento a *contrario sensu* non riconosce i contratti fatti posteriormente.

„ Che se nel § 1307 il debitore dal giorno in cui gli viene intimata la trascrizione della sentenza di vendita — *diviene sequestratario giudiziale dei frutti e delle pensioni o risposte da maturare e scadere fino alla vendita,* questa espressione di facoltà esclude quella di poter fare locazioni.

„ Che irragionevolmente si allega in favore dell'Ageno il disposto nella *l. si fundum sciens* per dire che il De Simoni comperasse quel fondo colla conoscenza del vizio, giacchè, se egli sapeva la locazione, sapeva eziandio essere nulla, come sono nulle le locazioni fatte dopo il pignoramento.

„ Per queste, e per altre considerazioni di fatto rescrisse — *affirmative juxta modum, nempe ad formam sententiae A. C.*

Ruota del dì 5 luglio 1842 — Romana evacuationis R. P. D. Bofondi *decano,* dif. per Ageno sig. dott. Iorio; per De Simoni sig. dott. Ruggeri.

6 giugno 1843 — *in decisis.*

11 dicembre detto — *in decisis.*

APPENDICE

Opere nuove di giurisprudenza.

1. Rivista di legislazione e di giurisprudenza (*Revue de legislation ecc.*) pubblicata sotto la direzione dei signori WOLOWSKI, TROPLONG, GIRAUD, HÉLIE, ed ORTOLAN — Parigi presso *Videcoq*, e *De la Motte* — fasc. di giugno 1844.

Sommario - Della organizzazione giudiziaria presso gli Ateniesi - *Cauvet* - Leggi che regolano le produzioni letterarie, e le opere di arte in Sassonia - *Chauffour* - Rivista critica di giurisprudenza in materia criminale - Della diffamazione, del suo carattere, e della sua prova - *Hélie* - Diritto criminale - Di un modo di concepire le questioni in materia di parricidio, e d'infanticidio - *Poulizac* - Statistica della giustizia criminale pel 1842 - *Wolowski* - Rapporto al Re sulla amministrazione della giustizia penale - Bollettino bibliografico - Cronaca.

Fascicolo di luglio 1844 - Della organizzazione giudiziaria presso gli Ateniesi (*seguito e fine*) - Dello spirito della procedura criminale sotto gli imperadori da Augusto a Giustiniano - *Hélie* - Rivista della giurisprudenza in materia civile e commerciale - Società in accomandita, terzi, azione diretta, arresto personale, assicurazione marittima, abbandono, perdita, fallimento, vendita all'incanto, uscieri - *Pont* - Rivista delle raccolte straniere consacrate alla scienza del diritto - *Chauffour* - Bollettino bibliografico - Cronaca.

2. Rivista di diritto francese e straniero dei signori FOELIX, DUVERGIER, e VALETTE — fasc. di luglio 1844.

Sommario - Della eguaglianza innanzi alla legge - *Hélie* - Della porzione ereditaria, e della riserva dei figli naturali - *Gros* - Della natura ed effetti generali della surrogazione - *Mourlon* - Dello stabilimento delle casse di previdenza per le classi laboriose - *Bregson* - Cronaca.

3. Trattato della cauzione in materia civile e commerciale (*Traité ecc.*) di D. A. PONSOT dottore in diritto, ed avvocato alla corte reale di Dijon — Parigi presso *Guilibert* strada Rousseau num. 3, e presso *Thorel* via del Pantheon num. 4.

Vi si tratta con molta profondità delle qualità che si richiedono nella cauzione, del beneficio della escussione, di quello della divisione, e della cessione delle azioni, come degli altri effetti che il contratto produce occasionalmente tra il garante, ed il debitore principale, ed a riguardo dei fidejussori fra loro: per ultimo delle cauzioni legali e giudiziarie, non che delle obbligazioni che si contraggono col mezzo dell'avallo.

4. Vocabolario usuale di giurisprudenza, compilato per la prima volta da MICHELE COSTI di Vicenza, dottore nelle leggi — Venezia coi tipi di *A. Bazzarini* — 1844 in 8° fasc. 1.

L'autore, come dice il titolo, sembra essersi proposto di pubblicare un lessico giuridico per comodo dei padri di famiglia, giacchè non sapremmo come diversamente spiegare l'annunciata qualità di *usuale*: ma le voci che vi sono dichiarate alludono ad un piano molto più vasto, poichè vi si trova lo voce *Abbaiare* (pena usata anticamente in Polonia) - *Abil* (nome del primo mese presso gli ebrei) - *Abissini* (antica setta di cristiani derivata da quella dei copti) - *Abrenuntiare diabulo et pompis ejus* (interrogazione che si fa nel s. battesimo) - *Agnoiti* - *Agonia* - *Agonoteta* - *Agoranomo* - *Alcantara* - *Alcorano* ecc. ecc. La significazione delle voci non è giustificata g ll' autorità degli esempi.

5. Esegesi intorno al diritto di appoggio e dello innalzamento di fabbriche tra proprietarii di fondi urbani dell'avv. TOMMASO RAGO — Napoli tip. *Trombetta* — in 8° pr. gr. 30.

Quest'opuscolo in poche pagine raccoglie tutto ciò che si riferisce al tema propostosi, sviluppandolo in ogni parte con magistero. Il discorso è spezialmente basato sulle leggi vigenti nel regno - Non si perde però di vista la romana giurisprudenza madre di ogni altra:

che anzi, addimostrandosi in essa versatissimo, il sig. Rago se la toglie per guida, e tutto si studia nell'investigarne la ragione, nell'assegnarne l'effetto, nell'indicarne le variazioni col porla quasi di continuo al paragone delle leggi napoletane.

Vi si stabilisce, che rapporto ad un muro comune e divisorio, ed al diritto di appoggio il condominio deve propriamente dirsi una scambievole servitù attiva e passiva, indotta dalla legge fra gli stessi proprietarii. Ciò dimostrato, si distende a parlar delle obbligazioni che corrono a chi fa uso del mentovato diritto, onde al comproprietario nessun danno ne ridondi. Quindi l'autore passa a far conoscere, che le teorie applicabili alle mura divisorie de' fondi, non lo sono a quelle che sostengono diversi piani dello stesso edificio, sebbene ciascun proprietario di essi sia tenuto concorrere nelle spese di riparazione de' muri maestri, e de' tetti. In questa parte, che è forse la più importante dell'opera, con ogni dovizia di sapere si chiamano a rassegna i diritti di condominio, di comunione, di indivisione, tanto relativamente alle mura maestre, quanto ai cortili, pozzi e simili oggetti che fanno parte di una sola fabbrica a diversi padroni spettante, come anche si analizzano le servitù - *Altius tollendi. Tigni immittendi. Oneris ferendi ecc.* - giusta la romana giurisprudenza. Inoltre si esaminano i diritti di coloro, che godono terrazzi, o loggiati sugli edificii, diritti ben diversi dalla *proprietà*, i quali riduconsi ad una servitù attiva, che nel regno vien chiamata, di *calpestio*, e che perciò escludono in chi li gode il potere di mettere a camere siffatti terrazzi, o loggie. In fine si conclude essere inapplicabile in proposito l'apoftegma legale - *Quod tibi non nocet et alteri prodest, faciendum est* - tanto perchè ripugna al *diritto* in specie, tanto perchè vi concorre mai sempre il nocumento intrinseco nel *fatto*, non potendo concepirsi un innalzamento sulle altrui proprietà, senza concepire un danno certo ed inevitabile, che a queste ne ridonda.

6. **Concordanza fra i codici di commercio stranieri ed il codice di commercio francese**, opera di ANTONIO DI SAINT-JOSEPH, nella quale si contiene il testo dei codici e delle leggi commerciali di LXX stati — prima versione italiana — Venezia — libreria giustinianea editrice — coi tipi di *Antonio Bazzarini* — 1844.

Questa raccolta, in cui le.leggi commerciali di tante nazioni, sono stampate in colonne verticalmente paralelle, sarà compresa in 20 fascicoli in 4° grande al prezzo di due lire italiane ciascuno - È in luce la prima dispensa (1).

Giurisprudenza estera commerciale, ed ipotecaria.

CONCORDATO - FALLITO - CREDITORE IPOTECARIO - STELLIONATO

1. *Il concordato, che avviene tra un fallito, ed i suoi creditori non è d'ostacolo a che un creditore ipotecario (pel quale non è obligatorio) possa perseguitare il fallito come stellionatario, e farlo condannare anche con arresto personale al pagamento dell'intero suo debito.*

Lebréton ed altri c. Dubois

La corte ,, Considerando che per atto a rogito Lefevre-Saint-Maur notaio a Parigi li 6, 8, e 10 luglio 1840 registrato il 20, il sig. Dubois si è riconosciuto debitore verso gli appellanti, cioè verso Bosser della somma di fr. 2959:53, verso Hache di fr. 5953:15 c., verso Depensier di fr. 3179:35, verso Pouet di fr. 8251:60, verso Lebréton di fr. 9924:37, e che in sicurezza dell'ammontare di questi debiti in sorte, interessi ed accessori Dubois ha ipotecata una casa situata a Parigi strada Ruchechuart num. 14, e che lo stesso atto ha dichiarato sotto le pene dello stellionato, che gli sono state spiegate dal notaio, che quella casa non era gravata d'altra somma che di fr. 40,000 necessari ad assicurare una rendita vitalizia di 2,000 franchi dovuta a Prieur e successori, antichi proprietari, e che non era stata gravata d'ipoteche convenzionali, che 1° di una somma di fr. 26,000 dovuti a Leguart, 2° di quelle di 6,000 dovuti alla vedova Ignard, 3° di quella di 3,000 dovuti a Barbot: che intanto risulta da un certificato del conservatore delle ipoteche in data 24 luglio 1840, che in vista di una obbligazione, rogito Chapellier notaio a Parigi li 26 giugno 1840 è stata presa un'iscrizione

_____

(1) Le associazioni si prendono in Roma presso l'editore del presente giornale.

ipotecaria nello stesso giorno da Carlo Enrico Chevalier sulla casa via Rochechuart num. 14 per sicurezza di una somma di fr. 40,000 di cui Dubois si era riconosciuto debitore verso di lui: e che per l'effetto di questa iscrizione la vedova Lebréton ed altri non possono essere collocati utilmente per l'integralità dei loro crediti nella graduatoria aperta sul prezzo dell'immobile del quale si tratta.

„ Considerando, che risulta da queste circostanze, che, a termini dell' art. 2059 del cod. civile, Dubois si è renduto colpevole di stellionato, dichiarando nelle obbligazioni dei 6, 8, e 18 luglio 1840 minor numero d' ipoteche di quelle che realmente sopra il di lui fondo erano iscritte.

„ Considerando, che se in diritto, per l'art. 516 del codice di commercio, l'omologazione del concordato lo rende obbligatorio per tutti i creditori portati o non portati nel bilancio, verificati o non verificati, questa regola riceve una eccezione a riguardo dei creditori ipotecari o privilegiati quando non hanno rinunciato alle loro ipoteche, o dato il loro voto nel concordato.

„ Che a termini dell' art. 508 i creditori ipotecari sono collocati fuori del fallimento, mentre essi non hanno voce per i loro crediti nelle operazioni relative al concordato.

„ Che consegue da ciò che il concordato ha luogo tra il fallito ed i suoi creditori chirografari, nè può pregiudicare ai loro diritti, nè privarli delle azioni che ne derivano.

„ Considerando che l'azione di stellionato è inerente al titolo ipotecario, e che il concordato, che non era obbligatorio per i creditori ipotecari, non può sottrarre il debitore stellionatario alle persecuzioni di quei creditori, le cui ipoteche ha fraudate.

REVOCA ecc., e nel merito dichiara Dubois stellionatario, lo condanna con arresto personale a pagare agli appellanti l'ammontare dei loro crediti ecc.

' Corte reale di Parigi, 1 camera, ud. del dì 13 novembre 1843, sig. Seguier presid.

ASSICURAZIONI MARITTIME – AVARIA – ANIMALI NOCIVI

2. *L'assicuratore, che ha presi a suo carico tutti gli accidenti ed infortuni di mare, è responsabile anche per i danni fatti dai sorci alle mercanzie che sono entro la nave.*

Benchè la mercanzia sia propria ad allettare la voracità di quegli animali.

Cuit c. la compagnia delle assicurazioni marittime

La corte " Considerando, che la compagnia delle assicurazioni marittime con atto del dì 31 maggio 1842 ha assicurato contro diversi rischi specificati tra le parti, e tra questi era compresa la baratteria di patrone, e generalmente contro ogni infortunio ed accidente di mare la quantità di 87 balle di noci di galla caricate sulla nave *la Maria* che veleggiava da Marsiglia a Rouen.

" Considerando in fatto, che nel corso del viaggio la mercanzia ha provato un avarea di franchi 3,852: 2 per danni fatti dai sorci.

" Che l' espressione *accidente ed infortuni di mare* comprende non solo i danni causati dal mare stesso, ma generalmente tutti i danni che accadono sul mare alle cose assicurate, all' eccezione di quelle che la legge o la convenzione delle parti abbia lasciate a carico dell'assicurato.

" Considerando, che il danno di cui si tratta non risulta da un vizio proprio della mercanzia lasciata a carico dell' assicurato dall' art. 352 del cod. di comm.

" Che in effetto da una parte l' allettamento che potrebbe presentare una mercanzia alla voracità degli animali nocivi, non può essere considerato come un vizio della mercanzia stessa, e dall' altra è provato negli atti che i soli imballaggi, e non le mercanzie sono stati distrutti dai sorci.

" Considerando, che quand'anche si ammetta che il danno debba attribuirsi a mancanza del capitano, questa mancanza sarebbe necessariamente nel numero dei casi compresi sotto il nome generale di *baratteria di patrone*, la quale nella specie era posta a carico degli assicuratori come lo permette l'art. 353 del codice di comm.

" Considerando in fine che non è in nessun modo provato che vi sia da rimproverare mancanza al caricatore, e che, supponendo essere risultato il danno dal modo d' imballaggio, li assicuratori hanno dovuto, nel contrattare, saper come questo imballaggio era stato fatto.

Revoca ecc., e condanna la compagnia delle assicurazioni a pagare fr. 3,852 ammontare delle avaree.

Corte reale di Parigi, 4 camera, ud. del dì 21 dic. 1843 sig. Cauchy *presid.*

3. *Il fallito non ha diritto per opporsi alla deliberazione con cui fu nominato un sindaco.*

Boulay c. Delacour

LA CORTE „ Considerando esser costante in seguito delle giustificazioni esistenti negli atti che, dei tredici creditori i quali hanno concorso alla nomina di Delacour come sindaco definitivo, dodici almeno aveano concorso ad un contratto d'unione, e che i loro crediti erano stati verificati e giurati.

„ Considerando, che risulta egualmente dalle giustificazioni che fu pienamente soddisfatto alle verificazioni ordinate dalla legge 18 luglio 1811.

„ Che l'opposizione di Boulay, essendo principalmente fondata sul dire che le prescrizioni del 1811 non erano state eseguite, questa opposizione deve essere rigettata nel momento che è giustificato il contrario.

„ Considerando d'altronde che il decreto, ordinando di giudicare preliminarmente sul merito della opposizione di Boulay, non aveva in nessun modo annullato il contratto di unione, e che potrebbe senza dubbio accadere che questo contratto cessasse di esistere, se Boulay venisse a giustificare che niente era dovuto ai creditori che vi aveano presa parte: ma che quest'atto deve sussistere nell'ipotesi contraria che si è verificata.

„ Che quindi la qualità di sindaco definitivo è stata validamente conferita a Delacour, e che le decisioni giudiziarie che la mantengono, devono essere confermate.

„ Che la parte la quale soccombe, deve pagare le spese.

„ Per questi motivi riceve Boulay opponente per la forma al decreto del dì 25 aprile 1843 : e nel merito RIGETTA la di lui opposizione, ed ordina che il decreto con cui si ricorre avrà il suo pieno ed intiero effetto colla condanna alle spese ulteriori.

Corte reale di Caen, 2 *camera, ud. dei 21 agosto 1843, sig.* Saint-Pair *presid.*

4. *Quando la provvista d'una cambiale si trova colpita da un sequestro nelle mani di un trattario, il tribunale di commercio è competente per giudicare anche a riguardo del sequestrante, benchè questi non sia soggetto al medesimo nè per ragione di persona, nè per ragione di domicilio.*

In tal circostanza la giurisdizione commerciale non deve soprassedere finchè sia giudicato dai tribunali civili sul merito del sequestro.

Il portatore di una lettera di cambio è investito di un diritto sulla provvista, dal giorno in cui la lettera di cambio è tratta.

Alexandre e Baussard c. Cadot

Così giudicato a dì 8 settembre 1845 dal tribunale di commercio sedente a Rouen colla seguente sentenza.

,, Atteso che la questione consiste nel sapere se il sequestro fatto dal sig. Cadot nelle mani del trattario deve essere dichiarato buono e valido, e così privare il sig. Alexandre del beneficio del contratto di cambio.

,, Che il portatore di buona fede è validamente investito per mezzo della girata regolare della provvista del contratto di cambio, e deve essere pagato a preferenza degli altri creditori del traente sui denari che si trovano in iscadenza nelle mani del trattario, quando questi non ha alcuna pretensione, nè alcun diritto personale sopra i fondi.

,, Che la mancanza di accettazione priva il portatore di un diritto personale contro il trattario, ma non può fargli perdere il diritto che ha sulla provvista.

,, Che nella specie la buona fede del terzo portatore non essendo contestata, ed il trattario, riconoscendo di avere presso di se la provvista, non può dipendere da un semplice creditore del traente di annullare il contratto di cambio sì necessario alle transazioni commerciali.

,, Che giudicare altrimenti sarebbe mettere una grande perturbazione nel commercio, facendo perdere alle lettere di cambio il loro carattere distintivo, che è di essere la rappresentante di un valore certo esistente nelle mani del trattario nel momento della sua creazione, e la di cui proprietà è trasmessa ad un terzo, il quale bene spesso non ha accettata e data la contro-valuta, se non perchè aveva la certezza che questo titolo rappresentava un valore certo, riducendo il valore di un semplice mandato o commessione di pagare ad un' epoca determinata in un domicilio indicato.

„ Per questi motivi ordina che, non ostante l' opposizione di Cadot, la lettera di cambio sarà pagata da Baussard nelle mani di Alestan. „

Appello di Cadot alla corte reale.

La corte – Sulla incompetenza „ Attesochè a termini dell' articolo 631 del cod. di commercio, i tribunali consolari devono conoscere 1° di tutte le contestazioni relativamente agli impegni tra negozianti, mercanti, e banchieri: 2° tra tutte le persone delle contestazioni relative agli atti di commercio.

„ Atteso che l' art. 632 reputa atto di commercio ogni stipulazione di cambio.

„ Atteso che nella specie si tratta di una contestazione nata all' occasione di un' accettazione di cambio tra commercianti, per cui il tribunale di commercio è competente sotto il doppio rapporto delle persone e delle operazioni, che forma il soggetto della causa.

„ Che l' art. 149 dispone, che non è ammessa opposizione al pagamento di una lettera di cambio fuorchè nel caso della perdita della medesima, o di fallimento del portatore, e nella specie non si tratta di nessuno dei casi previsti da questo articolo, ma bensì in un sequestro fatto da Cadot nelle mani di Baussard trattario.

„ Che la legge non attribuisce a quest' atto esecutorio l' effetto d' impedire il pagamento della cambiale, nè il tribunale di commercio può arrestarsi innanzi a simile ostacolo.

„ Che d' altronde non si tratta di apprezzare la regolarità del sequestro, ma solamente di decidere se in un affare urgente di sua natura, ed in un caso in cui la legge non ammette opposizione al pagamento della cambiale, il tribunale deve astenersi dal giudicare nello stato degli atti, e che risulta dal giudicato che il tribunale era competente, e che doveva pronunciare.

„ Nel merito, adottando i motivi dei primi giudici, CONFERMA ecc.

Corte reale di Rouen, 2 cam., ud. del dì 11 gennaio 1844, sig. Renard. *presid.*

CREDITORE IPOTECARIO - OPPOSIZIONE

5. *Il creditore ipotecario, che non è stato chiamato alla graduatoria aperta sul prezzo dell'immobile ipotecato, può fare opposizione alla sentenza emanata sulla difficoltà insorta nel giudizio di graduazione, e reclamare di essere collocato nel rango della sua ipoteca* (1).

Ma in questo caso la sua opposizione deve essere diretta contro tutti i creditori utilmente collocati e posteriori al rango che egli reclama, non contro il solo creditore ultimo collocato.

Guilhard c. Genis

La CORTE „ Atteso che il codice di procedura civile non esclude, in materia di ordine, il diritto di fare la opposizione del terzo contro un giudicato in cui una parte non è stata nè rappresentata, nè chiamata.

„ Che la sig. Deleu, sposa Genis, intimata nella sua qualità di creditrice ipotecaria avente ipoteca legale sui beni di suo marito era recevibile come terza opponente contro il giudicato di cui si tratta.

„ Considerando, ciò non ostante, che il principio dell'indivisibilità in materia di graduatoria non permette alla sig. Deleu, sposa Genis, di dirigere i suoi atti contro un solo ed ultimo creditore inscritto, ma che la eventualità della sua pretesa sul merito, essendo di procurarsi, in virtù della sua ipoteca legale, un grado anteriore a tutti gli altri creditori, tutti senza eccezione dovevano essere citati. Per questi motivi RIFORMA ecc.

Corte reale di Tolosa, 3 camera, ud. del dì 21 gennaro 1843, sig. Darbon *presid.*

---

(1) Vedi nel med. senso *Bioche* e *Gouet* dizionario di procedura alla voce *Ordre*.

6. *La prova testimoniale, essendo permessa in materia commerciale per le compre e vendite, i tribunali di commercio possono anche ammettere le presunzioni gravi, precise, e concordanti, come provanti la liberazione dei compratori.*

Desgranges c. Galignani

Il tribunale di commercio della Senna a dl 28 ottobre 1841 rigettò la dimanda che avea fatta Desgranges contro Galignani pel pagamento di una quantità di carta, col seguente giudicato.

,, Atteso che, se l'istante domanda contro il citato il pagamento di somministrazioni fatte negli anni 1818 al 1822, e nell'anno 1825 non ha altra prova che quella risultante dalle dichiarazioni della casa Galignani, dalle quali risulta che in diverse epoche indicate questa avea ricevute delle risme di carta.

,, Che è alla conoscenza del tribunale, che spesso i compratori di carta commettono la negligenza di non ritirare i biglietti che danno al venditore nel momento dell'acquisto: per cui la presenza di questi buoni nelle mani dell'istante non è una sufficiente prova, che egli non sia stato pagato di ciò che ha fornito.

,, Che per quanto siano regolari i libri della casa Desgranges e fratelli, questa prova non è abbastanza forte per far condannare la casa Galignani che non poteva essere obbligato a conservare i suoi libri di commercio dal 1818 in poi. - RIGETTA ecc. ,,

Ricorso in cassazione per violazione dell'art. 1315 cod. civ., e dei principii sulla prova della estinzione delle obbligazioni.

La CORTE ,, Attesoche la causa sulla quale il tribunale ha pronunciato è materia commerciale.

,, Che in questa specie d'affari la prova testimoniale è ammessa.

,, Che a termini dell'art. 1753 codice civile, tutte le volte che la prova testimoniale è ammissibile, essa può essere rimpiazzata da presunzioni gravi, precise, e concordanti, e che per tali presunzioni il giudicato da cui si ricorre ha rigettata la dimanda del sig. Desgranges. - RIGETTA ecc.

Corte di Cassazione sedente a Parigi, *ud. del dì 8 febbraio* 1843, *cam. ... ricorsi* sig. Zaugiacomi *presid.*

SOMMARIO DEL FASCICOLO VIII.

1. *Autori - Associati - Pagamento - Competenza.* pag. 65
2. *Pignoramento - Terzo non debitore - Cherici - Competenza* . . . . " 69
3. *Lite - Cessionario - Chiamata in causa* . . " 71
4. *Figli di famiglia - Matrimoni - Nullità - Giudizi - Capacità* . . . . " 74
5. *Matrimonio - Mandato - Mutazione di volontà.* " 78
6. *Case - Acquirenti - Acqua - Tassa arretrata.* " 83
7. *Testamento - Scheda - Notaio - Assenza -
   Cap. cum esses - Testimoni - Rilevazione.* " 86
8. *Botteghe - Locazione - Scorta in danaro - Frutti.* " 98
9. *Fondi fiscali - Spoglio - Competenza - Fisco -
   Interesse* . . . . " 106
10. *Deposito - Pendenza di lite - Spese - Viola-
    zione di legge* . . . . " 110
11. *Deliberatario - Locazione - Scienza.* . . . " 116

APPENDICE

Opere nuove di giurisprudenza romana.
   1. *Rivista di legislazione ecc.* . . . . . . " 118
   2. *Rivista di diritto francese e straniero* . . . " ivi
   3. *Ponsot* . . . . " 119
   4. *Costi* . . . . " ivi
   5. *Rago* . . . . " ivi
   6. *Saint-Joseph* . . . . " 120
Giurisprudenza estera commerciale, ed ipotecaria.
   1. *Concordato - Fallito - Creditore ipotecario -
      Stellionato* . . . . " 121
   2. *Assicurazioni marittime - Avarea - Animali
      nocivi.* . . . . " 122
   3. *Fallimento - Nomina dei sindaci - Opposizione* " 124
   4. *Cambiali - Provvista - Sequestro - Diritto
      acquistato.* . . . . " 125
   5. *Creditore ipotecario - Opposizione* . . . . " 127
   6. *Prova testimoniale - Materie commerciali* . . " 128

L' annuo importo del presente giornale è di sc. 2 : 40 in Roma, e di sc. 2 : 52 franco di posta fino ai confini. Le associazioni si prendono in Roma presso *l'editore* Alessandro Natali *libreria di Pallade a s. Silvestro in capite.*

TIPOGRAFIA MENICANTI

Pubblicato il dì 31 Agosto 1844.

CAMBIALI . USURE . AZIONE CRIMINALE .
GIUDIZIO CIVILE

XXIII. *Chi pretende una cambiale infetta d'usure non può rivolgersi al criminale, quando ha dedotte le sue difese in civile. Non così nel caso contrario.*

N. c. N.

La massima fu riconosciuta dal tribunale supremo della s. Consulta colla seguente sentenza.

„ Considerando che la querela d'usure e contratti illeçiti di cui si tratta risguarda le cambiali nel numero di 27, e che di queste per quattro solamente risulta esservi stata contestazione innanzi li tribunali civili. Difatti gli atti dimostrano che i querelanti, citati per l'importo delle cambiali, comparvero, ed esposero le loro ragioni in difesa, onde evitare le conseguenze della non fatta soddisfazione.

„ Considerando che per le disposizioni del regolamento organico di proc. criminale, e successiva dichiaratoria della segreteria per gli affari di stato interni dei 31 gennaio 1839 num. 43937, quando per un fatto criminoso compete l'azione tanto civile quanto criminale, scelta la prima, non può più intentarsi la seconda, e non può convolarsi da un giudizio all'altro.

„ Considerando che N. N. scelsero per le quattro cambiali l'azione civile, poichè, come si disse, citati innanzi al tribunale di commercio comparvero e si difesero, d'onde nasce che non era più nelle loro facoltà intentare per lo stesso titolo l'azione criminale.

„ Considerando che non può dirsi lo stesso in ordine alle altre 23 cambiali per le quali, non essendovi stata civile contestazione, era in libertà di N. N. scegliere quella azione che più loro pareva, ed avendo in conseguenza scelta l'azione criminale, possono pretendere a buon diritto l'esercizio di questa.

„ Considerando che, trattandosi di un giudizio di competenza di azione criminale, non si possono prendere ad esame le eccezioni sulla non esistenza delle usure e contratti illeciti, e sulla prescrizione di questo delitto dato dal difensore dei prevenuti: poichè essendo queste riservate al merito, non possono formare il soggetto dell'attuale giudizio.

„ Considerato tutt'altro da considerarsi.

„ Il sacro tribunale ha dichiarato e dichiara incompetente l'azione criminale per le quattro cambiali per le quali vi è stata contestazione civile, ha dichiarato però e dichiara la competenza dell'azione criminale per tutte le altre cambiali.

Sacra Consulta sess. del dì 19 luglio 1844 — Macerata ossia Montesanto di usure e contratti illeciti mons. Matteucci segr. e presid. , *dif. pel ricorrente* sig. dott. Pacieri proc. di coll.; *per gli intimati* sig. dott. Vaselli proc. di coll.

AZIONI SUCCESSORIE . AZIONI PERSONALI .
COMPETENZA

XXIV. *Se all'azione successoria venga in un libello congiunta una dimanda che allude ad esercizio d'azione personale, non per questo è men vero, che la causa debba essere portata al tribunale del luogo, in cui si è aperta la successione.*

(*Discuss. sul § 441 del reg. giud.*)

Canali c. Canali-Febei

La contessa Catarina Canali-Febei, riputandosi coerede intestata del cav. Masucci morto senza prole a Recanati, nel cui territorio esiste l'eredità, citò gli altri eredi conti Saverio e Valentino Canali innanzi all'A. C. — *per sentir dichiarare nulla la rinuncia emessa dall'istante nell'istromento pubblico del giorno 17 novembre, con cui era stata dotata nella somma di sc. 5000 oltre al corredo: in conseguenza di che sentire ammettere la istante a consuccedere nella eredità della b. m. cav. Francesco Masucci in quella quota, che per dispo-*

sizione di diritto le appartiene, e perciò sia rilasciato ogni ordine esecutorio necessario ed opportuno, non che siano condannati i citati alla restituzione dei frutti. Ammessa l'istanza in contraddizione dei citati, fu da questi interposto appello alla Ruota col dubbio — *an constet de nullitate, aut laesione renunciationis, ita ut sit locus consuccessioni in casu ecc.* In un primo esperimento il tribunale rispose — *affirmative in on̄ū: bus.* Allora i Canali si rivolsero al tribunale supremo c̄͞ un ricorso di nullità.

Se è certo (così il sig. avv. *Duranti-Valentini*) che la successione di cui si tratta rimase aperta a Recanati, dice il § 441 che — *saranno introdotte avanti al tribunale del luogo ove è aperta la successione le azioni fra coeredi sul diritto di succedere in tutto o in parte per qualunque titolo all'eredità del defonto, abbenchè siano seguela d'una istanza per nullità di testamento,* ed è noto il principio che, quando la legge commette ad una determinata magistratura una specie di cause, tutte le altre magistrature rende incapaci (1): nè giova che in uno stesso libello si domandasse altresì la nullità della rinuncia, poichè, se il libello fu uno, ed una fu la sentenza, per la ragione della individuità, caduta una parte, dee cadere anche l'altra (2), dicendo lo Scaccia che — *sicuti vulnus lethale in aliquam corporis partem illatum, totam adimit vitam, et venenum, quod aspis aut vipera mordens in angustum immittit vulnusculum, omnes penetrat partes et totum inficit corpus, ita etiam nullitatis vitium, si in una processus aut sententiae residet parte, in universum serpit*

---

(1) Segnat. *Perusina circ.* 5 *febbraio* 1831 § 3 *cor.* Vanuicelli. - *Romana circ.* 8 *maggio* 1838 § 2 *cor.* Couventati. - *Romana circ.* 23 *genn.* 1840 *cor.* La Grua § 5.

(2) Cino e Saliceto *nella l.* 2 *cod. de rejud.* - Petra *decis.* 315 *lib.* 1. - Rota *coram* Buratto *decis.* 177 *num.* 5. - *cor.* Bichio *decis.* 274 *num.* 7. - Card. De Luca *de judiciis disc.* 30 *num.* 31.

processum, et ad totam distenditur sententiam (3): oltredichè la
nullità della rinuncia al solo effetto della consuccessione fu
dimandata, e dice la legge che le domande sul diritto di
succedere in tutto, o in parte siano giudicate dai tribunali
del luogo, quand'anche siano sequela d'una dimanda per
la nullità della disposizione testamentaria. Qual differenza
tra nullità e nullità? non è forse scritto che —} *qui juris-
ᵗdⁱoni praeest, ad similia procedere, atque ita jus dicere debet?*
Qui citava l'esempio della decisione di Segnatura *Bononien.
circumscript. vel pertinentias* 21 *aprile* 1841 cor. Caracciolo-
Santobuono, nella quale fu annullato un giudizio introdotto
innanzi a mons. uditore della Camera per ottenere la successione ad una eredità esistente a Bologna, benchè nel
libello si domandasse eziandio la esecuzione d'un contratto,
e la validità d'una rinuncia. Nè gli era difficile allegare regiudicate dello stesso tribunale supremo per provare che il
consenso dai suoi clienti prestato in ambedue i gradi di
giurisdizione, non avrebbe potuto prorogare la giurisdizione
di magistrature incapaci (4).

Il sig. avv. *Alonso* difensore della Febei dicea in contrario che se la dimanda di nullità di rinuncia fu esercizio
d'azione personale (5), se le azioni personali devono essere
introdotte avanti al giudice o tribunale del luogo ove è
domiciliato il reo convenuto, e, quand'uno dei rei abbia
domicilio o dimori in Roma, avanti uno degli assessori, o

---

(3) *De sent. et rejud. gloss.* 14 *quaest.* 13 *num.* 79.

(4) *Reg. giud.* § 786 – Segnat. *nella Melevitana circumscript.*
21 *aprile* 1826 cor. b. m. Olivieri § 5. – *Fulginaten. circumscript.
et appellat.* 26 *junii* 1828 cor. b. m. Grossi § 4. – *Romana circ.*
23 *genn.* 1840 cor. La Grua § 2.

(5) Segnat. *nella Perusina circumscr.* 1 *sett.* 1842 § 4 cor.
b. m. Grossi, e *nella Ferrarien. circ.* 12 *febbraio* 1843 § 2 cor.
Caracciolo-Santobuono.

avanti la congregazione civile dell' A. C. (6), non potea da
dubitare che validamente venisse introdotto innanzi all' A. C.
un giudizio, in cui fu principalmente richiesta la nullità della
rinuncia, e solo per corollario la consuccessione: poiché
dal principale oggetto della dimanda si stima la giurisdizione,
non dalle conseguenze che ne derivano (7) — e si giovava della
massima, che il fu mons. Grossi enunciò nella *Perusina circumscript.* 1 sett. 1842 § 9 dicendo che — *in omni re semper
inspicitur quod principaliter in controversiam veniat, non quid
accessorie et in consequentiam, itaut judicium e principali subjecto, non ab accessoriis originem et fundamentum recipiat:* notando altresì, che quella parte la quale risguardava alla nullità
della rinuncia fu pregiudiziale, giacché, senza rimuovere
l' ostacolo della rinuncia, non avrebbe potuto domandare la
consuccessione (8).

Quindi dicea che nel giudicare della intenzione dell' attore si deve avere riguardo anche a ciò che egli ha sostenuto nella discussione della causa (9), e che nel trattar della
causa innanzi all' A. C. e innanzi alla Ruota, d' altro non
si parlò che della nullità e della lesione intervenuta nella
rinuncia — che quand' anche il piato fosse trascorso alla
questione successoria, il consentimento dei litiganti potè rendere capaci i giudici che in tali materie aveano una giu-

(6) *Reg. giud.* § 443.

(7) Soccino *cons.* 81 *num.* 9 *lib.* 5. - Ruino *cons.* 98 *num.* 21. -
Rolando *cons.* 15 *num.* 20, e *cons.* 48 *num.* 18. - Riminaldo *cons.* 374
num. 30. - Pacioni *de locat. et conduct. cap.* 6 *num.* 15. - Seguat.
nella Firmana circumscr. 12 luglio 1839 § 2 *cor.* Conventati.

(8) *L.* 13. *ff de rei vindic.* - Ordinarii juris est ut, mancipio-
rum orta quaestione, prius, exhibitis mancipiis, de possessione judi-
cetur, ac tunc demum proprietatis causa ab eodem decidatur.

(9) Rota *decis.* 470 *num.* 7 *cor.* Gregorio, e la Segnatura *nella
Bononien. circumscriptionis* 24 aprile 1834 § 9 *cor.* Gallimberti -
nella *Romana circ. et restit. in integr.* 22 aprile 1843 *cor.* Arnaldi.

risdizione abituale se non attuale (10) — che se alcuna volta
fu dubitato circa alla possibilità di proroga *de loco ad locum*,
si trattò di giurisdizione prorogata innanzi a tribunali stranieri (11), e se il tribunale supremo pronunciò sua sentenza
circa alla incapacità dei giudici in affare successorio, fu il caso
di controversie portate a tribunali di eccezioni, o di cherici
chiamati innanzi al giudice laico, o finalmente di liti che
innanzi ai giudici di giurisdizione minore erano state introdotte (12).

Il tribunale supremo „ Considerando che il codice di
procedura civile nel § 441 vuole che le azioni sul diritto di
succedere in tutto o in parte per qualunque titolo all'eredità del defonto, abbenchè siano sequela di un'istanza per
nullità di testamento, vengano introdotte innanzi ai tribunali
del luogo ove è aperta la successione.

„ Che la successione Masucci della quale si tratta si
aprì a Recanati, per cui la causa dalla Canali-Febei non
poteva essere istruita innanzi al tribunale di Roma.

„ Che non giova al di lei patrocinio l'aver congiunta
alla dimanda di consuccedere quella della nullità della rinuncia, poichè, se i libelli non fossero individui, e potessero
gli attori con tali misture fraudare le giurisdizioni stabilite
dalla legge, ognuno a suo grado potrebbe scegliersi i giudici.

„ Che sebbene non manchino dottori, e responsi dei tribunali a sostegno della dottrina che nei libelli non si debba
attendere ai corollari, ed a ciò che si richiede come conseguenza delle principali dimande, la legge di prassi attualmente in vigore vieta il portare le questioni successorie fuori

(10) Segnat. *nella Civitatis Castelli circumscript.* 20 giugno 1843
§ 4 *cor. b. m.* Grossi.

(11) Alex. *in l. extra* 20 *ff de jurisdict. omn. jud. num.* 1 *et seq.*

(12) Segnat. *nella Romana circumscr.* 20 *giugno* 1839 § 7
cor. Ferlisi.

del luogo ove esiste l'eredità, *abbenchè siano sequela d'una istanza per nullità di testamento.*

„ Che d'altronde il libello fu formulato con tale artificio da far prevalere la domanda di successione, richiedendosi in esso restituzione di frutti, ed ordine esecutorio: clausole convenienti al conseguimento dei beni, non alla nullità o lesione di una rinuncia.

„ Che, avendo la legge commessa privativamente ai tribunali dei luoghi ove sono le eredità, i giudizi successorj, fece ogni altro tribunale incapace, ed, essendo il difetto concernente la materia insanabile, non è da dire che il consentimento delle parti potesse prorogare la giurisdizione.

Rescrisse — circumscriptis per viam nullitatis omnibus gestis coram congregatione civili A. C. in secundo turno cum omnibus inde sequutis ex defectu jurisdictionis, partes utantur juribus suis.

Segnat. del dì 2 maggio 1844 — Maceraten. circumscriptionis R. P. D. Conventati *decano, proc. per Canali* sig. dott. Guarnieri, *per Canali-Febei* sig. dott. Bacchi *proc. di coll.*

9 agosto 1844 — *in decisis.*

IMPRESARIO . MAESTRI . CONVENIENZE . DANNI

XXV. *Un maestro di musica il quale dia gratuitamente uno spartito ad un impresario, e ne riceva per correspettivo un patto non chiesto, se questo non gli viene osservato, può in via di danni dimandare l' id quod interest.*

De Paolis c. Quadrari

Giovanni De Paolis di Civitavecchia, dopo compiuti gli studi di musica nel liceo di Bologna, veniva in Roma raccomandato dal sommo Rossini, ad un principe di questa capitale: e qui, posto in musica un melodramma serio intitolato *Gismonda da Mendrisio*, l' offerì gratuitamente all' impresario Quadrari, proponendogli (oltre più condizioni) che venisse rappresentato nel teatro Metastasio nella primavera del 1843. Il Quadrari gli seppe grazie del dono, e con un biglietto gli diceva — *Accetto tutte le condizioni da lei accennate, e solo mi limito ad assicurarla che il suo lavoro sarà il primo spartito col quale aprirassi il così detto* appaltino*, e che nè prima della sua musica niun' altra nella detta stagione, nè dopo la sua potrà esservi seria.* Venuta la primavera, ed apertosi il teatro Metastasio, le cose andarono molto a seconda dell'impresario; sicchè stimò di suo utile riserbare alla prossima state la novella Gismonda, e porla in iscena non più nel teatro Metastasio, ma in quello di Valle: lo che non gli fu difficile persuadere al maestro, che considerava la maggiore ampiezza di questo teatro, come circostanza utilissima a darle maggiore risalto. Venne la stagione estiva, e il così detto *appalto grande* si aprì colla Norma. Il 9 giugno l'impresa pubblicava che nell'imminente *appaltino* si esporrebbero due melodrammi seri, la Gismonda da Mendrisio, e la Gemma di Vergy. Di che il maestro si tenne adontato assai, perocchè vedeva rotto il patto che alla sua Gismonda non dovesse precedere nè seguitare altra opera seria. Ricorse all'autorità che governa i pubblici spettacoli acciò fosse proibita la futura produzione della Gemma, ma non ne potè altro ottenere se non che la di lui opera fosse rappresentata per la prima. E così avvenne. Ma non durò in quelle scene che sol quattro sere: nella quinta le venne surrogata la Norma, ad onta che i giornali di Roma, ne dicessero molto di bene. Protestò allora il De Paolis, e non guari dopo citò il Quadrari avanti il tribunale di commercio perchè venisse dichiarata non più gratuita l'opera sua, ma che in via di danni le si attribuisse la mercede relativa da fissarsi anche coll'opera de' periti. Su questa istanza nacque la discussione.

Il sig. avv. *Sarzana* pel De Paolis faceva principio dal dire come fra questi e il Quadrari fosse interceduto un contratto innominato pel quale l'autore concesse l'uso gratuito dello spartito, l'impresario in compenso gli prometteva che

nè prima nè dopo la Gismonda si produrebbe altra opera
seria — a questo patto aver contravvenuto il Quadrari caccian-
do dalle scene la Gismonda, e sostituendole la Norma — Che
l'obbligazione del De Paolis consisteva nella prestazione di
un fatto, quella del Quadrari nell'astinenza da un fatto:
perciò, l'uno essendosi prestato, l'altro non astenuto, nasceva a favore del primo un'azione *praescriptis verbis*. Esa-
minando le conseguenze di quest'azione, diceva non poter essa
in altro consistere che nel conveniente risarcimento (1),
perocchè egli non poteva più revocare il suo fatto, dacchè
la musica era stata cantata: il risarcimento doversi determinare in ragione dell'opera e della gloria, altrimenti il De
Paolis non riceverebbe mai il correspettivo di ciò che diede,
e di ciò gli fu tolto — nè essere illegale tale liquidazione,
mentre l'intrinseco di qualsiasi cosa, è il prezzo della medesima, e, se ella venga a mancare, non può essere sostituita
che dal prezzo (2).

Nè gli faceva difficoltà che il patto di non produrre
opera seria nè prima nè dopo della Gismonda fosse stato offerto
dal Quadrari, non richiesto dal De Paolis: poichè, secondo
la teorica di Molino spiegata dal Pothier nel suo trattato
delle obbligazioni part. 4 cap. 3 § 2, l'assicurazione del
Quadrari, quantunque partisse da sua liberalità, non per questo importava meno una obbligazione solenne. All'obiezione,
che prevedeva, non essersi violato il patto per colpa del
Quadrari, ma per la circostanza imprevista dell'aversi
mutato teatro, rispondeva che, se l'impresario cambiò teatro,
il fece per utile suo, e che il De Paolis, non avendoci avuto
parte, non dovesse aver nocumento da quello che ad altri
aveva giovato.

---

(1) *L. 5 ff de praescr. verb.* - Vinn. *sel. quaest. lib.* 1 *cap.* 46. -
Voet *l.* 19 *tit.* 5 *num.* 3.

(2) *L.* 11 *ff de praetor. stipul.* - Alciato *nel tract. de eo quod
interest.* - Cabalin. *nel tract. de eo quod in terest num.* 8.

Il difensore del Quadrari all' incontro scorgeva nella convenzione fra il De Paolis e il suo cliente un contratto di una natura sua propria, in cui l' uno cedeva gratuitamente lo spartito, l' altro prometteva esporlo al pubblico a tutte sue spese e pericolo — non essendosi convenuta mercede, faceva le maraviglie che si pretendesse d' avere un diritto che cambiava natura alla convenzione, e da gratuita la rendeva onerosa — diceva non poter nascere nel De Paolis questo diritto dall' esser ricomparsa la Norma dopo la ritirata della Gismonda, perocchè fra le condizioni che egli dettava, nessuna interdiceva al Quadrari di porre in iscena opera seria o prima, o dopo : nemmeno potergli nascere dal biglietto del Quadrari in cui lo assicurava che nessuna opera seria sarebbe anteceduta o preceduta alla sua, perchè con tale biglietto, dandosi risposta a quello del De Paolis, doveva a questo riferirsi del tutto.

Essere poi strano il supporre che il Quadrari con quella risposta volesse obbligare la impresa a condizioni ed oneri non pur proposti. Instava dovesse ben distinguersi in esso ciò che direttamente riferivasi all' accettazione dell' offerta, e de' patti esibiti, da ciò che si volle aggiungere per corrispondenza di cortesia, e che non può essere soggetto di obbligazione formale, più che nol sono e la gratitudine, e la servitù che in essi suole protestarsi — per le prime cose consentiva che nascesse una piena obbligazione ne' contraenti, per le seconde non mai — Che quand'anche da quelle espressioni volesse dedursi un patto, un' obbligo assunto dall' impresa , invano s' invocherebbe per le sopravvenute modificazioni del contratto, e per la mutazione del teatro che non ammetteva le condizioni di prima — altro essere in fatti la impresa del teatro Metastasio , altro quella di Valle : le opere serie che dovevano essere sbandite da quello per l' angustia del luogo , bene si addicevano a questo. Quindi la promessa che niun' opera seria si produrebbe in Metastasio, doveva tenersi ristretta a questo solo teatro, non potere

estendersi a quello di Valle, perchè i patti non ponno convenire nè applicarsi a casi ignoti e imprevidibili (3). Quanto
all'ammenda de' danni, non sapea intendere per qual titolo
gli si dovessero. Dicea non potersi dolere il De Paolis che
la Norma avesse preceduto l'opera sua finchè durò l'appalto
grande, non dovere rammaricarsi che lo fosse succeduta,
perchè il fatto posteriore non influisce sull'anteriore: falso
dunque che per confronto delle due opere rovinasse la
Gismonda, e gli sfuggisse la gloria che ne avea sperata.
Finalmente aver tacitamente rinunziato ai danni e a qualunque altro diritto, dapoi che in più cartelli vide confusa la
sua Gismonda, tra la Norma, e la Gemma, e non ne mosse
querela.

Il tribunale di commercio „ Ritenuto tuttociò che in
fatto è risultato dalla discussione della causa, e dai documenti ai giudici nelle scritte reciproche allegazioni esibiti,
e quindi considerando in diritto.

„ Che l'offerta del De Paolis, benchè non racchiudesse
in se stesso un contratto, tale poteva divenire, e tale divenne
quando la sua interrogazione ebbe la risposta del Quadrari
o di fatto, o di parole, come chiaramente stabiliscono le
leggi 15, 31, 37, 41 *de pactis — l. curae, de reb. credit. —
l. titiae § pen. de verbor. obligat.*, e la *l. 1 de obligat. et action.*

„ Che quando questa fosse seguita, non può dubitarsi
del contratto, che ne sarebbe derivato obbligatorio da una
parte e dall'altra, e come avrebbe accordato diritto al
Quadrari per ottenere la consegna dello spartito, come avrebbe accordato al De Paolis il diritto all'osservanza delle condizioni stabilite, e non poteva più scegliersi senza il consenso
d'ambo le parti, come dottamente dimostra il giureconsulto
Pothier *de obligationib. cap.* 1 *sez.* 1.

„ Che tanto più certa è questa conseguenza perchè la
volontà del medesimo De Paolis era inerente alle condizioni

_____

(3) *Dec.* 614 *num.* 11 *cor.* Molines. - *dec.* 44 *num* 5 *cor.* Odescalchi.

cosicchè, mancando queste, cessava tosto la volontà del medesimo, e l'atto doveva essere garantito dalla disposizione di ragione *l. mucianae* 7 *de condit. et demonstrat.*, e *l. donatio* 85 *cod. demonstrat.*

„ Che quando uno de' contraenti avesse violata la promessa fede poteva essere convenuto coll' azione *ex stipulata*, o *praescriptis verbis*, o *damnorum actione*, le quali essendo in concreto dirette allo stesso scopo, sono garantite dalla legge *ex empto* 11 *de action. empt. vendit.*

„ Considerando che per parte del maestro De Paolis si osservò non solo, ma si usò la data fede, giacchè non solo consegnò lo spartito, e si prestò alle prove, e alle spese di produzione, ma fu ancora consegnato il libretto stampato.

„ Che non può dirsi altrettanto del Quadrari, anzi deve dirsi il contrario, perocchè subito dopo stipulata la convenzione dichiarò col fatto di non volerla osservare.

„ Che se invano gli riuscì di aver ciò tentato, mercè il rescritto di mons. governatore, non così avvenne dopo la quarta recita della Gismonda, avendo col programma teatrale infranta la data fede, ed avendo quindi prodotto altre opere serie.

„ Che, non potendosi quindi dubitare della violazione della data fede, ripugna alla morale, alla legge, all' osservanza dei tribunali, che il violatore ne consegua un' emolumento.

„ Che ciò tanto più ragionevole apparisce, se si rifletta, che il De Paolis, producendo un' opera d'ingegno diretta a guadagnargli reputazione, non può dubitarsi che il Quadrari non riproducendola che quattro sere, e la quarta coattivamente, attentò manifestamente anche contro la riputazione dello stesso De Paolis, come si legge apertamente nel Tiberino num....

„ Che per tali ragioni, avendo avuto il De Paolis un positivo interesse che le condizioni stabilite non gli fossero violate, al *quanti ejus interest* debba il Quadrari essere condannato.

„ Che a ciò sempre risolvonsi le assunte obbligazioni *faciendi vel non faciendi in quibus si factum, vel non factum sit quod fieri debuit, vel non debuit, obligatio, et petitio est in id quod interest — l. si quis 13 ff de rejudic. — l. si poenam 68 — l. stipulationis 72 ff de verbor. obligation.*, nel che comprendendosi non solo il *danno* positivo se dimostrava il De Paolis averne risentito, ma il lucro inoltre, che anche in linea di sua rinomanza, e fama musicale ne avrebbe potuto ritrarre *l. unic. cod. de sentent. quae pro eo quod interest profer.* — sarà nel giusto arbitrio del giudice o tribunale liquidatore stabilirne e tassarne i relativi effetti.

„ Il tribunale, dichiarando responsabile il Quadrari delle sue promesse, che neppure dopo la Gismonda sarebbonsi prodotte opere serie, durante l'appalto della primavera prossima passata, condanna in genere il medesimo in favore del De Paolis al *quanti interest* da liquidarsi come di ragione, ed alle spese.

Udienza dei 19 sett. 1843 sig. Giorgi presidente, proc. per De Paolis sig. dott. Sgambati; per Quadrari sig. dott. Sciarra proc. di coll.

accettata dal soccombente.

AVOCAZIONE . RICORSO . AMPLIAZIONE

XXVI. *È inammissibile l'istanza per l'avocazione e riunione delle cause, quando resti esclusa la contemporanea pendenza, e la pregiudizialità delle medesime.*

Non si ammette un nuovo ricorso in ampliazione d'un primo, dopo la destinazione della Segnatura.

(*Discuss. sul § 549 del reg. giud.*)

Gaetani c. Barisoni

La duchessa Gaetani, mentre viveva, promosse contro il sig. duca suo marito nell'anno 1834 e 1835 tre giudizi innanzi il secondo turno dell'A. C., il primo di manutenzione nel quasi possesso di percepire scudi venti mensili oltre sc. 150 che le si pagavano ad ogni mese per la sua congrua esibizione, il secondo per una sovvenzione di sc. 300 da detrarsi da suoi crediti, l'ultimo pel pagamento di sc. 6720 a titolo di spillatici: de' quali giudizi quello possessorio, circa la prestazione mensile di sc. 20, il tribunale riunì al petitorio, donde il duca citò in petitorio perchè si dichiarasse non farsi luogo all'istanza della moglie: quanto poi all'altro, in luogo di sc. 300 ridusse la somministrazione a sc. 100 da imputarsi come, e se di ragione nella valuta degli estradotali. Nel 1842 morì la duchessa, e, lasciata la legittima ai figli, istituì erede fiduciario Cipriano Barisoni, il quale istruì avanti il primo turno dell'A. C. nove giudizi, cinque per crediti di spillatici e frutti, gli altri per restituzione di dote nella somma di sc. 4500, pagamento di estradotali in sc. 2000, frutti in sc. 600 e consegna delle cose mobili alla defunta spettanti. Il duca allora ricorse in Segnatura perchè tali cause introdotte innanzi il 1° turno fossero riunite a quelle che la defunta aveva nel 1834 o 1835 intentate avanti il turno secondo. Il Barisoni accettò il ricorso per quelle degli spillatici; per le altre si riserbò il diritto di adire il tribunale supremo. Ciò non ostante, dopo la destinazione della Segnatura, il duca introdusse altri due giudizi avanti il 2° turno, l'uno diretto a costringere il Barisoni a spiegare la fiducia, l'altro a restituirgli sc. 6187 che egli aveva pagato alla moglie per averne ragione. In ampliazione del primo ricorso dimandò che queste due cause fossero riunite, ed avocate innanzi al 2° turno.

Il difensore del duca diceva essere necessaria la riunione di tutti i giudizi mossi dal Barisoni, con quelli mossi dalla duchessa fino dal 1834 e 1835, per la ragione che tutti aveano connessione fra loro, e si era verificata ne' giudici del 2° turno la prevenzione: che i giudici, concedendo interlocutoriamente alla duchessa la sovvenzione degli sc. 100 da imputarsi negli estradotali, erano venuti ad ammettere il

credito, sul pagamento de' quali pendeva questione avanti il
1° turno. Sarebbe, dicea, cosa assurda che mentre un giudice
ha giudicato su d'una parte d'un credito, un altro dovesse
decidere sopra il restante, e se il 1° turno negasse quel che
il secondo ha conceduto, ne nascerebbe sentenza contro
sentenza. Che il decreto del 2° turno circa quella somministrazione
fu interlocutorio, non definitivo, quindi, stando
ancora sospeso questo giudizio, non era ragione che si
trasportasse a un tribunale nuovo, anziché riassumerlo innanzi
al prevenuto. Quanto alle altre cause del Barisoni
sopra la consegna de' mobili e la restituzione della dote,
si affaticava di mostrarle connesse col giudizio agitato dalla
duchessa pel pagamento di scudi 20 mensili, e coll'altro
riconvenzionale del duca: dicendo che il tribunale a lei accordando
la prestazione mensile, ed ella ricevendola *per
averne ragione ne' conti*, non potea definirsi se l'eredità di
lei fosse creditrice o no della dote e delle cose mobili, se
prima non si determinava se le spettasse il diritto di esigere
la prestazione. Altro motivo perché il 2° turno prevenuto
dovesse assumere la cognizione di ambedue. Veniva da
ultimo a parlare del secondo ricorso interposto dopo la destinazione
della Segnatura in ampliazione del primo. Ed allegava
il § 549, il quale fa lecito di ampliare e riformare
l'istanza prima della discussione, donde argomentava che,
non discusso ancora il primo ricorso, convenisse proporli
insieme, dovendo il giudizio pronunciarsi sopra l'istanza
riformata, non sopra la prima. E citava l'esempio d'una
Bononien. circumscriptionis et rest. in integr. 29 *julii* 1841
cor. Arnaldi, nella quale, fattosi prima ricorso di circoscrizione,
poi di restituzione in intero, venuto il giorno del
primo ricorso, il tribunale disse — *dilata et reproponatur
una cum altera.*

Per la parte del *Barisoni* si rispondeva non verificarsi
ne' giudici del 2° turno la prevenzione: perché non era altri-

menti vero che la duchessa domandasse a quel tribunale la somministrazione di sc. 300 da imputarsi nel credito degli estradotali, ma solo disse, che tale somministrazione fosse computata co'suoi crediti, che per molti titoli aveva. E che, se anche que' giudici di proprio moto le avessero accordata la somministrazione sopra gli estradotali, non poteano perciò dirsi prevenuti, perché non è prevenzione senza giudizio, nè giudizio senza libello. E tanto esser vero, che il 2° turno lasciò indefinito il titolo di quella somministrazione, che usò della clausula *se, e come di ragione*, colle quali parole si mostrò ben lontano dall' indagare se la duchessa avesse ragione di conseguire o no i parafrenali. Rifletteva poi che con quel decreto provvisionale la questione fu spenta, il credito degli estradotali rimase diminuito della somma percetta, e la lite finì. Provato che non fosse luogo a riunione nella causa degli estradotali, facea la stessa dimostrazione in quanto alle altre. E di facile assunto gli era l' escludere la connessione fra i giudizi promossi dalla duchessa nel 1834 e 1835, e quelli intentati dal Barisoni; mirando i primi a conseguimento degli spillatici e frutti, i secondi a restituzione di dote, di estradotali, e alla consegna de' mobili ereditari. Cose, diceva, fra loro tanto sconnesse, che senza nessun pericolo di pregiudicialità ponno essere giudicate da tribunali diversi. Discorreva da ultimo del secondo ricorso mosso in ampliazione del primo, e diceva non potersi concedere che venissero proposti insieme, senza far peggiore la condizione dell' un litigante. Che ogni sentenza si retrotrae al giorno della contestazione, perciò gli atti intervenuti in questo mezzo, non poteano in nessun modo influire nella definizione della causa. Altrimenti un' istanza in principio giusta, potea farsi ingiusta sopravvenendo nuovi atti. E citava in proposito l' *Asculana juris pascendi* 11 maggio 1832 *cor.* Marini § 5.

Il tribunale supremo „ Considerando non farsi luogo ad unione di due cause, se non sia provato che elle sieno attualmente pendenti, mentre se l' una non esistesse, mancherebbe il subbietto dell' avocazione ed unione (1).

„ Che nelle specie in questione si è preteso che le cause instituite dall' erede fiduciario innanzi il primo turno della congregazione dell' A. C. pendevano già fin dagli anni 1834 e 1835 promosse dalla duchessa di lui autrice, mentre il fatto è che all' infuori della causa degli spillatici e frutti, non esiste nessun precedente giudizio di restituzione di dote, di estradotali, frutti di estradotali, consegna di mobili.

„ Che, avendo il Barisoni accettato il ricorso per le cause degli spillatici e frutti, venne a mancare ogni pendenza anteriore di lite, e perciò cessava il soggetto dell' avocazione ed unione.

„ Che le cause di restituzione di dote, estradotali, frutti e cose mobili, non possono confondersi con quella che la testatrice promosse fin dal 1834 e 1835 sopra la somministrazione di sc. 300, o con l' altra sul quasi possesso di percepire sc. 20 mensili: perchè la prima terminò colla somministrazione di sc. 100 da imputarsi sul credito degli estradotali, quindi nessuna lite potea dirsi pendente a questo riguardo, ma il credito degli estradotali rimase di quella somma diminuito: l' altra, non essendo stata mossa dall' erede fiduciario, niente impedisce che non si possa condurre a fine, senza pericolo che la sia decisa con più e diverse sentenze.

„ Che all' infuori di queste due cause, non altro dimandò la duchessa innanzi il 2° turno se non di essere mantenuta nel quasi possesso di percepire scudi 20 mensili: il Barisoni poi richiese al 1° turno la restituzione della dote, degli estradotali, e de' frutti degli estradotali, nonchè la consegna de' mobili: le quali azioni nulla hanno di comune fra loro, e può ciascuna trattarsi disgiuntamente dall' altra, senza timore che ne derivino sentenze contraditorie o pregiudiciali.

---

(1) *Romana unionis caus.* 9 *maii* 18⁻3 § 3 *cor.* Couventati. - *Veliterna unionis causs.* 14 *aprilis* 1856 § 5 *cor.* Giossi.

„ Che non può differirsi la decisione della causa sino al cadere del secondo ricorso trasmesso in ampliazione del primo: perchè tale ampliazione, dopo riprodotto il ricorso, e destinata la Segnatura, muterebbe lo stato della contestazione.

„ Che siccome la sentenza si retrotrae al giorno della lite contestata, non può tenersi conto di quegli atti che si fanno mentre pende la lite: altrimenti ne nascerebbe l'assurdo, che per gli atti susseguenti diventerebbe ingiusta quella sentenza che, secondo la contestazione, sarebbe giustissima. E si arroge che i nuovi giudizi instituiti dal duca, non avevano nessuna connessione con quelli promossi dal Barisoni; per cui è inutile l'aspettare l'esito del secondo ricorso.

Rescrisse — *Nihil.*

Segnatura del dì 24 agosto 1843 — *Romana avocationis et unionis caussarum* R. P. D. Lippi, *dif. per Gaetani* sig. avv. Cesari, *proc.* sig. dott. Guglielmi; *per Barisoni* sig. avv. De Dominicis, *proc.* sig. dott. Vasselli.

23 novembre 1843 — *in decisis.*

FONDI . DIVISIBILITA' . LICITAZIONE . DIVISIONE

XXVII. *Nei giudizi di divisione non é luogo a licitare i fondi trai coeredi, se sono in qualche modo divisibili.*

La divisibilità manca allora soltanto, quando la divisione farebbe perire la sostanza della cosa da dividersi, o ne diminuirebbe di molto il valore.

Perozzi c. Perozzi

In un giudizio *familiae erciscundae* dedotto in appello trai Perozzi d'Ancona al tribunale della Ruota, il perito curiale, parlando del palazzo che hanno in quella città, disse essere suo avviso che si dovesse attribuire metà ad Antonio, che è uno dei fratelli, e per l'altra metà agli altri cinque di lui avversari, deputando architetti a farne la pianta: soggiunse poi che, se al tribunale piacesse di ammettere la opposizione di Antonio, che lo diceva indivisibile, in tal caso bisognasse attenersi ad un altro metodo, che indicava, per la formazione delle parti. Proposta dopo tale relazione la causa, il tribunale ordinò procedersi secondo la perizia, ed in un incidente di provvisione rescrisse — *ad d. ponentem, qui mandet tradi bona stabilia assignata fratribus Perozzi a perito curiali, cum vinculo litis, et, facta consignatione eorum bonorum, sumptibus pro nunc comunibus:* del quale rescritto, che fu del dì 14 giugno di quest'anno 1844 ponente mons. Muzzarelli, dovranno i nostri lettori prender memoria, come d'esempio per non mandare, duranti tali giudizi, i frutti del dividendo in ispese di mercenarie amministrazioni. Siccome però ad Antonio piaceva di ritenere il palazzo tutto per se, in una istanza che fece *super declaratione rescripti*, domandò si dichiarasse — *palatium anconitanum dividi non deberi juxta primam hypothesim a perito curiali propositam, sed, quoad ipsum, sequendam esse secundam hypothesim:* che così chiamava quell'aver il perito detto del modo, con cui si sarebbe potuto appagare le sue brame.

A sostegno di tale pretesa i di lui difensori allegavano la *l. 3 cod. commun. divid.* che dice — *cum autem regionibus dividi commode aliquis ager inter socios non potest, vel ex pluribus singuli, aestimatione justa facta, unicuique sociorum adjudicatur, compensatione praetii invicem facta, eoque, cui res majoris praetii obvenit, caeteris condemnato* (1), e diceano che incomoda è la divisione quando per essa il valore della casa rimane avvilito, e i condividenti non possono servirsene

---

(1) *L.* 36 *ff fam. ercis.* - Voet *in pand. lib.* 10 *tit.* 2 *num.* 22. - Michalor. *de fratribus part.* 3 *cap.* 38 *num.* 28. - Constantin. *ad statut. urbis adnot.* 27 *art.* 3 *num.* 96. - Politi *de transact. diss.* 7 *num.* 27. - Rota *cor.* Lancetta *dec.* 944 *num.* 7. - *AEsina divisionis quoad immissionem,* 5 *julii* 1805 § *fin. cor.* Bardaxi. - *Perusina divisionis* 5 *februarii* 1816 § 3 *cor.* Rusconi, *nella Romana divisionis* 31 *jan.* 1834 § 4 *cor.* Zacchia, *e nella confermatoria* 5 *decembre del med. anno* § 2 *cor. eod.*

senza incomodo (2) — Che il perito per la stessa ragione
della incomodità avea detto doversi tenere indivisi un palazzo
ed altri fabbricati che hanno a Filottrano, dando ad Antonio
un compenso in danaro, e che in fatti il palazzo d'Ancona,
conteché di molti ambienti composto, avea un solo vestibolo,
un solo cortile, una sola cantina, una sola legnaia, un
solo guardaroba, un solo pozzo, un solo cenacolo, camere
anguste, e molte di esse mancanti di luce: onde la casa non
si potesse neppure considerar come palazzo. Nè, dicea, è
da invidiare ad Antonio che s'abbia quella casa egli solo,
dicendo Ulpiano nella *l.* 21 *ff com. divid.* — *judicem in prae-*
diis dividendis, quod omnibus utillimum est, vel quod maliunt
litigatores, exequi convenit: poichè egli l'abita da quarant'anni,
colla moglie e coi figli, mentre i fratelli vissero sempre
a Filottrano, ove possono attendere alle rustiche loro proprietà, avendo d'altronde dalla perizia un'altra casa in Ancona, cui potrebbero utilmente affittare.

Dal quale consiglio di menar vita rustica, il ch. sig. avv.
Duranti-Valentini esordiva la difesa, per cui dai fratelli era
stato pregato: e narrava che i suoi clienti, compiti appena gli
studi, andarono abitare in Ancona quello stesso palazzo in
cui il comun padre abitava, mentre per lo contrario Antonio
preferì sempre il beato vivere della campagna, ove al dire
di Cicerone — *semper boni assiduique domini referta cella*
vinaria, olearia, etiam penaria est, villaque tota locuples est:
abundat porco haedo agno gallina caseo lacte melle. Quindi ricordava essere principio di giurisprudenza inconcusso che *ne-*
mo cogitur accipere aestimationem suae portionis (3), nè vero in
diritto che basti l'incomodo, o il dipregiamento della casa

---

(2) Zanchio *de societate parte* 4 *cap.* 10 *num.* 168 *e seq.* - Michalor. *nel luogo citato num.* 29. - Costantino *nel luogo citato*
num. 121 *e seq.* - Rota recen. decis. 234 *num.* 5 *parte* 15.

(3) Michalor. *de fratr. part.* 3 *cap.* 38 *num.* 5.

per dirla indivisibile, ma essere invece necessario il concorso di circostanze capaci di far totalmente, o quasi totalmente perire la sostanza (4): sopra di che citava molte decisioni di Ruota, tra le quali la *Romana divisionis* 26 giugno 1797 cor. De Alteriis nel cui § 4 si dice — *neque enim ad impediendam fundi divisionem per regiones, omnis cujusque incommoditatis, utut levis, habenda ratio est. Immo oportet talem sese habere fundi naturam, eas habere qualitates, ut, divisione per regiones facta, vel interiret res ipsa, vel ejus aestimatio in immensum decresceret, quemadmodum, inhaerendo dispositioni legis, quae, licet primum nominasset fundum, quod nomen generis est, tamen, dum de his loquitur, quae commode dividi non possunt exempla allegat, veluti si homo forte vel mulus erit, de quo actum est* (5). Qui dava a conoscere la topografia della casa, facendo rilevare che essa in tre piani, contiene ambienti sessanta divisibili in due famiglie, rimanendo comuni solo la porta, il cortile, e le scale, comunione non isdegnata neppure nei palazzi magnatizi di Roma, e detta di nessuna difficoltà per dividere in una decisione di Ruota *Tolentina divisionis* 27 junii 1768 cor. Riccio § 6. — Che, giusta l'avviso dei più gravi dottori, il rimedio della licitazione trai condividenti è sommamente odioso, per cui non può senza

---

(4) *Instit. de off judicis* § 5. - Quod si de una re, veluti de fundo: siquidem iste fundus commode regionibus divisionem recipiat partes ejus singulis adjudicare debet: et si unius pars praegravare videbitur, is invicem certa pecunia alteri condemnandus est. Quod si commode dividi non possit, vel si homo forte aut mulus erit, de quo actum sit, tunc totus uni adjudicandus est, et is invicem alteri certa pecunia condemnandus est. - *L.* 54 *in pr. ff de verbor. obligat.* - Inter heredes ita dividi stipulationem, ut partes corporum cuique debebuntur - *Cujac. ad l.* 36 *ff de. servit. urban. praedior.*

(5) *Decis.* 239 *num.* 7 *cor.* Kannitz. - *Perusina divisionis* 5 *febbraio* 1816 *cor.* Rusconi § 5.

una urgentissima ragione essere dai giudici adottata (6) — che se nella decis. *Romana divisionis* 31 genn. 1834 cor. Zacchia in contrario citata fu negata la divisione, si trattava di una sola bottega con mezzanino, per cui il sacro uditorio si espresse dicendo nel § 11 — *hinc cuique patet in duas squas partes aedes hujusmodi separari minime valere : haud enim apotheca divisionem patitur, adnexaque contignatio ab ea sejungi potest, procul a maximo aestimationis detrimento.*

Il sacro uditorio rescrisse — *ad D. ponentem juxta petita .et ad mentem:* ed, in ciò che risguardava alla questione di cui tratta il presente articolo, la mente fu *che il palazzo si divida a forma della prima ipotesi del perito curiale.*

Ruota del dì 8 luglio 1844 — *Maceraten. seu Anconitana divisionis* R. P. D. Muzzarelli, *diff. per Antonio* sigg. avv. Romoli-Venturi, e Piacentini-Rinaldi, *proc.* sig. dott. Marchini; *per i fratelli* sigg. dott. Cini, e Vaselli *procc. di coll.*

CAMBIALI. TRATTA PER CONTO ALTRUI. PROVVISTA. GIRATARIO. ACCETTANTE

XXVIII. *Trarre* per conto d'un *terzo, è lo stesso che trarre* per ordine; *e chi trae con simile clausula, è semplice mandatario.*

E benché tal mandatario, secondo il disposto nell' art. 109 del *cod. di comm. rimanga obbligato verso i giratari a far la provvista, non contrae* nomine proprio *obbligazione nessuna verso l' accettante.*

Guerri c. Borea

Il sig. Borea console sardo tra il maggio ed il luglio 1842 trasse da Roma cinque cambiali componenti la somma di sc. 1088 sopra Fontanelli di Firenze colla clausula — *valuta*

---

(6) Voet *in pandect. de fam. ercisc. cap.* 6 *num.* 9. - Faber *in cod. lib.* 3 *tit.* 28 *defin.* 14. - *V. anche la* Ruota *nella Romana divisionis* 30 *aprile* 1755 *coram* Caprara § 6.

cambiata, e ponete in conto M. A.; con che volle significare *Marco Ajello* negoziante di manifatture in questa nostra città, il quale avea scritto al trattario dicendo — *per non far vedere sempre che io traevo sopra di te direttamente, ho fatto trarre a quel signore mio buon padrone ed amico, e, come vedrai alla espressione nel corpo della cambiale, dove dice — pagate in conto, cioè mettete in conto M. A. — che vuol dire mettete in conto mio la somma.* Sospesi dall'Ajello i pagamenti, il Fontanelli, che avea senza provvista liberamente accettate le tratte, implorò gli offici del Borea acciò nel sinistro gli procurasse salvezza: quindi esibì la nota di quanto gli doveva l'Ajello, annoverandovi anche i suddetti sc. 1088, e sottoscrisse al concordato amichevole d'un dieci per cento, che il debitore esibiva ai suoi creditori: ma più tardi cedè i suoi diritti ad un Guerri, il quale citò così il Borea, come l'Ajello innanzi al nostro tribunale di commercio pel rimborso di quanto esso trattario, benchè non provveduto, in iscadenza avea devuto pagare. A dì 12 settembre 1843 il tribunale rigettò la pretesa col seguente giudicato.

„ Considerando che è evidentemente provato che le cinque cambiali in questione sono state tratte dal Borea per conto di Marco Ajello, e per esservi nelle medesime, *e ponete in conto M. A.*, e molto più per aver ciò chiaramente dichiarato il Fontanelli nella sunnominata lettera del 27 agosto diretta al Borea, essendo affatto insussistente quello che dicesi dai difensori del Guerri nelle scritture, che doveva cioè trovarsi espresso interamente nelle cambiali medesime d'essere state tratte per ordine e conto di Marco Ajello: poichè è uso invetarato nel commercio che, quando si fa una tratta per conto altrui, si pongono in essa soltanto le lettere iniziali indicanti il nome di colui, o della ditta commerciale per conto di cui è eseguita.

„ Considerando, che il traente di una cambiale per conto altrui non è che un mandatario, e che perciò non è obbligato a farne i fondi al trattario, poichè è massima incontrastata in diritto che il mandatario non è tenuto pel mandante. Nè osta a questa massima ciò che ha disposto il regolamento provvisorio di commercio all'art. 109 col quale vi fu derogato in parte stabilendo — *che la provvista de' fondi debba essere fatta dal traente o da quello per di cui conto la lettera di cambio sarà tratta, senza che il traente cessi di essere personalmente obbligato* — poichè quest'articolo ragionevolmente deve interpretarsi nel modo seguente — *La provvista dei fondi debba essere fatta dal traente* se trae per conto proprio, *o da quello per cui conto la lettera sarà tratta*, se trae per conto altrui, *senza che il traente cessi di essere personalmente obbligato* in favore di chi ha acquistato la cambiale medesima, ed in favore dei giranti di essa. — Ed infatti sarebbe irragionevole e gravantissimo, ciò che non può mai supporsi nella intenzione del legislatore, che, mentre la legge ha voluto rendere obbligato il mandatario, ossia traente per conto di un terzo in favore dell'acquirente e giranti della cambiale, perchè questi non conoscono affatto il mandante, e soltanto il mandatario o sia traente, tanto più che, come si è detto di sopra, secondo lo stile generale adottato in commercio, il nome del mandante non è indicato se non se con le lettere iniziali, lo volesse obbligato anche verso il trattario, che conosce bene il mandante, o sia quello per conto di cui la cambiale gli è stata tratta, e che è libero di accettarla, o pagarla se ne ha la provvista de' fondi, se crede d'incorrere nel fido verso di lui, ovvero di ricusarla, se mancagli detta provvista, o non gli ha fiducia.

„ Considerando inoltre che, dopo avere il Fontanelli accettato le prime due di dette cambiali, cioè quella di lire mille e seicento, e quella di lire mille e duecento ambedue tratte dal Borea li 3 maggio 1842 senza fare alcun reclamo al Borea, con tutta ragione a tenore dell'art. 111 dello stesso regolamento provvisorio di commercio doveva il Borea ritenere esservi per parte dell'Ajello la provvista de' fondi, e che perciò proseguì a farne delle altre.

„ Considerando che coll'aver portato il Fontanelli nella summenzionata lettera dei 27 agosto fra le altre somme di debito dell'Ajello anche queste cinque tratte, ha chiaramente dichiarato di tenerne per suo debitore l'Ajello.

„ Considerando che la cessione del Fontanelli in favore di Pietro Guerri in atti prodotta, non essendo che i pretesi diritti ad esso Fontanelli spettanti contro il Borea, non poteva il Guerri medesimo in forza di questa agire contro Marco Ajello.

„ Invocato ecc. Il tribunale, rigettando le già unite istanze 1 maggio e 9 giugno prossimo passato proposte dal Guerri cessionario dell'accettante Fontanelli, assolve dalla indebita domanda tanto il traente Borea, che il girante Ajello: in favore di entrambi condanna lo stesso Guerri alle spese „.

Appello in Ruota per parte del Guerri.

Il difensore dell'appellante dicea che trarre colla clausula *ponete in conto M. A.* non fu trarre per ordine, ossia per mandato di Marco Ajello, mentre l'art. 106 del codice di commercio allora soltanto riconosce le tratte come fatte per mandato d'alcuno, quando si esprime la clausula *per ordine* (1): e che in fatti il Locré, narrando l'istoria della redazione dell'articolo, dice che — *la prima redazione portava soltanto* „ *essa può essere tratta per conto d'un terzo* „ *e si osservò che tale facoltà indeterminata di fare le tratte per conto di un terzo, presentava qualche difficoltà. Questo terzo sarà egli tenuto di pagare la lettera di cambio, se essa non viene soddisfatta? La difficoltà procedeva dalla redazione, la quale era troppo generale: si è ad essa data la precisione conveniente, aggiungendoci le parole* per ordine *, le quali esprimono assai chiaramente che il terzo non è obbligato che nel caso in cui esista per sua parte un mandato* — aggiungendo che tutti quanti sono

---

(1) *Reg. comm. art.* 106. - Una lettera di cambio può essere tratta sopra un individuo, e pagabile al domicilio di un terzo. Essa può essere tratta per ordine e per conto di un terzo.

i scrittori di ragion mercatoria intendono quel luogo di legge nel senso che per esprimere tratta di mandatario, non basti la frase *per conto*, ma sia necessario d'aggiungervi l'altra *per ordine* (2), e facendo riflettere che, se si fosse detto per conto Marco Ajello, sarebbe stato meno male che il dire per conto **M. A.**, sigle che rendevano incerto il nome del mandato, ed insufficiente la formola per dare a conoscere la esistenza d'un mandatario. Infatti il sig. Vincens *tom.* 2 *lib.* 8 *cap.* 9 *num.* 3 diffama l'abuso, dicendo — *mi sembra che il nome d'una persona scritto sopra una lettera di cambio per designarla come avente dato l'ordine, non basti ad obbligarla. La pretesa designazione delle lettere iniziali è ancora più insignificante.* Nè ammetteva come sincera la data dalla lettera con la quale l'Ajello, come abbiamo narrato, avrebbe annunciato al Fontanelli il modo con cui si facevano le tratte; poichè non avea giorno certo anteriore alla lite, nè l'Ajello mostrava un regolare *copia-lettere*, libro, la cui regolare tenuta è tanto necessaria, quanto quella del libro giornale (3). Quindi passava a sostenere che, quand'anche il Borea considerar si dovesse come un mandatario, la provvista dei fondi doveva essere fatta da lui.

Citava il tenore dell'art. 109 nel quale è scritto che — *la provvista dei fondi deve essere fatta dal traente, o da quello per di cui conto la cambiale sarà tratta, senza che il traente cessi d'essere personalmente obbligato* — dicea che non fosse da far differenza tra il terzo portatore dell'ordine e l'accettante, nè da sostenere che a riguardo di questi, il traente per conto altrui non contragga obbligazione *nomine proprio,*

---

(2) Marré *diritto comm. parte* 1 *num.* 231. - Delaporte *comment. al cod. di comm. lib.* 1 *tit.* 8 *art.* 111. - Nouguier *trattato sulle lettere di cambio num.* 111. - Dageville *cod. di comm. art.* 111. - Rogron *nella modula.* - Cesarini *principii della giurisprud. commerciale lib.* 1 *cap.* 20 *num.* 19.

(3) Rogron *all'art.* 9 *del cod. di comm.*

mentre per dire che il terzo non debba andare cercando in qual conto si tragga, non v'era bisogno di fare un articolo, e, se fu fatto, non potè risguardare ad altro caso che a quello dell'obbligo che corra al traente per conto altrui verso all'accettante: faceva considerare altresì che la distinzione tra il caso dell'accettante e quello del giratario preesisteva alla compilazione del codice di commercio, e che il suddetto Locré, segretario del consiglio di stato, da cui quella legge ebbe l'ultima mano, dice che si volle un concepimento d'articolo senza distinzione, a tal che il traente *rimanesse illimitatamente responsabile della provvista dei fondi*, aggiungendo che *il traente non ha di che dolersi: ed, ammonito dalla legge, spetta a lui di esaminare se il terzo, per conto del quale fa la tratta, gli offra una sufficiente garanzia, ed ha fatta la provvista dei fondi* — Che sebbene in diritto comune il mandatario contragga per il mandante, in diritto commerciale non può essere così, mentre nelle cessioni e negli acquisti delle cambiali l'acquirente corre la fede della firma che trae, nè va cercando se sia solvibile o nò la persona per di cui conto dice di trarre: ricerca che bene spesso tornerebbe inutile per le distanze dei luoghi e delle piazze: all'incontro se il traente per conto altrui vuole andar franco da responsabilità, ha il mezzo di dichiararlo, aggiungendo la clausula *senza garanzia quanto all'accettante* (4). Nè, proseguiva, è da far differenza tra la provvista ed il

---

(4) Locré *nel luogo cit.* - Dalloz *alla* v. Effetto di commercio *sez.* 2 *num.* 18. - *Corte d'appello di* Torino 7 *aprile* 1812. - *Corte d'appello di* Parigi 25 *giugno* 1812 *presso* Dalloz *alla sud. voce pag.* 756, *e* 757. - Mongalvy e Germain *analisi ragionata del cod. di commercio tom.* 1 *pag.* 210 *all'art.* 115. - *Disionario del commercio, e dell'industria* Brusselles 1839 *alla* v. Lettera di cambio *tom.* 3 *pag.* 178. - Pardessus *contratto di cambio num.* 223. - Nouguier *trattato delle lettere di cambio num.* 49. - De Villaneuve *disionario commerciale alla* v. Lettera di cambio *art.* 115 *num.* 118 § 7.

rimborso richiesto dall'accettante che ha pagata la tratta, benchè gli mancasse la rimessa dei fondi, dappoichè l'obbligazione del traente è sempre una, qualunque sia la persona in cui favore debba essere adempita, ed, in caso di rimborso reclamato dall'accettante, la corte di Cassazione disse — *per l'applicazione della massima si è anche giudicato che il trattario accettante puro e semplice della cambiale tratta per ordine e conto altrui, che non abbia ricevuta la provvista di fondi, ed abbia pagato, ha il suo regresso contro il traente per conto, ancorché conoscesse appieno l'ordine dato al medesimo dal terzo, ed avesse scritto a costui che accetterebbe la cambiale, prevenendolo di fare la provvista dei fondi* (5). Così nella parte che risguarda al diritto. Dava termine alla difesa con osservazioni di fatto dirette a convincere che per le circostanze dell'Ajello mai il Fontanelli non avrebbe accettata la tratta, se non avesse ritenuto il Borea obbligato in nome proprio a far la provvista.

Il difensore del *Borea* sosteneva all'incontro che la clausula *ponete in conto M. A.* letteralmente significò — *prendete la rivalsa da Marco Ajello* — mentre, se il traente per conto altrui si fosse voluto obbligare del proprio a rimborsare il pagamento della tratta, od a far la provvista in favore del giratario, avrebbe tratto in nome proprio, nè avrebbe avvertito il trattario di mettere a debito altrui — citava l'Azuni che nel suo dizionario alla v. *lettera di cambio* num. 28 dice — *qualora la tratta seguisse con le parole* ponete a conto di N… *in tali casi lo scrivente non intende di costituirsi debitore della somma.* Notava che il Fontanelli ben conobbe la qualità nella quale dal Borea si faceano le tratte, e per l'amicizia che avea con l'Ajello, e per quella lettera colla quale lo avea avvertito l'intervento del Borea essere un atto di cortesia, e dicendogli — *come vedrai, alla espressione nel corpo della cambiale dove dice* pagate in conto, *cioè* mettete

_____

(5) Dalloz *alla v.* Effetto di commercio *pag.* 757.

in conto M. A. *che vuol dire* mettete in conto mio — Facea quindi osservare che l'articolo 109, solo che parli d'una tratta fatta per conto altrui, dicendo dell'obbligo che corre al traente, fa menzione unicamente della provvista, lo che risguarda all'interesse del giratario, non del rimborso: per cui la ragione del trattario va sotto la provvidenza del diritto comune, che mai non obbliga il mandatario a soddisfare del proprio la obbligazione contratta per conto altrui: il qual mandatario, se deve essere vittima del favore del commercio pei giranti non obbligati a conoscere le origini delle cambiali, non deve esserlo dei trattari eziandio, i quali, accettando una tratta che poteano ricusare, han dato conoscere d'aver posta fiducia nella idoneità del mandante avvertito di porre a di lui conto il diritto di chiedere il rimborso. Queste brevi osservazioni di diritto il sig. avvocato convalidava con puntuali dottrine, cioè colla autorità dello Scaccia, del De-Luca, dell'Ansaldo, del Merlino, del Casaregi allegati dal medesimo Azuni nel luogo citato, con quella del Rogron nel commento all'art. 115 del cod. di comm., del Sirey nella annotazione allo stesso articolo num. 4, e del Vincens che nella *esposizione ragionata della legislazione commerciale* lib. 8 cap. 2 num. 6, considerando il caso d'una simile tratta, dice che — *quando sarà regolarmente accettata, il traente non avrà alcuna obbligazione o responsabilità verso il mandatario, e se il datore dell'ordine non facesse li fondi a colui, egli non avrebbe a dimandare al traente nè provvista nè rimborso*, soggiungendo che — *tutti gli effetti pretesi dall'articolo 115 erano in opposizione diretta con i principj delle leggi civili: ora la legge speciale non può avervi derogato, e questa deroga ne sarebbe distruttiva* (6).

_____

(6) *V.* anche Marré *parte* 1 *tit.* 8 *sez.* 1 § 2 *num.* 245. - *Corte di cass. di Parigi 29 giugno 1812. - Id. 1 dec. 1818, ed 11 aprile 1834 riportata dal Sirey tom. 54 parte 1 num. 389.*

„ Il sacro uditorio „ Considerando che nella causa di cui si tratta si presentano due questioni, se cioè, per dire che un traente abbia contratto obbligazione in nome altrui, basta che abbia stilata la lettera *per conto* del terzo, e se il trattario accettante di simil cambiale abbia azione contro il traente per il rimborso della somma che, mancando della provvista, abbia pagata del proprio.

„ Che, in quanto alla prima, il difensore del Fontanelli, invocando il disposto nell'art. 106 del codice di commercio, nel quale si dice che — *la lettera di cambio può essere tratta per ordine e per conto di un terzo*, sostiene che il traente, per dimostrare d'aver trattato il negozio altrui, debba copulativamente esprimere *per ordine* e *per conto*, e che perciò il Borea, traendo al Fontanelli colla clausula *per conto* di M. A., e non *per ordine*, facesse il negozio proprio, e del proprio rimanesse obbligato.

„ Che la clausula *per ordine* non è necessaria a dimostrare la qualità di mandatario, quando consta d'altronde che la cambiale realmente fu tratta per mandato di un terzo, il quale abbia riconosciuto come proprio il fatto del traente: e nella specie risulta da una lettera scritta dall'Ajello al Fontanelli che il Borea traeva per conto suo.

„ Che circa alla questione, se il Borea avesse ciò non ostante obbligo di far la provvista, in primo luogo è da riflettere che, secondo la disposizione del diritto comune, il mandatario, il quale si tenga entro i confini del mandato, mai non contrae responsabilità *nomine proprio*.

„ Che se il codice di commercio vuole fatta la provvista eziandio dal traente *nomine alieno*, non per questo è da concludere che nel caso dovesse essere fatta dal Borea: poichè, non essendo in quell'articolo espresso se il traente sia tenuto verso i giratari, od anche verso all'accettante, se il favore del commercio esige che sia tenuto verso ai giratari inconsapevoli della solvibilità del mandante, e bene spesso anche del di lui nome nascosto sotto le lettere iniziali, non è così d'un accettante, il quale, dovendo conoscere l'esistenza del mandato, e la idoneità del mandante può, se vuole, rigettare la tratta, o può accettarla *per onore di firma*, colla qual clausula rimarrebbe il traente obbligato.

„ Che perciò, cessando nel caso dell'accettante il motivo per fare una eccezione al diritto comune, egli è da concludere che il Borea non rimanesse verso il Fontanelli obbligato. Al che si arroge che il Fontanelli per le lettere dell'Ajello e del Borea pria dell'accettazione, avea piena conoscenza della qualità in cui dal Borea si facevano le tratte.

Rescrisse — *Non esse locum solutioni cambialium, et extendatur decisio.*

Rota del dì 27 marzo 1844 — Romana seu Florentina litterarum cambialium in re commerciali, R. P. D. D'Avella, *dif. per Guerri* sig. avv. concistoriale Armellini, *proc.* sig. dott. Garofolini; *per Borea* sig. avv. Ciabatta, *proc.* sig. dott. Fabj.

6 settembre 1844 — *in decisis, et expediatur*.

PIGNORAMENTO . TERZO NON DEBITORE .
CHERICI . COMPETENZA

XXIX. *Vedi per le massime pag. 69 di questo volume.*

Conventuali di Recanati c. Broglio-Masucci

Dopo la risoluzione di Segnatura, di cui a pag. 69 del presente volume, il patrocinio dei conventuali conobbe che mons. Pellegrini, prelato supplente nell'assenza di mons. Caracciolo-Santobuono votante di Segnatura, si era astenuto dal dare il suo voto, per cui il reclamo era stato risoluto suffraganti sei giudici soli: con lodevole esempio di diligenza presentò supplica a Nostro Signore per un provvedimento, e Sua Santità, seguendo il disposto del diritto comune, si degnò ordinare che la causa tornasse a proporsi *ex integro* (1).

---

(1) *Vedi la declaratoria nell'appendice di questo fascicolo.*

La nuova discussione però non produsse risultato diverso, e la causa fu risoluta collo stesso rescritto — *servetur decretum auditoris praefecturae.*

Segnat. del dì 12 settembre 1844 — Lauretana circumscriptionis R. P. D. Consolini *aud.*

DONAZIONE . DIVISIONE

XXX. *Il donatario universale, quando ne sia autorizzato dal donante, può provocare la divisione dei beni che il donante ha in comune con altri.*

Tale autorizzazione non può essere considerata come mandato, quando fa parte e sostanza dell'atto di donazione: quindi il donatario esercita jure proprio *tale diritto.*

Finchè vive il donante, i presuntivi di lui eredi non possono impugnare la donazione; perchè, non essendo eredi necessari, non hanno altra qualità che di terzi.

Cassio c. Pesci

Aurelio Pesci di Filettino, colto da infermità, si ricoverò, ancora convalescente, presso il dott. Giovanni Cassio (causidico che fu della nostra curia) e nelle di lui case di Civitalavinia e di Roma era ospitato, quando con istromento dei 9 settembre 1842, grato all'assistenza che ne avea riceuta, fece donazione di tutti i suoi beni alla vedova del sudd. causidico (che intanto era passato di vita) dandole ancora facoltà *di liquidare e dividere co' di lui fratelli Giuseppe e Ladislao* co'quali avea in comunione di patrimonio *la porzione donata, promuovere o consumare contro di loro qualunque giudizio pel suddetto oggetto, venire alla vendita de' beni donati, e formare qualunque altro contratto, purchè ne rinvesta l'equivalente, o il prezzo colla riserva dell'usofrutto a favore del donante.* De'quali diritti volendo la donataria in parte fare uso, citò essi fratelli Pesci avanti il tribunale di Frosinone in cui richiese si prefigesse loro un breve termine ad oggetto di esibire una nota giurata di tutti i beni, passato il quale si compilasse lo stato

dell'eredità. I giudici assegnarono quindici giorni ai rei convenuti, i quali appellarono in s. Ruota, dove insieme ell'incidente fu portata la causa sul merito col dubbio — *An sit
locus divisioni, deputationi peritorum, et consignationi in casu etc.*

Il difensore dell'attrice diceva, che la sua cliente, come
donataria universale, benchè ancor vivente Aurelio Pesci, gli
era succeduta in tutti e singoli i diritti, perchè un donatario
di tale natura si considera come erede del donante, e rappresenta la di lui persona sì attivamente, come passivamente:
non essere dunque da dubitare, che le spettasse ancora l'azione di chiedere la divisione de'beni così per diritto, come
per fatto del donante, che di tale facoltà volle esserle liberale.
E sebbene con atto del 22 dicembre 1843 il Pesci avesse
revocata la donazione, e dichiarato di non voler recedere
dalla comunione co'suoi fratelli (donde gli avversari intendevano revocato il mandato a dividere), il difensore soggiungeva che la donazione era tutt'ora in termini d'implicita
validità, e che se il mandato può revocarsi a cosa integra,
nol può quando n'è incominciata l'esecuzione. A prova d'esecuzione allegava la contestazione della lite, la ultimazione
del giudizio di prima istanza, e ricordava la regola di diritto
che non può ritrattarsi il mandato fatto in grazia del mandatario in cui egli è *procuratore in rem propriam.* Escludeva
finalmente negli avversari il diritto di opporsi alla donazione
di Aurelio, poiche non essendo eglino suoi eredi necessari,
non poteano giovarsi delle eccezioni introdotte in grazia di
certe persone, non già de'terzi.

Per gli appellanti si replicava, com'essi non erano
alieni dal venire a divisione, solo dimandavano di poterlo
fare con persona legittima — legittima non essere la vedova
nè come donataria, nè come mandataria. Perchè (rispetto
alla prima qualifica) Aurelio viveva ancora, era padrone
de'beni suoi, e ne conservava l'usofrutto; nè la vedova,
non chè altri gli potevano interdire di continuare nella comunione co'fratelli, quando il volesse. Quanto al poter

11

chiedere la divisione come mandataria, diceva, che se ogni mandato può revocarsi a piacere del mandante, la dichiarazione del 22 dicembre le avea per sempre ritolto questo diritto.

La s. Ruota „ Considerando non potersi negare ad Aurelio il diritto di provocare la divisione del patrimonio fino allora indiviso co' fratelli Giuseppe e Ladislao, essendo precetto di legge che nessuno può essere costretto rimanersi in comunione contro sua volontà con altri (1), massime con i coeredi (2).

„ Che la vedova Cassio, come donataria universale che rappresenta l'erede attivamente e passivamente (3), era sottentrata ad Aurelio nel diritto di chiedere la divisione delle cose che questi aveva in comune.

„ Che (lasciando da parte la questione se, quando il donante si è riservato l'usufrutto, possa il donatario insistere per la divisione) l'avere Aurelio abilitato la ved. Cassio a dividere co' fratelli anche per via giudiziale, e vendere i beni donati, purchè ne investisse il prezzo, riservando a se l'usofrutto, è prova manifestissima di volere levarsi dalla comunione.

„ Che male si vuole uguagliare a mandato il diritto conceduto a dividere, per crederlo revocato colla dichiarazione posteriore. Perocchè non può aversi per tale un diritto, che forma la sostanza e l'effetto della donazione. E l'arbi-

---

(1) *L. in hoc judicium ff comm. divid.* - *l. in re communi ffde servit. praed. urb.* - *L. nulla societas ff pro socio.*

(2) *L. 77 § dulcissimis 20 ff de leg. 2.* - Rota *dec.* 231 § 1 cor. Lancetta. - *Romana familiae erciscundae super bonis stabilibus* 13 *junii* 1834 § 4 cor. De Cursiis.

(3) *L. meorum, de verb. signif.* - *l. quamdiu de act. heredit.* - Card. De Luca *de donat. disc.* 44 *num.* 4. - Mantica *de invent. cap.* 9 *num.* 163. - Giurba *obs.* 104 *num.* 20. - *dec.* 221 *num.* 2 *cor.* Marco.

trio così amplo dato alla donataria di vendere e dividere, rimarrebbe privo d'effetto , se queste cose ella non potesse fare in persona sua propria.

„ Che irrevocabile è il mandato che si fa in grazia ed a riguardo di chi lo assume (4).

„ Che, avendosi anche per mandato il patto di compiere la divisione , la dichiarazione di revocarlo fu manifestata dopo esaurito il primo grado di giurisdizione , cioè *quando res integra esse desierat*, e non era più luogo a revoca (5).

„ Che Giuseppe e Ladislao non possono impugnare il fatto di Aurelio nè rispetto alla donazione , nè riguardo al mandato, essendo che (vivente lui) non erano cessionari, nè poteano dirsi suoi eredi : e le eccezioni indotte in favore di una persona possono solo proporsi da lei o da chi la rappresenta, non già da un terzo che non abbia interesse (6).

Rescrisse — *affirmative in omnibus.*

Ruota dei 9 febbraro 1844 — *Romana seu Anagnina divisionis* R. P. D. Quaglia , *dif. per la vedova Cassio* sigg. avv. Piacentini-Rinaldi, e Viviani, *proc.* sig. dott. Binarelli; *per i fratelli Pesci* sigg. profess. avv. Villani , e Ridolfi , *proc.* sig. dott. De Sanctis.

accettata dai soccombenti.

---

(4) *L. si cum fundum* 36 *ff de pactis.* - Castren. *in leg. Singul.* 22 *ff si cert. petat.* - Mantica *de tacit. et ambig. lib.* 7 *tit.* 21 *num.* 14.

(5) *Inst. lib.* 3 *tit.* 27 § 9.

(6) Rocca *disp. jur. cap.* 62. - Surd. *dec.* 20 *num.* 22. - Gratian. *disp.* 27 *num.* 39. - Costant. *ad stat. urb. annot.* 44 *art.* 7 *num.* 514. - Rota *dec.* 562 *cor.* Puteo. - *dec.* 505 *cor.* Cavaler. - *decis.* 77 *num.* 13 *cor.* Lancetta. - *Romana nullitatis contractus* 27 *martii* 1843 *num.* 2 *cor.* Alberghini.

XXXI. *Chi ha interposto appello da una sentenza interlocuto-*
ria può anche dopo l'opinamento chiamare il merito al
tribunale di secondo grado.

(*Discuss. sul § 982 del reg. giud.*)

Cecchi c. Cecchi

In un giudizio di divisione trai Cecchi, il vicario generale di Fermo avea ordinata interlocutoriamente la formazione
dello stato ereditario, ed uno dei litiganti interpose appello
alla Ruota, innanzi alla quale fu posta in discussione la formola — *an, quomodo, et super quibus bonis sit locus firmationi*
status haereditarii: e, proposta la causa ai 17 di maggio di
quest'anno 1844, l'uditorio rescrisse — *affirmative, et esse lo-*
cum firmationi status haereditarii tam Philippi quam Vincentii,
salvo jure impugnandi communionem universalem coram quo,
prout, et quatenus de jure. Siccome però, a quanto sembra, il
nodo della causa andava a consistere tutto nel giudicare se tra
quei due Cecchi esistesse comunione universale, il patrocinio
dell'appellante, per chiamarlo più presto a scioglimento, e
non vederlo maggiormente intrecciato da uno stato ereditario
complessivo d'entrambi i patrimoni, si fece sollecito d'intimare innanzi allo stesso tribunale della Ruota un'istanza sul
merito concepita — *declarari esse locum divisioni bonorum*
comunium Philippi Cecchi solummodo, rejiciendam esse commu-
nionem universalem, quale istanza, come è d'uso, fece seguire dalla esibizione della formola — *an, quomodo, et super*
quibus bonis sit locus divisioni. Ma il patrocinio contrario
mandò istanza, chiedendo — *declarari non esse locum dispu-*
tationi dubii super merito divisionis ex adverso transmissi,
neque destinationi Rotae pro ejus disputatione.

Il ch. sig. profess. avv. *Villani* comparve a sostegno di
tale incidente, ricordando che è meramente facoltativa l'avocazione del merito al tribunale d'appello, quando si provochi

da un giudicato interlocutorio. , Se dunque , dicea , la legge permette, e non comanda, d' uopo è vedere se nel caso concorrano tali circostanze che il merito della divisione possa essere condotto a trattarsi in un' colla disputa sulla formazione dello stato ereditario: nè considerazione di lieve entità è che in tal modo alla causa avocata mancherebbe un grado di giurisdizione, mentre, come ognun sa, tribunale di quarta istanza noi non abbiamo — Inoltre egli è evidente, che l' autore dell' istanza per la concordazione d' un dubbio sul merito mira ad evitare la formazione dello stato ereditario, solo che possa mettere in chiaro quello che era il patrimonio alla morte del padre , come , da chi , in qual tempo , e in qual modo fossero fatti posteriormente gli acquisti , che è quanto dire, a non volere che i giudici conoscano i fatti , contro la regola che i mezzi di prova non devono essere angustiati — Nè è da dire che il sacro uditorio, nel proporsi della causa sul merito, se vuole, può rescrivere — *dilata*, ed ordinare la formazione dello stato: giacchè questo sarebbe un voler trasportare a Roma una indagine , lunga , dispendiosa, involuta, mentre nella curia di Fermo, presso a cui esistono i documenti e gli istromenti , con dispendio tanto minore si può appurare la verità. Nè ometteva di fare riflettere che nel libello con cui l' incidente fu condotto alla Ruota, l' appellante non fece parola del merito , e limitò suo gravame tassativamente alla ordinazione dello stato.

Il sig. avv. *Giuseppe Marchetti* dicea per l' appellante , che , secondo la lettera del § 932 l' istanza per condurre il merito al tribunale d' appello che giudica sull' incidente può farsi *o con l' atto medesimo introduttivo d' appello , o in progresso di causa, con un semplice atto di procuratore* — Che se le parti hanno facoltà di portare la cognizione del merito ai tribunali di secondo grado in qualunque stato di causa , non fosse da censurare se prima, se dopo l' opinamento per la concordazione del dubbio sulla divisione si facesse l' istanza — molto meno in una causa portata alla Ruota, la quale

ha facoltà di ritenere il merito e giudicarlo anche nel caso
che le incidentali sentenze siano confermate — che se il
portare in primo grado, appellando dagli incidenti, il merito
delle cause in sacra Ruota, toglie ai litiganti la possibilità
d'un terzo grado di giurisdizione, anticipa loro il vantaggio
di conoscere nelle loro controversie qual sia l'avviso di sì
gran tribunale, e la commodità di poter deliberare con
fondamento, se loro convenga di continuare la lite, o con-
ciliarla.

Il sacro uditorio rescrisse — *ad d. ponentem qui mandet disputari dubium etiam super merito.*

*Ruota del dì 5 agosto 1844 — Firmana divisionis super
concordatione novi dubii* R. P. D. Marini, *proc. per l'istante*
sig. dott. Amici (Domenico), *per il citato* sig. dott. Salini.

ESTERI. LIBERAZIONE DA MOLESTIE. TRIBUNALE DI COMMERCIO. COMPETENZA

XXXII. *L'azione contro gli obbligati a prestare la garanzia,
rilevazione, o liberazione dalle molestie, s'introduce avanti
al giudice o tribunale ove è pendente la lite tra il molestante e il molestato, quand' anche siano esteri tanto il
molestato, quanto le persone chiamate a garanzia.*

(Discuss. sui §§ 434, 443, 446, 448, 539 *del reg. giud.*)

Ronconi c. Lanari

A pag. 20 vol. 1 anno 1842 raccogliemmo l'istoria
della regiudicata ruotale trai due intraprendenti teatrali Lanari e Jacovacci sull'emenda dei danni che a questi eran
venuti nel teatro di Roma per la contumacia dei cantanti
coniugi Ronconi, i quali, ceduti dall'altro, non si presentaro-
no nella piazza: e siccome il Lanari istruì giudizio contro i
cantanti per la liberazione dalle molestie, nata, anche su
questa, irrevocabile sentenza conforme all'istanza, i Ronconi

si rivolsero al tribunale supremo con un ricorso di nullità, o restituzione in intiero, patrocinati dal sig. avv. *De Angelis*.

La giurisdizione, egli disse, è un esercizio d'imperio sulle cose e sulle persone, ed appartiene unicamente al sovrano (1), nè v'è reo convenuto, il quale possa essere giudicato da giurisdizione non sua (2). Come dunque un giudizio nel tribunale commerciale di Roma contro i Ronconi che sono veneti, e che presso di noi non han domicilio? Si dirà che nel contratto fu data al Lanari la facoltà di cederli ad altre imprese, per cui essi restassero implicitamente assoggettati alla giurisdizione di tutti quei luoghi, pei quali fossero ceduti, e pei quali avesser dovuto prestar l'opera loro: ma — *qui contraxit Lugduni* (dice il Fabro in *cod. lib.* 3 *tit.* 12 *defin.* 4) *aut, quod fere idem est, Lugduni solvere promisit (contraxisse unusquisque intelligitur in eo loco, in quo ut solveret se obligavit) non potest conveniri Lugduni, et quasi contumax a lugdunensi magistratu condemnari, si neque domicilium ibi habeat, neque fuerit eo loco repertus* (3). Nè, proseguiva, è da citare il § 539 che dice — *se il reo non ha domicilio nè dimora nello stato, sia perchè estero, sia perchè assente, l'azione personale sarà introdotta avanti al giudice o tribunale del luogo ove è contratta l'obbligazione: se l'obbligazione è contratta in paese estero, avanti al tribunale del domicilio dell'attore*: giacchè, non essendo il nostro regolamento giudiziario un codice internazionale obbligatorio anche per gli esteri, le parole *se l'obbligazione è contratta in paese estero, avanti al tribunale dell'attore*, si devono intendere del quando l'attore ha domicilio nel luogo ove istruisce il giudizio: nè il fiorentino Lanari ha in Roma suo domicilio.

---

(1) Grozio *de jure belli et pacis lib.* 2 *cap.* 7 § 27. – Wattel *diritto delle genti lib.* 2 *cap.* 8 § 103.

(2) Binkershoech *de foro legator. cap.* 2 § 1.

(3) Voet *in pand. lib.* 5 *tit.* 1 *de judiciis, et ubi quis agere num.* 73. – Brunemann *ibid. ad l. heres.* - Gail *obseivat. practic. lib.* 2 *observ.* 36 *num* 16.

Siccome però gli veniva incontro la regola *ubi molestiae; ibi liberatio*, si dava a sostenere che allora soltanto il giudice delle molestie è competente per il giudizio di liberazione, quando il contraente ha promesso di assumere la lite, che è cosa diversa dall'obbligo semplice di prestare l'indennità, ed a dire coll'Ubero *praelect. jur. lib.* 21 *tit.* 2 *num.* 16 — *Venditorem non posse condemnari ad interveniendum pro emptore, nisi ad hoc specialiter se obligaverit*: il quale autore continua dicendo — *quid autem si venditor alleget se non teneri ad auctoritatem, nec teneri suscipere defensionem, vel alioquin emptorem defendere nolit? eoque casu decet venditorem apud alium judicem, et quidem suum proprium, ad obtinendum denunciationis effectum esse conveniendum* (4). Di qua passava a dimostrare la ingiustizia della sentenza per l'intento sussidiario della restituzione in intiero: lo che non risguarda alla controversia di procedura.

Il sig. avv. *Viviani*, patrocinando il Lanari, rispondeva, allegando il tenore del § 443 il quale, conforme appunto alla regola *ubi molestiae*, *ibi liberatio*, manda l'azione del molestato contro il suo rivelatore *avanti il giudice o tribunale ove è pendente la lite tra il molestato*, *ed il molestante*: nè sapea intendere per quale ragione si allegasse l'autorità di Wattel il quale nel luogo in contrario citato parla nel senso della costituzione elvetica, perchè *gli svizzeri*, egli dice, *hanno fatto di questa regola uno degli articoli della loro alleanza per prevenire le questioni che potevano nascere dai frequenti abusi in questa materia*, e d'altronde nel caso non si tratta di dover compilare una legge, ma di applicar la vigente, e la legge vigente ha un § 434 il quale manda al tribunale ove l'attore ha domicilio, le controversie sull'adempimento delle obbligazioni contratte in estero stato — A cio aggiun-

(4) De Ognate *disput.* 71 *sez.* 14 *num.* 277. – Guttierez *de juram. confirm. part.* 1 *cap.* 61 *num.* 11. – Merlin *repert. di giurispr. alla v.* Garanzia § 14.

geva il disposto dal § 445 nel quale è scritto che — *il domicilio indicato per eseguire il pagamento o la consegna delle
cose, si ritiene come domicilio reale all' effetto di determinare
la competenza : è in facoltà dell' attore di citare il reo convenuto avanti il giudice o tribunale dell' uno o dell' altro domicilio.* E diceva che se il precedente § 434 si dovesse intendere
nel senso di quei contratti, che nello stato pontificio devono
essere adempiti, i due articoli di legge sarebbero in contraddizione fra loro, mentre in uno il luogo dell' adempimento
si riterrebbe come domicilio reale, nell' altro sarebbe ordinato che il reo convenuto, domiciliato all' estero, dovesse
essere citato non innanzi al giudice del luogo ove il contratto
deve essere adempito, ma innanzi a quello del suo domicilio : che perciò la legge intendere si dovesse nel modo con
cui è scritta, disponente cioè che, generalmente parlando,
l' estero possa essere convenuto innanzi ai tribunali dello
stato colla differenza che, essendovi un luogo ove il contratto
debba essere adempito, si abbia come luogo di reale domicilio ; se nel contratto non sia indicato il luogo dell' adempimento, la causa si porti ai giudici del luogo ove fu stipulato; se finalmente nessuna di tali circostanze concorra, nel
luogo ove dimora l' attore si faccia il giudizio. E faceva
riflettere che, se i Ronconi promisero di prestare l' opera
loro in tutti quei luoghi ove al Lanari piacesse inviarli,
avendone l' impresario disposto pel teatro di Roma, il tribunale mercatorio sedente in questa città, fu il tribunale del
luogo ove il contratto dovea essere adempito

Il tribunale supremo ',, Considerando essere inconcusso
principio che ove sono le molestie si deve prestare la liberazione, per quella stessa ragione per cui, secondo il disposto
del diritto comune, il venditore dee difendere il compratore
innanzi al tribunale che giudica della evizione (5).

---

(5) *L.* 119 *ff de judiciis.* - Venditor ab emptore denunciatus,
ut eum evictionis nomine defenderet, dicit se privilegium habere

„ Che conforme al disposto nel diritto comune è la prescrizione contenuta nel § 443, la quale dice che — *le azioni contro gli obbligati a prestar garanzia, rilevazione o liberazione da molestie saranno introdotte avanti al giudice o tribunali ove è pendente la lite tra il molestante ed il molestato.*

„ Che inoltre i coniugi Ronconi, nel contratto che fecero con l'impresario Lanari, si obbligarono di prestare l'opera loro ove al Lanari piacesse mandarli, anche col cederli ad altre imprese: e se in quell'anno, per la cessione fatta all'impresario Jacovacci, essi doveano prestar l'opera loro nel teatro di Roma, subentra il disposto nel § 448, il quale dice che — *in affari commerciali l'attore è in facoltà di promuovere la sua istanza ... avanti il tribunale del luogo in cui dovea effettuarsi la consegna o il pagamento,* e la consegna nel caso era la prestazione del canto. „

Ciò nella parte che risguardava la nullità: esposte quindi le ragioni per le quali si rigettava anche la dimanda di restituzione in intiero, rescrisse — *nihil de circumscriptione et restitutione in integrum.*

Segnat. del dì 8 agosto 1844 — Romana circumscriptionis et restitutionis in integrum R. P. D. Conventati *decano, proc.* per i Ronconi sig. dott. Sestili, *per Lanari sig. dott. Binarelli.*

12 settembre 1844 — *quoad circumscriptionem in decisis, in reliquis de caussis sine praejudicio rei judicatae.*

ATTENTATI . PREVENZIONE . REGIUDICATA

XXXIII. *Osta la regiudicata a colui che, avendo prima agito inutilmente per la nullità di una esecuzione, promuova quindi un giudizio per la purgazione degli attentati incorsi pendente l'istanza.*

---

sui judicis: quaeritur, an possit litem ab eo judice, apud quem res inter petitorem, et venditorem coepta est, ad suum judicem revocare. Paullus respondit, venditorem emptoris judicem sequi debere.

Federici c. Menghi

Da tempo immemorabile la famiglia Menghi usava nel
territorio di Terni del diritto di passaggio per un fondo di
Federici. Increbbe a questi la servitù, e, per toglierla, citò
i Menghi innanzi il tribunale di Spoleto. Con sentenza del
27 settembre 1833 il tribunale rigettò l'istanza, e lo condannò nelle spese. Appellò il soccombente a dì 6 dicembre 1833, e nel semestre di legge non produsse l'estratto.
Nel frattempo corsero fra le parti parole di concordia, ma,
tornate vuote di effetto, i Menghi a dì 17 giugno 1834 ot-
tenero l'ordinanza della tassa delle spese: a dì 15 dicembre 1838 l'intimarono. Prima che la venisse eseguita, il
Federici con citazione dei 22 gennaio 1839 citò i Menghi
avanti il secondo turno dell'A. C. perchè, attesa la definitiva
transazione fra le parti avvenuta, si dichiarasse nullo, e di
niun effetto l'atto di notifica dell'ordinanza. Perdente in
tal sezione, appellò all'altra con esito non dissimile. Sicchè, vistasi tolta la speranza da questo lato, riprese l'appello interposto il 6 dicembre 1833, e in via incidentale
dimandò la purgazione degli attentati, perchè, esso pendente,
gli era stata intimata l'ordinanza di tassa. Precedentemente
a tale incidente era stata promossa dimanda di perenzione,
ma con rescritto dei 15 maggio 1843 la Ruota l'avea rigettata.

In favore del Federici si diceva due mezzi avere egli
per ottenere la nullità, la esistenza della transazione, la pendenza dell'appello: essere due rimedi separati, distinti, che
non avevano fra loro relazione nessuna, di maniera che ciascuno potea essere portato a tribunali diversi, e, tentato inutilmente l'uno, potea utilmente aversi ricorso all'altro. Donde concludea che, se al Federici non venne fatto di ottenere
l'annullamento pel primo capo innanzi i due turni dell'A. C.,
il potea pel secondo. Nè essergli d'ostacolo la regiudicata
che stabilì non esservi mai stata transazione, e rigettò quindi
l'istanza di nullità, poichè, come dapprima si volle nullo

l' intimo della tassa per la seguita concordia, con l' altra pel disprezzo dell' appello si voleva annullata. E col testo delle notissime *ll.* 12 § 1 *ff de except. rejudic.* — 17 *ff de actionibus et obblig.* — 2 *cod. de judic.* — 3 *cod. de petit. haered.* provava che, essendo *diversa la causa*, la regiudicata non avea alcun effetto legale, nè presentava veruno impedimento. Stabilito questo principio, si faceva a provar nullo ed attentato il pignoramento, perchè avvenuto in disprezzo dell' appello.

Diceva l' appello essere in pieno vigore; per tale averlo riconosciuto la Ruota col rescritto 15 maggio 1843, con cui rigettò la dimanda di perenzione. Come dunque, dicea, non essendo perento poteva commettersi l' esecuzione?

A questi argomenti rispondeva il difensore del Menghi, dicendo che per due modi poteva il Federici domandare la nullità del pignoramento, usando cioè del rimedio *ordinario* che nasceva dalla pretesa transazione, e dell'*estraordinario* che partiva dalla legge, vale a dire dai supposti attentati. Essere vero che poteva scegliere delle due vie quella che più gli era a grado, ma che, una volta che gli era piaciuto di batterne una, non gli era permesso di calcarne un' altra (1).

E proseguiva essere tanto meno esperibile l' altro rimedio, quantochè sul primo era nata una perfetta regiudicata. In fatti nel primo e nel secondo giudizio innanzi l' A. C. che altro si richiese se non che si dichiarasse fosse nullo l' atto di notifica dell' ordinanza di tassa? Se l' A. C. riconobbe valida l' intimazione con una perfetta regiudicata, come, dicea, potè essere lecito al Federici tornare oggi sulla medesima nullità, e dire attentata l' intimazione? Non eran forsè la stessa causa, la stessa dimanda, le stesse persone?

E proseguiva, quando pure non fosse la stessa causa, chi non sa, che quante volte nel secondo giudizio si rinnuova la stessa questione ventilata nel primo, non si ricerca l'identità della

_____

(1) *Interamnen. circumscr.* 26 *aug.* 1841 § 9 *cor. b. m.* Grossi.

causa, ma basta quella della cosa e delle persone (2)? Quanto
agli attentati discorreva così — Dimandasi nel libello che si
purghino gli attentati incorsi in disprezzo dell'inibizione
indotta dall'atto di appello dei 6 dicembre 1833. Il codice
piano (che fu tornato in vigore col regolamento 31 ottobre 1831) concede sei mesi, computabili dal giorno dell'interposizione di appello, a proseguire il giudizio. *Se dentro il
termine di sei mesi non sarà stata trasmessa la citazione avanti
il tribunale di appellazione, o nel termine a comparire non
sarà stata prodotta unitamente all'estratto, potrà procedersi
agli atti esecutivi* (§ 966) — Ora, soggiungeva, la inibizione
legittima durava a tutto il 6 giugno 1834. Ma il Federici
proseguì forse l'appello dentro quel termine? Mai nò! Come
dunque contendere che se il Menghi fino dal 7 giugno 1834
era in facoltà di procedere all'intimazione dell'ordinanza gli
sia questa cessata nel dicembre del 1838.

Nè doversi argomentare dal rescritto di s. Ruota con cui
si disse — *non esse locum peremptioni appellationis* — per
dire attentata l'intimazione dell'ordinanza, perchè quel
rescritto fu dettato piuttosto dall'equità, che dal rigore di
diritto, ed ebbe in considerazione non tanto la legge, quanto
le trattative di concordia.

Il sacro uditorio rigettò l'istanza col rescritto — *nihil.*

*Ruota dei 7 luglio 1843 — Interamnen. purgationis atten-
tatorum, dif. per Federici* sig. avv. Marchetti, proc. sig. dott.
Piccinini; *per Menghi* sig. avv. Menghi, proc. sig. dott. Binarelli.

SEGNATURA . CAUSE MINORI . INCIDENTI . RECLAMO

XXXIV. *Ai tre gradi, che le cause minori percorrono in Segnatura, è applicabile il disposto nel § 983. Per conseguenza,
se l'uditore della prefettura rigetti una dimanda incidente*

---

(2) *L.* 5 *e* 7 § *et generaliter ff de except. rei jud.* - Brunemann
lib. 44 *tit.* 2. - Voet *lib.* 44 *tit.* 2 *num.* 4.

promossa innanzi di lui, e nel merito confermi il decreto di mons. uditore, il decreto emanato sulla domanda incidente, benché unico, non è soggetto a reclamo in pieno tribunale.

(*Discuss. sui §§ 983 e 985 del reg. giud.*)

Moriconi c. il com. di Scurcola

Risoluta la causa tra il Moriconi ed il comune di Scurcola (di cui a pag 334 del prec. vol.) ambidue i litiganti citarono *exequi et in expensis condemnari*: ma mons. uditore ammise l'istanza del Moriconi, rigettando quella del comune col decreto *provisum*. Ciò non ostante, quando il Moriconi citò *taxari*, il comune fece la stessa dimanda, ma n'ebbe in risposta *utatur jure suo*, mentre l'altra fu, come é d'uso, differita per l'esame delle partite in ispecie: era pendente il reclamo del comune innanzi alla prefettura, dal suddetto decreto *utatur jure suo*, quando mons. uditore decretò la liquidazione in ispecie, il quale atto somministrò al procuratore del comune materia per un incidente di purgazione d'attentati. La prefettura a dì 28 marzo di quest'anno 1844 — *praevia unione instantiarum super merito et attentatis, quoad attentata rejecit instantiam, in reliquis mandavit servari decretum R. P. D. auditoris*. Il procuratore del comune interpose reclamo al tribunale supremo: ma il sig. dott. Proja citò *moderari recursum* allegando il disposto del suddetto § 983 il quale dice — *le sentenze interlocutorie, o che risguardino dimande incidenti, di qualunque giudice o tribunale, non saranno mai appellabili, che nel solo caso in cui competa l'appello dalla sentenza definitiva*, e del susseguente § 985 ove è scritto — *l'appello dalle sentenze interlocutorie o incidentali proferite dai tribunali di secondo grado non potrà interporsi che unitamente all'appello dalle sentenze definitive, quando abbia luogo*: e siccome pel § 344 nelle cause minori il tribunale supremo non ha giurisdizione, se i decreti di mons. uditore e della prefettura non sono difformi, concludeva che il decreto sulla esclusione degli attentati, riunito a quello del merito, acquistasse la forza di regiudicata, per cui si dovesse dichiarare inammissibile qualunque ricorso.

Il sig. *Popolla*, nell'interesse del comune, non si mostrava convinto che in tutte le dimande incidentali corra la regola delle inappellabilità, quando è inappellabile il merito, e dicea, che corre solo in quelle che dipendono dal merito, e che, senza prendere cognizione del merito, dal giudice di terzo grado non potrebbero essere giudicate — dicea che la dimanda di purgazione di attentati nulla ha di comune col merito, mentre per dare su di essa un giusto e conveniente giudizio altro non occorre che la verificazione dei due estremi di fatto, cioè inibizione precedente, e susseguente disprezzo — che in fatti sono nel codice di procedura molti casi previsti, nei quali si può interporre appello, benchè il merito principale non sia appellabile, come nel § 975 num. 4 pel caso che sia rigettata la dimanda di nullità d'atti esecutori, e in tutto il cap. 4 sez. 6 tit. 14 che tratta *delle dimande incidenti relative ai pignoramenti, ed alle vendite giudiziarie.*

Il tribunale supremo rescrisse — *ad d. auditorem pro moderatione recursus.*

Segnat. del dì 12 *settembre* 1844 — *Anagnina circumscriptionis quoad expensas super moderatione recursus, proc. pel Moriconi* sig. dott. Proja, *pel comune* sig. dott. Popolla.

TRIBUNALI DI COMMERCIO . COMPETENZA . DECLINATORIA . REGIUDICATA . RICORSO IN SEGNATURA

XXXV. *Se un tribunale di commercio si dichiari competente in causa non sua, e la sentenza passi in regiudicata, quand'anche nel proporsi l'eccezione declinatoria sian dimandato l'annullamento degli atti fatti fino a quell'ora, non rimane per ciò tolto il diritto di ricorrere in Segnatura per l'annullamento degli atti ulteriori.*

*L' art. 607 del regolamento commerciale, che manda al tribu-
nale di commercio le cause di cambiali o biglietti all' ordine, che abbiano firme di negozianti e non negozianti, deve
essere inteso nel senso di accettanti e giranti debitori, e
citati come correi. Alla competenza privilegiata non influisce la firma del creditore.*

(*Discuss. sui §§ 345 e 944 del reg. giud.*)

Castracane c. Nati

Innanzi al tribunale di commercio sedente a Foligno,
Nati negoziante citó il conte Castracane-Ugolini pel pagamento d'un biglietto all'ordine di sc. 750, ed il reo convenuto citò a vicenda — *a sentir dichiarare* ex officio *dal tribunale stesso a forma del § 792 del regolamento legislativo e
giudiziario la propria incompetenza, stante il difetto di giurisdizione per ragione non solo di persona, ma ben anche di
materia, con dichiarare nulli tutti gli atti fin qui fatti.* Ma i
giudici, rigettando l'eccezione proposta per parte del reo
convenuto, condannarono al pagamento. Tale sentenza, per la
decorrenza dei termini, avea acquistata la forza di regiudicata
quando il conte si rivolse alla Segnatura con un ricorso di
nullità: e fu proposto nella sessione del dì 2 maggio di
quest' anno 1844. Il tribunale, considerando che la medesima eccezione di nullità fu rigettata dalla sentenza del tribunale di commercio sedente a Foligno, oggi pel lasso dei
termini divenuta regiudicata, per cui soccorre all'intimato
l'altra eccezione *litis finitae* — che non giova al ricorrente
il disposto nel § 845 in cui si dice essere aperto nelle cause
commerciali l'adito alla Segnatura per domandare *l'annullamento degli atti dopo la regiudicata,* mentre ciò milita
quando innanzi al tribunale consolare la questione di nullità
non è stata proposta e giudicata, come venne deciso nella
Romana circumscriptionis et restitutionis in integrum 21 maggio 1835 coram Ferlisi, e nella Romana dello stesso titolo

cor. Roberti — che non osta la regola dell'art. 606 codice di comm. nel quale si dice che il tribunale mercatorio, nel caso di rei non commercianti, è obbligato di rimettere l'affare al tribunale civile, giacchè il conte non si limitò ad opporre l'eccezione declinatoria, ma domandò eziandio l'annullamento degli atti, sopra di che nacque la regiudicata, la quale è d'ostacolo al rinnovamento della querela — Che in fine l'art. 607 del codice commerciale manda al tribunale mercatorio le cause delle cambili o biglietti all'ordine in cui sono firme di negozianti e non negozianti: per le quali ragioni, come per le altre di fatto che l'Ugolini fosse abituato al commercio, ed in ispecie all'acquisto dei bestiami nei mercati, e nelle fiere del vicinato, che contro di lui il tribunale di commercio avesse emanate non poche sentenze ritenendolo commerciante, e che con una avesse altresì dichiarato aperto il di lui fallimento, rigettò la querela, come è a vedere dalla decisione che colla data di quel giorno da mons Lippi fu pubblicata. Ma tornò a discussione la causa.

Il difensore del ricorrente cominciava dal giustificare che il conte non fu mai addetto al commercio, facendo riflettere che, se il tribunale rilasciò contro di lui il mandato reale soltanto, questo bastò a dichiararlo non commerciante, e provava altresì che, s'egli alcuna volta comperò bestiami nelle fiere e nei mercati dell'Umbria, lo facea per provvederne i suoi poderi, o quelli del parentado, che le sentenze, con cui fu ritenuto commerciante, furono o contumaciali, o impugnate, e che finalmente la dichiarazione di fallimento, provocata col mezzo di stragiudiziale memoria da un creditore, non ebbe effetto, perchè dal medesimo creditore fu immediatamente rinunciata. Quindi rispondeva all'argomento di competenza dedotto dall'art. 607, che manda al tribunale di commercio le cambiali e i biglietti quando hanno nel medesimo tempo firme d'individui negozianti e d'individui non negozianti, e diceva la legge doversi intendere dei debitori citati, non dell'attore, mentre la persona del reo non dell'at-

loro attribuisce giurisdizione ai tribunali — circa alla eccezione *litis finitae* dicea che, se il tribunale di commercio
avesse giudicato sulla nullità degli atti, e tale giudizio fosse
passato in regiudicata, non per questo sarebbe chiuso l'in-
gresso ad un ricorso di nullità in tribunale supremo, al quale
il § 791 manda le *nullità per difetto di giurisdizione*, *se il
difetto riguarda la materia o il valore della lite* — che se alla
Segnatura non si potesse ricorrere quando, data la eccezione
declinatoria, dai giudici del tribunale di commercio sia rigettata, una massima simile implicitamente direbbe che per
tali nullità al tribunale supremo non si possa accedere mai :
mentre, per declinare la giurisdizione del tribunale mercatorio, i non commercianti hanno bisogno di domandare il
rinvio ai tribunali ordinari : e notava che le decisioni cor.
Ferlisi e cor. Roberti, allegate in contrario, risguardarono
cause che erano commerciali *rations materiae*, mentre in
una trattavasi della vendita d'una bottega, nell'altra della
fornitura del pane militare che, essendo *impresa di somministrazioni*, per l'art. 602 del codice di commercio è un atto
commerciale. Faceva considerare per ultimo, che la principale dimanda del conte innanzi al tribunale di commercio
fu d'essere rimesso al tribunale ordinario : che, se richiese
eziandio l'annullamento degli atti fatti fino a quel giorno,
sopra di ciò il tribunale di commercio non disse nulla, per
cui, senza pronuncia, non si potesse imaginare una regiudicata.
Così il difensore del conte in risposta alle difese del Nati, che
nell'opinamento da noi riferito si trovano indicate.

Il tribunale supremo „ Considerando che sebbene si
trattasse d'un biglietto all'ordine derivante da un semplice
mutuo, pur nondimeno legittimamente fu introdotta la causa
nel tribunale di commercio : ma quando a dì 12 agosto 1842
il reo convenuto dimandò formalmente che la causa fosse
rimessa al tribunale civile, subentrava l'art. 606 del codice
di commercio il quale dice, che in tal caso — *il tribunale
sarà obbligato di rimettere l'affare al tribunale civile* : che se

i giudici dei mercadanti, rigettando la eccezione declinatoria, giudicarono il merito, questa sentenza pronunciata senza giurisdizione deve essere annullata: poichè le parole imperative — *sarà obbligato* — dirette al tribunale, toglievano loro ogni facoltà di pronunciare (1).

„ Che in fatto non consta essere il conte addetto abitualmente al commercio: non per il di lui andar nelle fiere a comperar bestiame, non provandosi che lo comperasse per rivendere, e provandosi invece che lo acquistava per istruirne i suoi fondi, o quelli di sua sorella, e delle sue zie: non dall'avere egli più volte firmate cambiali o biglietti all'ordine, giacchè, non indicandosi per quale commercio egli il facesse, tali atti altro non provano, se non che egli di molti debiti si andava aggravando.

„ Che molto meno è da ritenerlo come negoziante per alcuna sentenza del tribunale di commercio che, come tale, lo riconobbe: mentre, se egli lasciò andare l'istanze in contumacia, e non oppose la declinatoria, od in alcun'altra interpose ricorso di nullità in Segnatura, i giudicati o contumaciali o impugnati non formano stato per dire che dunque il tribunale di commercio sopra di lui potesse giudicare. Molto meno è da allegare una dichiarazione di fallimento che fece contro di lui il tribunale di commercio di Foligno sopra istanza stragiudiziale di un suo creditore, la quale per la rinuncia dell'istante fu tosto abrogata.

„ Che la qualità mercatoria, non provata dall'attore, viene esclusa dal reo con molti ed autorevoli testimoni della

(1) Segnat. *nella Romana circ. et appell.* 25 giugno 1829 *cor. b. m.* Grossi § 6. – *Viterbien. alimentor. super circumscr.* 3 agosto 1837 § *fin. cor.* Amici. – *Ferentina circumscr. et pertinentiae caussae* 8 *febr.* 1838 *cor.* Grossi. – *Romana circ. et rest. in integr.* 28 *febr.* 1839 *cor.* Ferlisi § 7. – *Imolen. circ.* 24 *genn.* 1840 § 7 *cor.* Caracciolo-Santobuono – *Bononien. circ. et restit. in integr.* 29 *luglio* 1841 *cor.* Arnaldi § 7.

12*

sua patria, e colla stessa sentenza del tribunale di commercio la quale lo mandò franco d'arresto, ordinando contro di lui la sola esecuzione reale, come per disposizione dell'art. 41 dell'editto 1 giugno 1821, dell'art. 607 del codice di comm., e del § 1389 del codice di procedura si prattica, quando un cittadino non commerciante, per l'unione del suo nome a quello di un negoziante, è citato alla giurisdizione consolare.

„ Che l'art. 607 del codice di commercio non è allegabile, per dire che si verifichi il caso di biglietti *portanti nel medesimo tempo delle firme d'individui negozianti e non negozianti:* poichè, non potendo il Nati arguire la competenza del foro dalla qualità propria essendo attore, nè con il conte essendo citati altri negozianti correi e debitori, la giurisdizione dovea essere regolata dall'art. 606, non dall'art. 607. In fatti negli articoli 181 e 182 del codice di commercio, nei quali si dà la forma del biglietto all'ordine, non si richiede che il creditore vi apponga il proprio nome.

„ Che irragionevolmente si pretende di opporre una eccezione *litis finitae* per la pretesa esistenza di una regiudicata sulla nullità: giacchè, sebbene pel § 944 del codice di procedura i tribunali di commercio abbiano giurisdizione per giudicare *le eccezioni di nullità anche pei tre difetti sostanziali,* nella specie milita la eccezione indotta dal § 345, trattandosi della *dimanda di annullamento dopo la cosa giudicata.* Nè importa che la medesima eccezione venisse proposta dal conte innanzi al tribunale di commercio con una istanza del dì 26 agosto 1842: mentre in quell'istanza le richieste furono due, una che per ragione d'incompetenza il tribunale dichiarasse *nulli tutti gli atti fin qui fatti, colla condanna del Nati nelle spese,* l'altra sussidiaria, che al tribunale piacesse *in ogni modo rimettere l'affare al competente tribunale civile:* e i giudici non risposero alla prima parte dell'istanza nella quale erano competenti fino al giorno in cui la declinatoria venne allegata: nel che la risoluzione d'oggi è conforme alle precedenti per la ragione che il proporre l'eccezione declinatoria è ognor necessario: ma siccome, dopo la declinatoria, divennero incompetenti, così pel disposto del § 345 rimane aperto l'adito al tribunale supremo: in caso diverso non vi sarebbe modo per riparare agli arbitrj dei giudici commerciali, che riputassero di loro competenza le obbligazioni risultanti da carte non commerciali.

Rescrisse — *Circumscripta per viam nullitatis sententia tribunalis commercii Fulginei diei 30 augusti 1842, cum omnibus inde sequutis ex defectu jurisdictionis, partes utantur juribus suis.*

Segnat. del dì 11 luglio 1844 — Fulginaten. circumscr. R. P. D. Mertel, *def. per Castracane* sig. dott. Marini proc. di coll.; *per Nati* sig. dott. De Romanis.

CAUSE . VALORE . LIBELLO . AMPLIAZIONE

XXXVI. *La intempestiva e serotina ampliazione o riforma del libello introduttivo di lite, non ha nessuna influenza nello stimare il valore delle cause.*

Molto meno quando il giudice nella sentenza ha richiamato il libello primitivo.

Le dimande di somme da liquidarsi, quando nella risolutiva dell'istanza riguardano condanne ipotetiche, si ritengono come accessorie, e non influenti nelle competenze dei giudici.

(*Discuss. sui §§ 377, 449, 464, e 549 del reg. giud.*)

Giordani c. Barattelli-Guidoboni

Il barone Barattelli a dì 1 agosto 1842 citò Giordani innanzi il vicario di Ferrara al pagamento di sc. 19:94:6 importo di due annualità, ed alcuni mesi di decime: siccome il reo convenuto impugnava il diritto, gli dettero le interrogazioni giudiziali, e, quando ebbe risposto, rinnovarono l'istanza chiedendo la prefissione di *un perentorio termine affine di pagare agli attori pel dichiarato titolo la chiesta somma di scudi* 19:64:6 *concordemente al libello introduttivo, scorso il quale indarno, condannarsi alla soddisfazione dell' importo decime stesse , giusta la liquidazione da farsi nei modi di pratica.* Il vicario ammise l'istanza, condannando il Giordani *al pagamento della richiesta somma degli sc.* 19:94:6 *a termini dell' introduttiva dimanda* 1 *agosto* 1842. Avendo il Giordani da tal giudicato interposto appello alla Ruota, piuttostochè al tribunale di giurisdizione minore, ed, essendo già inoltrati gli atti, gli appellati interposero ricorso di nullità in Segnatura per difetto di giurisdizione.

Il supremo ordine ,, Considerando che il valore della causa si deve stimare dalla petizione introduttiva di lite senza avere riguardo a ció che ha luogo pendente il giudizio (1).

,, Che, se alcuna volta fu definito doversi per tale effetto attendere il libello riformato, si trattò di casi nei quali o la riforma era avvenuta in tempo abile , o , essendo intempestiva, fu ritenuta come fatta in tempo abile dal consenso dei litiganti (2).

,, Che nel caso di cui si tratta non si verifica nè l'una nè l'altra delle due circostanze : giacchè , quand' anche il libello dell'anno 1843 si dicesse riforma, o ampliazione d'istanza, l'ampliazione e la riforma sarebbero state intempestive, fatte cioè un anno dopo la contestazione della lite, mentre il § 549 vuole si faccia — *nello stesso atto di chiamata, ovvero con altro atto di procuratore da notificarsi prima dell' udienza* (3).

---

(1) *Reg. giud.* § 464.

(2) *Perusina circumscr.* 6 *augusti* 1835 *cor.* Renazzi. - *Romana circ. et restit. in integr.* 6 *giugno* 1838 *cor.* Ferlisi. - *Centumcellar. circ.* 5 *sett.* 1838 *cor.* Conventati. - *Fulginaten. circumscr.* 5 *augusti* 1843 *cor.* Ferlisi.

(3) *Segnat. nella Romana circumscr. et pertinent. caussae* 31 *luglio* 1828 § 6 *cor.* Alessi ; *e nella Maceraten. circumscr. et restit. in integr.* 12 *maggio* 1842 § 11 *cor.* Lippi.

163

„ Che inoltre il giudice, non curando tale riforma, pronunciò sentenza *a termini della istanza introduttiva* 1 *agosto* 1842 : e questo bastò per dare a conoscere che riteneva la riforma come serotina , e inattendibile (4).

„ Che è lungi dal vero essersi nel secondo libello ampliata l'istanza , giacchè nella principale parte di essa fu dimandata la prefissione di un termine a pagare gli sc. 19:94:5 *concordemente al libello introduttivo* : che se nella risolutiva fu richiesta la condanna a soddisfare l'importo della decima *secondo la liquidazione da farsi nei modi di pratica*, una tale risolutiva costituiva parte secondaria, accessoria, e meramente ipotetica , tale da non aversi in verun conto per definire il valore della causa (5).

Rescrisse — *Circumscriptis per viam nullitatis omnibus gestis in Rota, cum omnibus inde sequutis ex defectu jurisdictionis , partes utantur juribus suis.*

Segnat. del di 20 *giugno* 1844 — *Ferrarien. circ.* R. P. D. Ferlisi , *proc. per Barattelli e Guidoboni* sig. dott. De Romanis , *per Giordani* sig. dott. Montanari *proc. di coll.*

22 agosto 1844 — *in decisis.*

---

(4) Segnat. *nella Verulana pecuniaria super circ.* 16 *maggio* 1826 § 2 *cor.* Olivieri. - *nella sud. Romana circ. vel restit. in integr.* 25 *giugno* 1842 *cor.* Ferlisi.

(5) Segnat. *nella Caesenaten. circumscript.* 19 *dic.* 1839 § 4 *e* 5 *cor.* Ferlisi. - *Ferrarien. circ. et restit. in integr.* 7 *luglio* 1842 § 12 *cor. sod.*

APPENDICE

TRIBUNALI - NUMERO DEI GIUDICI - DECISIONI - VALIDITA'

Alla validità dei giudicati è necessario il voto di tutti i giudici che compongono il tribunale: se uno di essi si astiene, gli altri non hanno giurisdizione, finchè un giudice supplente non intervenga a dare il suo voto (1).
La contravvenzione a questo principio porta che la causa debba essere nuovamente proposta, e giudicata ex integro.

(Declaratoria)

Dalle stanze del Vaticano li 18 *agosto* 1844

num. 57,238

„ Il sottoscritto Cardinale segretario per gli affari di stato interni, ha riferito alla santità di Nostro Signore la supplica di Carlo Tuzi procuratore dei RR. PP. Minori Conventuali di Recanati.

---

(1) La massima è pienamente conforme alla disposizione del diritto comune. - *L.* 17 § 7 *ff de receptis qui arbitrium* - Celsus lib. 11 digestorum scribit si in tres fuerit compromissum, sufficere quidem duorum consensum, si praesens fuerit, alioquin, absente eo, licet duo consentiant, arbitrium non valere, quia in plures fuit compromissum, et potuit praesentia ejus trahere eos in ejus sententiam. - *L.* 18 *eod.* - Tribus judicibus datis, quod duo ex consensu, absente tertio, judicaverunt, nihil valet. - *L.* 39 *ff de rejudicata* - Duo ex tribus judicibus, uno absente, judicare non possunt: quippe omnes judicare jussi sunt. Sed, si adsit, et contra sentiat, statur duorum sententiae: quid enim minus verum est omnes judicasse? - *L.* 2 *ff de decretis ab ordine faciendis* - Illa decreta quae, non legitimo numero decurionum coacto, facta sunt, non valent. - *L.* 4 *cod. quando provocare non est necesse* - Cum magistratus datos judices, et unum ex his pronunciare proponas, non videtur appellandi necessitas fuisse, cum sententia jure non teneat.

„ Avendo il s. Padre preso in benigna considerazione le circostanze particolari occorse nella proposizione della causa tra i suddetti RR. PP. ed il conte Benedetto Broglio Masucci decisa dal tribunale supremo di Segnatura nel giorno 8 del corrente mese, e
specialmente la buona fede in cui era il procuratore Tuzi, che la
proposizione della causa non avrebbe avuto luogo in detto giorno,
per cui non si diede alcun pensiere di distribuire le risposte, ed
informare i giudici, si è degnato ordinare che la causa stessa sia
riproposta e discussa *ex integro*, e colla surrogazione di altro prelato a mons. Pellegrini, onde il tribunale sia composto del numero
dei giudici prescritti dalla legge.

„ Nel render noto all'Emza vostra questa sovrana disposizione
per norma sua e del tribunale a cui presiede, il Card. sottoscritto
si dà l' onore di rassegnarsi con sensi di profondo ossequio, con
cui passa a baciarle umilissimamente le mani.

Emo sig. card. Prefetto della Segnatura di giustizia.

Umo Dmo Servidor Vero
MARIO CARD. MATTEI

Opere nuove di giurisprudenza.

1. Dizionario di diritto commerciale (*Dictionnaire ecc.*) dei signori GOUJET, e MERGER avvocati alla Corte reale di
Parigi — 1 vol. — *Parigi* — Joubert.

Se gli altri volumi, come è da credere, saranno compilati col
medesimo metodo, e coll'istessa diligenza, quest'opera renderà ai giuristi meno necessaria una gran parte della biblioteca commerciale:
poichè gli articoli vi sono trattati *ex professo*, come, per es. l' articolo *assicurazioni*, che occupa 130 pagine: così non lasciano nulla
a desiderare gli articoli *atti di commercio - agenti di cambio - ar-
bitramento - avarea - biglietto al portatore.*

2. Il diritto delle pandette per uso degli studenti (*Pandecten
recht fur studirende ecc.*) del sig. BRUNO SCHILLING professore straordinario all' università di Jena — 1 vol. in 8°
di pag. 805 — *Berlino* 1844.

È un manuale sul metodo di quelli che si usano nelle scuole di diritto in Germania : ha il pregio d'una rara concisione, e non è facile di trovarvi omessa alcuna delle dottrine insegnate in altri libri di simil genere.

3. Sulla distinzione delle servitù rustiche ed urbane (*Ueber die Unterscheidung Zvvischen* servitutes rusticae et urbanae ecc.) del sig. E. ZACHARIAE DE LINGENTHAL professore straordinario all' università di Eidelberga — in 8° — *Eidelberga* 1844.

È un opuscolo in cui si combatte la divisione tra le servitù rustiche e le urbane, e vi si sostiene che, meno ciò che risguarda le più antiche servitù rurali, come *via*, *iter*, *actus*, *aquaeductus*, le urbane e le rustiche si trovano nella medesima condizione giuridica.

4. Questioni pratiche (*Praktische Erorterungen ecc.*) del sig. F. C. ARNOLD — 1 fascicolo in 8° di pag. 161 — *Erlangen* 1844.

È una raccolta di piccoli trattati sopra diverse materie giuridiche. In questo fascicolo si distinguono 1° dei limiti dai quali è ristretto il diritto della libera amministrazione negli eredi beneficiati : 2° della trascrizione degli atti traslativi dei diritti sugli immobili : 3° della cessione e della applicazione della *l. ab Anastasio* al cessionario del cessionario.

Corrispondenza tra le leggi romane e le indiane.

(Vedi a pag. 56)

SUCCESSIONI

16. **A**lla morte del padre i figli dividono tra loro a parte eguali l'eredità : e, se alcuno di questi è premorto, i di lui figli suddividono tra loro la porzione del padre - *nov.* 118 *cap.* 4.

17. Il padre ricupera ciò che ha donato a contemplazione di matrimonio al suo figliuolo, se questi premuore senza successione - *argum. l.* 6 *ff de jure dotium.* - *l.* 2 *cod. de bonis quae liberis.* - *l.* 12 *cod. comm. utriusque.* - *l.* 4 *cod. solut. matrim.*

18. I figli chiamati *saraladayam*, cioè nati da donna la quale non aveva il permesso di procreare figli, e quelli detti *kamawn*, cioè nati da donna maritata per mezzo d'una semenza straniera, non sono degni d'essere ammessi alla successione - *ll. 2 e 8 ff unde cognati. - nov.* 89 *cap.* 12.

19. I beni del coniuge, che muore senza eredi, vanno al coniuge superstite - *l. un. ff unde vir et uxor. - l. un. cod. eod. tit - nov.* 55 *cap.* 16 - *nov.* 117 *cap.* 5 - *auth. praeterea cod. unde vir et uxor.*

20. La divisione si farà dopo aver compilata la descrizione della casa, dei mobili, delle bestie da soma, degli armenti, delle cose preziose, e domestiche: se si nascondono, cioè, se si cade in sospetto d'averle nascoste, bisogna prestare il giuramento, chiamato *cosame - l.* 22 § 2 *cod. de jure delib.*

21. Se un figlio non vuole accettare la successione, quello che l'accetta deve pagare i debiti del suo genitore - *l.* 16 *cod. de jure delib.*

22. I figli, dopo la morte del padre e della madre, divideranno tra loro i beni ed i debiti per eguali porzioni - *l.* 2 *e* 7 *cod. de heredit. act.*

23. La divisione deve essere eguale: in caso contrario può essere impugnata - *l.* 1 *ff quod met. causs. - l.* 1 § 1 *ff de dolo malo. - l.* 1 *cod. fam. ercisc. - l.* 1 *cod. com. utriusque jud. - l.* 22 § 4 *ff fam. ercis.*

24. Nessuno può nuovamente impadronirsi, dopo la donazione, delle cose che potevano essere donate - *l.* 1 *in pr. ff de donat.*

25. È giusto di dare un'antiparte al figlio maggiore: del resto il padre può, mentre vive, fare la divisione trai suoi figliuoli come gli piace, sia a parti eguali, sia dando una parte più grande al figlio maggiore - *l.* 6 *cod. de inoff. testam. - l.* 8 § 5 *ff eod. - Auth. novissima cod. eod. - nov.* 18 *cap.* 2 (1).

DELLE OBBLIGAZIONI

26. Il dare o promettere per timore, per errore, per frode non è valido - *l.* 1 § 2 *ff de pactis. - l.* 2 *ff de obligat. et actionibus. - l.* 237 § 5 *ff de verbor. obligat. - l.* 1 § 12 *e* 13 *ff de*

---

(1) Le antiche leggi indiane non conoscono la disposizione per testamento.

act. et obligat. - l. 3 § 15 ff de eo quod certo loco. - l. 585 ff de reg. jur.

27. Non si deve mai prestare danaro ai minori, alle donne, ed a tutti coloro che non hanno l'esercizio dei loro diritti - *l. 101 ff de verbor. oblig. - tot. tit. ff de minor.*, e *cod. de in integr. restit. - tot. tit. ff ad s. c. vellej. - l. 1 §§ 12, 13, 14, e 15 ff de obligat. et act. - l. 1 cod. de inutil. stipulat. - l. 7 cod. de contrah. et committ. stipulat.*

28. Gli impegni assunti senza causa, o contrarii all'ordine pubblico non devono essere adempiti - *l. 7 §§ 4 e 7 ff de pactis. - l. 6 cod. eod. - l. 125 § 1 ff de verbor. oblig. - tot. tit. ff de obbligat. sine caussa.* e *ll. 19, 26, 27, 51, 113, e 134 ff de verbor. obligat.*

29. Se una medesima cosa è stata venduta a due diverse persone, prevale il diritto di quegli che ne ha ottenuto senza violenza il possesso, quand'anche i due biglietti (*contratti*) abbiano la medesima data - *l. 15 cod. de rei vindic. - l. 20 cod. de pact.*

30. Se il creditore ricusa di ricevere l'importo del suo credito offertogli dal debitore, l'interesse del credito cesserà di correre a contare dal giorno in cui la somma dovuta sarà depositata nelle mani degli arbitri - *l. 9 cod. de solut. et liberat. - l. 19 cod. de usuris. - Argum. l. 72 ff de solut. et liberat.*

(il fine in un prossimo fascicolo)

Giurisprudenza estera commerciale ed ipotecaria.

NEGOZIANTI - MORTE - FALLIMENTO

1. *Perchè un negoziante morto possa essere dichiarato in istato di fallimento, non basta di stabilire che ha lasciati debiti: bisogna anche provare che, mentre era in vita, gli fu richiesto il pagamento, e che da lui fu ricusato.*

Magniez-Brecy c. la vedova Bizot ed altri

LA CORTE ,, Considerando che un negoziante non può essere dichiarato in istato di fallimento dopo la sua morte, se, prima di morire, non aveva cessato dai pagamenti : onde prima di dichiarare il fallimento, gli intimati devono provare che questo commerciante non avea soddisfatto ai suoi impegni scaduti, pei quali erano già incominciati gli atti pria della sua morte che accadde nell' anno 1843.

„ Considerando che dall' esame dei documenti risulta che tutti gli impegni pei quali Brecy era stato perseguitato negli anni 1857 e 1858 furono da lui soddisfatti , e che nessun creditore di quell' epoca oggi si presenta col titolo d' allora.

„ Che gli intimati non hanno indicato nessun atto nuovo comprovante che Brecy abbia ricusato il pagamento: nè basta lo stabilire che egli avesse dei creditori, se non si prova che le dimande di pagamento fatte da essi , rimasero infruttuose.

„ Per tali motivi - Dice che non è luogo a dichiarare il fallimento del sig. Brecy : in conseguenza ORDINA che l' appellante sarà riposta in possesso della eredità di suo marito.

Corte reale di Orleans, *ud. del dì 9 aprile* 1844, sig. Fravera De Beauvert 1° *presid.*

ATTO DI COMMERCIO - COMPRA DI STABILI - RIVENDITA -.
SENSARIA - COMPETENZA

2. *La compra di stabili, per rivenderli in dettaglio, non costituisce un atto di commercio. Così della sensaria relativa alle operazioni di compra e rivendita di stabili.*

Per conseguenza appartiene ai tribunali civili, e non ai tribunali di commercio di conoscere d' una dimanda di pagamento di spese ed onorari fatta contro un mandante da un mandatario incaricato di comprare stabili per rivenderli , quand' anche l' uno e l' altro siano commercianti.

Buret-Sollier c. Mayer

La CORTE „ Considerando che i tribunali di commercio formano una giurisdizione d' eccezione, la quale non può conoscere che delle contestazioni alla medesima positivamente e formalmente dalla legge attribuite : nè basta che Buret-Sollier e Mayer siano negozianti : mentre sarebbe necessario che l' oggetto di cui si tratta appartenesse, od almeno si presumesse appartenere al loro commercio : ircostanza che nella specie non si verifica , giacchè per la confessione di entrambi si tratta di sensaria e di spese prestate da Buret-Sollier pel progettato acquisto d'un immobile nell' interesse di Mayer che si proponeva di rivenderlo in dettaglio.

,, Considerando che la compra di stabili per essere rivenduti in dettaglio non costituisce un atto mercatorio a termini degli articoli 632 e 633 del codice di commercio, il quale non attribuisce questo carattere che alla compra delle derrate e mercanzie per rivenderle : per cui le operazioni fatte in materia di compra e vendita d'immobili, come la sensaria relativa, non possono costituire atti di commercio.

,, Che per tali principii, desunti dal testo della legge, la dimanda di Buret-Sollier pel pagamento delle spese e salari che pretende essergli dovuti da Mayer, esce dalle attribuzioni dei tribunali di commercio, e rientra in quelle dei tribunali civili ; per cui a torto il tribunale di prima istanza di Nanci si è dichiarato incompetente. RIVOCA ecc.

Corte reale di Nanci, cam. civ., ud. del dì 30 nov. 1843, sig. Moreau 1° presid.

COMMISSIONARIO - SPEDIZIONE - ANTICIPAZIONI - PRIVILEGIO

3. *Il commissionario ha un privilegio sulle mercanzie che gli sono state spedite da un' altra piazza, non solo per le anticipazioni che ha fatte al committente dopo la spedizione, ma ben anche per quelle fatte anteriormente per ispedizioni e mercanzie del medesimo genere : molto più quando a questo riguardo v' è stata convenzione non sospetta tra le parti.*

Leron c. il fall. Vincent

LA CORTE ,, Considerando che gli appellanti principali erano nell'ipotesi previsti dall'art. 93 del cod. di commercio per avere privilegio sui vini dei quali si tratta.

,, Che in effetto erano commissionari, che aveano fatte delle anticipazioni sulle mercanzie loro spedite da un'altra piazza, e queste mercanzie erano state loro spedite con una lettera di vettura prima del fallimento di Vincent.

,, Che nessun sospetto di frode può essere eccitato contro la suddetta lettera con cui furono accompagnati i vini affidati a

Judou-Lacour: giacchè ella è sequela d'altre lettere simili anteriori, ed era di già annunciata dalla corrispondenza che ne conferma la sincerità.

,, Che perciò gli appellanti erano ben fondati nella loro domanda di privilegio.

,, Considerando che la espressione *anticipazioni* adoperata dall'art. 95 è generale, e non è limitata a quelle che si sarebbero fatte posteriormente alla spedizione.

,, Che essa può essere applicata a quelle fatte anteriormente tralle stesse persone pel medesimo genere di spedizioni e di mercanzie, e sopratutto quando, come nel caso, essi hanno manifestata la loro intenzione respettiva a questo riguardo per mezzo di una corrispondenza non sospetta: che cioè il privilegio reclamato dagli appellanti doveva stendersi alle anticipazioni anteriori.

,, Facendo diritto sulla appellazione, mette le medesime al nulla, e ciò da cui è appello nella parte di sentenza con cui i primi giudici hanno ristretto il privilegio dei fratelli Leron sui vini spediti alla fine del 1840 alle anticipazioni fatte dai detti appellanti dopo il 7 dicembre del detto anno.

,, Riformando ecc. ORDINA che i fratelli Leron eserciteranno il loro privilegio sopra i suddetti vini per tutte le anticipazioni anteriori alla loro spedizione, come per le posteriori al 27 ottobre 1840.

Corte reale di Dijon, seconda camera, ud. del 10 aprile 1843, sig. Boissard *presid.*

ATTO DI COMMERCIO - VENDITA DI BOTTEGHE - ARRESTO PERSONALE

4. *La compra d'una bottega, con le mercanzie e gli utensili che la compongono, costituisce un atto di commercio che sottomette il compratore alla giurisdizione commerciale, ed all'arresto personale.*

Boucher c. Lievin

LA CORTE ,, Considerando che i franchi 5425, il cui pagamento è reclamato da Lievin, sono l'importo dei diversi biglietti all'ordine sottoscritti solidalmente da Boucher padre e da Boucher figlio, come prezzo d'acquisto d'un fondo di comercio ad uso di fornaio.

„ Che risulta dai fatti della causa che la vendita di esso fondo di commercio ha compresi gli utensili e le mercanzie, lo che costituisce un atto di commercio, e porta con se l' arresto personale dei condebitori dei biglietti.

„ Che la rinuncia all' arresto personale fatta da Lievin in favore di Boucher figlio non ha potuto nuocere al diritto che in origine egli avea di perseguitare in tal modo ciascuno dei principalmente e solidalmente coobligati: per cui a torto l' arresto personale non è stato pronunciato contro Boucher padre. - REVOCA ecc.

Corte reale di Parigi, *seconda camera*, *ud. del dì* 15 *maggio* 1844, sig. Silvestre de Chanteloup *presid.*

VENDITA DI BOTTEGHE - MERCANZIE - AVVIAMENTO - ATTO DI COMMERCIO

5. *Quando la vendita di una bottega non è accompagnata da quella delle mercanzie, e si è limitata alla vendita dell' avviamento, il tribunale di commercio è incompetente per giudicare delle questioni che nascono sul contratto.*

Lerouilleoy c. Charpine

LA CORTE „ Considerando ché l'acquisto d' una bottega, quando non è accompagnata dalla vendita delle mercanzie destinate ad essere rivendute, non costituisce per se stessa a termini dell' art. 632 del cod. di comm. un atto commerciale di cui l' art. 631 attribuisce la conoscenza alla giurisdizione commerciale.

„ Considerando che nella specie i biglietti, per i quali è stata pronunciata condanna dai primi giudici, sono stati sottoscritti pel prezzo dell' avviamento, e non pel prezzo delle mercanzie unite al medesimo, mentre le mercanzie furono pagate in contanti: e che per conseguenza il tribunale di commercio era incompetente per giudicare la causa.

ANNULLA, come incompetentemente pronunciato, il giudicato da cui è appello.

Corte reale di Parigi, *terza camera*, *ud. del dì* 5 *luglio* 1844, sig. Chauchy *presid.*

XXXVII. *Se in un atto si dica che le parti eleggono domicilio nelle rispettive abitazioni, s'intende che lo eleggano in quelle ove abitano nel tempo in cui si stipola l'atto.*

(*Discuss. sul § 486 del reg. giud.*)

Lupo-Prendarelli c. Fiori

Anna Fiori, volendo pagare alla Lupo-Prendarelli una rata di prezzo per fondi acquistati, dovea, secondo il patto di vendita, premettere due mesi innanzi una diffidazione amichevole, e l'istromento, che nell'enunciare i nomi dei contraenti, dicea la Lupo *domiciliata in Roma via dei Prefetti num.* 14, ove essa stava a servigio di cameriera, conteneva la clausula — *le parti eleggono per ogni effetto di ragione il domicilio nelle respettive abitazioni, e non altrove.* A tal via dei Prefetti essa Fiori mandò la suddetta notifica, comechè la creditrice da più mesi fosse andata abitare in *via dei Serpenti num.* 142: perciò allorquando si trattò sulla validità dell'offerta reale, che più tardi essa fece, e che con sentenza dell'A. C. venne ammessa, la Lupo, appellando alla ruota, vinse la causa, e il dubbio — *an constet de validitate oblationis*, fu risoluto col rescritto — *negative*, dicendo il sacro uditorio che quel *respettive abitazioni e non altrove*, o fu verbosità di notaio, o dovè riferirsi al domicilio reale — che d'altronde l'offerente avea piena notizia del cambiamento di domicilio, per cui, mandar quell'intimo alla casa ove essa prima abitava, fu emulazione e decisa volontà di litigio: come è a vedere dall'opinamento che pubblicò mons. Quaglia ponente colla data del dì 19 giugno 1844.

Tornata pero a discussione la causa, il sacro uditorio la fece dipendere dal solo punto di prassi, che abbiamo posto in fronte al presente articolo.

„ Considerando, cioè, che nell'interpretrare i contratti si dee ritenere che, quanto vi è scritto, sia stato espresso per

13

dare a conoscere la volontà delle parti, nè siavi alcuna frase oziosa od inutile.

„ Che, se nella vendita di cui si tratta è una elezione di domicilio, questa si renderebbe inutile, dicendo che ciò non ostante, le parti intesero di volere essere citate al domicilio reale: giacchè, per avere diritto a citare taluno nel domicilio reale, basta la legge, nè v' è bisogno di patto.

„ Che sebbene talvolta convenga attribuire alcuna clausula alla verbosità dei notai, ciò non è lecito quando una clausula accorda un diritto, e spiega la volontà dei contraenti: per cui è d' uopo concludere che le parole *nelle respettive abitazioni, e non altrove* significassero domicilio elettivo, e non domicilio reale. Nè era necessario dire piuttosto *nelle soprain-dicate respettive abitazioni*, mentre se le abitazioni erano state di sopra indicate, dicendo l' avvocato Fiori (autore della appellata) domiciliato in *piazza di s. Maria in Aquiro num.* 78, e la Lupo-Prendarelli *in via dei Prefetti num.* 14, rimaneva evidente che nella elezione del domicilio le parti intendevano parlare delle abitazioni sopra indicate.

„ Che a ciò si arroge la qualità della Lupo-Prendarelli, che, essendo di mestiere cameriera, e moglie altresì di un *Domenico Prendarelli da circa ventidue anni assente da Roma e dall' Italia*, esposta ad andare in altri servigi, od a seguire il marito, non potea convenire d' un domicilio qualunque per l' adempimento del contratto, ma dovea necessariamente eleggerne uno, che fu quello della casa in cui allora abitava.

„ Per queste, e per le altre considerazioni di fatto, re-scrisse — *recedendum a decisis*.

Ruota del dì 22 gennaio 1844 — *Romana nullitatis obla-tionis realis* R. P. D. Quaglia, *dif. per la Lupo-Prendarelli* mons. conte cav. Filipponi *avv. concist.*, *proc.* sig. dott. Andreuzzi; *per la Fiori* sig. avv. Frezza, *proc.* sig. dott. Pomponi.

accettata dalla soccombente.

**PERITI . CONTENZIOSO-AMMINISTRATIVO .
MERCEDI . APPELLABILITA'**

XXXVIII. *Le mercedi dei periti deputati dalle magistrature
del contenzioso-amministrativo godono il beneficio della
inappellabilità , come quelle dei periti eletti dai tribunali
ordinari.*

(*Discuss. sul § 710 del reg. giud.*)

Gui e Ludovisi c. il com. di Vetralla e Venci

In una lite di danni cagionati in alcune selve, vertente
tra Venci ed il comune di Vetralla in grado d' appello innanzi alla s. c. del Buon governo contro una sentenza della
congregazione governativa di Viterbo, furono eletti gli agri-
mensori romani Gui e Ludovisi ad accedere sulla faccia del
luogo, e riferire: lo che adempito, fu liquidata la loro mercede nella somma di sc. 170 dal prelato ponente. Siccome
però le magistrature del contenzioso-amministrativo non hanno
facoltà di rilasciare ordini esecutorii, fu ai periti necessario
produrre la liquidazione innanzi al tribunale dell'A. C. primo
turno, e domandare il pagamento : ottenuta sentenza conforme all'istanza, i rei convenuti interposero appello all'altro
turno : ma, invocato il disposto nel regolamento giud. § 710,
fu fatta istanza acciò si dichiarasse non essere luogo a nessun appello : ed il tribunale l'ammise con la seguente sentenza.

„ Considerando che le sentenze emanate sulla liquidazione delle mercedi , e spese dovute ai periti , giusta il
disposto nella seconda parte del § 710 del vigente regolamento
legislativo e giudiziario , sono inappellabili.

„ Considerando che a ciò non osta il riflesso che nel
caso si tratta di periti deputati dai magistrati del contenzioso-amministrativo , dappoichè , agendosi anche in questo
caso per la tassa di tali mercedi innanzi i tribunali ordinari
siccome esecutori delle decisioni amministrative, non possono

: 15*

i medesimi dimuoversi dalle norme genericamente stabilite nell' indicato regolamento.

„ Che per conseguenza l' appello interposto dal comune di Vetralla e dal Venci dalla sopraindicata sentenza, non può essere osservato ad alcun effetto.

„ Invocato il nome Ssmo di Dio — Il tribunale, pronunciando incidentalmente in secondo grado di giurisdizione, dichiara non essere luogo ad alcun appello, con la condanna della parte citata nelle spese, che tassa, e liquida in sc. 5:46 oltre quelle di redazione e notifica della presente sentenza, e delega il giudice uditore sig. avv. Garinei.

Congr. civile dell' A. C. secondo turno ud. del dì 29 agosto 1844, mons. Renazzi *vice-presid., proc. per Gui e Ludovisi B.* Belli, *pel comune di Vetralla sig. dott.* Vagnolini, *per Venci sig.* Sillani.

VIGNE . LOCAZIONE . CONDUTTORE . POSSESSO . FORZA

XXXIX. *Chi dà in affitto un fondo, deve necessariamente concedere al conduttore l' uso dei locali che nel fondo son destinati alla custodia della raccolta.*

Nei subaffitti s' intende compreso tutto ciò che è compreso nella locazione principale.

Anche il conduttore a brevissimo tempo ha diritto alla manutenzione, ed alla purgazione dello spoglio in caso di turbativa.

E se, nel momento della reintegrazione decretata, sia finito l' affitto, l' azione si converte in un diritto ad emenda di danni.

Il diritto di respingere la forza colla forza soccorre nel momento in cui la violenza viene inferita, non ex intervallo.

Non è violenza in un conduttore l' entrare in possesso di un locale, facendosi dare, senza intesa del padrone, le chiavi da chi lo avea in custodia.

Gozano c. Amici

Il cav. Gozano, che avea per un anno subaffittata ad Amici la tenuta *Procoio nuovo* spettante agli Altieri, con esso la vigna, reputando non essere in tale contratto compreso il tinello, di cui l'Amici si era fatte dare le chiavi dal succonduttore precedente, a dì 1 ottobre 1842 andò sgombrarlo dai vendemmiatori e dalla vendemmia, chiudendo la porta, e via portando le chiavi. Citato innanzi all'A. C. primo turno a purgazione di spoglio, riconvenne l'attore colla stessa dimanda: ma il tribunale, data prima all'Amici per modo di provvisione la facoltà di continuare nel tinello i lavori, ai 17 luglio 1843, previa l'unione delle istanze, ammise quella dell'Amici per via soltanto di nullità, colla condanna del Gozano ai soli danni intrinseci, ed alle spese. Appello in Ruota colla formola — *An constet de spolio, et quomodo sit purgandum, et cujus favore sit locus manutentioni vel reintegrationi, ac emendationi damnorum, et quae mandata sint relaxanda.*

Il patrocinio dell'appellante negava all'Amici ogni diritto alla purgazione dello spoglio, quand'anche il tinello fosse nel suo affitto compreso, e dicea così della regola, che allo spoglio è necessario il precedente possesso, come dell'altra di linguaggio giuridico data dal testo, e dalla giurisprudenza forense circa al conduttore, del quale mai non si dice che possegga *nomine proprio*, ma che sia *mero detentore* della cosa appartenente al padrone, come il custode, il commodatario, il procuratore, il colono (1), per cui egli non ha esercizio d'interdetto *unde vi*, e molto meno contro il locatore pel quale possiede, avendo invece contro di lui la sola azione *ex conducto* (2). Ed aggiungea col Voet (*in pand. lib. 42 tit. 16 de vi et vi armata num. 3*) che — *inquilinis, aut colonis, aut procuratoribus et similibus aliis dejectis, hoc*

---

(1) *L. 1 cod. de usucap.* - Cujac. *recit. in cod. tit. de adquir. vel amitt. possess. in pr.* - Rota nella *Anagnina legati* 23 aprile 1790 § 2 cor. Malvasia, e nella *Romana manut.* 24 marzo 1704 cor. Consalvi § 2 e 8.

(2) Mazzei *de interd. c.* 5 §§ 4 e 5. - Donello *lib.* 13 *cap.* 7 *num.* 19. - Cujac. *recit. in lib.* 4 *cod. de locat. et conduct.*

interdicto experiendi potestas non est, quia non possident pro-
prie, sed alienas tantum possessioni ministerium praebent, adeo-
que frustra peterent restitui in possessionem, quam numquam
habuerunt (3) — Che inoltre l'Amici non solo non possedeva per disposizione di diritto, ma di fatto non era neppure
legittimo detentore, giacchè, non avendo le chiavi, le richiese
al Gozano, e siccome non le ebbe, se le procurò illegittimamente da un Masini colono: e non l'ebbe perchè il suo
subaffitto era per un anno, e l'anno era spirato col dì precedente 30 settembre. Quindi faceasi a dimostrare, che invece
l'Amici fu autore di uno spoglio, per cui al Gozano fu
lecito respingere colla forza la forza, e ricuperare il possesso
che gli fu tolto. E qui richiamava a memoria la nota dottrina dell'essere lecito opporre violenza a violenza, quando
i due atti si succedono incontanente, mentre, se avvengano
ex intervallo, la seconda violenza, *non est* (secondo Cujacio) *propulsare vim, sed ulcisci*, per cui la Ruota nella *Ro-*
mana manutentionis seu reintegrationis 14 giugno 1839 cor.
De Corsi num. 9 dicea — *manifeste patet maxima injuria*
eumdem privata auctoritate, et clam irrepsisse in bona in praeju-
dicium possessoris qui suo jure idcirco usus est, si vim vi re-
pulit, dejecitque injustum occupatorem ad l. clam ecc.: quibus
consonat ipsa lex naturalis quae permittit vim vi repe'lere, dum-
modo fiat incontinenti, scilicet illico et immediate, vel post in-
tervallum, scilicet post tempus necessarium ad paranda ea quae
occurrunt, ut, quamprimum fieri commode possit, possessio ipsa
recuperetur (4).

---

(3) Richei. *univ. jurispr. lib.* 4 *tit.* 36 § 36 - Gratian. *discept.*
for. 174 *num.* 16

(4) *V. su questa importante dottrina* Bartolo *nella l clam pos-*
sident § qui ad nundinas ff de adq. possess - Voet *in pand.*
loc. cit. - Duareno e Brunemanno *alla detta l. clam ; e sopra tutti*
Menochio *de recup. possess. rem.* 4 *num.* 584. - Rota *decis.* 495
num. 1 *cor.* Cavaler. - *decis.* 249 *num.* 5 *cor.* Bichio - *nella Pi-*

All' incontro il difensore dell' Amici faceva osservare che se la vendemmia di quell'unico anno di subaffitto era sua, non era da mettere in dubbio che suo esser dovesse anche l'uso della cantina, giacchè, per espressa disposizione di diritto, chi loca una vigna deve dare al colono non solo il locale per la fattura e la custodia del vino, ma le botti, il torchio, ed ogni altro istromento (5), e che infatti il Gozano nel prendere dagli Altieri l'affitto, ebbe nella sua locazione principale il tinello, appunto perchè nella tenuta era una vigna — Ciò premesso, continuava così — Vero è che il colono, il conduttore, l'inquilino, come il commodatario, l'usufruttuario, il tutore non posseggono per proprio interesse, nè in favor loro gli interdetti restitutorj *quod vi aut clam*, od *unde vi* sono introdotti, ciò nondimeno se il conduttore, da chi non è padrone del fondo sia spossessato (come

---

sauren. circ. 27 *giugno* 1764 § 3 *cor.* Ratta - *nella confermatoria* 6 *dec.* 1765 § 3 *cor. eod.* - *nella Auximana primogeniturae* 23 *giugno* 1806 § 1 *cor.* Strasoldo, *e nella confermatoria della sud. decis. cor.* Corsi 30 *maggio* 1840 *cor. eod.* § 7.

(5) L 19 § 2 *ff locat. conduct.* - Illud nobis videndum est, si quis fundum locaverit, quae soleat instrumenti nomine conductori praestare, quaeque, si non praestet, ex locato teneatur? Et est epistola Neratii ad Aristonem dolia utique colono esse praestanda, et praelum, et trapeta instructa funibus: si minus, dominum instruere ea debere: sed et praelum vitiatum dominum reficere debere. Quod si culpa coloni quid eorum corruptum sit, ex locato cum teneri. Fiscos autem quibus ad premendam oleam utimur, colonum sibi parare debere, Neratius scribit: quod si regulis olea prematur, et praelum et suculam, et regulas, et tympanum, et trochleas, quibus relevatur praelum, dominum parare oportere: item aenum in quo olea, calida aqua, lavatur, ut caetera vasa olearia dominum praestare oportere, sicut dolia vinaria quae ad praesentem usum dominum picare oportebit. Hec omnia sic sunt accipienda, nisi si quid aliud specialiter actum sit. - Gotofr. *alla d. l. num.* 13.

nel caso fu tolto di possesso l'Amici non da un padrone,
ma da un conduttore qual'era il Gozano) subentra il responso di Marcello nella *l. colonus* 12 *ff de vi et vi armata* che
dice — *colonus eum cui locator fundum vendiderat, cum is in*
possessionem missus esset, non admisit: deinde colonus vi ab
alio dejectus est: quaerebatur quis haberet interdictum unde vi?
Dixi nihil interesse colonus dominum ingredi volentem prohi-
buisset, an emptorem, cui jussisset dominus tradi possessionem
non admisit: igitur interdictum unde vi *colono competiturum,*
ipsumque simili interdicto locatori obstrictum fore, quem deje-
cisse tunc videretur, cum emptori possessionem non tradidit:
nisi forte propter justam, et probabilem caussam id fuisset — Nè
gioverebbe il replicare che il Gozano come conduttore a
lungo tempo, avesse di quel locale un possedimento civile,
giacchè quand'anche egli ne fosse stato il padrone, ed
avesse in tal qualità locato il fondo all'Amici, bisogna
distinguere lo spoglio dal locatore commesso a locazione
finita, dallo spoglio commesso quando non è ancora terminata, mentre nel primo caso (di cui parlan le leggi in contrario citate) vero è che non compete al conduttore l'interdetto *unde vi*, non così nel secondo (6): onde è riceuta la
regola che al colono turbato nel suo possesso sia dal locatore, sia dal terzo, qualunque sia la durata del suo con-

---

(6) *L. Aquilius Regulus* 27 *ff de donat.* - Aquilius Regulus
juvenis ad Nicostratum rethorem ita scripsit *Quoniam et cum patre*
meo semper fuisti, et me eloquentia et diligentia tua meliorem red-
disti: dono et permitto tibi habitare in illo coenaculo, eoque uti.
Defuncto Regulo, controversiam habitationis patiebatur Nicostratus:
et cum de ea re mecum contulisset, dixi posse defendi, non meram
donationem esse: verum officium magistri quadam mercede remune-
ratum Regulum: ideoque non videri donationem sequentis temporis
initam esse. Quod, si expulsus Nicostratus, veniat ad judicem, ad
exemplum interdicti quod fructuario proponitur, defendendus erit,
quasi loco possessoris constitutus, qui usum coenaculi accepit.

tratto, debba soccorrere il nobile officio del giudice. E qui
allegava una ricca serie di sceltissime autorità (7), tra le
quali la decisione di Rota *Romana spolii* 11 aprile 1788 cor.
Resta, in cui la questione di diritto fu trattata *ex professo*,
e nel cui § 11 si dice che — *quamvis conductor dominio careat, et solam habeat fundi detentionem aut quasi possessionem,
attamen aequum est, ut, si spolium fuerit patratum, ad hanc ipse
detentionem aut quasi possessionem restituatur. Nam, etsi interdictum* unde vi, *aliaque hujusmodi juris remedia, velut etiam
actio furti ad res nostras recuperandas quae ablatae vi fuerunt,
compellere prima facie videantur, re tamen vera locum habent,
tametsi rerum dominia carentes aliquid tantum juris in eis
habeamus.*

Nè, dicea, può giovare al Gozano la regola *vim vi repellere licet*, primo perchè il modo con cui l'Amici ebbe
le chiavi non fu in alcuna maniera spoliativo, secondo perchè
quando il Gozano giunse sulla faccia del luogo la sera del
dì primo ottobre, già da due giorni l'Amici avea radunate
le uve in quella cantina. D'altronde la regola *vim vi repellere licet* ha luogo nello spoglio violento, e quando la forza
viene immediatamente opposta alla forza, ed è solo in tal
caso che — *eum qui cum armis venit* (dice Ulpiano *l.* 3 § 9
ff *de vi et vi armata) possumus armis repellere, sed hoc con-
festim, non ex intervallo, dummodo sciamus non solum resistere*

---

(7) Voet *in pandect. lib.* 19 *tit.* 2 *num.* 18. – Boccatio *de
interd. uti possidetis cap.* 2 *num.* 47. – Cyriac. *controv.* 389
num. 3 *e seq.* - Ridolph. *prax. part.* 2 *cap.* 14 *num.* 100. – De
Luca *de locat. et conduct. disc.* 19 *num.* 5 e 6. – Gizzarellio *decis.* 85
*num.*5 *lib.* 2. – Magon. *decis. lucens.* 31 *num.* 36. – Fontanell.
decis. senat. Cathaloniae, decis. 136 *num.* 15 *e seq.* - Rota *cor.* Ca-
valco *decis.* 182 *num.* 1 e 2. – *cor.* Seraphin. *decis.* 82 *num.* 5,
e *nlla Bononien. affictus* 4 *julii* 1629 *cor.* Virili (che dopo il
Poso *de manut.* è la *decis.* 269). - *nella Cracovien. spolii* 26 ja-
nuii 1750 *cor.* Caprara *num.* 11.

permissum ne dejiciatur, sed etsi dejectus quis fuerit, eumdem
dejicere non ex intervallo, sed ex continenti (8).

Il sacro uditorio „ Considerando che si tratta di purgazione di spoglio, nella quale specie di cause non è di poca
influenza il buon diritto (9), e che, avendo il Gozano subaffittata all'Amici la vigna che egli avea dagli Altieri con la
cantina, non è da dubitare che la cantina fosse compresa
nel subaffitto, mentre chi dà in affitto le vigne o gli oliveti,
deve dare al colono i locali e gli utensili che vi si trovano
destinati alla raccolta e custodia dei frutti: molto più nel
caso d'un conduttore principale, che ne abbia l'uso dal locatore, e che faccia un subaffitto: giacchè nei subaffitti s'intende compreso tutto ciò che è compreso nel contratto di
locazione (10).

„ Che quindi a ragione l'Amici si fece dare dal Masini
le chiavi, quali ottenute, trasportò le uve nella cantina, adoperando le botti e gli altri istromenti che v'erano per la
vendemmia: e siccome il Masini avea quelle chiavi almeno
come custode rappresentante il Gozano, non è da negare
che con legittimi modi l'Amici ottenesse di quel locale il
vero e reale possedimento.

„ Che se il Gozano tal possedimento gli tolse, commise
uno spoglio, e se anche il possessore di mala fede ha diritto

(8) *L.* 17 *ff eod.* - Qui possessionem vi ereptam, vi in ipso
congressu recuperat, in pristinam caussam reverti, potiusqum vi possidere intelligendus est. Ideoque si te vi dejicero, illico tu m, deinde
ego te: *unde vi* interdictum tibi utile erit. - *l.* 6 *ff de adquir. pos-*
sess. - *l.* 4i § 4 *ff ad leg. aquil.* - Cujac. *observ. lib.* 5 *cap.* 18.

(9) Rota *decis.* 59 *num.* 12 *cor.* Herzan. - *decis.* 44 *num.* 5
cor. Rezzonico - *in Beneventana manut. seu reintegr.* 20 *junii*1828
num. 4 *cor.* Bofundi *decano.*

(10) Rota *nella Setina liberationis a molestiis* 4 *febbraio*1795
cor. Paracciano *num.* 4.

ad essere reintegrato, molto più l'ha chi possedeva con legittimo titolo.

„ Che inutilmente si oppone l'interdetto *unde vi* non
competere al colono, e molto meno al colono a breve tempo,
poichè per l'esempio della *l. Aquilius Regulus 27 de donat.*
è invalso l'uso nel foro che ogni conduttore, tolto di possesso prima che finisca la locazione, abbia diritto alla reintegrazione mediante il nobile officio del giudice: che se il
subaffitto oggi è finito, e la vigna è stata ad altri locata, la
reintegrazione retrotratta al giorno in cui lo spoglio venne
commesso, si converte in un'azione d'emenda di danni.

„ Che con pari inutilità dal Gozano si dice essere lecito a ciascuno di respingere la forza con la forza: poichè
in primo luogo questa regola militia quando la forza viene
respinta nello stesso momento in cui viene inferita, e l'Amici
fu discacciato quando già si trovava nel pacifico possesso
della cantina: inoltre il possesso di cui godev: l'Amici non
era un possesso ottenuto per violenza o per frode, ma per
chiavi a lui consegnate da chi rappresentava il legittimo
possessore.

„ Che, ciò non ostante, non può decretarsi la purgazione
dello spoglio per via rigorosa, mentre per essa si richiede
la prova della frode e del dolo (11), e d'altronde il Gozano
potè esservi indotto o dall'ignorare la tradizione delle chiavi
fatta dal Masini all'Amici, o dal credere in diritto che
al succonduttore non competesse l'esercizio dell'interdetto
unde vi.

Rescrisse — *affirmative in omnibus juxta modum, nempe
ad formam sententiae A. C.*

---

(11) Rota *nella Romana spolii* 17 *aprile* 1818 *num.* 4 *cor.* Odescalchi. - *Romana spolii quoad modum purgandi* 31 *genn* 1837
num. 8 *cor.* Muzzarelli. - *Senogallien. super modo purgandi* 1 *giugno* 1840 § *final. cor.* De Cursiis.

Rota del dì 22 marzo 1844 — Romana spolii et reintegr.
R. P. D. De Petro, *dif. per Gozano* sig: avv. Regnoli , *per
Amici* sig. avv. Galeotti, *proc.* sig. dott. Fabi.
  17 giugno 1844 — *in decisis.*
  5 agosto 1844 — *expediatur.*

SOCJ . DEBITI PARTICOLARI . PIGNORAMENTO . NULLITA'

XL. *Il creditore di un socio non può oppignorare lo stabilimento sociale , neppure per la parte che spetta al socio
  debitore, quando il pignoramento produce l' effetto d' impedire la continuazione della società.*
*E per tale ragione non si possono oppignorare tutte le merci
  d' una bottega , o tutti gl' istromenti d' un' officina sociale.*
*Ed è nullo l' atto quand' anche i soci non debitori siano costi-
  tuiti depositari convenzionali.*

(*Discuss. sul* § 1355 *del reg. giud.*)

Giraldini c. Bellem

Bellem, avendo sentenza di sc. 173:77 pronunciata dal
tribunale mercatorio di Roma contro a Valentino Giraldini,
mandò eseguirla in una fabbrica di cera, ed in una drogheria
che il debitore, per società pubblicata nei modi di legge, e
durevole fino all' anno 1853, avea coi propri fratelli Carlo e
Giuseppe : ed il cursore , oppignorando così le merci come
gl' istromenti necessari all' esercizio d' ambe le industrie ,
disse di farlo per la parte che spettava al debitore, mettendo
a depositari convenzionali gli stessi soci non debitori. Ad
istanza della ditta l' atto venne annullato con sentenza del
tribunale dell' A. C. 2' turno. Appello del Bellem all'altro.
  Si disse per lui che la legge permette l' esecuzione delle
sentenze sugli oggetti comuni, e solo si limita ad inibirne la

vendita pria che la divisione sia eseguita (1) — che nel farsi quell'atto i capitali della società non furono mossi dal luogo ove esistevano, non posti sigilli, non sequestrata la esigenza dei crediti, non impedita la fabbricazione o la vendita, non barrata una porta, messi a custodi gli stessi padroni, onde il cursore altro non fece che un processo verbale, il quale non impedì nè fisicamente, nè legalmente la prosecuzione dei loro negozi — che un tale atto pertanto innocuo ai soci non debitori, si risolse in un sequestro assicurativo, acciò questi non consegnassero al fratello Valentino la sua porzione — che legge non è la quale impedisca al creditore di un socio di assicurare le proprie ragioni sulla porzione sociale (2), e, nella specie, sarebbe stato ben duro obbligare il Bellem ad attendere l'anno 1853 in cui la società avrebbe avuto il suo fine, per provvedere con un sequestro, o con un pignoramento all'utile esercizio delle proprie ragioni — che se legge non è la quale impedisca ad un socio di cedere, alienare, o impegnare ciò che gli possa appartenere in futuro (3), se perfino alle banche, o ad altre società anonime si può fare sequestro delle azioni dei soci, quante volte non siano di quelle pagabili al portatore (4), se è lecito oppignorare censi, usufrutti, legati perpetui, sarebbe stata una laguna il non dare nella legge ai creditori del socio il mezzo per

(1) *Reg. giud.* § 1355. - La comunione dei beni tra il debitore ed altre persone, non rende nullo il pignoramento: quando essa sia dimostrata, il giudice o tribunale ordinerà che venga soprassieduto nella vendita sino all'esito del giudizio di divisione sull'istanza del compossessore o condomino.

(2) Mallepeyre e Jourdain *trattato delle società commerciali* num. 159. - Persil pag. 45 num. 15 ed. di Brusselles.

(3) *L.* 7 § *fin. ff quibus mod. pign. vel hypoth. solv.* - Zanchio *de societate part.* 2 cap. 5. - Pardessus *diritto comm. tom.* 2 num. 974.

(4) Pardessus *loc. cit. num.* 975.

assicurare i crediti loro sopra alle future e contingibili proprietà sue — Nè, proseguiva, si vada dicendo intangibili i capitali sociali per i debiti particolari dei soci, finchè la società non si scioglie, o perchè il pignoramento scioglierebbe la società prima del tempo, o perchè i capitali immessi son sacri alla soddisfazione dei creditori sociali: mentre il Bellem col pignoramento che fece, mai non sognò di attraversare o di arrestare le operazioni della ditta, mai non intese di volerla disciolta, mai non pensò di escludere la prelazione dovuta ai creditori della società anche per la tangente del socio suo debitore, e fu scritto nel processo verbale volersi oppignorati — *tutti i beni ed effetti appartenenti al sig. Valentino Giraldini, e specialmente la sua porzione dei medesimi pro indiviso, dichiarando salva ed illesa la porzione appartenente agli altri fratelli:* che fu quanto dire, la porzione che gli sarebbe spettata dopo la liquidazione. Nè ometteva di fare osservare che nel momento in cui fu commesso quell'atto, la società si potea riputare come sciolta per la oberazione di Valentino, il quale avea già mandata la solita lettera con cui, promettendo un cinquanta per cento fra trenta mesi, chiamava, come è d'uso, i creditori a stragiudiziale concordia (5). Dopo di ciò prendea a dimostrare che per le leggi vigenti presso di noi si può, senza aspettare il fine della società, oppignorare la porzione del socio.

Dicea, che primo a proclamare questa massima fu il codice di procedura piano, che nell'art. 1536 disse così — *facendosi la esecuzione sopra mobili, e stabili posseduti in comune dal debitore indivisamente, ed in comunione con un terzo, subitochè una tal comunione verrà dedotta giudizialmente a notizia*

---

(5) *Instit. de societate* § 8. - Item si quis ex sociis, mole debiti praegravatus, bonis suis cesserit, et ideo propter publica aut privata debita substantia ejus vaneat, solvitur societas. - *l.* 65 § 1 *ff pro socio.* - *l.* 4 *ff ibid.* § 1. - Vinnio *instit. pro socio* § 8. - Zanchio *de societate p.* 1 *cap.* 5 *num.* 27.

del creditore, rimarranno sospesi gli atti di delibera, che fu quanto dire *rimarrà ferma l' esecuzione* — che la legge vigente al § 1355 disse quasi altrettanto, nè i due legislatori fecero eccezione alcuna in favore delle società mercantili, anzi nel codice piano era un articolo 1542 il quale diceva — *se la esecuzione si fosse fatta sopra una bottega, fondaco, atteliere, opificio, o altro simile stabilimento, che il debitore riteneva indivisi con un terzo, e vi fossero state apposte le biffe, il tribunale le potrà far rimuovere ed ordinare la descrizione degli oggetti che vi si contengono, o prendere altro opportuno provvedimento secondo le circostanze*, lo che pure significò riconoscere valido il pignoramento: e un atto, dicea, fatto sotto l' impero di queste leggi, non si può regolare con la dottrina di giureconsulti stranieri, chiosatori di un codice in questa parte diverso, il qual codice nostro non trovò ragionevole una differenza tra i negozi sociali, e le altre cose comuni, considerando che se il principio di non isciogliere prima del tempo ciò che è legato dovesse rendere franco da pignoramenti le proprietà che i debitori hanno poste in società con alcuno, per identità di ragione sarebbero immuni le botteghe o le vigne ritenute in comunione ereditaria, e più ancora le soccide.

I suoi avversari aveano altresì allegato il § 1241 che vieta commettere esecuzioni sui libri e sugli istromenti necessari all'esercizio dell' arte o professione del debitore, inoltre il § 1245 che dice — *è vietato di pignorare un intero fondaco, negozio, ed altro simile opificio quando basti a cautelare l' interesse del creditore il pignoramento di uno o più effetti che possono agevolmente essere trasportati alla deponteria*, ed avean fatto riflettere che per la somma di sc. 173 fu posta sotto esecuzione una intiera officina di cereria, ed un intiero negozio di droghe. Ma per ciò che risguardava al primo di questi altri motivi di nullità, facea riflettere che nessuno degli istromenti fu asportato dall' officina, oltredichè — *qualora un pignoramento* (dice il Dalloz) *com-*

prenda simultaneamente oggetti che si possono, ed oggetti che non si possono pignorare, sembra naturalmente doversi dichiarare valido il pignoramento dei primi: nel qual caso evvi in ultima analisi soltanto luogo ad una dimanda di rivendicazione dei secondi, cioè di quelli che non si possono pignorare (6) : e in quanto all'altro dicea che il mettere tutto sotto sequestro fu al creditore necessario, poichè ignorava, e dovea ignorare quanto di libero allo sciogliersi della società potesse rimanere all'oberato suo debitore.

Dall'altro canto il difensore della sentenza appellata dicea che le nullità dalle quali restò contaminato quell'atto furono non meno di sei : che fu nullo cioè 1° perchè la esecuzione cadde su cose incerte, 2° perchè la materia del pegno in ogni sua parte spettava ai soci non debitori, 3° perchè la esecuzione fu fatta sopra due intieri stabilimenti commerciali, 4° perchè vi furono compresi gli stromenti necessari all'esercizio dell'arte dei soci, 5° perchè la esecuzione fu fatta contro i patti dell'epoca sociale pubblicata in commercio, e perciò garantita dalla legge, 6° finalmente perchè l'atto importò un discioglimento precoce della società, che, senza le circostanze dalla legge volute, non potea essere disciolta. Ed in quanto al primo dicea, che il pegno sia volontario, sia necessario, sia giudiziale, sia pretorio deve consistere in cosa certa e determinata, o consegnata al creditore, o posta a disposizione del giudice acciò il creditore possa essere soddisfatto dell'avere suo (7), invece l'esecuzione fu fatta sopra di ciò che potea appartenere a Valentino, mentre una regola di giurisprudenza sociale dice tra soci fino allo stralcio non esistere il tuo ed il mio, tutto essendo comune, a tal

---

(6) *Giurispr. gener. all'art.* Pignoramento (*saisie execution*) *ediz. napol. pag.* 65 *num.* 4.

(7) *L.* 1 § 6 *ff de oblig. et act.* – Cujac. *paratlit. ff de pign. et hyp.*

che neppure competa l'azione *pro socio* (8): in quanto al secondo ricordava la regola che le società commerciali sono enti morali aventi una individualità, ed una vitalità loro propria, distinta dalle persone che la compongono, necessaria alla loro commerciale esistenza, *senza di che non potrebbero i terzi*, contrattando con essa, essere sicuri: per cui tutto è di tutti, nè alcuna cosa appartiene individualmente a nessuno, finchè, giunta al suo fine, le singole parti non vadano in proprietà dei singoli soci (9). Ed a tale proposito facea riflettere condizione necessaria alla validità d'ogni pignoramento essere che il pegno esista presso il debitore nel momento in cui viene appreso, pel quale principio, come per l'altro che il creditore del socio non è creditore della società, scriva il **Marré** (*parte* 1 *art.* 106 *tit.* 4 *delle società commerciali*) che — *i creditori particolari di un socio non hanno diritto nè sopra ciò che possiede la società*, *nè sulla porzione del suo debitore*, *e molto meno è loro lecito di sequestrarla presso i detentori delle proprietà sociali. Allorché sarà divisa la società, e la porzione di quel socio sarà liquidata*, *potranno essi presentarsi e farsela aggiudicare:* al che aggiunge il sig. Pardessus (*corso di diritto comm. num.* 975) che neppure una moglie, la quale dimostri d'avere impiegato in una società pel marito la propria dote, potrebbe investire i capitali sociali, concludendo così — *Il creditore particolare d'un socio non può dunque fare alcuna sorte di esecuzione sugli effetti o altre cose formanti l'attivo della società*, *sotto pretesto che una parte indivisa spetta al suo debitore. Egli deve attendere la liquidazione*, *limitarsi alle opposizioni per conservare i suoi diritti, ed esercitare quelli del suo debitore nella divisione degli utili, alle epoche determinate dalle convenzioni* (10).

---

(8) Zanchio *de societate part.* 4 *cap.* 2 *num.* 40 a 43.

(9) Malepeyre e Jourdain *trattato delle società commerciali tit.* 1 *cap.* 4. – Troplong *del contratto di società art.* 1832 *num.* 58 *cap.* 1.

(10) Dalloz *alla v.* Società *cap.* 1 *sez.* 4 *ed. nap. pag.* 704. –

Quindi degli altri motivi. Citava il § 1241 detto di sopra, e che proibisce di oppignorare gli istromenti necessari all'esercizio delle arti, notando che tutti nel processo verbale dal cursore furono compresi, come la regola che le società commerciali mandate ai registri del tribunale di commercio, e pubblicate, devono essere franche dai particolari creditori dei soci anche nell'interesse dei terzi, i quali con esse possono avere occasione di contrattare: e faceva riflettere che, se il Bellem aver non potea maggiore diritto di quello che avesse il suo debitore, come il suo debitore non avea diritto a richiedere prima del tempo la divisione della società, così il creditore suo non potea provocarla colla esecuzione. Ed era qui che sviluppava l'ultimo, e per lui più potente mezzo di nullità, commemorando i motivi pei quali l'imperadore le società vuole disciolte, dicendo nelle istituzioni *lib.* 3 *tit.* 26 § 4 che — *cum aliquis renunciaverit societati, solvitur societas: solvitur societas etiam morte socii: item si alicujus rei contracta societas sit, et finis negocio sit impositus: si universa bona socii publicentur... item si quis ex sociis bonis cesserit... solvitur societas* — Nè ometteva occuparsi del § 1355 opposto in contrario, facendo opportunamente riflettere che quel luogo di legge parla della comunione dei beni, che è cosa molto diversa dalla società: diversità, come è noto, rimarcata da tutti i dottori, ed in ispecie da Cujacio (11) e da Donello (12) per ciò che riguarda le azioni, le cose, le petizioni e l'esito dei giudizi, e stabilita dal testo nel quale diversa l'azione *communi dividundo*, dall'azione *pro socio* (13).

V. anche De Luca *de credito disc.* 11 *num.* 8. - Ansaldo *de commercio disc.* 98 *num.* 16.

(11) *In lib.* 32 *Pauli ad edict.* - *in l. actione* 65 § *si post directam ff pro socio tom.* 5, col. 491 *litt. B. C. D.*

(12) *De jure civ. lib.* 13 *cap.* 17 *num.* 3.

(13) *L.* 31 *ff pro socio.* - *Ut sit pro socio actio,* societatme

Non sapeva finalmente comprendere come in contrario un atto di pignoramento, si volesse convertire in sequestro ed in un mezzo di assicurazione, volendo avvertito a tal cambiamento di giuridica natura resistere così la lettera del processo verbale (in cui il cursore disse di voler fare un pignoramento, non un sequestro, e molto meno un sequestro assicurativo) come il fatto d'avere realmente poste le merci e gli utensili a disposizione del giudice, costituendo i soci depositari di cose oppignorate, non sequestratari di debito che avessero col debitore. E descriveva le differenze che passano tra le esecuzioni e i sequestri, trai quali non è la meno importante quella, che il sequestro mai non si fa per processo verbale, ma sempre per citazione.

Il tribunale pronunciò la seguente sentenza ,, Conside-rando che, essendosi contratta una società commerciale fra i fratelli Carlo, Giuseppe, e Valentino Giraldini, questa dovea essere garantita per tutto il tempo della sua durata, ossia a tutto l'anno 1853, tuttavolta che dai medesimi si erano eseguiti tutti gli atti dalla legge richiesti affinchè la società fosse rispettata anche dagli estranei.

,, Che per conseguenza è chiaro in diritto che non po-teva essere disciolta, ove non si verificasse una delle circo-stanze enumerate dal testo nelle istituzioni *lib.* 3 *tit.* 26 § 4.

,, Che la proprietà dei beni sociali, dal momento della immissione, risiede esclusivamente nella persona morale della società, e non già, nemmeno *pro indiviso*, in quella dei soci: la qual massima è tanto naturale, che per questa ragione può fallire l'individuo che partecipa alla società, senza che la società stessa si trovi nella stessa condizione, e viceversa.

,, Che per conseguenza i capitali, che costituiscono l'at-tivo della società, sono intangibili dai creditori personali di un socio durante il tempo stabilito nel contratto sociale:

---

intercedere oportet: nec enim sufficit rem esse communem, nisi so-cietas intercedat.

perchè diversamente sarebbe incompatibile l'idea, e la definizione della società, coll'ammissibilità dell'esercizio dei diritti dei creditori personali dei soci contro i beni sociali.

„ Che quindi, anche rapporto a ciascun socio, la persona morale della società è un terzo, col quale egli può avere degl'interessi che non abbiano rapporto con quelli ai quali partecipa come socio.

„ Che, non ostanti questi principj, il Bellem per un credito personale contro Valentino Giraldini si permise di far pignorare i beni sociali della ditta Giraldini, e perciò operò nullamente.

„ Che non solo procedè al pignoramento di cose che appartenevano alla società, ma tentò ancora in tal guisa di far disciogliere la stessa società, avendo fatto pignorare per un credito di scudi centocinquantacinque un intero opificio ad uso di ceraria, ed un intero fondaco di generi coloniali, interrompendone l'esercizio, mentre colle parole diceva di pignorare la terza parte di Valentino.

„ Che però era dalla legge proibito di far esecutare qualsivoglia piccola parte dei beni sociali, e per qualunque pretesto perchè la proprietà dei medesimi risiede nella persona morale della società, e non già, nemmeno *pro indiviso*, in quella dei soci.

„ Che se si supponesse un principio diverso, si aprirebbe il campo alle collusioni, ed anche un socio, col pretesto di un creditore suo personale, potrebbe eccitare lo scioglimento della società contro le leggi consensuali nel contratto stabilite, e contro la disposizione del diritto comune.

„ Che non poteva attendersi la eccezione del Bellem della comunione dei beni stessi frai condomini, e che perciò, non trovandosi distinzione nell'attuale regolamento tra la comunione ordinaria, e la società, questa non può render nulla la esecuzione commessa: imperocchè, mentre è vero che niuna distinzione si legge letteralmente nel § 1355, risulta però che una tale distinzione vi è tacitamente compresa non essendo necessario lo esprimerlo, perchè vi si era provveduto nel regolamento commerciale che fa parte della legislazione gregoriana, sia perchè si trovano le relative disposizioni nel diritto comune, che sono la norma dei giudizi civili in tuttociò che non è nel lodato regolamento diversamente disposto.

„ Che, ritenuto il principio che la società non si può sciogliere se non per le circostanze enunciate nelle istituzioni di Giustiniano, l'argomento del Bellem sulla comunione dei beni dimostra la nullità del pignoramento: perchè se egli è vero che la comunione dei beni obbliga la divisione dei stessi beni nel caso di pignoramento, in concreto si dovrebbe procedere alla divisione dei beni sociali, e perciò la società rimarrebbe necessariamente disciolta, contro il disposto dei citati elementi del diritto comune, e dei patti del contratto di società.

„ Che neppure era da attendersi l'osservazione del Bellem, che l'atto di cui si tratta fosse un atto assicurativo: primieramente perchè ripugna nel significato e nella sostanza l'assicurazione colla esecuzione: in secondo luogo perchè l'atto medesimo fu fatto colla norma degli atti esecutivi, e non con quella degli assicurativi: in terzo luogo perchè risulta che realmente il cursore fece un pignoramento, e non un atto assicurativo: mentre dichiarò che tutto ciò che era descritto nel processo verbale, lo poneva in potere della giustizia: in quarto luogo in fine, tanto chiara apparisce la intenzione del Bellem nel fare quell'atto, che egli intese di fare, e fece realmente un pignoramento, e non un atto meramente assicurativo, che il cursore non solo ne diede rapporto alla depositeria urbana, che negli atti assicurativi non ha e non può aver luogo, ma ben'anche vi portò il suggello col quale furono chiuse alcune casse, che nel pignoramento vennero comprese, benchè Giuseppe Giraldini a nome della ditta protestasse che ad altri appartenevano.

„ Che invano si ricorreva alla eccezione che l'atto
appariva esecutivo , e non assicurativo per errore del cursore, il quale, invece di dire che sequestrava, disse che oppi-
gnorava ; primieramente perchè cotesto errore è supposti-
zio , mentre il cursore secondo il suo officio , e la disposizione della legge , non ha altro potere che di eseguire le
sentenze: in secondo luogo perchè, ritenendo anche un simile
errore, non iscuserebbe la nullità dell' atto pel principio forense *factum executoris factum partis* , specialmente sotto
l' attuale regolamento , che dichiara il cursore mandatario
e procuratore del creditore pignorante.

„ Che niente giovar potea al proposto assunto di cambiar la natura dell' atto il riflesso che le cose erano rimaste
nello stato primitivo, per essersi lasciati depositari convenzionali Carlo e Giuseppe Giraldini : imperocchè la natura
dell' atto non è , e non può essere determinata dalla nullità
o validità del medesimo , e molto meno dal modo con cui
fu eseguito pel principio , che *modus non immutat naturam*,
vel substantiam actus , e la esecuzione valida o nulla sarà
sempre esecuzione, come qualunque altro atto sarà sempre
tale, quale lo dichiarò la legge, valida o nulla, che sia.

„ Che niente egualmente influisce l' essere stati nominati
depositari Carlo e Giuseppe Giraldini: primieramente perchè
non furono deputati come rappresentanti la ditta , ma ciascuno in nome proprio : secondariamente perchè colla qualifica di depositari non ritenevano gli oggetti per la ditta
Giraldini, ma pel creditore, e a disposizione del tribunale,
mediante l' arresto personale per rappresentarli , e conse-
gnarli ad ogni richiesta.

„ Che mentre pertanto resta dimostrato , che fu fatto
un vero pignoramento , risulta ancora che fu sospeso , ed
interrotto l' esercizio della fabbrica della cera, e del fondaco
a s. Luigi de' francesi, contro il disposto del § 1245. Dovendo
infatti i depositari ritenere in deposito a disposizione del
tribunale gli oggetti esecutati, era impedito ai medesimi di

venderli o di surrogare altri generi, potendo da un momento all'altro essere astretti anche coll'arresto personale a recare in depositeria quegli identifici oggetti, che, dal cursore descritti, unicamente erano stati affidati alla loro custodia soltanto, senza che sia stato loro permesso di poterne disporre.

„ Considerando inoltre, che anche irregolare ed animoso scorgesi l'atto: poichè, per un piccolo credito di scudi centocinquantacinque, si pose sotto esecuzione tutto il capitale sociale di molte migliaia di scudi.

„ Considerando che ciò tanto più si conferma dall'essersi oppignorati contro la disposizione della legge gli strumenti necessari all'esercizio della professione non solo del debitore, ma ancora di tutti i soci, mentre il creditore, che avesse potuto eseguire il pignoramento, avrebbe potuto garantirsi esuberantemente col limitare la esecuzione sopra alcune merci soltanto capaci di assicurare il suo credito, come sulla quantità della cera grezza e lavorata rinvenuta nella ceraria a porta Angelica.

„ Che, considerato l'atto in se stesso, e molto più relativamente alle persone a danno delle quali fu eseguito, questo o discreditò, o potè discreditare la ditta Giraldini presso i negozianti corrispondenti della medesima, per cui si fa anche luogo all'emenda dei danni.

„ Ciò considerato e tutt'altro da considerarsi.

„ Invocato il Nome Ssmo di Dio — Il tribunale, pronunciando definitivamente in grado di appello, conferma la sentenza del secondo turno del dì sette maggio 1844, colla condanna del Bellem alle spese e danni ulteriori, e delega il giudice uditore sig. avv. Tordi per tutti gli effetti di legge.

Congregazione civile dell'A. C. primo turno, *ud. del dì 30 agosto 1844* mons. de' Medici Spada *vice-presid.* , *dif. per Bellem* sig. avv. concist. Armellini, *proc.* sig. dott. Pagnoncelli *proc. di coll.* ; *pei Giraldini* sig. avv. Sarzana ; *proc.* sig. Lenzi.

XLI. *La dativa-reale imposta col m. p. dell' anno 1801, benché
divisibile tra il dominio diretto e l' utile, se tali dominii
si trovino separatamente allibrati, non fu, e non è in nessuna parte dazio imposto sui canoni.*

*E per ciò un enfiteuta, il quale si sia accollati i dazi imposti
e da imporsi sulla proprietà e sui frutti del fondo, non ha
diritto alla ritenzione della rata di comodo, ancorché nella
accollazione si siano eccettuati i dazi imposti sul canone.*

*Dominio diretto non è sinonimo di diritto alla percezione del
canone: la percezione del canone è uno degli effetti del
dominio diretto, ma non il solo.*

*Per cui, venduto un canone da un direttario, resta al ven-
ditore il diritto alla caducità, alla prelazione, ai laudemi,
ed all' altre conseguenze dall' investitura.*

Zelli c. il mon. di s. Silvestro in capite

I dazi diretti prima del presente secolo erano presso
di noi vari d' importanza e di nomi: ma papa Pio VII col
m. p. dell' anno 1801 tutti li tolse, surrogando per tutti la
fondiaria, che fu detta *terratico* o *dativa-reale*, consistente in
sei paoli sui fondi rustici, in due sugli urbani, dividua nelle
enfiteusi *pro rata commodi* tra il proprietario del dominio
diretto, e quello dell' utile: la qual rata di comodo con
legge del dì 13 maggio 1803 fu stabilita in una decima
parte del canone per quelle enfiteusi il cui diretto dominio
non si trovasse allibrato in catasto separatamente dall' utile,
e nelle quali non si fosse *convenuto tra le parti contraenti, che
il pagamento della dativa stessa debba nella sua totalità, o in
parte pagarsi soltanto da uno dei predetti possessori:* osservanza di patti che venne anche più tardi inculcata con altra
legge declaratoria 21 giugno 1806 nella quale fu detto — *in
tutti i casi, nei quali frai due contraenti siasi convenuto nella
formazione dei loro contratti, che i canoni, censi, livelli,*

frutti compensativi, ed altre simili annue prestazioni debbano farsi libere e franche da ogni gabella e tassa imposta e da imporsi di qualunque genere e natura si sia, o con altri termini ed espressioni equivalenti, li prefati creditori di canoni, censi, livelli, e frutti compensativi non saranno tenuti a concorrere in alcuna parte al pagamento della dativa-reale, ma dovrà il pagamento della medesima intieramente rifondersi sopra li debitori dei predetti canoni, censi, libelli, e frutti compensativi.

In una enfiteusi, che i Zelli aveano ed hanno in quel di Vallerano provincia di Viterbo col monistero di s. Silvestro in capite padrone diretto, era nato litigio, che nell'anno 1766 venne deciso con una sentenza dell'A. C. De Simone, la quale ordinò *ex officio* una concordia, in cui tra gli altri patti presso che tutti agli enfiteuti favorevoli, ridotto il canone da scudi cento sessanta a cento venti, fu detto accollarsi all'enfiteuta i dazi imposti e da imporsi — *vel super proprietate dicti latifundii, vel super fructibus ... exceptis tamen datiis aut collectis, vel gabellis specifice impositis, vel imponendis, super annuo canone, vel responsione dicto ven. monasterio reservata: ad quarum dumtaxat gabellarum, seu datiorum solutionem obstrictum et obligatum esse debeat ven. monasterium:* nè al venire delle leggi suddette, benchè i dominii di quella enfiteusi si trovassero separatamente allibrati nel censo, i Zelli pretesero di obbligare il monistero a contribuire nel pagamento della dativa. Ma, essendo più tardi venuti in volontà d'averne compenso, la questione fu data decidere per compromesso ad uno trai primi di nostra curia, cioè al ch. sig. avv. concistoriale *Armellini* con patto d'appello ultimo e definitivo al sacro tribunale della Ruota. L'avviso del compromissario fu per i Zelli, quante volte star si volesse al rigore del diritto, ma consigliò di dividere trai due contendenti la controversa rata di dazi, lo che ricusato dal monistero, si andò in Ruota col dubbio — *an et a quo sit solvenda dativa realis super do-*

minio directo in casu etc. che a dì 22 giugno 1840 ebbe rescritto — *affirmative per emphyteutas*, confermato a dì 23 aprile e 3 dicembre 1841, revocato nell'esperimento 12 aprile 1842, confermato di nuovo in una quinta proposizione di
causa 6 marzo 1843: per cui nella Ruota del 22 gennaio
cadente anno 1844 si procedé al sesto ed estremo conflitto
colla formola — *an sit standum in primo, secundo, tertio, et
quinto, seu potius in quarto loco decisis in casu etc.*

Si cerca (così per i Zelli) a chi spetti l'obbligo di pagare la dativa imposta sul diretto dominio: ma la legge
dell'anno 1801 disse non essere — *giusto che l'enfiteuta porti
tutto il peso del pagamento della dativa, mentre anche il padrone diretto, mediante l'esigenza del canone, ritrae dal fondo un
lucro considerevole,* e volle che per tale ragione il pagamento
della medesima dovesse onninamente *ripartirsi fra il dominio
diretto e il dominio utile pro rata commodi.* Il m. p. del 6 luglio 1816 nell'articolo 231 disse altrettanto, prescrivendo — *la
ritenzione, per la dativa dei fondi rustici, sarà, fino alla compilazione dei nuovi catasti, della decima parte dell'annuo reddito dei censi, dei frutti compensativi, e dei canoni enfiteutici,
qualora rispetto a questi non si trovi negli estimi catastali allibrato il valore del dominio diretto, separatamente da quello
del dominio utile, nel qual caso di separato allibramento dei
due dominii, la dativa-reale proseguirà ad essere a carico del
padrone diretto, e del padrone utile, secondo la misura delle
respettive allibrazioni:* nel viterbese antico censo il dominio
utile era allibrato per sc. 1965, il diretto per sc. 3045: nella
riforma dell'anno 1805 aveano pure allibrazione diversa,
e nel gregoriano sono pure divisi: perchè dunque dovrà il
padrone utile pagare la dativa pel direttario? Si dice avere la legge mantenuti i patti trai contraenti. E chi lo niega?
i Zelli li osservano, pagando i dazi sui frutti: si soggiunge
che franco debba essere quel canone, che fu promesso — *libero ed esente* (come dice la legge) *da qualunque gabella
imposta, e da imporsi:* ma, nella specie, alla assunzione dei

dazi, fu aggiunto per volontà delle parti — *exceptis tamen daziis aut collectis, aut gabellis specifice impositis, vel imponendis super annuo canone, vel responsione* : che se la dativa fu destinata a rappresentare le soppresse gabelle, rappresentò anche quelle imposte sui canoni, per cui il monistero in forza del patto dee sopportare la porzione che gli compete. Si dice ancora che il patto della assunzione dei dazi tanto sulla proprietà, quanto sui frutti, rimarrebbe ozioso, se non venisse applicato alla dativa reale, che è un dazio imposto sulla proprietà: ma non è vero: giacchè v'erano casi nei quali poteva avere efficacia, mentre nell'anno 1762 trai dazi, che erano molti, altri gravitavano sulla proprietà, altri sui frutti. D'altronde a quale specie di possedimento si potrà riferire ciò che dice quel patto dei dazi — *impositis vel imponendis specifice super annuo canone* — se non al dominio diretto rappresentato appunto dal canone?

E proseguiva — Si dice non avere la legge imposta la dativa *specificamente* sui canoni, ed avere soltanto concessa a sollievo degli enfiteuti, la ritenzione della rata di comodo: ma neppur questo è vero, mentre la legge dispose espressamente che — *nel caso di separato allibramento dei due dominii, la dativa-reale proseguirà ad essere a carico del padrone diretto, e del padrone utile, secondo la misura delle distinte allibrazioni:* dalle quali parole è manifesta una imposizione espressa sui direttarii: d'altronde, se gli enfiteuti hanno per legge la facoltà d'indennizzarsi della dativa *contro il padrone diretto, per mezzo della proporzionata ritenzione di canone,* tale diritto da che proviene, se non dall'essere stato imposto quel dazio anche sui canoni? Nè la ragione vien meno per la materialità del pagamento che fanno gli enfiteuti pel direttario; giacchè l'articolo 28 della medesima legge disse ciò essere prescritto *a comodo di percezione di gabella,* onde il governo avesse uno solo dei due padroni responsabile — E faceva riflettere che se i contraenti, nel dir quell'*exceptis,* avessero inteso eccettuare i dazi imposti sul reddito, indipendentemente dalla proprietà, non avea l'enfiteuta bisogno d'un patto per esserne franco, come non ha bisogno d'un patto il conduttore, per non pagare la gabella che viene imposta sulla proprietà — che inoltre l'idea d'un dazio imposto su canoni, che non abbiano relazione colla proprietà, è tanto astratta, quanto inconcepibile è quella di util dominio senza il diretto, e di canone senza un fondo, che sia canonato.

La Ruota altresì nel precedente opinamento avea posto appunto per base la distinzione tra il canone e il diretto dominio, onde arguire che, essendo la dativa-reale un dazio imposto sulla proprietà, tutto sopportar si dovesse dall'enfiteuta, il quale con la percezione dei frutti, tutta la rappresenta: e l'autore dello scritto dicea di ciò intendere pel caso d'una alienazione, nella quale — *vendito simpliciter censu, vel canone debito super aliqua re, non censetur venditum ipsius dominium directum pro effectibus devolutionis et laudemii* (1) perchè, oltre al canone, il padrone diretto ha l'emolumento possibile della devoluzione, e quello dei laudemi, ma non all'effetto d'un riparto di dazi imposti sulla proprietà reale e presente, la quale in un'enfiteusi consiste nei frutti che ha l'utilista, e nel canone che percepisce il direttario. Le ultime pagine della difesa furono occupate nella questione di fatto sussidiaria dell'assunto giuridico: si era, cioè, allegato in contrario che i Zelli nella concordia ebbero emolumenti cospicui, oltre alla riduzione del canone dagli sc. 160 agli sc. 120, per cui, migliorata di tanto la condizione loro, giusto non fosse aggravare il monistero coll'obbligarlo a sostenere una parte dei dazi: e con una relazione di agronomi si era fatta conoscere la grande utilità che da quel latifondo essi ritraggono: si rispondeva che il canone, meno un quinquennio decorso dall'anno 1755 al 1760, mai non fu di sc. 160, e si confutava

---

(1) De Luca *de empt. et vendit. disc.* 35 num. 5.

la stragiudiziale perizia con un'altra dei Sani, peritissimo
tra gli agronomi nostri, principalmente per dare a conoscere
che, se gli enfiteuti ottengono un lucro da quelle terre, esso
è il prodotto della industria e del danaro che nelle buonificazioni impiegarono.

Il patrocinio del monistero all'incontro dicea, che nella
concordia previddero i contraenti tre casi : primo cioè che
i dazi venissero imposti sul dominio dei fondi, non avendo
riguardo ai frutti se non per indiretto, e si disse che gli
enfiteuti fossero tenuti — *de proprio solvere quascumque colle-*
ctas, gabellas, et datia cameralia, vel communitativa, tam de prae-
terito imposita, quam in futurum imponenda, vel super proprie-
tate dicti latifundii, secondo che fossero imposti sui frutti,
soggiungendo — *vel super illius fructibus naturalibus*, terzo
che fossero — *specifice impositi super annuo canone, vel respon-*
sione dicto ven. monasterio reservata, se il governo, cioè, man-
dasse un editto, in cui si dicesse — *tutti i creditori dei canoni,*
censi, livelli, ed altre annue prestazioni pagheranno l'uno
per cento dell'annuo reddito, e in questo caso soltanto la
sofferenza dei dazi fu posta a carico del padrone diretto — che
il m. p. del 1801 impose il dazio direttamente sulla proprietà, e perchè fu chiamato anche *terratico*, e perchè vi
fu detto espressamente nelle proprietà fondiarie consistere
la forza reale dello stato, e il mezzo per ottenere proporzionatamente il tributo: e appunto quell'aver ordinato che gli
enfiteuti, non obbligati per patto a sostenere i dazi imposti
sui frutti, avessero diritto a ritenere la rata di comodo,
mostrò che la gabella fu imposta direttamente sulla proprietà,
non sopra il canone, giacchè per ottenerla dal canone non
sarebbe stato bisogno attenderla dalle mani dell'enfiteuta.
Che se il moto-proprio del 1801, come l'altro del 1816 ordinarono che i dazi dovessero essere a carico del padrone
diretto, e del padrone utile *nel caso di separato allibramento*
dei due dominii, non per questo i canoni furono gravati
specificamente del dazio : e disse la Ruota — *non utile nec*

directum dominium summus pontifex in hoc imperando tributo sibi proposuit, sed praedium, ratione fructuum, prae oculis habuit: creditores autem canonum, censuum, ac fructuum compensativorum participes hujus oneris facti sunt, non ex ea ratione quod super directo dominio, super censibus creditisque fructiferis, vectigal aliquod fuisset impositum, sed quia ipsi, una cum possessoribus, participes quoque fiunt fructuum illorum praediorum quae huic tributo, subjiciuntur: quod si in motu proprio mentio excidit utilis directique dominii, non alia de causa id evenit, nisi ut praedii possessor compensationem pro rata commodi reciperet (2). Ed aggiungeva che quand'anche quel dazio fosse stato imposto nominatamente sul dominio diretto, dovea esser pagato dall'enfiteuta non dal direttario.

Il monistero, dicea, assunse il peso di sostenere il pagamento solo di quei dazi che fossero *specifice impositi super annuo canone, seu responsione,* ma il dominio diretto è cosa diversa dal canone, poichè rappresenta il diritto alla percezione dei laudemi, dei quindenni, ed, in caso di caducità, l'util dominio va a profitto del padrone diretto, non a profitto del compratore del canone, per cui nella lite trai fratelli Romani, ed il comune di Velletri *Romana seu Veliterna super dominio directo cor.* Marco 23 giugno 1828, disputata la formola — *an constet de adquisitione dominii directi, itaut sit locus illius descriptioni in tabulis censualibus, et transcriptioni in officio hypothecarum* — il compratore del canone col rescritto — *negative in omnibus* — perdè la causa: che se nella specie non si dovesse giudicare così, ne verrebbe l'assurdo che in quel contratto l'accollazione dei dazi fatta all'enfiteuta, in una stessa e continuata orazione sarebbe stata distrutta, l'eccezione cioè avrebbe posto i dazi del dominio diretto a carico del direttario. Qui, oltre alla decisione *Roma-*

---

(2) *Romana emphyteusis super retentione ratae commodi* 14 maggio 1824 § 9 cor. De Corsi.

ma *emphyteusis super retentione ratae commodi* citata di sopra, adduceva l'esempio dell'altra *Romana retentionis ratae commodi* sui dazi gravanti la casa che i Belli hanno in enfiteusi dai pp. Minimi in piazza di Spagna, col patto di sostenere quelli imposti *sulla detta casa, non mai sopra il canone,* e nella quale il sacro uditorio con due decisioni 12 dicembre 1823, e 17 maggio 1824 disse alla dativa reale non dover contribuire i padroni diretti, perchè — *quas ibidem sequitur* (son parole della seconda § 9) *exceptio* ,, non mai sopra il canone suddetto ,, *illud discriminis praeseferre notabatur a defensoribus religiosae familiae Minimorum, ut aedificium indictioni obnoxium a censu per emphyteutam ecclesias proprietarias solvendum distingueret, aliud vero esse advertebant ubi vestigal super ipso fundo, aliud ubi super canone impositum sit: cujusmodi discrimen probatum est in similis causae decisione, Romana emphyteusis etc.*

Il sacro uditorio ,, Considerando che la definizione di questa causa tante volte proposta, sta nel vedere se al caso dei Zelli debba applicarsi la regola generale data nel m. p. dell'anno 1801 circa al dividersi il peso della dativa-reale tra il padrone diretto e l'enfiteuta, o se piuttosto la regola debba cedere al patto, nel quale fu convenuto che tutti i dazi imposti sulla proprietà e sopra i frutti dagli enfiteuti dovessero essere sopportati.

,, Che al proposito degli enfiteuti resiste non solo l'assioma che mai le leggi non derogano ai patti, ma la declaratoria altresì del 13 maggio 1803, e l'altra del 21 giugno 1806, nelle quali fu detto e ripetuto, nessun peso di dazi doversi sopportare dai direttari — *in tutti i casi nei quali frai due contraenti siasi convenuto nella formazione dei loro contratti che i canoni, ed altre simili prestazioni debbano farsi libere e franche da ogni gabella e tassa imposta e da imporsi di qualunque genere e natura si sia, o con altri termini, ed espressioni equivalenti.*

,, Che senza ragione i Zelli hanno opposto, o che il patto non fu concepito in termini tali da comprendere ogni specie di dazi, o che furono all'enfiteuta accollati — *exceptis tamen datiis et collectis vel gabellis specifice impositis, vel imponendis super annuo canone, vel responsione*: giacchè in quanto al primo, una volta che l'enfiteuta si accollò qualunque colletta, dazio, o gabella imposta e da imporsi, non è da pretendere che dovessero usarsi espressioni più ample, tanto più che, essendo seguita dall'unica eccezione dei dazi imposti sul canone, questo bastò per dire che la regola debba estendersi a qualunque altro caso benchè non espresso (3).

„ Che in quanto al patto, sebbene sia vero che i contraenti volessero alquanto restringere la generale accollazione dei dazi all'enfiteuta, egli è vero altrettanto che colla legge daziale dell'anno 1801 la dativa-reale, chiamata anche *terratico*, fu un dazio imposto sui fondi, e fu per conseguenza compresa tra quelli, il cui pagamento assunse a proprio carico l'enfiteuta.

„ Che mentre quel dazio fu imposto sopra l'utile e sopra al diretto dominio, divisibile tra il direttario e l'enfiteuta *in caso di separato allibramento dei due dominii*, nel caso dei Zelli si trovano i due dominii separatamente allibrati, ed inoltre allibrato separatamente il diritto del canone: e siccome la dativa reale in nessuna parte fu specificatamente imposta sui canoni, ma sopra i due dominii, alla pretesa dei Zelli osta il patto col quale l'autore loro si obbligò di pagare — *quascumque gabellas, et datia imposita vel imponenda vel super proprietate, vel super fructibus.*

„ Che inutil risposta è il dire avere il legislatore voluto gravare della dativa anche i creditori dei canoni in ragione del diretto dominio: mentre torna che il dazio imposto sul diretto dominio, non è lo stesso che il dazio imposto sul canone: e siccome i patti devono essere precisamente osser-

(3) *L. quaesitum § denique ff de fundo instr.* - Rota cor. Dunozzet. jun. decis. 812. num. 2 cor. Molines decis. 1040 num. 30.

vati , una obbligazione assunta in un caso , non può essere
estesa ad un altro (4).

„ Che se quel patto si dovesse interpetrare nel senso
dei Zelli, ne verrebbero in conseguenza due assurdi : primo
che inutilmente si sarebbero accollati all' enfiteuta i dazi ;
mentre, per dire che i dazi imposti sul diretto dominio dovessero essere pagati da lui, non era bisogno di patto :
l' altro, che la limitazione della regola avrebbe cancellata la
regola stessa della generale assunzione dei dazi: ragione che
pel sacro uditorio fu decisiva nel similissimo caso della *Ro-*
mana emphyteusis super retentione ratae commodi 14 maggio 1824 cor. De Corsi.

„ Che infine la ragione del canone è cosa molto diversa
dal dominio diretto : giacchè il diretto dominio è la *causa*
da cui nascono i laudemi, i canoni, e le devoluzioni, il canone è uno degli *effetti* : per cui è giurisprudenza ricevuta
che , venduto il canone, il diretto dominio non s'intende
alienato : e , non dovendosi confondere una cosa coll' altra ,
è errore il dire che la dativa reale imposta sul dominio diretto sia dazio imposto sulle percezioni dei canoni.

Rescrisse — *in ultimo loco decisis.*

Rusta del dì 22 gennaio 1844 — Romana seu Viterbien.
dativae realis R. P. D. Bonini, *dif. pei Zelli-Jacobuzi* sigg.
avv. Benedetti, e Sturbinetti, *proc.* sig. dott. Montanari *proc.*
di coll. ; *pel monistero* sigg. avv. Piacentini-Rinaldi, e Rossi (Luigi-Antonio) , *proc.* sig. dott. Mandolesi.

7 giugno 1844 — *expediatur.*

8 agosto 1844 — *fu dalla Segnatura definitivamente riget-*
tato il ricorso di restituzione in intiero, interposto dai Zelli.

---

(4) *L.* 109 *ff de verb. oblig.*

15

XLII. *Nelle cause giudicate dal tribunale della s. Ruota per compromesso, è luogo alla rifusione delle spese, benchè le parti compromittenti nella loro convenzione non ne abbiano parlato.*

Non però alla rifusione delle stragiudiziali, quand'anche l'atto, da cui la lite ebbe causa, sia munito d'obbligazione camerale, e contenga la promessa di emenda di danni in caso d'inosservanza.

(*Discuss. sul § 360 del reg. giud.*)

Trai medesimi

Finita in sacra Ruota la lite narrata nel precedente articolo, il procuratore del monistero intimò al procuratore dei Zelli una tassa di sc. 1150. Questi citò dicendo — *attento quod vigore compromissi ab instantibus et citato monasterio signati, taxationis expensarum in caussa de qua agitur fieri locus nequit: attento quod computum ex adverso productum partitas quoque continet vel indebitas prorsus, vel excessivas ... declarari in presenti judicio non esse locum praetensae expensarum taxationi, sin minus taxam ex adverso confectam moderari.* L'incidente fu rimesso al giudizio dei padri.

L'autore dell'istanza dicea che nell'atto, con cui la causa fu data decidere in prima istanza al sig. avv. concist. *Armellini*, non fu fatta parola di spese che in fine di lite dalla parte perditrice dovessero essere pagate, perchè si trattava di questione assai ardua, nella quale chiunque perdesse, non potea esser tassato come calunniatore e litigator temerario (1) — che i giudici compromissari, quand'anche avesser

_____

(1) *L. pen. § 1 cod. de fruct. et lit. expens.* - Si quis vero conventus, bona fide solverit, aut actor lite destiterit, aut etiam judex inveniat eum non calumniatorem, sed de re dubia litigantem, hic evitabit impensarum condemnationem.

voluto, non avrebbero potuto condannare il soccombente alle spese senza oltrepassare i confini alla loro giurisdizione prescritti (2) — nè buona ragione essere la clausula d'obbligazione camerale, e la promessa di emenda di danni contenuta nella concordia, che fu stipulata in esecuzione della sentenza dell'A. C. De Simone: poichè l'atto di compromesso in tal parte innovò il titolo controverso, e, col tacer delle spese, volle il perditore franco di pena — Quindi dicea che in ogni evento si dovessero le stragiudiziali cancellar dalla tassa, non ammissibili per la suddetta obbligazione camerale, la cui efficacia, al dire della Ruota cor. Cerro decis. 122 num. 10 — *intelligitur de expensis judicialibus, non autem de aliis, quarum nulla solet haberi ratio, etiam in judiciis quae fiunt vigore instrumentorum cum obligatione camerali* (3) — nè pel patto d'emenda di danni, mentre le stragiudiziali, che son danni estrinseci, per tale ragione non si pongono in tassa, se non quando la sentenza ne contiene la condanna (4).

---

(2) *L.* 21 § 6 *ff de recept. qui arbitr.* - Plenum compromissum appellatur, quod de rebus, controversiisque compositum est: nam ad omnes controversias pertinet. Sed si forte de una re sit disputatio, licet pleno compromisso actum sit, tamen ex caeteris caussis actionem superesse: id enim venit in compromisso, de quo actum est, ut veniret.

(3) *V.* anche la *decis. Romana damnorum super* 4 *dubio* 13 dicembre 1824 § 3 *cor.* Tiberi - l'*Amerina retrovenditionis* 6 agosto 1836 *cor.* Bonini - e la *Bononien. moderationis taxae* tra *Albergati e Martinengo* 9 luglio 1838 *cor.* De Retz.

(4) *Reg. giud. art.* 360. - Anche le spese irrepetibili s'intenderanno comprese nella condanna, e si tasseranno contro la parte vinta nei soli casi seguenti 1° quando fosse convenuto per patto speciale, che il vincitore debba esserne reintegrato, 2° quando la parte vinta fosse condannata alla emenda dei danni, ed interessi meramente estrinseci.

15*

Il procuratore del monistero rispondeva dicendo, che il diritto di tassare le spese in lui derivava non dal compromesso, ma dalla legge, la quale in tutte le liti vuole il perditore soggetto a tal pena — che il compromesso risguardò unicamente l'elezione dei giudici, e, come nel caso di una giurisdizione prorogata — *judex electus* (al dire del Vasquez *controv. usu frequent. num.* 2) *tantum juris in contrahentes habet, quantum haberet, si jure ordinario ad jurisdictionem ejus pertineret, nam, prorogata jurisdictio ejusdem efficitur naturae et conditionis, cujus est ordinaria*, così la condanna alle spese, benchè non convenuta, in caso di perdita è una necessaria appendice della sentenza (5): per cui il § 605 del regolamento giudiziario, senza far differenza tra sentenza di giudici ordinari e di arbitri, dice che — *ogni sentenza condannerà il soccombente alle spese*: ed in antico il tribunal della ruota condannava i perditori alle spese eziandio nelle cause giudicate da lei con giurisdizione delegata, e non ordinaria (6) —. Essere anzi principio che anche i semplici arbitri nel dare il loro laudo, devono fare altrettanto, sebbene le parti non abbian pattuito di risarcimento di spese (7).

Circa alla questione in ispecie dicea che, essendo la concordia munita della formola camerale, ed essendovi la clausula — *alias ad omnia et singula damna, expensas, et interesse in casu contraventionis, et inobservantia predictorum pacto-*

_____

(5) *L* 13 § 6 *cod. de jud.* - Sive autem, alterutra parte absente, sive utraque praesente, lis fuerit decisa, omnes judices qui sub imperio nostro constituti sunt, sciant victum in expensarum caussa victori esse condemnandum... non ignorantes quod, si hoc praetermiserint, ipsi de proprio ejusmodi poenae subjacebant, et reddere eam parti laesae coarctabuntur. - Vinnio *instit. lib.* 4 *tit.* 16 § 1.

(6) Rota *cor.* Cavaler. *decis.* 191 *num.* 1, *e nella Verulana laesionis super expensis* 31 *genn.* 1753 cor. Cavilliac § 6.

(7) Jason *in l. sive autem alterutra ff de judiciis.* - Voet *ad pandect. lib.* 4 *tit.* 8 *num.* 1.

rum è regola di giurisprudenza forense che sotto nome di
danni vengono anche le spese stragiudiziali : in testimonio
della qual massima allegava più decisioni di Ruota (8), tra
le quali la *Romana seu Januen. pecuniaria super refectione
expensarum* 21 giugno 1819 cor. Spada , che dice nel § 2
— *De so certe dubitari nefas est, quod, si in conventione verbo „ spese „ accedat illud damni vel interesse, vel aliud hisce
aequivalens, stipulatio censetur facta de sumptibus etiam extrajudicialibus, quae victori in lite, una cum judicialibus, refundi
debent, quemadmodum quisque facile sibi persuadet, et passim
firmavit sacrum tribunal . . . Damni enim nomine intelligitur
ademptio vel imminutio patrimonii , quod certe per judiciales
aeque ac extrajudiciales sumptus , imminuitur*

La sacra Ruota rescrisse — *ad D. ponentem pro taxatione expensarum judicialium tantum.*

*Ruota del dì 7 giugno 1844 — Romana seu Viterbien.
dativae realis, super jure taxandi , dif. per i Zelli sig. dott.
Piccinini , pel monistero sig. avv. Rossi (Luigi Antonio), proc.
sig. dott. Mandolesi.*

SPOGLIO GIUDIZIALE · DANNI ESTRINSECI

XLIII. *Nel caso di spoglio giudiziale non è luogo a purgazione
per via rigorosa, né ad emenda di danni estrinseci, ancorchè la sentenza, che dette causa allo spoglio, sia stata annullata per difetto di forma.*

*E ciò molto più quando gli atti spoliativi sono stati circoscritti
per viam nullitatis.*

---

(8) Rota *nella Alatrina super primo dubio* 15 genn. 1819 § 18
cor. Bussi - *nella decis.* 352 cor. Isoard - *nella Romana seu Alò-
nen. Salviani super expensis* 20 *giugno* 1825 § 4 *cod eod* - *nella
Romana taxationis expensarum* 10 *dec.* 1838 § 8 cor. Marini - *e
nella confermatoria* 14 giugno 1839 cor. eod.

Trasciatti nell' aprile dell' anno 1820 prese Grampini a
ministro ed a socio d' un negozio di cera ed aromati, che
avea in Foligno, e ciò per un quinquennio, prorogabile ad altro
simil periodo, quante volte non si facesse disdetta sei mesi
prima: e l' altro quinquennio era già entrato, quando in agosto del 1825 innanzi al tribunale di commercio di quella città
per protesta gli disse — *che non intendeva ulteriormente ser-*
virsi della di lui opera ed assistenza, che da quel giorno in
poi non dovesse più correre salario alcuno al medesimo, e che
aveva per revocata la procura, e la facoltà datagli di firmare
in suo nome pel negozio, qual protesta fu ammessa dal tribunale, che con sentenza provvisionale del dì 19 ordinò — *che*
le chiavi del negozio consegnate fossero al sig. Cesare Pizzoni,
deputandolo in amministratore fino all' esito delle questioni.
Quindi più liti innanzi al tribunale di Foligno, ed in grado
d' appello innanzi alla Ruota sulla prosecuzione della società,
sulla continuazione del salario, sulla validità del suddetto
decreto, che venne annullato: per cui il Grampini, che avea
vinta la continuazione della società, domandò innanzi al
tribunale di Foligno l' emenda dei danni anche estrinseci,
che dallo spoglio giudiziale gli erano derivati. Rigettata intieramente l' istanza, cioè tanto pei danni intrinseci, quanto,
e molto più per gli estrinseci, tornò la causa in appello al
sacro uditorio.

Il difensore del Grampini, ricordata la regola che conseguenza d' ogni reintegrazione dopo lo spoglio è l' emenda dei
danni (1), dicea che devono ristorarsi anche gli estrinseci:
che cioè lo spogliato deve avere dall' autore dello spoglio,
non solo l' importo di ciò che ha perduto, ma di quello

---

(1) *L.* 7 § *si autem ff de injuriis.* - Donell *de jure civili lib.* 15,
cap. 32 *num.* 6. - De Luca *de judiciis disc.* 20 *num.* 1. - Fagnan
in cap. gravis, de restit. spol.

eziandio che poteva lucrare, e non ha lucrato: ed allegava la famosa *Asculana damnorum* 2 giugno 1797 coram Acciajuoli in cui fu stabilita la massima, che la perdita del nome dal negoziante sofferta per conseguenza di uno spoglio deve essere riparata, con dargli una somma in danaro atta a produrre tanto di lucro, quanto ritraeva dal fido che il suo buon nome in commercio gli meritava: per cui nel § 10 disse — *vulgare est damnorum emendationem postulare, ut damnum passus in pristinum statum restituatur: vix autem, ac ne vix quidem fieri poterat ut Marchio Ignatius tum nomen amissum, tum mercatores correspondentes Gertrudi redderet, ideoque ad equipollentem emendationem necessario erat condemnandus. Certa autem ac promptior visa est emendatio quae, pecuniarum traditione perficeretur, atque hanc omnino demandandam suadebat comuni jurisperitorum calculo recepta sententia, qua traditum est optimum nomen, loco frugiferi capitis mercatoribus esse* (2): nè ometteva di fare osservare che la sentenza del tribunale di Foligno, con cui fu commesso lo spoglio, dal tribunale della Ruota venne annullata, per cui l'atto spoliativo tornò in violenza privata.

Per lo contrario il difensore del Trasciatti, dopo aver combattuta la generica pretesa dei danni, si riduceva a sostenere che in qualunque evento non si dovesse emendarli per via rigorosa: giacchè mai non è luogo a tale estremità, quando si tratta di spoglio giudiziale (3): molto meno perchè la regiudicata ruotale annullò gli atti da cui derivo lo spoglio,

---

(2) Andreol. *controv. forens. cap.* 206 *num.* 7. - Casareg. *de commerc. disc.* 76 *num.* 9, e nel trattato il cambista istruito *cap* 2 *num.* 2. - Zauli *ad statut. Faventiae lib.* 7 *rubr.* 1 *num* 8 *et seq.* - Bersan. *de compensat. cap.* 2 *quaest.* 11 *num.* 22, e *cap.* 3, *quaest.* 10 *num.* 17.

(3) Rota cor. Herrera *decis.* 76 *num* 5 - *nella Ferentina circumscriptionis* 6 *maggio* 1816 *cor.* Cesarei *num.* 4 - *nella Romana seu Sabinen. damnorum* 28 *aprile* 1823 *cor.* Isoard *num.* 6.

colla clausula *per viam nullitatis*: ed allegava tra le altre la decis. 163 cor. Batto in cui si distinguono gli effetti dello spoglio giudiziale, da quei dello spoglio operato per privata autorità colle seguenti parole — *Absque eo quod* (§ 16) *obesse valeret revocatam fuisse tamquam spoliativam, ratione excessus et enormissimae laesionis, ideoque competere actionem favore spoliati non solum pro reintegratione ad bona nulliter deliberata, sed etiam pro refusione omnium damnorum, inde provenientium et illatorum, inter quae recenseri debent singulae expensae, quamvis extrajudiciales: conclusio namque procedit, quatenus ageretur de spolio violento, et privata auctoritate patrato, ideoque non erat applicabilis presenti hypothesi in qua spolium dici tantum poterat judiciale, dum ad controversam deliberationem processum fuit, praevio judicis, mandato servatis servandis expedito, omnique privata vi penitus remota ... in his autem terminis spolii judicialis, reficienda quidem sunt damna intrinseca et proxima, quae immediate ab ipso actu spoliativo emergunt, omnesque expensae vivae et judiciales: secus vero damna intrinseca, et remota* (4).

Il sacro uditorio „ Considerando che lo spoglio commesso non per violenza ed autorità privata, ma per decreto ed autorità del giudice, si dee purgare per via di nullità.

„ Che perciò devono essere risarciti i soli danni intrinseci, quelli cioè che derivano immediatamente e indispensabilmente dall'atto spoliativo.

„ Che immediatamente può derivare da un atto spoliativo la perdita di quello che uno dei contraenti avrebbe ottenuto, se si fosse fedelmente osservato il contratto (5).

---

(4) *V.* anche la decis. 221 num. 2 cor. Herrera, e la decis. *Urbevetana nullitatis subhast. super liquid. damnor. et expensar.* 1 *febr.* 1820 cor. Spada § 4.

(5) *L.* 21 *ff de act empt.* § 3. - Cum per venditorem steterit, quominus rem tradat, omnis utilitas emptoris in aestimationem venit quae modo circa ipsam rem consistit. Neque enim si potuit, ex vino (puta) negociari, et lucrum facere, id aestimandum est: nec

„ Che non è luogo alla riparazione dei danni estrinseci pel motivo che l'istanza giudiziale seguita dal decreto di ammissione di protesta, venne annullata: giacchè sebbene un tale decreto portasse l'annullamento dell'altro con cui il tribunale tolse al Grampini l'amministrazione del negozio, non per questo è men vero che lo spoglio venne commesso per atto giudiziale, non per atto derivante dall'arbitrio e dalla privata autorità dello spoliante.

Rescrisse — *esse locum emendationi damnorum intrinsecorum tantum, et extendatur decisio.*

Ruota del dì 26 gennaio 1844 — Fulginaten. damnorum in re commerciali R. P. D. Muzzarelli, *dif. per Grampini* sig. avv. Scerra, *proc.* sig. dott. Caramelli; *per Trasciatti* sigg. avv. Benedetti e Teoli, *proc.* sig. dott. Montanari *proc. di coll.*

29 luglio 1844 — *in decisis, et expediatur.*

NUNCIAZIONE DI NUOVA OPERA . CAUSA . VALORE . COMPETENZA

XLIV. *Il giudizio di nunciazione di nuova opera, non è giudizio sommarissimo possessorio.*

In tali azioni il valore della lite non si desume dal valore del fondo su cui l'opera è incominciata, né da quello dell'opera fatta fino al momento dell'introdotta azione, ma dalle opere future.

E siccome l'attore non sa, nè può sapere a quale somma ascenderanno, così le cause sono di valore indeterminato, e di competenza maggiore.

---

magis quam si triticum emerit, et ob eam rem, quod non sit traditum, familia ejus fame laboraverit: nam praetium tritici, non servorum fame necatorum consequitur. – Donell. *comment. in cod. lib.* 7 *num.* 47 *cap.* 11 *num.* 9. – Rocca *disp. select.* 122 *num.* 12.

(Discuss. sui §§ 377, 437, e 449 del reg. giud.)

Mazzanti c. Caselli

È scritto nel testo *l.* 1 § 1 *ff de operis novi nunciat.* che — *remedium operis novi nunciationis, adversus futura opera inductum est, non adversus praeterita: hoc est adversus ea quae nondum facta sunt, ne fiant: nam, si quid operis fuerit factum quod fieri non debuit, cessat edictum de operis novi nunciatione, et erit transeundum ad interdictum quod vi aut clam factum fuerit ut restituatur:* e siccome il futuro in simili casi sta nella mente del reo convenuto ignota all'attore, così non sembrava poter essere dubbio che per la conoscenza di tali azioni sia incompetente la giurisdizione minore, giacchè pel disposto nel § 449 num. 3 — *sono considerate come aventi un valore indeterminato, e della maggiore entità le cause … il cui valore non risulti dalla domanda dell'attore:* massima riconosciuta dal tribunale supremo nella *Romana circumscriptionis et pertinentiae caussae* 12 agosto 1841, e che quel gran pratico di mons. Grossi nella decisione lasciò raccomandata, dicendo al § 6 — *Clare patebat non aliud remedium fuisse invocatum, nisi praetoris edictum de nunciatione novi operis, cum petierit esse inhibendam novae fabricae demolitionem: erat ergo ex pretio operum quae erant facienda, caussae valor desumendus, quia praetoris edictum respicit opera futura, non praeterita, cum pro praeteritis praesto sit interdictum* quod vi aut clam: *quod si ita est, dic modo, quale sit operum valor quae in loco controversiae erant peragendae?*

Ciò malgrado fu in curia chi persistè nell'avviso contrario, e negli scorsi mesi furono fatte quasi contemporaneamente due prove in Segnatura per vedere dichiarati i suddetti giudizi o sommarissimi possessori, od almeno di tanto valore quanto ne ha il suolo o l'area su cui viene costruita l'opera: la prima delle quali fu in una causa *Romana circumscriptionis* tra Garinei e l'ospedale di Narni con altri consorti, ed a dì

24 maggio prossimo passato, appunto per la ragione che essi sian sommarissimi, si disse valida una nunciazione di nuova opera fatta innanzi al sig. assessore Soffredini, come è a vedere all'opinamento che mons. Arnaldi pubblicò sotto quel giorno. Tornata però a discussione la causa, il difensore, che avea sostenuto la validità degli atti, ebbe rotta la lancia (1), e il tribunale rispose — *circumscriptis per viam nullitatis omnibus gestis coram assessore Soffredini, cum omnibus inde sequutis, ex defectu jurisdictionis, partes utantur juribus suis.* Pochi dì dopo fu dallo stesso tribunale supremo decisa un'altra lite presso che simile, ed è di questa ultima che vogliam fare rapporto, per dare definitivamente transatto il punto di procedura.

Fu nel caso d'una donna Mazzanti, la quale, vedendo che il sacerdote Caselli del castello di Monghidoro edificava in un'aja, che essa credeva di sua proprietà, lo citò innanzi alla curia arcivescovile di Bologna, chiudendo il libello colle parole — *per ciò la suddetta, denuncia formalmente la nuova opera, e gli intima di dover subito desistere dalla demolizione del muro, e da ogni altra innovazione, facendo contemporaneamente istanza che il reo convenuto sia con sentenza condannato a rimettere il tutto nel pristino stato . . . e frattanto s'intenda inibito lo stesso reo convenuto a nulla innovare, sotto pena di nullità:* decretato l'accesso, il Caselli promosse un'istanza per far dichiarare mancante l'attrice d'ogni azione, e siccome dal giudice fu rigettata, interpose appello alla Ruota, che assunse il merito colla formola — *an sit locus nunciationi novi operis, reductioni in pristinum, et emendationi damnorum, itaut, et quae mandata sint relaxanda in casu, ecc.*, ed a dì 2 giugno 1843, ponente mons. De Silvestri, lo risolse col rescritto — *negative in omnibus:*

---

(1) Difensori per la nullità degli atti *sig. avv. Patrizi*, proc. *sig. dott. Tosi*, per la validità *sig. avv. Mandolesi*, proc. *sig. dott. Boschetti-Petti.*

il quale, confermato a dì 11 dicembre del medesimo anno, fu seguito dall'*expediatur*, e dalla sentenza ruotale. Ricorso della Mazzanti in tribunale supremo per l'annullamento degli atti ruotali.

Il di lei difensore disse di voler dimostrare che il valore della causa non eccedeva i sedici scudi quanto era il valore dell'area su cui il Caselli avea incominciate le opere nuove, per arguire da ciò che la lite in appello non potesse essere portata all'uditorio ruotale. E, per vincere l'assunto, volea in primo luogo conosciuta dai padri la vera natura dell'introdotto giudizio, che, a senso suo, non fu una nunciazione di nuova opera, ma un possessorio generato da due interdetti, cioè dall'interdetto *quod vi aut clam*, che è restitutorio nel caso d'opere fatte nel nostro, contro la volontà nostra (2), e dall'altro *uti possidetis* atto a produrre il medesimo effetto appunto nel caso di simili opere (3), non ostante che le opere sian fatte in palese: giacchè, al dire d'Ulpiano — *clam facere videri Cassius scribit eum, qui celavit adversarium, neque ei denunciavit, si modo timuit ejus controversiam, aut debuit timere* — Dopo di ciò, provato che il valore dell'area su cui il Caselli avea incominciato il suo edificio, non eccedeva i suddetti 16 scudi, si collocava sopra al § 457 il quale dice che — *nelle azioni reali o miste, e nelle cause che risguardano il possessorio non sommarissimo, il valore della causa si desumerà dal valore della cosa litigiosa: il valore degli*

---

(2) *L.* 1 *ff quod vi aut clam.* - Praetor ait: quod vi aut clam factum est, qua de re agitur: id, cum experiundi potestas est, restituas. Hoc interdictum restitutorium est, et per hoc occursum est calliditati eorum, qui vi aut clam quaedam moliuntur: jubentur enim ea restituere.

(3) *L.* 5 § 10 *ff de operis novi nunc.* - Et si forte in nostro aliquid facere quis perseverat: aequissimum est interdicto adversus eum *quod vi aut clam,* aut *uti possidetis,* uti.

immobili si desumerà dalle stime consuali, e diceva che, se in tali giudizi il valor della causa arguir non si potesse dal valore del fondo su cui si opera la novità, ma da ciò che varranno le opere quando saranno compite, non sarebbe giudizio di tale natura che portar si potesse a tribunale di competenza minore, nè possessorio plenario che annoverar non si dovesse tra le cause d'indeterminato valore: nè si saprebbe il perchè l'autor della legge, dopo avere col § 287 dato ai governatori, agli assessori, ai giusdicenti le cause del sommarissimo e momentaneo, fino a qualunque somma, nel parlar del plenario indicasse il giudice *o tribunale*: lo che fu manifesta allusione a valore. Nè, aggiungeva, è da dire che si debba avere riguardo anche al valore delle opere fatte dal Caselli nell'aja, giacchè nel libello fu domandata la demolizione delle esistenti, che eran di valore ben tenue, e niuno non sa che le cose avvenute pendente la lite non concorrono ad aumentarne il valore (4) — Quindi assumeva che il giudizio dalla sua cliente intentato non fu nunciazione di nuova opera.

E per farne persuaso il tribunale, ripetuta la definizione di Eineccio *ad pand. lib.* 39 *tit.* 1 *in pr.* ove dice che — *Novi operis nunciatio, est legittima prohibitio facta ei, qui contra pristinam formam opus novum facere conatur, in finem ut non pergat, donec vel caussa plene cognita, vel satisdatum sit*, si dava a sostenere che non in tutti i casi denunciare una nuova opera, è istruire giudizio di tale natura: giacchè — *nunciatio ex hoc edicto non habet necessariam praetoris aditionem: potest enim nunciare quis, et si eum non adierit* (5), e ripe-

---

(4) *Reg. giud.* § 464.

(5) *L.* 1 § 2 *ff de op. nov. nunc.* - *l.* 5 § 10 *ff eod.* - Meminisse autem oportebit quoties quis in nostro aedificare, vel in nostrum immittere, vel projicere vult, melius esse eum per praetorem, vel per manum (idest lapilli ictum) prohibere, quam novi operis nunciatione. - *l.* 20 § 1 *ff quod vi aut clam.* - Prohibitus autem

tuto che — *nunciatio novi operis* (Voet *ad pand. l.* 39 *n.* 2)' *non*
pubblice tantum, verum etiam privatim fieri potest: auctoritate
publica, adito praetore . . . privatim, duobus modis, videlicet vel
nudis verbis, vel manu, seu ictu lapilli (6), da tal distinzione
arguiva che, per dire un libello introduttivo d'un giudizio
di nuova opera, sia necessario domandare al pretore che la
impedisca, ma che la Mazzanti lo concepì nel senso di denunciare essa stessa l'opera nuova, ed intimare il Caselli
a desistere, implorando unicamente l'autorità del pretore
sulle conseguenze, e ciò colle parole — *facendo contempo-*
raneamente istanza che il reo convenuto sia con sentenza
condannato a rimettere il tutto nel pristino stato, colla di lui con-
danna alle spese. Nè gli era d'ostacolo la clausula — *e frat-*
tanto s'intenda inibito lo stesso reo convenuto a nulla inno-
vare sotto pena di nullità, dicendo che quel *s'intenda*, si
riferiva al passato o al presente, non al futuro, per cui
neppure in ciò veniva implorato l'officio del giudice: o se
tale spiegazione non piacesse, si dovesse tenere come dimo-
strativa della regola contenuta nel § 873, la quale dice
che — *la pendenza della lite costituisce legittima inibizione.*

Nell'interesse degli atti, il difensore del Caselli dicea che
la causa fu causa di valor tanto incerto, quanto incerto è il
denunciare una nuova opera la cui importanza non può
esser nota all'attore, e richiedere che, demolito il già fatto,
s'inibisca ogni altra fattura: e siccome nel linguaggio del
testo *ll.* 74 *e* 75 § 1 *ff de verbor. oblig.* — *certum est quod*
ex ipsa pronunciatione apparet, quid quantumque sit . . . ubi au-
tem non apparet in quid, quale, quantumque est in stipulatione,
incertam esse stipulationem dicendum est, giudizi tali dal testo

---

intelligitur, quodlibet prohibentis actum: idest vel dicentis se prohibere, vel manum opponentis, lapillumque jactantis prohibendi gratia.

(6) Hanecc. *loc. cit. num.* 96 *e* 97. - Donell. *comment. jur. civ.*
lib 15 *cap* 46 *num.* 13.

medesimo son definiti, come giudizi d'indeterminato valore (7)
perchè la stipolazione pretoria, mediante la quale chi edifica
dee dare cauzione al vicino, risguarda una responsabilità di
cui nessuno può definire la somma (8): e faceva osservare
che per tale ragione nel nostro codice di procedura civile
il legislatore, dopo aver dato nella sez. 3 tit. 2 intitolata *del
foro competente in ordine al valore della lite,* il modo con cui
l'importanza della dimanda in apparenza incerta si possa
rendere certa, e detto dei canoni, rendite, o altre prestazioni annuali o perpetue, delle obbligazioni da soddisfarsi
in rate, dei litigi sulla esistenza, validità, o cessazione dei
contratti d'affitto prima del termine, di quelli che insorgono
sulle servitù reali, ed altri simili, conchiude dicendo nel § 465
che — *il valore della causa è determinato dalla domanda
dell'attore*: che se è incerta, se chiede cioè cosa, la cui
importanza non si conosce, essa è una dimanda d'indeterminato valore — che mentre la legge nella sezione suddetta non
parlò della nunciazione di nuova opera, che, risguardando
un'importanza futura, non era suscettibile di valutazione
giuridica, nel § 538 num. 8, che è nel tit. 5 *delle procedure nei
giudizi di prima istanza innanzi ai tribunali civili* l'assegnò
alla competenza di tali magistrature.

E notava che male a proposito si volesse in contrario
snaturare l'azione, con dir che nella causa introdotta a Bologna
s'invocasse dalla Mazzanti l'interdetto *quod vi aut clam*, non
l'editto che autorizza il vicino a nunciare l'opera nuova,

---

(7) *L. 2 ff de stip. praetor.* - Praetoriae stipulationes aut rei
stipulationem continent, aut incertam quantitatem, sicuti stipulatio ex
operis novi nunciatione qua cavetur, ut opus restituatur.

(8) *L. 8 § 2 e 5 ff de operis novi nunc.* - Si quum possem
te jure prohibere, nunciavero tibi opus novum, non alias edificandi
jus habebis, quam si satisdederis... Sciendum sit, facta operis novi
nunciatione, cui nunciatum est abstinere oportere, donec caveat...
tunc enim si jus edificandi habet, recte aedificabit.

giacchè oltre all'essersi convenuto per tale in prima istanza, e per tale riconosciuto in appello innanzi alla ruota colla formola — *an sit locus nunciationi novi operis*, l'autore dello scritto contrario avrebbe dovuto riflettere che l'interdetto ha luogo nel caso d'opere fatte e consumate (9), che — *opus factum accipimus, non si unum, vel alterum coementum fuit impositum, sed si proponatur instar quoddam operis et facies quaedam facta operis* (10), e che — *perfecisse aedificium is videtur dum ita consummavit ut jam in usu esse possit* (11), a tale che dal giudizio di nunciazione di nova opera, la qualità possessoria è tanto lontana, quanto può esserlo in un giudizio in cui facciamo possessore il reo convenuto (12) — E faceva avvertire, che la dimanda di riduzione in pristino fu convenientissima alla natura dell'azione intentata, giacchè, dice il Ramusio *de nov. op. nunciat. art.* 1 *num.* 7 — *tria esse ejusdem edicti capita, prohibitorium, permissorium, demolitorium* — E, dichiarando di non intendere la distinzione fatta in contrario tra la privata e la pubblica nunciazione di nuova opera, la tassava di nugatoria.

Il tribunale supremo ,, Considerando che il valor della causa deve arguirsi dalla dimanda dell'attore (13), e la dimanda dall'attrice introdotta innanzi alla curia arcivescovile di Bologna, lungi dall'essere una dimanda di manutenzione nel possesso dell'area occupata dal Caselli fu vera e reale nunciazione di nuova opera con richiesta di rimettere in pristino ciò che era stato innovato.

---

(9) *L.* 1 *ff de oper. novi nunc.*

(10) *L.* 21 § 5 *ff de operis novi nunc.*

(11) *L.* 139 *ff de verbor. signif.* - Brunemann. *alla l.* 1 *ff de novi op. nunc.* - Ramous. *de novi op. nunc. cap.* 3 *num.* 21. - Pech. *de servit. tom.* 2 *cap.* 5 *qu.* 18 *num.* 18.

(12) *L.* 1 § 6 *ff de nov. oper. nunc.* - In operis novi nunciatione possessorem adversarium facimus. - *l.* 5 § 10 *ff eod.* - Operis novi nunciatione possessorem eum faciemus, cui nunciaverimus.

(13) *Reg. giud.* § 466.

„ Che nè nella parte dispositiva del libello, nè in quella
in cui si contiene la conclusione della dimanda (e che più
d' ogni altra si deve attendere) è parola che alluda a possesso
di area, ma sol vi si dice di denunciare *la nuova opera al
sud. sig. D. Luigi Caselli, di obbligarlo a dovere subito desistere
dalla demolizione del muro e da ogni altra innovazione, di con-
dannarlo a rimettere il tutto nel pristino stato, e che intanto
sia, e s' intenda inibito lo stesso reo convenuto a nulla innovare
sotto pena di nullità, e della più rigorosa purgazione di attentati:* parole e frasi, quanto convenienti ad una nunciazione
di nuova opera, e ad un' azione di riduzione in pristino, altrettanto inopportune a significare o un' azione vendicatoria,
o una dimanda di semplice manutenzione, come anche dimostra la formola del dubbio, proposta in Ruota, con esso
gli atti d' ambedue i litiganti, e lo stesso ricorso in cui la
Mazzanti dice essere stato da lei istruito un giudizio di
nuova opera, e dimandata la demolizione del muro, e delle
altre innovazioni.

„ Che o si tengan tali atti come giudizio di nunciazione
di nuova opera, o come causa di riduzione in pristino, non
è da dubitare che si trattasse d' istanza d' indeterminato valore, e che secondo il disposto nel § 377 dovesse essere in
grado d' appello portata in Ruota, dicendo l' altro § 449
che — *sono considerate come aventi un valore indeterminato ...
le cause ... il di cui valore non risulti dalla domanda dell'attore.*

„ Che niuna certa quantità contiene quella istanza che
genericamente fa menzione di un' opera nuova, di distruggere un muro e rimuovere altre innovazioni, come altre
volte fu giudicato dal supremo ordine (14).

---

(14) *Auximana circumscriptionis* 19 *sept.* 1839 *cor.* Conventati. - *Bononien. circ.* 8 luglio 1841 *cor.* Lippi. - *Ferrarien. circumscr. et restit. in integr.* 7 *luglio* 1842 *cor.* Ferlisi. - *Narnien.
circ.* 16 *febr.* 1843 *cor. eod.*

16

„ Che mentre il § 457 del codice di procedura prescrive che — *nelle azioni reali e miste* (qual' è quella della nunciazione di nuova opera inerente alla cosa non alla persona) (15) — *il valore della causa si desumerà dal valore della cosa litigiosa*, e dice nel § 463 che — *in tutti i casi il valore della lite sarà determinato dal valore della cosa richiesta*, il legislatore non dette nessuna norma per valutare una lite di nunciazione di nuova opera, o d' altronde essa è un rimedio — *adversus futura opera inductum, non adversus praeterita*, nè dalle opere fatte può essere il valore arguito, giacchè al dire dello stesso Ulpiano *l.* 1 § 1 *ff de operis novi nunc.* — *si quid operis fuerit factum, quod fieri non debuit, cessat edictum de operis novi nunciatione, et erit transeundum ad interdictum quod vi aut clam factum fuerit, ut restituatur.*

„ Che non è da desumere il valore della causa dal valore dell' area su cui l' opera si volea costruire, come se fosse incongruo il mandare alla Ruota una causa nella quale si tratti d'un predio di pochi scudi, mentre all' incontro, per vendicare il dominio d' un simile predio (lo che è alcuna cosa più di una nunciazione di nuova opera), si va a tribunale di competenza minore : giacchè nelle cause di nunciazione di nuova opera il soggetto della lite non è il fondo, ma l'opera che sul medesimo si vuol costruire.

„ Che se tali azioni hanno per titolo il dominio del fondo su cui si vuol costruire l'edificio, il dominio in tal caso altro non è che la ragion della lite, non il subietto; e interrogato Ulpiano — *quibus ex caussis fiat nunciatio, et quae personae nunciant*, rispose incontanente — *nunciatio fit aut juris nostri conservandi caussa, aut damni depellendi, aut publici juris tuendi gratia* (16).

„ Che se il supremo ordine sembrò opinare diversamente in altri casi, si trattò di circostanze diverse, di casi cioè nei

---

(15) *L.* 3 § 3 *ff de oper. novi nunc.* - *l.* 1 § 3 *ff de remiss.*

(16) *L.* 1 § 15 *et seg. ff de novi operis nunciat.* - *l.* 5 § 9 *ff eod.*

quali era certo il valore delle innovazioni; oltredichè, discusso maturamente l'articolo, fu poc'anzi deciso nel senso suddetto nella *Romana circ. a di* 15 del corrente mese, come dalla decisione del rmo mons. Conventati decano.

Rescrisse — *Nihil.*

Segnat. del dì 18 *luglio* 1844 — *Bononien. circ.* R. P. D. Ferlisi, *dif. per Caselli* sig. avv. Vici, *proc.* sig. dott. Brunetti, *per Mazzanti* sig. dott. Guarnieri.

REGISTRO . MULTE . PRESCRIZIONE .
ANNO COMPITO

XLV. *In fatto di multe comminate dalle leggi sul bollo e registro, al compimento della prescrizione annuale è necessaria la decorrenza di giorni* 365, *nè basta che siano decorsi dodici mesi formati di* 30 *giorni ciascuno.*

(*Discuss. sul* § 416 *del reg. giud.*)

Amm. del Registro c. di Battista

La massima fu riconosciuta dalla seguente sentenza pronunciata fino dall'anno 1839, accettata dal soccombente, e fatta redigere nel cadente anno dall'ammin. generale del bollo e registro per uso d'ufficio.

„ Sulla istanza promossa per parte della R. C. Apostolica, ossia dell'amministr. generale del bollo e registro del tenore seguente, cioè — Atteso che l'eccezione dell'annuale prescrizione proposta dal citato non si è verificata, mentre l'atto di cui trattasi venne registrato li 22 febbraro 1838, e l'atto di mano regia fu intimato li 20 febbraro 1839.

„ Atteso che la suddetta eccezione venne di già rigettata dal consiglio amministrativo con il decreto del seguente tenore — La prescrizione non ha luogo, poiché l'anno non è interamente decorso, ammettendosi che la registrazione fu eseguita li 23 febbraro 1838, e la intimazione si fece li

16'*

20 febbraro 1839. — Nè osta il § 416 del reg. legisl., poiché, prescindendo da ogni altro riflesso, ivi si parla del modo di ragguagliare il corso de' giorni e mesi, e l'artic. CXLIX del vigente regol. del registro, non avendo contemplato i giorni ed i mesi, ma bensì l'anno, ha escluso il ragguaglio de' giorni, per cui non può attendersi il calcolo proposto dal reclamante, la di cui istanza si rigetta.

„ Atteso che le ragioni in esso rescritto enunciate sono chiarissime, non potendosi ammettere la strana pretensione che l'anno si debba ritenere composto di 360 giorni, anziché di 365, come lo è di fatti. Perciò sentirsi rigettare la contraria dimanda di pretesa revoca di mano-regia, ed ordinarsi la esecuzione della medesima nella somma di scudi 33. 90 secondo la sua forma e tenore.

„ Visto l'atto di mano-regia intimato al sud. sig. di Battista il giorno 20 febbraro dell'anno 1839 per la somma di sc. 33. 90 per supplemento del diritto di registro per l'istromento di affitto della località di Propaganda stipolato col comune di Albano lì 3 febbraro 1838, e registrato lì 23 detto mese ed anno.

„ Visto l'atto di opposizione ad urgenza legalmente intimato al preposto sig. Lazzarini sotto il giorno 29 giugno 1839 ad istanza del sig. di Battista del tenore seguente — *Atteso che il citato sotto il giorno 20 febbraro 1839 abbia all'istante intimata una ordinanza di mano-regia per la somma di sc. 33. 90 preteso supplemento di registro, e sotto il giorno 18 marzo successivo siasi proceduto a carico dell'istante medesimo alla relativa esecuzione.*

„ Atteso che per la seguita prescrizione del titolo, essendo perento ogni preteso diritto dell'amministrazione citata, non possa farsi luogo alla sudetta intimazione di mano-regia, e successiva esecuzione, oltre di che si è questa commessa per una somma anche eccessiva, siccome verrà in atti giustificato: sentire perciò decretare per l'esposte ragioni, e per le altre da dedursi, che, previa la revoca dell'ordinanza di mano-regia, come sopra intimata, sia dichiarata nulla, e come non avvenuta l'esecuzione commessa sotto il giorno 18 marzo 1839, al quale effetto sia rilasciato il necessario ordine esecutorio diretto al publico depositario di Albano per la restituzione del pegno, colla condanna ai danni e spese.

„ Visto l'atto di citazione come sopra promossa per parte della Rev. Cam. Apost. sotto il giorno 3 agosto 1839 legalmente eseguita, ed in atti prodotta, che, letta nella publica udienza del giorno 5 detto mese ed anno, il tribunale ordinò, che la causa si differisse alla prima udienza, parti presenti.

Intesi i difensori delle parti rispettive nella pub. udienza.

„ Considerando che a seconda dell'art. 10., ossia del § 142 del vig. regol. sul reg., si perime l'azione del fisco per le tasse non pagate dopo un anno, contandosi dal giorno del registro, se si tratta di una somma non riscossa sopra qualche disposizione particolare di un atto, ovvero se si tratta di un supplemento di tassa dovuto a causa di minor valuta espressa in qualche dichiarazione, e verificata maggiore per mezzo di perizia.

„ Considerando che tale prescrizione non può aver luogo, secondo le regole comuni, quando il termine dell'anno non sia perfettamente compiuto, quando cioè non siano decorsi 365 giorni, come insegnano i più accreditati autori, ed ha sanzionato l'autorità dei nostri tribunali.

„ Che in vero il Donello ne' suoi commeut. al tit *cod.* 22 *l.* 6 *edit. luc. t.* 8 *pag.* 1349 *sub num.* 9 così si esprime: - *annus suis partibus constans, est annus completus - annus coeptus postea futurus est cum pervenerit ad* 365 *dies: nunc autem non est annus, ubi tot dies non sunt,* e così la Ruota nella decis. 175 num. 7 p. 1 recent. - ivi - *Quoties lex certi anni, vel certorum annorum facit mentionem, intelligi debet de annis perfectis per lapsum* 365 *dierum.*

„ Considerando, che nell'attuale controversia il termine decorso, contando dal giorno del registro dell'atto, in cui cade la disputa 23 febbraro 1838, al giorno dell'intimata mano-regia 20 febbraro 1838 è maggiore di 360 giorni, ma minore di 365, non superando i 362, dal che ne segue, che l'anno non debba intendersi perfettamente compiuto per le ragioni di sopra addotte.

„ Considerando che non può avere alcuna forza l'argomento dedotto per parte del reo convenuto, che, dovendosi calcolare ciascun mese di giorni 30 in conformità del § 416 del vig. regol. giudiz. l'anno debba ritenersi come formato di soli 360 giorni ; imperciocchè basta di osservare che la legge ossia regol. nel precitato § 142 ha contemplato solamente l'anno, senza far parola dei mesi, e per lo contrario il § anzidetto del regol. giudiz. ha contemplato i mesi , senza far parola dell'anno, dal che deducesi con ogni ragione, che l'anno abbia a calcolarsi, avuto riguardo alla decorrenza dei giorni fino al num. di 365, senz'avere ragione dei mesi, per i quali è stato disposto particolarmente all'oggetto di fare il calcolo de' medesimi , quando si tratti di considerare lo spazio di più mesi , e non di un intero anno.

„ Considerando che a seconda ancora delle antiche leggi, soleasi per gli effetti legali calcolare ciascun mese in ragione di giorni 30, come ne avverte l'Antonelli nel suo trattato *de temp. leg. l.* 1 *cap.* 3 *num.* 15, e, ciò non ostante l'anno fu sempre considerato nella sua vera quantità di 365 giorni.

Invocato etc.

Il tribunale, pronunciando definitivamente in primo grado di giurisdizione, ammette l'istanza dell'amministrazione del bollo e registro, spese compensate, e delega il consigliere avv. Pales per la redazione della sentenza.

Giudicato in Roma nella pubblica udienza del giorno 12 agosto 1839 , ed in quanto alla redazione questo dì 8 ottobre 1844.

Congregazione civile dell'A. C. turno camerale - proc. per l'amministrazione del registro sig. dott. Valenti ; per di Battista sig. dott. Caramelli.

XLVI. *Benchè il fisco non possa essere mai condannato alle spese, neppure a titolo di danni ed interessi, può essere condannato a prestare indennità a favore di chi è costretto di sostenere una causa per lui.*

E se colui, che è costretto a sostenere pel fisco una causa, è condannato a pagare le spese, ha diritto a ripeterle dal fisco a titolo d'indennità.

R. C. A. c. Albani

Il principe Albani erede usufruttuario del suo fratello cardinale Giuseppe di ch. mem. avea ceduto l'usufrutto alla Camera Apostolica durante una lite, che era ed è tuttora pendente cogli eredi fiduciari, e coi legatari sulla nullità della spiegazione di fiducia: e dimandò d'essere posto fuori di causa. Siccome però una tale richiesta dai legatari veniva impugnata, fece sussidiariamente istanza contro la Camera *per essere rilevato da qualunque spesa, danno e molestia fosse per derivargli dalla coattiva ulteriore permanenza in giudizio.* Il tribunale dell'A. C. turno camerale, con una sentenza decretò che il principe dovesse rimanere in giudizio, ma con un'altra dichiarò *essere tenuta la R. C. A. a rendere indenne l'istante sig. principe Albani dell e conseguenze della sua coattiva permanenza nella causa di nullità di spiegazione di fiducia.* Allora il fisco, vedendo che conseguenza d'una perdita di causa sulla nullità della spiegazione di fiducia, potesse essere la condanna del principe alla rifusione delle spese, pretese applicare anche a tal caso la franchigia, che esso ha dal § 1651 (1), ed interpose appello al tribunale della piena Camera.

---

(1) *Reg. giud.* § 1651 - Il fisco non può essere mai condannato alle spese, neppure a titolo di danni ed interessi. Esso non può ripeterle contro il soccombente, salva l'eccezione contenuta nel § 1693.

Il tribunale „ Considerando che il principe Albani rinunziò all'usufrutto sulla eredità del cardinale suo fratello in favore della Camera apostolica, ed è di diritto che in ogni contratto deve sostenere gli incomodi, chi ne gode la utilità (2).

„ Che, se la causa pendente sulla nullità della spiegazione di fiducia avrà per l'erede un fausto evento, la Camera, avendo una più ricca proprietà, avrà per conseguenza un più pingue usufrutto: per cui non è giusto che il principe abbia a sostenere le spese di una controversia, la cui vittoria a lui non produce nessuna utilità.

„ Che non è da trarre al caso presente il § 1651, giacchè non é legge la quale dica che il fisco non possa esser costretto a rendere indenne, ed a liberare dalle molestie chi contratta con lui, e se, avverrà che il fisco debba rifondere al principe le spese sofferte, ciò sarà una conseguenza necessaria della promessa indennità.

„ Che se il fisco non ha privilegio di non prestare indennità nei contratti che fa come privato coi privati, si aggiunge che in qualunque, benchè lieve ambiguità, si deve giudicare contro di lui (3).

Rescrisse — *sententiam esse confirmandam.*

Camera del dì 27 marzo 1844 — Romana seu Urbinaten. praestationis indemnitatis R. P. D. Santucci, *dif. per la Camera sig. avv. concist.* De Dominicis *proc., sig. dott.* Nardini *in nome di monsig. commissario gener.; per Albani sig. dott.* Grazioli.

8 luglio 1844 — *in decisis.*

9 agosto 1844 — *expediatur.*

---

(2) *L.* 1 *ff de reg. jur.*

(3) *L.* 10 *ff de jure fisci - l. idem ff de compensat. - l. cum vitiose ff de pignor - l. justas cod. de jure fisci - l. final. cod. de usuris fiscal. -* Peregrin *de privil. fisci lib.* 6 *tit.* 1 *n.* 1 *et seq.*

APPENDICE

Opere nuove di giurisprudenza.

1. F. Lucii Ferraris prompta bibliotheca canonica juridica moralis theologica, nec non ascetica polemica rubricistica historica — editio novissima mendis expurgata, novis ad singulas fere voces additamentis, novisque articulis locupletata, tum peculiaribus summariis, tum generali materiarum indice instructa, adjecta ad calcem cujuscumque voluminis absolutissima appendice ex omnium ss. congregationum decretis, quae vel in anteactis editionibus desiderantur, vel deinceps usque ad praesens lata sunt, juxta vocum hujusce bibliothecae seriem digestis - opera et studio monachorum ordinis s. Benedicti abbatiae Montis Casini — Patrono et auspice viro eminentissimo Aloysio s. r. e. cardinali Lambruschini episcopo sabinorum, ss. d. n. Gregorii xvi p. m. a publicis negociis et a brevibus etc. - tomus I. - typis abbatiae Montis Casini super. permiss. et privil. - Romae apud Fridericum Lampato an. dom. mdcccxliv fasc. 1 e 2.

Non è trai forensi chi non conosca la biblioteca del P. Ferraris, opera molto utile in pratica per la sceltezza, e per la sicurezza delle dottrine, giustificate con iscelta e perpetua allegazione di autorità: ma tutti sanno egualmente che, disegnata sopra di un piano tanto vasto, quanto può esserlo un repertorio annunciato colle qualità di canonico giuridico teologico istorico ec. ec., nella sua prima creazione dovè necessariamente lasciare molte lecune, supplite in parte nelle posteriori edizioni dell' autore, o da altri. Gli studi dei pp. cassinensi appagheranno i desiderii della curia e del clero, rendendola veramente pronta ad ogni bisogno, se, come non è da dubitare, le addizioni saranno trattate con la medesima profondità ed opportunità di sapere, con cui sono scritte quelle dei due fascicoli pubblicati fino a quest'ora, i quali mostrano l'opera di menti maestre in ciascuna delle facoltà, e in quelle principalmente che più alla curia appartengono, cioè nel diritto civile e canonico. Nè tali addizioni consistono in piccole note, poichè bene spesso esse sono brevi ma pieni trattati di cose necessarie a sapersi, o intieramente omesse, o non pienamente esposte nelle precedenti edizioni.

Non ultimo, anzi importantissimo pregio è il contenervisi le notizie di tutti i decreti emanati dalle sacre congregazioni di Roma fino al dì presente in qualunque materia relativa agli articoli trattati nell'opera.

L'edizione è in quarto grande, ed è veramente magnifica sotto tutti i rapporti. Tutta l'opera sarà di circa vol. 8 d'intorno a pagine 600 ciascuno, e si pubblica in fascicoli di 20 in 20 giorni: ogni fascicolo è composto di fogli 8 a due colonne, vale baj. 40. Le associazioni si ricevono in Roma dal sig. Alessandro Natali editore del presente giornale, al suo negozio a s. Silvestro in capite n. 19 e 19 A. presso il quale è stabilito il deposito di tutte le edizioni di Monte Casino.

2. Trattato sul possesso e le azioni possessorie. Opera del giudice PASQUALE GIULIANI - Napoli 1843 in 8°

La materia dal ch. autore è trattata in tre parti sotto i rapporti delle leggi napolitane e romane. La prima parte si occupa del possesso in generale, delle sue qualità varie, del *continuo* e non *interrotto*, del *pacifico*, del *pubblico*, del *non equivoco*, del *violento*, di quello di *buona fede* ec.; del come il possesso si acquista o si perde, di coloro che sono capaci o incapaci di acquistarlo o ritenerlo, infine de' diritti che ne derivano — La 2. parte discorre delle azioni possessorie propriamente dette, della *nunciazione di nuova opera*, della *turbativa*, della *reintegrazione*, di ciò che si riferisce ai ponti, alle strade, ai lidi, fiumi, canali ec., o alle cose addette a pubblico uso, alla rimozione o alterazione de' termini, all'usurpazione di terreni, di alberi, di siepi ec., alle servitù e simili. — L'ultima parte pone in chiaro il *procedimento* con che debbon trattarsi tali azioni, spiega gl'incidenti ne' quali può il forense imbattersi, enuncia li mezzi conservatorii e provvisionali che il magistrato deve avere in pronto, e delle senienze e loro effetti. È un libro utile per il legale, e per qualunque possidente — *M. De Mathias.*

3. Giurisprudenza del codice di commercio e delle altre leggi relative, ossia collezione metodica e progressiva delle decisioni e sentenze pronunciate dai supremi magistrati e dai tribunali di commercio sì dello stato, che stranieri, compilata dall'avv. CRISTOFORO MANTELLI, e da altri giureconsulti - Alessandria presso Luigi Guidetti tipografo libraio - 1844 - un fascicolo il mese di fogli 4 in 4° prez. fr. 1. 25 -

È noto il giornale, che col titolo di *Giurisprudenza del codice civile dei regii stati*, pubblica già da cinque anni in Alessandria il dotto e laborioso sig. avv. Mantelli. Siccome però la giurisprudenza più comunemente trattata oggidì in quasi tutte le curie di Europa, è quella che riguarda il commercio, colta l'occasione del nuovo codice mercatorio pubblicato negli stati sardi da quel benefico e sapientissimo re, alla periodica opera sua, che consiste in due annui volumi, ha il sig. avv. Mantelli opportunamente aggiunto un terzo volume, destinato intieramente a riferire, col sussidio di alcuni collaboratori, le decisioni commerciali di tutti i patrii senati, non escluse le regiudicate dei tribunali stranieri: il quale lavoro non è già una gretta trascrizione di ciò che i magistrati van decidendo, ma ogni decisione ha copiosissime note, osservazioni e corollarii che illustrano i punti di diritto caduti in controversia, a tale che la raccolta si può considerare come un periodico trattato pratico di giurisprudenza commerciale — È un libro di poca spesa, e, per quanto a noi sembra, di molto valore, utilissimo, per non dire indispensabile, all'esercizio della professione giuridica in tutte le curie che hanno affluenza di affari commerciali.

Giurisprudenza estera commerciale ed ipotecaria

SENSALI DI MATRIMONJ - PREMIO - CAUSA ILLECITA - NULLITA'

1. *È illecita, come contraria all'ordine pubblico ed ai buoni costumi, la convenzione, mediante la quale taluno si fa promettere un premio per interporsi e procurare un matrimonio.*

Francfort c. Provost

Così giudicato dal tribunal di commercio sedente a Parigi colla seguente sentenza

„ Atteso che risulta dai documenti prodotti e dalle spiegazioni date o raccolte, che il 10 di agosto 1842 un signor Barré ha scritto a Meyer per offrirgli un 5 per 100, se giungeva a trovare una moglie per il sig. Provost suo socio, del quale faceva i più grandi elogi.

„ Che a dì 24 del med. mese Provost ha scritto a Meyer per confermargli questa promessa : che a dì 15 del mese seguente egli si era obbligato di pagargli la somma di fr. 22,500 quando avesse firmato il suo contratto di matrimonio con la signorina Bechem, riconoscendo che se questo matrimonio aveva luogo, egli ne dovrebbe la riuscita alle premure ed alle pratiche del detto sig. Meyer.

„ Che ha aggiunto che questa somma gli sarebbe pagata per metterlo nella possibilità di rimunerare le persone che lo avrebbro secondato nella intrapresa, e che per assicurar loro il riparto di queste rimunerazioni egli depositava nelle mani di un signor Boudin padre un pacco chiuso e sigillato con entro tante accettazioni per fr. 22,500 a trenta, sessanta, e novanta giorni vista, onde essere rimesso a Meyer dopo la celebrazione del matrimonio di Provost colla signorina Bechem :

„ Atteso che gli effetti di cui Francfort reclama il pagamento, fanno parte dei sopraddetti franchi 22,500 :

„ Atteso che a termini dell' art. 1131 del codice civile l'obbligazione derivante da una causa illecita, non può avere nessun effetto, e che a termini dell' art. 1153 la causa è illecita quando è contraria ai buoni costumi, ed all' ordine pubblico :

„ Atteso che è contrario all' ordine pubblico ed ai buoni costumi di farsi promettere un premio per procurare un matrimonio : giacchè in un contratto il più sacro di tutti, formante la base del nostro ordine sociale, il consenso deve essere libero da ogni estranea influenza.

„ Che un mediatore salariato in questo caso è il più immorale ed il più dannoso di tutti gli agenti : mentre sagrifica alla sua cupidigia quello che più di ogni altra cosa merita il rispetto degli uomini : per cui non si potrebbero abbastanza punire siffatte manovre, le quali compromettono sempre il ben essere delle famiglie, e la futura tranquillità degli sposi :

„ Atteso che i fatti divulgati, come la sentenza del tribunale civile della Senna pronunciata a dì 30 gennaro, provano che fu per la mediazione di Meyer e di parecchi di lui agenti salariati che Provost pervenne a mettersi in rapporto colla famiglia Baudrier, ed a paralizzare l'azione della giustizia che si occupava dell'opposizione al suo matrimonio, andando in istato estero a contrarlo colla minore Bechem:

„ Atteso che Steinhart Worms e Francfort non sono giratari reali, ma nomi imprestati a Meyer.

Il tribunale RIGETTA la dimanda di Francfort e consorti, colla condanna ecc.

Appello

La CORTE, adottando i motivi dei primi giudici, CONFERMA ecc.

Corte reale di Parigi udienza del dì 17 luglio 1844, 3 cam. sig. Cauchy presid.

SOCIETA' IN NOME COLLETTIVO - MORTE - PUBBLICITA' - TERZI

2. *La morte naturale di un socio è una causa di scioglimento delle società commerciali, come delle società civili.*

Non è necessario per opporre tale scioglimento ai terzi creditori della società, che la morte del socio sia stata renduta pubblica nelle forme prescritte dall'art. 42 del cod. di comm.

Questa pubblicità non si richiede, se non per le modificazioni apportate all'atto sociale per fatto dell'uomo, quando esse riguardano sia la continuazione della società dopo il suo termine, sia il discioglimento anticipato della medesima, sia i cambiamenti fatti o nelle persone de' suoi membri, o nelle stipulazioni che la reggono, o nella ditta sociale.

Sindaci Martin c. Sindaci ed eredi Tivolier

LA CORTE - Visti gli articoli 1865 del cod. civile, e 46 del codice di commercio.

„ Atteso che a termini dell'art. 1865 del codice civile la società finisce per la morte naturale di uno dei soci.

„ Che l'art. 46 del codice di commercio sottopone i fatti che modificano la società commerciale allo stesso modo di pubblicazione - e l'art. 42 del cod. di commercio che li prescrive per quelli che la formano, non ha avuto in vista che i fatti dell'uomo quando riguardano sia la continuazione della società dopo il suo termine, sia lo scioglimento anticipato, sia il cambiamento operato o nella persona de' suoi membri, o nelle stipulazioni che la regolano, o nella ditta sociale.

„ Atteso che la sentenza attaccata, applicando queste disposizioni alla morte naturale di un socio, ha dato loro un' estensione che esse non hanno, ed ha tolto alla morte naturale l' effetto che le attribuisce la legge.

„ Che in tal modo essa ha male a proposito applicato l' art. 46 del cod. di comm., e violato l' art. 1865 del codice civile.

CASSA la decisione della corte reale di Grenoble del 27 luglio 1841

Corte di cassazione sedente a Parigi, *udienza del dì 10 luglio 1844, cam. civ., sig.* Portalis *primo presid.*

CAUZIONE – COMPETENZA COMMERCIALE

3. *La cauzione sottomette chi la fa alla giurisdizione competente a conoscere la dimanda introdotta contro il debitore principale. E perciò il non commerciante fidejussore di un commerciante può per tale atto essere giudicato dal tribunal di commercio.*

Moreau-la Chambre c. Bady

LA CORTE – Atteso che Dehep è commerciante, e che le compre dei castrati che egli ha fatto da Bady costituiscono un atto di commercio.

„ Atteso che Moreau ha fatto sicurtà a Dehep verso Bady, e che quest' atto non è stato impugnato dalle parti nelle spiegazioni verbali date da loro innanzi al tribunal di commercio.

„ Atteso che l' obbligazione del fidejussore è strettamente legata a quella del debitore principale, che essa partecipa alla sua natura, e deve per conseguenza sottomettere il fidejussore alla giurisdizione che è competente a conoscere sulla dimanda intentata contro al debitor principale, e ciò per argomento tratto dagli articoli 631, 636 e 638 del codice di commercio.

Mette l' appello al nulla ecc.

Corte reale di Metz, *udienza del dì 26 dicembre 1843, sig.* Charpentier *primo presid.*

4. *L' art. 218 del cod. di commercio, che conferisce al proprietario di una nave il diritto di congedare il capitano, è una disposizione di ordine pubblico, alla quale non è permesso di rinunziare.*

Per conseguenza il proprietario di una nave può sempre a suo grado, e senza addurre i motivi, congedare il capitano, ancorchè per una clausula formale dell' atto con cui fu condotta la di lui opera egli abbia rinunciato a questo diritto, ed ancorchè il capitano sia comproprietario della nave.

Ma il capitano congedato senza ragione ha diritto ad una indennità per il danno che il congedo gli ha recato, benchè, relativamente a tale indennità, non vi sia convenzione scritta tra le parti.

Charlevais-Castel c. il capitano Turbé

Così giudicato a dì 1 settembre 1843 dal tribunal di commercio di Rouen colla seguente sentenza.

„ Atteso che dalle convenzioni dell'armamento fatte tra le parti, risulta che a Turbé fu per sette anni garantito il comando della nave *Le-Guitton*, salvo i casi d'infrazione delle convenzioni, ed una gestione infedele : e che una tal clausula non è evidentemente che la rinuncia al diritto di congedo dell' art. 218, e l'impegno di conservare a Turbé il comando durante il tempo convenuto.

„ Atteso che non si prova che il capitano abbia infrante le condizioni del suo comando, e che nessun rimprovero gli può esser fatto.

„ Ma atteso che l' art. 218 ha posto per principio assoluto che questa prescrizione è d'ordine pubblico, ed appartiene all'interesse della navigazione, per cui non vi può essere derogato.

„ Che una stipulazione la quale dicesse, che l' armatore non può più congedare il capitano a suo piacimento, potrebbe in certi casi produrre la rovina dell' armamento, nonchè compromettere la sorte dell' equipaggio e dei passeggeri.

„ Che forzare l' armatore a giustificare i motivi del congedo, sarebbe creare delle cause e lungaggini giudiziali, che produrrebbero conseguenze irreparabili, per cui è della più alta importanza per gl'interessi marittimi, che l'armatore conservi sempre il diritto di rimpiazzare il capitano a suo piacimento.

„ Considerando che il legislatore non ha potuto coll'art. 218 stabilire un diritto derivante dalle regole generali del mandato, ma bensi ha voluto consacrare un principio speciale di diritto marittimo.

„ Che il mandato confidato ad un capitano non può esser considerato come un mandato ordinario, giacchè notabili conseguenze risultano dalle disposizioni del codice di commercio.

„ Che però, se neppur la rinuncia formale al diritto di congedare il capitano non può toglier tale diritto, quando l'armatore non giustifichi un plausibile motivo di rinvio, giusto è del pari che non possa un tale diritto avere il suo effetto, che a condizione d'indennizzare il capitano del pregiudizio da lui provato.

„ Considerando che il capitano Turbé è comproprietario della nave *Le-Guitton*, e che dal momento in cui abbandona il comando, a termini dell'artic. 219 può dimandare il rimborso del suo interesse : e che d'altronde lo stesso Charlevais-Castel gli offre il rimborso e il rimpatrio da Rouen a la Rochelle, il tutto a giudizio dei periti.

Il tribunale dice buono il congedo del capitano Turbé, nomina i periti per stimare il *Guitton*, e determinare l'importo del rimpatrio da Rouen alla Rochelle, e l'ammontare dell'indennità dovuta al capitano Turbé.

Appello per parte di Charlevais-Castel

La corte, adottando i motivi dei primi giudicj, conferma ecc.

Corte reale di Rouen, 5 cam., *udienza del 20 gennaio* 1844, *sig.* Gérbert *primo presid.*

ACQUE . AZIONE aquae pluviae arcendae .
INNOVAZIONI

XLVII. *In materia d' acque piovane nessuno può fare nel fondo proprio, benchè superiore, opere tendenti a mutarne il corso naturale, e ad immetterle nel fondo altrui.*

E ciò quand' anche il padrone del fondo inferiore non dimostri la certezza del danno, che a lui deriverebbe dalle opere nuove.

E se siano state eseguite, si deve ridurre in pristino lo stato del fondo.

Torlonia c. Massimo

Frai molti litigi che nacquero dalla contiguità dei due suburbani Torlonia e Massimo nella via nomentana, uno fu quello al quale dette motivo la costruzione d' alcun cunicolo o chiavicotto, e il taglio di un piccolo argine divisorio: le quali opere fatte dal principe D. Alessandro Torlonia generarono nel duca Massimo il sospetto che le acque piovane in antico stagnanti, si volessero scaricare nel suo: onde nunciazione di nuova opera e dimanda di riduzione in pristino, a vicenda riconvenzione ad istanza del principe per il mantenimento del fatto, accessi replicati dei giudici, deputazione di periti per ordine del tribunale dell'A. C. primo turno : il qual magistrato ai 23 di dicembre 1838 pronunciò la seguente sentenza.

„ Considerando che l' inibizione per la costruzione dei chiavicotti trasmessa li 12 maggio 1838 non era, e non è punto ammissibile: poichè, per quanto risultò dagli atti di accesso, li chiavicotti erano già compiti all' epoca della trasmessa citazione, e che d'altronde poi non si potea inibire al convenuto di fare nel suo proprio fondo quei lavori che credeva farvi senza danno del vicino.

„ Considerando che quando anche si volesse avere riguardo alle innovazioni fatte, ed esistenti all' epoca della mossa

17

lite, questi non recavano verun pregiudizio al fondo dell'attore, poichè dalle medesime deposizioni dei testimoni prodotte dall'attore sig. duca Massimo risulta, che il canneto Pozzi, oggi di proprietà Torlonia, era più basso del canneto Massimo, onde le acque del fondo Torlonia non potevano neppure a quell'epoca danneggiare il canneto Massimo tanto più alto del fondo di Torlonia, conforme si rilevò negli atti di accesso, e risulta benanche dalle perizie giudiziali.

„ Che d'altronde, a forma della sentenza emanata dal tribunale li 30 maggio 1838, pienamente accettata ed eseguita dall'attore sig. duca Massimo, l'esito della lite dipendeva non soltanto dai lavori fatti all'epoca dell'introdotto giudizio, quando cioè erano sul di loro principio, e proseguivansi nel terreno formante il canneto Pozzi, oggi Torlonia, ma ben anche da quei che si stavano facendo, e quando giunti fossero al loro compimento, conforme si fece coll'ultimo atto di accesso del 5 aprile 1839 e perizia addizionale dei 10 dello stesso mese di aprile.

„ Considerando che quando anche per finta ipotesi le acque del fondo Torlonia sgorgassero col mezzo del rozzettone ampliato di recente nel fosso comune e divisorio, niun danno ne poteva risentire il canneto Massimo, situato tanto al di sopra dello stesso fosso, e che, risultando dagli atti di accesso appartenere il greppo suddetto alla proprietà Torlonia, qualunque innovazione vi abbia egli fatta, comprensivamente alla ampliazione del rozzettone, che secondo la perizia Palazzi sembra che già preesistesse, non può dal sig. duca Massimo richiedersene la riduzione in pristinum, mentre se al principio della lite le innovazioni fatte non recavano *alcun pregiudizio al fondo Massimo*, ora poi che si trovano ridotte a compimento escludono qualunque possibilità di danno in avvenire, *stanteché col compimento dei lavori, il fondo Torlonia è stato di molto abbassato nel suo antico stato.*

„ Che perciò l'emenda dei danni richiesta in contrario

non può in verun conto ammettersi, rimanendo li medesimi del tutto esclusi.

„ Il tribunale, pronunciando definitivamente in primo grado di giurisdizione, previa l'unione delle istanze, rigetta quelle del duca Massimo, ed ammette quella del duca Torlonia, con la condanna del Massimo nelle spese, delega il consigliere sig. avv. Salvatori per tutti gli effetti di ragione.

Revocata però tale sentenza dal secondo turno il dì 23 novembre 1841, la controversia fu portata per memoriale in terzo grado al tribunale della Ruota.

I difensori del principe, oltre agli schiarimenti di fatto tendenti a provare che le innovazioni eseguite non arrecavano nè potevano arrecare il minimo danno al fondo vicino, ripeteano quello che la medesima Ruota in altra causa *Romana translationis fontis* 11 maggio 1838 cor. Alberghini tra i medesimi litiganti avea riconosciuto, circa al principio di non doversi impedire *quod tibi non nocet, et alteri prodest,* dicendo che, *cum quisque sit rei suae moderator et arbiter, ita potest illius usum, et utendi modum pro arbitrio invertere et immutare, dummodo tamen juribus alteri quaesitis, nullum afferat praejudicium . . . . . id unum quippe in hujusmodi re spectari solet : utilitatis nempe ejus qui variationem peragere velit, sine incommoditate illius, cui servitus est constituta; adeout, si is per alium locum non minus commode servitute uti potest, nullum jus prohibendi habeat. Nec secus omnino esse debet. Quod enim factum nobis prodesse potest, aliis autem nihil nociturum est, hoc concedendum esse aequitas suggerit, etiamsi jure deficiamur* — Dopo di che, affermando che il taglio in quel greppo era antico, e fatto osservare che il perito giudiziale non potè riconoscerlo come nuovo, dicea che quand' anche si volesse credere nuovo, il principe avea operato nel suo, nè danno alcuno era derivato al vicino: e suo essere l'argine, perchè tale dai periti riconosciuto, per cui il confine divisorio dei due suburbani fosse una fossa tra l'argine e il fondo del Massimo ai due confinanti comune — Che se

il fosso è .posto a confine di due fondi limitrofi, per legge e
consuetudine agraria è destinato a convogliare le acque dei confinanti, non ostante il disposto della *l. 28 ff com. dividundo* (1),
mentre una tale disposizione di legge ha luogo solo nel caso
che il socio voglia servirsi della cosa comune in modo diverso da quello a cui è destinata, non quando voglia farne
uso per iscolare le acque sovrabbondanti, al quale officio i
fossi sono suggeriti dalla stessa natura (2).

E siccome il patrocinio contrario aveva opposto che la
regola è limitata al caso di opere fatte per rendere o più
abbondante, o più veloce, o più veemente del solito l'immissione delle acque (3), sussumeva che dunque non veniva
impugnato il condominio del fosso, e, ciò ritenuto, notava
l'eccezione suddetta aver luogo solo nel caso di danno che
avvenga, dicendo la medesima *leg.* 1 *ff de aqua et aquae pluviae arcendae* § 3, che tali pretese si ammettono solo nel caso
che *aqua, eo opere, agris vicini noceat*, e più sotto, che
*apud Servii auditores relatum est aquae pluviae arcendae agi
posse, si ea aqua vicino noceat*, mentre per lo contrario, quando
l'immissione dell'acqua accresciuta non nuoce al vicino, non
si ha diritto ad opporsi (4).

---

(1) *L. 28 ff comm. divid.* - Sabinus in re communi neminem
dominorum jure facere quidquam invito altero posse ....., in re enim
pari potiorem caussam esse prohibentis constat.

(2) Rota *nella Romana remotionis fovei transversi* 9 *julii* 1838
§ 3 *cor.* Bofondi.

(3) *L.* 1 § 1 *ff de aqua et aquae pluviae arcendae* - Haec autem actio locum habet quoties, opere manufacto, agro aqua nocitura
est: idest cum quis manufecerit, quo aliter flueret quam natura so-
leret, si forte, inmittendo eam, aut majorem fecerit, aut citiorem,
aut vehementiorem.

(4) *L.* 2 *ff eod. tit.* § 5 ..... quamquam tamen deficiat aquae
pluviae arcendae actio directa, attamen opinor utilem actionem, vel

Il difensore del duca, richiamato a memoria il principio
che il corso delle acque non può esser cambiato per disposizione dell'uomo, come lo può per disposizione di natura (5),
dicea, che per dar luogo all'azione *aquae pluviae arcendae*,
non è necessario che il danno sia giunto, ma basta il pericolo, allegando appunto la *l.* 1 § 1 *ff de aqua et aquae pluviae arcendae* in contrario temuta: per cui la Ruota in una
Romana decursus aquarum 16 *maggio* 1738 § *responsionis* cor.
Calcagnino, disse che, *sicuti adversus eum qui aliquid in publicis fluminibus moliatur, proditum est interdictum ne quid in
flumine publico, ita adversus illum qui in privatorum fluentis
obices parat, vel opus manu facere ausit, data est actio aquae
pluviae arcendae. Cujus actionis tanta est sanctimonia et auctoritas, ut ejus initia jurisperiti referant ob ipso fonte XII
tabularum: itemque tanta religione, lex ac ratio praediorum
indemnitati praecavit, ut, etiamsi manufactum opus nullum
damnum intulerit, sed tantummodo ex eo timeatur, locum sibi
vindicet* — Dopo di che, fatte conoscere le ragioni per cui il
duca poteva e doveva credere essere volontà del suo avversario immettere nel suo le acque, che nel di lui fondo sovrab-
bondavano, non ammettendo nel principe la proprietà dell'argine, accorciava la discussione dicendo che, data e non concessa la verità della contraria pretesa, nessuno nel proprio
può fare lavori per mezzo dei quali immetta alcuna cosa nel-

---

interdictum mihi competere adversus vicinum, si velim aggerem restituere in agro ejus qui factus mihi quidem prodesse potest, ipsi
vero nihil nociturus est: haec aequitas suggerit, etsi jure deficiamur.

(5) *Suprad. l.* 2 § 5 - Item Varus ait aggerem, qui in fundo
vicini erat, vis aquae dejecit: per quod effectum est ut aqua pluvia
mihi noceret. Varus ait, si naturalis agger fuit, non posse me vicinum cogere aquae pluviae arcendae actione, ut eum reponat, vel
reponi sinat - Cujac. *in lib.* 14 - Paulli *ad edictum in suprad.
l.* 2 *ff de aqua et aquae pluviae arcendae*.

l' altrui (6) : per cui l'azione *aquae pluviae arcendae* è istituita non per il caso che taluno faccia opere nell'alieno, ma se le faccia sul suo. E faceva osservare che in fatti la specie della *l.* 1 § 6 *ff de aqua et aquae pluviae arcendae* è specie d' un tale che avea piantati i salci nel proprio, e disse Ulpiano che, *si quis salicta posuerit, et ob hoc aqua restagnaret, aquae pluviae arcendae cogi posse, si ea aqua vicino noceret,* la specie della *l.* 24 *ff eod. tit.* è specie di solchi acquari fatti pure nel proprio, quella della *l.* 3 § 2 del medesimo titolo è caso di un proprietario, che, irrigando il suo prato, mandava l'acqua nel terreno del vicino, e fu risposto *neque damni infecti, neque aquae pluviae arcendae actione eum teneri, nisi locum complanavit, eoque facto, citatim aqua ad vicinum pervenire coepit:* perchè, secondo la legge 6 dello stesso titolo § 3 - *aquae pluviae arcendae nonnisi eum teneri, qui in suo opus faciat, receptum est, eoque jure utimur.* Cio dell'argine.

Circa alla pretesa comunione del fosso dicea che, concessa anche questa, non è prediale condomino che possa, senza il consenso dell'altro, servirsi in modo diverso della cosa comune (7), per cui al dir del Richerio *jurispr. univ. lib.* 2 *tit.* 3 *cap.* 2 § 1018, *quisque utique in suo facere potest opus quodlibet : ita tamen , quemadmodum scite animadvertit Ulpia-*

---

(6) *L.* 8 § 5 *ff si servitus vindic.* - Itemque ait : ex superiore in inferiora non aquam, non quid aliud immitti licet: in suo enim alii hactenus facere licet , quatenus nihil in alienum immittat.

(7) *L.* 27 *ff de servitut. praedior. urban.* - Sed si inter te et me communes sunt Titianae aedes, et ex iis aliquid non jure in alias meas aedes proprias immissum sit , nempe tecum mihi agere licet , aut rem perdere. Idem fiet si ex tuis propriis aedibus, in communes meas et tuas aedes quid similiter esset projectum , mihi enim soli tecum est actio. Si in area communi aedificare velis , socius prohibendi jus habet , quamvis tu aedificandi jus habeas a vicino concessum, quia invito socio in jure communi non habeas jus aedificandi - *l.* 28 *ff comm. divid.* - *l.* 11 *ff si servitus vindicetur.*

nus, ne aliquid in vicini praedia immittat vel projiciat, nisi facultatem hanc, servitute constituta, adeptus sit: quinimmo nec in communem locum aquam projicere licet, si socius dissentiat, quia in re communi melior est conditio prohibentis, atque communis locus pro uniuscujusque portione proprius est, non alienus: che le leggi però, prevedendo due casi, quello cioè del socio che vuole mandar le acque del fondo proprio nel fondo comune, e di quello che dal fondo comune vuole mandarle nel fondo del socio, danno in entrambi la facoltà di resistere, se i manufatti sian tali da far correre le acque *quam aliter fluerent* (8). Dopo le quali osservazioni di diritto, si dava ad escludere con argomenti di fatto la comunione del fosso.

Il sacro uditorio confermò la seconda sentenza col rescritto — *esse locum reductioni in pristinum ad formam sententiam A. C. et expediatur.*

Ruota del dì 7 giugno 1844. — *Romana reductionis in pristinum*; dif. per Torlonia sigg. avv. Caramici e Ridolfi, proc. sig. dott. Pagnoncelli proc. di coll.; per Massimo sig. avv. Benedetti, proc. sig. dott. Ranuzzi.

PROCURA . ABUSO . AZIONE CIVILE . AZIONE CRIMINALE

XLVIII. *Chi abusa d' una firma in bianco per creare un debito a carico di chi l' ha fatta, e si appropria il danaro, può essere perseguitato in via criminale come reo di truffa e di falso in atto privato.*

Né, per ottenere il rinvio della causa al tribunale civile, gli

---

(8) *L. 6 §§ 2 e 3 ff de aqua et aquae pluviae arcendae* - lu-de quaeritur, si communi meo et tuo ex proprio agro tuo aqua noceat, an agi possit aquae pluviae arcendae? et puto agendum ···· versa quoque vice, si communis ager sit qui nocet proprio, poterit aquae pluviae arcendae agi.

giova allegare che egli, avendo trattati gli affari di chi ha fir-
mato, avea diritto a potersi ritenere il danaro in conto delle
somme improntate.

N. c. N.

Un uomo di provincia, avendo trattati gli affari d'una famiglia, si facea creditore, ma il credito gli veniva impugnato: egli, per troncare ogni questione senza atti giudiziali, ottenne da chi rappresentava i pretesi suoi debitori una firma sopra un foglio bianco di carta bollata, nel quale formulò una procura in persona d'un causidico pur di provincia: questi, creato un debito fruttifero di sc. 300 a carico dei pretesi mandanti, consegnò la somma a chi gli avea consegnato il mandato, nè i debitori seppero nulla del debito, finchè in iscadenza furon citati al pagamento dei frutti. Allora nel tribunale del governo di Roma dettero querela di truffa e falsità in atto privato contro il mandatario e l'uomo d'affari, che ebbe il mandato, ed era il processo al suo fine, quando dagli accusati fu interposto ricorso d'incompetenza nel tribunale supremo della s. Consulta, dicendo spettare la causa alla magistratura civile.

Il s. tribunale

„ Considerando che il fatto per il quale i fratelli N. N. accusarono N. è compreso sotto la censura dell'art. 233 dell'editto penale, da cui è stabilita la pena dai tre ai cinque anni di galera.

„ Considerando, che, trattandosi di un giudizio d'incompetenza o di competenza dell'azione criminale, non si può, nè si deve menomamente discutere sul merito intrinseco della causa, e solamente devesi aver riflesso al libello di accusa, ed agli estremi costituenti il titolo delittuoso.

„ Considerando che lo stesso N. confessa di aver ricevuto il foglio in bianco colle firme dei N. N. aderenti al fisco, come pure confessa di aver fatta apparire una data in vece dell'altra nell'estensione del mandato di procura; e che non può dubitarsi del danno ricevuto dai N. N. stessi, trovandosi esposti non solo al pagamento di frutti stabiliti alla ragione di sc. 6 per ogni centinaio ed anno, ma eziandio alla restituzione della sorte, ed essendo state le loro proprietà gravate di un vincolo ipotecario.

„ Considerando che spetta al merito intrinseco della causa il conoscere e decidere se N. agisse o nò con dolo, prendendo a calcolo quelle eccezioni, che ora efficacemente deduce per mezzo del di lui difensore, che cioè era esso creditore del patrimonio N. di una somma molto superiore agli sc. 300; e che, per soddisfarlo in parte del loro debito, i N. N. suddetti gli affidassero il foglio di carta da bollo in bianco colle loro firme, onde avesse procurato la creazione di un cambio di sc. 300, la qual somma intieramente gli cedevano.

„ Considerando che, senza avvedersene, lo stesso difensore di N. viene a fare rilevare la di lui malafede; poichè col pretendere che, non essendo seguita la dispunzione dei conti tra il suo cliente, ed i N. N., non possono costoro esercitare a carico del medesimo l'azione criminale, ammette chiaramente, che N. prima che il suo credito venisse liquidato, rendendosi da per se stesso ragione, ed a dispetto de' suoi pretesi debitori, se ne appropriasse il pagamento.

„ Considerando in fine che per tali ragioni di diritto e di fatto è chiaro sino all' evidenza essere competente il giudizio criminale:

„ Il s. tribunale ha dichiarato e dichiara, che la causa di cui trattasi appartiene al giudizio criminale, ed ha ordinato, che a tale effetto vengano rimessi gli atti al tribunale del governo.

Sac. Consulta sess. del dì 13 febbr. 1844 secondo turne mons. Severoli *decano e presid.*

XLIX. *Chi prende l'incarico di portare per altri una cambiale allo sconto, e si appropria una parte del ritratto, commette una truffa, e può essere perseguitato criminalmente.*

N. c. N.

Altra massima stabilita dalla s. Consulta colla seguente sentenza.

„ Considerando che la querela esposta da N. contro N. presenta evidentemente i caratteri di truffa, poichè, prescindendo dalla limitazione dell'incarico di scontar le cambiali in solo contante, come sostiene il querelante, ed è impugnato dal querelato, è certo che N. non corrispose all'incarico stesso, anche nel senso in cui egli asserisce d'averlo ricevuto, non avendo fatta ad N. la tradizione delle merci che aveva ritirate, scontando le di lui cambiali, nè del denaro che aveva ritratto colla vendita di una porzione delle medesime.

„ Considerando che, avendo N. depositato a disposizione del tribunale inquirente alcune pannine ed alcune cambiali, provenienti, come si è detto, dallo sconto di quelle di N., si è potuto stabilire che l'ammontare complessivo di esse non copre la valuta delle cambiali in questione, per lo che si ha un fondamento a ritenere che il medesimo, abusando della fiducia di N., siasi appropriata la somma mancante.

„ Considerando che una qualche frode ancora potrebbe esser nascosta nelle sei cambiali depositate da N., la quale nella prosecuzione degli atti processuali con ogni probabilità verrebbe a risultare.

„ Considerando che il prevenuto senza necessità, e senza che ne fosse richiesto da N. appose la sua firma nelle tre cambiali, dal che sempre si arguisce in esso l'impegno di negoziar le medesime a proprio vantaggio, e con danno dell'accettante, senza tema di compromettere il proprio interesse, nulla avendo da perdere.

„ Considerando che, da quanto si è detto, rimangono diluiti tutti i motivi dedotti dalla difesa, i quali, se inefficaci riuscirebbero nel giudizio del merito, perchè fondati unicamente sull'assertiva dell'inquisito, molto più non possono essere attendibili nell'attuale giudizio di mera revisione sulla competenza dell'azione criminale.

„ Il s. tribunale pertanto ha dichiarato e dichiara nel caso di cui trattasi la competenza dell'azione criminale, ed in conseguenza ha rigettato e rigetta l'interposto ricorso, ordinando che gli atti siano rimessi per l'uso opportuno al competente tribunale senatorio.

Sacra Consulta sessione del dì 28 maggio 1844 — Romana di truffa, secondo turno mons. Severoli *decano e presid.*

INIBIZIONE . DIFFIDAZIONE . ATTENTATI

L. *Pendente l'inibizione si commette attentato non solo coll'eseguire i giudicati, ma con qualunque atto tendente a turbare la parte vinta nell'esercizio de' suoi diritti.*

Per cui è atto esecutorio, ed attentato una diffidazione fatta ai coloni di un patrimonio in sequela d'un giudicato pendente il decendio dato dal § 1151 num. 3.

(*Discuss. sui §§ 988, 1151 e 1199 del reg. giud.*)

Muti c. il Seminario di Viterbo

Troviamo questa massima riconosciuta dalla Ruota nel caso di una diffidazione che il seminario di Viterbo erede testamentario del card. Bussi fece eseguire agli inquilini e coloni dell'eredità, dopo avere ottenuto dal sudetto sacro uditorio l'annullamento degli atti d'immissione fatti nel tribunale dell'A. C. ad istanza dei marchesi Muti. Giacchè, avendo il luogo pio pressa spedizione del decreto ruotale, ed avendola intimata alle parti, pria che spirassero i dieci giorni, duranti i quali non si può procedere all'esecuzione, a man di cursore la fece notificare anche ai coloni e agli inquilini, dicendo loro in istampa, che rimanessero diffidati, *affinché non riconoscessero che li ministri del ven. seminario, e che siano inibiti di consegnare o pagare a chiunque altra persona, fuori che al seminario, sotto pena di reiterato pagamento, o di contrarre responsabilità del proprio.* Ciò dette causa ad una dimanda di attentati in sacra Ruota per parte dei marchesi Muti, e comparve difensore per essi il chiarissimo sig. prof. avv. *Villani.*

Disse dei dieci giorni che dal § 988 son dati ad appellare, e degli altrettanti successivi alla notifica della sentenza, correndo i quali, il § 1151 sospende ogni atto esecutorio. E siccome il seminario, saputa la pretesa degli attentati, avea formalmente dichiarato in atti non essere stata sua volontà di *spogliare i marchesi Muti del possesso dei beni, ma solo di avere inteso coll'atto di notifica di portare a notizia dei coloni ed affittuari il ruotale decreto,* per cui si dovesse ritenere *come una semplice protesta e dichiarazione di animo, e non mai come un atto spoliativo ed esecutorio,* dicea tal dichiarazione contraria al fatto, giacchè in fatto la diffidazione avea detto dovessero i coloni e gli inquilini riconoscere i ministri del seminario, non altri nel pagamento dei noli, e nella consegna delle derrate: e ricordava che secondo l'Oinotomo *Instit. de action. § quadrupli num.* 33 son vari i modi con cui il possesso pacifico può esser turbato: *nam primo quidem violentia dicitur* expulsiva, *secundo est quaedam violentia ablativa, tertio est quaedam violentia turbativa, quae committitur quando unus turbat alium, et, si cadat in rebus immobilibus, proditum est interdictum* uti possidetis, *quarta est quaedam violentia inquietativa, quando aliquis, qui non est possessor, vi aut clam inquietat, et non sinit alium uti de sua quiete: quo casu interdictum, quod vi aut clam competit;* e aggiunge il Mascard *de probat. conclus.* 1590 *num.* 63 che è reo di turbato possesso anche colui, che con una lettera impedisce al possessore il pacifico godimento del suo.

I difensori del seminario allegavano appunto la scusa che il patrocinio contrario avea preveduta , e la giustificavano coll'autorità del Lancellotto che nel trattato degli attentati *par.* 2 *cap.* 4 *de attentatis lite penden. limit.* 21 , dopo aver data la regola dell'essere revocabile ogni atto fatto in disprezzo della lite pendente , soggiunge che *non procedit quando actus fuisset per modum declarationis factus : quamvis enim actus ipse de nova lite pendente, citra vitium attentati, regulariter fieri non potuisset , illius tamen declarationem etiam lite pendente fieri posse affirmavit novissime Gabriel etc.: quamvis autem praesens limitatio videatur auctoritate destituta, non est tamen reijcienda , sed tamquam vera regulariter amplectenda* (1).

Il sacro uditorio rescrisse — *Esse locum purgationi attentatorum per viam nullitatis.*

Ruota del di 29 *luglio* 1844 — *Romana seu Viterbien. purgat. attentatorum* R. P. D. De Avellà , *proc. per Muti* sig. dott. Vespasiani; *dif. per il Seminario* sigg. avv. Benedetti - Rossi (Pietro), e Tomassetti , *proc.* sig. dott. Vaselli *proc. di coll.*

REGIUDICATA . ESECUZIONE . COMPETENZA

LI. *Un'azione alla quale dia causa una regiudicata , per l'effetto della competenza, è sempre controversia in sequela di giudicato nel senso del § 1142.*
E perciò appartiene al giudice di primo grado.

(*Discuss. sul* § 1142 *del reg. giud.*)

---

(1) Rota *recen. par.* 8 *decis.* 53 *num.* 1, *e parte* 13 *decis.* 191 *num.* 1.

Al sig. avv. *Ciabatta* parve il contrario in un ricorso che prese a difendere in Segnatura per Santarelli di Forlì. Il qual suo cliente, sapendo che Salvolini con sentenza della curia ecclesiastica avea posto sotto esecuzione un palazzo ed un fondo rustico del cherico marchese Morattini, essendo creditore ancor esso per cessione di un Masotti, citò *starì sub exequutione*, e, nell'aggiudicazione dei fondi, ottenne decretarsi *essere esso compreso a partecipare proporzionatamente al suo titolo di credito, salva la divisione*: ma, avendo la curia arcivescovile di Ravenna revocata la sentenza, con cui il credito del Masotti era stato riconosciuto, il Salvolini andò al tribunale di prima istanza sedente in quella città, richiedendo l'annullamento della coaggiudicazione succennata: e il magistrato *considerando che l'esercizio dell'azione per la nullità dell'aggiudicazione costituisce un diritto esclusivamente competente al debitore espropriato marchese Morattini, e conseguentemente è destituita di fondamento ,, ob non jus actoris ,,* rigettò la dimanda con sentenza, che, per trascuramento d'appello, passò in regiudicata. Andato allora il Santarelli in possesso, citò il Salvolini innanzi al medesimo tribunale di prima istanza per la divisione dei beni, o per ottenere da lui il conto dei redditi fino a quell'ora percepiti: al quale giudizio si presentò munito d'una rinunzia con cui il Morattini avea abdicato l'utilità provenutagli dalla sentenza revocatoria pronunciata in Ravenna, dicendola nata senza sua volontà. Ma dall'altro canto il Salvolini chiamò tal suo avversario innanzi alla curia vescovile di Forlì, che era quello da cui provenne la prima condannatoria sentenza, e lo citò a dimetter gli effetti dell'ottenuta aggiudicazione di stabili, ed a rendere i frutti: lo che dette motivo al Santarelli d'interporre contro tale giudizio: il ricorso, di cui come abbiam detto, il sig. avv. *Ciabatta* assunse il patrocinio.

Dice il § 1141 che *la procedura relativa alla esecuzione*

dei giudicati comprende gli atti, le controversie e le liquidazioni che hanno luogo in sequela dei medesimi ; e dice il seguente, che *tali atti e controversie, salvo ciò che è disposto in ordine alle spese, appartengono ai giudici, od ai tribunali che hanno proferite le sentenze in primo grado.* Ma a lui non sembrava che quel domandare del Salvolini che il suo avversario abbandonasse il possedimento dei fondi aggiudicato, fosse una esecuzione della regiudicata, ma piu tosto una azione nuova *condictionis sine causa* (1), che è quanto dire un'azione ordinaria, alla quale la regiudicata serviva di titolo e di ragione per dimandare (2): e che infatti il libello, con cui la causa innanzi al vicario venne introdotta, fu formulato con frasi convenienti a principale, non ad esecutorio giudicio, dicendosi che era *nullo ed insussistente il preteso diritto del Masotti, ed in conseguenza anche nullo il titolo della cessione in favore del Santarelli : per lo che si faceva luogo alla rivendicazione di tutto quanto ingiustamente, e nullamente egli aveva percetto dipendentemente dalla sentenza revocata.* Dalle quali premesse gli era facile di concludere che, essendo la causa una causa nuova, indipendente dalla esecuzione della regiudicata, la quale regiudicata si produceva non come atto da doversi eseguire, ma come prova esclusiva del titolo allegato in contrario, il tribunale vescovile non avesse giurisdizione per giudicare.

---

(1) *L.* 1 *ff de condict. sine caussa* - Est et haec species condictionis, si quis sine caussa promiserit, vel si solverit quis indebitum : qui autem promisit sine caussa, condicere quantitatem non potest, quam non dedit, sed ipsam obligationem. Sed etsi ob caussam promisit, caussa tamen sequuta non est, dicendum est condictionem locum habere . . . . Constat id demum posse condici alicui, quod vel non ex juxta caussa ad eum pervenit, vel redit ad non justam caussam.

(2) Voet *in pandect. lib.* 12 *tit.* 8 *num.* 2 - Heinecc. *ibid. titulo* 7 § 65.

272

Il sig. avv. *Pacelli* dicea pel Salvolini, che nel senso giuridico eseguire una regiudicata revocatoria, è revocare tutto quello che in forza della prima sentenza sia avvenuto (3), giacchè al dire del Franchi *decis.* 136 *num.* 3. *Quemadmodum prima sententia fuit exequutioni mandata, eodem modo mandanda secunda sententia revocatoria exequutionis .... non debent enim actor et reus ad imparia judicari* (4): e che nessuna diversità è tra la esecuzione della regiudicata, e le azioni che derivan da questa, poichè, siccome le regiudicate creano diritti in favore di chi le ha ottenute, ripetere quello che la revocata sentenza avea conceduto, sarà condizione *sine caussa*, ma sempre azione che viene in esecuzione della regiudicata (5): *sive hoc, sive illo modo exequutio petatur* (dice Vinnio *paratit. lib.* 4 *cap.* 49 *de effectu et exequut. reijud.*) *res semper eo redit, ut si condemnatus parere recuset, sententia mandetur exequutioni*: per cui il tribunale supremo proclamò in altro incontro che *quando agitur de quaestionibus, quae rei judicatae respiciunt exequutionem, necessario deferri debent ad judicem ejusdem rei judicatae exequutorem* (6).

Il tribunale supremo per tali motivi rigettò il ricorso colla formola — *Nihil*.

Segnatura del dì 14 *settembre* 1843 — *Forolivien. circumscriptionis* R. P. D. Arnaldi, *proc. per Santarelli* signor dott. Proja, *per Salvolini* sig. dott. Ceccacci (Gioacchino).

7 dicembre 1843 — *in decisis.*

---

(3) Glossa *in cap. accedens, ut lite non contest.* v. *universitas* - ed alla *Clem.* 1 *de sentent.* - Schmalzgrueber *jus canonic. univ. part.* 4 *tit.* 27 § 3 *num.* 9.

(4) Carleval *de judiciis lib.* 1 *tit.* 2 *disput.* 8 *num.* 8.

(5) *L.* 4 § 1 *ff de rejud.* - *l.* 75 *ff de jud.* - Voet *ad pand. lib.* 42 *tit.* 1 *num.* 29.

(6) *Decis.* 118 *nel tom.* 2 *delle raccolte.*

ISCRIZIONE . GIUDIZIO PENDENTE .
RINNOVAZIONE . VIOLAZIONE DI LEGGE

LII. *La pendenza del giudizio non discarica il creditore ipo-*
tecario dall' obligo di rinnovare l' iscrizione allo spirare
del decennio.

E l' ammettere un principio contrario è manifesta violazione
di legge.

(*Discuss. sul § 165 del reg. legisl.*)

Bevilacqua c. Doppieri

Che, non ostante la lite, le iscrizioni vadan perente se
allo spirare del decennio non sono rinnovate, fu detto nella
Romana pecuniaria 17 febbraio 1837 cor. Marini (1), e, divenuta presso di noi sicura la massima, la presente effemeride dopo quel caso mai più non vide metterla in controversia: siccome però, quando si tratta di restituzione in intiero, tra le opinioni giuridiche, ed i principii legislativi è
molta diversità, a compimento della dottrina mancava una
regiudicata la quale dicesse, che l' adottare un principio diverso, non è allontanarsi dalla sentenza migliore in questione opinabile, ma violare manifestamente la legge. Ed eccola
in una causa di restituzione in intiero concessa dalla Segnatura contro una sentenza del tribunale di Spoleto confermatoria di un' altra, mediante la quale il governatore di Terni
in favor del Doppieri creditore di un Ceci, e contro il Bevilacqua possessore di un fondo già appartenente al debitore, aveva ammessa l' azione ipotecaria. Il qual terzo possessore, dopo avere in Segnatura inutilmente richiesto l' annullamento degli atti, che, essendo fatti in tempo di procedura leonina, furon salvati per causa di giurisdizione proro-

(1) *V. il pres. giornale anno* 1839 *vol. II pag.* 4.

18

gata (2), si volse a richiedere con altro ricorso il beneficio della restituzione in intiero.

„ Il tribunale supremo considerando, tra le altre ragioni, che il ricorrente produce un nuovo e decisivo documento dal quale apparisce che, scaduto il decennio durante la lite, la iscrizione ipotecaria dal Doppieri non fu rinnovata.

„ Che, perenta perciò l'ipoteca, niuna azione gli rimaneva contro il terzo possessore Bevilacqua , dicendo il § 165 del vigente codice - *le iscrizioni delle ipoteche di qualunque specie cesseranno di avere effetto , se allo spirare di ciascun decennio non saranno rinnovate* : onde la regiudicata ebbe per base un falso supposto , cioè la esistenza della iscrizione ipotecaria.

„ Che è inutile il dire essere la perenzione avvenuta quando la causa pendeva in grado d'appello , e non doversi retrotrarre al giorno in cui la lite fu incominciata: giacchè la legge senza distinzione tra i decenni scaduti pendenti le liti, e quelli scaduti precedentemente, commina la pena della perenzione contro tutte le iscrizioni che non vengano rinnovate.

„ Che se i tribunali di appello devono avere riguardo allo stato in cui erano i fatti quando la lite fu contestata , un tale principio non può e non deve essere spinto tant'oltre da non doversi apprezzare gli avvenimenti che, correndo il giudizio, hanno sostanzialmente cambiati i diritti delle parti, e ridotta l'azione a quel caso , da cui non poteva incominciare. E ciò molto più per il riflesso , che l'aver mandata perenta la iscrizione ipotecaria , toglie al terzo possessore il beneficio del subingresso nelle ragioni del creditore.

„ Che se il tribunal di Spoleto avesse avuta cognizione di un tal fatto , cioè della perenzione avvenuta , non avrebbe pronunciata la sentenza di cui si tratta , quale anzi pronunciò , ritenendo la iscrizione rinnovata.

---

(2) *Interamnen. circumscriptionis cor. b. m.* Grossi 26 agosto 1830.

Rescrisse — *De caussis sine praejudicio reijudicatae, etiam quoad refectionem expensarum.*

Segnatura del dì 18 luglio 1844 — Interamnen. restitut. in integr. R. P. D. Lippi, *dif. per Bevilacqua* sig. avv. Menghi, proc. sig. dott. Brunetti; *per Doppieri* sigg. avv. Tosi e Leoncilli, proc. sig. dott. Cristofari.

22 agosto 1844 — In decisis.

GRADUATORIA . CREDITI . VIOLAZIONE DI LEGGE . DUBBI

LIII. *Decidere in una sentenza graduatoria sulla giustizia di un credito, è manifesta violazione di legge.*

Giacché con tali sentenze si dee decidere unicamente del grado, giudicando le controversie o già nate, o che possono nascere circa i singoli crediti, sopra dimande incidenti per separate sentenze.

Pronunciare sentenza graduatoria, senza la precedente manifestazione dei dubbi, è violazione di legge, ancorché la causa sia incominciata prima del m. p. 10 nov. 1834.

(Discuss. *sui* §§ 1059. 1371. 1379 *del reg. giud.*)

Zambeccari c. Righi e Mattei

Rigettata l'istanza di moderazione di ricorso, e riconosciuta la massima che nei giudizi d'ordine *non decorrono i termini ad interporre i ricorsi, finché non è avvenuto l'ultimo atto esecutorio per tutti* (1), il difensore dello Zambeccari potè proporre in Segnatura i motivi di restituzione in intiero contro alla sentenza graduatoria della curia arcivescovile di Bologna. Ed il primo fu quello dell'essersi detto constare del credito della commenda Garimberti contro il patrimonio Lam-

---

(1) *V. il pres. giornale anno* 1842 *vol.* 2 *pag.* 239.

bertini nella somma di sc. 1400, ma doversi detrarre da questa somma sc. 900, per altrettanti dal commendatore pagati onde ricuperare alcuni beni distratti in tempo francese: e così la somma da graduarsi fu ridotta a scudi 500. La legge, diceasi, non voleva e non vuole, che nelle sentenze graduatorie si decidano questioni risguardanti la giustizia dei crediti, le quali, se insorgono, devono essere trattate come incidenti, e giudicate con separate sentenze (2), salvo l'appello, che però non ritarda la distribuzione del prezzo, e solo manda a deposito la somma controversa (3): disposizione sapiente, sola che possa abbreviare la durata di siffatti giudizii, dei quali altrimenti non si vedrebbe mai il termine. Ed allegavasi una decisione di Segnatura, ancor essa *Bononien. graduationis* 8 marzo 1838 cor. Grossi, nella quale, per la violazione delle medesime disposizioni di legge, contro una simile sentenza d'ordine fu accordato il rimedio straordinario della restituzione in intiero. Dopo di ciò l'autore della difesa dicea che fu concessa la compensazione per un credito illiquido contro il disposto nel diritto comune (4), e del vi-

---

(2) *Cod. Leon. art.* 915, *e Reg. giud.* § 1533 - Le controversie che potessero nascere sopra alcuno dei crediti, e quelle pure che fossero già insorte, e pendenti avanti altri giudici o tribunali di primo grado, saranno conosciute e decise come dimande incidenti dallo stesso tribunale, che dee conoscere e giudicare le cause del concorso.

(3) *Reg. giud.* § 1534 - L'appello dalle sentenze che saranno emanate, non ritarderà la distribuzione del prezzo, o la graduazione dei creditori: vi sarà collocato il credito controverso, sospeso però il pagamento della somma dovuta fino all'esito del giudizio. La stessa regola avrà luogo quando la causa sul credito fosse decisa anteriormente alla convocazione del concorso, e dalle sentenze già proferite si fosse interposto appello.

(4) *L.* 14 *cod. de compensat.* .... Hoc itaque judices observent, et non procliviores ad admittendas compensationes existant: nec

gente codice di procedura civile (5), anzi per un credito
irammissibile : giacchè il commendator Lambertini , invece
di pagare all' acquirente dei beni quegli scudi novecento ,
avrebbe dovuto investirlo per la nullità dell' acquisto , facendo conoscere , che le leggi repubblicane 8 maggio e 3 giugno 1798 rendevano franche dalla confisca le commende appartenenti per titolo di giuspatronato alle famiglie : per cui di
quella inutile gestione di negozio si potesse dire con Ulpiano
l. 10 *ff de negot. gestis - non autem utilem negotia gerit, qui
non necessariam rem , vel quae onerata est patrem familias ag-
greditur. Juxta hoc est et quod Julianus scribit: eum qui insu-
lam fulsit , vel servum aegrum curavit , habere negociorum gestorum actionem , si utiliter hoc faceret , licet eventus non sit
secutus : ego quaero , quid si putavit se utiliter facere, sed patrem familias non expediat ? Dico hunc non habiturum nego-
tiorum gestorum actionem.* Notava per ultimo, che il giudice,
ricevuto il rapporto che in quella graduatoria fece il signor
avv. Giovannardi perito deputato , procedé alla sentenza senza premettere la manifestazione dei dubbi , nel che contrav-
venne al disposto nel § 1379 , il quale dice che *il giudizio*

---

molli animo eas suscipiant: sed, jure stricto utentes, si invenerint eas
majorem et ampliorem exposcere indaginem, eas quidem alio judicio reservent : litem autem pristinam jam pene expeditam judicio
terminali componant. *Instit. de action.* § 30.

(5) *Reg. giud.* § 845 - Se la dimanda di compensazione è proposta in principio di lite , e prima di qualunque altra difesa sul
merito , basterà provare che il credito da compensarsi è certo e
liquido in genere : se viene proposta in appresso , converrà esibire
un titolo da cui risulti la quantità precisa della somma dovuta.

§ 846. Nell'uno e nell'altro caso la dimanda di compensazione dovrà
esser basata sopra un titolo scritto, e che provenga da colui, contro il quale viene proposta : qualora non sia basata sopra un titolo
scritto , non potrà proporsi nè trattarsi come incidente ; ma il credito da compensarsi formerà il soggetto d' un giudizio principale.

*di consegna o distribuzione del prezzo si farà colle norme dei
giudizi ordinari : l'opinamento del tribunale enuncierà distin-
tamente le somme da prelevarsi pei crediti privilegiati , ed i
motivi dei privilegi : conterrà il progetto del contributo o della
graduazione dei creditori iscritti.*

A tale dimanda si opponevano Righi, Mattei e l'ospedale maggiore della città di Bologna , i cui difensori dicevano inattendibile il primo motivo , perchè il concorso sui
beni del Lambertini aveva avuto principio fino dall'anno 1801 , onde non fossero da applicare al medesimo le
forme prescritte nei codici di procedura posteriormente attivati — perchè inoltre il § 1533, parlando delle controversie che nei giudizi d'ordine nascon sui crediti, di
ogni altra può intendersi, fuorchè della compensazione , la
quale si opera *ministerio juris* , nè ha bisogno di giudice, il
quale con separata sentenza la riconosca avvenuta (6) : che
in fatti la compensazione in quella sentenza non fu giudicata , ma ritenuta, giacchè di essa si fece parola nei *considerando* , non nella parte dispositiva — che se giudicare in
quel modo non fu regolare , non fosse da addurre una in-
concludente irregolarità di metodo, come violazione di legge,
e manifesta ingiustizia. Circa al pagamento degli sc. 900 fatto
dal Lambertini, notavan che questi non avrebbe potuto intentare utilmente una lite per far`dichiarare nulla la compra, poi-
chè la legge della republica cisalpina 8. vendemmiatore anno 7 , art. 373 diceva — *la nazione cisalpina proclama sotto
la garanzia della fede pubblica , che dopo un'alienazione legalmente consumata dei beni nazionali , qualunque ne sia l'origine , l'acquirente legittimo non può esserne spogliato , salvo
al terzo reclamante la sicurezza d'esserne, se vi è luogo, in-*

---

(6) *Leg.* 2 *cod. de compensat.* - Unusquisque creditorem suum,
eumdemque debitorem suum petentem summovet, si paratus est compensare - *L.* 21 *ff eod.* - Placuit inter omnes id quod invicem debetur , ipso jure compensari.

dennizzato dal tesoro, e perchè in tutti i casi a quei che comprano beni venduti dal fisco, per essere franchi dalle pretese degli antichi padroni, basta l'opporre d'aver contrattato col fisco (7). — All'altro motivo di violazione di legge arguito dall'essersi proceduto alla sentenza definitiva, *senza far precedere la manifestazione dei dubbi*, rispondeano facendo osservare, che al pubblicarsi del codice 10 nov. 1834 la causa era in istato di spedizione : che il provvisorio regolamento 31 ottobre 1831 nel riconoscere col § 181 come trasgressione di forma la omissione dei dubbi, si riferiva al § 83 così concepito - *i dubbi, ossiano ragioni di dubitare e di decidere, che si propongono alle parti a forma dell'art.* 198 *del codice riattivato, saranno trascritti dal cancelliere nelle ore* 24 *in un registro ecc.*, il quale articolo 198, comechè prescrivesse la emanazione dei dubbi nei giudizi ordinarii, non comprendeva i giudizi di concorso.

„ Il tribunale supremo, considerando che la regiudicata peccò contro le leggi risguardanti le forme e l'ordine dei giudizi, giacchè il giudice, seguendo il disposto nel § 1533, dovea unicamente occuparsi nel dare ai singoli crediti i singoli gradi, e giudicare le controversie, che sui crediti potessero insorgere, con separate sentenze come dimande incidenti.

„ Che questa prassi fu saggiamente introdotta : giacchè se nasca alcun dubbio sulla giustizia o sulla importanza di

---

(7) *Instit. de usucap. et praescript.* § 14 - Edicto divi Marci cavetur, eum qui a fisco rem alienam emit, si post venditionem quinquennium praeterierit, posse dominum rei exceptione repellere. Constitutio autem divae memoriae Zenonis bene prospexit iis qui a fisco per venditionem, aut donationem, vel alium titulum accipiunt aliquid, ut ipsi quidem securi statim fiant, et victores existant, sive experiantur, sive conveniantur : adversus autem sacratissimum erarium, usque ad quatriennium, liceat iis intendere qui pro dominio, vel hypotheca earum rerum quae alienatae sunt, putaverint sibi quasdam competere actiones - *L.* 2 *et* 3 *cod. de quatrienn. praescr.*

un credito , e risoluto per sentenza incidentale , voglia il creditore interporre appello , subentra il § 1534, il quale dice
che *l'appello dalle sentenze che saranno emanate , non risar-*
derà la distribuzione del prezzo , o la graduatoria dei credito-
ri; vi sarà collocato il credito controverso , sospeso però il pa-
gamento della somma dovuta fino all'esito del giudizio.

,, Che inoltre fu data la graduatoria sentenza senza che
precedesse la manifestazione dei dubbi: solennità prevista così
dal § 83 del regolamento provvisorio 31 ottobre 1841, come
dal § 579 della legge vigente, mancando la quale, per il § 187
dell'editto , e per il § 1059 del codice *potrà ritenersi dal tri-*
bunale supremo come violazione di legge , all'effetto di accor-
dare la restituzione in intiero.

,, Che non giova l'opporre tale giudizio avere auto principio sotto altre leggi , o che la perizia curiale potè supplire la mancanza dei dubbi : giacchè, in quanto al primo, è da
riflettere che sotto le antiche leggi non si era concluso in
causa , ed in quanto al secondo è da considerar che la legge
vuole nei dubbi manifestata l'opinione del giudice , non quella del perito curiale , il cui officio consiste unicamente nel-
l'appianare la via al giudizio coll'opera sua, i risultati della
quale come possono essere dal giudice accolti , così possono
essere ripudiati.

,, Che inoltre fu ammessa in quella sentenza la compensazione di un credito incertissimo, con un credito certo contro il disposto nella *l.* 14 *cod. de compensat.* : incertissimo ,
perchè i beni delle commende appartenenti per titolo di patronato alle famiglie, mai non fecero parte dei beni nazionali,
per cui il principe Lambertini, ricuperando a contanti ciò che
potea per titolo di proprietà rivendicare , non acquisto contro alla commenda azione d'utilità di negozio per essa fatto.

Rescrisse — *De caussis sine praejudicio rei judicatae ,*
etiam quoad refectionem expensarum.

Segnat. del dì 7 settembre 1843 — *Bononien. restitutio-*
nis in integrum R. P. D. Lippi , *dif.* per Zambeccari sig. avv.

Tosi , *proc.* sig. dott. Lasagni ; *per Righi e Mattei* sig. dott. Montanari , *proc. di coll.* , *per l' ospedale* sig. avv. Mandolesi , *proc.* sig. dott. Salini.

7 dicembre 1843 — *In decisis.*

RICORSO . INTERVENTO . MODERAZIONE . ATTI ESECUTORJ

LIV. *Chi ha interesse alla moderazione d' un ricorso, può domandarla , benchè non gli sia stato intimato : e non ha bisogno d' essere con precedente decreto ammesso a causa.*

Per dimandare la moderazione d' un ricorso di nullità o restituzione in intiero non é necessaria la produzione dell' intiero processo.

Non si può ricorrere in Segnatura per domandare l' annullamento d' una sentenza con cui venga rigettata l' opposizione d' un terzo alla vendita dei beni oppignorati.

(*Discuss. sui* §§ 1362 *e* 1373 *del reg. giudiz.*)

Spinola e Genuini c. Perotti–Goga

A pag. 368 vol. I anno prossimo passato si trova raccolta la massima che *per la nullità di un giudizio di vendita fatto in sequela d' un pignoramento, si può ricorrere in Segnatura :* siccome però non tutti furono convinti che una tale eccezione di regola fosse conciliabile col disposto nel § 1362, e colla declaratoria 3 luglio 1838 , annunciamo ora alla curia, che essa fu combattuta dal ch. sig. prof. avv. *Villani*, e revocata nella circostanza d' una simile dimanda fatta dall'eminentiss. sig. card. Spinola, dalla contessa Genuini Florenzi, e da altri, contro la contessa vedova Perotti–Goga: la quale a dì 20 luglio anno cadente interpose ricorso di nullità o restituzione in intiero da una sentenza con cui il tribunal di Perugia, fino dal dì 27 agosto 1841 avea rigettata una opposizione che per titolo di condominio essa avea fatta alla vendita, contro i ereditori di Ruggero e Leonello figliuoli suoi. Da tale giudicato dapprima interpose appello alla Ruota, che per la non fatta produzione dell'intero processo, fu riconosciuto perento con rescritto 8 luglio 1842, per cui furono proseguiti gli atti di espropriazione, ed i beni furono aggiudicati al sig. cardinale, che, entrato in possesso al finir dell' aprile, aveva istruito e condotto quasi al suo termine il giudizio per la distribuzione del prezzo. Allora la vedova intimò il sudetto ricorso alla Genuini-Florenzi e ad altri creditori, i quali per istanza incidente domandaron che fosse tolto di mezzo: ed il procuratore di sua eminenza, prodotta negli atti *ad docendum de interesse* la sentenza di aggiudicazione, fece propria l' istanza.

Egli è scritto, diceasi, nel § 1362 che *le nullità degli atti dei pignoramenti, degli incanti, delle vendite o aggiudicazioni, non potranno mai proporsi al tribunale supremo di Segnatura,* e istanza di nullità di vendita fu appunto quella dalla Goga proposta, e rigettata dal tribunale di Perugia. Nè può esser d'ostacolo che comparisse attrice costei, giacchè il paragrafo non distingue tra istanze fatte dei terzi, e quelle fatte dai debitori: oltre di che la declaratoria 14 agosto 1837 disse già che *a termini dei §§ 1362 e 1365 del m. p. 10 nov. 1834 l'istanza per la nullità degli atti di vendita, da chiunque venga fatta, sia dal debitore pignorante, sia da un terzo, è sempre una dimanda incidentale da introdursi innanzi al magistrato, a cui, secondo le norme delle competenze, si appartiene di ordinare la vendita, e la consegna del prezzo* – Che se la vendita dal tribunal di Perugia fu decretata fino dal dì 17 marzo 1837, l'opposizione della Goga fu rigettata fino dal dì 17 agosto 1841, i beni furono aggiudicati all'emo Spinola fino dal dì 4 aprile 1843, disponendo il § 1264 che, *la sentenza che ordina la vendita . . . . . non sarà soggetta ad alcun reclamo o revisione,* questo è più che bastante a rigettare eziandio la dimanda di restituzione in intiero. Nè, proseguiva, giova che la sentenza dei 17 agosto non fosse di ven-

dita , come dice il paragrafo , ma reiezione di opposizione alla vendita , giacchè , rigettando l' opposizione alla vendita , ordinò procedersi agli atti ulteriori , e in ogni modo la
seconda pronuncia fu un accessorio della sentenza definitiva,
da doversi tenere come incidente soggetto alla censura del
§ 983 , il quale dice , *le sentenze interlocutorie , o che riguar-*
dano dimande incidenti di qualunque giudice o tribunale, non
saranno mai appellabili , che nel solo caso in cui competa l'ap-
pello dalla sentenza definitiva : e appello ancor esso è il beneficio della restituzione in intiero, chiamato così nel § 338, e
nella declaratoria 16 aprile 1836, nella quale si dice che, *il rime-*
dio straordinario della restituzione in intiero, consiste nell'ac-
cordare al soccombente. un nuovo appello devolutivo : al me-
desimo sono applicabili le stesse regole che riguardano le al-
tre cause di appellazione — Dopo di ciò passava a dimostrare
che, data e non concessa la possibilità di un ricorso di nullità contro atti esecutorii o di restituzione in intiero nel caso d' un processo di vendita , nel momento in cui dalla Goga
venne interposto, eran passati i termini dalla legge concessi.

Faceva osservare , che se pur si volesse ritenere come
ultimo atto esecutorio la sentenza d' aggiudicazione , questa
venne intimata ai procuratori e alle parti a dì 8 aprile 1843,
per cui, quando a di 20 luglio di quest'anno 44 fu interpo-
posto il ricorso, erano spirati così il trimestre per la nullità , come il semestre per la restituzione in intiero , come
erano spirati anche a contare dalla fine dell'aprile, epoca in cui
l' aggiudicatario prese possesso. Nè gli era difficile il persuadere non doversi protrarre l' incominciamento del termine ,
al giudizio di distribuzione di prezzo, giacchè l' ordine supremo avea già deciso in altro incontro, le sentenze di delibera o di aggiudicazione essere gli ultimi atti del processo
esecutorio all' effetto della decorrenza dei termini (1) : non

(1) *Albanen.* 22 *febraio* 1839 § 7 *cor. b. m.* Grossi - *Peru-*
sina restitutionis in integrum 18 *aprile* 1839 *cor. eod.* - *Romana*

occorrendo rispondere che si trattasse d'una sentenza assolutoria, per cui si dovessero attendere gli atti per il pagamento delle spese, giacchè una sentenza, la quale rigetta
l'opposizione alla vendita, rigetta l'eccezione data ad una
sentenza condannatoria, oltre di che la sentenza del dì 17
agosto contenne la clausula *riservate le spese.*

Ai quali motivi, che l'egregio maestro della scuola romana aveva dedotti, rispondevano i difensori della Goga, che
per più ragioni non si potesse richiedere, e non si dovesse
accordare la moderazione del ricorso: primo perchè secondo
i §§ 832 833 ed 839 l'emo Spinola avrebbe avuto bisogno di
un decreto d'ammissione a causa pria di richiedere la moderazione del ricorso, secondo perchè giusta il § 1173 avrebbe
dovuto premettere la produzione dell'intiero processo (2): al
quale proposito trascriveano la relazione fatta da noi nel caso Zamboni e Guidotti an. 1842 vol. II pag. 265, benchè in esso
si trattasse di unione di cause, non d'incidente per far mode-
rare un ricorso di nullità o restituzione in intiero: terzo perchè
pendeva a Perugia un altro giudizio con cui si era richiesto
l'annullamento di tutti gli atti di vendita. Quindi aggiun-
geano che il § 1362, vietando l'accesso in Segnatura per domandare l'annullamento degli atti di vendita, non potesse applicarsi ai ricorsi in cui si dimanda l'annullamento degli atti,
ma dei giudizi fatti per essi, e sopra di ciò allegavan gli esempi
della *Romana circumscriptionis* tra Maggi e Panzieri, e della
Lauretana tra Broglio e i conventuali di Recanati, da noi
pure riferite nella presente effemeride (3). — Che non fosse da opporre la inappellabilità della sentenza decretante

---

circumscriptionis vel restitutionis in integrum 20 giugno del med.
anno côr. Morichini.

(2) *Reg. giud.* § 1073 - Se nell'istanza si richiede l'annullamento di tutti gli atti, sarà prodotta l'intiera copia dei medesimi.

(3) *Vol. I pag.* 233 *di quest'anno, e pres. vol. pag.* 69.

la vendita , e perchè fu riconosciuta appellabile , quando
l'appello pendente in Ruota fu tolto di mezzo non per originaria illegalità , ma come perento per mancanza d' integrità nel
processo : che fosse altresì da distinguere tra gli incidenti ,
che chiamavan *pedissequi* , cioè susseguenti il giudicato tra
creditore e debitore , ed i *contestuali* , come fu quello che
propose la Goga non debitrice : che se agli opponenti, non debitori, si dovesse negare ogni appello, non si potrebbe comprendere di quali incidenti parli il § 975 quando dice essere
disposizione di legge che *le sentenze emanate in primo grado
siano eseguite provvisoriamente . . . . se rigettano le istanze incidentali per la nullità e revoca degli atti esecutorii, o qualunque altra dimanda, che sia diretta ad impedire, o ritardare
il progresso, o il compimento della esecuzione* — Che il rigettare l' opposizione della Goga fu in sostanza un escludere il
di lei condominio , ingiustizia derisoriamente sanata col darle
un utile grado sul prezzo.

Circa alla perenzione dicevano — che dedurre la decorrenza del termine dal giorno in cui fu intimata la sentenza che rigettò l' opposizione , era un voler mandare in
oblio che fu interposto l' appello , e fu moderato , lo che
importò necessariamente condanna alla rifazione delle spese , la quale condanna necessariamente importava atti esecutorii, la fine dei quali dovea esser principio di decorrenza di termine a domandare la nullità , o la restituzione in
intiero. Ed, a giustificazione della massima, citavan la regiudicata *Cassenaten. circumscript. et restitut. in integr.* 23 nov.
1843 cor. Caracciolo-Santobuono , nella quale il tribunale supremo disse così — *Adeo autem certum indubiumque erat po-
stremum reijudicatae exequutorium actum in proposita conten-
tionis thesi nondum locum obtinuisse, ut pacificum partes inter
foret, neque ad expensarum quidem taxationem in vim Casse-
natensis sententiae Boninium processisse , quod unum satis erat
superque ad peremptionis commentum diluendum. Expensarum
siquidem taxationem ad exequutoria adamussim reijudicatae*

acta pertinere , adeoque sub ea legis dispositione comprehendi quas peremptionis terminos incipere statuit, dall' ultimo atto di esecuzione, *palam compertumque erat ex sanctione apertissima §§ 1175 et seq. gregoriani codicis.*

Il tribunale supremo rescrisse — *Esse locum moderationi recursus.*

Segnat. del dì 12 settembre 1844 — Perusina moderat. recursus R. P. D. Consolini, *proc.* per l' emo *Spinola* sig. dott. Federici ; *per la marchesa Florenzi-Genuini* sig. dott. Brunetti, *per le Goga-Perotti* sigg. avv. Tosi e Terzi , *proc.* sig. dott. De Sanctis.

PROTESTO . NOTIFICA . REGRESSO

LV. *Secondo la giurisprudenza del Tribunale Supremo, non è necessario che il possessore della cambiale notifichi entro le ventiquattro ore il protesto al cedente , per conservare il regresso.*

Bolognetti c. Sansoni

Il codice di commercio francese pubblicato nell' anno 1807 art. 165 disse che — *si le porteur exerce son recours individuellement contre son cedant, il doit lui faire notifier le protet :* ma quando nell' anno 1808 fu publicata per il regno d' Italia la traduzione officiale di comando del re , in quell' articolo fu , non si sa come , aggiunto un avverbio , e fu detto *egli deve prontamente notificare il protesto :* e così fu trascritto nell' art. 159 del nostro regolamento. Venti anni però eran passati di cambiarie rivalse, e di commerciali giudizi, quando fu noto che i giudici del nostro tribunal mercatorio intendevano quel *prontamente,* per non più tardi d'*ore ventiquattro,* a pena di perdere ogni ragion di regresso : lo che richiamò l' attenzione della curia, la quale conobbe le ragioni giuridiche della nuova dottrina da una sentenza Bolognetti e De Simone 30 gennaio ultimo, del tenore seguente.

„ Considerando che per l'articolo 161 regol. commerc. sebbene il possessore per l'esercizio di tale azione goda del termine stabilito dagli articoli precedenti, nel termine del precedente articolo eravi pur quello dell'art. 159 stabilito a notificare *prontamente* ai giranti l'elevato protesto.

„ Considerando che l'avverbio *prontamente*, aggiunto alla obbligazione di notificare il protesto, nel suo ovvio e volgare significato non può importare che il periodo il più breve, ed in molti luoghi del regolamento commerciale è anche riconosciuto di ore ventiquattro, cioè che costituiscono il giorno naturale.

„ Considerando che alla stessa intelligenza induce la *leg.* 14 *ff de regulis juris*, in cui si stabilisce che *in omnibus obligationibus, in quibus dies non est appositus, praesenti die debetur*.

„ Che male ad escludere tal regola si opponeva che dessa non fosse applicabile alle obbligazioni legittime enascenti dalla legge, ma limitata soltanto a quelle nascenti dal fatto dell'uomo, nei contratti cioè, e nei testamenti. La citata regola, esprimendosi senza distinzione alcuna *in omnibus obligationibus*, incivilmente distinguendosi, da essa tentavasi escludere le obbligazioni legittime. Anzi, militando nella regola la stessa ragione, non avvi motivo per escludere le obbligazioni legittime, siccome dimostra con la sua autorità il *Gotofredo* nel celebratissimo suo *trattato de regulis juris*; ove conchiude che *quoties in lege tempus non adjcitur, praesens intelligitur*.

„ Che se nella legge 18 *cod. de judiciis*, e nella legge 3 *cod. de error. advocatorum* gli avverbi *illico*, ed *ex continenti* sono spiegati per tre giorni, ciò stesso dimostra che in quelle leggi fu *appositus dies*, e lo stesso conferma la citata legge 14 *de regulis juris*, che *eodem die debetur*, quando *dies non est appositus*.

„ Aggiungendo che come gli avverbi *prontamente*, *illico*, *ex continenti*, altri simili, ed ogni altra parola, dee sempre spiegarsi *juxta mentem proferentis*, e così nelle citate leggi 18 *de judiciis*, e 3 *de error. advocatorum*, piacque al legislatore coll'aggiungere *idest intra triduum*, *pro eodem die*, convien viceversa spiegarle, ove niente per spiegar la sua mente abbia il legislatore soggiunto. In tale silenzio torna la regola sempre certa, e sempre generale che *in omnibus obligationibus*, *in quibus dies·non est appositus*, *praesenti die debetur*.

„ E ciò per le nostre romane leggi. Che se all'origine si rimonti del sopra citato art. 159, ove la notifica del protesto s'ingiunge *farsi prontamente*, derivando cotesto articolo dal codice di commercio francese, più diretta e spontanea ne siegue la datagli intelligenza delle ore 24. Quando di quell'articolo disputavasi nel corpo legislativo, mentre la discussione eccitavasi sull'altre parti di esso, niuna invece eccitavane la parola *prontamente*, poichè al riferire del *Locrè nel suo Spirito del codice di commercio art.* 165 era tra tutti pacifico ed incontroverso, che la notificazione del protesto dovesse necessariamente eseguirsi entro le 24 ore. E sebbene del francese codice commerciale fossero quindi emanate ripetute edizioni, in cui quell'avverbio più non si legge, non può tuttavia dubitarsi, che in quello riferito dallo stesso Locrè, e che da esso dicesi *essere stato in origine* ammesso dal francese legislatore, non sia quel desso che noi oggi abbiamo nell'art. 159 del qui vigente regolamento commerciale, ove la parola *prontamente* a chiare note trovasi scritta.

„ Considerando che alla parola così intesa, lo spirito pure si unisce delle leggi commerciali in materia segnatamente cambiaria. La tanta sollecitudine, siccome insegna il Marrè nel suo diritto commerciale dell'art. 8 § 9 num. 331, non è dettata che dalle sempre terribili commerciali vicende dei commercianti, i quali, come oggi sono solvibili, nol sarebbero nell'indimani. Non potrebbe quindi il girante provvedere nell'indomane alla propria indennità, siccome oggi avrebbe potuto provvedere, se prontamente gli fosse stato notificato il protesto; e le sue provvidenze divenir potrebbero elusorie, se anzichè nelle ore 24, il protesto gli fosse invece più tardi notificato.

„ Considerando che non meno eguale intelligenza dee darsi, riguardato il termine sudetto in linea prescrittiva, tendente cioè alla tranquillità sociale, col sopirne le odiose azioni di regresso contro i commerciali giranti. Resterebbe più a lungo compromessa la loro quiete e responsabilità, ove al possessore della lettera di cambio fosse lecito di notificar loro dopo le ore 24 quel protesto, che il citato articolo con l'avverbio *prontamente* ha in linea prescrittiva stabilito, per estinguere appunto ed ammortizzare quelle azioni di odioso regresso, che meno sollecitamente con la notifica del protesto denunciate, turbano non solo la tranquillità sociale, ma compromettono altresì la indennità dei commerciali giranti

„ Considerando che dopo tali ragioni male ricorrevasi ad argomenti o di contraria osservanza, o di quasi impossibilità ad eseguire la notifica del protesto entro le anguste ore ventiquattro, o di qualche sentenza diversamente emanata.

„ In linea di legale osservanza, questa veniva esclusa dalla stessa decisione della sacra ruota che in contrario invocavasi *Romana emendationis damnorum* cor. R. P. D. Marini 6 luglio 1838. Nel quale recente caso, se in quel supremo tribunale si ritenne e si lasciò ancor fluttuante ed indecisa la diversa opinione, che altri cioè *il prontamente* intendessero *intra viginti quatuor horas*, ed altri *intra tres dies*, ciò stesso escludeva ogni legale osservanza, nè certamente costituisce una forense consuetudine, che obligatoria possa dirsi a giudicare diversamente da ciò che le sopra esposte considerazioni suggerivano.

„ Alla quasi poi opposta impossibilità di eseguire la notifica del protesto entro le ore 24, rispondeva il fatto da altri praticato, ed in altre cause da questo tribunale verificato, coll'essersi eseguito tale atto nello stesso giorno, e per

mezzo dello stesso notaro chiamato ad elevare il protesto ,
o per mezzo di un medesimo o diversi cursori , i quali a
più , e più giranti dimoranti nella stessa piazza (in diversa
piazza provvede il termine delle rispettive distanze) commerciale, aveano notificato il protesto. Niuna legge poi prescrive che il protesto notificar non si possa se pria non assoggettato all'officio di registrazione , anzi come atto publico,
hanno i notai un comodo e congruo termine a registrarlo.

„ Che se finalmente qualche sentenza o di questo, o di
altro tribunale sia stata emanata con tollerare la notifica del
protesto fatta entro tre giorni , ciò avvenne o perchè le parti
collitiganti non elevarono su di ciò alcuna eccezione o disputa , o perchè non formalmente discusso il punto della questione , o perchè finalmente un tal qual'errore invalse nel
foro , quasichè la citata ruotale decisione avesse per canone
stabilito , che la notifica del protesto potesse farsi entro il
più lungo periodo di tre giorni , anzichè nelle ore ventiquattro.

„ Considerando che nella fatti-specie l'attor De Simone possessore del biglietto all'ordine di cui si tratta, elevato avendo il suo protesto nel giorno 2 ottobre , mentre
nelle ore 24 , ossia nel seguente giorno 3 , avrebbe dovuto
notificarlo ai giranti Bolognetti e Magliani , lo notificò invece nel giorno quattro , e nel più tardo giorno cinque il
fece notificare all'altro giratario Giorgi.

„ Che giustamente quindi contro i giratari medesimi ritener si dovea il possessore De Simone decaduto dalla sua
azione di regresso collettivo , siccome viene prescritto e spiegato dagli articoli 162 e 165 del regolamento commerciale.

„ Il tribunale assolve dalla indebita dimanda di scudi
cinquecento cinquanta Bolognetti, Magliani e Giorgi giranti
del biglietto ad ordine in atti prodotto : condanna in di loro
favore il De Simone ultimo giratario alle spese di questo
giudizio , e delega ecc.

Questa fortuna fece sperare al procuratore del conte che avrebbe potuto richiamare ad esame un'altra sentenza, con cui lo stesso tribunal di commercio a dì 22 agosto 1843, avea contro di lui ammessa rivalsa in favore della ditta G. B. Sansoni e nipoti per una cambiale loro girata, e di cui, passate già le ore 24, gli era stato notificato il protesto. E dimandò la restituzione in intiero, commettendo al sig. avv. Ciuffa la causa.

Questi incominciò dal rammentare la regola, che chi non adempie in tempo opportuno l'obligazione che egli ha per legge o per patto, è tenuto ai danni (1), e perde altresì il proprio diritto, come perde diritto ad esercitare il regresso il possessore della cambiale, che in tempo opportuno non intima il protesto al cedente, e ciò giusta l'antica giurisprudenza dei cambi (2), come per la disposizione del vigente regolamento, il quale dopo aver detto nel § 159 che il portatore *deve prontamente notificare il protesto*, nell'art. 162 dice che, non facendolo, *è decaduto da ogni diritto, contro i giranti*, e lo ripete nel susseguente art. 163 — Quindi prendeva a spiegare l'avverbio *prontamente* nel senso posteriormente adottato dal tribunal di commercio, e dicea che nel testo è sempre sinonimo della voce *statim*, come le voci *statim* e *prompte* sempre significano contemporaneità, simultaneità,

---

(1) *L.* 24 § 4 *ff mandati* - Si vero (mandatarius) intelligit explere se id officium non posse, idipsum cum primum poterit, debet mandatori nunciare. Quod si cum posset renunciare, cessavit, quanti mandatoris interest, tenebitur - *ll.* 20. 24. 40 *ff de negotiis gestis.*

(2) Baldasseroni del cambio *part.* 2 *cap.* 10 *num.* 11 - Heinec. *elem. juris cambiarii cap.* 4 § 22 - Phronsen *cap.* 17 § 14 e 15. - Scaccia *de comm. et cambio* § 4, *gloss.* 5 *num.* 318 *e seg.* - Torre *de cambiis disput.* 18 *num.* 78 - Rocca *respons.* 5 § 3 *e respon.* 8 *num.* 6 - Casaregi *de comm. disc.* 54 *num.* 9. 10 - *e nel cambista istruito cap.* 6 § 14 - Rota *nella Romana regressus* 10 *giugno* 1842 *cor.* D'Avella - § 3, *e nella confermatoria* 4 *dicemb.* 1844 § 2.

subitaneità, atto da farsi senza dilazione, senza ritardo, immediatamente seguente (3): e chiariva d'assurda l'opinione di coloro i quali aveano detto che i quindici giorni dati a citare
son tutti utili a poter notificare il protesto, poichè in tal
caso i cedenti si troverebbero improvvisamente citati pria di
conoscere il cattivo esito della cambiale ceduta, ed impos-
sibilitati a prevenire un giudizio col pagamento (4): per cui
il Locré nell'annotare l'art. 165 conclude che *la notifica del
protesto viene necessariamente eseguita entro le ore* 24. Dopo
di ciò, ripetuto il tenor delle leggi 41 § 1 *ff de verbor. oblig.*
e 14 *de regulis juris*, nelle quali Ulpiano e Pomponio si accordano a dire, che chi promette senza dir quando adem-
pirà la promessa, deve adempirla nel medesimo giorno in
cui promette (5), per ispiegare la significazione d'una voce
con una regola la quale riguarda l'interpretazione dei patti,
allegava l'autorità di Gotofredo, che, chiosando la detta *l.* 14
de regulis juris, cita quel di Seneca, nel lib. 3 contr. 5, ove dice
— *In lege non est scriptum quando : ergo statim, quoties enim
tempus non adjicitur , praesens intelligitur.*

Che se, proseguiva, ogni portator di cambiale è mandatario ad esigere nei rapporti che egli ha col traente e coi giranti, *il mandato* (dice il Casaregi disc. 119 n. 4) *si deve diligen-
temente custodire, intorno eziandio a tutte le qualità e forme,
siano intrinseche o estrinseche, volontarie, oppure necessarie,*

---

(3) *Nov* 55 *cap.* 5 § 1 - *l.* 5 *cod. de inoff. don. - l.* § 12
cod. de rei uxor. action. - l. 1 *cod. quando provocare non est
necesse.*

(4) Persil *nel comm. all'art.* 165 *del cod. di comm.* - Nouguier
trattato delle cambiali num. 212 - Dalloz *giurisprudenza alla. v.
effetti di commercio num* 5.

(5) *L.* 41 § 1 *ff de verbor. oblig.* - Quando in obligationibus
dies non ponitur, praesenti die debetur - *l.* 14 *ff de regulis juris*
- In omnibus obligationibus in quibus dies non ponitur, praesenti
die debetur.

tanto più che il commercio cambiario è pieno di pericoli, non ammette dilazione nei termini, che, trascorsi di un' ora, possono rendere deteriore la condizione dei trattari, degli accettanti e dei responsabili, onde l' Heringio nel trattato *de fidejuss.* cap. 22 num. 48, a coloro che hanno obligo di fare notificazioni, diffidazioni, o denuncie inculca l'osservanza dei termini dicendo — *observet is qui denunciatione uti satagit, ne tempus praescriptum anticipet, aut serius cum denunciatione sua prodeat. Nam, qui in denunciatione non observat tempus, dicitur non observare formam: forma autem non observata, actus corruit.* — Che se l' art. 134 dice che *tutti quelli che hanno firmata o girata una cambiale sono tenuti alla garanzia solidale verso il portatore o presentatore,* egli è da presumere, che ogni girante abbia fatta la gira colla condizione d' essere immediatamente avvertito, giacchè *l' interesse del commercio e la natura del contratto* (continua il Locrè all' art. 168) *esigono che sotto verun pretesto i giranti non rimangano in sospeso, oltre il termine per il quale essi prestato la loro garanzia. Il contrario sistema apporterebbe la più grande incertezza nelle operazioni commerciali, e pel credito dei commercianti.* Nè ometteva di avvertire trattarsi nel caso d' una regiudicata impropria, consistente cioè in una sola sentenza, per cui invocava quella medesima facilità di giurisprudenza, che in altri simili casi di restituzione in intiero il tribunale censorio avea professata (6).

Il sig. avv. *Fornari* difensore dei Sansoni, in ciò che risguarda alla questione filologica, dicea, che se per ispiegare quel *prontamente* si volesse ricorrere al linguaggio del testo, nel testo le voci *illico* e *incontinenti* significano tem-

---

(6) Bononien. *circumscr. et restitut. in integr.* 24 nov. 1842 § 11 cor. Ferlisi - Montisfalisci *rest. in integr.* 30 marzo 1843 § 3 cor. Caracciolo - Romana *restitut. in integr.* 3 agosto 1843 § 2 coram Ferlisi.

po ad agire di almen giorni tre (7), ma che in ogni modo, siccome una incongrua spiegazione di voce, non è giuridica e ragionevole interpretazione di legge, ottimamente l' Antonelli avvertì nell'opera sua del tempo legale cap. 4 nqm. 8, che trai diversi pareri degli scrittori circa all'intelligenza della voce *statim*, fosse da preferire quel di Menochio *ubi dicit quid judex arbitrari debet juxta personarum, rei, operis, et similium qualitatem : unde et ea quae incontinenti, seu statim fieri debent, judicis arbitrio similiter relinquuntur.* Che, avuto riguardo alla natura ed alla qualità della cosa, è sempre difficile, e spesso impossibile notificare entro le ventiquattro ore ai cedenti il protesto, giacchè se una cambiale scade oggi, dovendosi per disposizione di legge protestare dimani, l'atto non può andare al registro che dopo dimani, e siccome il preposto aggravato d'altre registrazioni, ha diritto a tenerlo finchè chiuda l'officio, è sommamente difficile e quasi impossibile, quando particolarmente i giorni son brevi, nel brevissimo tempo che passa tra il chiuder gli offici e il tramontare del sole fare le copie conformi, ed intimarle bene spesso a più giranti : impossibile quando alcun dei cedenti è lontano dal luogo in cui risiede il notaio, e sta, per esempio, a Frascati od a Tivoli, mentre l'articolo 159 non dà aumento di termine se non quando il cedente è domiciliato *a maggiore distanza di cinque miriametri dal luogo ove la lettera di cambio era pagabile.* Nè ammetteva come legittimo l'espediente che fu suggerito nella sentenza De Simone, cioè d'intimare il pro-

---

(7) *L. 5 cod. de error. advocat.* - Nec enim quae constituta sunt idest ut advocatorum error litigantibus non noceat, tibi etiam opitulari possunt : cum te praesentem, neque caussae palam *incontinenti*, idest *triduo proximo* contradixisse, neque post sententiam appellationis proponas. - *L. 16 cod. de judiciis* - Qui suspectum judicem esse dicit, et judicem quidem eum recusare debet illico, idest infra triduum.

testo senza aspettare che dal preposto sia renduto al notaio,
giacchè non è atto di cui si possa far copia conforme senza
aver sotto gli occhi l'autentico, e non è notaio che possa
consegnare l'autentico non registrato. Dopo di ciò faceva
riflettere che negli usi cambiarii, e in quelli particolarmente che risguardano i termini, si dee aver riguardo alle consuetudini delle piazze; nè in Roma, nè in Italia, nè in Francia mai non usò di credere o giudicare perduto un regresso perchè entro le 24 ore il protesto non fu notificato: notava che in ogni modo dovesse parere assai strana all'ordin
supremo una dimanda di restituzione in intiero non per manifesta violazione di legge, ma per la sola ragione che la
sentenza seguì una giurisprudenza diversa da quella che i
medesimi giudici più tardi adottarono.

„ Il tribunale supremo, considerando che la interpretazione data dal difensore del ricorrente alla voce *prontamente*,
che è nell'art. 159 del codice di commercio, che essa cioè
significhi spazio di tempo non maggiore di un giorno, è contraria alla ragion naturale, ed al diritto comune, e si oppone
diametralmente alle disposizioni del codice di commercio (8).

„ Che in quanto alla *ragion naturale*, se l'obbligo di
notificare il protesto dovesse essere ristretto entro le ore 24,
ne deriverebbe l'assurdo, che bene spesso la legge non potrebbe ottenere il suo adempimento, sia per la impossibilità
di trovare un cursore, sia pel ritardo della registrazione del-
l'atto, sia per la moltiplicità dei cedenti ai quali è necessario notificarlo, alcuni dei quali possono talvolta ritrovarsi
in luoghi distanti, per la quale distanza, se non oltrepassa le
trenta miglia, l'art. 159 non dà nessun aumento di termine:

---

(8) Compertum undique (§ 5 *in fine*) visum est patribus in-
terpretationem ejusmodi cui universa nitebatur Alexandri defensio,
et cum *naturali ratione*, et cum *communis juris* dispositione, et cum
ejusdem demum *mercatorii codicis* censura e diametro prorsus pu-
gnare.

per cui la voce *prontamente* si dee credere *sano modo* dal legislatore adoperata, nel senso cioè di volere nel possessore una denuncia diligente e sollecita, lasciando il giudizio del tempo al prudente arbitrio dei giudici.

„ Che per ciò che riguarda al *diritto comune*, è chiara nel testo *l.* 3 *cod. de errore advocator.* la significazione giuridica della voce *incontinenti:* che cioè essa significa *triduo proximo*, e così la voce *illico* è spiegata nella *l.* 16 *cod. de judiciis:* ed è da riflettere che la voce *illico*, corrispondente alla voce italiana *subito*, è significazione di maggiore celerità che non la voce *prompte* corrispondente al volgar *prontamente*. Nè osta la *l.* 14 *ff. de regulis juris*, giacchè parlando essa del tempo in cui nasca una obligazione od una azione, non può esser protratta ed applicata al durissimo caso di chiarire un diritto come perento: tanto più che il *prontamente* non è sinonimo di subitaneo, poichè, sebbene non indichi un certo e determinato spazio di tempo, lascia pure una latitudine, e non esige che la notifica debba farsi nel giorno medesimo in cui il protesto fu fatto.

„ Che per ciò che riguarda il codice di commercio, quando questo ha voluto si facesse un atto nel giorno appresso, lo ha detto, cioè negli articoli 79 155 e 170 ed in altri, parecchi, anzi, parlando appunto del protesto nell'artic. 156, dice che debba farsi *nel giorno seguente alla scadenza*, la qual discretiva luminosamente dimostra, che se il legislatore non ha parlato del giorno nell'ordinare la notifica, ha voluto fare in quanto a questa una disposizione diversa: e niuno non sa quanta influenza abbia l'argomento dedotto dalla discretiva nella interpretazione delle leggi (9).

„ Che inutilmente si oppone il disposto nella *l.* 27 § 7 *ff*

---

(9) Rota *in Romana immissionis* 4 *genn.* 1760 § 6 *cor.* Ubaldi – Romana *nullitatis inscript. hypoth.* 17 *genn.* 1822 § 11 *coram* Martinez, *e nella* Firmana *canonicatus* 21 *aprile* 1834 *coram* De Cursiis.

mandati per dire che il portatore d'una cambiale, essendo mandatario del cedente, debba *quam primum* e *diligenter* denunciare il non pagamento al cedente, giacchè mentre quel testo impone diligenza al mandatario, non dice che perda ogni diritto se egli lo ha contro il mandante, ma invece che – *si cum posset nunciare, cessaverit, quanti mandatoris intersit, tenebitur*: e siccome il difensore dei ricorrenti non prova, che quel notificare entro i due giorni il protesto gli arrecasse danno, o rendesse deteriore la condizione de' suoi debitori, è nugatorio il ricorrere ad una estranea disposizione di legge.

Che quand'anche i giudici del tribunale di commercio nella sentenza contro cui si ricorre avessero seguita la men plausibile giurisprudenza, non si potrebbe dire per ciò che il loro giudicato importi una manifesta ingiustizia: estremo necessario per concedere il beneficio della restituzione in intiero.

Rescrisse — *Nihil.*

Segnatura del dì 8 agosto 1844 — Romana restitutionis in integrum R. P. D. Lippi, *proc. per Bolognetti* sig. dott. Brioni; *per Sansoni e nipoti* sig. dott. Folchetti.

accettata dal soccombente.

NUOVA OPERA . SERVITU'

LVI. *Non v'è diritto a nunciare come nuova un'opera fatta in luogo soggetto a servitù, se l'esercizio della servitù non è per essa impedito.*

Perciò il padrone, per es., di un'aja, nella quale taluno abbia diritto di portare le sue biade a tritare, può fabbricare in una parte di essa, se l'edificio non impedisce la trita.

Caselli c. Mazzanti.

Fu questa la massima per cui nacque la regiudicata ruotale tra il Caselli e la Mazzanti, e contro la quale costei portò, senza profitto, un ricorso di nullità in tribunale supremo, come abbiam riferito poc' anzi pag. 233. Il sig. avv. *Rinaldo Secreti*, che sosteneva per la sua cliente il diritto a nunciare l' opera nuova fatta nell' aja del sacerdote Caselli, dicea con la glossa alla *l. in summa* § *idem Labeo ff de aqua* che in tali giudizi *tria debet actor probare ad hoc ut opus destruatur, scilicet opus manu factum, quod nocere potest, et ejus memoriam extare: e contra reus ad sui defensionem alia tria, vel alterum eorum, scilicet pactum factum, vel loci naturam, vel memoriam facti operis non extare* (1). Quindi studiavasi di provare che l' aja spettasse in antico ad un conte Carati, lo che arguiva dall' affittar che questi faceva i beni suoi colla *giurisdizione dell' aja*, e coll' obbligo di mantenere un muricciuolo da cui era cinta: e narrava che avendo la sua cliente dal Carati acquistata la proprietà, subentrò nei diritti del venditore, e se il Caselli fino dall' anno 1785 dallo stesso conte Carati ebbe l' aja in enfiteusi, questa per l' uso rimase comune, onde il condomino, non potea innovare a pregiudizio del condominio (2), od almeno si avea diritto ad impedire qualunque novità (3). — Nè esser util risposta che il Caselli potè per la concessione enfiteutica una parte dell' aja ridurre ad orto, giacchè posteriormente l' orto fu tolto, e il sito fu posto a letamaio di publico uso: nè era dato al Caselli porlo ad altro uso: sopra di che citava lo Zanchio *de societate*

---

(1) Rota *Romana reductionis in pristinum* 19 *febr.* 1821 *cor.* Bussi, e nella *confermatoria* 18 *giugno del med. anno cor. eod.*

(2) *L. 2 ff de servit.* - Unus ex dominis communium aedium servitutem imponere non potest - *l. 34 ff de servit. rust. praedior.* - Donell. *de jure civ. lib.* 11 *cap.* 9 *num.* 16 *tom.* 3 *pag.* 308 *ed. lucen.* - De Luca *de servit. praedior. disc.* 10 *num.* 5 - Sanchez *de societate part.* 1 *cap.* 1 *num.* 140.

(3) *Cap.* 16 *de reg. jur. in* 6° - In re communi potior est conditio prohibentis - De Luca ivi - Cyriac. *controv.* 460 *n.* 1.

part. 1 cap. 7 n. 33, ove dice, si equidem uti re communi velis ad usum non destinatum', tunc res communis aut mea improprie dicitur, aut ad hunc effectum non mea existimatur, sed aliena esse intelligitur. Atque hinc, utens ego re communi ad usum non destinatum, invito altero socio, seu consorte, furti etiam teneor crimine (4). Dava termine alla breve difesa colle parole del testo *l. 27 § 2 ff de serv. urb. praedior. - Si in area communi aedificare velis, socius prohibendi jus habet, quamvis tu aedificandi jus habeas a vicino concessum, quia, in invito socio, in re communi non habes jus aedificandi.*

Il sig. avv. *Vici* difensore del Caselli all'incontro dicea, che, avendo la donna nel libello introduttivo di lite nunciata la nuova opera per titolo di dominio dell'aja, e tale dominio non essendo provato, anzi escluso, non si potesse nel presente giudizio ascoltarla per titolo di condominio o di servitù: che dato ancora in lei il diritto di portare le biade a tritare in quel luogo, solo diritto che si potesse arguire dalle parole *con la giurisdizione dell'aja*, l'edificare una casa in un lato di essa, non arrecando all'uso nessun pregiudizio, non potesse essere impedito: e ricordava la sentenza d'Ulpiano nella *l. 20 § hoc interdictum ff de nunciat. nov. oper.* che *hoc interdictum prohibitorium est, ne quis prohibeat facere volentem eum qui satisdedit: etenim pertinet ad decus urbium aedificia non derelinqui.* Avvertiva, che quand'anche quel luogo fosse stato ridotto a letamaio di pubblico uso, non si avesse diritto a far distruggere l'edificio (5) In fine richiamava a memoria la regola, che chi nuncia la nuova opera senza

---

(4) Sperell. *decis. 59 num. 1 et seq. -* Rota cor. Lancetta *decis.* 381 *num.* 11.

(5) *L. 2 ff ne quid in loc. publ. -* Si quis, nemine prohibente, in publico aedificaverit, non esse eum cogendum tollere, ne ruinis urbs deformetur, et quia prohibitorium est, non restitutorium: si tamen obest aedificium publico usui, utique qui operibus publicis procurat, debebit id deponere: aut si non obest, salarium imponere.

averne diritto, deve essere condannato all' emenda dei danni
e a tutte le spese (6).

,, La sacra ruota, considerando che non si ha diritto a
nunciare le nuove opere, se non quando taluno voglia edificare nel nostro, o indurre a danno nostro una servitù (7).

,, Che se la Mazzanti non prova nè dominio nè servitù,
il dir che essa abbia diritto a tritar le sue biade in quell'aja,
non è ragione per impedire in un canto di essa un edificio,
tanto più che quel canto, dal sacerdote Caselli era stato anteriormente ridotto ad orto, e le nunciazioni di nuove opere sono dalla legge permesse non ad oggetto di dare sfogo
alle nostre emulazioni, ma ad oggetto di conservare i nostri
diritti, o allontanare i danni che ne potrebbero avvenire (8).

,, Che se quel luogo ora è ridotto a sterquilinio per uso
di tutti, quanto è giusto che luoghi servienti a comodo publico non siano occupati, e che ciascuno abbia diritto ad
impedirlo, altrettanto è giusto ed equo che venga protetto
ciò che serve al publico decoro, ed a togliere le indecenze e
le immondezze dalle città (9).

Rescrisse — *Negative in omnibus.*

Ruota dei 2 *giugno* 1843 — *Bononien. nunciationis novi*
operis R P. D. De Silvestris, *proc. per Mazzanti* sig. dott.
Guarnieri; *per Caselli* sig. dott. Brunetti.

11 *dicembre* 1843 — *in decisis.*

22 *gennajo* 1844 — *expediatur.*

---

(6) Sperell. *decis.* 13 *tom.* 1 *num.* 17 - Constant. *ad statut.*
urbis annot. 42 *num.* 114 - Ramusio *de nunciat. nov. oper. art.* 22
in fine.

(7) *L.* 1 e 19 *ff de nunciat. nov. oper.* - *l. un.* § 3 *de re-*
miss. - *l.* 1 e *l.* 13 § 1 *ff de injur.* - Voet *ad pandect. lib.* 39
tit. 1 § 1.

(8) *L.* 16. 17. 18 e 19 *ff de nunciat. nov. oper.* - Voet *ad*
pandect. lib. 31 *de nov. oper. nunciat.*

(9) *L.* 2 *cod. de aedificiis privatis.*

Lezi Marchetti c. Cantagalli

Pubblicato l'articolo di questa causa a carte 280 vol. I anno cadente, con esso il succinto della difesa che il sig. avv. Tosi dettò pei marchesi degli Azzi interessati a sostenere la nullità del testamento, ne fu dato conoscere quella che nel medesimo scopo avea compilata il sig. avv. Stolz per la contessa Cantagalli, la quale avea nella lite il principale interesse, e che era rappresentata in sacra Ruota dal sig. dott. Boschetti-Petti : e crediamo opportuno farne qui un sunto, come a supplemento di quel nostro rapporto, acciò la notizia di questione sì illustre non vada imperfetta.

Alla ruota del dì 22 aprile 1842 il patrocinio della nullità venne, come dicemmo, con rescritto contrario ; giacchè le sorti del dì 4 giugno anno antecedente, avean chiarita d'ingiusta la regiudicata, riconoscendo valida la disposizione della Maria Orfini, comechè non avesse ancora compiti gli anni sedici: ed il sig. avv. Stolz, chiamato a difendere la massima che tanti anni prima avea sostenuta l'egregio Tavecchi, prese a parlare così.

Si quaeramus an valeat testamentum, in primis animadvertere debemus an is qui fecit testamentum habuerit testamenti factionem: deinde, si habuerit, requiremus an secundum regulas juris civilis testatus sit (1) : e siccome si tratta di testamento fatto, ed aperto quando tra noi aveva forza di legge il codice francese, pria che essa compisse il sedicesimo anno, tutto dipende dal vedere se quella era legittima età per far testamento (2). Dicea l'articolo 902 *toutes personnes peuvent disposer et récévoir, soit par donation*

---

(1) *L. 4 ff qui testam. facere poss.*
(2) *Instit· quib. non est permiss. facere testam.* § 1.

entre vif, soit par testament, exceptees celles que la loi en declare incapables, o diceva il seguente; *le mineur âge de moins de seize ans, ne pourra aucunement disposer* — Chi ha quindici anni ed alcun mese non è forse persona avente un'età inferiore ad anni sedici? Se volete un interprete, eccovi l'artic. 904, il quale continua dicendo *le mineur parvenu a l'âge de seize ans, ne pourra disposer que par testament, et jusques à la concorrence' de la moitié des biens, dont la loi permette au majeur de disposer*: nel quale articolo il legislatore, facendo una eccezione per quelli che fossero giunti all'età di sedici anni, dette manifestamente e discretivamente a conoscere, che nel lessico suo *âge de moins de seize ans*, e *parvenu à l'âge de seize ans* non fosser lo stesso — Che se alla voce *anni* non aggiungeva la voce *compiti*, è da riflettere che neppure vi aggiunse la voce *incominciati*, ma però, quando volle dir che bastasse l'anno incominciato, usò l'aggettivo *commencé*, come nel caso degli articoli 376 e 377. — E benchè questa semplice, ma letterale interpretazione di legge non avesse bisogno d'autorità, come non l'ebbe quando il Tavecchi ne fe' persuasa la ruota dell'anno 1816, il patrocinio della Cantagalli avea usata la diligenza di raccogliere in separato fascicolo le opinioni dei più reputati scrittori francesi, per dare a conoscere come anche in Francia si ritenga che gli anni debbano esser compiti per far testamento (3), al che aggiungeva il bel voto del sig. Bonjean avvocato ai consigli del re, che il sig. avv. Siolz avea fatto consultare a Parigi, e nel quale, come pure dicemmo, avea convenuto i professori dell'università parigina, alcuni dei quali noti per opre

---

(3) Merlin *repert. alla v.* testamento *sez.* 1 § 1 *art.* 3 *num.* 4 - Levasseur *della porzione disponibile cap.* 5 *art.* 3 *n.* 16 - Derliucourt *corso del codice civile tom.* 2 *pag.* 198 e Toullier *del diritto civile francese* 4 *ediz. tom.* 5 *pag.* 77 - Dallos *raccolta di giurisprudenza generale alla v. disposizioni tra vivi tom.* 5 *pag.* 256 - Duranton *corso di diritto francese tom.* 8 *pag.* 210.

molto lodate , come sigg. Vallette, Perreyre, Demartre, Oudot, Royer-Collard , e Blondeau antecessore dell'italiano sig. Rossi nel decanato della facoltà di diritto.

Siccome però l' avvocatura romana mai non difende cause di legislazioni straniere , senza consultare la sua, che, essendo madre di tutte , è di tutte la più legittima interpre·te , citava ancor egli quanto nel testo v' è di frammenti portanti la regola che la dizione *pervenire a tale anno* significa anno pienamente compito , cioè la *l. 49 ff de legat. et fidei-comm.*, la *l. 48 ff de condit. et demonstr.*, la *l. 15 ff de verbor. signif.*, e quel rescritto dell' imper·Antonino *l. 5 cod. quando dies legat. vel fideicommis. cedat*, ove nel caso d' un legato fruibile quando la legataria *ad legittimum annum per-venerit*, fu detto *non coeptum enim annum , sed impletum , si de emolumento relicti fideicommissi tractetur, expectandum esse prudentibus placuit*: il quale principio corredava con ricca suppellettile d' autorità scelta tra i più accreditati scrittori di romana giurisprudenza (4) , facendo ancor esso osservare, che il caso della *l. 74 § filius ff ad sen. cons. trebell.* allegato in contrario , o fu caso speciale risoluto per circostanze sue proprie, come avvertono Donello e Brunemanno nel chiosar quella legge , e la massima fu derogata dall'imperadore nel codice allorchè nella sudetta *l. 5 quando dies legati etc.* disse *non coeptum , sed impletum annum expectandum esse.* E non lasciava senza risposta la regola *in favorabili-*

---

(4) Cujac. *comment. in tit. ff de legat. et fideicomm. ad l. si cui legetur* – Donello *comm. ad tit. cod.* 22 *lib.* 6 *ed. lucen.* tom. 8 col. 1749 *num.* 4 – Voet *in pandect. lib.* 36 *tit.* 2 *num.* 2 *in fine.* - Connan. *comment. jur. civ. lib.* 3 *cap.* 12 *n.* 7. 8 - Camarella *de legat. lib.* 8 *quaest.* 24 *num.* 4 - Antonelli *de tempore legali lib.* 4 *cap.* 1 *num.* 7. 8 - Mans. *consult.* 119 *num.* 67 - Gratian. *discept. forens. cap.* 949 *num.* 21 - Urceol. *conclus.* 116 *num.* 8 - Ferraris *biblioth.* alla *v. annus* - Constantin. *vot. decis.* 77 *num.* 7.

bus annis incoeptus habetur pro completo, applicata alla specie nella decisione precedente ; facendo osservare che i testi in essa allegati risguardano casi d'anni richiesti per conseguire magistrature e dignità, non casi d'emolumenti da conseguirsi a pregiudizio di terzi, e molto meno il caso del testamento, per il quale anzi la legge *a qua aetate* 5 *ff qui testamentum facere possunt* espressamente dispone essere necessario *in masculis quartum decimum annum*, *in foeminis duodecimum completum.*

(*Il risultato di questa difesa è riferito a pagine suddette*).

PEGNI . DISTRAZIONE . COMPETENZA

LVII. *A giudicare della distrazione di oggetti impegnati è competente il tribunale criminale.*

Quand'anche il distraente abbia prima della querela offerta al pignorante la riparazione dei danni.

N. c. N.

La massima risulta dalla seguente regiudicata.

,, Si è dedotto in fatto che la contessa N. nell'estate del 1842 diede separatamente in pegno nella bottega di N. rappresentata da N., da prima una mantiglia nuova di raso con guarnizione di merletti e nastri, e poi una catenella con anello e chiavetta di oro. Ed allorchè nel maggio successivo voleva ritirare i suddetti pegni, trovò in luogo della mentovata mantiglia, una sdruscita e vecchia cappotta di borgonzone, e che gli altri oggetti di oro erano stati distratti, non rinvenendosi neppure la poliza del monte : espose pertanto separate querele di truffa contro la N. ed N. (*proprietaria e rappresentante della bottega*) per tale supplantazione e distrazione di oggetti oppignorati.

,, Ritenuto che l'inquisito N., imputando il primo fatto al ministro del monte, ed il secondo ad uno smarrimento fortuito, pel quale prometteva di soddisfare ai danni, eccepì la incompetenza dell'azione criminale di truffa, sostenendo esser egli scevro da qualunque dolo, tanto per l'una quanto per l'altra imputazione, e perciò solamente responsabile avanti ai tribunali civili.

„ Considerando che l'atto di accusa presenta due fatti aventi gli estremi di azione delittuosa contemplata dalle leggi penali, e precisamente dall'art. 257 del vig. regol. sui delitti e sulle pene.

„ Considerando che nei fatti aventi un titolo criminoso è riserbato al giudizio del merito il conoscere e decidere sulla esistenza, e sulla maggiore o minore gravità del dolo: e non potendosi ora preoccupare il merito, non è luogo di entrare in siffatte disamine, ma per definire la incidentale eccezione d'incompetenza promossa da N. devesi unicamente avere riflesso al libello di accusa che ha dato luogo alla inquisizione, su cui poggia il titolo delittuoso.

„ Il sacro tribunale ha dichiarato e dichiara essere competente il tribunale criminale del governo, ed ha ordinato che gli vengano rimessi gli atti, onde proceda e giudichi a termine di ragione.

Sac. Consulta del dì 12 aprile 1844 1° turno — Romana. mons. Matteucci *segr. e presid.*

VIOLENZA PRIVATA . QUESTIONE DI DIRITTO . COMPETENZA

LVIII. *Se nel giudicare di una violenza privata cade questione sul diritto di proprietà, su cui pende giudizio, il magistrato del criminale sospende la causa fino all'esito degli atti civili.*

Mazzoni c. Casanuova

Così fu deciso dal tribunale supremo della sacra Consulta con la seguente sentenza.

„ Ritenuto in fatto, che Pietro Mazzoni espose querela formale nel governo di Genzano contro Gioacchino e Fran-

20

cesco padre e figlio Casanuova a titolo di violenza privata, deducendo, che, avendo egli costruito un gallinaro nel cortile di proprietà comune a se ed ai Casanuova, questi, e precisamente Francesco, eransi permesso demolirlo di propria autorità.

„ Ritenuto che per parte dei Casanuova, nell'allegarsi la incompetenza dell'azione criminale, si sosteneva, che il Mazzoni non aveva diritto di costruire quel gallinaro nel cortile di comune proprietà, e che pendeva in giudizio civile la questione intorno ai propri diritti in quell'area.

„ Considerando che pria d'emettere un fondato giudizio, cioè se l'atterramento o demolizione del gallinaro o recinto dei polli, di cui si dice autore Francesco Casanuova, sia un atto di violenza privata consumato a danno del predetto Mazzoni, conviene ben conoscere, fissare e determinare, se, e quai diritti competano al Mazzoni, e quali agli imputati Casanuova.

„ Considerando che tali diritti vengono contrastati in via civile, ove pende attualmente il relativo giudizio.

„ Considerando tutt'altro da considerarsi

„ Il tribunale ha dichiarato e dichiara che debba sospendersi il giudizio criminale fino all'esito del giudizio civile.

Sac. Consulta del dì 19 aprile 1844 primo turno, mons. Matteucci *segr. e presid.* — *Genzanese di violenza privata,* dif. *per Casanuova sig. avv.* Federico Franchi ; *per Mazzoni* sig. dott. Marcello Annibali.

LOCAZIONE . CESSAZIONE .
TERMINE AD EVACUARE . PROROGA

LIX. *Se una sentenza condanni un conduttore a restituire la cosa locata, prefiggendo un termine insufficiente, non per questo il tribunale d'appello accorda l'appellazione sospensiva. Ordina che l'appello si osservi in devolutivo, concedendo però una conveniente proroga di tempo.*

(*Discuss. sul § 1152 del reg. giud.*)

De Sanctis c. De Sanctis

Così dalla Ruota fu giudicato in un' appellazione che avea interposto un De Sanctis fabro ferraio contro una sentenza del tribunale dell' A. C., la quale gli avea prefisso un termine di soli giorni 15 a rendere un' officina per l' esercizio dell'arte sua, locatagli in questa città dal proprio fratello.

Non è, disse il di lui difensore, da opporre, che per le dilazioni si debba ricorrere ai giudici che pronunciarono le appellate sentenze, giacchè la legge parla di quelle, le quali condannano a pagamento (1), e nel caso si tratta di lasciare una officina, non di pagare una somma: che se pria di tale abbandono deve il fratello prepararsene un'altra, acciò non vada perduto tutto l'avviamento che egli ha, come è possibile che nello spazio di 15 giorni a questa necessità egli proveda? Ed a tale proposito traeva quel di Vinnio *instit. tit.* 4 *num.* 6 - *Sunt quaedam personae, quibus humanitatis caussa tributum est, ut ne conveniantur in solidum, nisi in tantum, quod facere possunt: quod beneficium vulgo vocant privilegium et exceptionem competentiae. Tribuitur hoc beneficium partim ob caussam, ex qua agitur, partim ob personam rei, cum qua agitur .... Igitur socio omnium bonorum semper et omnimodo hoc beneficium competit.... Quod si sociis ob immaginem fraternitatis hoc privilegium indultum, multo verius fratribus idem concedendum* (2).

La risposta contraria era tutta sul rigor della legge 35

---

(1) *Reg. giud.* § 1152 - La legge sospende inoltre la esecuzione delle sentenze definitive, che condannano al pagamento di una somma liquida e certa, se il soccombente dopo l'interposta appellazione accetta puramente e semplicemente la condanna, e rinunzia a qualunque rimedio ordinario e straordinario.

(2) *L.* 187 *ff de reg. jur.* - Ubi enim aequitas evidens poscit, subveniendum est - *L.* 4 § 1 *ff de eo quod certo loco.* In summa aequitatem ante oculos habere debet judex.

cod. locati che riconosce come invasori gli inquilini, i quali non rendono le cose locate quando è giunto il termine della locazione (3), facendo osservare, che oltre al tempo di 15 giorni accordato dai giudici, avea il contradittore goduto tutto quello impiegato nel fare il giudizio: per cui diceva giustissima la prima sentenza, non suscettibile d' appellazione sospensiva.

Il sacro uditorio rescrisse — *Servetur appellatio in devolutivo, prorogato termine ad' duos menses.*

Ruota del dì 8 *luglio* 1844 — *Romana evacuationis super moderatione appellationis, dif. per l' appellante sig. dott. Tosi; per l'appellato sig. dott. Pagnoncelli proc. di coll.*

COMPETENZA CRIMINALE . CONTESTAZIONE CIVILE . INCOMPETENZA

LX. *Se il querelante in causa di truffa, chiamato dal querelato in giudizio civile, contesta la lite, cessa la competenza del tribunale criminale.*

Quand'anche il tribunal criminale pria di tale contestazione abbia giudicato per la propria competenza.

In tal caso il querelato interpone ricorso al tribunale supremo della sacra Consulta, il quale, vista la prova della sopravvenuta contestazione civile, ordina che si cessi dagli atti criminali.

N. c. N.

Alle decisioni di sacra Consulta concernenti il conflitto dell'azione penale con la civile, delle quali abbiamo ar-

---

(3) *L.* 55 *cod. locat.* - Conductores alienarum rerum, seu haeredes eorum, si rem eam dominis recuperare volentibus non restituerint, sed illam usque ad definitivam sententiam expectaverint, non solum rem locatam, sed etiam aestimationem ejus victrici parti ad similitudinem invasoris alienae possessionis praebere compellantur - Rota *decis.* 189 *num* 1 *cor. Marco.*

ricchito il presente fascicolo, aggiungiamo ora questa, che
può essere in pratica di molta importanza.

„ Si ha (*eccone il testo*) dagli atti processuali del tribunale senatorio, che N. N., bisognoso di danaro, nel giorno
30 marzo 1841, firmò una cambiale di sc. 500, in cui appose la sua firma anche il sig. cav. N. N., scadibile li 20 novembre di quell'anno medesimo, e la consegnò quindi ad N.,
coll'incarico di rinvenire detta somma in piazza. Si ha
parimenti, che dal signor cav. N. fu girata la cambiale ad
un tal N., e da costui allo stesso N. (*incaricato dello sconto*),
che vi appose la sua firma, allorchè ne ricevette l'effettiva
valuta dalla banca romana. Si ha inoltre, che nel maggio del
successivo anno 1842 il mandatario sborsò al mandante scudi 300, dandogli ad intendere di avere scontata la cambiale
con un tale...., che per allora non si trovava in istato di
pagare l'intera somma. Si ha finalmente, che alle replicate
istanze del mandante per conseguire l'intera valuta della
cambiale, fu dal mandatario sempre tergiversato tanto in voce che in iscritto, finchè poi ebbe a conoscere, che questi
aveva scontata la cambiale stessa non già col supposto....,
ma bensì colla sudetta banca romana, e conseguentemente,
che aveva erogato in proprio uso la somma residuata di cui
sopra; per la qual cosa contro di esso ricorse al tribunale
criminale senatorio con querela di truffa.

„ Considerando che da tutti gli elementi raccolti nei suddetti atti processuali, chiara apparisce la dolosa operazione
del mandatario a danno del mandante, e per cui rettamente
il lodato tribunale senatorio colla sentenza superiormente indicata si dichiarò competente a procedere in causa.

„ Considerando d'altronde, che posteriormente a detta
sentenza il mandatario chiamò il mandante in giudizio civile
avanti il sig. assessore Soffredini per sentirsi prefiggere un
breve e perentorio termine al ricevimento di *un bono* di scudi 180, residuo di detta cambiale, ed il mandante comparve
per mezzo del suo procuratore sig. N., ed accettò quel giu-

dizio, siccome si è fatto constare con originale documento al s. consesso nell' udienza di questo giorno.

„ Considerando che simile accettazione di giudizio civile, a senso dell' art. 597 del succitato regolamento di procedura criminale, non che del biglietto della segreteria per gli affari di stato interni del 4 maggio 1844 num. 83321 (1), ha estinto nel mandante l' azione criminale.

„ Il tribunale per gli esposti riflessi, ed all' appoggio delle disposizioni legislative testè citate, ha deciso e decide, che non si fa luogo alla competenza del giudizio criminale di cui sopra, e perciò ha ordinato ed ordina, che vengano inviati gli atti del processo al tribunale Senatorio per essere passati all' archivio.

---

(1) *Vedi questo biglietto, ed il precedente dell' eminentissimo Gamberini di ch. me., nel primo numero della seguente appendice.*

APPENDICE

Quesiti proposti dal tribunale senatorio alla segreteria per gli affari di stato interni con fogli motivati, inseriti nel biglietto dell'eccmo sig. principe senatore di Roma dei 4 maggio 1844 P. C. num. 83321.

Primo

„ Se nel, giudizio criminale di truffa non essendovi stata alcuna *preoccupazione*, a termini di legge, dopo la querela data da chi ha sofferto il danno, in seguito della querela il ministero inquirente incominciò il processo, il consenso prestato nel *posteriore giudizio* civile dalla parte querelante col comparirvi, produca l'estinzione dell'azione criminale a pregiudizio del fisco'?

Secondo

„ Lo stesso quesito nei delitti, nei quali il fisco può procedere *d'officio*, ma nel caso siasi proceduto a querela della parte danneggiata ed offesa ?

RISPOSTA

Dalle stanze del Vaticano li 3 giugno 1844 num. 54878.

„ I due quesiti promossi dal tribunal criminale di Campidoglio con i fogli inseriti nel pregiato biglietto di V. E. dei 4 maggio cadente, corrispondono nell'intrinseco a quelli già avanzati dal supremo tribunale della s. Consulta nel 1839. Quindi essendosi in proposito ai medesimi emesse dalla segreteria per gli affari di stato interni fin dal 31 del d. anno n. 83937 le corrispondenti dichiarazioni (già note al tribunale di Campidoglio) non si fa ora luogo che a ripetere le

medesime, in forza delle quali potrà il prefato tribunale risolvere nell'affermativa il primo quesito, e nella negativa
il secondo.

„ Il sottoscritto cardinale segretario per gli affari di stato interni doveva questo riscontro al sud. pregiato biglietto
dell' E. V., il che esaurito, non gli rimane che confermarle
i sensi della più distinta stima e considerazione.

Devotiss. servitore
MARIO CARD. MATTEI

Sig. principe senatore di Roma

N. 83937

Dalla segreteria per gli affari di stato interni li 31 gennajo 1839.

„ Con biglietto dei 19 cadente 11753 mons. segr. della
s. Consulta ha proposto due dubbi per troncare le discussioni che si presentano al s. tribunale sulla intelligenza, ed
applicazione dell'art. 597 del regolam. di procedura criminale.

„ Si richiede col 1° quale sia l'atto dalla legge preveduto, che contenga necessariamente in giudizio la rinuncia
all'azione criminale, e si domanda nel 2° se il querelante
in giudizio criminale, comparendo quindi in giudizio civile,
promosso sullo stesso oggetto posteriormente dall'accusato,
s'intenda avere rinunciato al primo.

„ All'uno, e all'altro dubbio si presenta l'analoga soluzione col mezzo degli articoli 592. 597. i quali nel caso
proposto sono fra di loro essenzialmente connessi, e colla lettera delle respettive disposizioni spiegano lo spirito della legge.

„ Di fatti l'art. 592 nei casi in cui all'offeso compete
l'azione tanto civile quanto criminale, lasciandone la scelta
all'offeso stesso, ha voluto impedire giustamente a questo
di passare dalla più mite alla più rigorosa, subitochè ha dato la preferenza alla prima.

„ Nello stesso modo se coll'art. 597 ha vietato al reo di costituirsi attore volontario per impedire con uno spazioso giudizio civile all'offeso di sperimentare l'azione più severa, che questo aveva diritto di scegliere, ha poi fatta l'unica, ed egualmente giusta eccezione alla massima, del caso cioè in cui l'attore e l'offeso avesse acconsentito nel giudizio civile introdotto dal reo.

„ In questa maniera la legge che ha autorizzato l'attore a scegliere, ma gli ha vietato di convolare a capriccio dall'azione più mite alla più severa, è stata coerente a se stessa, alla giustizia ed all'equità col togliere la proibizione del reo d'introdurre il giudizio civile quando dipende dal consenso dell'attore, cioè dal suo fatto proprio il recedere dal giudizio criminale, altrimenti il consenso prestato a forma dell'art. 597, se non importasse la rinuncia all'azione criminale, produrrebbe all'attore quella facoltà di convolare da un giudizio all'altro, e, quel ch'è più, all'azione più odiosa, lo che era stato espressamente vietato dall'art. 592.

„ Non potendo pertanto elevarsi su tale intelligenza il menomo dubbio, ne discende conseguentemente la risposta al primo quesito, cioè che qualunque atto giudiziale si faccia dall'attore prescritto dai §§ 542 e 543 del regolamento giudiziario civile, è sufficiente e valevole a produrre gli effetti della rinunzia all'azione criminale.

D. CARD. GAMBERINI

Opere nuove di giurisprudenza romana

Discorso inaugurale dell'illustriss. e reverendiss. mons. LUIGI BONINI uditore della s. Ruota romana, pronunciato nella solenne riapertura delle udienze a dì 2 ottobre 1844.

Cum duo sint, illmi ac rmi domini, ceterique auditores ornatissimi, cum duo sint persuasionis veluti instrumenta, *ratio et auctoritas*, ambo in foro, atque judiciis locum sibi vindicant ita, ut altera alterius opem poscere, et amice conjurare quodammodo videatur. Leges enim interpretari, singulisque casibus aptare res est ejusmodi, quam privata cujusque ratio omni auctoritatis praesidio orbata expedire tuto non valeat. Sed vicissim auctoritas haec in re versari innocue non poterit, nisi rationis ipsius ductum sequatur. Quocirca cum in isto rationis, et auctoritatis foedere summa consistat illius sapientiae, quae in judiciariis tractationibus eminere debet, non inepte me facturum existimavi si in hodierna die, qua forensis nostri curriculi instaurationem solemni ritu celebramus, nonnihil ex tam illustri argumento auspicii causa delibarem.

Infinitam prope esse casuum varietatem, qui judiciorum materiam constituunt, eosque proinde omnes singillatim legibus comprehendi non posse, compertum abunde est, atque exploratum. Necessaria itaque semper fuit et erit interpretatio legum, ac fori disputatio, qua ad casus illos non expressos leges ipsae accommodentur. Sed hoc opus, hic labor, praevidere scilicet in singulis disceptationibus cuinam juris regula subjiciatur casus, de quo est controversia, quum saepe facta ob implexas circumstantias, quibus involvuntur, ambiguam praeseferant speciem, haerentemque animum detineant, an ex una potius, quam ex alia lege quaestio sit dirimenda. Jam vero si id privatae cujusque rationi dijudicandum relinquatur, haec duo simul incommoda necessario consequentur, alterum quod omnino fluctuans, incertaque existat judiciorum reddendorum ratio, alterum quod saepius vanum justitiae simulacrum pro justitia ipsa apprehendatur. Ut enim fert mira ingeniorum, quae in hominibus cernitur, dissimilitudo, quae uni videbitur rationi plane consona interpretatio, alteri videbitur ab ea quam maxime abhorrens, atque ita de iisdem rebus diversa quotidie jura reddentur, nihilque jam firmum ac constans in judiciis manebit. Praeterea ratiocinandi subtilitas in nulla alia re fallacior, quam in jurisprudentia esse videtur. Haec enim, quae ars boni, et aequi merito appellatur, et est, non in abstracta quadam veritatis investigatione, quemadmodum philosophia, consistit; sed tota versatur in usu hominum, ac quiddam solidi habet, quod nimia subtilitate comminui non patitur. Multa jure civili, inquit jurisconsultus, contra rationem disputandi, pro utilitate communi recepta esse, innumerabilibus rebus probari potest. Non omnia itaque ad vivum resecare disputatione, fas est, sed modus quidam, ac veluti temperantia adhibenda, quae peculiari jurisprudentiae, ut ita dicam, ingenio sit accommodata.

Quonam vero pacto cavebitur, ne hos fines, quos ultra, citraque nequit consistere rectum, ratiocinandi subtilitas praetergrediatur, ac vana justitiae specie fucum faciat, nisi exquiratur identidem quae de proposita quaestione prudentum doctrina fuerit, et qui constans usus judiciorum? Nemo profecto erit, qui hujus auctoritatis suffragio in anticipiti quaque disputatione non debeat acquiescere. Nam quae homines civili sapientia rerumque usu praestantes, et veritati quaerendae unice addicti multo labore, ac diuturna meditatione invenerunt, non iis subjacent erroribus, quos, vel mentis infirmitas, vel peculiaris affectio animi, vel consultationis festinatio saepe afferunt, dum in ipso judicialis controversiae fervore ingenium sese acuit, atque elimat ad id quod intendit assequendum. Quod si auctoritas etiam accedat rerum similiter judicatarum, nihil reliqui esse videtur, quod ad fidem faciendam jure desiderari possit.

Verum, ut initio monui, quod praesidium ab auctoritate ratio mutuatur, ei vicissim, ac large rependit. Est enim auctoritatis ampla, ac foecunda veluti seges, ex qua, nisi prudens delectus adhibeatur, non modo fruges, sed herbae etiam frugibus inimicissimae facile colliguntur. Et primo quidem ratio pro varia auctorum indole, varium ipsorum placitis tribuit momentum. Justo enim discrimine auctores scernit, qui sponte, ac veritate sibi tantum proposita, incorruptos doctrinae fructus ediderunt ab iis, qui consulentium opportunitati responsa submittere visi sunt; tum eos qui superiorum opiniones nonnisi cognitis, atque exploratis fundamentis amplexi sunt ab iis, qui coeco quodam impetu in aliorum sententias proruerunt. Hoc amplius circumspicit ratio, ac sedulo comperat singula rei, de qua disputatur adjuncta cum adjunctis specierum, in quibus auctores ipsi, vel decisiones magistratuum versantur. Cum enim ex facto oriri jus verissime dictum sit, unius adjuncti diversitas tanti esse potest, ut idcirco juri plane diverso locus aperiatur. Sed notiora haec sunt, atque planiora quam ut latius debeant explicari. Quare agite jam, et quod vobis omnibus hoc forense stadium denuo ingressuris bene, ac prospere vertat, pergite in id studium in quo estis, toto pectore incumbere, ut quidquid ratio pro-

tulit auctoritate, quantum fieri potest roboretur, et haec contra ab
illa regatur assidue, atque illustretur. Sic profecto efficietis, ut quae
perpetua fuit romani fori laus in solidiori jurisprudentia colenda,
numquam exarescat, sed augeatur in dies, firmiusque consistat.

1. **Rivista di legislazione e giurisprudenza, pubblicata sotto
la direzione dei signori Wolowscki - Troplong - Giraud
- Hélie - Ortolan - (*Revue ec.*) - Parigi - ottobre 1844.**

Sommario - Del matrimonio , e della potestà maritale presso
i romani - *Troplong* - Rivista delle raccolte straniere consacrate
alla scenza del diritto - *De Mohl* - Esame critico dei documenti
relativi alle riforme ipotecarie - *Guyho* - Rivista della giurisprudenza in materia civile. Dell'azione di nullità o di rescissione accordata ai minori - *Pont* - Bollettino bibliografico - Cronaca.

2. **Rivista di diritto francese e straniero (*Revue de droit ec.*)
dei signori Foelix - Duvergie e Valette - Parigi tom. I
distrib. 11 - (ottobre 1844).**

Sommario - Della natura e degli effetti della surrogazione
- *Mourlon* - La donna separata di beni e di talamo può obbligarsi
senza l'autorizzazione del giudice ? - *Todros* - Una organizzazione
giudiziaria conforme allo spirito del popolo esige l'introduzione del
giurì? - *Paulsen* - Studii sopra Donello - *Bodet* - Carta costitu-
zionale della Grecia *Sgouta* - Del regime delle acque, e particolarmente di quelle d'irrigazione - *Giovannetti* - Cronaca - Bollettino
bibliografico.

Opere di giurisprudenza commerciale recentemente pubblicate in Inghilterra.

1. Trattato delle società (*Commentaries on the law of Partner-
ship ecc.*) del sig. Giuseppe Story - prezzo lira 1. scell. 4.
2. Trattato delle lettere di cambio (*Commentaries on the law
of Bills of exchange ecc.*) seguito da alcune indicazioni sulle leggi
commerciali del continente europeo - *dello stesso* - prezzo lira 1
e scell. 4

3. Manuale di diritto commerciale (*Compendium of mercantile law*) del sig. Smith, terza ediz. considerabilmente aumentata - pr. lira 1. scell. 5.

4. Trattato pratico delle lettere di cambio (*A practical treatise on the law of Bills of exchange ecc.*) del sig. Byles quarta ediz. in 12° pr. 16 scell.

Giurisprudenza estera commerciale ed ipotecaria

POLIZA DI CARICO . GIRATA

1. *Una poliza di carico all' ordine S. P. non può dar privilegio al commissionario, se non gli è stato regolarmente trasmesso , cioè con tutte le formalità richieste dagli articoli 137 e 138 del codice di commercio nelle girate.*

Per cui la girata deve indicare la valuta somministrata , sotto pena d' essere considerata, a riguardo dei terzi , come semplice procura.

Tissot e Prevost c. Muller

LA CORTE - Considerando che l' articolo 93 del codice di commercio non accorda privilegio al commissionario per i suoi disborsi, se non quando la mercanzia è a sua disposizione , o che egli può giustificare con una lettera di vettura , o con una poliza di carico la spedizione che gli è stata fatta , e all' infuori di questo caso il commissionario non può reclamare nessun privilegio , se non prova che gli è stato regolarmente trasmesso.

„ Considerando che l' articolo 281 autorizza la trasmissione della poliza di carico per mezzo della clausula *all' ordine*, e, se non indica la forma della girata , egli è perchè le regole relative a questa materia sono determinate dagli articoli 137 e 138.

„ Che in realtà , essendo la girata un modo speciale ed eccezionale di trasferimento per le materie commerciali , non può produrre il suo effetto , se non sono osservate le forme dalle quali la legge fa dipendere un tale risultato.

„ Che gli effetti di quest' atto son varii , quanto son varie le convenzioni , alle quali può appartenere , e nelle lettere di cambio la girata è il solo modo regolare che ne possa trasferire la proprietà.

„ Che ricorre lo stesso principio in fatto di poliza di carico, sia che si tratti della proprietà delle mercanzie, sia che si tratti d' un diritto reale sopra di esse.

„ Che il privilegio è un diritto sulla cosa, la di cui creazione potendo influire sui diritti dei terzi, esige le medesime solennità che esige la cessione delle mercanzie: dal che consegue che la girata irregolare d' una poliza di carico si riduce ad una semplice procura, e non dà al portatore che la facoltà di rappresentare colui, al quale la mercanzia era stata spedita.

„ Che se tra il portatore e il cedente può aver luogo una prova estrinseca alla irregolarità della girata, all' effetto di stabilire che la mercanzia è stata ceduta, o sopra di essa è stato accordato al portatore un diritto reale, essa non può mai aver luogo a danno del diritto dei terzi, e molto meno del diritto del venditore, che può sempre rivendicare la mercanzia non pagata.

„ Considerando che, nella specie, la girata della poliza di carico fatta da Brame-Chévalier e compagni a Tissot, Prevost non esprime il valore somministrato, per cui non è che una procura, e non può esser d'ostacolo alla rivendicazione regolarmente esercitata da Muller.

„ Per questi motivi mette al nulla gli appelli di Tissot e Prevost, ed ordina che il giudicato abbia il suo effetto ec.

Corte reale di Amiens, ud. *solenne del dì 29 luglio 1843.*

EFFETTI DI COMMERCIO . SCADENZA . PROTESTO . GIRATA

2. *Un effetto di commercio non è più commerciabile dopo la sua scadenza.*

E molto meno dopo che il portatore ne ha fatto in iscadenza elevare il protesto.

Dufresne-Legue c. Louyer Villermai ed altri

LA CORTE – Considerando che le lettere di cambio e i biglietti all' ordine sono una specie di moneta corrente creata, per facilitare le operazioni commerciali, e che ha privilegio di circolare con una semplice girata senza formalità, senza spese, e senza andare soggetta alle eccezioni che sono personali ai precedenti portatori: ma ;

benchè questo privilegio sia immenso, non deve però sussistere quando sono cessati i motivi che le fecero ammettere. Che il favore d'una circolazione facile, pronta, economica e guarentita da tutti i pericoli, non può essere inteso che nell'interesse che ha il commercio nel somministrare a coloro che hanno fondi da pagare o da ricevere in luoghi lontani il mezzo d'ottenere l'intento senza andare soggetti alla dispendiosa necessità d'inviare numerario nel luogo del pagamento, o di far venire dallo stesso luogo le somme che essi devono ricevere.

„ Considerando, che dopo l'epoca fissata per il pagamento, le ragioni che hanno fatto introdurre questa deroga al diritto comune non esistono più: giacchè se l'effetto creato per realizzare il pagamento non è stato soddisfatto, resta tra le mani del portatore come un credito formante parte del suo attivo, mancante del favore d'una circolazione eccezionale, di cui non si potrebbe neppure immaginare il proseguimento.

„ Che in tale stato la sorte di tutti quelli i quali concorsero alla negoziazione dell'effetto, è irrevocabilmente fissata, come è fissata quella dei debitori principali, giacchè gli uni hanno dei regressi a sperimentare, gli altri delle eccezioni o compensazioni ad opporre, per cui ogni cambiamento in tal situazione di cose è divenuto impossibile.

„ Che ammettere la possibilità di girare un effetto commerciale dopo la scadenza sarebbe ricondurre in circolazione dei titoli che ne sono esciti, compromettere bene spesso dei gravi interessi, e perturbare il commercio; giacchè col presidio di tale tolleranza, e il portatore dopo la scadenza dell'effetto si avvedesse che il debitore gli può opporre delle compensazioni, potrebbe mettersene al coperto con una nuova girata.

„ Considerando che l'idea di questo danno ha talmente colpito gli uomini saggi, disposti ciò non ostante ad ammettere l'opinione qui combattuta, che hanno voluto creare un sistema misto, secondo il quale il privilegio della circolazione sopravviverebbe alla scadenza, ma non sarebbe più dotato dei privilegi inerenti a questa specie di cessioni: sistema spurio, che non può essere adottato, giacchè e bisogna ammettere tutto, o tutto ripudiare.

„ Che in fatti non si può concepire come si potrebbe mantenere un diritto di circolazione che, ingannando il commercio, lascerebbe i nuovi portatori esposti a tutti i pericoli delle eccezioni opponibili ai detentori nel momento delle scadenze, ed ai cessionari successivi: ed è d'altronde impossibile frazionare la legge, ripudiando l'art. 149 del codice di commercio con le sue conseguenze, per adottare solamente l'art. 136.

„ Considerando che per distruggere l'argomento tratto dalla generalità dei termini di quest'articolo 136, basta osservare come esso sia collocato nel titolo *delle lettere di cambio*, giacchè esso viene dopo l'enunciazione delle forme con cui devono essere stilate le tratte e l'accettazione; ma prima d'indicare quello che deve esser fatto all'epoca del pagamento, e specialmente prima dell'articolo 161, il quale dispone, che il portatore della lettera di cambio deve esigerne il pagamento nel giorno della scadenza.

„ Considerando che, come si è detto, la circolazione autorizzata dall'art. 136 è un diritto eccezionale, che non può stendersi al di là dello scopo per cui è stata creata, nè può applicarsi a titoli immobilizzati per il rifiuto del pagamento, ridotti a crediti suscettibili di cessione, ma con le condizioni del diritto comune.

„ Considerando che la facoltà di mandare in commercio ed in circolazione effetti degenerati, per lo più ridotti a titoli litigiosi, sarebbe creare una sorgente d'inconvenienti e d'ingiustizie, che il legislatore non ha potuto autorizzare = *Così in diritto*.

Per tali motivi dice mal giudicato, e riformando ecc., dichiara il sig. Dufresne-Legue, mancante di qualità, per chiedere il pagamento dei controversi biglietti: annulla il giudicato e l'istanza ecc.

Corte reale di Rennes, *prima cam., ud. del dì* 15 *luglio* 1844 *sig. de* Kerbertin, *pr. presid.*

AZIONE SUCCESSORIA . AZIONE VINDICATORIA .
COMPETENZA

LXI. *Esercitare un' azione vindicatoria per titolo ereditario,
non è esercitare un' azione successoria nel senso del § 441
num. 2: e molto meno quando l' azione è intentata contro
coeredi da un estraneo acquirente d' una proprietà ereditaria.*

*All' effetto della competenza maggiore accordata in quel para-
grafo anche alle cause minori, è necessario che la lite sia
tra coeredi.*

*O che almeno l' attore sia subentrato in tutti i diritti che il coe-
rede avea all' eredità.*

(*Discuss. sul* § 441 *num. 2 del reg. giud.*)

Farnè c. Gambetti

Gambetti avea comperato da un Dall'olio la porzione
d' un piccolo predio denominato *Cusiolo* in Sassolione presso
a Bologna, e l' altra dallo stesso Dall'olio era stata venduta
ai fratelli Farnè: più tardi però, avendo il Gambetti saputo
che l' intero predio veniva al venditore per titolo ereditario
dal padre, il quale morendo avea lasciate coeredi e compro-
prietarie quattro altre figliuole, andò comperare i costoro diritti, e, benchè la parte venduta ai Farnè fosse scritta nel
censo per sc. 40 : 64, reputò conveniente al processo il § 441
num. 2 che manda per somme anche minori di sc. 200 ai
tribunali collegiali del luogo, ove è aperta la successione — *le
azioni fra coeredi concernenti le divisioni delle eredità, la tradizione e la garanzia delle quote ereditarie:* e portò la causa
al tribunale di prima istanza sedente a Bologna col seguente
libello, di cui è necessario conoscere letteralmente il tenore per
l'intelligenza della dottrina, che si contiene in questo articolo.

„ Sono citati i signori Antonio ed Evangelista fratelli
Farnè domiciliati in detta comune. A comparire scorsi otto
giorni.

21

„ Ritenuto che gli istanti sono proprietari di un fondo denominato *Cuviolo* posto nel comune suddetto parrocchia di Sassoleone composto di vari appezzamenti con vari edifizi appartenuto, finchè visse, a Francesco Dall'olio, e dopo la sua morte accaduta li 16 gennaro 1814 ai cinque di lui figliuoli in parti eguali, per la intestata successione, cui secondo le leggi italiane si fece luogo in loro favore.

„ Ritenuto che i due fratelli Vincenzo e Giovanni Gambetti del vivente Francesco, acquistarono, anche a nome della Teresa Baldazzi moglie di Giovanni, la quota di Giuseppe, uno dei detti figli, ed anzi una estensione assai maggiore del suo *quinto* mediante due istromenti rogati dal notaro dottor Gaetano Ronca i giorni 21 gennaro 1828 e 4 giugno 1830.

„ Ritenuto che l'altro istante Giovanni acquistò gli altri quattro quinti dalle tre sorelle di Giuseppe, Domenica, Rosa, Caterina e Marianna figlia di Geltrude altra sua sorella coll'assenso ed intervento ad abbondanza del detto loro fratello, come risulta dai tre istromenti rogati il primo dal notaro Galeati il 28 febraro 1837, e gli altri due dal notaro dottor Onofrio Pilati Baggi i giorni 4 ed 11 marzo 1837.

„ Ritenuto che i sudetti fratelli Gambetti sono in possesso della loro quota acquistata coi rogiti Ronca suindicati, non così il detto Giovanni Gambetti, il quale ha trovato avere i citati occupata la casa, e gli edifizi esistenti sul detto fondo, e così il podere per tutta la parte a lui spettante.

„ Ritenuto che non ignorano gli istanti affacciare i detti fratelli Farné a loro appoggio di avere acquistato una parte del detto podere dal medesimo Giuseppe Dall'olio.

„ Ritenuto che niun titolo, e niun diritto può somministrare loro il detto acquisto se anche regesse, perocchè fatto dopo che Giuseppe aveva venduto il suo quinto, e più ancora di esso coi detti due rogiti Ronca, ed aveva quindi cessato di essere proprietario di detto fondo, nè conseguentemente poteva cedere, o vendere ad altri ciò che egli non aveva.

„ Ritenuto perciò che i detti Farnè sono illegittimamente occupanti del detto fondo senza titolo e causa, ed occupanti di mala fede, perchè scienti delle prenarrate cose da moltissimo tempo, e specialmente dal 29 aprile 1837, giorno in cui furono ad essi notificate con atto del cursore Perazza, per lo che compete agli istanti azione non solo a domandare la loro espulsione, ma anche la restituzione delle rendite percette e che in caso percepissero, e la rigorosa ammenda dei danni.

„ Per sentire, previa la prodotta dei preaccennati, dichiararsi, e sentenziarsi non competere ai citati verun diritto sul detto fondo *Cuviolo*, e doversi perciò espellere dalla occupazione e godimento che ne usurparono, ed in cui, contro ogni principio di ragione, persistono a mantenersi. Per l'effetto della quale domanda proferirsi la sentenza, e rilasciarsi i mandati espulsivi contro i citati, ed immissivi in favore degli istanti per la rispettiva interessanza, colla condanna dei citati medesimi alla restituzione delle rendite, ed ammenda dei danni da liquidarsi a termine di ragione.

„ E ciò senza pregiudizio di ogni altra azione esperibile anche in via criminale, e per qualunque provvidenza etc. salvo etc. in ogni etc. „

Il tribunale ammise l'istanza, ed i giudici d'appello erano in procinto di confermare il giudicato, quando i Farnè portarono gli atti alla censura del tribunale supremo per difetto di giurisdizione.

Il sig. avv. *Mandolesi* disse pei ricorrenti, che l'azione dai Gambetti istruita innanzi al tribunale di Bologna non fu nè universale, nè *successoria*, nè ipotecaria, nè fiscale, nè municipale, nè provinciale, per cui, secondo il disposto nel § 295, benchè relativa a somma minore, portar si dovesse a magistrato di giurisdizione maggiore: ma invece fu semplice azione vindicatoria d'un fondo, il cui valore era molto minore degli sc. 200 — che al dire del Voet *in pand. de rei vindicat.* — *Vindicare in genere est, jus in re sibi adserere, et*

21*

vindicationes dictae, omnes in rem actiones: ex jure dominii nascitur rei vindicatio, actio scilicet in rem, qua rem nostram ab alio possessam petimus — che azione di tale natura è quella eziandio che il condomino esercita contro a colui il quale acquistò dall'altro condomino, coerede consocio, alienante illegittimamente la porzione non sua (1) — che nel libello fu dimandato si dichiarasse *non competere ai citati verun diritto sul fondo Cuviolo*, perciò doversi i Farnè *espellere dalla occupazione e godimento che ne usurparono, rilasciando i mandati espulsivi contro i citati, ed immissivi in favore degli istanti* — che nei motivi della dimanda fu allegata la proprietà del fondo, la compera che il Gambetti ne fece contrattando colle figlie dell'antico proprietario Dall'olio, il possedimento che ne acquistò, l'illegittimità della vendita fatta ai Farnè da un fratello che dicesi solo padrone, e che *non potea vendere ad altri ciò che non avea*: clausole convenienti all'esercizio d'azione reale, di quella cioè *il cui valore, per la regola del § 457, si deve desumere dal valore della cosa litigiosa, e dalle stime censuali se si tratta d'immobili.*

E commentava il § 441 dicendo, che la previdenza di questioni che nascono sul diritto di succedere *in tutto o in parte alle eredità del defonto* si deve intendere nel senso di coerede, il quale pretenda la porzione su tutto, perchè l'eredità *est jus succedendi in universum jus quod defunctus tempore mortis habet* (2), cioè delle azioni di petizione d'ere-

---

(1) *L. 2 cod. de com. rer. alienat.* - Multum interest utrum coheredes tui possessionem communem distraxerunt : an vero fiscus, cum partis dominus esset, juxta proprium privilegium vendidit. Etenim si a fisco facta sit venditio, fidem ejus infringi minime rationis est. Si vero coheredes soliditatem vendiderunt, licet emptor ab his delegatus partem pretii fisco solverit, alteramque in cautionem deduxerit, tamen portioni tuae ea venditio non potest obsistere. - *Cujac. paratitl. ad cod. d. tit.* - Donell. *comment. allo stesso tit. num. 60.*

(2) *L. 62 ff de reg. juris.* - *l. 10 ff de hereditatis petit.* - *l. 119 ff de verbor. signif.*

dità che sono universali, non delle vindicatorie, che sono speciali (3) : giacchè in quel caso il giudice decide non dell'azione vindicatoria, ma del diritto alla successione ereditaria.
Ed a giustificazione di tale riflesso traeva le leggi 3 *cod. de
judiciis*, e 1 *cod. de ordine cognitionum* in cui l'imperatore
rammenta la regola che, se in un giudizio di petizione d'eredità nasca una questione di stato (la quale in antico apparteneva a magistrature diverse), il giudice della questione successoria potesse conoscerne per incidente (4).

Il sig. avv. *Tagliaferri* per lo contrario dicea di concedere che chi per ragione di dominio reclama un fondo posseduto da altri, eserciti un'azione rei vindicatoria, ma pretendea che se la dimanda porti necessità di giudicare sul
diritto di successione, il giudizio appartenga a quelli dei quali
parla il § 441 num. 2 : e voleva osservato che Paolo nella
l. 45 § 9 *ff famil. hercisc.* pone il caso di un coerede che
abbia alienato un fondo ereditario comune senza intesa
dell'altro, e, indicando i rimedi convenienti al coerede
inconsapevole per ricuperare la sua parte, dice essere due,
cioè l'azione *familiae herciscundae*, e quella di petizione di
eredità, ed essere, al dire del Fabro *in rational. ad pandect.*
alla suddetta legge 45 incontroverso in diritto *petitionem hereditatis dari contra possessorem sine titulo rei cujuslibet he-
reditariae*, *licet minimae* (5) — E da ciò concludeva che se

---

(3) *L.* 1 *ff de rei vindicat.* - Post actiones quae de universitate
propositae sunt, subiicitur actio singularum rerum petitionis. Quae
specialis in rem actio locum habet in omnibus rebus mobilibus, tam
animalibus, quam his quae anima carent, et in his quae solo conti-
nentur.

(4) *L.* 3 *cod. de judiciis.* - Quoties quaestio status bonorum
disceptationi concurrit, nihil prohibet quo magis apud eum quoque,
qui alioquin super caussa status cognoscere non possit, disceptatio
terminetur. - *L.* 1 *cod. de ordine cognitionum.*

(5) Voet *ad pand. allo stesso tit. famil. hercisc. in pr.*

il giudizio fosse stato istruito contro i Farnè dalle sorelle Dall'olio, piuttostochè dal Gambetti, non vi sarebbe stata ragione per accusare d'incompetenza il tribunal di Bologna. Se, dicea, le sorelle Dall'olio avrebbero potuto validamente istruire quella causa innanzi al magistrato di competenza maggiore, perchè non i Gambetti succeduti nelle loro ragioni? non è forse scritto nel testo *emptorem hereditatis, vicem heredis substinere* (6)? Avverte il Voet *ad pand. famil. hercisc.* § 11 che — *nec dubitandum videtur, quin et inter emptorem hereditatis, qui partem emit, caeterosque venditoris coheredes utili actioni locus sit: tum quia emptorem hereditatis vicem heredis obtinere placuit, tum quia utilem quoque hereditatis petitionem ei, et in eum competere receptum fuit, ac generaliter obtinuit utiles actiones illis casibus emptori hereditatis dari, quibus directe venditori* (7).

E notava che nel libello introduttivo di lite l'azione fu confessata per successoria, dicendosi essere *quelle stesse che le prenominate (sorelle Dall'olio) avrebbero potuto intentare contro Giuseppe Dall'olio, ed i di lui singolari successori signori Farnè* — che per istruire un'azione successoria nel senso del § 441 non è necessario richiedere la consuccessione nell'intera eredità, come si pretendeva in contrario, poichè la legge nol dice — che allegare le regole correnti nel caso di questioni di stato nate in pendenza di altra dimanda, tratta dal testo nelle *l. 3 cod. de judic.*, e 1 *cod. de ordine cognitionum* era un ricorrere alla pratica degli accessorj, per applicarla ad un caso in cui la questione successoria era questione principale, così per il fine della dimanda diretta ad ottenere nella parte del fondo Cuviolo tutto quello che della eredità potesse appartenere alle Dall'olio, come altresì pel titolo consistente nella sola ragione successoria, cioè per i diritti di

---

(6) *L. 4 § 4 ff de hered. vel act. vendita.*

(7) *L. 2 § 18 ff eod. tit. - l. 13 § 4 - l. 54 ff de petit. hered. - l. 5 cod. de hered. vel act. vendit.*

successione che i Gambetti aveano comperati dalle Dall'olio.
Dicea per ultimo che, avendo i Gambetti colla tradizione del
fondo, domandata altresì la restituzione dei frutti, fu questo
un altro motivo che fece la causa di competenza maggiore,
non ostante il disposto nel § 44 il quale dice che — *se la
somma dei frutti non è certa e liquida, il valore si desumerà
dalla somma del credito principale*, giacchè, secondo una decisione di Segnatura *Alatrina circumscriptionis 9 giugno 1836
cor. b. m. Grossi § 9 — loquitur lex haec de fructibus crediti pecuniarii qui veniunt ex pacto et conventione , quique
propterea tum in qualitate, tum in quantitate praecisam exigunt
petitionem , non autem de fructibus fundi rustici qui veniunt
ex natura rei , quique tamquam necessariae accessiones integram
constituunt ejusdem fundi partem, illiusque augent pretium et
valorem , ut ait jurisconsultus l. 45 ff de rei vindicat.*

Il supremo ordine „ Considerando che per consentimento
delle parti il valore del fondo controverso non giunge alla
somma di sc. 200, e che nella fede censuaria, sola che debba
attendersi nel valutare la importanza delle cause , è notato
per sc. 40.

„ Che per portare le cause al tribunale di prima istanza,
i Gambetti ritennero trattarsi d'una azione successoria nel
senso del § 441 del regolamento giudiziario: ma di tale azione
mancavano tutti i caratteri, e quello principalmente che fosse
il caso di domanda fatta da un coerede contro gli altri ,
mentre in vece la lite venne intentata da un acquirente contro
un altro acquirente, quali erano i Farnè ed i Gambetti. Nè
giova il ricorrere alla regola di diritto contenuta nella *l. 2
ff de hered. vel act. vendit.* secondo la quale può un coerede
cedere ad un estraneo la quota della sua eredità , e può il
cessionario sperimentare le azioni che al cedente competono:
mentre la regola ha luogo nel caso d'una quota dell'intiera
eredità , la quale eredità consiste nell'insieme delle azioni
e delle proprietà spettanti all'autore, mentre per lo contra-

rio la cessione fatta dalle sorelle Dall'olio ai Gambetti si limitò alla porzione loro spettante del fondo Caviolo: distinzione giuridica contenuta nel testo, e riconosciuta dai dottori (8).

„ Che molto meno era competente il tribunale di prima istanza per l'accessoria domanda di restituzione di frutti, giacchè, sebbene il § 461 tratti degli interessi che corrono sui crediti fruttiferi, e vi si dica che — *se la somma non è certa e liquida, il valore si desumerà dal credito principale*, il seguente § 462 chiaramente si esprime che — *la disposizione contenuta nel § precedente sarà applicabile alla dimanda accessoria dei danni ed interessi, che vi fosse unita alla dimanda principale.*

Rescrisse — *Circumscriptis omnibus gestis cor. tribunali civili Bononiae cum omnibus inde sequutis ex defectu jurisdictionis, partes utantur juribus suis.*

Segnat. del dì 12 settembre 1844 — *Bononien. circumscr.* R. P. D. Conventati *decano*, proc. pei Farnè sig. dott. Proja, pei *Gambetti* sig. dott. Tosi.

28 novembre 1844 — *in decisis.*

AZIONI REALI . EREDI INDIVISI . COMPETENZA

LXII. *I giudizi contro gli eredi o contro i beni ereditarî del difonto, finchè sono indivisi, appartengono anche per somme minori ai tribunali di competenza maggiore, sebbene si tratti di azioni reali.*

(*Discuss. sul* § 441 *num.* 3 *del reg. giud.*)

---

(8) *L. hereditatem cod. in quibus caussis cessat longi temp· praescr.* - Mascard. *de probat. vol.* 3 *conclus.* 978. - Altimar. *de nullitat. rubr.* 1 *quaest.* 1 *num.* 320. - Voet *in pandect. ad tit. de hered. petit. lib.* 5 *tit.* 3 § 10.

Come la precedente regiudicata somministra una nota al § 441 num. 2, quest'altra, che nacque nello stesso tribunale supremo, continua il comento dello stesso paragrafo, il quale al num. 3 dice che — *saranno introdotte avanti il tribunale del luogo, ove è aperta la successione, le azioni dei creditori del defonto contro gli eredi o contro i beni ereditarj finché sono indivisi*: giacchè, pretendendo la Lucia Fiocco di Veroli che una piccola casa, che valeva nel censo sc. 56:25, appartenesse a lei come erede mediata d'una Angelica Napoleoni, non ai Petacci eredi indivisi del padre loro, li convenne innanzi al tribunale di prima istanza sedente a Frosinone per sentirsi mantenere, e quante volte facesse di bisogno, immettere e reintegrare al possesso del fondo: la quale istanza ammessa da quel magistrato, fu con due successive sentenze rigettata in appello dai turni del tribunale dell'A. C.: per cui la Fiocco fece ricorso di nullità o restituzione in intiero in Segnatura.

Il di lei difensore invocava il § 457 il quale dispone che — *nelle azioni reali o miste, e nelle cause che riguardano il possessorio non sommarissimo, il valore della causa si desumerà dal valor della cosa litigiosa*: che se, dicea, per altra disposizione di legge il valore degli immobili si desume dai libri censuali, e il valore della casa non eccedeva gli scudi 56:25, com'è che la lite fu portata al tribunale, mentre apparteneva all'assessore? Nè si dica del § 441 num. 3, giacchè in quel luogo di legge si parla dei *creditori* che intentano azioni contro eredi indivisi, non di quelli che esercitano azioni reali, come la Fiocco la esercitò, chiedendo la manutenzione, o la immissione ad un fondo.

Il difensori dei Petacci faceva riflettere che la voce *cre-ditore* in diritto significa quegli, al quale alcuna cosa è do vuta per qualunque azione (1), e facea altresì molto opportunamente osservare che il paragrafo parla anche delle azioni reali, quando vuole portate al tribunale di competenza maggiore non solo le azioni contro gli eredi, ma quelle eziandio contro *i beni ereditari*, e per conseguenza anche le reali.

Così i difensori nella parte che risguardava la questione di nullità.

Il tribunale supremo, adottando i motivi derotti dal difensore dei Petacci, rigettò il ricorso colla formola — *Nihil.*

Segnat. del dì 11 luglio 1844 Verulana circumscriptionis et restitutionis in integrum R. P. D. Arnaldi, *cif. per Fiocco* sig. avv. concist. De Dominicis, *proc.* sig. dot. Amici; *per i Petacci* sig. dott. Piccinini.

5 settembre 1844 — *in decisis.*

---

(1) *L.* 1 *ff de rebus creditis.* - Credendi generalis appellatio est ... nam cuicumque rei assentiamur alienam fidem sequuti, mox recepturi quid ex hoc contractu, credere dicimur. - *l.* 11 *eod. tit.* - Creditorum appellatione, non bi tantum accipiuntur qui pecuniam crediderunt, sed omnes quibus ex qualibet caussa debetur. Vinn. *comment. de act.* § *quod sibi debetur.*

APPENDICE

SEGNATURA – RESCRITTI DIFFORMI – TERZO ESPERIMENTO

A contare dal dì 1 dell'anno 1845, se nelle cause che si propongono in piena Segnatura, il rescritto secondo sarà diverso dal primo, avrà luogo il terzo esperimento.

Se la difformità è parziale, il secondo rescritto, nella parte o parti conformi, è definitivo.

(Ordinanza)

„ La Santità di Nostro Signore, avendo prese in matura considerazione le osservazioni dell'Emo prefetto della Segnatura di giustizia intorno i rescritti di quel supremo tribunale, revocatorii in tutto o in parte gli opinamenti emanati nelle cause maggiori, ed avendole riconosciute ben fondate, si è degnata prescrivere quanto segue:

„ I. Il disposto nel § 1104 del moto proprio 10 novembre 1834, che dichiara irretrattabili e definitivi i rescritti emanati dopo la seconda discussione nelle cause maggiori, avrà luogo soltanto allorchè i medesimi sieno conformi all'opinamento, o sia decisione.

„ II. I rescritti difformi si riterranno come nuovo opinamento: il tribunale procederà ad una terza discussione, osservando le norme contenute nel § 1084.

„ Qualora la difformità non sia totale, rimarranno irretrattabili e definitivi nella parte o parti conformi.

„ III. È applicabile alla terza discussione quanto è prescritto nei §§ 1085 al 1089 in ordine alla seconda.

„ IV. I rescritti emanati nella terza discussione, saranno sempre irretrattabili e definitivi, abbenchè non conformi nè al primo, nè al secondo opinamento.

„ V. Nulla è innovato relativamente alle cause minori ed alle controversie incidentali.

„ VI. La presente ordinanza avrà effetto dal dì 1 del prossimo anno 1845, e si terrà affissa nella cancelleria del tribunale supremo, e nelle cancellerie di tutti i giudici e tribunali di Roma, e dello stato.

„ Dalla Segreteria per gli affari di Stato interni il dì 20 dic. 1844.

MARIO CARD. MATTEI

Giurisprudenza estera commerciale ed ipotecaria.

ALBERGATORE - VETTURALE - COMPETENZA

1. *L' azione d' un albergatore contro un vetturale per il pagamento delle spese fatte nel suo albergo, così per il vetturale, come per il suo equipaggio, non è di competenza del tribunale di commercio.*

Guerin c. Charrier

La CORTE „ Attesochè il sig. Charrier ha citato il sig. Guerin per il pagamento di franchi 135 spese fatte nel suo albergo tanto per lui, che per il suo equipaggio.

„ Che in tale istanza il sig. Charrier non distingue la somma che gli sarebbe dovuta per le spese di Guerin.

„ Che secondo l' art. 6 dell' ordinanza 1673 i giudici consoli non possono conoscere delle contestazioni per il nutrimento ed alloggio, neppure tra negozianti.

„ Che secondo il disposto dell' art. 638 del codice di commercio, che è conforme agli antichi principii, i tribunali di commercio non possono conoscere delle azioni intentate contro un commerciante per il pagamento delle derrate e mercanzie comperate per il suo uso particolare.

„ Che se il Guerin vetturale ha fatte delle spese nell' albergo del sig. Charrier, le ha fatte per suo uso particolare, e per quello dei suoi equipaggi, per cui non poteva essere chiamato al tribunale di commercio: per lo contrario non sarebbe così se egli avesse acquistate derrate e mercanzie per rivenderle, giacchè in questo caso avrebbe fatto un atto di commercio.

„ Che i primi giudici, avendo riconosciuto Guerin socio di Rousseau, il tribunale di commercio avrebbe potuto dichiarare la propria competenza, se l' azione fosse stata diretta contro Rousseau per il pagamento delle spese nell' interesse della loro società.

RIFORMA ecc., e dice che il tribunale di commercio era incompetente.

Corte reale di Poitiers, 2 cam., ud. del 1 marzo 1844 sig. Barbault De la Motte, *presid.*

2. *I creditori di una società in nome collettivo, che non è stata pubblicata secondo le prescrizioni dell' art. 42 del codice di commercio, non possono pretendere nessun diritto di prelazione sui capitali messi in società a pregiudizio dei creditori particolari degli associati.*

Membret c. i sindaci Rogérie

La corte ., Attesochè a termini dell' art. 39 del codice di commercio le società in nome collettivo o in accomandita devono essere provate con atti pubblici, o per contratti a forma privata.

„ Che tali società devono essere rendute pubbliche, e le solennità prescritte così dal codice di commercio art. 42, come dalla legge 31 marzo 1835 devono essere osservate a pena di nullità a riguardo degli interessati, e che la mancanza di nessuna di esse può dagli associati essere opposta ai terzi.

„ Che l' art. 42 proclama in una maniera generale a profitto di tutti gli interessati la nullità della società in nome collettivo o in accomandita, che non sono legalmente stabilite e conosciute, salva una eccezione in favore dei terzi, contro i quali gli associati non possono prevalersi della violazione che essi hanno fatta alla legge.

„ Che la espressione di *interessati* impiegata dal legislatore nell' art. 42, è generica.

„ Che essa indica i creditori della società come quelli degli associati stessi agenti gli uni contro gli altri : giacchè tutti possono avere interesse a fare annientare una società, che non è legalmente provata.

„ Che se il legislatore ha imposta la pena di nullità alla inosservanza delle forme prescritte per le società in nome collettivo o in accomandita, è per impedire le frodi che potrebbero essere operate a danno dei terzi dagli associati, e così a causa del grado di fiducia che questi devono avere al credito d'un commerciante, che può essere modificato per l' effetto d' una società contratta da lui : ma che a quegli, il quale reclama questa nullità, non è stata imposta nessuna condizione, per cui basta che abbia interesse a farla pronunciare.

„ Che nessun atto nè autentico, nè privato, nè alcuna prova di formalità pubblicamente adempite si arrecano per dimostrare che una società in nome collettivo abbia esistito tra Rogerie e Membret, e gli elementi dedotti stabiliscono solo che ha esistito fra di loro una associazione di fatto, della quale non possono prevalersi i loro creditori gli uni incontro agli altri.

„ Che vanamente gli intimati hanno preteso che i creditori di Membret non potevano domandare contro di loro la nullità della società, perchè aveano causa da Membret, mentre gli appellanti desumono il loro diritto dall'art. 42 del codice di commercio, ed essi agiscono nei propri loro nomi e non come rappresentanti del loro debitore: e ciò tanto più che Membret e Rogerie, essendo stati entrambi dichiarati in istato di fallimento, i loro creditori hanno interessi opposti e diversi.

„ Che a torto si è detto avere gli appellanti agito serotinamente, e che avrebbero dovuto dimandare la nullità della società appena ne ebbero conoscenza, giacchè, quando essi appellanti ne hanno avuta conoscenza, sono stati sempre in tempo di provocare la nullità.

„ Che tale società, non avendo mai avuta esistenza legale, non ha potuto giammai avere effetto nè produrre nessun risultato a riguardo dei creditori di Membret, giacchè quello che non esiste, non può nulla produrre.

„ Che perciò i creditori della pretesa società rappresentati dal sig. Bach non possono esercitare nessun privilegio, nessun diritto di preferenza sull'attivo della società: che non è luogo a nessuna prelevazione, nè ad alcuna divisione di benefici o di perdite, per cui a Rogerie e Membret non possono rimanere altre qualità, che quelle di debitore e creditore.

„ METTE l'appello, e ciò da cui è appello al nulla: ed, emendando, DICHIARA nulla e di niun effetto, a riguardo degli appellanti, la società che ha esistito tra Rogerie e Membret: ORDINA in conseguenza che i sindaci Membret saranno mantenuti nel libero possesso ed amministrazione del fallimento Membret per farne la realizzazione e distribuzione in conformità della legge 28 maggio 1838, e secondo i diritti di ciascuno ecc.

Corte reale di Limoges, 2 *camera*, ud. del dì 2 giugno 1843 sig. Lavaud-Coudat *presid.*

*Indicazione delle leggi pubblicate in Roma
durante l' anno 1844.*

———◆◆◆———

1844 28 marzo — Notificazione dell' Emo pro-tesoriere generale con cui sono istituiti altri due corsi postali per
le lettere tra Roma e Civitavecchia, oltre i tre esistenti.

16 aprile — Editto dell' Emo Segretario di stato che mi-
gliora la condizione degli individui componenti le trup-
pe di linea, in ciò che risguarda le giubilazioni.

18 detto — Regolamento dell' Emo Segretario per gli affari
di stato interni contenente la procedura per la decisione delle controversie tra comuni sui confini dei terri-
torj respettivi: prescrive l' esperimento della concilia-
zione innanzi al preside della provincia, ed assegna, in
caso di non seguita concordia, due gradi di giurisdizione per la definizione giuridica, uno cioè innanzi alla
congregazione governativa, l' altro in via di reclamo
innanzi ad un turno speciale della Congregazione del
Censo, composto dell' Emo prefetto, e di due prelati
aventi voto decisivo, di due ispettori od ingegneri, del
consultore legale della Presidenza, e di monsig. avv. del
fisco: questi con voto consultivo.

9 maggio — Notificazione dell' Emo pro-tesoriere generale
con cui, dopo avere attivata la navigazione a vapore
nella superiore parte del Tevere tra Roma ed il ponte Felice, stabilisce la tariffa per il rimorchio dei
bastimenti.

dì detto — Ordine circolare dell' Emo Segretario per gli
affari di stato interni col quale viene prescritta la cancellazione d' officio delle iscrizioni ipotecarie relative
ai debiti dei comuni, anteriori alla restaurazione del
governo pontificio, o soddisfatti o caducati per la non
fatta insinuazione.

30 agosto — Istruzione dello stesso ministro di stato con cui si dichiara che l'amministrazione pontina gode il diritto di mano-regia per l'emenda dei danni dati alle opere pubbliche, e per le multe comminate, così dal regolamento 1818 che dalle altre leggi alle buonificazioni relative, e ne regola le procedure.

22 ottobre — Notificazione con cui l'Emo pro-tesoriere provvede all'alleggio dei bastimenti che rimontano il Tevere dalla sua foce fino a Roma.

2 novembre — Notificazione dello istesso ministro che stabilisce una nuova tariffa per le lettere — Rinnuova il decreto di portare lettere pieghi, e qualunque corrispondenza epistolare per le vie di terra, e per quelle di mare, meno le commendatizie le credenziali, e quelle che siano state precedentemente bollate dalla direzione postale.

27 detto — Editto della S. C. della visita apostolica con cui si assegna un termine di giorni quindici a denunciare i legati di messe contenuti nei testamenti o donazioni a causa di morte.

20 dicembre — ordinanza della Segreteria dell'interno con la quale si stabilisce che, nel caso di rescritti difformi, abbia luogo il terzo esperimento nelle cause che si proporranno in piena Segnatura, a contare dal dì 1 del prossimo anno 1845.

*Tavola alfabetica dei nomi delle parti, fra le
quali sono state emanate le 121 regiudicate, che si riportano nel 1º e 2º volume del
Giornale del Foro anno 1843 in 44.*

N. B. *Il primo numero indica il volume, il
secondo la pagina.*

Ageni c. De Simoni	II. 116
Agnoletti ed Anau c. Mai	I. 292
Alegiani c. Torquati	I. 276
Alessandrini c. De Gregori	I. 104
Detto c. detto	I. 267
Altemps c. Altemps	I. 342
Ammin. del Registro c. Di Battista . . .	II. 243
Approsi c. Battaglia	I. 43
Detto c. detto	II. 50
Bertiboni c. Levi-Camerini	I. 93
Bevilacqua c. Doppieri	II. 273
Bevignati c. Bevignati	I. 270
Blasi c. Ronconi	II. 98
Bolognetti c Sansoni	II. 286
Bortolotti c. Mari	I. 360
Brusca c. Galli	II. 106
Canali c. Canali-Febei	II. 130
Candelieri c. Malservisi	II. 5
Caselli c. Mazzanti	II. 297
Cassio c. Pesci	II. 160
Castracane c. Nati	II. 176
Ceccarelli c. Severi	I. 225
Cecchi c. Cecchi	II. 164
Cecchini c. Micocci	I. 202
Cenci c. Amati	I. 274

Cini c. Salvi . . . . II. 20
Cola c. Cola . . . . . . II. 25
Colafranceschi c. Caroselli . . . I. 243
Comune di Castel Madama c. Scardala . . I. 22
    Detto c. detto . . . . . . I. 180
Comune di Scurcola c. Moriconi . . . I. 334
Conventuali di Recanati c. Broglio-Masucci . II. 69
    Detto c. detto . . . . . II. 159
Cruciani c. Curi . . . . I. 78
Dal Monte c. Costaguti . . . . . I. 32
De Giovanni c. Errico . . . . . I. 302
De Paolis c. Quadrari . . . . . II. 135
De Sanctis c. De Sanctis . . . . II. 306
Fabri c. Sgarzi . . . . . . I. 237
Fabris c. Bonini . . . . . . I. 73
Falconi c. Capozzi . . . . . II. 65
Farnè c. Gambetti . . . . . II. 321
Farroni c. Enei . . . . . . I. 115
Federici c. Menghi . . . . . II. 170
Felici c. Felici . . . . . . I. 257
Fiocco c. Petacci . . . . . II. 328
Franchellucci c. Fracassetti . . . I. 218
Franci e Giosuè c. Cappabianca . . . I. 331
Franzero c. Cristofari . . . . I. 341
Gaetani c. Barisoni . . . . . II. 141
Gaffi c. Scifoni ed Ambroni . . . I. 129
Gambetta c. Tommasini . . . . I. 41
Giordani c. Barattelli e Guidoboni . . II. 181
Girardini c. Bellem . . . . . II. 204
Girotti c. Chabus . . . . . II. 110
Giulj c. l' Arch. di s. Rocco di Roma . . II. 23
Gozzano c. Amici . . . . . II. 196
Grazia e Pallotta c. il difens. del Matrimonio . I. 208
Grimaldi c. Malvezzi . . . . . I. 50
Guerri c. Borea . . . . . . II. 150

Gui c. il comune di Vetralla e Venci . . . II. 195
Lauri c. Lauri . . . . I. 272
Leoni . . . . I. 200
Lezi-Marchetti c. Cantagalli . . . . . I. 280
Detto c. detto . . . . . . II. 301
Livi c. Livi . . . . I. 173
Lupo-Prendarelli c. Fiori . . . . . . II. 193
Mariguoli c. Benucci . . . . I. 362
Massari c. Grazioli . . . . II. 11
Mazzauti c. Caselli . . . . II. 233
Mazzoni c. Casanuova . . . . . . II. 305
Mazzotti c. Gessi . . . . I. 145
Milani c. Nardini . . . . I. 138
Monghini c. Lanconcelli . . . . . . I. 65
Moriconi c. il com. di Scurcola . . . II. 174
Muti c. il seminario di Viterbo . . . . II. 267
N. c. Petrocchi . . . . I. 110
N. c. N. . . . . II. 35
N. c. N. . . . . II. 51
N. c. N. . . . . II. 74
N. c. N. . . . . II. 78
N. c. N. . . . . II. 129
N. c. N. . . . . II. 263
N. c. N. . . . . II. 266
N. c. N. . . . . II. 304
N. c. N. . . . . II. 308
Orsini c. Richebach . . . . I. 48
Pallavicino c. Pallavicino . . . . . I. 5
Detto c. De Prat . . . . . I. 321
Palombi c. Holl . . . . I. 70
Pancaldi c. Torlonia, Pizzardi, e Benucci . I. 26
Panzieri c. Maggi . . . . . . I. 233
Paparelli c. il com. di Serravalle . . . I. 27
Pasquali c. Agostini . . . . . . I. 90

22*

Perozzi c. Perozzi . . . . . . II. 146
Petrini c. Petrini . . . . . . I. 345
Pietramellara c. Modoni . . . . I. 211
Porta c. Galeotti . . . . . . II. 39
Potenziani c. Conti . . . . . . II. 83
Pucci c. Sgargiali . . . . . . I. 358
R. C. A. c. Albani . . . . . . II. 247
Ronconi c. Lanari . . . . . . II. 166
Rosi c. Bloudel . . . . . . II. 10
Salmi c. Lustrini . . . . . . I. 193
Sani c. Lollio . . . . . . I. 349
Santarelli c. Salvolini . . . . . II. 269
Savarese c. Savarese . . . . . II. 86
Sassoli c. Sassoli . . . . . . II. 41
Serafini c. l'arch. di M. SSma dell'Orto . I. 350
Spinola e Genuini c. Perotti-Goga . . II. 281
Sterbini c. il com. di Castel Madama . . II. 271
Toni c. Massi . . . . I. 150
    Detto c. detto . . . . . . I. 161
Torlonia e Consorti c. Pancaldi . . . I. 309
    Detto c. Massimo . . . . . II. 257
Trasciatti c. Grampini . . . . . II. 230
Valenti c. Trasciatti . . . . . I. 37
Vandini c. Masi . . . . I. 45
Vannutelli c. il com. di Rocca Priora . . I. 175
Zambeccari c. Righi e Mattei . . . . II. 275
Zelli c. il monastero di s. Silvestro in capite . II. 216
    Detto c. detto . . . . . . II. 226

Paragrafi del regolamento legislativo e giudiziario 10 novembre 1834 discussi, o dichiarati nelle regiudicate, o risposte autentiche, che sono nel Giornale del Foro
anno 1843 in 44.

N. B. *Il numero romano indica il volume,
il numero arabico la pagina.*

SS.									
	35	.	.	.	.	.	.	11.	86
	36	.	.	.	,	.	.	II.	86
	88	.	.	.	.	.	.	II.	83
	91	.	.	.	.	.	.	II.	83
	143	.	.	.	.	.	.	I.	50
	165	.	.	.	.	.	.	II.	273
	181	.	.	.	.	.	.	I.	50
	182	.	.	.	.	.	.	I.	50
	209	.	.	.	.	.	.	I.	321
	328	.	.	.	.	.	.	II.	106
	345	.	.	.	.	.	.	I.	267
	345	.	.	.	.	.	.	II.	170
	358	.	.	.	.	.	.	I.	257
	360	.	.	.	.	.	.	I.	115
	360	.	.	.	.	.	.	II.	226
	361	.	.	.	.	.	.	I.	334
	362	.	.	.	.	.	.	I.	334
	363	.	.	.	.	.	.	I.	334
	368	.	.	.	.	.	.	I.	233
	377	.	.	.	.	.	.	II.	181
	377	.	.	.	.	.	.	II.	233
	401	.	.	.	.	.	.	II.	20
	402	.	.	.	.	.	.	II.	20

§§. 404 . . . . I. 22
404 . . . . I. 180
416 . . . . II. 243
422 . . . . II. 65
429 . . . . II. 25
434 . . . . II. 166
437 . . . . II. 233
441 . . . . I. 237
441 . . . . II. 130
441 . . . . II. 321
441 . . . . II. 328
443 . . . . II. 166
446 . . . . II. 25
446 . . . . II. 166
448 . . . . I. 37
448 . . . . II. 165
449 . . . . I. 150
449 . . . . II. 181
449 . . . . II. 233
452 . . . . I. 138
455 . . . . I. 150
459 . . . . I. 118
460 . . . . I. 345
464 . . . . II. 181
475 . . . . I. 331
486 . . . . II. 25
486 . . . . II. 193
539 . . . . II. 166
549 . . . . II. 141
549 . . . . II. 181
550 . . . . I. 150
551 . . . . II. 74
554 . . . . II. 74
569 . . . . II. 71
604 . . . . I. 358

§§.	606	. . . .	I.	45
	672	. . . .	I.	360
	710	. . . .	II.	195
	778	. . . .	I.	22
	783	. . . .	II.	20
	785	. . . .	II.	20
	785	. . . .	I.	292
	785	. . . .	II.	39
	786	. . . .	I.	292
	841	. . . .	I.	118
	841	. . . .	I.	233
	844	. . . .	I.	43
	844	. . . .	I.	118
	857	. . . .	I.	334
	865	. . . .	I.	334
	871	. . . .	II.	71
	937	. . . .	I.	26
	944	. . . .	II.	176
	959	. . . .	I.	341
	963	. . . .	I.	272
	964	. . . .	I.	274
	965	. . . .	I.	274
	967	. . . .	I.	274
	969	. . . .	I.	270
	982	. . . .	II.	164
	983	. . . .	I.	272
	983	. . . .	II.	174
	985	. . . .	I.	272
	985	. . . .	II.	174
	986	. . . .	II.	23
	988	. . . .	II.	267
	994	. . . .	II.	23
	996	. . . .	I.	272
	1049	. . . .	II.	5

§§.	1049	. . . .	I.	27
	1052	. . . .	I.	41
	1052	. . . .	II.	5
	1059	. . . .	II.	275
	1142	. . . .	II.	269
	1146	. . . .	I.	233
	1151	. . . .	II.	267
	1152	. . . .	II.	306
	1166	. . . .	II.	25
	1173	. . . .	I.	73
	1181	. . . .	L	115
	1199	. . . .	II.	267
	1235	. . . .	II.	25
	1237	. . . .	II.	25
	1307	. . . .	II.	116
	1354	. . . .	II.	69
	1355	. . . .	II.	204
	1362	. . . .	II.	281
	1363	. . . .	II.	69
	1364	. . . .	II.	25
	1364	. . . .	II.	69
	1365	. . . .	II.	69
	1371	. . . .	II.	275
	1375	. . . .	II.	281
	1379	. . . .	II.	275
	1428	. . . .	I.	218
	1431	. . . .	I.	218
	1606	. . . .	I.	138
	1700	. . . .	L	90
	1830	. . . .	I.	65

*Indice delle massime stabilite nelle regiu-
dicate, o risposte autentiche contenute
nei due volumi del Giornale del Foro
anno 1843 in 44.*

N. B. *Il primo numero indica il volume, il
secondo la pagina.*

———◆◆◆———

A

ABBANDONO - Il termine in cui deve essere fatto l' abbandono agli
assicuratori non corre che dal giorno in cui l'assicurato ha ricevuto le notizie del sinistro in modo positivo, e con i caratteri
della certezza. Non occorre però che la notizia sia accompagnata
da prove legali. – I. 192.

ACCETTAZIONE PER LETTERA - V. Cambiale.

ACCOLLATARJ - V. Associazioni librarie.

ACCOMANDATARIO - L' accomandatario che non ha versato la sua quota
può esservi costretto non solamente dal gerente, ma ben anche
dai creditori della società.

E se, dopo averla versata, vuol ritirarla, non può farlo a pregiudizio dei creditori fino alla liquidazione della società.

Per cui si deve considerare come nulla la obbligazione di venderla che avesse fatto il gerente prima della liquidazione.

Se il gerente ha confusi gli affari della società con i suoi personali e particolari, si deve ordinare una liquidazione speciale e
separata. - I. 518.

ACCOMANDITA - I creditori di una società in accomandita, rappresentata provvisoriamente da un amministratore giudiziario, hanno diritto di fare sequestri tra le mani dei debitori della società. - I. 127.

ACQUA - I compratori delle case di Roma sono responsabili per la
tassa arretrata dell'acqua, benchè questa per destinazione del
precedente proprietario più non fluisca alla casa venduta. - II. 83.

Acqua piovana - In materia d'acque piovane nessuno può fare nel fondo proprio, benchè superiore, opere tendenti a mutare il corso naturale, e ad immetterle nel fondo altrui.

E ciò quand' anche il padrone del fondo inferiore non dimostri la certezza del danno che a lui deriverebbe dalle opere nuove.

E se siano state eseguite si deve ridurre in pristino lo stato del fondo. - II. 257.

Acquiescenza - Se uno dei rei, con sentenza interlocutoria sia posto fuori di causa, e il procuratore dell'attore continui contro gli altri il processo, quest'atto importa acquiescenza al giudicato, e lo rende inappellabile. - I. 274.

Acquisti posteriori - V. Ipoteca.

Aggiudicatario - L' aggiudicatario, che dopo avere pagato l'intiero del prezzo, in seguito del giudizio di graduazione è obbligato di pagare una seconda volta una parte di esso ad un creditore anteriore nell'ipoteca, ed i cui titoli erano rimasti ignoti, può ripetere questa parte dal creditore collocato in ultimo grado. - I. 56.

Alimenti - Il padre, legittimo amministratore dei beni dei figli, può alienare una parte dei beni, onde soddisfare i debiti contratti per alimentarli. - I. 129.

V. Mano-regia.

Amministrativo - La questione amministrativa eccitata per via d' eccezione innanzi ai tribunali minori, non li rende incompetenti a giudicare sull' istanza.

Poichè a renderli incompetenti è necessario che la questione amministrativa si contenga nel libello introduttivo di lite, o sia risoluta nella parte dispositiva della sentenza.

I tribunali ordinari sono incompetenti per dichiarare che una causa appartenga all' autorità amministrativa. - I. 90.

Anno - V. Registro.

Anno compito - La regola di diritto che in *favorabilibus* l'anno incominciato si ha per compito, risguarda al caso dell' età richiesta per acquistare onori, od esercitare pubblici offici, non la libertà di testare, o conseguire legati o fedecommessi. - I. 280.

Appellabilità' - V. Clausula *appellatione remota*. - Perenzione - Acquiescenza.

APPELLO - V. Interlocutorii. - Perenzione. - Ripetizione d'atti. - Sentenza non ispedita. - Sentenza ordinatoria.

ARRESTO PERSONALE - V. Concordato.

ASSICURAZIONI MARITTIME - L'assicuratore, che ha presi a suo carico tutti gli accidenti ed infortuni di mare, è responsabile anche per i danni fatti dai sorci alle mercanzie che sono entro la nave.

Benchè la mercanzia sia propria ad allettare la voracità di quegli animali. - II. 122.

ASSOCIATI - Pel pagamento delle opere che si pubblicano per associazione, gli associati possono essere convenuti innanzi al tribunale del luogo ove risiede l'autore. - II. 65.

ASSOCIAZIONI LIBRARIE - Nelle imprese librarie l'accollatario degli esemplari è responsabile verso gli associati per le condizioni promesse dall'editore nel manifesto d'associazione.

L'editore o l'accollatario di un'opera tipografica, che cita l'associato al pagamento delle dispense già pubblicate, può essere riconvenuto a dimostrare d'avere adempite le promesse del manifesto: in difetto a sentir dichiarare risoluto il contratto.

Chi si associa all'edizione di un'opera, e, ricevendo le dispense pubblicate, si obbliga a pagarle *ogni e qualunque eccezione rimossa*, non rinuncia con ciò alla redibitoria, o all'azione *ex empto*, che gli possono competere, se l'edizione non è conforme alle condizioni del manifesto. Nè osta che egli abbia pagate alcune dispense senza reclamo.

Il termine perentorio ad esercitare la redibitoria in fatto di opere che vanno per associazione decorre dal giorno in cui è pubblicata l'ultima dispensa. - I. 193.

ASSOLUTORIA DALL'OSSERVANZA DEL GIUDIZIO - Generalmente parlando, il non assolvere dall'osservanza del giudizio, quando le circostanze del processo lo richieggono, è motivo di restituzione in intiero, non di nullità. - I. 202.

ATTENTATI - Osta la regiudicata a colui che avendo prima agito inutilmente per la nullità d'una esecuzione, promuova quindi un giudizio per la purgazione degli attentati incorsi pendente l'istanza. - II. 170.

ATTI ESECUTORI - V. Ebrei - Incidenti. - Ricorso.

ATTO DI COMMERCIO - La compra di stabili per rivenderli in dettaglio non costituisce un atto di commercio. Così della sanseria relativa alle operazioni di compra e rivendita di stabili.

Per conseguenza appartiene ai tribunali civili e non ai tribunali di commercio di conoscere di una dimanda di pagamento di spese ed onorari fatta contro un mandante da un mandatario incaricato di comprare stabili per rivenderli, quand' anche l' uno e l' altro siano commercianti. - II. 189.

La compra d' una bottega con le mercanzie e gli utensili che la compongono costituisce un atto di commercio che sottomette il compratore alla giurisdizione commerciale ed all' arresto personale. - II. 191.

V. Editori.

AVARIA - Quando una nave assalita da una tempesta ha sofferte delle avaree particolari, e tali, che hanno reso impossibile di continuare il viaggio, senza compromettere nel tempo stesso la nave ed il carico, le spese dell' approdo e trattenimento accaduto per riparare queste avaree particolari devono essere classificate come avarea grossa o comune, ancorchè non siavi stata deliberazione per vôto dell' equipaggio, non essendo tal deliberazione indispensabile per costituire il danno volontariamente sofferto.

Devono egualmente nel medesimo caso esser considerate come avaree comuni le spese di sbarco, di magazzinaggio, e di nuovo imbarco del carico causate dalla necessità di disarmare il naviglio, e di racconciarlo.

Non si può in materie di avaree comuni operare la deduzione di un terzo per la differenza del nuovo al vecchio delle spese fatte pel restauro del naviglio. Spetta agli attori che domandano una riduzione provare la differenza del valore esistente fra gli oggetti vecchi, e gli oggetti nuovi.

Dovendo il naviglio contribuire al pagamento delle avaree comuni per la metà del suo valore al luogo dello sbarco, ne risulta che questo valore deve essere composto non solo dell' ammontare della stima fatta dai periti al momento che è valutato il danno, ma anche dalla parte contributiva che dia al naviglio il carico in ragione delle avaree che quello ha soffe: te per la comune salvezza. - I. 58.

AVOCAZIONE - È inammissibile l'istanza per l'avocazione e riunione delle cause, quando resti esclusa la contemporanea pendenza, e la pregiudizialità delle medesime. - II. 141.

AVVIAMENTO - V. Botteghe.

AVVOCATI - Gli avvocati hanno contro i clienti diritto ad onorario
1. Per la visura in ogni grado di giurisdizione,
2. E per ogni incidente, quando sia stato necessario esaminare nuovi documenti, e comporre apposito sommario,
3. Per la corrispondenza epistolare, se l'abbiano tenuta,
4. Per le collezioni di dottrinali, se siano stati disposti con metodo; e molto più se sia stato necessario volgerli da una lingua straniera,
5. Hanno diritto a ritenere per l'effetto dell'onorario come piene le pagine delle loro memorie occupate dalle sottoscrizioni e dall'*occhio*, ossia *frontespizio*,
6. Non hanno diritto a rimborso per le copie dei loro originali mandati alla stampa. - L. 110.

AZIONE IN GENERE - V. Spese.

AZIONE IPOTECARIA - V. Legati annui.

AZIONE POPOLARE - V. Tutore.

AZIONE SUCCESSORIA - Esercitare un'azione vindicatoria per titolo ereditario, non è esercitare un'azione successoria nel senso del § 441 num. 2, e molto meno quando l'azione è intentata contro i coeredi da un estraneo acquirente d'una proprietà ereditaria.

All'effetto della competenza maggiore accordata in quel paragrafo anche alle cause minori, è necessario che la lite sia tra coeredi.

O che almeno l'attore sia subentrato in tutti i diritti che il coerede aveva all'eredità. - II. 521.

AZIONE VINDICATORIA - V. Azione successoria.

AZIONI PERSONALI - V. Azioni successorie.

AZIONI SUCCESSORIE - Se all'azione successoria venga in un libello congiunta una dimanda che alluda ad esercizio d'azione personale, non per questo è men vero che la causa debba essere portata al tribunale del luogo in cui si è aperta la successione. - II. 130.

B

BARATTERIA DI PÀTRONE - Gli errori risultanti dall'imprudenza del capitano e dell'equipaggio, costituiscono talvolta baratteria di patrone, come quello che risulta dal dolo, e dalla prevaricazione.

L'incendio in mare d'una nave di cabotaggio, causato dal fuoco, riconosciuto a bordo dopo più giorni di navigazione in vicinanza delle coste, costituisce baratteria di patrone a carico del capitano, delle quali non sono responsabili gli assicuratori del corpo della nave. - II. 62.

BENEVENTO - V. Enfiteusi.

BENI FEDECOMMISSARI - V. Legati annui.

BENI FONDI - V. Compra per rivendere.

BIGLIETTO A DOMICILIO - Chi non commerciante dice in Roma - *pagherò*, per es., *a Terni all'ordine s. p. di Tizio scudi cento al domicilio di Cajo* fa un biglietto a *domicilio* che contiene trasporto di danaro, è per conseguenza un atto di commercio. - I. 225.

BIGLIETTO ALL'ORDINE - Il portatore d'un biglietto all'ordine in virtù d'una girata irregolare ed incompleta (mancante di data) non è ammissibile a stabilirne per ciò che riguarda ai terzi, e, per esempio, all'accettante, che egli è veramente proprietario dell'effetto. In vece si ritiene come semplice mandatario, e passibile di tutte le eccezioni che possono opporsi dell'accettante al girante. - I. 126.

BOTTEGHE. - Il danaro destinato a mantenere una bottega provvista di merci è di sua natura fruttifero.

Per cui, locata una bottega, il locatore non ha bisogno di allegare requisiti castrensi per conseguire gl'interessi sul danaro che dà per iscorta, e può legittimamente pattuirli.

Ed anche sui nomi dei debitori che cede al conduttore.

Se però il capitale perisca, perisce al locatore. - II. 98.

Quando la vendita d'una bottega non è accompagnata da quella delle mercanzie, e si è limitata all'avviamento, il tribunale di commercio è incompetente per giudicare delle questioni che nascono sul contratto. - II. 192.

V. Atto di commercio.

Calo e accrescimento - V. Ghetto.

Cambiale - Quand' anche si provi che il danaro per cui è tratta una cambiale sia stato somministrato in luogo diverso da quello in cui venne accettata, il tribunale del luogo ove si dice fatta la somministrazione è incompetente per giudicare sull' esito delle tratte. - I. 37.

Una cambiale può essere accettata anche per lettera, purchè questa esprima chiaramente e senza condizioni la obbligazione che si assume. - I. 62.

Il portatore di una lettera di cambio può essere ammesso a provare per mezzo di testimoni che, se non ha citato nei quindici giorni secondo l' artic. 165, ciò è avvenuto per un accordo fatto tra di loro. In tal caso la materia è essenzialmente commerciale.

Dispensare il portatore d' una lettera di cambio dovuta da una successione dall' esercitare il regresso prescritto dall' art. 165 del cod. di comm. non è, per parte dell' erede beneficiato, rinunziare al diritto d' una caducità, ma fare un semplice atto d' amministrazione. - I. 188.

Non è necessario che la cambiale, per essere un atto di commercio, sia tratta da una persona sopra di un' altra all'ordine s. p. di un terzo. Alla qualità commerciale della obbligazione bastano due persone, cioè quella che si obbliga a pagare, e quella in cui favore l' obbligazione è contratta.

Qualunque credito civile può essere materia di trasporto di danaro, e per conseguenza d' atto commerciale: nè osta la clausula *valuta avuta in effettivo contante*, mentre questa può anche significare credito preesistente. - I. 225.

Benchè per regola generale il decreto del giudice voluto dall'articolo 152 del cod: di comm. (*nostro reg. art.* 146) debba essere ottenuto dal proprietario della cambiale smarrita prima del protesto, questa regola, la cui osservanza non è prescritta a pena di nullità, soffre eccezione nel caso in cui la perdita ha avuto luogo prima della scadenza: basta in tal caso di fare l' atto di

protesto prescritto dall'art. 155 del cod. di commercio, e noti_
ficarlo secondo le disposizioni di quest'articolo. – I. 255.

Chi prende l'incarico di portare per altri una cambiale allo
sconto, e si appropria una parte del ritratto, commette una truffa,
e può essere perseguitato criminalmente. – II. 266.

Quando la provvista di una cambiale si trova colpita da un
sequestro nelle mani della persona su cui è tratta, il tribunal
di commercio è competente per giudicare anche a riguardo del
sequestrante, ancorchè questi non sia soggetto alla giurisdizione
del medesimo nè per la ragione di persona, nè per ragione di
domicilio.

In tal circostanza la giurisdizione commerciale non deve so_
prassedere fino a che i tribunali civili abbiano giudicato sul merito del sequestro. – I. 250.

Ancorchè la firma di donne non commercianti in lettere di cambio non valga che come semplice promessa, la giurisdizione commerciale non è meno competente per giudicarne. – I. 249.

Trarre *per conto d'un terso*, è lo stesso che trarre *per ordine*, e chi trae con simile clausula è semplice mandatario.

E benchè tal mandatario, secondo il disposto nell'articolo 109
del cod. di comm. rimanga obbligato verso i giratari a far la provvista, non contrae *nomine proprio* obbligazione nessuna verso
l'accettante. – II. 150.

V. Clausula *all' ordine s. p.* – Clausula *ut supra*. – Stragiudiziali. – Usure.

CAPITANO – V. Nave.

CAPO *cum esses* – V. Testamento.

CASE – V. Acqua. – V. Stima.

CAUSE – V. Nunciazione di nuova opera.

CAUSE COMMERCIALI – V. Unione.

CAUSE MINORI – V. Segnatura.

CAUSE PENDENTI – Alla contemporanea pendenza di una stessa causa
avanti più giudici o tribunali di eguale giurisdizione per l'oggetto
di determinare la competenza basta che una di esse sia semplicemente introdotta.

Ed all'effetto di ammettere il ricorso in Segnatura non osta che
uno dei due tribunali si sia dichiarato incompetente.

Come non osta che uno dei due giudizi sia stato introdotto innanzi ad un tribunale notoriamente incapace. - I. 27.

CAUZIONE - La cauzione sottomette chi la fa alla giurisdizione competente a conoscere la dimanda introdotta contro il debitor principale.

E perciò il non commerciante, fadeiussore di un commerciante, può per tale atto essere giudicato dal tribunal di commercio. - II. 254. V. Somministrazioni.

CEMENTI - V. Stima.

CESSIONARIO - V. Lite.

CESSIONE - Il debitore ceduto non può muovere questione sulla validità della cessione. - I. 129.

CHERICI - V. Pignoramento.

CHERICI CONIUGATI - Il cherico coniugato può essere convenuto innanzi al giudice laico, ed innanzi alla curia ecclesiastica. Citato innanzi al giudice laico, non può reclamare il privilegio del foro: ma non può ricusare la giurisdizione del vicario se innanzi a questi sia convenuto. - I. 334.

CHERICI EREDI - Se un cherico succede nei diritti d'un laico reo convenuto dopo la contestazione della lite, il cambiamento delle persone non importa cambiamento di foro, e la causa deve essere terminata da giudice laico, innanzi a cui venne introdotta. - II. 41.

CITAZIONE - V. Cursori.

CITAZIONE SECONDA - La mancanza della citazione seconda alla parte contumace non è nullità di Segnatura. - I. 22.

CLAUSULA all' ordine s. p. - La clausula all' ordine s. p. rende commerciale qualunque obbligazione contratta colle estrinseche forme cambiarie. - I. 93.

CLAUSULA appellatione remota - La regola, che nelle liti delegate per rescritto sovrano colla clausula appellatione remota prima della vigente riforma, competa l'appello di pieno diritto, è applicabile anche a quelle che si trovano rimesse alla ruota coll'altra clausula videntibus omnibus. - I. 342.

CLAUSULA senza pregiudizio degli atti - La clausula senza pregiudizio degli atti fatti e da farsi non è reciprocamente preservativa, ma riguarda unicamente ai diritti del creditore. - II. 25.

23

CLAUSULA *ut supra* - La clausula *ut supra* supplisce nella girata la menzione espressa della data e della valuta. - I. 93.

CLAUSULA *valuta avuta* - V. Cambiale.

COMMERCIO - L'esercizio d'una professione estranea al commercio non basta a far presumere che chi l'esercita non sia commerciante.

L'abitudine di commerciare costituisce in tutte le posizioni sociali la qualità di commerciante.

Per cui il notaio, che fa abitualmente atti di commercio, può esser dichiarato commerciante, e perciò posto in istato di fallimento se cessa dai suoi pagamenti.

La qualità di commerciante si acquista per la natura commerciale dell'impiego dei capitali, e non pel solo impiego.

In conseguenza tutti i creditori indistintamente, ancorchè portatori di titoli meramente civili, sono ricevibili a provare il fallimento dei loro debitori commercianti. - I. 377.

COMMESSI - I tribunali di commercio sono competenti per giudicare sulle azioni dei fattori, commessi, e garzoni contro i negozianti pel pagamento dei loro salari. - II. 60.

COMMISSIONARIO - Il commissionario ha un privilegio sulle mercanzie che gli sono state spedite da un'altra piazza non solo per le anticipazioni che ha fatte al committente dopo la spedizione, ma ben anche per quelle fatte anteriormente per ispedizioni e mercanzie del medesimo genere: molto più quando a questo riguardo v'è stata convenzione non sospetta tra le parti. - II. 190.

COMPENSAZIONE - La regola di diritto che ammette la compensazione tra un debito liquido ed un credito di facile liquidazione non milita nel caso di due tasse di spese una liquida ed in istato eseguibile, una liquidata, ma ancora soggetta ad opposizione. - I. 43.

COMPETENZA - Quando innanzi ad un tribunale civile si è citato per un affare commerciale, ed il reo non ha opposta l'incompetenza, i giudici non possono dichiararsi incompetenti d'officio. - I. 251.

Per dedurre una causa ai tribunali fiscali non è necessario che il fisco v'abbia un interesse principale: basta un interesse qualunque. - II. 106.

V. Amministrativo. - Associati. - Cambiali. - Cause pendenti. - Compra per rivendere. - Curatore *ad litem* - Libello. -

Locazione. - Pegno. - Rendiconto. - Servitù - Somme riunite. - Tribunali di commercio. - Violenza privata.

COMPETENZA COMMERCIALE - V. Cauzione. - Garanzia.

COMPETENZA CRIMINALE - Se il querelante in causa di truffa, chiamato dal querelato in giudizio civile, contesta la lite, cessa la competenza del tribunale criminale.

Quand'anche il tribunale criminale pria di tale contestazione abbia giudicato per la propria competenza.

In tal caso il querelato interpone ricorso al tribunale supremo della s. Consulta, il quale, vista la prova della sopravvenuta contestazione civile, ordina che si cessi dagli atti criminali. - II. 308·

COMPRA PER RIVENDERE - Una società formata all'oggetto di comprare terreni per fabbricarvi case e rivenderle, deve essere considerata come puramente civile, ancorchè sia tra negozianti. - II. 61.

COMPROMESSO - V. Spese stragiudiziali.

CONCORDATO - La inesecuzione del concordato a riguardo di uno dei creditori permette a questi di perseguitare il suo debitore mediante arresto personale.

Questa inesecuzione non fa rivivere lo stato di fallimento, nè paralizza l'azione del creditore. - I. 128.

Il concordato che avviene tra un fallito ed i suoi creditori non è d'ostacolo a che un creditore ipotecario (pel quale non è obbligatorio) possa perseguitare il fallito come stellionatario, e farlo condannare, anche con arresto personale, al pagamento dell'intero suo debito. - II. 121.

V. Fallimento.

CONCORDAZIONE - V. Dubbi.

CONDANNA IPOTECICA - V. Resolutiva.

CONGEDO - V. Nave.

CONSERVATORI DELLE IPOTECHE - Se il conservatore delle ipoteche nel dare un certificato d'iscrizioni esistenti una ne ometta, è responsabile dei danni che da tale omissione derivano a chi ha contrattato sulla fede del certificato imperfetto, quand'anche esso non sia stato inserito nel contratto.

Quand'anche il certificato sia stato richiesto dal venditore e non dal compratore.

Il dannificato, notificata al conservatore l'azione quasi serviana, intentata contro di lui, può transigere col creditore a cui appartiene l'ipoteca omessa, anche senza intesa del conservatore: nè perde con ciò l'azione per l'emenda dei danni.

Non è luogo a benigne interpretazioni di legge quando si tratta delle responsabilità dei conservatori per le loro negligenze ed incurie: per ragione dell'officio, che è di sua natura importantissimo, e del lucro che ne ritraggono, debbono esser trattati con tutto il rigore. - I. 211.

CONTESTAZIONE CIVILE - V. Competenza criminale.

CONTO CORRENTE - Se al giorno della scadenza il conto corrente tra il traente ed il trattario non presenta un credito a favore del traente, il trattario può ricusare il pagamento della cambiale accettata colla clausula *salva provvista*. - I. 62.

CONTUMACIA - V. Citazione seconda.

CREDITORE IPOTECARIO - Il creditore ipotecario che non è stato chiamato alla graduatoria aperta sul prezzo dell'immobile ipotecato, può fare opposizione alla sentenza emanata sulla difficoltà insorta nel giudizio di graduazione, e reclamare di essere collocato nel rango della sua ipoteca.

Ma in questo caso la sua opposizione deve essere diretta contro tutti i creditori utilmente collocati, e posteriori al rango che egli reclama, non contro il solo creditore ultimo collocato. - II. 127.

CREDITORI - I commissari di una unione amichevole di creditori] nominati senza le formalità legali da una parte dei creditori, non possono essere riputati come sindaci. E perciò sono tenuti personalmente, e solidalmente alle conseguenze pecuniarie dei mandati che hanno dato, salvo loro il ricorso contro i creditori da cui hanno ricevuta la commissione. - I. 317.

CURATORE *ad litem* - Se nasce controversia sulla deputazione d'un curatore alla lite, la competenza dipende dal valor della lite per cui il curatore fu deputato. - I. 138.

CURIALI - Un curiale ammesso come coadiutore in una procura, morto il coadiuto, non può essere congedato senza una legittima causa. - I. 350.

CURSORI - Se la citazione introduttiva di lite sia stata notificata da un cursore fuori del territorio assegnato al suo officio, non per questo gli atti sono nulli di nullità riservata al tribunale supremo. - I. 331,

CURSORI FORANEI - Se una citazione d'appello a comparire innanzi alla Ruota sia stata notificata da un cursore foraneo, ciò non importa la nullità dell'atto all'effetto di domandare, decorsi i termini, la perenzione dell'appello. - II. 39.

D

DANARO - V. Botteghe.

DANNI - V. Conservatori delle ipoteche.

DANNI ESTRINSECI - V. Spoglio giudiziale.

DATIVA REALE - La dativa reale imposta col moto-proprio dell'anno 1801, benchè divisibile tra il dominio diretto e l'utile, se tali dominii si trovino separatamente allibrati, non fu, e non è in nessuna parte dazio imposto sui canoni.

E perciò un enfiteuta, il quale siasi accollati i dazi imposti e da imporsi sulla proprietà e sui frutti del fondo, non ha diritto alla ritenzione della rata di comodo, ancorchè nell'accollazione si siano eccettuati i dazi imposti sul canone. - II. 216.

DECRETO CAMERALE - V. Inquilini.

DELIBERATARIO - Il deliberatario non è obbligato ad osservare le locazioni fatte dal debitore dopo il pignoramento, ancorchè prima dell'offerta ne abbia avuta conoscenza. - II. 116.

DEPOSITO - Ordinare il deposito della somma controversa prima che si adempiano le condizioni dalle quali dipende il pagamento è manifesta violazione di legge. - II. 110.

DIFENSORE DEL MATRIMONIO - Nelle cause di nullità di matrimonio il difensore ex officio del sacramento non ha diritto di domandare che le parti litiganti indistintamente facciano deposito per i suoi onorari, ma solamente può dimandarli da chi sostiene la validità del matrimonio.

Se questi è povero, il difensore suddetto deve promuovere l'istanza al tribunale acciò dalla cassa delle multe gli somministri una somma che cauteli l'importo delle sue spese, e de' suoi patrocini.

Se il tribunale non ha tale cassa, deve rivolgersi alla curia vescovile.

Prima però di avanzare questa istanza è tenuto ad allegare una plausibile ragione che lo induca a ricusare il patrocinio gratuito. - I. 208.

DIFFIDAZIONE - V. Inibizione.

DISDETTA - V. Locazione.

DISTRAZIONE - V. Pegno.

DIVISIONE - Nei giudizi di divisione non è luogo a licitare i fondi trai coeredi, se sono in qualche modo divisibili.

La divisibilità manca allora soltanto, quando la divisione farebbe perire la sostanza della cosa da dividersi, o ne diminuirebbe di molto il valore. - II. 146.

V. Donazione.

DOMICILIO - La iscrizione ipotecaria è nulla per mancanza di elezione di domicilio per parte del creditore iscrivente nel circondario della situazione dei beni, ed anche quando il creditore abbia indicato il suo domicilio reale. - II. 59.

V. Ipoteca.

DOMICILIO ELETTO - Se in un atto si dica che le parti eleggono domicilio *nelle rispettive abitazioni*, s'intende che lo eleggano in quelle ove abitano nel tempo in cui si stipola l'atto. - II. 193.

DOMINIO DIRETTO - Dominio diretto non è sinonimo di diritto alla percezione del canone: la percezione del canone è uno degli effetti del dominio diretto, ma non il solo.

Per cui, venduto un canone da un direttario, resta al venditore il diritto alla caducità, alla prelazione, ai laudemi, ed all'altre conseguenze dell'investitura. - II. 216.

DONAZIONE - Il donatario universale, quando ne sia autorizzato dal donante, può provocare la divisione dei beni che il donante ha in comune con altri.

Tale autorizzazione non può essere considerata come mandato, quando fa parte e sostanza dell'atto di donazione: quindi il donatario esercita *nomine proprio* tale diritto.

Finchè vive il donante, i presuntivi di lui eredi non possono impugnare la donazione; perchè, non essendo eredi necessari, non hanno altra qualità che di terzi. - II. 160.

DONNE - V. Cambiali.

DUBBJ - La concordazione del dubbio serve in Ruota all'ordine della discussione, non a limitare la giurisdizione dei giudici. Questa sempre dipende dalla citazione introduttiva del giudizio. - I. 218.

    V. Graduatoria.

E

EBREI - Nelle quistioni incidenti che nascono dagli atti esecutorii per sentenze commerciali, gli ebrei di Roma non hanno diritto a reclamare la giurisdizione privativa del vicaristo. - I. 233.

EDITORI - La pubblicazione di un'opera composta di articoli compilati da diversi autori, costituisce per parte dell'editore, ancorchè uomo di lettere, una operazione commerciale che lo sottopone per tutto ciò che risguarda l'impresa alla giurisdizione consolare, ed all'arresto personale. - II. 62.

    V. Associazioni librarie.

EFFETTI DI COMMERCIO - Un effetto di commercio non è più commerciabile dopo la sua scadenza.

    E molto meno dopo che il portatore ne ha fatto in iscadenza elevare il protesto. - II. 318.

ENFITEUTA - Chi chiede che un enfiteuta o dimetta il possesso del fondo, o paghi i canoni decorsi ed i laudemi, esercita una azione reale.

    Per cui è competente il giudice del territorio nel quale il fondo è situato, non quello del luogo ove il reo convenuto ha domicilio. - I. 292.

ENFITEUSI - Il m. p. dei 6 luglio 1816 non ha abolite le disposizioni statutarie, e le consuetudini risguardanti la coattiva rinnovazione delle investiture.

    L'uso della rinnovazione coattiva nel territorio di Benevento ha forza di legge, ed anche contro la Chiesa.

Come vi ha forza di legge la consuetudine che il canone in ogni rinnovazione debba essere col mezzo dei periti proporzionato all'attuale coltivazione del fondo. - I. 302.

ERADE BENEFICIATO - V. Cambiale.

ERADI INDIVISI - Il giudice singolare è assolutamente incompetente per ragione di materia, cioè incapace a conoscere e giudicare delle azioni di creditori del defonto contro gli eredi non ancora divisi. Quindi la di lui giurisdizione non può esser prorogata. - I. 237.

I giudizi contro gli eredi o contro i beni ereditari del defonto finchè sono indivisi appartengono anche per somme minori ai tribunali di competenza maggiore sebbene si tratti di azioni reali. - II. 528.

ESTERI - L'azione contro gli obbligati a prestare la garanzia, rilevazione, o liberazione dalle molestie s'introduce avanti al giudice o tribunale ove è pendente la lite tra il molestante e il molestato, quand'anche siano esteri tanto il molestato quanto le persone chiamate a garanzia. - II. 166.

F

FALLIMENTO - Chiedere l'apertura del proprio fallimento, è confessarsi commerciante. - I. 93.

Il creditore che ha esatto dal fallito delle somme per effetti commerciali scaduti tra l'epoca del fallimento e della sua dichiarazione, non deve riportare nella massa la somma esatta, se è provato che l'essazione è stata fatta in buona fede. I giudici hanno sopra di ciò un potere discrezionale per decidere se il creditore è stato o non è stato in buona fede. - I. 254.

Il creditore, che ha prodotti i suoi titoli in tempo utile nelle mani dei sindaci, se il credito non è stato verificato per fatto dei medesimi, ed in appresso giurato, ha il diritto o d'essere ricevuto opponente al concordato, o di fare opposizione al decreto di omologazione. - I. 380.

Il fallito non ha diritto per opporsi alla deliberazione con cui fu nominato un sindaco. - II. 124.

Perchè un negoziante morto possa essere dichiarato in istato di fallimento, non basta di stabilire che ha lasciati debiti: bisogna anche provare che, mentre era in vita, gli fu richiesto il pagamento, e che da lui fu ricusato. - II. 188.

V. Concordato.

FALSITA' - Riconoscere nullo un istromento pubblico per motivo di falsità non è pronunciare senza giurisdizione: è invertere l'ordine delle cognizioni, lo che è motivo per accordare la restituzione in intiero. - I. 202.

FEDECOMMESSI - L'erede fedecommessario che, succeduto al godimento del fedecommesso dopo la legge 6 luglio 1816, ne trovò diminuita la sostanza, ha diritto ad ottenere che le prestazioni, dalle quali a titolo di legato il fedecommesso era aggravato, siano divise tra lui e coloro ai quali i beni liberi sono pervenuti.

Poichè la suddetta legge, ripristinando il vincolo negli stabili, e facendo liberi i mobili, i crediti, e le azioni mutò l'ordine della successione stabilita dal testatore, e divise l'eredità fra due eredi, uno libero, uno fedecommessario. - I. 5.

FENESTRE - Nella propria parete ognuno può aprire fenestre ancorchè guardino sulla proprietà del vicino.

Eccettuato il caso in cui il vicino dimostri d'avere una servitù negativa in contrario, e che questa abbia una causa continua.

O che almeno le fenestre vengano aperte per emulazione.

Chi ha il diritto di aprire le fenestre nel proprio, non è obbligato ad osservare nessuna distanza dal cortile o dall'area del vicino.

E molto meno quando si aprono in un muro già da gran tempo esistente.

Le inferriate esistenti nelle antiche fenestre non sono argomento per dire che le mura debbono essere a *luce*, e non a *prospetto*: molto meno se apparisca che quelle a luce, cioè munite d'inferriate, sono le più basse. - I. 161.

FIDEJUSSORE - Il fidejussore, benchè solidale, non è tenuto pel debito del principale obbligato, se questo debito risulta da una liquidazione alla quale esso fidejussore non fu chiamato. - I. 243.

FIGLI DI FAMIGLIA - I figli di famiglia non solo hanno persona legittima per stare in giudizio senza l'autorizzazione paterna nelle cause dei loro matrimoni, ma in quelle ben anche che vertono sulle conseguenze civili che ne derivano. - II. 74.

FIGLIO DI FAMIGLIA - Il figlio di famiglia in età maggiore non può impugnare, pel disposto del s. c. macedoniano, la validità d'una obbligazione commerciale da lui contratta.

E per l'adempimento della medesima può essere costretto anche coll'arresto personale. - I. 93.

FIRMA IN BIANCO - Chi abusa d'una firma in bianco per creare un debito a carico di chi l'ha fatta, e si appropria il danaro, può essere perseguitato in via criminale come reo di truffa e di falso, in atto privato.

Nè, per ottenere il rinvio della causa al tribunale civile, gli giova allegare che egli, avendo trattato gli affari di chi ha firmato, avea diritto a potersi ritenere il danaro in conto delle somme improntate. - II. 263.

FISCO - Benchè il fisco non possa essere mai condannato alle spese neppure a titolo di danni ed interessi, può essere condannato a prestare indennità a favore di chi è costretto a sostenere la causa.

E se colui, che è costretto a sostenere la causa col fisco è condannato a pagare le spese, ha diritto a ripeterle dal fisco a titolo d'indennità. - II. 247.

V. Competenza.

FONDI ECCLESIASTICI - Nelle azioni vindicatorie dei fondi ecclesiastici istruite contro laici, è competente il giudice laico, quando si controverte se il fondo appartenga, o non appartenga alla Chiesa.

E per declinare la giurisdizione ecclesiastica basta che il reo neghi appartenere il fondo alla Chiesa. Non è necessario che dia alcuna ragione di tale assertiva. - I. 292.

FONDI FISCALI - Chi da un terzo è turbato nel possesso o quasi possesso d'un fondo fiscale, può reclamare la purgazione dello spoglio nei tribunali fiscali, citando anche il fisco, benchè l'azione sia personale contro l'autore della turbativa. - II. 106.

FRUTTI - Possono i soci legittimamente convenire una prelevazione d'interessi sui capitali posti in società, senza pericolo di labe usuraria, quando un tal patto sia reciproco. - I. 104.

V. Botteghe. - Società.

Frutti castrensi - La pendenza del giudizio sul pagamento di un
credito non è pel debitore legittima scusa onde evitare il pagamento dei frutti che si richieggono in forza dell'allegazione dei
requisiti castrensi. Il pagamento dei frutti castrensi dipende in
questi casi dalla ragionevolezza dei dubbi che si potesno promuovere sul credito, e dalla probabilità che il debitore avea di
vincere la causa.

Nè osta che il credito, per cui si allegano i requisiti castrensi,
non sia liquido, se la mancanza di tal condizione provenga dal
fatto del debitore, e dalla protrazione del giudizio.

D'altronde non è mai illiquido un credito quando, per enun-
ciarne la somma, non v'è bisogno che di una materiale operazione aritmetica.

In somma un socio, che vegga ritardare dal socio irragionevolmente il conto e la consegna dei lucri a lu spettanti, può con
effetto allegare i requisiti castrensi su quello che gli potrà appartenere a conto dato. - II. 11.

G

Garanzia - L'individuo non commerciante, che garantisce un debito
commerciale, non può essere per questo solo fatto giudicato dal
tribunale di commercio.

Molto meno quando la domanda principale è stata giudicata.

Nel caso, l'incompetenza del tribunale di commercio è d'ordine pubblico, e può essere dal garante proposta anche per la
prima volta in grado d'appello. - I. 190.

V. Esteri.

Ghetto - Se avvenga che il Governo consenta all'ampliazione di
un ghetto, i padroni delle case comprese nel nuovo recinto vanno
per ministero di legge soggetti alla ritenzione di *calo e accrescimento*, che è quanto dire del dodici per cento sulle pigioni. - I. 32.

Girata - V. Biglietto all'ordine. - Effetti di commercio. - Polizza
di carico.

GIRATA IN BIANCO - Il portatore d' un biglietto all' ordine girato in bianco non può essere ammesso a stabilire con prove estrinseche contro i sindaci del fallimento del girante rappresentanti la massa dei creditori, che la proprietà del biglietto gli è stata trasmessa perchè ne è stata fornita la valuta.

In ogni modo i giudici non potrebbero far risultare da un giuramento suppletorio deferito d' officio al portatore la prova della valuta fornita, se non nel caso, che dopo aver riconosciuto che la domanda del sindaco per la restituzione del biglietto non è nè a pieno giustificata, nè totalmente destituita di prove, deferissero il giuramento suppletorio anche sulla eccezione della valuta non fornita opposita dal portatore. - I. 186.

Se la girata in bianco d' una cambiale non opera il trasporto, e non vale che come procura, ciò riguarda unicamente ai terzi. Ma relativamente al suo cedente immediato, il portatore di una girata in bianco può giustificare la realtà del trasporto con prove estrinseche alla girata. Fatta una tal prova, ne discendono tutte le conseguenze d' una girata regolare. - I. 188.

GIUDICATI COMMERCIALI - La competenza attribuita ai tribunali civili relativamente alla esecuzione dei giudicati commerciali porta in essi diritto di giudicare le istanze relative alla esecuzione anche quando si fanno risultare da atti di commercio, o che emanano da commercianti, se esse sono una dipendenza della esecuzione. - I. 581.

GIUDIZI ANNULLATI - Per comprendere nella tassa di Segnatura anche le spese dei giudizi annullati, è necessaria la condanna in genere alle medesime. - I. 349.

GIUDIZI ORDINARI - V. Unione.

GIUDIZI SOMMARI - V. Unione.

GRADUATORIA - Decidere in una sentenza graduatoria sulla giustizia di un credito è manifesta violazione di legge.

Giacchè con tale sentenza si dee decidere unicamente del grado giudicando le controversie o già nate, o che possono nascere circa i singoli crediti, sopra domande incidenti per separate sentenze.

Pronunciare sentenza graduatoria senza la precedente manifestazione dei dubbi è violazione di legge, ancorchè la causa sia incominciata prima del m. p. 10 nov. 1834. - II. 275.

GRAZIA SOVRANA - La concessione di una grazia sovrana è surrettizia, se nelle preci al principe non venne narrato che la domanda con altro precedente rescritto era stata rigettata. - I. 48.

I

IMPRESARIO - Un maestro di musica, il quale dia gratuitamente uno spartito ad un impresario, e ne riceva per correspettivo un patto non chiesto, se questo non gli viene osservato, può in via di danni domandare l' *id quod interest*. - II. 135.

INCIDENTI - La domanda di nullità di pignoramento per titolo di dominio, ancorchè fatta prima dell'istanza di vendita, è una dimanda incidente, e non un' azione principale *rei vindicatoria*. - I. 233.

INCENDIO - V. Baratteria di patrone.

INDENNITA' - V. Fisco.

INIBIZIONE - Pendente l' inibizione si commette attentato non solo coll' eseguire i giudicati, ma con qualunque atto tendente a turbare la parte vinta nell'esercizio de' suoi diritti.

Per cui è atto esecutorio, ed attentato una diffidazione fatta ai coloni di un patrimonio in sequela di un giudicato, pendente il decennio dato dal § 1151 num. 3. - II. 267.

INQUILINATO - V. Inquilini.

INQUILINI - I proprietari delle piccole case e botteghe di Roma possono, finita la locazione, espellere i conduttori non ostante la legge leonina 7 maggio 1824 e le successive, quante volte dichiarino che la casa e bottega serve per uso loro.

È molto più se la locazione contenga la rinuncia al diritto d' inquilinato, e decreto camerale. - I. 70.

INTERLOCUTORJ - Chi ha interposto appello da una sentenza interlocutoria, può anche, dopo l' opinamento, chiamare il merito al tribunale di secondo grado. - II. 164.

INTERPRETAZIONE - V. Sentenza.

IPOTECA - La pendenza della lite non dispensa dall'obbligo di rinnuovare allo spirar del decennio le iscrizioni ipotecarie.

Esse rimangono perente a riguardo del terzo possessore se la omissione mette il creditore nella impossibilità di cedergli utilmente la sua azione. - I. 145.

L'ipoteca acconsentita da un debitore su tutti gl'immobili di cui è proprietario nel territorio di un comune determinato, supplisce abbastanza la specialità voluta dalla legge nell'ipoteca convenzionale. L'ipoteca convenuta su di un immobile, che alla data del contratto non apparteneva al debitore, è nulla, e non potrebbe essere convalidata dall'acquisto che questi ne facesse posteriormente.

Questa nullità può essere reclamata dagli altri creditori ipotecari, ma non dal debitore. - I. 512.

Chi acquista un latifondo, e ne trova ipotecata una parte, volendo liberarla, non è obbligato a dichiarare quanto di prezzo intenda attribuire alla medesima. Può denunciare al creditore iscritto il prezzo complessivo, ed il creditore deve su questo accrescere il decimo, se voglia provocare l'esperimento dell'asta.

La massima ha luogo anche nel caso di più poderi riuniti, benchè coltivati da diversi coloni.

La riunione si arguisce dall'esservi un solo casino padronale per tutti, con magazzini a servizio di tutti. - I. 321.

ISCRIZIONE - La pendenza del giudizio non discarica il creditore ipotecario dall'obbligo di rinnuovare l'iscrizione allo spirare del decennio.

E l'ammettere un principio contrario è manifesta violazione di legge. - II. 273.

ISCRIZIONE IPOTECARIA - In forza di una sentenza che condanna alle spese di giudizio, non si può prendere iscrizione ipotecaria per le spese future in grado di appello. - I. 50.

ISTITUTORI - V. Osti.

L

LATIFONDO - V. Ipoteca.

LEGATI ANNUI - I legati annui non danno diritto ad azione ipotecaria contro i beni fedecommessari. - I. 5.

LIBELLO - Se la riforma del libello introduttivo di lite permessa dal § 549 si faccia in maniera che ne resti variata l' azione, tale irregolarità è di quelle che risguardano all' indole ed alla natura del giudizio, per cui è necessario dedurla alla prima udienza: in difetto è rimessa. - I. 150.

La intempestiva e serotina ampliazione o riforma del libello introduttivo di lite, non ha nessuna influenza nello stimare il valore della causa.

Molto meno quando il giudice nella sentenza ha richiamato il libello primitivo. - II. 181.

LITE - Il cessionario dell' emolumento che può derivare da una lite, non può dal nome ceduto essere costretto a stare in causa.

Molto meno, se la cessione sia stata fatta per estinguere un credito che il cessionario avea contro il cedente, e che risultava da una regiudicata.

Molto ancor meno, se la cessione sia stata ricevuta *pro solvendo*, e se, dopo la denuncia, trai litiganti abbiano avuto luogo altri atti senza citarlo. - II. 71.

LITE PENDENTE - Se, pendente il giudizio, si cambi lo stato della cosa controversa in modo che manchi il diritto all' attore, si deve giudicare secondo il cambiamento convenuto, non avuto riguardo alle circostanze esistenti nel tempo in cui la lite fu contestata. - I. 145.

LOCAZIONE - Se il conduttore domandi la nullità della disdetta, il valor della causa si arguisce dagli anni per i quali pretende di rimaner nell' affitto, e dal valor cumulato delle risposte, che per essi dovrebbe pagare, non dall' importo delle corrisposte moltiplicate per venti, secondo il prescritto nel § 432. - I. 138.

Chi dà in affitto un fondo, deve necessariamente concedere al conduttore l' uso dei locali che nel fondo son destinati alla custodia della raccolta. - II. 196.

Se una sentenza condanni un conduttore a restituire la cosa locata prefiggendo un termine insufficiente, non per questo il tribunale d' appello accorda l' appellazione sospensiva. Ordina che l' appello si osservi in devolutivo, concedendo però una conveniente proroga di tempo. - II. 306.

V. Deliberatario.

Lucro - V. Società.

M

Maestro di musica - V. Impresario.

Magazzinaggio - V. Avarea.

Mance - V. Stragiudiziali.

Mano regia - La mano regia per il pagamento di dazi non è eseguibile sui frutti dei fondi quando essi frutti per cessione sono passati in altrui dominio e sono distaccati dal suolo, benchè non asportati.

Molto meno se sono stati assegnati provvisoriamente alla moglie per titolo alimentario durante il giudizio di separazione di dote. - I. 65.

Delle nullità che commettono gli esattori comunali nella esecuzione della mano regia i comuni non sono responsabili. - I. 180.

Matrimonj - V. Figli di famiglia.

Matrimonio - Il matrimonio contratto per procura è nullo se consta che il mandante, re integra, abbia mutata la volontà, e revocata la procura.

E ciò quand' anche la mutazione della volontà non sia giunta a notizia del mandatario pria della esecuzione del mandato.

Non è necessario che la revoca della procura sia giudiziale, o per atto giudiziale al mandatario notificata.

I sponsali de futuro seguiti dalla copula costituiscono una semplice obbligazione a contrarre matrimonio, quante volte non concorra una causa legittima di dissenso. - II. 78.

Minori - Non può dichiararsi nullo un contratto fatto da minori per difetto di solennità estrinseche, perchè i prossimiori, che v'intervennero, aveano un interesse nel medesimo, quando quest'interesse è secondario. I. 129.

Moglie - V. Mano regia.
Morte - V. Società.
Multe - V. Registro.

N

Nave - L'art. 218 del cod. di comm. che conferisce al proprietario di una nave il diritto di congedare il capitano, è una disposizione di ordine pubblico alla quale non è permesso di rinunziare.

Per conseguenza il proprietario di una nave può sempre a suo grado, e senza addurre i motivi, congedare il capitano, ancorchè per una clausula formale dell'atto con cui fu condotta la di lui opera egli abbia rinunciato a questo diritto, ed ancorchè il capitano sia comproprietario della nave.

Ma il capitano congedato senza ragione, ha diritto ad una indennità per il danno che il congedo gli ha recato, benchè relativamente a tale indennità non vi sia convenzione scritta tra le parti. - II. 255.

Notaio - V. Commercio.

Notifica - V. Protesto.

Nullità' - All'effetto di giudicare sulla nullità, il tribunale supremo non ammette altre prove che quelle risultanti dal processo degli atti.

Molto meno può ammettere le deposizioni de' testimoni, i quali pel suo istituto non potrebbe formalmente esaminare. - I. 37.

V. Mano regia. - Minori. - Sentenza di vendita. - Soci.

Nullità' di matrimonio - V. Difensore del matrimonio.

Numero dei giudici - Alla validità dei giudicati è necessario il voto di tutti i giudici che compongono il tribunale: se uno di essi si astiene, gli altri non hanno giurisdizione, finchè un giudice supplente non intervenga a dare il suo voto.

La contravvenzione a questo principio porta che la causa debba essere nuovamente proposta, e giudicata *ex integro*. - II. 184.

Nunciazione di nuova opera - Il giudizio di nunciazione di nuova opera non è giudizio di sommarissimo possessorio.

24

In tali azioni il valore della lite non si desume dal valore del fondo su cui l'opera è incominciata, nè da quello dell'opera fatta fino al momento dell'introdotta azione, ma dalle opere future.

E siccome l'attore non sa, nè può sapere a quale somma ascenderanno, così le cause sono di valore indeterminato, e di competenza maggiore. – II. 233.

Nuova opera – Non v'è diritto a nunciare come nuova un'opera fatta in luogo soggetto a servitù, se l'esercizio della servitù non è per essa impedito.

Perciò il padrone, per es., di un'aja nella quale taluno abbia diritto di portare le sue biade a tritare, può fabbricare in una parte di essa, se l'edificio non impedisce la trita. – II. 297.

O

Omissioni – V. Conservatori delle ipoteche.

Onorari – V. Avvocati.

Ordinamento – V. Unione.

Oppignorazione – V. Soci.

Opposizione – V. Creditore ipotecario.

Osti – Gli usi in Roma vigenti circa ai diritti tra gli osti, ed i loro spacciatori costituiscono consuetudine civica avente forza di legge.

Il contratto che interviene tra costoro, è piuttosto una istitutoria, od una locazione conduzione di opera, che una società. – I. 276.

P

Pegni – A giudicare della distrazione di oggetti impegnati, è competente il tribunale criminale.

Quand'anche il distraente abbia prima della querela offerta al pignorante la riparazione dei danni. – II. 304.

Perenzione – Nella odiosissima materia della perenzione dei termini ad appellare, o proseguire l'appello, qualunque leggerissima causa basta a rimettere la pena della caducità. – I. 175.

Il termine perentorio d'appello non decorre, se la sentenza appellabile non è stata intimata al procuratore. A tale effetto non basta la intimazione fatta alla parte. – I. 270.

La sentenza, che riconosce la perenzione dell'appello, è inappellabile. – I. 272.

Perento un appello, può l'appellato domandare con istanza incidente che la perenzione sia dichiarata: le spese di tale istanza sono ripetibili contro l'appellante. – I. 341.

V. Ripetizione d'atti. – Sentenza non ispedita.

Periti – Le mercedi dei periti deputati dalle magistrature del contenzioso amministrativo godono il benefizio della inappellabilità, come quelle dei periti eletti dai tribunali ordinari. – II. 195.

V. Stima.

Periti calligrafi – I giudici non hanno bisogno di deputare il perito calligrafo a riconoscere la alterazioni delle scritture che si manifestano alla semplice loro ispezione. – I. 202.

Pigioni – V. Stima.

Pignoramento – Il processo verbale di pignoramento è validamente notificato al debitore nel domicilio eletto. – II. 25.

Il cherico attore che ha eseguita la sentenza del giudice laico sui beni del terzo non debitore, può esser citato per la revoca di tale atto innanzi al giudice laico autore della sentenza.

E ciò quand'anche il processo verbale di pignoramento non sia stato prodotto.

Giacchè simili istanze di revoca sono incidenti del giudizio fatto dal cherico innanzi al giudice laico, e non giudizi principali, o azioni *rei vindicatoriae*. – II. 69.

Polizza di carico – Una polizza di carico all'ordine s. p. non può dar privilegio al commissionario, se non gli è stata regolarmente trasmessa, cioè con tutte le formalità richieste dagli articoli 137 e 138 del codice di commercio nelle girate.

Per cui la girata deve indicare la valuta somministrata sotto pena d'essere considerata, a riguardo dei terzi, come semplice procura. – II. 317.

Pregiudizialita' – La questione della pregiudizialità è rimessa al prudente arbitrio del supremo tribunale, a cui appartiene giudicare sull'influenza dell'una causa sull'altra. – II. 5.

PRIVILEGIO DEL FORO – È valido l'atto con cui la persona privilegiata vien chiamata a liberazione da molestia innanzi ad un giudice per esso incompetente: il giudice però, conosciuta appena l'esistenza del privilegio, deve rimettere la causa al tribunale competente. – I. 334.

PROCURA – La nullità *ex defectu mandati* risguarda la procura dell'attore non quella del reo.

Quindi se il causidico comparente per il reo non produce la procura, nè la copia della citazione notificata al cliente, commette una semplice irregolarità di quelle che, non reclamate entro i tre giorni, s'intendono sanate. – I. 22.

Il procuratore del reo convenuto ha bisogno del mandato o espresso, o equipollente per difendere la lite, come il procuratore dell'attore. – I. 180.

V. Matrimonio. – Studio.

PROCURATORE – Se un procuratore abbia nullamente interposto un appello, ed un consorte di lite, a cui venne intimato, lo abbia proseguito, sono nulli gli atti fatti dal consorte di lite. – II. 20.

V. Studio.

PROCURE V. Curiali.

PROFESSIONI – V. Commercio.

PROTESTO – Nessuna disposizione di legge richiede che nell' atto del protesto sia presentato al debitore il titolo originale.

Il protesto d'una lettera di cambio pagabile in paese straniero, deve essere fatto secondo le forme di questo paese. – I. 188.

Secondo la giurisprudenza del tribunale supremo non è necessario che il possessore della cambiale notifichi entro le 24 ore il protesto al cedente per conservare il regresso. – II. 286.

PROVA – La prova testimoniale, essendo permessa in materia commerciale per le compre e vendite, i tribunali di commercio possono anche ammettere le presunzioni gravi, precise e concordanti, come provanti la liberazione dei compratori. – II. 128.

PROVVISTA – Quando la provvista d'una cambiale si trova colpita da un sequestro nelle mani di un trattario, il tribunale di commercio è competente per giudicare anche a riguardo del sequestrante, benchè questi non sia soggetto al medesimo nè per ragione di persona, nè per ragione di domicilio.

In tal circostanza la giurisdizione commerciale non deve soprassedere finchè sia giudicato dai tribunali civili sul merito del sequestro.

Il portatore d'una lettera di cambio è investito d'un diritto sulla provvista, dal giorno in cui la lettera di cambio è tratta. – II. 125.

V. Conto corrente.

Q

QUALITA' COMMERCIALE – V. Commercio.

R

RATA DI COMODO – V. Dativa reale.

RATA DI VITTORIA – V. Spese.

REDIBITORIA – V. Associazioni librarie.

REGISTRO – In fatto di multe comminate dalle leggi sul bollo e registro, al compimento della prescrizione annuale, è necessaria la decorrenza di giorni 365, nè basta che siano decorsi dodici mesi formati di 30 giorni ciascuno. – II. 243.

REGIUDICATA – Un' azione alla quale dia causa una regiudicata, per l' affetto della competenza, è sempre controversia in sequela di giudicato nel senso del § 1142.

E perciò appartiene al giudice di primo grado. – II. 269.

REGIUDICATE IMPROPRIE – Il tribunale supremo è proclive per massima ad accordare la restituzione in intiero, quando si tratta di regiudicate improprie.

Molto più se furono emanate prima del moto-proprio 10 novembre 1834. – I. 73.

REGRESSO – V. Cambiale.

RENDICONTO – Dovendosi nelle cause di rendiconto desumere la competenza dei tribunali d'appello dal valore dei capitali amministrati, sotto tal nome s'intendono i capitali immessi, non i frutti e le accessioni prodotte durante l' amministrazione. – I. 118.

Se nei giudizi di rendiconto il tribunale prefigge un termine a produrre le giustificazioni del medesimo, tale sentenza, benchè contenente una disposizione vitale pel merito, non cessa d' essere interlocutoria. - II. 23.

Ricorso - Se in un ricorso si faccia istanza che, previa la nullità d' un giudizio si dichiari la causa spettare ad un tribunale piuttosto che ad un altro, ed una delle due contemporanee pendenze (che sono necessarie per ricorso di competenza) più non esista, il ricorso è risoluto anche nella parte che risguarda alla nullità.

Così anche nel caso d' una dimanda *praevia circumscriptione*, *uniri ecc.* - I. 334.

Non si ammette un nuovo ricorso in ampliazione d' un primo dopo la destinazione della Segnatura. - II. 141.

Chi ha interesse alla moderazione d' un ricorso può domandarla, benchè non gli sia stata intimata: e non ha bisogno d' essere con precedente decreto ammesso a causa.

Per dimandare la moderazione d' un ricorso di nullità o restituzione in intiero non è necessaria la produzione dell' intero processo.

Non si può ricorrere in Segnatura per domandare l' annullamento d' una sentenza con cui venga rigettata l' opposizione d' un terzo alla vendita dei beni oppignorati. - II. 281.

Riforma - V. Libello.

Rilevazione - V. Testamento.

Rinnovazioni - V. Enfiteusi. - Ipoteca.

Ripetizione d' atti - La ripetizione degli atti non basta a supplire la produzione della sentenza che per mantenere pendente l' appello è necessaria secondo il disposto nel § 994. - II. 23.

Risolutiva - Le dimande di somme da liquidarsi, quando nella risolutiva dell' istanza riguardano condanne ipotetiche, si ritengono come accessorie, e non influenti nella competenza dei giudici. - II. 181.

Ruota - V. Dubbi.

S

Salario - V. Servi.
Sbarco - V. Avarea

Scheda - Se in una scheda dal testatore consegnata al parroco si dica di volere testare nella forma comune, il testamento non può ritenersi come fatto in forma privilegiata, neppure a riguardo della pia causa. - 1. 78.

    V. Testamento.

S. c. macedoniano - V. Figlio di famiglia.

Scorta - V. Botteghe.

Segnatura - Ai tre gradi che le cause minori percorrono in Segnatura, è applicabile il disposto nel § 985. Per conseguenza se l'Uditore della prefettura rigetti una dimanda incidente promossa innanzi di lui, e nel merito confermi il decreto di mons. Uditore, il decreto emanato sulla dimanda incidente, benchè unico, non è soggetto a reclamo in pieno tribunale. - II. 175.

Sentenza - Se la interpretazione di una sentenza dia luogo a controversia, può, chi l'ha ottenuta, terminarla col dichiarare in qual modo egli intende di profittarne. - 1 218.

Sentenza di vendita - Il § 1364, che dice sanate le nullità anteriori alla sentenza di vendita se non vengono proposte prima che sia proferita, intende parlare di nullità che derivano da difetti sostanziali, e non toglie la regola del § 778 che le nullità per difetto di forme ordinatorie siano sanate anche nel processo esecutorio, se non vengano proposte nei tre giorni della produzione in cancelleria dei singoli atti. - II. 25.

Sentenza non ispedita - Chi accetta una sentenza non redatta all'effetto di appellare, non si espone alla decorrenza dei termini perentorii a proseguire, se, oltre alla dichiarazione suddetta, non interpone l'appello, e lo intima alla parte.

Chi accetta come sentenza un rescritto del tribunal della Ruota o della Camera ad effetto di appellare in terzo grado, non rimane esposto alla decorrenza dei termini perentorii per appellare o proseguire l'appello, finchè la sentenza non è spedita ed intimata.

L'accettazione di un simile rescritto sotto condizione di poter portare la causa in grado di appello ad un determinato tribunale, si considera come non avvenuta, se la condizione non è adempita. - I. 175.

Sentenza ordinatoria - La sentenza con cui si dichiara che allo stato degli atti non è luogo a procedere, non è sentenza ordinatoria, ed è perciò suscettiva di appello. - 1. 358.

SENTENZA *ultra petita* - Non è nullità per pronuncia *ultra petita* il condannare ad emenda di danni prodotti da più d'una causa, mentre il libello la richiedeva come prodotti da una. - I. 331.

SENSALI DE' MATRIMONI - È illecita, come contraria all'ordine pubblico ed ai buoni costumi, la convenzione, mediante la quale taluno si fa promettere un premio per interporsi e procurare un matrimonio. - II. 251.

SEQUESTRI - V. Accomandita. - Cambiali. - Provvista.

SERVI - I servi, che stanno a fisso salario, hanno diritto ad un compenso ancorchè non convenuto, se dai padroni sieno condotti a lunghi e disastrosi viaggi. - II. 10.

SERVITU' - Nei giudizi diretti alla remozione di un'opera che impone una servitù, dal valore dell'opera da rinnuovarsi non si arguisce il valor della causa, ma dal valore del fondo che si vorrebbe serviente. - I. 150.

V. Fenestre.

SINDACI - I sindaci d'un fallimento sono solidariamente responsabili per i fatti della loro gestione.

Tuttavolta questa responsabilità cessa a riguardo di quello che per un avvenimento di forza maggiore, per es., in seguito di una alienazione mentale, è stato messo fuori del caso d'amministrare gli affari del fallimento.

In questo caso i creditori devono imputare a loro stessi il non averlo fatto rimpiazzare. - I. 252.

SMARRIMENTO - V. Cambiale.

SOCIETA' - Siccome il socio del socio non è socio della società, ma di colui che lo ammette in partecipazione, così non è necessario che la di lui ammissione sia contemporanea al contratto della società principale. Il quoziente dei fondi, dal socio fatto partecipe, deve esser versato nelle mani di colui che lo ammette, non nella cassa della società.

In una società in partecipazione non è feneratizio lo stipolarsi, in luogo dei lucri incerti, un'annua prestazione certa, purchè però non sia convenuta la salvezza del capitale, e resti a favore del socio assicurante la probabilità di ritrarre dalla quota ceduta un lucro maggiore di quello che è stato assicurato. - I. 362.

La morte naturale di un socio è una causa di scioglimento delle società commerciali, come delle società civili.

Non è necessario, per opporre tali scioglimenti ai terzi creditori della società, che la morte del socio sia stata renduta pubblica nelle forme prescritte dall' art. 42 del cod. di comm.

Questa pubblicità non si richiede se non per le modificazioni apportate all' atto sociale per fatto dell' uomo, quando esse riguardano sia la continuazione della società dopo il suo termine, sia il discioglimento anticipato della medesima, sia i cambiamenti fatti o nelle persone de' suoi membri, o nelle stipulazioni che la reggono, o nella ditta sociale. - II. 253.

V. Frutti.

SOCI - Il creditore d' un socio non può oppignorare lo stabilimento sociale, neppure per la parte che spetta al socio debitore, quando il pignoramento produce l' effetto d' impedire la continuazione della società.

E per tale ragione non si possono oppignorare tutte le merci d' una bottega, e tutti gl' istromenti d' una officina sociale.

Ed è nullo l' atto, quand' anche i soci non debitori siano costituiti depositari convenzionali. - II. 204.

SOCIO - V. Frutti castrensi.

SOLENNITA' - V. Minori.

SOMME RIUNITE - La regola che le somme riunite non rendono le cause di competenza maggiore quando derivano da titoli diversi, milita anche nel caso che ad una somma di competenza maggiore siano state riunite somme di competenza minore.

E le somme di competenza maggiore divengono di competenza minore, se nel libello si esibisca al reo convenuto di menargli buona in conto di pagamento una somma certa, che, buonificata, renda la dimanda di competenza minore. - I. 545.

SOMMINISTRAZIONE - L' esistenza di un giudicato di prima istanza contrario all' opinamento nato in appello, non impedisce ai giudici di questo grado di accordare all' appellante una somministrazione per le spese della lite.

Quand' anche l' opinamento non sia in tutto favorevole all' appellante, ed il litigante, che chiede la somministrazione, dimandi anche la nuova udienza nella parte contraria. - I. 26.

Non è luogo a richiedere una cauzione per le somministrazioni che i tribunali concedono in *caussam declarandam*.

Quand'anche esse siano di somma grave, e si accordino in un grado d'istanza soggetto ad appello. - I. 309.

SPECIALITÀ' - V. Ipoteca.

SPESE - Nelle cause in parte vinte, e in parte perdute si tassano le spese *pro rata victoriae*, quand'anche chi perde abbia impugnata in genere la efficacia del titolo, da cui deriva l'azione. - I. 45.

È una manifesta violazione di legge condannare in terzo grado al pagamento delle spese, se nei gradi precedenti le sentenze, quantunque diverse, le abbiano compensate. - II. 110.

V. Compensazione. - Difensore del matrimonio. - Giudizi annullati. - Iscrizione ipotecaria. - Perenzione.

SPESE D'APPRODO - V. Avarea.

SPESE STRAGIUDIZIALI - Nelle cause giudicate dal tribunale della s. Ruota per compromesso è luogo alla rifusione delle spese, benchè le parti compromittenti nella loro convenzione non ne abbiano parlato.

Non però alla rifusione delle stragiudiziali, quand'anche l'atto da cui la lite ebbe causa sia munito d'obbligazione camerale, e contenga la promessa di emenda de' danni in caso di inosservanza. - II. 226.

Nei giudizi pel pagamento delle cambiali traiettizie si tassano anche le stragiudiziali. - I. 93.

Chi è condannato genericamente alla rifusione delle spese, non ha diritto e far decidere che non vi si comprendano le stragiudiziali, pria che la parte vincitrice proceda alla tassa. - I. 115.

Chi sostiene una lite manifestamente iniqua può esser condannato anche alle spese irrepetibili, sia attore, sia reo convenuto.

E tali spese irrepetibili si pongono in tassa quand'anche nella sentenza non ve ne sia la condanna.

Generalmente parlando il tribunale della s. Ruota tassa le spese stragiudiziali ancorchè non contenute nella senteza, se crede che per diritto siano dovute.

I §§ 359 e 360 della legge 17 dicembre 1834, parlano dei casi in cui le spese stragiudiziali non sono per diritto dovute, non di quelli in cui sono dovute, come nei giudizi ai quali il dolo o la frode hanno dato causa. Giacchè in qualunque disposizione di legge il caso del dolo ó della frode non s'intende considerato e preveduto.

In tali casi però, se siano condannati più litiganti, la condanna non è solidale, ma *pro virili.* - II. 54.

Nei giudizi di nullità avanti la Segnatura non si tassano le stragiudiziali, quantunque ne sia stipulato il patto nel titolo da cui derivò la lite in merito.

Ciò non ostante si pongono in tassa le mance date ai servi di mons. uditore, e di mons. referendario, cioè bai. 30 per ogni sala, se si tratta di litiganti domiciliati in provincia, e di bai. 60 se la causa è romana: non altro. - II. 50.

SPOGLIO - Una controversia di spoglio che nasca tra un conduttore di proprietà comunali ed un privato, non è controversia d'interesse municipale che debba portarsi al magistrato cui appartengono le liti delle comuni. - I. 534.

Anche il conduttore a brevissimo tempo ha diritto alla manutenzione ed alla purgazione dello spoglio in caso di turbativa.

E se nel momento della reintegrazione decretata sia finito l'affitto, l'azione si converte in un diritto ad emenda di danni. - II. 196.

SPOGLIO GIUDIZIALE - Nel caso di spoglio giudiziale non è luogo a purgazione per via rigorosa, nè ad emenda di danni estrinseci, ancorchè la sentenza, che dette causa allo spoglio, sia stata annullata per difetto di forma.

E ciò molto più quando gli atti spoliativi sono stati circoscritti *per viam nullitatis.* - II. 229.

STATUTI - V. Enfiteusi.

STIMA - Ai periti giudizialmente eletti per valutare le case non è impedito di procedere in ragione composta, sommando il valore dei cementi e dell'area, aggiunto l'importo delle pigioni, per trovare, detratti i pesi, il vero valore del fondo nella media di tali quantità. - I. 173.

STUDIO - Il successore allo studio d'un procuratore legittimo ha bisogno di nuova procura per interporre appello dalla sentenza pronunciata in contraddizione del procuratore defonto. - II. 20.

STUPRO - Il tribunale vescovile non è competente nelle questioni di dote che derivano da querele di stupro, se la pendenza criminale è stata transatta, o la dote fu per concordia assegnata, pria che il giudizio criminale fosse ultimato. - II. 51.

SUBAFFITTI - Nei subaffitti s'intende compreso tutto ciò che è compreso nella locazione principale. - II. 196.

Supplenti - V. Vicari generali.

Suarezione - V. Grazia sovrana.

T

Tassa - V. Acqua. - Stragiudiziali.

Termine - V. Abbandono.

Terzo non debitore - V. Pignoramento.

Testamento - Come nei testamenti privilegiati si trasmettono le eredità per la nuda volontà del testatore, e senza osservanza di forme, così non è bisogno di forme per dire mutata nel testatore la volontà.

Il privilegio della causa pia supplisce nei testamenti la mancanza delle forme, non la prova della volontà.

Per cui, se consti della mutazione di volontà, la causa pia non basta a far che un atto precedentemente imperfetto, s'abbia a ritenere come testamento, od almeno come prova di volontà. - I. 78.

L'articolo 903 del codice civile francese, che vieta ai minori di sedici anni il far testamento, deve essere inteso nel senso che non possa validamente testare chi non ha i sedici anni compiti.

Giacchè generalmente parlando, allorchè dalla legge o dall'uomo è prescritto un certo numero di anni a fare o ad ottenere una cosa, non basta che l'ultimo degli anni prescritti sia incominciato. - I. 280.

Nel testamento per implicita nuncupazione la presenza del notaio non è necessaria.

La forma permessa dal cap. *cum esses* ha luogo anche nel caso che i notai siano assenti dal luogo o in altro modo impediti.

E in questo caso si può anche testare per mezzo di scheda chiusa e consegnata al parroco.

La rilevazione dei testimoni non è necessaria quando essi, e il testatore hanno sottoscritta la scheda: basta in tal caso la rilevazione del parroco. - II. 86.

Testimoni - Fatto l'esame dei testimoni in prima istanza, e chiuso il processo, non è permesso di procedere a nuovo esame, nè in quel grado d'istanza, nè in altro.

E ciò quand'anche i tribunali di grado ulteriore abbiano ordinato di coadiuvare le prove. - I. 360.

V. Cambiale. - Nullità.

TRIBUNALI DI COMMERCIO - Se un tribunale di commercio si dichiari
competente in causa non sua, e la sentenza passi in regiudicata,
quand'anche nel proporsi la eccezione declinatoria siasi dimandato l'annullamento degli atti fatti fino a quell'ora, non rimane
per ciò tolto il diritto di ricorrere in Segnatura per l'annullamento degli atti ulteriori.

L'art. 607 del regolamento commerciale, che manda al tribunal di commercio le cause di cambiali o biglietti all'ordine che
abbiano firme di negozianti e non negozianti, deve essere inteso
nel senso di accettanti e giranti debitori, e citati come correi.
Alla competenza privilegiata non influisce la firma del creditore. – II. 175.

TRUFFA - V. Cambiale. - Firma in bianco.

TUTORE - L'azione quasi popolare *de suspecto tutore* al terzo non
dà facoltà di dimandare la nullità di un contratto fatto dal tutore per i pupilli, dicendolo dannoso ai medesimi. - I. 129.

U

ULTIMO ATTO ESECUTORIO - La introduzione di un giudizio in forza
di una riserva di ragioni contenuta nella regiudicata, non si può
considerare come atto esecutorio di questa.

Se una regiudicata prefigga un termine all'adempimento di un
atto, per es., all'adempimento dei patti contenuti in una concordia, passato il qual termine abiliti le parti a servirsi di loro
ragioni, l'ultimo atto esecutorio è la plenaria esecuzione dell'ordinanza di tassa. - I. 73.

UNIONE - Il ricorso d'unione si può interporre anche dopo l'opinamento in una delle cause manifestate.

Quand'anche la causa da unirsi sia stata introdotta dopo
l'opinamento. - I. 41.

Non è vietato di ricorrere in Segnatura per la unione di due
cause una commerciale, una meramente civile.

Questa massima milita anche nel caso che la lite commerciale
nasca sulla esecuzione d'una regiudicata del tribunale di com.
mercio. - I. 267.

Nessuna legge impedisce di ricorrere in Segnatura per l'unione
del giudizio sommario coll'ordinario.

L' unione può essere ammessa, se le circostanze facciano conoscere che la causa ordinaria contiene una questione che è pregiudiziale per la causa sommaria: molto più se la causa ordinaria è stata introdotta prima della causa sommaria. - II. 5.

Usura - Chi pretende una cambiale infetta d'usure non può rivolgersi al criminale, quando ha dedotte le sue difese in civile. Non così nel caso contrario. - II. 129.

V

Vetturale - L'azione d'un albergatore contro un vetturale per il pagamento delle spese fatte nel suo albergo, così per il vetturale come per il suo equipaggio non è di competenza del tribunale di commercio. - I. 332.

Vicari generali - Benchè i vescovi non possano commettere ad altri fuorchè ai vicari l'esercizio della magistratura giudiziaria, possono deputare supplenti nel caso che i vicari siano legittimamente impediti.

E nelle cause meramente laicali tra laici possono deputare anche un laico: come, per es., nelle cause dicappellanie laicali, ed in altre di misto foro.

Non però nelle cause criminali, o in quelle nelle quali concorra la spiritualità.

E non è necessaria una delegazione espressa, bastando la tacita. Equivale a delegazione tacita in un supplente, il render giustizia nel palazzo del vescovo. - I. 257.

Violenza - Il diritto di respingere la forza colla forza soccorre nel momento in cui la violenza viene inferita, non *ex intervallo*.

Non è violenza in un conduttore l'entrare in possesso d'un locale, facendosi dare senza intesa del padrone le chiavi da chi lo aveva in custodia. - II. 196.

Violenza privata - Se nel giudicare di una violenza privata cade questione sul diritto di proprietà, su cui pende giudizio, il magistrato del criminale sospende la causa fino all'esito degli atti civili. - II. 305.

IMPRIMATUR
Fr Dom. Buttaoui O. P. S. P. A. M.
IMPRIMATUR
Joseph Canali Archiep. Coloss. Vicesg.